踏寻遗珍

第三次全国文物普查实地文物调查阶段突出贡献个人手记汇编

中国文物报社 编

文物出版社

责任印制　陆　联

责任编辑　李　东

图书在版编目（CIP）数据

踏寻遗珍：第三次全国文物普查实地文物调查阶段突出贡献个人手记汇编/中国文物报社编.— 北京：文物出版社，2010.12

ISBN 978－7－5010－3077－4

Ⅰ.①踏…　Ⅱ.①中…　Ⅲ.①文物—普查—中国—文集　Ⅳ.①K87-53

中国版本图书馆CIP数据核字（2010）第215386号

踏寻遗珍

第三次全国文物普查实地文物调查阶段
突出贡献个人手记汇编

中国文物报社　编

文物出版社出版发行

（10007　北京东直门内北小街2号楼）

http://www.wenwu.com

E-mail:web@wenwu.com

北京市天河印刷厂

新华书店经销

787×1092　1/16　印张：32.5

2010年12月第1版　2010年12月第1次印刷

ISBN 978-7-5010-3077-4　定价：98.00元

写在《踏寻遗珍——第三次全国文物普查实地文物调查阶段突出贡献个人手记汇编》前面

欣闻《踏寻遗珍——第三次全国文物普查实地文物调查阶段突出贡献个人手记汇编》即将付梓，编辑同志让我说几句话。从2007年4月开始的第三次全国文物普查工作，到今年已经是第三个年头了。回顾这三年多的工作，的确有千言万语想要表达，但我首先想说的是，没有全国近5万名文物普查工作人员的不懈努力，就不会有第二阶段实地文物调查工作的全面完成，就不会取得这样大的阶段性成果。我们可以切实地看到：全国2857个县，包括4万多个乡镇，实地文物调查完成率是100%；据初步核实统计，全国共调查登记不可移动文物80余万处，其中新发现60多万处，一大批新发现的具有重要历史、艺术、科学价值的古遗址、古墓葬、古建筑等，极大地丰富了我国文化遗产的内涵，这是一个足以令我们同业人引为自豪的成绩！

在此，我代表国家文物局向所有参与第三次全国文物普查工作的同志们道声辛苦了，谢谢你们！

就文物普查工作而言，它的重要性在于让社会各界能全面地掌握不可移动文物资源的基本情况，文物现时的生存状态，并在此基础上准确地判断文物的保护形势，科学地制订文物保护政策。只有做到心中有数，才能保护得当。因此，参与文物普查工作不仅是每一个文物工作者的神圣使命，更是平凡而伟大的千秋功业。

古人讲：不积跬步，无以至千里。从2007年4月的起步，历经一千多个日日夜夜，多少个雨雪晨昏，普查队员们不辞辛劳，走遍了祖国的山山水水。山川、荒漠、草原、水下都留下了他们的身影，这其中艰辛与快乐并存的故事，我们可以在这本结集出版的书里找到答案。我钦佩他们，也羡慕他们，他们的行动不光为祖国文化遗产的调查和今后的保护尽了他们应尽的责任，完成了历史的重托，更因为他们笔下朴实的文字，为我们留下了“踏遍青山人未老，风景这边独好”的诗情画意。

如今，文物普查工作已接近完成，硕果累累，让我们再接再厉，取得最终的胜利。

单霁翔

2010年11月

出版说明

第三次全国文物普查是国务院部署的一项重大国情国力调查，是深入学习实践科学发展观、提高国家文化软实力、确保国家历史文化遗产安全的重大举措，是当前我国最大规模、最首要的文化遗产保护工程，对我国文化遗产保护事业和国家经济社会发展全局具有重要意义。

20 世纪 50 年代和 80 年代，我国先后开展了两次全国文物普查，由于当时各方面条件所限，漏查甚至根本没有开展普查的情况相当普遍。比如，在第二次全国文物普查中，就有 320 个县没有开展普查，占当时全国 2650 个县区的12.1%。此后的 20 多年间，大规模基本建设、城乡建设和文物调查中新发现了大量的不可移动文物，另有许多文物因人为或自然原因遭到损毁甚至消失，而乡土建筑、工业遗产、文化景观、文化线路、文化空间、老字号等重要文化遗产品类，由于当时认识的局限，在前两次全国文物普查中没有得到应有的重视，因此，前两次全国文物普查成果已很难准确反映我国文化遗产保存的实际状况。

开展第三次全国文物普查是文化遗产保护事业发展的需要。通过第三次全国文物普查，不仅可以准确掌握第二次全国文物普查以来不可移动文物的实际变化情况，而且还会根据文化遗产保护事业发展的需要，将新的文化遗产品类纳入普查范围，扩大文物保护工作范畴。这对促进文化遗产全面、有效保护将起到十分重要的作用。

2008 年 9 月，国务院第三次全国文物普查领导小组第二次（扩大）会议召开后，各地区、各部门全面推进普查工作。经过全国 47640 名文物普查工作人员的不懈努力，目前，第三次全国文物普查第二阶段实地文物调查工作已经全面完成，并取得了阶段性的成果。截至 2010 年 4 月底，全国 2857 个县，包括 4 万多个乡镇，实地文物调查完成率达 100%；全国共调查登记不可移动文物 80 余万处，其中新发现 60 多万处，一大批新发现的具有重要历史、艺术、科学价值的古遗址、古墓葬、古建筑，极大地丰富了我国的文化遗产内涵。

在普查过程中，涌现出一大批优秀个人和集体。经国务院第三次全国文物普查领导小组办公室研究决定，授予丁永坤等 202 名同志第三次全国文物普查实地文物调查阶段突出贡献个人奖，进行表彰。

为进一步扩大第三次全国文物普查宣传力度，落实全国第三次文物普查办公室主任工作会议的有关要求，受国家文物局委托，中国文物报社约请受到表彰的第三次全国文物普查实地文物调查阶段突出贡献个人奖获得者，撰写实地文物调查手记，编辑出版这本《踏寻遗珍——第三次全国文物普查实地文物调查阶段突出贡献个人手记汇编》，以展示第三次全国文物普查第二阶段实地文物调查工作中，一线普查队员的工作业绩、感人故事、先进事迹等，让公众更深入地了解文物普查的目的、意义和内容，增强全社会的文化遗产保护意识。

编辑出版《踏寻遗珍——第三次全国文物普查实地文物调查阶段突出贡献个人手记汇编》工作得到了国家文物局的大力支持，国家文物局第三次全国文物普查办公室刘小和同志悉心指导，各地普查办的同志们和受到表彰的突出贡献个人奖获得者尽力配合，中国文物报社领导班子高度重视，使编辑出版工作得以按时顺利完成。李让同志具体承担了组织协调统稿工作，徐秀丽、马丽萍同志参与了编辑工作，黄润华、乔梁、于炳文等同志，在审稿方面花费了很多精力。在此一并致谢。

中国文物报社

2010 年 9 月

关于对第三次全国文物普查实地文物调查阶段突出贡献个人和集体进行表彰的决定

各省、自治区、直辖市文物局（文化厅、文管会）、普查办公室，总后基建营房部：

在国务院第三次全国文物普查领导小组的领导下，经过全国各级文物普查工作者的不懈努力，第二阶段实地文物调查工作已经顺利完成，并取得了阶段性的成果。在普查过程中，涌现出一大批优秀个人和集体。

按照《关于开展第三次全国文物普查实地文物调查阶段突出贡献个人和集体评选表彰活动的通知》（文物普查函〔2010〕224 号）的有关规定，根据各省（自治区、直辖市）文物部门以及解放军推荐的个人和集体名单，经国务院第三次全国文物普查领导小组办公室研究，并在中国文物报和国家文物局网站公示后，现决定对丁永坤等 202 名突出贡献个人、北京市延庆县普查队等 54 个突出贡献集体进行表彰（名单附后）。

附件：第三次全国文物普查实地文物调查阶段突出贡献个人表彰名单

国务院第三次全国文物普查领导小组办公室

2010 年 6 月 8 日

第三次全国文物普查实地文物调查阶段突出贡献个人奖名单

（202人，以姓氏笔画为序）

丁永坤　丁明洪　丁增朗杰　于　玲（女）　于　勇　马汉夫
马幼炯　王　沛　王　波　王义学　王从礼　王立忠
王时一　王昌富　韦　军　韦嘉雅　毛保中　方小玲（女）
方红明　玉素甫·哈力克　艾力·阿不都拉　左汤泉　龙碧林
叶淦林　叶筱慧（女）　白刊宁　白永才　白庆元　包震德
冯力军　尕让机（女）　邓　丽（女）　邓　杰　邓永发　邓炳权
达　娃　达应建（女）　毕汝云　朱宏中　朱振文　乔　勇
乔　程　乔建军　后加升　任　彬　刘世友　刘军社
刘志升　刘连强　刘国奇　刘忠华　刘举庆　衣同娟（女）
闫扩远　江益林　孙晋芬　邢春晓（女）　花　原（女）　杜淑琴（女）
杜鲜明　李　昆　李　诚　李　钢　李　慧（女）　李大勇
李义凡　李仪录　李乔生　李枝彩　李昌荣　李国栋
李佳才　李秀云（女）　李冠英（女）　李洪冰　李树云（女）　李景业
李新才　吴相宝　吴栋山　吴海红（女）　吴景超　肖仁杰（女）
何农林　何财山　余腾松　汪育江　汪建民　汪淑琳（女）
汤毓贤　张　帆（女）　张　峋　张文钦　张汉文　张永新
张有新　张志伟　张宝明　张泽刚　张泽权　张顺彩
张殿亮　张聚林　张鑫宇（女）　范鹏程　林丽金（女）　林美莲（女）
林跃先　杨　华　杨　超　杨永贤　杨旭东　杨丽敏（女）
杨爱国　杨羡平（女）　卓玛本　易奎香（女）　罗长安　罗仕杰
罗永周　罗建平　罗培红（女）　岳　起　邱　波　邱　陵（女）
邱宏伟　邱秀刚　金花顺（女）　周　剑　周　洋　周　建
周晓东　邹平彦　邹向前　单　泼　陈子昂　陈文平
陈文蓉（女）　陈舟跃　陈金贵　陈贻爱　陈剑辉　陈章武
陈福云（女）　赵　越　赵元顺　赵清荣（女）　果　莹（女）　侯　永

施昌成　姜洪军　洛　桑　祝延峰　聂凯华　索朗达娃
索朗秋吉尼玛　顾　华(女)　晏满玲(女)　隽成军　徐学琳
徐建中　奚吉平　奚江琳(女)　高　波　高俊刚　席　凯
敖特根巴特尔　黄大建　黄之勇　黄光清(女)　黄海兰(女)
符丹平　符志刚　盖开云　梁　勇　梁霭雯(女)　韩雪昆
覃大海　覃远建　程　军　程小明　程绍卿　曾　方
曾一智(女)　曾学雄　曾德培　游国鹏　靳维柏　谢　军
谢　辰　谢开然(女)　谢国旗　谢楚权　蔡文静(女)　蔡亚霞(女)
裴池善　廖俊锋　谭家乐　翟霖林　潘秀萍(女)　薛骁百
檀平川

第三次全国文物普查实地文物调查阶段突出贡献集体奖名单

（54 个，以行政区划顺序为序）

北京市延庆县普查队

天津市蓟县普查队

河北省文物普查队旧石器专题普查组

河北省承德市文物普查队

山西省太原市文物普查四队

山西省高平市文物普查队

内蒙古自治区巴林左旗第三次文物普查队

辽宁省大连市文物普查工作队

吉林省吉林市城区文物普查队

黑龙江省牡丹江市文物普查队

黑龙江省佳木斯市文物普查队

上海市松江区文物普查队

江苏省第三次全国文物普查领导小组办公室（对口支援奖）

江苏省常熟市文物局普查队

江苏省丹阳市文物普查组

江苏省仪征市文物普查组

浙江省杭州市余杭区普查队

浙江省长兴县文物普查队

浙江省支援青海工作队（对口支援奖）

安徽省肥东县文物普查队

安徽省怀宁县文物普查队

福建省永安市文物普查组

福建省永定县文物普查组

江西省金溪县文物普查队

江西省南昌县文物普查队

山东省济宁市文物局普查队

山东省烟台市牟平区文物普查小组

山东省青岛市文物普查办公室普查指导组

河南省郑州市文物局文物普查队

河南省洛阳市文物管理局文物普查队

湖北省麻城市文物普查组

湖北省南漳县普查组

湖南省桑植县文物普查队

湖南省岳阳市文物普查队

广东省文物普查办公室工作组

广东省佛山市顺德区文物普查队

广西壮族自治区柳州市文物普查队

广西壮族自治区藤县第三次文物普查工作队

海南省定安县文物普查队

重庆市九龙坡区文物普查队

四川省北川羌族自治县文物普查队

四川省凉山彝族自治州文物普查工作队

贵州省贵阳市花溪区文物普查工作组

贵州省遵义县第三次全国文物普查组

云南省昆明市西山区第三次全国文物普查办公室

云南省楚雄彝族自治州文物普查队

西藏自治区拉萨市文物普查队

陕西省西安市文物普查第二分队

陕西省榆林市文物普查 4 队

甘肃省金塔县第三次全国文物普查工作队

青海省海西蒙古族藏族自治州文物普查队

宁夏回族自治区青铜峡市文物普查队

新疆维吾尔自治区伊犁哈萨克自治州直普查队

中国人民解放军 92538 部队后勤部基建营房处

目录

北京市

天津市

河北省

山西省

内蒙古自治区

辽宁省

吉林省

黑龙江省

上海市

江苏省

浙江省

安徽省

福建省

江西省

山东省

河南省

湖北省

湖南省

广东省

广西壮族自治区

海南省

重庆市

四川省

贵州省

云南省

西藏自治区

陕西省

甘肃省

青海省

宁夏回族自治区

新疆维吾尔自治区

中国人民解放军

北京市

寻觅历史的足迹

——“三普”工作体会

北京市东城区普查队　李仪录

文物是历代先民从远古走来的印迹，是民族的精华、国之瑰宝。如何把它们保护好，并传之后世，是我们当代人义不容辞的光荣职责。文物普查，是文物保护与弘扬最重要的基础工作，也是科学发展观的必需要求。

2007年9月国务院第三次文物普查会议召开后，按照国家文物局、市文物局的总体部署和规划，北京市东城区制定了科学规范、切实可靠的普查工作方案，明确了普查工作的任务。同时，作为文物最密集的城区之一，我区率先开展工作，在机构组建、动员宣传、培训学习、设备配置等方面都做了充分的准备，领导高度重视，工作切实落实。

我作为文物战线的一名老兵，参加到这次全国第三次文物普查中来，备感欣慰与自豪的同时也深深地感觉到自己身上承担的责任之重，总结几点肤浅体会如下：

一是相当有幸——神圣职责光荣使命。我作为一名参与这次文物普查的队员，能有幸参加这次全国文物普查浩大的工程，与其说是光荣，不如说是有幸。这次“三普”工作质量的好与坏，能否发现更多的历史遗物（迹），能否为构建和谐社会，增强本地区文化软实力，打造“文化强区”贡献一份力量，成为我思考的重点。就这样，背负着神圣的职责与光荣的使命，我们开始了“三普”工作……

二是相当兴奋——探索古代建筑之美。普查时细细品味古宅建筑形式、雕刻、绘画艺术，探究当时的人文、社会环境，真是美不胜收。我区普查队深入全区10个街道，先后探访了450多条胡同，4500多个院落，采访居民800多人次，拍摄照片4000余张，除对区域内225处文物复核外，还通过各种途径寻找线索，勘察新文物，先后对300多处院落、清代官学旧址、私家园林、近现代建筑等进行了深入细致的调查。张旺胡同2、4号的寺观式古建筑，正是建于清晚期的宏恩观。据《宏恩观碑》记载，宏恩观前身为千佛寺，肇建于元元贞年间。明、清两朝又将寺庙进行了多次修缮，并更名为“清净寺”。清光绪十三年（1887

年）清净寺最后一次大修，将“清净寺”更名为“宏恩观”。它位于南起永定门箭楼北至钟楼的京城中轴线最北端，是中轴线上佑护皇城的重要建筑，被称为“龙尾之要”。该庙宇供奉的关帝和地藏菩萨等反映了中国特有的宗教文化，宏恩观作为较完整的寺观建筑具有较高的保护价值。这也只是筛选出来的59处价值较大的建筑之一。

无言的建筑所浓缩和留存的是历史的印痕，漫长的岁月磨损了建筑的棱角，却积淀了历史文化的厚重。古建筑是城市历史演变和文化积淀的缩影。它的魅力在于文化，其最基本的体现也是文化。随着东城区历史风貌区的保护和开发，历史文化得到挖掘，城区的文化品位不断提高，群众也更能享受到经济发展和社会进步的成果。

三是相当感动——累并快乐着。东城区地处老北京城的核心位置，是北京市文物最丰富，分布最密集的城区之一，文物类型也较多。为做实、做细“三普”工作，自从投入工作以来，全队人员加班加点成为习惯，积极协调房地、规划等部门调档出图并多次赴市档案馆、文研所等专业机构查阅历史材料，确保工作中不出现失漏。不管是刚刚怀有身孕的年轻准妈妈，还是家中有老人或是孩子需要照顾、带伤坚持工作的中年职工，都尽量做到工作和生活的合理安排，不给全队拖后腿。普查队的每个成员都恪尽职守、兢兢业业，令我无比的钦佩和感动。有这样的团队，我们一定会给“三普”事业交上一份优异的答卷。

同时，更令我感动的是我们的群众。有了他们的支持与配合，才使我们的工作如鱼得水。当我们要了解建筑历史时，他们踊跃相告；当我们向当地领导寻求帮助时，他们全力配合；当我们向群众征询线索时，他们积极建言，甚至寄来他们制作的光盘……正是有了这些熟知院落历史、热衷于文物保护事业，具有无私奉献精神的众多好心群众的帮助与支持，我们才得以少走弯路，多有发现。每当收队之时，我们的身体虽然疲倦，但每个人脸上绽放的却是满足的笑容，心里充满的是收获的喜悦，期盼的是更多的发现……

“三普”的成果是丰满的，从一开始的古遗址、古衙署机构、古学堂书院、古寺庙道观、古王府、古宅第民居再到近现代工业遗产、金融商贸建筑、文化教育建筑、医疗卫生建筑、宗教建筑、名人旧居及典型风格建筑等可谓五花八门、种类齐全。我深感先人的智慧与伟大，我们应当为我们的祖先创造的灿烂文化而自豪，更应当为我们当今社会所发生的伟大变革及幸福生活而欢欣鼓舞。历史文化遗产是前人创造的，我们有责任将它们保护好，发扬光大，并传之于后世。历史文化遗产是我们的骄傲，是我们构建和谐社会，增强文化软实力的重要源泉和保障。我们当为之奋斗不息！

“三普”让我成长

北京市朝阳区文化委员会　张鑫宇

第三次全国文物普查实地调查阶段已告一段落，回味这难忘的300多个日日夜夜，有过成功的喜悦，有过失落的辛酸，有过奔波的劳累，有过收获的满足，对于我——一名年轻的基层文物工作者来说，这些经历都将是我人生成长道路上的宝贵财富，令我受用终身。

时光荏苒，从大学毕业以来，我已经在北京民俗博物馆、朝阳区文化委员会工作了四年，先后从事库房管理展陈及文物管理工作。我将逐渐从一名行业新兵成长为合格的基层文物工作者，参加第三次全国文物普查工作更让我的各项工作能力都有了很大的提升。

第三次全国文物普查是我国文化遗产保护领域的一项国家工程，涉及面广、专业性强。朝阳区的文物普查实地调查工作以新发现的不可移动文物为重点，同时对已登记的不可移动文物，包括各级文物保护单位进行复查。为了做好普查工作，朝阳区成立了由区领导牵头的朝阳区第三次全国文物普查领导小组，组建了一支由区文化委员会领导带队，区文化委员会、区图书馆、北京民俗博物馆相关专业人员组成的普查工作队。作为普查队的一员，我有幸参与了大部分的田野调查工作，跟随普查队走遍了朝阳区的43个街道和地区。读万卷书，行万里路。在学校里，我接触到的更多是书本和理论知识，很少有机会参与这样大规模的田野实践。为了高标准完成资料采集工作，我除了将北京市文物局编写的《文物普查指导手册》熟练掌握之外，还在工作之余阅读了梁思成的《中国建筑史》、吴梦麟的《中国石刻通论》等书籍，并在勘查文物时进行印证、核对，以确保科学、规范地做好相关工作。

普查中，我的主要职责是GPS卫星定位、拍照、绘图，同时还兼顾测量、沟通及后勤保障工作。一年来，普查队员们早出晚归，风里来、雨里去，顶着酷暑、冒着严寒，工作异常紧张和艰苦，但没有一个人叫苦叫累，因为我们都为自己所从事的工作而自豪。文物点实际位置与记载不符，我们就在村子里、废墟里、工地里耐心寻找；道路泥泞，我们就挽起裤管相互搀扶着前行；杂草丛生，我们就一起拔草，用双手开辟道路；蚊虫叮咬，我们就往身上涂抹花露水……每到一个工作点，我们就迅速展开各自的工作，测点、拍照、测量、填写数据……就这样，我们马不停蹄地从一个工作点到下一个工作点，完成了一个又一个普查任务。有时候错过了饭点或者找不到就餐的地方，我们就找一片树荫，围坐着吃点干粮；有时候日程安排比较紧，我们就在车上打个盹权作休息。野外作业是辛苦的，但大家苦中作乐，归途中，每个人疲惫的脸上总是挂着笑容，因为我们是充实的。

实地普查的日子里每天都会遇到不同的情况和问题，而最让我难忘的，当属前往常营地区对洪熙圣旨碑进行普查的那段经历。记得那是2009年的夏天，由于当天日程安排比较紧凑，我早早地来到了单位，提前准备好了普查所需的仪器、设备及相关文本文档，并再次对当天几个普查点的基本情况进行了温习。早8点，我们踏上了征程。上午的两处文物点属于文保单位的复查，虽然天气闷热异常，但各项工作还是有条不紊的进行。到了中午，天色骤然阴了下来，一场预料之外的降雨恐将来袭。为了加快工作进度，我们草草解决了午饭后，便急匆匆的上路了。村里的小路狭长而拥堵，本该40分钟的路程走了接近一个半小时，而瓢泼般的大雨早已倾泻而至了。就在这个节骨眼上，我们的车抛锚了。在大家就要放弃的情况下，曹彦生和任友两位前辈鼓励了大家。待雨势稍缓后，我们决定步行前往。来到文物点，大家迅速摆开了阵势，由于洪熙圣旨碑属于新发现文物项目，大家虽然顶着雨，但测量时都格外的小心、仔细。在掌握了基本数据后，我们开始对古建进行考察，辨识石碑上留给后人的信息。忽然，两个既熟悉又陌生的字眼出现在我的眼前，“洪熙”，这不是明朝仁宗皇帝朱高炽的年号吗？根据之前掌握的知识，明洪熙皇帝在位仅8个月，留给后人带有“洪熙”纪年款的实物可谓凤毛麟角。看到这么重要的发现，所有普查队员都围了上来，大家忘记了衣衫早已被雨水打湿，喜悦之情洋溢在每个人的脸上。

就这样，我和同志们共同克服了一个又一个困难，在艰苦的普查工作中经历了种种考验，圆满地完成了上级交给我们的任务。

我不是一个聪明的人，亦乏足够的勤奋。人的一生几十年的光阴，工作也不是只有热情就可以的，我深知总是有一些别的什么东西让人不断坚持下去的。“听任庭前花开花落，坐看天上云卷云舒”。随着城市化进程的加剧，北京面对着一个几乎所有文明古城共同面对的困境——如何既要保护古都风貌和历史遗存，又要保持城市活力，适应经济发展。在全社会保护文物意识日渐提高的今天，仍有一些古建石刻寄居民房杂院，或者流落瓦石碎砾之中，保存状况堪忧。每当看到这样的状况，我都感觉身体里有什么东西在涌动。人，难得的是老老实实、勤勤恳恳一辈子为一件值得的事情奋斗。

我个人的水平和能力都很有限。此次普查之于我个人而言，收获实在太多太多。艰苦的工作环境磨练了意志，培养了敢于吃苦的精神；团队的默契配合，增强了协作精神和团队意识。在业务方面，我学到了好多书本上没有的知识，提高了实践能力，强化了业务工作水平。而获得“第三次全国文物普查实地文物调查阶段突出贡献”的个人荣誉，更是对我们这个集体辛勤付出的肯定。我深知，成绩的取得离不开同事们的帮助，更离不开领导的扶持和培养，感谢多位前辈对我的悉心教导和爱护。我会珍惜这份荣誉，铭记这段经历，将这些收获更好地运用到未来的工作中，为文物事业做出更大的贡献。

天津市

润物无声西沽情

天津市文物管理中心　程绍卿

又得浮生半日闲。想起尚有一篇征文未曾交卷，于是，冲上一杯清茶，点上一支香烟，坐在电脑前面。看着晶莹的玻璃杯中徐徐落下的茶叶，我便陷入了遐思，思绪飞到了2008年的夏天，飞到了西沽。

在我少年时，常听老人们谈起西沽，但那多是它的杂乱和荒凉，而这次我和普查直属队的同志们走进西沽，对它进行调查和梳理后，彻底改变了我对它的认知，也激起我对旧时西沽的向往。

津门素有七十二沽之说，西沽便是其中之一。它原是北运河岸边一小村落，随后人烟日盛、逐渐发展为村镇。成书于乾隆四年的《天津县志》卷七津梁西沽浮桥条载："离城三里，康熙五十年（1715年），巡抚赵宏燮檄天津道朱纲，盐法道宋师曾造"，西沽的地位于此可见。清嘉庆、光绪时津门诗人梅宝璐（1816～1891年）在其《潞河棹歌·西沽》中写道："大红桥北是西沽，杨柳楼台金碧铺。隔岸好添山一角，不须妆点似西湖。"

看着眼前的资料，我们商定先从北洋大学旧址入手开始这一地区的文物普查。

19世纪洋务运动兴起之时，有识之士开办洋务，大兴西学。军机大臣张之洞提出"中体西用"，创办新式学堂，培养能够适应时代发展需要的新型人才。1895年津海关道盛宣怀秉承李鸿章旨意通过直隶总督王文韶，奏陈光绪皇帝设立新式学堂。光绪二十一年八月十四日（1895年10月2日），光绪皇帝御笔钦准，成立天津北洋西学学堂，并由盛宣怀首任督办，校址在天津大营门博文书院旧址。从此，诞生了中国第一所近代大学。

光绪二十二年（1896年），北洋西学学堂正式更名为北洋大学堂。光绪二十六年（1900年），八国联军入侵津、京，学堂校舍为德兵所强占，设备、文档案卷遭毁坏，学校被迫停办。至光绪二十九年（1903年）四月学堂方在西沽正式复课。北洋大学的旧址现由河北工业大学使用，初建时的建筑和设施多已杳无踪影，仅有南楼、北楼、团城三座建筑依旧矗立，辉映出曾经的辉煌。南楼入口上方的"北洋工学院"和北楼上方"北大楼"的匾额，虽字迹斑驳，却清晰可辨；团城外墙的堞雉，在向人们述说岁月的沧桑。

伴随文化教育设施在西沽的创设，西方的宗教势力亦开始向西沽渗透。1906年，美国公理会差会（American Board of Commissioners for Foreign missions，ABCFM）将传教中心从紫竹林移至西沽，并建立了著名的西沽教堂。

当我们走进西沽龙王庙前街15号，眼前出现的是并不起眼的青砖建筑，仅从窗口的样式和碱蚀程度上就可以判断出，这是一座历经百年的教堂。在教士的指引下，我钻进被后人遮挡的屋架，看到中国传统抬梁式梁架保存得非常完好，节点处的铁件，不知是原物还是后人的添加，但镶嵌在每个架梁之间镂空十字架和颇具中国元素的宝瓶，不仅是装饰上的追求，还折射出建造者对中西文化的融会贯通。

如果说，北洋大学和西沽教堂的建立是西沽地区融入近代社会的肇端，那么，1910年天津华昌火柴公司在西沽正式成立，则与前两者一同成为这一地区进入近代社会无可替代的标志。虽然华昌公司的遗迹今天多被民房所湮没，但1918年，华昌火柴公司与北京丹凤火柴公司合并，成立的丹华火柴公司的职工宿舍，则留在了西沽公司前街16号。并非寻常百姓皆可拥有的一进两跨三合院，作为职工宿舍，反映了丹华火柴公司的管理理念。

彷佛冥冥间的注定，当我们沿着北运河西岸骑行而过时，我一眼瞥见道边的门楼的比例有些异样，门前的道路远远高过了门楼的下槛，直觉告诉我应该下车，看个究竟。迈进院中，一座清代晚期的四合院进入眼帘，院落坐北朝南，正房面阔五间，进深两间，前廊明间内凹。东西厢房各五间，倒座五间。宅主人自豪地告诉我，这座宅院是其祖父所建，年少时曾见自家地契，写明建于"大清同治十三年"。

此时的我，抑制不住地兴奋，对拿着GPS的伙伴喊道："打点"。

停止了键盘的敲击，思绪随着岁月的流淌又飞回到1982年。我，一个初出校门的懵懂少年，走进了天津市文物管理处大门，直至今天的第三次全国文物普查，岁月悠悠，整整二十八载。

在告别西沽的时候，我在本子上写出了："昨日星辰历古今，沽水悠悠映浮云，旧时繁华谁知晓，北运河边访故人"四句话来，算作我送给西沽的觐见礼吧。

再见了，西沽，我还会来的。

寻找逝去的记忆

天津市西青区文物保护所　周　建

西青区位于天津市区的西南部，陆地成型的年代是唐代中、后期。北宋时期这里为宋、辽交界，明代分属河间府静海县和武清县，清代归属天津府。西青区文物资源丰富，积淀了悠久的运河文化、大院文化和年画文化。

2008年4月份，西青区实地文物调查工作正式启动。西青区委、区政府高度重视第三次全国文物普查工作，结合西青区文化遗产资源特点，制定了适合该区的普查实施方案。在实地文物调查阶段，西青区扎实推进文物普查工作，对各类不可移动文物进行现场勘查、测量、标本采集、绘图、拍照、录像等，认真做好文物数据和相关资料的采集和登记工作。

2009年11月，随着普查工作的逐步推进，在完成杨柳青镇、辛口镇普查后，新发现了大量清代民居。但根据历史记载，西青区应该有更加久远的建筑。西青普查队下决心挖掘更早期一些的建筑，并将重点锁定在将要普查的张家窝镇。该镇西周时为幽州地域，春秋时属燕国管辖，北宋时期是宋辽交兵的古战场，元代形成聚落。镇内历史遗迹众多，经过筛选，决定先去复查高村关帝庙。

复查之前，我们详细研究了“二普”中关于高村关帝庙的介绍，并查阅了《张家窝镇镇志》等资料，了解到这个村落形成于明代，是一个由移民聚落发展成的村落。“二普”中记载此庙建于清中期，但在查阅道光年绘制的《津门保甲图说》时发现关帝庙位置却被标注为菩萨庙，现在的关帝庙是不是以前的菩萨庙呢？带着这些问题，在张家窝镇文化站站长的带领下，我们来到高村。村支书已经安排了几位村中的长者等候我们，简单的寒暄之后，我们直奔主题聊起了村中的老爷庙（关帝庙的俗称）。一说到老爷庙，几位老爷子打开了话匣子，你一言我一语，说了近一个小时。虽然老爷子们胡须已经花白，但个个精神矍铄，思维敏捷，言语中流露出对老爷庙的感情。谈话中，我们了解到高村共有两座寺庙，关帝庙的后殿是旧时的菩萨庙。由于年代久远，没人知道菩萨庙的具体修建时间。

该庙位于高村中央，虽然年久失修，屋面局部坍塌，但主体结构还比较完整。其前殿即“二普”中记载的关帝庙，采用“一殿一卷勾连搭”形式，北侧出抱厦，整体形状成“凸”形，隐约可见梁枋的彩画。后殿即村民所说菩萨庙，菩萨庙为三间七架硬山建筑，甃砖台明，墙面青砖糙砌，屋面筒瓦捉节做法，残存半条清水脊。整体建筑风格朴素，如果不是明间腰槛雕刻楷书“佛法无边”字样及东侧墀头砖雕上雕刻“云挥百万慈手过”的话，更像是一座民居。其梁架系统很独特，七架梁、三架梁头有明显卷杀，瓜柱截面也不是本地常见的方形，而是接近圆形，且柱头有明显卷杀，更为奇特的是心间圆柱下竟然垫有2厘米厚的木板，疑似南方建筑采用的榰。种种特征表明，菩萨庙不似本地清代建筑，更像明代建筑。这些迹象让普查队员们异常兴奋起来，我们决定重点收集该庙的资料。

在完成GPS定位、照相、摄像之后，我们决定先测绘。热心村民为我们扛来4米高的梯子，协助我们测绘。普查队共有三人，我负责操作电脑，赵金港和韩志勇负责量尺寸，工作随之有条不紊的开展起来。起初，村民们见我们东量量西测测很好奇，纷纷围在我们周围观看，后来见我们既要量尺寸还要不时地移动梯子，便主动过来帮忙，测绘工作在村民的帮助下顺利地进行着。在高村测绘了三天，每天都有村民帮我们搬梯子，使普查队测绘工作的效率大大提高。

经过调查测绘和资料整理，我们觉得高村菩萨庙的梁头、柱头卷杀等特征具有明中晚期建筑特征，很快我们便将整理的资料通报了天津市第三次全国文物普查办公室。“三普”办马上派直属队的专家来到现场进行勘察。在现场，专家认真地听取了我们对菩萨庙的结构分析，并指导我们发现了很多遗漏的建筑细节。直属队的专家指导我们完成了相关资料的审核，并建议我们将资料整理研究后发表。在直属队专家的帮助指导下，普查队撰写完成了题为《高村“菩萨庙”历史价值分析》的文章，并被《杨柳青》杂志选中刊发。高村复查的成果给了普查队极大的鼓舞。

高村关帝庙复查的研究成果对判断高村村落形成时间、早期村落村民的构成有着重要的意义。高村菩萨庙与关帝庙从侧面反映了高村自明晚期至清中期村落的发展壮大过程。早期的菩萨庙由于经济不发达，大量采用了降低造价的施工手法，而到清中期修建关帝庙时，则大量采用精细的砖细做法，甚至在梁架上施以彩绘，反映出其经济状况较明晚期有了很大的改善。此建筑独特的地方做法对研究西青区历史，以及外来文化与本地文化的交融提供了宝贵的实物资料，弥补了西青区史料的不足，是西青区重要的文物资源。

普查队发现西青区最古老的木结构建筑的消息引起了各街镇领导的高度关注，纷纷要求我们重新复查，希望发现更多的有价值的文物，西青区的文物普查工作达到了空前的高潮。以街镇文化站普查人员为主力军的街镇文物普查员发扬连续作战精神，深入各文物点进行实地调查，准确采集照片、文字、坐标点、地图等信息数据。复查了“二普”中记载的50处不可移动文物，同时新发现了一大批有价值的不可移动文物，包括古遗址、古建筑、碑刻、近现代重要史迹及代表性建筑等四大类不可移动文物51处。其中，新发现的董家学堂、正安堂老公所门楼、西河闸、老前百旧址、合线厂旧址、曹庄烈士陵园等文物点填补了该区文化遗产品类的空白。

随着文物普查工作的深入开展，在各级领导的支持下，普查队陆续添置了伸缩梯、全站仪等设备，极大地提高了工作效率，提升了工作质量。现在虽然不用再向村民借工具，但那些曾经帮助过普查队的朴实的身影却经常闪现在我的脑海中：天津市“三普”办杨处长、梅主任、程科长；陪我们徒步考察运河的高站长；带着我们走街串巷的梁站长；还有很多很多不知道姓名的热心村民……如果没有这些热心人的帮助，实地调查阶段的普查工作很难圆满完成。第三次全国文物普查强化了西青区民众的文物保护意识，对新发现的不可移动文物予以重点保护，已成为西青区人民的共识。

“三普”工作是短暂的，但普查的影响却将伴我终生。这些经历将激励鞭策我，继续做好“三普”第三阶段的工作。第三次全国文物普查让我更加热爱这片生我养我的土地，这里有历史悠久的文物，更有可亲、可爱、朴实的故乡人。

河北省

“三普”与我

——记河北“三普”想法与做法

河北省文物普查队总领队　毛保中

一、被迫扛旗

2007年9月初，重压之下，受命具体组织河北省第三次全国文物普查。如若不是几位领导一起出面交代、安排，我几乎要当了逃兵。因为全省普查方案基调已定，省局直接组队开展针对新发现的文物普查，市县负责本行政区域内已登记文物的复查。省普查办工作量之巨大可想而知。筹措普查培训、调集业务干部、采办普查装备设备、制定具体普查计划、起草实地调查管理办法、启动文物普查前期宣传等等一下子全部摊在我面前。而跟我一起搭伙的却只有一男一女两名专职干部，一夜之间，我就觉得脑袋大了一圈，嘴上随之起了水泡。

二、组织培训

眼前的几项任务理出了头绪，手下几个同志有了分工，我才渐渐静下心来开始考虑更多细节。首先是培训，培训的对象当然是普查队员和各级普查办工作人员。队员的抽调固然费些脑筋，但近几年因工作关系与省直有关单位和市县文博机构的较多接触无疑帮了我大忙，加上几位老同志的参谋，很快选定了第一批队员，基本都是文博系统的业务骨干，业务好、身体好、品质好成为基本的择录标准。培训方案里，专家授课、答疑、研讨这些常规的培训方式自是需要安排，选好了老师、商定了题目、排定了日程，我心稍安。考虑到大多数同志并没有文物普查工作经验，我们专门制订了普查工作程式。一是要求队员提前熟悉拟查区域文物特征和分布情况，做到心中有数。二是结合特定的地理气候人员情况，每队每人做出模拟普查计划、细化分工、明确职责。三是交代具体普查流程：进村询问找线索、实地查勘采标本、测点拍照绘图描述，还要做到环境现状位置清楚、分工负责领队校核，每日查得文物点当日必须录入完毕。普查培训我自以为最成功的地方是制订了普查程式后，请专家带队员实地演练，一招一式，分毫不差。

三、采购设备

与首期培训同时进行的还有相机、笔记本电脑、GPS 等普查设备的购置。因时间紧迫，已无法提前对相关设备进行深入考察，我便出一“损招”，在培训期间利用专家讲课少量剩余时间，邀请几家较有实力的供货商，分头携设备前来为队员讲解并现场演示。第一轮演示下来，培训班几个聪明的家伙俨然已经行家里手了，几个尖酸刻薄的问题把其中几个较笨的供货商搞得就有点焦头烂额了。供货商们当然急于拿到订单，我可不急，队员实地演练不能没有设备啊，哈哈，所以每家供货商还得提供试用设备若干套，并派技术人员跟随队员去野外搞演练。课堂上讲了几轮，演练中试用了几款，弟兄们对将来普查使用哪家的什么品牌的设备早已了然于胸。于是，9 位领队被留下就设备采购发表意见并投票表决，大家的意见居然出奇的一致。设备问题就这样解决了，限期三天内供货，货到二十日内结款。

四、组织队伍

培训期间，我基本上已物色好了领队，人员配备也基本按照“三三制”原则，古建、考古、信息采集和录入各选其一，编为一组，业务较强者为领队。编组除了要考虑专业互补外，还要考虑年龄的搭配。第一次分组名单一公布，就有几个带刺的小子找我，要求跟某某年龄相仿、脾气相投的领队一组。被我厉声喝骂：你个大骡子大马是我专门配给资深领队使唤的，你得扛设备、背陶片，想找轻省，没门！看着他们悻悻然归去，我忍不住想乐：毛老师权力大了去了，哈哈！

专题调查与综合性普查相结合，是河北“三普”的一大特色，也是最值得推广的一个经验。专题调查源于首战邯郸。分到涉县的几个同志叫苦，涉县近现代文物多，大家革命史知识欠缺，每人都去查资料又太浪费时间，于是近现代文物专题调查组应运而生，井陉文保所长杜鲜明为领队。2008 年按照谢飞副局长的指示，安排了省考古所王法岗和阳原所所长成胜全带队开展旧石器专题调查。2009 年我们和石家庄经济学院合作，由省普查办杨超同志带领经济学院几名学生开展了工业遗产的专题调查。最终，三个专题调查组都取得了巨大成功，其光环甚至超过了综合普查队，各级领导对此均大加赞赏，本人也常常以此为荣。

五、宣传发动

宣传发动是否广泛、深入，对文物普查能否成功启动、顺利开展、圆满完成有着重要影响。因此宣传发动是特别需要精心策划的事情。宣传发动的受众看起来是广大群众，实际上从省普查办的层面说宣传发动主要是“动员”各级领导，让各级领导接着再去“动员”周边的干部群众。在“三普”期间我们“动员”领导和让领导“动员”惯用的手法是组织各种会议：培训结业仪式、队员出发仪式、各市县文物普查启动仪式，各级普查动员会、阶段性总结交流会、成果汇报会、督导调度会等等。省市县各级政府主管领导都被“动员”到文物普查这件事上来。文物普查领导小组组长不是白当的，是要出来助阵的。高层领导出面，宣传发动效果自是不一般，被“动员”者群情激昂，连新闻媒体也进行大篇幅报道。我的普查简报内容更加充实、画面更加鲜亮、层次上也是水涨船高。

六、保障质量

如何提高和保障文物普查工作质量，是最让人费脑筋的事。从培训开始就得考虑队员水平和工作质量，邯郸启动十几天，我就开始组织专家前往一线巡查指导，想的是尽快掌握实际情况，尽早发现问题及时解决，以免时间稍长，积重难返。邯郸启动一个月后，召开了文物普查阶段性总结交流会，这是我的质量保证体系里最重要的一次活动，队员带着实践中的遇到困惑直接与相关方面的专家交流，专家们则从问题入手，由浅入深地讲解，由点到面地概括，普查队进一步统一了思想、统一了认识、统一了程序、统一了方法、统一了标准。此后，定期的现场巡查指导就成为专家组的一项常规动作。

在质量保障体系里另一重拳就是普查启动两个多月后利用春节普查队休整的间隙，组织专家对普查队已作全部普查资料一处一处地进行审核把关，一处一处地提出修改和完善意见。春节过后队员集中第一件事就是根据专家意见补充修改前一阶段所作资料。也是从那时起，专家组又多了一项繁重的工作，分阶段按地区逐处审阅普查资料。2008 年春节文物普查各位专家加班加点审阅资料，不能阖家团圆，轻松过节，毛同志实在是对不起各位先生了。

2009 年 12 月 23 日河北“三普”实地调查阶段结束，省级验收迅速展开。鉴于组队方式的不同，在全省“三普”工作中发挥主导作用的基本是省、市两级政府和普查办，各县区基本都是配合工作，因此在起草本省省级验收办法时，我将验收的重点放在了以县域为单位的的复查资料的书面验收，其次是以普查和复查的县域为单位的现场复核，各设区市资料审核工作集中进行，现场复核则分头开展。设区市以会议形式口头、书面两种形式汇报，各县区的工作汇报均以书面形式。这样做既符合国家文物局普查办以县域为单位进行验收的基本要求，也充分考虑我们的工作实际。既有利于省级验收掌握统一的标准，又节约了时间，提高了专家组工作效率，一举多得。

七、队员艰辛

河北省“三普”成果丰硕，普查队员付出的艰辛、努力，甚至某些方面的牺牲时时让我感动。爬高山，钻密林，探古洞，涉沟渠，这些只是家常便饭。饿了，只能因陋就简胡乱啃一些面包、火腿、方便面；渴了，也就是顺手抓起行军水壶仰脖灌上几口。白天，无论刮风下雨、还是烈日当头、或者天寒地冻都不能阻挡他们奔走于田间山野的坚定步伐；夜里，电灯，蜡烛、煤油灯，甚至披星带月都得整理填写普查资料。每一名普查队员身上都有一些令人感动的故事，苦辣酸甜，尽在其中。刘朴沧州普查期间烈日下两次中暑。史殿海在张北普查时则险些冻掉了耳朵。首批入队的几名年轻同志两年间与恋人相聚的时间竟不足两周，赵哲因普查需要则几次推迟婚期。高伟、魏曙光、雷剑红等几位队员，在普查期间先后当上了父亲，却无暇照顾娇妻幼子。让人感到心酸的是齐瑞普，进普查队前儿子刚满月，等他年底再回家时儿子已经蹒跚学步，但居然不认这个爸爸，甚至躲在妈妈身后要求将小齐轰出家门！资深领队刘连强作了腿部静脉曲张手术，不到两周即赶回普查队。肃宁文保所所长梁纪想腰椎间盘突出，仍然咬牙坚持在普查一线。每次到一线，看到队员，都想说一句：兄弟们辛苦了，向你们致敬！

八、丰硕成果

河北“三普”共计新发现不可移动文物22000余处，各地复查登录文物13000余处，确认消失的1500余处。全省不可移动文物总数达到35000余处。河北“三普”实地调查工作圆满结束了，省级验收与整改顺利完成了，国家局整体验收过关了，电子数据正式移交了。河北省文物普查队交上了一份让自己还算满意的答卷。真诚地感谢省普查队和普查办的弟兄们，感谢关怀支持我们工作的各级领导，感谢热忱帮助我们的各界人士。

河北工业遗产普查小札

河北省文物普查办公室　杨　超

工业遗产是第三次全国文物普查的一项重要内容。然而目前，工业遗产保护的理念在我国刚提出不久，工业遗产的认定与研究尚在探索过程中，这就给普查带来了一定难度。笔者有幸参加了河北省工业遗产专项调查工作，在实践中总结出了几个或许应该注意的问题，今不揣浅陋，奉献于此，以就正于大雅方家。

一、切实把握工业遗产的认定原则

由于近现代工业在我国各地的分布与发展不一，遗存的认定难免具有地域性特征。而工业遗产的近现代性质，使其历史意义颇为彰显，但在具体认定过程中，不应忽视其文物价值，两者应该并重。根据《下塔吉尔宪章》和国际通行惯例，结合我国工业遗产现状及兄弟省份经验，按照《第三次全国文物普查不可移动文物认定标准》等相关规范，我们采取了以下认定原则：

（一）1858 年至 1949 年中华人民共和国成立前，河北省范围内兴建的公私工业遗存均纳入登录范围，涵盖矿产、电力、建材、化工、冶金、机械制造、纺织、食品、医药、印刷等各工业门类。

（二）中华人民共和国成立后于河北省兴建的工业设施，选取其中对国民经济和社会生活发生过重大影响的，在行业的开创性、生产工艺的先进性和工程技术的创新性方面走在全国前列的，对区域社会发展产生巨大推动作用的遗存进行登录。其最短时限以 30 年为界。

二、注重前期资料调查工作

一直以来，工业生产与文物工作的联系不是很密切，文物工作者对工业门类、生产活动的具体情况不甚了解，而进行普查就必须明了某一门类工业的发展概况，熟悉这一行业的历史和现实情况。这就需要我们补课。这是一个方面。

第二，各地工业发展的情况也各不相同，我们除了了解总体情况外，还需了解具体工业企业的历史演变，从中发现有价值的个体，进行实地调查走访。这就涉及到资料的查考工作。

在实际调查中，我们主要通过走访当地地方志办公室、政协文史委、档案馆、规划局等相关部门获得该地全面、系统的文史资料，从中寻找线索；通过多种途径与熟悉当地历史文化变迁的名人取得联系，了解相关细节问题；另外，还借助网络平台寻找各地工业遗存信息。实践证明，这种做法是有效的。

前期资料的调查工作，不仅有助于发现线索，而且通过调查使我们对有价值的工业遗存的整体发展演变情况也有了深入了解，为认定、登录工作提供了重要依据。

三、慎重对待口碑资料

口碑资料是近现代文物调查中的重要方面，工业遗产也不例外，尤其是在一些没有编制本企业史志的工矿企业显得格外重要。而一些缺乏详细记录的桥梁、铁路、职工住宅等遗存，只能通过走访知情人了解具体情况。对口碑资料作出辨别主要集中在时代和参与者两个方面。工业时代是一个机械化、大规模、统一化生产的时代，厂房、铁路、桥梁等建筑样式极为相似，单凭外观很难断定具体年代（如 20 世纪 20、30、40 年代），而对具体参与建造者的情况也往往不是十分清楚，唯有根据记载加之现场调查走访才能确定，所以单凭口碑资料确定这些信息就具有很大的风险，倘若口碑资料能与文献记载相合则是最为理想的，但这一工作需从大量史料中勾稽、分析遗存信息，要在有限的时间内完成，难度颇大。

举一个例子。秦皇岛京奉铁路汤河桥，在街头走访时我们得到一致的答案：日本人为掠夺开滦煤矿而修建。桥头原有碉堡，前年炸毁，现仍有残存的基础可见。但当我们沿着杂草掩盖的破旧台阶走到桥下时，惊喜地发现钢架桥体上面有一块厂家的标志牌，上面有“山海关铁工厂民国十年”字样。查《秦皇岛港史》，1921 年京奉铁路唐榆段改复线工程的记载赫然映入眼帘。至此，此桥的时代与修建者才算明确。

通过这次专项调查工作，我们更加深刻地感受到工业遗产保护形势严峻，任重道远。保护工业遗产不单单是文物部门的责任，更需要全社会的共同努力。而企业在工业遗产保护过程中发挥着关键作用。由于许多工业遗存的产权归属企业，而且许多还在用于生产生活，所以企业对遗产的认识程度直接关系到工业遗产的认定和下一步的保护工作。目前，许多企业上至决策者下至普通工人都较为缺乏工业遗产保护的意识，给文物保护工作增加了难度。这就需要各级政府充分发挥引导作用。而企业不断进行技术升级改造，淘汰落后生产设施势所必然，这与遗产保护又难免发生矛盾。在不影响企业发展生产的前提下，如何进行工业遗产的创新利用，需要政府、企业与文物部门携手解决。

河北蔚县“三普”记事

河北省文物研究所　刘连强

发现圣水寺

2009 年 5 月 2 日

上午 8 点半，阳眷镇（属河北张家口蔚县）政府派了一辆 212 吉普车送我们出发，今天的目的是调查蔚县最西北角的两个小山村——东洗马沟和西洗马沟。查看已有资料，这一带以前没登记过什么文物点，期待着有新的发现。

一户人家的山村

一路颠簸，车到了郑家窑（距目的地大约还有5公里的一个行政村），开车的师傅说再往前车就过不去了，他指着一条山路告诉我们：一直走就能到东洗马沟，大概有七八里路，现村里只有一户人家。

与司机挥手告别，我们开始沿山路向北往沟里走。一路全是下坡，一行5人（我、王爱中、华晓伟，还有省普查办宣传队的两位）说说笑笑，也不觉得累，不觉中一个多小时过去了，我开始担心起来，怎么还不到，难道走错了？因为这里是阳原、蔚县与山西广灵的交界地带，地形比较复杂，随身带的1∶50000的地图又不十分清楚，真希望能碰到个人打听一下。心中正暗念千万别走错时，山沟来了个90度大转弯，开始向西拐。让人兴奋的是居然路边有一辆马车：有车就应该有人，终于可以找人问路了。于是我们分头去找人，我去高的平台处，他们4人继续沿路向前。好不容易爬到高处，哪有什么人，于是失望地向下走去追赶他们。正下坡间，突然听到狗叫，循声望去，沟对岸居然有一处村庄，几乎就在眼皮底下了，刚才竟然没发现。也难怪，就那么十几处倒塌的石房子，还有一些不起眼的窑洞，确实不象个村庄的样子。仔细观察，整个村几乎成了废墟，到处是残垣断壁，仅高处有一座窑洞的烟筒冒着烟，窑洞外有人、狗正看着我们这些外来人。这应该就是我们要找的东洗马沟吧，退一步想，即便不是也可以找到人问，当时心里踏实了很多。我过沟到村边时，老王他们已先我一步到了住家处，趁他们打听情况空当，征得户主同意，我低头走进窑洞想去看个究竟。里面可真黑，转到另一间终于亮堂起来，已经快11点了，住户正在炕桌上吃黄糕（黄糕是当地的主食，用黄米面蒸制而成，因口感差，一般不嚼，弄成团块状直接吞咽），黄黄的一大盆，主人很是热情，一直让我们尝尝。我以为是午饭，后来一打听，才知他们一天只吃两顿饭，这应该算早饭吧。老王他们的收获不小，一是确定了这就是东洗马沟，正如镇上送我们的司机所说，村里人都搬走了，仅剩一家3口在这儿，养了200多头羊；二是户主告诉我们村西5里有一处寺庙，叫“送水寺”，寺建在一个山洞处，里面还有碑，更让人兴奋的是户主说他吃完饭后可以亲自带我们去。

为不打扰老乡吃饭，我们决定到村口去等，顺便也歇一下。大家正商量着是给老乡点向导费还是送顶普查的棒球帽留念时，老乡拿着放羊铲走了过来，说要出去放羊，不能给我们带路了。说实话，如果没有向导，在深山里去找个山洞，有多大难度大家心里都清楚。我们向老乡详细询问了如何去，往返大约得用多长时间，寺是否属蔚县，如何去西洗马沟村等问题后，决定还是要去一下，因为才11点，从时间上看应该没什么问题。

询问开荒人

一行人沿沟向老乡指点的“送水寺”、西洗马沟方向前进，行至一横向（南北向）深沟处，按老乡的说法，如果再向前翻过沟、过一座山就是“送水寺”；如果沿沟向左就是西洗马沟村。为节约时间，我们决定分两组，一组由我和小华去山上找“送水寺”，如找到其他人再上去。另一组也就是老王和宣传队的两位，去西洗马沟调查。

轻装上阵，我和小华带了必备的相机和水，开始翻沟、爬山（由东坡上山），将近12点，两人气喘吁吁的爬到了山顶，按老乡的说法，寺应该就在我们所爬山的西坡处，可是我们找了半天也没有发现，倒是在对面山的半山腰处远远看见了一座山洞，洞前还有石墙。到底“送水寺”在哪？是在我们脚下的山上，没有被发现呢，还是在对面山腰处？如果是后者，去那里还有很远的距离，而且还要下到沟底，再爬到山上去。怎么办？去不去？正犹豫间，抬头向上看，我们所在山的山顶上居然有一人在干活，于是决定上去问一下，为节省体力，我让小华留在原地，自己去问。我俩提前约定：如果对面山上的是“送水寺”，而且从高处可以过去，我就向他挥手（小华没带手机，距离较远，估计喊话听不到），到时他再上。如果对面不是“送水寺”，或者是但从高处过不去，我就直接下来找他。

说实话，上山的路并不远，可十分难走，山上长满了一人多高的灌木，没功夫找路，人基本上是在灌木丛中钻着、挤着向上爬，路上相机盖还刮掉了一次，幸好听见了声音，及时拾了起来。

爬到近前，那人正在开荒，大中午的荒山野岭，灌木丛中突然冒出个人来，把开荒人吓了一跳。当然我也很奇怪，他为什么到这来种地？我说明了来意，求证了三点：一是对面山坡上的洞就是“送水寺”，二是寺属蔚县，三是要想去寺上，还得走回头路。谢过开荒人，下山与小华汇合。已是12点半多，当时想不让老王他们上来了，一是路很难走，还带着摄像机，二是时间可能不够，下午还要回镇上。他们的意思还想上，于是决定由小华拿着我的手机在原处等，我先去寺处提前做资料。

圣水寺

翻过沟，到了寺庙近前已近13点。山门位于高大的石墙正中，确实很有气势。估计是很长时间没人来过，门道内堆了不少土，尤其是内口居然用石头封了起来。没费多大力气拆了一段石头封门，勉强爬进山门，登上台阶，眼前豁然开朗，洞很大，高有近10米，主洞长约20多米，还有两个支洞。洞内到处是残垣断壁，洞壁上有壁画，地上有10余通残碑，还有一些泥塑像的残块。赶紧查看碑文，终于弄清了寺的真正名称——圣水寺，先前两位老乡的叫法，都不准确，不过“送”、“顺”、“圣”，音倒是差不多。

正兴奋间，小华也来到了山门外，说老王他们不来了，一是时间不够，二是天已渐渐阴了起来。小华比较胖，又搬走了几块石头，才艰难的从山门爬了进来。两人抓紧时间做资料，没带本子，还好小华随身带了一本标签纸，不过从口袋里掏出来时已经几乎被汗浸透了，对付用吧。测了数据，画了草图，记了文字，拍了照片，已近 14 点。天上的云越积越厚，眼看就要下雨了，赶紧下山。正准备爬出寺门，小华突然叫我回去，原来他在洞壁旁发现了一个彩绘的小莲花座，其上跪坐着一个泥塑人像，塑像没有头，很小，但很精致，偌大的寺庙废墟上居然能见到这么精美的小东西，真让人吃惊，一种缺憾美一下打动了我们，有如见到断臂的维纳斯。“莫非这就是传说中的镇寺之宝”，小华半开玩笑地说。我赶紧趴在地上拍了几张特写照片，曾经有一个念头想把她作为一件标本采集回去，仔细一想，还是不要惊动她吧，把她留在“家里”应该更好一些。

收拾好东西，开始向回撤，来时带的水早已喝完，回去的路上经过一条溪流，两人一通暴饮，很是冰凉解渴。接近 15 点，终于与老王他们在上午分手处汇合，他们已查完西洗马沟，午饭也吃过了。为省时间，我和小华一边走一边吃上几口，有面包，有火腿肠，还有榨菜。食欲并不是很强烈，倒不是因为吃的不好，主要是早已过了饿劲。回去的路都是上坡，居然用了一个半小时才走到郑家窑，镇上用车把我们接回到住处时已近傍晚 6 点。还好天只是阴着，雨一直没下起来。

武安鸿禧寺发现经过

河北省古代建筑保护研究所　檀平川

武安鸿禧寺是在河北省“三普”实地文物调查工作开始一个多月后发现的。

2007 年 12 月 7 日傍晚，我们在完成武安市阳邑镇南的大井村调查后，返回住地时路过永安村，因计划第二天调查永安村，正好村委会就在路边，大门开着，想里边应该有人，我就下车到村委会提前打个招呼，请村委会帮助联系一位对村落历史了解较多，最好当过村干部的 70 岁左右的长者，以便我们明天节省一些时间。因为是冬天，接近 5 点，光线已有些暗了。我一下车，就奔村委会大门走去，无意识地左右瞄了一眼，这也是普查养成的习惯，到一个地方后习惯性左顾右盼，观察一下地形。猛然发现村委会北边有一坡顶高大建筑，琉璃瓦顶，尤其琉璃正吻与垂脊，比较显眼，建筑细节看不大清楚。

心一下提了起来，印象中看资料永安村没有登记大寺的文物点，看寺庙琉璃瓦顶的建筑，寺庙应该不小，如果是新发现，应该就是重要发现了。我有些着急，赶紧让张晓寒看记录本，确认永安村没有大寺登记的记录。我一下子兴奋起来，大声招呼张晓寒、王辉下车，“又发现一处!”我嚷了一声，身体好像闹钟上了发条似的，抖擞精神直向建筑奔去。

建筑前有一院落，后建的平房在大殿前围了一圈，院里堆满了酒瓶、纸箱等回收品，为一废品收购点。门锁着呢，透过铁栅栏门可以看见里面的建筑；但隔着约二十多米，看不清楚。顺着后盖的平房再往北走，就走到建筑的西山墙跟前，可以近距离地触摸到建筑的西山墙、后檐墙。

建筑为悬山顶，琉璃正脊、垂脊、吻兽，瓦垄明显偏大，筒瓦约有 13 厘米宽，檐口为早期建筑常用的盆唇檐；房屋面阔三间，通面阔约 11 米左右，进深约 8 米，接近方形，平面布局有早期建筑的痕迹。我这时候已有些激动，该建筑应是明代或更早时期的，这肯定是一个重要发现。为慎重起见，我给武安市文保所宋新盛副所长打电话，再次确认大殿未在已登记文物点名单中，属于新发现文物点。

王辉已去找人开门，我和张晓寒开始测量山墙和后檐墙尺寸。我们租用车的张师傅也被我们的情绪感染，忘记了寒冷（他未穿棉大衣），一边帮我们拿着记录本当测距仪的终点参照物，一边缩着脖子跟老乡宣传：“这是省里边下来的文物普查队，全国第三次文物普查，你们村这庙大，登记测量后会上报国家，以后国家会保护起来的，这建筑也是文物。”

过了十几分钟，王辉在老乡的帮助下，把废品收购点的老板找来了。等到开门后，我们再近距离地看到大殿后，我激动地几乎不能言语，张晓寒拍照，王辉、张师傅测量，我做记录；普查要求资料只作平面图即可，这次我们让老乡找来了一个梯子，高度方向尺寸、梁架尺寸能测的我们基本上都测了。

建筑明间面阔 3.46 米（轴线距离），通面阔 8.75 米（里墙皮距离），通进深6.61米（轴线距离）。梁架为六椽栿，明间施补间铺作斗栱两攒，次间施补间铺作斗栱一攒，未施柱头铺作斗栱；六椽袱用材硕大，截面为 50（高）厘米 ×42（厚）厘米，四椽栿与六椽栿间加一瓜形垫木，上部檩枋为后期维修更换。柱直径 38 厘米，明显带收分。山墙墀头厚达 1 米，带收分，砖尺寸 33 厘米 ×17 厘米 ×8.5 厘米。建筑前檐墙镶一“光绪元年重修鸿禧寺大殿东西两禅堂”题记，该建筑推断应为鸿禧寺后殿。

建筑前（南）30 米为鸿禧寺大雄宝殿的台基，村民在原建筑台基上后建钢屋架戏楼。村民们这时已经围过来十好几个人，你一言他一语，说大寺当地人称东大寺，大雄宝殿毁于 20 世纪 40 年代，东大寺在方圆几十里内很有名。人群中有 70 多岁的长者，但均不知道东大寺的真实名称。这时天已完全黑下来，测量已无法进行。我们向老乡及住户宣传文物普查的目的，鸿禧寺的重要价值，建筑已经保存了七八百年，是国宝，可千万别再拆了或失火，我们明天还要过来完成测绘。

回到住地，晚饭时要了一瓶酒，我们三个人碰杯庆贺，这是我们普查五十天来最重要的发现了。相比较前些日子发现的民居、村落庙宇等清代小型建筑，鸿禧寺这样规模较大、元代以前的寺庙建筑，无异于把我们已经平淡甚至有些沉闷的普查生活搅动了起来。现在回想起来这也是我们队三年普查以来最重要的发现，也应该是河北“三普”新发现年代最早的一座地上木构建筑了。晚上我连夜整理了一篇信息《武安发现早期木构建筑》，跑到镇上的网吧里发到普查办，给省普查办毛保中副主任发了个短信，算是喜报吧。

第二天我们又到永安村，把鸿禧寺的总平面进行测量，补充拍照、做文字记录、GPS定位。鸿禧寺大雄宝殿台基为方形，保留了早期建筑原平面布局；大雄宝殿前 30 米还存一建筑，推测应为天王殿，面阔三间，进深一间，体量比后殿要小，大木构架年代应该晚些。

2008 年 1 月份，省文物局张立方局长到武安慰问普查队员时，专门抽出三个小时到阳邑镇永安村看鸿禧寺，在现场叮嘱老乡一定要保护好这难得幸存下来的国之瑰宝，要求武安文保所尽快制定保护措施，公布成文物保护单位，使文物受到法律的有效保护。

2009 年我还在张家口蔚县进行文物普查，欣闻武安鸿禧寺已经申报第七批全国重点文物保护单位，我们的辛苦工作使鸿禧寺得到了应有的重视与保护，这也是我“三普”以来最得意、最大的收获。

元昌楼巨型西汉遗址的发现

河北省井陉县文物保护研究所　杜鲜明

2008 年 7 月 19 日是我参加河北省第三次全国文物普查工作中一个普通而炎热的夏日，但却是值得纪念的日子。事隔二年，回想往事，不免心旷神怡，话语不知觉就多了起来。

小平王乡为我们到沧州献县调查的第二个乡，记得 19 日那天气温在 37 摄氏度以上，我们普查队三人和往常一样吃过早饭，骑车前往小平王乡元昌楼村一带调查，配合我们调查的还有献县文保所张长虹所长。张所长是一位文物战线上老同志，他身材高大魁梧，讲话和蔼可亲，是一位绝对的帅哥。在他的引领下，我们当时没有走公路，骑自行车沿乡间颠簸的小土路前行，这样可以便于捕捉线索。因刚下过雨不久，小土路泥泞湿滑，车辙纵横，弄得我们满身泥水，车轮与挡泥板之间被黄泥填满，还得时不时停下来用木棍挑出填满车轮的泥巴，再加上气温高，空气潮湿闷热，这可让我们吃尽苦头，通身上下全是汗水，衣服很难受地粘在身上，20 分钟的路程走了 50 分钟。一路上我不停的鼓励队员们，天将降大任于斯人，必先苦其心智，劳其筋骨，这也许是对我们的考验吧，或许在今天应该有重大收获吧？队员们顿时信心倍增。

首先，我们到元昌楼村南约 1 华里的一家砖厂进行调查。砖厂规模很大，南侧为取土场地，占地面积有几十亩，形成一个较大的取土坑。我们分头对每一个断面进行细致地调查，生怕放过一点蛛丝马迹。我沿着砖厂东侧一地沟进行调查，沟内青草茂密，把整个断面遮个严严实实，扒开草，露出断面，这样才能观察到遗迹的存在。果然在草丛中、沟两侧的断面上发现了我们想要见到的砖、瓦、陶片，沟内有散落的遗物，沟两侧断面上暴露文化层，距地表 0.80 米。文化层厚 0.5 ~1 米，并且遗物还较为的丰富。还有遗物堆积、遗迹砖墙、灰坑。此时不远处传来了小杜吆喝声："杜队，这里有陶片。"同时老曹、张所那边也传来喜讯，每个地段都有发现。这样我们一同对发现的地段进行了详尽调查，发现砖为绳纹砖，个体较大，大多为残块。瓦为板瓦和筒瓦两种。板瓦居多，样式多样，外为绳纹，内为菱形纹、方格纹、柳斗纹、篦点纹。陶片可辨器种的有盆、罐、瓮、釜等。通过采集标本陶质、陶色、器形形制以及纹饰来看，这里应为西汉时期的一处聚落遗址。该遗址露出面积约 6 万平方米，当时定名为元昌楼村南遗址。我们便对每段重要遗迹、遗物进行资料记录，现场拍照、测定了 GPS 点，勾画了遗址平面示意图。

上午 10 点多钟，我们顺着乡间土路向北进村，边走边向在农田干活的村民打听，并拿出我们在村南捡到的标本让村民看。村民讲："1996 年村南盖这片房子时发现过，挖出一些瓶罐，当时也不知是什么物件，都已打碎扔掉了。不过这些东西我们村从南到北从东到西到处都是，没有什么稀罕的。"我们按照老人手指的方向先去南边一条东西向沟内调查，果然在沟内断面上发现了文化层，尽管文化层堆积不十分丰厚，但暴露的剖面断续可见。并在沟东侧台地断面上暴露一处较大的灰坑，上口宽 3.5 米，底宽 2 米，厚 2.5 米。堆积物丰富，有残陶片，瓦片。陶片多见罐、盆、碗、瓮、釜等。瓦片为板瓦、筒瓦。在灰坑东侧约 8 米处见到一面用素面小青砖垒砌的砖墙，残墙高 1.5 米，长 3 米，垒砌平整，墙整体向内倾斜。爬上沟再向东侧一取土坑寻找，坑内发现有大量散落砖瓦片，器物可辨器形的有陶豆、陶壶、陶鼎残片。低洼处见有房址，用砖垒砌，尽管没有完全暴露，但从遗迹发现南北向长 9 米，宽 4.5 米，砖墙残高 0.4 米。我们把这处遗址确定为元昌楼遗址，年代为西汉，面积 4 万平方米。中午返回小平王乡政府，午休后又骑车顺乡间公路由东侧进村，刚到村边，在路上便发现农田地埂边有堆积陶片，农田断面上夹杂陶片。沿着发现的遗迹、遗物一直向村东寻查，又在村东的一取土坑北侧发现了一座残破的窑炉，窑炉烧结面较为明显，距地表0.5米。坑中部留有残存房子一间，较为完整，青砖砌筑，残高在1.5米，在房子周围有散落板瓦残片。据当地人讲："早在几年前取土时发现，村民认为是古墓，拆除觉得不吉利，故保存了下来。"观察到坑断面都有遗物存在，故此划定遗址范围。我们把这处遗址确定为元昌楼村东遗址，年代为西汉时期一处聚落遗址，面积6万平方米。这样在一天的时间里先后在村的南部、村南、村东发现三处时代相当的遗址，文化内涵相同且相隔又不太远。这引起我们思索，我们不再继续寻找那些残破碎片，而是要进村了解一下这里的地质地貌，这里有什么历史传说？有什么事情发生过？第二天，我们早早起床，做好调查前准备工作，用过早餐便骑车带着喜悦心情又一次到达元昌楼村。到村约9点来钟，大街上闲坐老人不少，通过张所长介绍，讲明来意后，老人们你一言我一语的讲述起来。据村中老人讲："元昌楼村原地势较矮，近几年随着经济条件的好转，村民翻修房屋、增盖新房的日益增多，这样就在村周围取土抬高房基。在挖坑取土时砖、瓦、陶片到处可见，你们现在到坑内还可以看到。"我们按照老人提供线索，到村北、村西、村东转了一圈，的确如老人们所说，村周围取土坑断面上、地面上到处暴露有遗迹、遗物。再一是老人讲到村东北有一台地，被当地人称之为"城上"。"城上"的东、南、西三面有东城壕、南城壕、西城壕之说。通过老人提供的线索，我们在村中请了一名知情的老人作为向导一同前往"城上"。现今"城上"地势较高，南北200米，东西300米，面积6万平方米，尽为农田和苗圃林；所提到的东城壕、南城壕、西城壕已为农田。在了解"城上"时又得到一重要线索，据一位当地菜农讲：他在"城上"之外的村东北部打地沟时，在0.5米以下见到过坚硬的土块，上面带有白灰，和我们现在的三合土差不多。菜农讲的应该是我们所说的夯土层。看来"城上"原有面积很可能不止6万平方米。因我们这次只是进行调查，仅能通过发现的遗物、遗迹来证明一些现象的存在。故我们将元昌楼村南、村中、村东、村北、村西发现的遗迹、遗物综合考虑，合成一处较大遗址——元昌楼遗址。年代为西汉。其范围北至滹沱河南岸，东至"城上"东侧，西至村西瓦茬岗，南至元昌楼砖厂取土坑南端。南北长约3000米，东西约1400米，面积约4200000平方米。

元昌楼遗址是我们调查至今发现面积最大，文物遗存极为丰富，保存较好的一处遗址。按照我们调查资料分析，元昌楼遗址应为一处城址。其原因有四：其一元昌楼的"楼"很可能与古代城楼有关。其二遗址面积之大，是一般聚落遗址不可能达到的。其三元昌楼村北有地名"城上"及东城壕、南城壕、西城壕之说。这种说法不可能是空穴来风，应是代代相传结果。其四据清代《献县志》载：西汉，河间国时期有中水城近河间，阿武城近饶阳，皆在献县西三十余里。《武强县志》载：武强古武隧，汉置武隧属河间国。武隧城，县北沙洼村，秦汉时建。《元和志》载，秦破赵将扈辄于武隧即此。据了解沙洼地势较低，寻无古城遗迹。今元昌楼居于献县西 30 余里，志载有阿武城。沙洼村居于武强东 30 余里，志载有武隧城。今二村相距 10 里，按志书记载，所见元昌楼之地发现大型遗址或为城址，即阿武或汉时的武隧，二者孰是，还有待于进一步工作。

这处遗址此前并不掌握，属于此次普查新发现，鉴于上述情况，我们建议对遗址加强保护。通过此次的发现对西汉时期河间国、献王陵及诸城址历史问题的研究提供了实物资料，有着极其重要价值。

回味“三普”

河北省怀安县文物保护管理所　徐建中

第三次全国文物普查实地调查阶段工作圆满结束了，回顾野外调查的 800 多个日日夜夜，有许多美好的回忆，而最让人难以忘怀的，是大家在普查中表现出来的强烈的事业心和责任感。

因文物普查工作的特点及工作环境，省普查办既不能规定每个普查队的文物发现数量，也无法对全省几十支普查队的野外调查到位率、覆盖率进行有效的监督，保证文物普查实地调查工作的质量，全凭“三普人”的自觉性与责任心！

2008 年 5 月，普查队转战到了承德市兴隆县。该县地处山区，素有“九山半水半分田”之说，山高沟深，一条山沟少则十几里，多则几十里。我们每天早晨带着午饭坐车到沟内，再沿着沟徒步往回查，沟内不仅自然村多，沟两边的台地也较多，而个别山上还有庙址和日本侵华时修建的炮楼。多少次，好心的向导看我们上山累的大汗淋漓、上气不接下气的样子，劝我们“少登记一处吧，你们不上山，领导也不知道啊”。望着崎岖的山路和高高的山顶，对于我们这些常年坐在办公室里的人来说，心里真犯怵。但大家都觉得，能从全省文博系统中被选调为省文物普查队员，是一种荣誉，更是一种责任。每一次我们都谢绝了向导的好意，绝不放过任何一条线索，凡是山顶有遗迹的，二话不说便默默地向上爬。每次登上山顶后，回望身后曲折的山路，都会增加一份战胜困难的勇气，增强踏踏实实工作的信念。

7 月上旬，普查队来到了沧州地区，此时的沧州骄阳似火，烤得大地发烫。在野外调查不到半小时，T 恤衫就湿透了。几天下来，大家都不同程度的有中暑症状，然而没有一个人叫苦，没有一个人请假，吃点药继续干，坚持“村村到”，不留空白。由于天太热，老百姓下午多在家避暑，有时下午2点左右到村里，大街小巷找不到一个老乡，只好敲开老乡的门了解情况。个别老乡看我们大热天的满地转着找陶片，说我们有点傻。协助我们普查的乡干部从不理解到感慨地说“陪同过不少下来搞调查的，少见你们这么认真的”。8月上旬，河北省文物局及沧州市、县文物局领导慰问普查队，对我们的工作给予肯定，给一线普查队员以极大的鼓舞，激励着我们更加努力！

两年来，常常有人问我们普查累不累。要说不累，那是假话。每天从早晨出发，午饭后稍事休息，直到傍晚再回到驻地，期间一直不停的走路，询问、勘察、测绘、摄影、记录、定位，每天野外调查的时间都在10小时左右。白天实地勘察，晚饭后还要按照各自的分工将当天采集的数据进行校对，编辑照片属性，绘制位置图，文字录入电脑，清洗标本，常常干到深夜。

普查虽然辛苦，但欢乐也常常伴随着我们。

每当有了新的发现，一身的疲惫会随着欢呼声飘向山谷，那是我们最轻松的时刻。

每当我们的发现，改写了当地的历史，使文物工作受到当地领导的重视时，那是我们最开心的时侯。

每当我们制作的资料受到专家组的肯定，我们的工作得到省普查办领导的表扬时，那是我们最高兴的时候。

两年多的“三普”野外调查结束了，曾经朝夕相处、同甘共苦的队友都各自回到了原来的工作单位，但“三普”的工作经历将是我们一生的美好记忆。

荣誉代表过去，责任仍在肩上。我们将继续发杨“三普人”不畏艰难、认真负责的工作态度和作风，在今后的工作中努力拼搏，为我国的文化遗产保护事业做出新的贡献！

山西省

踏寻远去的足迹

——左云普查随笔

山西省大同市博物馆　李树云

2009年2月，春节刚过不久，大同的天气依然十分寒冷，我们组打点好所有的普查装备，正式入驻左云县。这是大同境内最北端的一个县，最高海拔2000米，最低海拔1300余米，境内群山起伏，沟壑纵横，道路十分难行，年平均气温只有5度，天气寒冷。全县有近三百个村庄，大部分位于山区，这给我们的普查增加了很多困难。

我和队员们一起分析了左云的情况。经过查阅县志和研究地图可以看出，左云境内历史上有三条大的河流，一条是东西向横贯云兴镇、张家场乡的十里河，一条是曲折经过小京庄乡的元子河，另一条是西北—东南向穿越马道头乡的大峪河，另外发源于尖口山东麓、流经水窑乡的山井河，流经管家堡乡的淤泥河历史上水流量也较大。这些河流的台地上，都是先人理想的生活场所，发现遗址的可能性很大，因此是我们要在春耕前完成普查的重点区域，而长城沿线历史上战争频繁，墓葬类是重点关注的对象。这意味着至迟在五月中旬我们要完成90%以上区域的普查。尽管制定了详细的工作计划和路线安排，看着时间紧迫，我的心里还是感到了巨大的压力。

第二天降温了，天竟然下起了小雪，为了不打乱工作计划，我们还是向管家堡乡出发了。黄土口是县境最北的一个村庄，长城二道边墙从村北穿过，墙体两侧存有烽火台遗址、城址、墓葬多处，我们依次进行了复查。天越来越冷了，风刮得人站不起身来，相机也因气温太低不工作了，我们只好把相机放在衣服里保温。那天虽然天极寒冷我们还是颤抖着，兴致昂然地和寒风飞雪合了个影。

几乎整个三月，我们都在十里河两岸的云兴镇、张家场乡调查。十里河是县境内最大的一条河，我期望在这里能有重要的发现，所以，对每一个村庄都格外关注。队员们背包里装着各个时期的陶片标本，认真地向年长的村民展示询问，每一个可能的线索都去现场踏查。我们的付出得到了丰厚的回报，新发现了面积达15万平方米的水泉南遗址、榆千户岭遗址和另外10处遗存都很丰富的遗址。月底普查组转入地处山区的水窑乡，这里距驻地路途遥远，路面又坑坑洼洼，至少要花费一个半小时才能到达，比我们想象的要难走得多。全乡虽然只有11个村庄，但分布在山谷的不同地方，村与村之间相距遥远。为了节省时间，只能突击。3月18日那天，我们早早就出发了，翻了两座山，复查了火石梁遗址、井沟遗址，新发现了火石梁旧石器地点，中午在山上草草吃了方便面，下午接着复查了冯家窑遗址、冯家窑惨案遗址，回到驻地已经是晚上九点多了。队员们精疲力竭，吃完了饭甚至没顾上洗脸，和衣倒在床上，睡着了。水窑乡的普查让我们吃尽了苦头，车子经常因为路况不好不能载人，我们只得下车步行，午饭常常到下午三四点以后才吃。欣慰的是我们不仅新发现了几处存有精美砖雕的民居，还发现了一处汉代遗址。

草快要返青了，超负荷的工作还在继续。白天我带着队员们去村子里调查，晚上其他队员整理照片、绘图，我填写文本，之后还要根据情况随时调整路线，安排第二天的工作。有首歌说“夜深人静的时候是想家的时候”，也只有在那时候我才会突然想起病重的父亲身体好些了吗？儿子要中考了，安排好自己的学习了吗？

进入5月，我的地图上、乡镇列表上划掉的村子越来越多了，我在那些让我们永远难以忘怀的村名旁点了红彩：去南石山，因为无路可走，车子竟开到了悬崖边；去黄家店，车沿深谷边缘走过；去挂里窑，车在布满石子的沟底行进了一个小时；去雨安庄，车子在山里绕了近3个小时，下午两点才出来，村书记站在村口迎接我们，并在家里给我们煮好了方便面，大家说那是我们吃的最香的方便面了。——我的文物清单上填写的文物点也越来越多了，古建筑、古墓葬、石刻、近现代重要史迹各大类均有涵盖。最让我有成就感的是新发现了不同时期的遗址39处，其中的22处辽金时期遗址还填补了本县同类遗址的空白。大同在辽、金时期均为西京，这些分布面积大、文化层堆积厚、地表遗存丰富的遗址，穿越尘封的历史，再现了大同西京昔日的繁华。那些发现遗址背后承载的故事更是让我终身感动的精神财富。近几十年以来，左云县的绿化面积逐年扩大，很多50多岁的村民都不知道哪一片青葱的草地或茂密的树林曾经是耕作的农田。岁月侵蚀，先民生活的季节河边台地现在也已是沟壑纵横，那些地方距村庄既远又没有路可走，可看到我们的标本，知情的已经六七十岁的老大爷都会热心地带我们去现场，有时候步行很远才能到达。大爷们在寒风中穿着单薄的衣裳，脚步蹒跚，背影佝偻，可他们听说那是文物都兴致十足，毫无怨言。正是因为他们的关爱和善良，草丛中的庄家店遗址、树林里的南杏庄遗址、西二队遗址等近二十处遗址才会出现在我们的成果名录中。

虽说“出门六月炎日里”，却是我们在左云最惬意的时光，每天在县城调查民居，可以按时吃饭，中午也能午休一会了，天气不好的时候，还可以进行一些清洗陶片之类的室内整理。7月，天更热了，我们还剩下三屯乡的一部分村庄没有调查。这些村庄已废弃多年，村民也搬迁到现在的三屯村。山里地形复杂，只有带着向导才能找到。那天县文联的杜老师陪我们步行了近三个小时，沿途查看了那些过去的村庄，又翻过了几个山坡才最终到达十二窑。在那儿，我们复查了十二窑惨案遗址，越过村北的长城，我们席地用餐的地方已经是内蒙古的地界了。五路山是县境北端最高的山脉，山上新发现了高大的封土，有专家怀疑是北魏皇陵，我们也期待能有重要的发现。原县文体局的刘局长年事已高，身体状况也不太好，但还是陪我们三上五路山调查，我们几乎走遍了山上的每一个地方，遗憾的是并没有大的收获。7 月 20 日，我们徒步二个小时调查了县境最后一个村庄——已废弃的浮石山村，登记了一处崖居，一处碉堡遗址。克服了路况带来的重重困难，我们踏遍了左云县的每一个村庄，野外调查终于顺利结束。

经过又一段艰苦的室内整理，10 月份，我们率先通过了省级验收。

因为要准备大同县的验收，我已经很久没有休息了。每次打电话父亲总是说身体还好，让我安心工作不要惦记家里。在外普查二年了，父亲的病日益加重，我一直想，普查结束后我就能好好陪陪他老人家了，可没有什么会为我们永远等待，工作结束的前五天，父亲终于没能等到我的膝前尽孝，永远走了。我的工作和付出得到了各级领导的认可，我被评为第三次全国文物普查突出贡献个人，看到推荐表的刹那间，思念和悲痛漫过每一根神经，想起我今生永不能再谋面的父亲，禁不住泪如泉涌……

双脚踏出精彩来

——一个编外文物普查队长的普查手记

山西省晋城市政协　裴池善

我叫裴池善，在山西省晋城市政协工作。由于我对文物考古工作的特殊爱好，多年来一直从事地方古代文化的研究，也曾在文物部门工作过。第三次全国文物普查开始后，我被借调到晋城市旅游文物局，参与到普查工作中，并先后出任晋城市城区文物普查队队长和晋城市遗址专门调查队队长。两年来，我和我的队员们经历了无数的艰辛，也收获了无数的喜悦。个中滋味，是局外人无法体会的。

2008 年 12 月 10 日，我正式进入城区开展实地普查工作，当起了晋城市城区文物普查队队长。说是队长，其实也就是 6 个人组成的普查小组的头儿。而除我之外的另 5 人，为

4女1男的小青年，都是从各单位临时抽调的，均非文物专业毕业，对文物及古建筑缺少认知能力。而其中3位女同志都有仅几个月大的待哺婴儿，我这个所谓的队长当起来的难度可想而知。

为了尽快适应普查工作，我不得不用最快的时间对我的队员进行培训。一方面找来各种专业书籍资料供队员借阅，同时深入开展普查较早的兄弟普查队现场向他们学习。白天大家现场实践，晚上针对白天的内容“恶补”相关知识。找遗址更是困难，队员们连遗址是什么都不知道、都没见过，怎么找？于是我带大家到省级重点文物保护单位高都遗址，现场为他们讲解关于遗址普查的基础知识。这是我的5名队员第一次见到真正的遗址。你很难想象，就是这支对遗址什么也不懂的队伍，在接下来的三个月的城区普查中，竟奇迹般地在晋城市城区不大的土地上，新发现了39处各个时期的古人类遗址，是晋城六个县区当中发现遗址最多的，并且直接催生了一个晋城市遗址专门调查队的成立。当然，这是后话。

在田野调查工作中，我大胆创新，积极探索。根据普查规范，创造性地设计了一批表格，如《文物普查线索征集表》、《村内基本情况调查表》、《文物普查田野调查情况登记表》等，及时准确地收录各种有用信息，极大地提高了工作效率。省“三普办”将我发明的几种表格在全省推广，受到大家的好评。

此次晋城市城区的普查，涉及7个街道办事处、1个镇，共78个社区、67个行政村，取得了令人满意的成果，文物总量由“二普”时的70处文物点上升至379处，新发现量占普查总量的82%，行政村覆盖率达到100%，并成为晋城市第一家通过省级验收的县区。

城区普查不光有数量上的突破，更有质量上的突破，特别是遗址方面，城区是晋城6个县区当中发现遗址最多的。特别是寺底旧石器遗址，是晋城城区方圆30公里内发现的首个旧石器遗址，为研究晋城地区古代人类生活、迁徙提供了重要的史料，也填补了城区乃至市区近郊无一处旧石器遗址的空白，意义非常重大。

在城区的实地调查中，我们注重文物的新发现，其中不乏一些重要发现。在南石店村我们新发现了李先念旧居及中原局机关、中原局军区机关的办公点及中原局党校旧址，对研究中原突围后李先念部整军的历史具有重要的意义；在西后河社区，我们发现了一处朱德同志居住过的院落，对研究八路军总司令朱德1937～1939年之间与国民党卫立煌谈判、交往，意义重大；在位于西街办事处西大街社区石府巷17号我们发现了一处元代祠堂；在钟家庄办事处洞头村与东、西武匠村之间白水河西岸山崖上的一天然石灰岩洞穴内，发现北宋乾德年间的三佛洞洞窟造像，是研究宋代中国佛教造像艺术的重大变革和趋于世俗化转折的宝贵实物资料。

2009年3月11日，城区文物普查取得了阶段性成果。针对普查中晋城市遗址数量不多的现实，及田野文物普查季节特性，晋城市“三普”办决定抽回城区普查队的队员，成立晋城市遗址专题调查队，由我任队长。于是，三个月前还不知道什么是遗址的我的4位年轻的小队员，此时已作为寻找遗址的小专家，担当起突破晋城市遗址数量的重担。

有了城区找遗址积累的经验，发现遗址对我们的队员来说已不是太大的困难。我们使用了“靠历史记载找遗址，靠历史事件找遗址，靠历史地理找遗址”的三靠口诀，在方法上总结了“看土色、看地表、问村民”的三部曲。其中有几个遗址就是问当地村民后找到的。

接下来，对遗址标本的断代和遗址年代的定位成了摆在我们面前的最大的问题。我们找到各种考古发掘报告资料加班加点学习，并在网上下载了“遗址普查三字经”印发给每个队员。并且与省包市专家建立联系热线，第一时间得到专家的帮助。

遗址普查是十分辛苦的事情，我们每天要沿河走十多公里的路。而所谓的路，就是鲁迅先生所说的“走的人多了”所形成的田间小道，有时甚至就没有什么路，只能穿行于荆棘丛中。几个月下来，我体重下降了近20斤，在现在普遍减肥的热潮中，这倒算我此次普查中的意外收获了。在普查中，由于是沿河而行，所以趟河是常有的事。有时女队员不方便过河，男队员就拄着棍背女队员过河。那种情景，那种辛苦，可以说是十分的感人。

在遗址专题调查中，我们经历了冰火两重天。最冷时我们曾经在零下13度时行走在空旷的田野里，最热时我们在42摄氏度依然在野外调查中。为避酷暑，调查队早上4点半起床进入普查现场，上午10点钟天热收队，保证了调查进度，并且收获颇丰。一年时间，共徒步调查流经5个县区的大小12条河流，及河流经过的30余个乡镇130个村庄，使晋城市古遗址从145处增加到393处，彻底改变了晋城遗址数量较少的面貌。成为山西省新发现遗址最多的地市之一。特别是经过普查，我们把几处古代传说中的的古城遗址找到，让标本说话，结束了多年来学术界的争论。如西燕建兴郡遗址的发现，纠正了史书几百年来的谬误，意义重大。

“三普”中，经过我的斡旋，为晋城市博物馆征集回一件新发现遗址内出土的青铜鼎，填补了博物馆的空白，也成为第三次全国文物普查最重要的新发现之一。

人到中年分外事多。

正当我们为每天的新发现兴奋的时候，一个意外打乱了我们的计划，我年近八旬的父亲因脑溢血住进了医院。为了不影响普查进度，我用一天的时间匆匆完成父亲的住院检查事情等，第二天就怀着对老人的愧疚和惦念之情赶赴普查现场。在老人住院的33天里，白天和我的队员战斗在田野地头，晚上回医院护理老人。在晚上老人休息的时间，我还得编印简报、整理白天普查的资料。我们遗址普查队共编发简报100期，其中近40期就是在医院完成的。

回首走过的普查路，我很欣慰。作为一名自小喜欢文物考古的考古迷，我有幸参加了建国后全国最大规模的文物普查工程，并且一大批文物和古文化遗址在我的辛勤工作中被发现。

看着工作室里几百处遗址采集到的陶片、石器标本，我很快乐。因为这些标本中凝聚着我们付出的汗水，同时也在填补了晋东南考古研究的空白。

看着我充满朝气的队员，我很自豪。因为我看到了年轻人自强不息的奋斗精神，同时也看到了中国考古未来的希望。

我庆幸赶上了这国富民强的好时代，我庆幸晋城市“三普”办给了我这么好的一次锻炼自己、充实自己的机会，我庆幸我培养出了一支年轻的、十分团结的、特别能战斗的普查团队。

跋涉文明之旅　品味奉献快乐

山西省晋中市文物局　杨美平

我带的两个普查队的野外实地调查验收工作今天就全部结束了。送走专家领导，退了房间，我也该走了。车上装满行李和与我朝夕相伴的工作器具，心里却空空的，这就结束了？两年的跋山涉水、风餐露宿、挑灯夜战就这样结束了？在最后的阶段为迎接专家组验收，编辑资料、打印文本、布置会场，我们几个人已经忘了白天和黑夜，突然间以验收通过为终结，要告别“三普”工作，要告别我的队友们，一种失落感重重地袭上心头。在“三普”的日日夜夜，我们曾不堪重负，渴望早日结束。可是当结束的日子来临，我忍不住流下了眼泪，这是不舍的眼泪。

2008 年 5 月，晋中市在全省率先启动了野外实地调查工作。我带着昔阳普查队在大寨迈出了探索和实践的第一步。第三次全国文物普查使用的是当代现代化科技手段，GPS 测点、PDA 记录、CAD 制图、数码照相、软件录入等，这些对于全体队员来说都很陌生。作为队长，我不仅自己要尽快掌握这些高科技技能，还要带领大家一起学。我们一起干、一起学，很快，全体队员掌握了要领，进入了角色。第三次全国文物普查增加了许多新类型，收录范围也扩大到 20 世纪。在界定 20 世纪文化遗产时，我们对“大寨”这份具有特殊意义的文化遗产，展开了探索、讨论、收录，并多次请教专家，走访群众，使大家头脑中模糊的概念、肤浅的认识有了清晰的思路，最后给“大寨”这一曾受世界瞩目的“圣地”在第三次全国文物普查中领到了“户籍证明”，并被国家文物局主编的《第三次全国文物普查重要新发现》收录。世人已经渐渐淡忘的“农业学大寨”、“陈永贵”、“虎头山”、“大寨梯田”以新的内涵闪耀在文化遗产的宝库中。

在昔阳县调查期间，我和我的队员们不断总结经验，改进方法，节约时间，提高效率。为了方便工作，退掉了宾馆的客房，县局为我们租了一处民房，普查队员吃在一起，住在一起，工作在一起，既节省了开支，又方便了工作。在省包市专家审阅文本时，我们发现反复手写誊抄的纸质文本费时费力不利于工作，就及时改为电子文本打印稿供专家审阅、修改，大大节省了时间、节约了纸张，又减少了劳动。用短短的5个月时间，我们队基本完成了昔阳全县的野外调查工作，走在了全市、全省的前列。

2008年10月，我们又转战到寿阳县。寿阳县国土面积2116万平方公里，是晋中第二大县。境内四面环山，中间丘陵起伏，沟壑纵横，是山间盆地。一般海拔在1100米以上。气候较为寒冷，年均气温7.3℃左右，霜冻期为9月中旬至次年4月中旬，无霜期120天。我们普查队来的第二天早晨，很多人都把汽车上厚厚的霜当成了雪。

来到寿阳后，我们总结了昔阳的经验，从人员、资料、设备三个方面进行了管理。我们团队有分工有协作，野外摄影、画图、文字记录各把一关。为了方便调查，每晚我都加班到深夜，将县志、“二普”资料，各级文物保护单位名单以及能收集到的所有资料全部手抄了一份，并进行了分类存放，便于做文本的时候随时用到，实践证明我的手抄资料在以后的工作中起了很大的作用。另外，我把“三普”各种规范、范本、各乡镇的人文、自然等每天都要用到的资料也预先整理了一份，保存在电脑里，用到哪个乡时直接粘贴过来稍加修改就可以了，节省了好多时间。外出前我还将行政图扫描后切了好多块打出来，调查哪个乡哪个村，就带那个地方的图，跑一个村勾掉一个村，跑完一处文物点勾掉一个点。像过筛子一样，走完了全县7乡7镇200多个行政村，共调查登记不可移动文物680处，行政村文物发现率为93.3%。据月报统计我们寿阳普查队调查业绩名列全市前茅。在最后整理调查资料的过程中，我们利用图表、数据，把寿阳县的不可移动文物按乡镇、类型、级别、复查与新发现、“二普”与“三普”的对照等进行了分析，完成了全县文物资源分析统计。据专家说，我们的做法在全省率先将文物普查引向了更高的层次。

作为队长，从第一天起，我就用自己的快乐情绪感召着普查队员。作为一个老文物工作者，我也理应带头让工作走在全市前面。我每天早晨5点半起床，直至晚上10点半休息，因为在电脑上工作时间太长，重复同一项事情，出现了严重的电脑综合症，晚上很累但是无法入睡，好几次工作中突然就跑进卫生间哇哇大吐，实在坚持不住了，到床上躺一会儿接着干。夏天的傍晚，房间里很热，窗外的音乐声、跳舞声、唱歌声，踢毽子的、打扑克的，普查队员们几次催我出去调节一下，我没去，因为时间紧迫。“三普”期间，由于长期疲劳上火经常牙疼，喝水、漱口都会难受，吃不下饭，脸色很难看，最后硬被领导和同志们把我搀回家休息。在家又惦记着工作，两天后又返回队里。

两年来我坚持写日志，当天调查的内容，当天就填进了报表，到月底直接上报，一点不耽误事。电子资料和文字资料都是分类存放，每天备份，从来没有出现过一次丢失资料的差错。每次专家审定过的标本及文本修改意见、字条、手稿，我都收集起来，整理后打印存放。验收时，包市专家看到他们每一次的工作字迹都被保存了下来，都很惊讶，也很感动。

两年中，我和我的团队，完成了两个县1000余处的普查任务，并全部高质量通过省级验收。2009年底，受市局领导委托，我又赶到了灵石县帮助工作……

年轻的历史

——城西人民舞台调查随笔

山西省运城市文物保护研究所　王立忠

2008年10月20日下午，在刚调查完邻村的一处古遗址后，“三普”队员们便风尘仆仆地赶到了临猗县庙上乡城西村。我们时而四处寻觅，时而与村民娓娓交谈，很快便来到村委会门前。

城西村地处涑水河冲击地带，因位于魏晋时期遗留的北解故城以西而得名。涑水河现已基本干涸，但数万年的冲刷，给这里留下肥沃的土壤，滋养着勤劳朴实的人们。城西村原为山西粮棉生产基地，物产丰富，群众文化非常活跃。近年发展副业，几千亩土地大多栽植了枣树。金秋十月，天高云淡，客商们云集于此，将那丰硕甜美的枣儿运销全国各地。村民们多在辛勤的忙碌，享受着成片枣林给他们带来丰厚收益的快乐。

按照县“三普”办的安排，村委会事先会给我们提供一份本村所有文物点的名单，我们按图索骥，便能节省大量时间，然后充分利用节省的时间进行调查走访，以期有更多的新发现。

村委会主任很热情的接待了我们，告诉我们城西村历史的悠久，过去村里有很多庙宇、祠堂等古建筑，但在“文化大革命”、“破四旧”中都被拆毁了，建筑木料皆运往县城，仅有一座老宅院因当时作为大队部办公场所而得以保存。宅院的老主人名叫杨正泰，这是一座清代末年晋南地区流行的三进院落。第一进院落仅设门楼和茶房，主要是接待一般性的客人，重要来客才被请至二、三进院；第二进院落为厢房，主要居住主人的儿女；第三进院落为上院，建筑为全院最高，供家中长者居住。二、三进院落之间以过厅相隔。整个建筑虽缺乏精美的砖雕、木雕等装饰工艺，但却是中国传统长幼尊卑思想与建筑布局完美的结合，也具有典型的晋南民居建筑艺术风格；只可惜第一进院落已被拆毁，多少给人们留下了一些遗憾。

做完杨正泰宅院的数据采集工作，我们又和村委会几个人攀谈起来，村里的古建筑是拆完了，但是否还有近现代比如说“建国初社会主义经济建设初期”、“大跃进”、“文化大革命”时期等等遗留下来的具有时代特征的东西呢？经我们一提醒，有个人说道，村里倒是有一座“文革”时期的舞台，上面写满了标语口号，但那还能算作是文物？

是啊，数年来，经文物部门的大力宣传，文物的概念已深入人心，但在人们的印象中，文物似乎总是与遥远、古老联系在一起，说“文革”时期典型的建筑属文物，老百姓确实是不好理解，毕竟，那是他们一砖一瓦辛辛苦苦建起来的，就跟昨天刚完工一样。短短 40 年的历史，甚至比他们自己还年轻，而且，这是现代的砖混木构材料，与他们想象中的文物概念相差甚远……他们想弄明白的事情太多了，听我们说有可能是文物时，他们表现出来的只有好奇和惊讶。

城西人民舞台位于村委会对面 50 米处的大院内，一进入大院，一股浓郁的“文革”时期特有的气息扑面而来。首先映入眼帘的是一条条遥远而熟悉的标语口号及一幅幅只有在特定年代才会出现的图案。我们见过无数有标语和图案的建筑，但如此全面、如此繁缛的还是头一次。站在舞台前，让人感觉到的是那个年代人们政治热情的高涨与狂热，仿佛周边都是集会游行的群众和震耳欲聋的口号声。

城西村时为城西人民公社（现改为庙上乡）驻地，1967 年，城西大队为适应政治形势需要，活跃人民群众文化生活，决定修建这座人民舞台。据村中长者讲，舞台由当时在此插队的天津知青设计，河津工程队施工而成，但也有老人说是村民自己设计的。仅仅 40 年的时间，这座舞台的身世就成了谜团，由此可知，历史上有多少事件需要我们来揭示考证，恢复他们的本来面目，可是我们又能恢复多少呢？这座舞台到底是谁设计的已经不重要了，重要的是它带给人们的那段历史，那才是舞台留下来的真正意义。

城西人民舞台是一座集舞台、会堂于一体的多功能建筑。舞台为砖混木结构，前檐施仿古式飞檐、垂莲柱、栏板。会堂位于舞台东侧，面宽十间，内部与舞台相通。舞台设东、北两面台口，安装活动木板墙。两面台口装饰均繁缛华丽，内容以“文化大革命”时期流行的各类标语口号及革命样板戏剧照为主。

舞台北檐顶中部图案为红五星、五朵葵花及三面红旗共同烘托的毛泽东主席立像。葵花上有“忠”、“公”字样。图案两侧为宋体标语“大海航行靠舵手，干革命靠毛泽东思想”。

檐下额枋为横排仿宋体“三忠于”：“忠于伟大的领袖毛主席，忠于伟大的毛泽东思想，忠于毛主席的革命路线”。额枋顶部为横排大字标语“敬祝毛主席万寿无疆”，底部为当时革命样板戏《红色娘子军》中的吴琼花、《红灯记》中的李铁梅、《沙家浜》中的阿庆嫂、《白毛女》中的喜儿等人物图画。舞台内侧立柱上隶书标语“忠于毛泽东思想走社会主义道路，突出无产阶级政治为工农兵歌唱”，外侧立柱上草书毛泽东诗词“四海翻腾云水怒、五洲震荡风雷激”。立柱中间墙面为竖行楷书毛主席语录“领导我们事业的核心力量是中国共产党”，“指导我们思想的理论基础是马克思列宁主义”。舞台底部为日出大海、万丈光芒及“东方红”字样等组成的图案，图案两侧为口号“抓革命、促生产”。舞台东台口和会堂连为一体，用活动板将二者隔开，两侧楹联为“对比今昔，社会主义制度无比优越；展望未来，共产主义前程更加美好”，上边书写宋体“兴无”、“灭资”标语。

平素演戏时，东边台口封闭，人们从北边台口露天观看。公社召开群众大会时或逢雨天，北边台口封闭，东边台口打开，舞台即可作为会议主席台或室内演出使用。

整个舞台设计奇巧，构思精妙，仅仅从建筑本身来说，已是别具一格、富有特色了。台面上装饰的标语口号等，更是囊括了“文化大革命”政治活动的主要内容，说它具有典型的时代特征，我们觉得一点也不过分。按照《第三次全国文物普查不可移动文物认定标准》规定，这个应该算作近现代文物，可以登录。

队员们在忙碌着采集各种信息数据。看着这舞台，我们久久不能平静。那个时代一去不复返了，只留下一座孤零零的建筑。面对它，人们更多的是对那不堪往事的反思和回味。而对于我们文物人来说，如何很好地保护它，如何让它承载的历史信息发挥作用，使人们从它身上得到重要的启示，才是我们文物工作者肩负的责任。

华寨笔记

山西省临汾市博物馆　张聚林

华寨村，安泽县良马乡的一个小山村。这个北依盘秀山，东望摩珂岭，南临泗河，山清水秀的小山村，是我挥抹不去的记忆。这一切皆缘于二十二年前“二普”时在这里留宿一夜，这里饭菜的清香，这里茶酒的苦涩，这里房舍的简陋，这里乡亲的厚道，在不经意间，就会走出有些远去的记忆，其实这就是结在记忆树上的果实，是久久难以忘怀的“老地方”。有幸负责安泽县的“三普”工作，有幸再次走进华寨村，重游“老地方”，有时如品一盏陈酿，有时像尝一杯香茗；踅回“老地方”，多少会感着惬意和熨帖，好似他乡遇故知，可以与久违的或根本无缘再遇到的旧交相晤面，并与之交流、谈心。

盛夏季节，阴云初开，在县、乡同仁的陪同下，驱车来到华寨村。在村口，村支书刘先志早已等候，下车握手，寒暄片刻，遂决定趁天凉先登盘秀山，再访祖师庙。

盘秀山

盘秀山古称鹿渎山，又名方山，因山势耸崎，孤峰独盘，形势庄秀而名。山顶建庙，为祖师庙。“二普”记载，仅存正殿，清代建筑，石砌窑洞，内有壁画。

村支书领路，出村向北，沿着狭长的山谷慢行，细线似的山路疑从半空中抛下。至山脚下，树丛中凸现一户农家，犬吠过后，主人出屋，憨厚地打着招呼，吃点饭，喝口水，简单的语言，淳朴的感情。招呼几句，继续前行，山路逐渐湮没在知名和不知名的树丛之中，已经灼热的阳光也被挡在了树丛之外。山路在延伸，不觉间土路变成了石路，穿过荆棘，祖师庙出现在眼前，还是记忆中的祖师庙，只是多了一份苍凉，殿内的壁画多了一些斑驳。墙上的红绸布，地下的空酒瓶，告诉我们时常有人在这里拜祭神灵，祈求四季平安，五谷丰登。

郭补秋

去华寨村的路上，就一直在整理着二十二年前的记忆碎片。这些碎片象一个个电影镜头，将二十二年前的情景还原。那是村东头的一个小院，院内还算规整的是两间南房，从屋内的摆设看，虽然简单，却很有序。屋内小方桌上，摆放着一碟黄瓜，一碟咸菜，一大盆炒鸡蛋，一壶浓浓的大叶茶，一瓶涩涩的和川酒。主人热情地招呼着吃喝，闲谈中，知道了主人是村民兵连长，推杯换盏间，由于不胜酒力，主人准备的白馍没吃一块，就倒在床上昏睡了。第二天早上起来，站在院内，呼吸着山里清新的空气，蓦然看见男主人从牛棚里出来，头上挂着几根麦秸，一问才知，他在牛棚里蜷曲了一夜，我无语。

从盘秀山下来，村支书热情地领到他家。支书家在村西头，五间青砖瓦房高高大大，宽敞的客厅里，大桌子上摆满了丰盛的菜肴。席间谈起往事，村支书讲，你说的民兵连长现在是村里的副支书，叫郭补秋，下地了。饭后来到村内三官庙，走进院内，看见一人拿着锄头清理院内杂草，光脊梁，黄军裤，蓝拖鞋。村支书告诉我，那就是郭补秋，上前搭话，老郭憨厚一笑，你就是那个大学生，问及家里的情况，老郭又是一笑，挺好，有孙子了。然后低头继续清理院子，我又无语。

路旁堠

华寨村始于何时，无从考证，村西的东周西门口遗址和汉代石坡遗址，证明早在东周汉代时期这里就有人类繁衍生息。村西现存有一方锥形土台，内夯筑外石砌，高约 7 米，边长约 8 米，这是明清时期平阳至潞安驿道、盐道上分程记里的路旁堠。村支书说，听老辈人讲，村前的路是通往长治的盐道。据《平阳府志》记载：“河东之有盐池，古也。……崇祯九年，姜盐院议将平阳、潞安、泽州并怀庆一府，具改为户口纳课。……加以寇盗纵横，私盐充斥，官商畏足不前。……考行盐则例商人纳课领引支盐出场，听三省小贩接买发卖，行盐州县。”明清时期，潞安（长治）、怀庆（安阳）等地人们食用盐就是经过这条道运往。在华寨村西约 3 公里的边寨村四十亩地路旁，有明崇祯十三年立的修路碑，记载了凿石修路的经过。在这条山间蜿蜒盘旋的砂石路上，流淌着旧时盐夫的血和汗，路旁堠、修路碑默默地见证了，有多少盐夫肩挑驮运，在山路上艰难行进。

新修的国道 309 线将旧时的盐道抛在一旁，华寨已成为一个偏僻的地方。盘秀山依然葱茏，泗河水依然清澈，小山村依然秀美，华寨人依然敦厚。离开华寨时，蓦然回首，村西口路旁堠一侧，落日的余晖中，老郭的身体略显佝偻。

力任其难　负重“三普”

——记石楼县“三普”大队长李大勇

山西省吕梁市石楼县文物旅游局　任玉洁

石楼，一个灿烂文明的古县；石楼，一个国定贫困的穷县；石楼，一个文物甚多的大县。讲到石楼的文物工作，就不能不讲李大勇，提起石楼的文物“三普”，就无法不提李大勇。大勇是石楼文管所里的负责人，石楼文物的“土专家”；大勇是石楼文物“三普”的大队长，古老屈地的“发掘者”。

石楼虽偏居一隅，但历史悠久，源远流长。三千年前的石楼是一个盛誉四方的富饶之地，如今贫穷的石楼却是全国三个殷商出土方国之一。因此，石楼理所当然是一个名副其实的文物大县。第三次文物普查，石楼的复查任务占到吕梁的十分之一，任务繁重可想而知；绝大多数不可移动文物分散在全县的各个角落，野外调查条件之差不言而喻；野外调查以及文本整理等一系列工作要在一年之中全部完成，时间之紧可想而知。就在这样的情况之下，就在这样的环境之中；李大勇被推到了“三普”的最前沿，成了一名冲锋陷阵的排头兵。

没有忠于文物事业的情感，大勇不会选择“三普”工作，更不会担任“三普”队长。

点多面广，事繁人少，吃住行困难是石楼“三普”工作的实际。三百多处不可移动文物要一一普查，必须要走千山过万壑、访千人讲万语；必须吃在乡村、住在窝铺、行在山中；必须要走遍全县4镇5乡134个行政村506个自然村1808平方公里的村村落落，面对如此艰难之事，大勇没有退缩，也没有被吓倒。他说：作为文物负责人，他责无旁贷；作为“三普”大队长，他义不容辞。他是这样说的，也是这样干的。

于是，他像一个独行的侠士，一个人骑着陈旧的摩托车，携带一张地图、一叠资料、一个相机、一只水壶、一包干粮。冒着风霜雨雪，行走在崎岖的山间小道。在15个月的野外调查中，行程二万余里、访询一千余人、跑遍千沟万壑，以全省盲点村最少，也就是普查率最高的优异成绩，为石楼文物“三普”画上了一个圆满的句号。被省市文博系统领导、专家和同仁称为新世纪的好青年、新长征的突击手、摩托车上的“三普”队长、石楼山中的“文博行者”。

没有必胜信念的大勇就不会钻研文物业务，更不会有石楼“三普”的辉煌成就。

文本撰写、图纸绘制、照片整理是“三普”必做的细难之活。然而，行伍出身的大勇，对相关工作可以说了解甚少，不知从何处入手，可是，他别无选择，也没有退路，只能边学边干、迎难而上、负重向前。

于是，不爱讲话的他，请教了包括父亲在内的所有“二普”队员，问清了普查的具体情况和注意事项。文化不高的他，一边翻阅资料一边查看字典，首先在地图上标出了各个文物复查点的具体位置，然后骑着摩托踏上了艰辛而漫长的“三普”之路。更为艰难的是，大勇文化水平较低，文字功底不深，文本的撰写成了他“三普”中最为犯愁的大事。他说：不怕野外调查吃苦，就怕室内文字编撰。

然而，谁也想不到，谁也不敢想，大勇竟能克服专业技术几乎不懂，表达能力十分有限的种种困难。绘制草图一千余份，整理照片二千余张，编写文本三万余字，普查不可移动文物316处而且顺利通过了省市专家的验收。谁说这不是奇迹！谁说这不能感人！而大勇却平静说：虽然十余遍的反复修改，千百次的不断完善，的确搞得他眼花缭乱、心烦气躁，有时甚至是恼火万分，但只要能完成任务，是苦是难他认了，是泪是汗他擦了，不求点滴相报，但得无愧于心。

朋友们，对于一个生疏文字的人，这是多么浩瀚的大型工程！这是何等至高的精神境界！这需要多少个不眠之夜？这需要何等的勇气毅力？谁能想得出？谁能做得到？正是：酸甜苦乐谁能知，大勇心中最明白，劳其筋骨苦其志，“三普”锻炼自成才。

没有无私奉献的精神，大勇就不会舍小家顾大家，更不会成为全省文博的模范。

父亲重病、妻子手术、孩子幼小是大勇的家庭状况，如果我们大家处在这样一种环境之下，如果我们大家置于这样一个家庭之中，请问：我们将何去何从？令人敬佩的是，大勇没有提任何条件，挑起了“三普”重担；令人感叹的是，大勇没有找任何理由，推脱那“三普”工作。而是老中小三代皆顾，上中下“三普”全管。这需要付出多少？这需要磨练几许？总结会上大勇说：最难熬的是妻子在太原做手术期间，重病的父亲和幼小的儿女由患白内障和高血压的老母亲一人照顾，他是又忙碌又担心，简直到了不知所措、坐立不安的地步。别人替他发愁，家人难以理解，本人几近崩溃。本来瘦小的他，更加瘦小，更加憔悴。然而，他任劳任怨，精神不倒，默默地尽着一个男人应尽的所有责任。更让人崇敬的是，在妻子出院刚能自理之际，这个瘦小的身影又骑着摩托行走在山乡之间，直到通过省、市专家的全面验收。

可以毫不夸张的讲：每一个文物点上都洒下了大勇辛劳的汗水；每一份文本之中都浸透了大勇滚烫的情感；每一个村落之间都留下了大勇深深的脚印。因此，大勇受到了省市文博系统的一致表彰，去年县里为他记一等功，今年他又被评为劳动模范。这一切，大勇当之无愧。

什么是“平常心看待生活、微笑着面对困难、艰辛中享受幸福”的乐观主义，什么是“不畏艰难、不屈不饶、不甘落后、不断进取”的石楼精神，大勇同志的“三普”行为是最好的诠释。

没有大勇的艰辛付出就没有石楼“三普”的辉煌成就；没有大勇的勉为其难就没有屈地文明的闪亮再现。社会需要这样的人，百姓热爱这样的人，时代呼唤这样的人，石楼期盼这样的人。因为，他是社会的楷模、时代的先锋、我们的榜样。诚然，不是每一天，每一个人都可以闪出亮光，不是每一天，每一个人都可以热烈燃烧。但是，如果我们每个人都能像大勇一样真诚奉献，如果我们每个人都能像大勇一样充分敬业，那么，石楼就一定会走出贫穷的泥潭，到达理想的彼岸；石楼就一定会受到更多的关注，再现曾经的文明。

我亲历了石楼“三普”的全过程，我体会了石楼“三普”的苦、辛、艰，我为能参与“三普”而自豪，我为有大勇这样的同事而骄傲，千言万语难叙述大勇队长的“三普”轶事，万语千言难表达我对大勇的敬佩之情。

在这里，我向大勇致以崇高的敬意，更要由衷地道一声：大勇，你辛苦了！

跋涉在荒野中的人

内蒙古自治区科尔沁左翼中旗文物管理所 吴相宝

科左中旗文物管理所是既老又新的单位：说它老，早在1981年就成立了文物组，那时在文化馆，当时只有一个人负责；说它新，1996年文物管理所才正式成立，在编人员有5名。

科左中旗是自治区级贫困旗，财政尤为困难，然而为了这次的文物普查工作，2007年8月旗委旗政府专门划拨了10万元作为普查专项经费，在没有交通工具和办公地点的情况下，成立了以我为队长的文物普查队。人们都说头三脚难踢，我就不信那个邪，2007年8月份开始对我旗进行全面性普查，科左中旗历史源远流长，古代文化灿若云锦，胜迹遗址星罗棋布，寺庙墓冢随处可寻，可谓文明大旗。我带领普查队走村串户，进田地，入农户，顶酷暑，冒严寒，在资金短缺、交通不便的情况下我们每前进一步都是难以想象的困难，普查工作就这样艰难的进行着，同志们忘我敬业的工作精神令我难以忘怀和无比的感动。

我主要负责我旗文物普查的落实工作，除参加有关会议外，几乎都和同志们战斗在一线。踏进田间勘察，深入农户走访，在普查中不放过任何一处可能埋藏地下的文物，对村民提供的文物线索，我们都要一一细心排查，绝不漏掉，在普查中遇到的困难与问题及时协调解决。2008年11月份，在科左中旗架玛吐镇小努日木嘎查发现一处古墓群，当时有一座古墓已被盗，我得知这一情况之后，当即组织普查队员第一时间内赶到现场封存，然后电告上级文物主管部门，待市、旗领导及文物鉴定专家到来后实施清理挖掘工作，由于保护措施果断及时，才使得这座古墓完整出土13件珍贵文物。在普查期间清理古墓是和盗墓贼抢时间的工作，我们每发现有清理价值的古墓马上采取紧急措施，在古墓旁搭起临时帐篷日夜守候，随时预防盗墓贼的入侵，吃饭就更难了，只得从镇里买上一兜馒头和咸菜就着白水算是几天的食粮。天气好还可以，遇到开春季节，潮湿且多风，晚上睡觉时褥子下先铺一层塑料布防潮，早晨起来时塑料布底层湿湿的一片。遇到风天，干硬的馒头上多了一层沙子，剥掉外层馒头皮继续咀嚼下咽，等到清理工作完成每个普查队员都瘦了一圈！清理古墓葬我们不怕苦和累，只要墓葬内能有出土物，一切的劳累顿时会烟消云散，那种兴奋难以言表！

有些老百姓对文物普查的意义不了解，我们不厌其烦，耐心解答，许多群众纷纷表示，一定要配合自觉的投入到文物普查中。我认为科左中旗是科尔沁文化的发祥之地，是孝庄皇后出生之地，是嘎达梅林用生命捍卫的家乡，是草原文化的重要载体，作为后人我有责任将其保护好。通过普查把收藏在民间的流散文物及地下文物找出来进行整理和有效妥善的保护。利用和传承并将其蕴藏的历史、文化、艺术、科技等信息转化为历史力量、政治力量、教育力量和经济力量，对推动我旗经济社会大发展和促进我旗文化遗产保护工作将产生重大而深远的影响。“三普”工作是件功在当今、利在千秋的大事。

文物普查是弄清楚本地区的文物家底，进一步做好文物保护的基础性工作，也是新发现文物的最好手段之一。在架玛吐镇西固伦茫哈嘎查普查时我向当地的老同志了解情况，随时拿出遗址上找到的标本让他们观看，再带着他们实地查看，经过调查确认这里是一处红山文化遗址。

文明的遗迹丰富灿烂，普查的过程充满艰辛，顶风冒雨，翻山越岭，风餐露宿，我手中的笔和镜头精确的记录了众多新发现的文明印记，源源不断地充实着我旗的文明宝库。

乌审旗文物普查队实地调查阶段先进事迹纪实

——“三普人”白庆元工作缩影

内蒙古自治区鄂尔多斯市乌审旗文物局　王　叶

白庆元同志，是鄂尔多斯市乌审旗文物局局长，自 2008 年 8 月正式启动田野调查工作以来，他就全心身投入到文物普查工作中，以不怕苦不怕累的精神积极面对工作中的困难，以不退缩不马虎的态度始终坚守在一线阵地，以高质量高标准的起点严格要求确保普查工作顺利进行，最终取得了较大的成果。

在近一年的辛劳中，白庆元同志带领的普查队完成全旗 11645 平方公里的田野调查任务，文物普查占全旗覆盖率 100%，共调查古遗址、古墓葬、古建筑、石窟、近现代重要史迹、敖包六类不可移动文物 120 处，其中新发现 95 处，复查 25 处，消失 23 处。如新发现的什拉塔拉界遗址，有仰韶陶窑和未烧制成的陶器，这是我旗发现的最早的一处仰韶陶窑遗址，对研究仰韶文化具有重要的意义。还有新发现的巴汗淖石窟寺，该石窟寺东北角发现小佛像窖藏，并采集到了40多个泥制的小佛像。据了解，该石窟寺是我旗目前发现唯一的一座石窟寺，为研究藏传佛教在本地区的传播、发展提供了实物资料，是藏传佛教鲜活的历史见证。对调查的所有不可移动文物开展了绘图、录像，对文物数据各相关资料登记，对调查和信息数据整理、录入，对40多处文物保护遗址都进行了标本采集，回收文物400多件。

文物普查工作完成的是一项调查统计我旗文物资源，全面展现我旗历史文化的工作，需要付出的努力和需要肩负的责任都是相当大的。为此白庆元同志不得不对这一年来的工作、生活都作出了调整。乌审旗地处毛乌素沙地腹部，自然和生活条件相对恶劣，对此，他果断采取在城区40公里以内的沿边区域当天来回，早出晚归的方式进行普查，由于时间紧迫，中午都没有时间休息，直到天黑下来才离开；至于位于沙漠中的许多遗址点，交通不便，车辆无法进入，就在当地住宿就近开展调查。在相当长的时间内，他顾不了家庭，顾不了正准备高考的女儿，他总是坚守在文物普查的第一线。

在田野调查的现场，白庆元同志针对第三次全国文物普查众多技术标准、规范和数据采集量巨大的客观要求，在工作中，为做到明确分工，各司其职，他安排由专人负责GPS测量、摄像、尺寸测量、文字记录、绘图等任务，确保普查工作开展有条不紊。其次，坚持熟悉仪器，掌握方法，减少误差的原则，在普查中使用GPS数据采集工作，努力排除天气、建筑物、树林等客观因素的影响，做好数据保存工作。同时，本着详细准确，尽量多采集数据的要求，他根据市文物局下达的工作规范和相关技术标准，对所负责地域内的不可移动文物进行现场勘查、测量、标本采集、绘图、拍照，认真做好文物数据和相关资料的采集和登记工作。

在文物普查工作中，实际面临的困难往往超出人们的想象。譬如在沙尔利格苏木，这里丘梁起伏，沙海浩瀚，气候较为干燥，为调查翁滚梁墓地，他和普查队员一起是踩着野草，头顶着炎炎烈日，不断摸索着路径进行普查工作；在乌审召，为详细调查乌审召庙，普查队员们对占地面积达29997.6平方米内的每一座寺庙及寺庙内的物品进行精细的测量。为此他整整两个星期天朦朦亮起床，匆匆咽下早餐，到达现场赶紧进行数据收集统计。总之，普查工作中碰到的困难相当多，但最终他们都克服了。

在文物普查工作中，他主动放弃了节假日，将普查工作放在头等位置，统筹安排，协调各方，确定普查路线，查找文物线索，寻访文物踪迹；在普查中，他和大家一道早上班、晚下班、攀崖过涧、披荆斩棘、顶烈日、冒严寒，克服重重困难，进行文物普查。白庆元同志做事认真一丝不苟，每考查一处文物点，都走访群众，认真观察，详细记录。为使调查资料准确，他多处查阅历史文献，尽可能多的搜索历史信息，为传承文化和永续利用打下良好的基础。同时，他责任心强，能吃苦耐劳。从开始普查至今，他都能坚持参加，误工很少。每次出发，他都能提前作好准备，带好使用的东西、经常早出晚归，有时不能按时吃饭，超时工作，天热饥渴，寒冷冰冻，他从不叫苦，认真做好工作。这与他从小就炼就了艰苦奋斗，吃苦耐劳，遵守纪律、服从指挥，不怕困难的作风有关。他的工作作风给文物普查队员带了一个好头。

2009 年 11 月 18 日，内蒙古文物局在我旗召开首次全国第三次文物普查验收会。自治区文化厅副厅长、文物局局长安泳锝在讲话中指出："内蒙古第三次全国文物普查验收工作第一次在鄂尔多斯市乌审旗召开，这也标志着我区的'三普'验收工作正式宣布开始，乌审旗作为第一个通过验收的地区，说明乌审旗的'三普'工作走在了全区前列，取得了优异的成绩。乌审旗'三普'工作开展以来，发现了一批重要的文物古迹，征集了一批珍贵的古生物、历史、民族和革命文物，同时也培养和锻炼了一支专业的文物队伍，发展壮大了基层的文物保护组织。乌审旗'三普'工作的经验值得全区各地学习借鉴。"白庆元同志认真的工作态度和对文物事业的无私奉献精神终得到了上级验收组领导的肯定。为我旗的第三次文物普查实地调查工作画上了一个圆满的句号。

白庆元同志就是这样以一名普普通通的普查队员的身份，认认真真、兢兢业业，凭着一股对工作的热忱一路走来。在如今这个物欲横流的时代，像这样认定目标，无怨无悔，艰苦工作的好同志，是我们学习的楷模。

一次历险记

内蒙古自治区呼伦贝尔市陈巴尔虎旗民族博物馆　白永才

越往前走天气越冷，从车窗往外看，地面的积雪明显越来越多，特别是山下。路也难走起来，吉普车开始颠簸得厉害。腰阵阵疼痛，这是建馆时候，抬石碑扭伤留下的毛病，真怕坐车啊。昨晚填写表格到后半夜，有点困，索性闭上眼斜靠在座位上。这次从家回来大伙下决心坚持个十天半月不再回家，要把这几个嘎查走完。车终于停了，这是座典型的鄂温克民居，一黑一花两条大狗冲了出来，狂吠。男主人从屋里出来了，个不高，皮肤黝黑，两颊发红，看来年龄不大。他喊了一声，两条狗晃着尾巴不叫了。我们三个走下车，一一和主人握手，并在他的带领下进了屋。主人叫德吉日呼，是这个嘎查的队长，屋里非常干净，显出女主人的干练勤快。女人好像很腼腆，给我们倒了茶，摆上面包、奶油、奶干，低着头出去干活了，男主人汉语很流利但话很少。喝了碗茶感觉暖和多了，德吉日呼告诉我们附近有条峡谷，名字翻译过来叫游击队沟，当年抗日游击队在此伏击过，不过很难走，很少有人进去过。据进过的人说谷底最里面有个洞很深，没人知道里面有什么。听到这消息，我们慵懒的神经立刻绷紧，兴奋起来了。德吉很愿意做我们的向导，我们决定立刻出发。德吉从车库把自己车开了出来，是台三菱越野，他的车在前面引路，我们的吉普勉强跟上。走了大概 20 分钟，来到山根，停车下来，眼前峡谷的入口处呈现在眼前——好窄。

大伙脱了军大衣，拿上相机、记录本，从入口进了峡谷。峡谷窄的只能一个人通行，两边都是灌木，树枝交错，根本抬不起头，稍不注意，枝子刮到脸和手，生疼。我们几人还不能走太近，刚开始不知道，走近了，前边人扒开的树枝子回弹回打到后一个人脸上。我的手已经有两处划伤了，热呼呼的疼，我不敢多看，知道一定流血了。实在不敢停下来，因为往里走都是这种情况，甚至里面啥样谁都不知道，现在喊停，大家的信心会受影响。我知道他们一定也不比我好，但谁都没吱声。路的难走程度难以形容，积雪很厚很滑，哪里有坑有包谁都不知道，不敢快走，渐渐的四个人的距离拉开了。我抬头往上看了看，两边山体很陡，突出的岩石上有老鹰架的窝，两只鹰在谷中盘旋，似乎知道有陌生人进入了它们的领地。前面的队友停了下来，好像是没路了，灌木已经把道堵死，前进不行，往后退也不可能，想起来时的路，心有余悸。前面两人开始找山体倾斜的地方往上爬，我也看准了一块，看着倾斜度很大，往上开始攀爬，并示意后面的队友跟上。山体越来越陡，只能抓着山上的草，抠着突出的石头，手脚并用往上爬。大概爬了山体的三分之二，上面顿时变得光滑直立，一点手抓的地方都没有。咋办？上是上不去了，往下一看头都大了。天啊，这么高！我喊住了往上爬的队友，他所在的位置稍突出些。往下下比往上爬更难，脚滑了一下，我抓住了一把野草，好险没掉下去，吓得我伏在那里半天不敢动，我天生恐高啊。稳了稳，把手里的兜扔给了下面的队友，这时队友鼓励的话传到耳边："你往下滑，没事，我能接住你。"我知道这么做意味着什么，闹不好俩人都会危险。队友的话让我感动，这正是一个文博人的博大胸怀，队友间的兄弟情深，是我们团队精神所在。我往下看了一下，突然觉得高并不可怕，反而心里一下坦然很多。接着手脚并用，很快爬到了队友身边，衣服破了，身上生疼，可心里觉得很暖。我们俩下到谷底，从那俩个队友爬上去的地方艰难的上去了。到了上面人一下子软了，躺在那儿脑中几乎空白。突然想到女儿，每次回家女儿都会说，爸咋不打个电话回家啊，其实不是不想，就怕打多了，队友们触景生情想家。现在的我考虑不了那么多了，只想听听女儿稚嫩的声音，我拿起了手机，拨通了家里号，电话提示无法接通。啊，忘了，这里没信号。

蛮汉情怀

——凉城县第三次全国文物普查实地调查阶段随笔

内蒙古自治区凉城县文物保护管理所　方红明

历时一年半的第三次全国文物普查实地调查阶段告一段落，回想起那些日子，如今仍历历在目，其中的辛酸甘苦、激动兴奋之情难以言表，尤为难忘的是在蛮汉镇普查的日子。

蛮汉镇位于内蒙古自治区凉城县西北境，地处阴山南麓的蛮汉山区，总面积602平方公里。这里丛林茂密，花草争艳，山势巍峨，风光秀丽，景色迷人，是一个旅游的好去处，也是著名的抗日根据地。蛮汉镇因有海拔高达2304.5米的蛮汉山而得名。

2010年4月20日开始，我们普查组一行6人对该镇进行文物普查实地调查。

蛮汉山区是崞县窑村战国墓群、小坝滩鲜卑窖藏、后德胜元代贵族墓等重要文物的发现地，遗址点多面广，再加上近年来退耕还林和移民政策等因素，许多村庄已无人烟，坡地长满了荆棘灌木，无形中增加了普查的困难。在走访群众的过程中得到一个信息，崞县窑村一位叫张儒的老人对考古十分爱好。这引起我们的注意，随后我们走访了这位老人。说明来意后，老人十分热情的接待了我们。这些年来他跑遍周边的村庄，访过很多古宅地，并拿出了自己整理的考察资料，字里行间流露出对考古的钟爱，我们请老人当向导，老人很爽快地答应了。这里山高沟深，翻山越岭，穿沟过河是我们每天都必须面对的，已年届70岁的张儒老人能行吗？但在几天的行程中，老人跋山涉水，步履矫健，毫不逊色于我们这些普查人员，很是让我们钦佩。好在有老人当向导，少走了许多弯路，但也丝毫不能减轻挡在我们面前的困难。

蛮汉镇是全县海拔最高的地方，山峦叠嶂、沟壑纵横，交通工具根本无法利用，只有靠我们的两条腿和两只手攀山崖、跋峭壁，越深沟、涉河流，队员们脚底起泡，手掌划伤，衣服扯破是平常的事。我们当中没有人抱怨，没有人打退堂鼓，大家的敬业精神让我感动，也使我事事吃苦在前。有一次我们行进到后德胜沟，上山的时候虽都是陡峭的山坡，还有羊肠小道可寻，等一路普查穿越两条深沟到了双峰山下山的时候，麻烦事接踵而至，齐腰深密密丛丛的灌木和繁草使我们无从下脚，只好用木棍挑开荆棘、拨开茂草找寻可以落脚的点。沙尘肆虐后的灌木、草丛上挂满了浮尘，每一步走来，草木摇曳，尘土飞扬，浑浊的空气让人感到呼吸困难。这倒不算什么，难的是无法找到下去的路，陡峭的山坡不时会出现松滑的碎石，一不小心就会滚坡，每一脚下去都必须小心翼翼，每走一步必须紧紧抓住可以支撑身体重量的草木。耗费了多半天的功夫，大家才安全下山。此时，夜幕已经降临，队员们饥肠碌碌，疲劳阵阵袭来，实在迈不动步了，都瘫坐在地上。休息片刻后，大家相互搀扶，顺着河沟深一脚浅一脚的踏上了归途。回到驻地天色已晚，借着灯光彼此一看，都互相指着对方哈哈大笑，原来每位队员都变成了“土人”，衣服被划破了，脸上、手上都是荆棘划的伤痕。虽然饿了一整天，但情绪没有半点低落，因为今天的普查工作还是很有收获的。等到房东给我们端上饭的时候，大家才感到了饿意，风卷残云般将一锅饭吃了个精光。

在普查蛮汉山抗日根据地革命史迹期间，村民给我们讲述了曾经发生在蛮汉山这片热土上许许多多的故事。火烧饮牛沟的悲惨，山神庙、黄花兔、抢盘山等血战的壮烈，使我们仿佛又回到了血雨腥风、枪林弹雨的战争年代，同时也感到革命遗址的保护工作刻不容缓、迫在眉睫。让这些红色记忆使后人铭记先烈们浴血奋战的英雄壮举，珍惜今天来之不易的幸福生活，从而弘扬革命精神，激发爱国热情，建设我们美好的家园。

经过 40 多天的实地调查，我们在蛮汉镇共普查遗址点 108 处，其中复查 44 处，新发现 64 处。在这些文化遗存中，从新石器时代到近现代相延不断，可以说明这里几千年来人类活动从未间断过，并不是像人们想象当中的塞外荒凉，人迹罕见之地。虽然蛮汉镇的普查成果喜人，但也有的事让我们感到扼腕叹息。

在永达窑村普查时，遇到了一位 50 岁左右的男子，拦住我们问是干什么的，我们说明情况后，男子很不快地说：“前些时候有几个说是考古的，还拿着仪器，最后把我家的地挖的到处是坑，种都没法种。”我向他出示证件后解释：“你说的那些情况是盗掘分子所为，他们是违法的，以后遇到这种情况可以向镇政府、派出所或文化部门举报。”我们给他留下电话号码，并向村民发放了宣传单，村民们才相信了我们。到了遗址区，满目疮痍，到处是盗洞，我们的心里就像打翻了五味瓶，不是滋味。这是一处新发现的金元时期遗址，盗掘分子利用村民的善良和文物保护意识的淡薄，肆意盗掘，造成文物遗址严重损毁，怎不令人叹息！在随后新发现的汉代遗址也有可能随着村庄的扩建而被吞噬，类似的事情其他地方也有发生。

我们深感基层文物保护工作任重道远，更需要全社会共同关心、参与到文物保护工作当中，使中华民族数以千年的传统文明得以保护和传承。

小小普查队

——记“三普”工作者敖特根巴特尔

内蒙古自治区西乌珠穆沁旗文化馆　武玉林

2009 年 5 月的一天，忽然想起两位老朋友，文物所所长敖特根巴特尔和哈巴特尔，趁上街之便，我走进文物所的办公室。

文物所所长敖特根巴特尔，已是年满 50 岁的人，中等身材，当地出生，工作认真，为人诚恳，早年是乌兰牧骑的歌唱演员，我在文化馆时经常一起合作，为西乌旗的文化事业，我们奉献了青春，现在年龄大了，但仍然壮志不已，他又有了新的职业，而我仍然从事音乐教育和群众工作。

我怀着对文物的好奇心向敖所长和哈巴特尔问这问那，他俩也兴致勃勃的介绍起来。2008 年，旗政府成立了西乌旗第三次文物普查领导小组，制定了《西乌旗第三次全国文物普查工作实施方案》。旗政府十分重视这次普查工作，由旗主要领导、常务副旗长亲自抓，并在组织建设、经费落实、部门协调等方面给与了大力支持。同时，成立了以文物所所长为队长 3 人组成的普查队。

随着年龄的增长，敖所长身体早已发胖，不大不小的眼睛闪烁着智慧的光芒，沉着、冷静，遇到什么困难总能想出办法。他说：“去年，没花多少钱，雇了辆车，对文物集中的吉林高勒镇进行了试点普查，还别说，通过这次普查，总结了不少经验，改进了工作方法，对今年的普查工作真有帮助。我们就这么几个人，时间紧，任务重，前几个月，我们找其他单位的顺便车，普查了好多地区，前几天，盟文物站借给了辆 2020 型吉普车，这次开它去！”说完，老敖信心十足的大笑起来，我想还不知道路况怎么样，还笑呢。但有一点是深信不疑的，根据我对他的了解，上刀山，下火海，这小子也敢干。

2009 年 5 月 12 日这天，敖所长来电话，问我去否？“去哪呀？”“去吉仁高勒搞田野普查！老馆长经验丰富，跟我们一起去吧！明天早晨 4 点钟到我办公室！”“好的，我准时到！”

第二天，我准时到了文物所，他们在我之前就来了，大家寒暄一阵，登车启程。塞北 5 月的天气早晚还是很凉，我虽比他们多穿了件外衣，仍觉得寒气袭人。我们一行四人往吉仁高勒进发，前90华里都是柏油路，很顺利。老敖说去吉仁高勒镇西南的阿拉塔图嘎查，这西南一带，我很陌生。车下了便路，眼前立刻呈现出一条弯弯曲曲古老的牛车路和一望无际高地的沙丘。在我们背后，太阳已经努力从云层里钻出来。车在铺满沙土的小路上颠簸着，敖所长尽量让车稳一点，但路实在不行，把我们掀的东倒西歪。等车进入沙海绿洲深处时，我已经不知道东南西北了，不知怎么的好长时间大家都没有说话，可能路不好坐车很累很紧张吧？哈巴特尔打破了沉寂："武老师，我们要去的那里常听人说发现过很多石器、陶器，这次我们去看一看。"说着往前指了指。路更难走了，车的性能很差，有一点坡就很费劲，几次下去推车，上车时浑身是土，鞋里灌满了沙子。这样停停走走，大约两个小时后来到一座山前，一眼望去，这座山陡峭，几乎是长方形，山上有座敖包，有条小路通向山顶，山下便是平滩，好像力大无穷的巨人，从哪儿把这座山背来这里挡住西北的疾风。是四轮车的哒哒声，我一下跳起来向声音的方向跑去：啊！从老敖他们走动的方向来了辆四轮车。看清了，上面还坐着两人，已经越来越近了，我兴奋的喊起来，赵楠也从车里出来往前跑，敖所长和哈巴特尔在向我们频频招手。转眼间车来到跟前，开车的是个牧民小伙子，看样子二十多岁，身材高大，圆脸大眼睛，黑黑的皮肤显示出强悍和力量。来不及问候，老敖说："先把车拉出去，调过头我们再坐！"小伙子干活麻利，说着，大家一起把车拉了出来。

拖着一辆车走路是很慢的，在崎岖的沙路上颠簸着，太阳也毫无留恋之意，不久便下了山，留在荒原上的好象只有我们，走了很久很久，天也越来越黑，两个车的大灯打开，8点多的时候，车上了柏油路。这下好了，我知道离旗只有90华里了。没有了颠簸，大家全身轻松，老敖还惦记着他的石头、陶片。9点50多分钟我们才到旗里，大家想找个饭店好好吃上一顿，可大部分已下班，没关门的也不接待了。老敖让我们去他家，这么晚，大家实在不好意思，于是各回各家，只有牧民小伙子跟老敖走了。

第二天，我给老敖打去电话，老敖说他和牧民小伙子正在修理部修水箱呢。我回到文化馆继续做我的事。

事隔不久，我要去白音胡硕苏木见一位牧民歌手。因为没有车，便给敖所长打了电话，敖笑着说："我的车你还没坐够啊，这破车，每天出毛病，好吧，什么时候去我给你打电话，就这两天，怎么样？""好！谢谢了！"

6月18日上午，我刚到办公室，老敖打来电话，让我在办公室等他，不一会，又是他们3人来了，我赶紧上车，几分钟便出了街，驶向通往东乌旗的路，白音胡硕苏木在东乌旗的路旁，只有60公里。平平的柏油路，大概走了一个多小时就到了，老敖停下车问："武老师，跟我们去呀还是留这？"这话正中下怀，因为找我的人是离苏木最远的嘎查。我打趣说："你想甩掉我吗？没门！我跟定你们了，这是今生注定的缘份！"大家都笑起来。车没有进苏木，直接往要去普查的宝日陶勒盖墓葬行驶。古墓葬在离苏木大约50公里，在苏木的东北方向，因为是经常有车走的路，我们很快来到了山下。哈巴特尔指给我看："武老师，在这个山坳最低处有个辽代墓葬，早年被人盗过，今天我们详细查一下。"老敖下车调前加力，车开始往山上爬，发出阵阵让人难受的声音。老敖加大油门，终于上来了。我们下了车，水箱已开锅，"呼呼"地冒着热气。老敖在查看车，哈巴特尔和赵楠已拿上所需的东西往山里去，正在这时，车突然慢慢往下坡滑动，速度越来越快。我惊呆了，不知所措。在这千钧一发之际，老敖飞奔起来，奋力冲进驾驶室，抓住方向盘，猛踩刹车。车挫出去很远，停住了。哈巴特尔和赵楠也惊呼着跑下山来，我跑到车跟前，两腿发软，一下坐到地上。老敖抓着方向盘，脚踩刹车看着我笑。"老敖，吓死我了，老天保佑！"我浑身哆嗦着有气无力地说。这时我才发现，老敖光着一只脚，我问鞋哪去了。老敖才恍然大悟，说可能追车掉了，我出去半天才找到，顺便抱了几块石头把车前轮挡住，这时哈巴特尔他俩也跑来了，又拿了两块大石头，车固定好后，敖从车里下来，他的那只没鞋的脚在流血，血从袜子里渗出。他没在意，穿上鞋说："把你们吓坏了吧？没事了，走吧！"说着带我们向山坳奔去，走了一百多米，来到山坡中间，他们告诉我这就是古墓。在我看来和其他地方没什么两样，不规整的草坪长满野草，四周有几块石头和青砖碎块。他们几个观察着拍照，用尺量着，记录着，做得非常仔细，我怕影响他们工作，加上惊魂未定，找地方坐下来。

老敖他们在山坡、山顶，四周查了个遍，2 个多小时后宣告结束，我们拖着疲惫的身躯到苏木找了个旅店躺下就睡着了。

睡了很久，老敖把我叫醒，一看时间已是下午 6 点多。老敖说："这地方我熟人多，咱俩出去打听一下，白音查干嘎查离这最远，人在，我们才能去！"我俩出了招待所，不远，见一饭店门前停着小四轮车和两辆摩托车，有几个人在吃饭。我们刚进去，有人和敖所长打招呼，正好有白音查干嘎查的，问起我要找的人，他们告诉，前几天带他姥姥出去看病还没回来。几个人拉我俩喝酒，我们婉言谢绝，回到招待所。老敖说："武老师，今晚在这住下，明天从这去巴旗，这样少跑很多路，你看行吗！"这是天意，只好如此。晚上，我们又出去吃了点东西，老敖他们说这是近一个月来最舒服的一天，回到招待所，大家躺下睡觉，一夜无语。

第二天清晨，我们去巴旗。巴旗离白音胡硕只有 70 华里，通往嘎查的路仍然不好走，天也阴起来，好像要下雨。老敖开车的技术不高路却很熟，不一会便进入巴旗境内。这是一片开阔的草原，缓缓的山脉，清清的湖水，绿绿的草地，构成一幅美丽的图画。蒙古包和房子多了起来，敖所长说右前方不远的红砖瓦房，房前有蒙古包，面前栓着一匹白马的便是要找的洛布僧家。说着车已来到房前，一位三十多岁的妇女迎出来。后面的房里出来一老人，他就是洛布僧，今年已有 64 岁，却依然健朗，饱经风霜的脸像一只核桃，是位有责任心，经验丰富的牧民。刚才那位年轻的妇女，原来是他的儿媳妇。

进了蒙古包，香喷喷的奶茶格外诱人，桌上摆满奶食品和点心，大家接过茶毫不客气地猛喝。随后，儿媳妇又奉上酒来，虽然不是奶酒，但和奶食品一起喝，别有风味。我们每人喝了3大杯，敖说这是很多天来第一次享受。

天越加阴暗，为赶路，我们吃饱喝足便匆匆出发了。老头说要去的地方离这只有50多里路，但路不好走，下雨前一定要赶回来。老敖加快速度，因为到处都是网围拦，不得不绕行，大约走了两个多小时，来到一片山坡前，坡越来越陡，车不得不停下来，洛布僧说这里便是，我们下了车，向中间最大的山坳走去。在山坳中间，有人挖了很深的坑。洛布僧指着前面的坑说："前几年，有几个人开车来这里挖化石，当时有人马上告诉了我，我赶紧骑马跑来，那些人见我来势很凶，吓的全跑了，从那以后我经常来看，估计有古墓!"哈巴特尔观察了一下地形，拿出小铁锹在旧坑上挖起来，挖了一半深，边缘露出清晰的土层，他放下铁锹说："好了！不用挖了，这是古墓。"他指着墓坑内："这是个典型的石圈土坑墓，应该采取保护措施。"哈巴特尔早年也是乌兰牧骑的舞蹈演员，自调到文物所，工作认真，努力学习相关专业知识，经过多年经验累积和学习，已是我旗文博界权威人物，更是此次普查队中的中坚力量。

我坐在车旁向山坳望去，他们都在忙活，山上山下，走个不停，有的测量，有的拍照，还砸上什么标记。时间过的飞快，转眼间，已过去三个多小时，忽然刮起大风，他们几个都去了山那边，天上乌云越滚越低，一会便下起雨来，我躲进车里，从车窗向外望：像是哈巴特尔，第一个从山那边猛跑回来，上身只穿着背心，跑啊跑，终于跑到车前，把衣服仍进车里，原来衣服裹着笔记本、照相机、绘图和写好的现场记录，怕雨浇湿用衣服包上，宁可自已经受风吹雨淋。后面的三个人也到了，我们开始往回走。雨越下越大，雨大路滑，所以走的很慢，敖所长格外小心。这时后轮突然一滑，车子滑进路旁的水坑里。老敖加大油门冲了几次，车不但没出来，反而越陷越深。老敖冒雨出去挠了前加力，还是无济于事，

这阵雨下了一个多小时，黑色的云慢慢向东滚去，我们的后面露出一片晴空。老敖第一个跳下车，观察情况，车四周全是水，我建议还是推一下看看，于是大家脱掉皮鞋下水推车，冲了几次，车好象被磁铁吸住，一动不动。洛布僧说："不要乱动了，车托底了，我们去找木板、石头，把车垫起来才行!"于是大家分头去拣石头，一会，石头捡来一堆，洛布僧第一个跳进水里，哈巴特尔抱着木板也下去了，大家往车下垫石头，他俩用石头垫好支点，慢慢撬车，车终于垫了起来，老敖启动了车，哈巴特尔和洛布僧在后面推，一加油门，车冲了出来，再看，哈巴特尔浑身是泥，面目痛苦，坐在水里，大家赶紧往上拉他，原来推车时把脚扭坏，他站起来一瘸一拐走出泥坑，洛布僧也一身泥水，大家继续赶路。路上布满小水坑，车走的很慢，大约走了两个多小时才到洛布僧家，一家人执意留我们吃饭，因为我们太脏了，又要赶路，于是谢别了洛布僧一家人急急往苏木走。

晚上8点多钟，我们终于来到了巴旗苏木，首先要解决的是吃饭问题，转了几个圈好不容易找到一个小饭店，每人一大碗面条，转眼间，几个人把面条全下到肚里。敖这才说话："我们燃料不多了，这地方没有加油站，我们今天晚上只能住在这，明天再想办法。"老敖和老板拉近乎："老板，我们几个能不能在你这住宿，车也没油了，在家靠父母，出外靠朋友嘛，我们不白住，给钱的！随便有个地方就行！"老板对老敖说："不是不帮忙，是实在没有房子，好！你们等一会，我想想办法！"说着进了屋里，大概和家里人商量。半天，从里屋出来说："我们这有一间小屋只是太脏，好几年也没打扫过，你们不怕脏就住吧！床不够，里面有几块木板可以搭床，我带你们看看！"说着带我们出来，在大房东面，贴大房有间小房，老板打开门，点着蜡烛，我们走进去，立刻，扑面开来就是一股刺鼻的霉气，在昏暗的灯光下看到靠墙的一张床，上面放了横七竖八的东西，墙面立着几块木板，床旁边有个小课桌，落满了厚厚的尘土。抬头看，顶棚是用报纸糊的，有的地方已经裂开，我开玩笑说："老敖，你们今天可没白住，不是文物普查吗？这棚是五六十年代的东西啊！"大家都笑了。我们打扫完毕，已到午夜11点多了。老敖说："我去车里，你们在屋里，床上俩人，木板上一个人，就这样吧！"我们仨合衣躺下，一会儿，赵楠便发出鼾声，哈巴特尔我俩翻来覆去睡不着，我问是不是脚疼？他说是，白天我看出他的右脚踝肿的很粗，我尽量往边上靠，怕碰到他的脚，让他雪上加霜。

早晨5点多钟，老敖进来叫醒了我们，老板烧了一壶黑茶，买来了一包糖酥饼放在桌上，我们吃着饼喝起茶来，不知不觉已快7点，老敖说出去转一转看能否搞到汽油，赵楠也跟着去了。我劝哈巴特尔回旗里治疗一下脚，他说人太少，他一走就剩下两个人工作怎么开展？会更困难的。正说着，老敖他俩回来了，我们问弄到汽油没有，他说没关系，会弄到的，然后问我："武老师，来了辆出租车，你想回去就坐这个车走吧。"

我和他们一一道别，这时我才感到心里有说不出来的留恋，一股股热呼呼的东西从心底往上涌，我勉强压住，脸上表现出笑容："再见，哥们，旗里见！下次见面我请你喝酒！"我赶紧钻进车，司机把车开的很快，我回头看了一眼，他们在向我挥手，这瞬间，我的眼被泪水遮住了视线。

此后，因为忙于杂事，没再过多的去打听普查队的事，但我确信，老敖他们田野普查的脚步没有因为重重困难而停下来。

辽宁省

难忘的“三普”历程

——岫岩满族自治县第三次全国文物普查

辽宁省鞍山市岫岩满族博物馆　杨旭东

随着《国务院关于开展第三次全国文物普查的通知》的下发，一场让世界瞩目的文物大普查就此在全国拉开了序幕。岫岩满族自治县（以下简称岫岩县）按照国务院通知的要求积极地投入到第三次全国文物普查中来，我作为县“三普”队队长见证了岫岩县的“三普”历程。

一、加强领导，保障经费

岫岩县政府高度重视此次“三普”工作，成立组织，明确责任。县“三普”工作领导小组，由副县长张晓梅和邱晓伟担任组长，县政府副秘书长办公室主任齐经彦、县文化局局长高明东担任副组长，各乡镇和相关部门为成员单位，县“三普”工作领导小组责成文化部门牵头，负责具体组织协调指导全县的文物普查工作，岫岩满族博物馆承担全县“三普”具体工作。自岫岩县第三次全国文物普查开展以来，县文化局局长高明东，副局长仇晓奇、于政伟，满族博物馆“三普”负责人杨健、赵巍、曲凌云等多次与县领导沟通落实“三普”经费等工作，得到县长邓延发等领导的大力支持，并下发了《岫岩县人民政府关于开展第三次全县文物普查的通知》（岫政发［2008］10号），在县财政十分紧张的情况下，为岫岩县“三普”工作购置了4万余元的普查设备和拨付2008年度普查经费8万元、2009年度普查经费6万元，从而为岫岩县文物普查工作的顺利进行提供了有力的保障。

岫岩县的“三普”工作牵动着市领导的心。鞍山市文化局温和、栗朝圣副局长也多次给张晓梅、邱晓伟副县长打电话询问岫岩的“三普”工作，鞍山市“三普”办主任、市博物馆馆长赵长明也带队到岫岩野外普查现场慰问普查队员，市“三普”队队长、市博物馆副馆长李刚亲自带队来岫岩协助文物普查工作，并完成了二个乡镇（偏岭镇、杨家堡镇）的文物普查任务，还派市博物馆张旗同志常驻岫岩指导“三普”工作。

二、组建队伍，搞好培训

为了切实做好第三次全国文物普查工作，县博物馆抽调7名业务骨干参加此次普查，并组建二个野外普查小组。为了使这些同志尽快熟悉业务，掌握技能，县博物馆先后派2人参加了辽宁省文化厅举办的第二期《第三次全省文物普查培训班》，3人参加了鞍山市博物馆举办的《第三次全市文物普查培训班》，通过培训，初步掌握了文物普查标准、规范、考古概述、田野调查方法、GPS的应用、笔记本电脑的登录等项工作。同时，在实地调查过程中，通过以实地普查代替培训及传统的传、帮、带等手段培训普查队员，使所有普查队员都能熟练掌握野外普查工作方法、技术设备的应用等，从而为文物普查工作的开展奠定了坚实的人员技术基础。

三、加强宣传，营造舆论氛围

县文化局、满族博物馆在开展野外文物普查工作的同时，积极开展“三普”的宣传工作，成立了文物普查宣传组。辽宁电视台、鞍山广播电台、鞍山电视台、鞍山日报、千山晚报、辽沈晚报鞍山版、鞍山文化、鞍山市“三普”工作信息、岫岩县电视台、岫岩县报、岫岩文化等新闻媒体对我县文物普查工作进行了大量的跟踪报道，两年间共报道新闻达95次。“三普”队员走到每个乡镇、村、组时也宣传“三普”工作，极大提高了民众的“三普”热情和群众的文物保护意识。在普查三家子镇刘家限子村时，一个村民主动给我们提供线索，还亲自带我们去调查，使我们发现了刘家堡子西山庙址和刘家限子积石墓群。诸如此类数不胜数，极大地提高了文物普查的工作效率。

四、依靠乡镇文化站，拓宽普查信息渠道

为了积极发挥各乡镇的作用，让乡镇联系村、村联系村民组，搜集整理相关的文物信息，配合普查队员的工作。普查队所到乡镇，主管领导都热情支持“三普”工作，还派宣传委员、文化站长等参加到本乡镇的文物普查工作中去，为文物普查顺利的进行奠定了群众基础。

五、吃苦耐劳，讲求奉献

岫岩县地域辽阔，面积约4507平方公里，是鞍山市区、海城市、台安县面积的总和，属山川、丘陵地带，地形复杂，山高路险，自古就有“八山半水一分田，半分道路和庄园”之称。夏天烈日当头，风雨交加，冬天寒风凛冽，冰雪路滑，对于普查队员来说自然要比平原地带付出更多的辛苦。为了加快普查进程，博物馆给“三普”工作队租用了车辆，但由于山路崎岖，车辆多半难以通过，大部分普查路程都凭着普查队员的双脚走过来，初步估计每个队员每天徒步的路程大约在50余里，他们每天早出晚归，晚上整理材料到深夜。尤其是62岁的卜长义同志同我们年轻人一起奋战在“三普”的最前线，他以自己渊博的学识、多年的考古经验、勤奋的工作态度感染着我们，激励着我们……当队员们普查归来时，单位同事看到的是普查队员又黑又瘦的脸、留有伤痕的身躯及被刮破的衣服……对于这些，队员们说：“只要‘三普’工作能圆满的完成，这一切都值得！”

六、完成普查任务，取得丰硕成果

截止到2009年12月，岫岩县的24个乡镇、182个行政村都留下了普查队员的脚印。乡镇、行政村、自然村的调查率达100%，共普查了568处遗迹点，其中复查264处（消失10处），新发现304处。按类别区分古遗址355处、古墓葬116处、古建筑32处、石窟寺及石刻5处、近现代重要史迹及代表性建筑58处、其他2处。在进行资料、数据整理的工作中，共登录不可移动文物登记表558份，消失文物登记表1份，整理出不可移动文物汇总表1份，文物普查组织管理资料汇编2份，全部完成了预期的工作计划。最终于2010年3月26日通过了辽宁省验收专家组的实地文物调查阶段验收。

我做为一名普通的文物工作者，有幸参加了这次文物普查，实现了我一直以来对历史探寻的梦想。我从小就生活在这片土地上，更多的是从学校、从历史类的书籍上了解我所居住的这一方热土。而此次，我通过第三次全国文物普查亲自探寻和亲手触摸了我一知半解的故土，使我对故乡有了更加真切的了解，对人类在历史发展过程中所展现出来的聪明才智和创造力有了更加无比的崇敬，同时也给我留下了刻骨铭心的历史印记，让我终生难忘。

我的“三普”日记

辽宁省抚顺市博物馆　金花顺

2008年10月17日　星期五　晴　天气凉

我们普查队一行五人到抚顺县海浪乡调查已经第五天了。

海浪乡地处丘陵向山区的过渡地带，在这里调查几乎天天都要爬二三座海拔三四百米以上的山峰，队员们的工作强度几乎达到身体承受极限，傍晚回到驻地，男队员个个喊累，更别提我们这几位女队员了。

今天，我们要到杨树村西的西沟山城去调查，海拔400多米的山城子山是这里的最高峰。据村民介绍，山顶上有个古城子。早上不到8点，我们普查队一行五人，在乡文化助理老高的陪同下，便开始在崎岖的山路和茂密的荆棘中艰难地向山城子山攀登了。

虽已是秋凉季节，但还未到半山腰我们各个已是气喘吁吁、汗流浃背了。一直在我们眼前若隐若现的山城子山，像跟我们捉迷藏一样，足足耗费了我们两个多小时才终于让我们领略到它的“庐山真面目”。——终未让大家失望，在山顶处我们发现了一座保存较好的山城，山梁上东西延伸的城址轮廓，清晰可见。我们按照工作规程进行了资料收集工作，时间已过了中午12点。

大家又累又饿，迈着疲惫的步伐开始下山，男队员帮我们拿着工具和背包，我空着手仍然感到自己的腿有些发软。

午饭后，我们又按计划对村周围的其他地点进行了踏查，随即又新发现一座明代烽火台及一处青铜时代聚落遗址。夕阳西落时分，我们满载一天的收获，回到了驻地——乡政府西侧的刘家小旅店。

晚餐是在乡政府食堂吃的。乡助理老高陪着男队员喝了点解乏酒，女队员们虽早已饥肠辘辘，却累得没有多少食欲。吃罢晚饭，男队员们回到他们的寝室倒炕就睡。我虽然感到十分疲惫，但必须按计划完成当天的资料整理任务。我和温秀荣——我们都称她阿荣姐，仍像往常一样，铺开地图，摊开标本，拿出笔记本电脑，整理、记录一天的资料。不知不觉中时钟已指过21点。辽东山区在10月下旬天气就渐凉了，尤其在夜里感觉很冷。小屋子里有点冻脚。已过知天命之年的阿荣姐戴着老花镜在填写登记表。此时，看着她那认真执著、一丝不苟的样子，我的心里有一种说不出的感觉。她刚才跟我说，她累得有些挺不住了。是啊，辽东山区的普查可不比城郊的矮丘地带，这里的遗址绝大多数都在高山之上，你不上山去普查可能就把遗址给漏掉了。想起刚组队的时候，馆里就有人对女的参加普查持怀疑态度，个别的风凉话早已传入耳中。难道我们女同志真的就不适合考古调查吗？二十几年才进行一次的全国性普查，能够参加是荣幸的，况且普查队也确实缺少人手啊！金花顺啊，金花顺！作为一队之长，你说什么也要带头坚持住，决不能打退堂鼓啊！我暗自鼓励自己。

过了一会儿，阿荣姐钻进了点着电褥子的被窝里，叫我也早点休息，可此刻我却没有了睡意。看着墙上挂着的抚顺县地图，想着明天的调查路线，迷蒙中，又想起刚到高中寄宿就读的儿子——昨天听班主任说，儿子这一段学习状态不佳，考试成绩直线下降。“三普”实地调查开始以来，当妈的对儿子关心不够，这也许是他成绩下降的原因之一吧，想到这里，一种歉疚之情跃上心头！忽然，远在海外丈夫的身影又映入眼帘。妻子身边没有丈夫，母亲身边没有孩子——犹如在旷野里迎着三九天里的刺骨寒风独自行走，备感无助和凄凉！我约好了在22点和儿子进行电话沟通，为不影响阿荣姐她们休息，我披了件衣服走到院子里，拨通了儿子的手机……

回到寝室的时候，姐妹们已进入了梦乡。小红妹嘴里似乎在嘟囔着什么，对啊——她那还在上中学的女儿昨天刚刚把脚崴了，为了不耽误工作，她今天早上赶回家带女儿看完病后把女儿委托给二姐照看就急忙赶回了普查队。今年6月中旬，“三普”实地调查工作刚开始不久，她体弱多病的哥哥突然去世，年迈的父母难以承受白发人送黑发人的过度悲伤而不能自持，小红用自己柔弱的身体承担了哥哥的全部善后事宜，前后仅仅用了三天的时间就告别还在悲痛中的父母，重新回到普查队里来了。

一股激情在我心里开始涌动！我忽然感觉轻松了许多！

2009年6月29日　星期一　晴　天气闷热

上午，我们来到汤图乡三道河自然屯调查。

三道河位于苏子河畔，行政隶属河东村，村东隔着苏子河与新宾县的四道河村相望，四周山地植被茂密，山坡地上种植玉米。我们经村民引路，径直来到村东约1000米的河边台地——石窝地。这里有一处1982年“二普”时发现的积石墓群，当时对墓地的性质是作为疑似积石墓地记录的。自从2008年开始实地调查以来，在抚顺县境内陆续新发现了许多青铜时代的古遗址，但具有一定代表性的古墓葬却很少发现。所以，我们一直期盼着能够发现一些墓葬。

石窝地里的大片玉米已有半米多高了。我带领着队员们在满是晨露的玉米地里搜寻着，很快，在一处接近河边的台地上找到了它们的踪迹——一堆堆用河卵石堆筑的积石墓！一些积石墓的方坛仍然保持着清晰的轮廓，我们确认这里是一处积石墓地，发现的喜悦使我们干劲倍增。

我在玉米地中边找边数——1座、2座、3座，当数到第4座时，忽然，一团令人心悸的花纹蛇出现在眼前的积石堆上！至少有三四条蛇盘卷在一起，我吓得“妈呀”一声，立刻呆若木鸡！男队员李诚和刘杰听到我的惊叫声急忙跑了过来，随后，其他队员也都靠拢了过来。李诚半开玩笑地说：“不碍事，它们还在睡梦中呢！不用怕，我们绕着走。”我用手按住砰砰跳动的心窝，默默地安慰自己：不用怕，男队员们不怕，我也不能让他们笑话！“三普”工作刚开始时，在荒山野地里突然遇到几座坟茔，自己的头发都竖了起来，现在不也都习惯了吗！下次再看到蛇，躲着它走不就可以了？我很快平静下来、振作起精神，继续向前数着……

2009年11月7日　星期六　多云转晴　天气很冷

今天是最有成就感的一天！

——我们在抚顺县救兵乡小东村东镰刀屯发现一处迄今规模最大、保存状况最为完好的青铜时代石棚墓群。

东镰刀屯为一小自然村，全村有80多户人家、300多人口。村子坐落于一条宽敞的沟谷内，北依东西连绵的山岗，南临一条季节河，河南岸有乡间公路通过。

两天前的调查工作为我们提供了最初的线索。当时，我们在东洲河沿岸发现了几处青铜时代聚落址，其中，就包括在东镰刀屯东北约1000米的彭家沟发现的一处商周时期的望花类型聚落址，地表遗物非常丰富。我们从这里的地理位置及地形地貌分析，认为该地很可能存在与之相关的其他文化遗存。

我们几个人一早便在村里开始走访，村民们告诉我们说村里的老王头知道的事挺多，让我们去向他了解一下，但是，我们在这位年逾八旬的王文新老大爷身上颇费了一些周折——当时，王大爷正在路边的田里收拢玉米秸秆，我们很礼貌的上前问他这附近有没有古墓啦、古人住的地方等等。王大爷看了我们一眼，边干活边回答说："这里哪有什么古物，我不了解那些东西。"我跟在大爷身后，不厌其烦地介绍我们的来意，王大爷又一次回绝说："我不明白什么文物古迹，这儿什么都没有，我干我的活，别耽误你们的事，你们去别处问吧！"

据村民介绍，王大爷在这里生活了七十多年，上山砍柴、打猎、放牧、采山货，什么活都干过，对这一带情况特别熟悉，堪称本地的"万事通"了。可能是我们没有把话说明白，也可能是他怕耽误农活而回避我们。站在路旁的伙伴们几次示意我找别人去打听打听，但我的第六感觉告诉我，就这样放弃很可能就会错过一次难得的良机！于是，我索性收起手中的笔和本，弯腰和王大爷一同收拢起一捆捆烧得黑糊糊的玉米秸秆。伙伴们看懂了我的用意，也纷纷帮助王大爷干起活来。这突如其来的举动一下子让王大爷愣住了——他终于停下了手中的活，给我们一五一十地讲起了他所了解的本地的历史古迹等情况——就这样，一处重要的石棚墓地被我们调查发现了。

寻找洞穴墓地

辽宁省本溪满族自治县文物管理所　乔　程

本溪县位于辽东山区，境内层峦叠嶂，山峰起伏，碧绿的太子河从东向西流过，穿越全境。地质结构多为喀斯特地貌，峭立的断崖和倾斜的山坡上，形成众多的石灰岩溶洞。

在这些溶洞里，留下了许多古代人类的遗迹，洞穴墓地就是其中重要的遗存。上个世纪70年代末期，自从发现洞穴墓地以来，考古工作者陆续在太子河上游发现了10多处洞穴墓地，并发掘了8处，获取了一大批有价值的资料。由于墓地反映出的文化面貌具有独特性，已被命名为“马城子文化”。马城子文化是辽东山区重要的青铜时期早期遗存，它以营造洞穴墓地为特征而在东北地区独树一帜。墓地位于洞内，墓葬排列密集，数量不一，少者10余座，多者50余座，流行火葬。出土的陶器均为手制，主要有罐、壶、钵等，石器多为琢制和磨制，制作精良，斧、锛、铲较为常见。早期不见墓圹和葬具，晚期阶段，个别墓葬出现了石块或石板垒砌的矮小石圹，这类墓葬对石棺墓的产生有着直接影响。

为了更多的发现马城子文化遗存，寻找洞穴墓地就成为了我们这次文物普查的重点。普查中，看见或打探到哪里有山洞，我们都要爬进去，进行调查。下面，我从普查日记里，拣出几则关于新发现洞穴墓地的记录，略作整理，写在下面。

2008年5月31日

清晨，在南甸镇文化站干部的陪同下，市、县联合普查队一行6人，来到了南甸镇才窑村，经过走访群众，得知在才窑村北甸屯大龙湾沟山顶处有一个山洞，当地人称“放牛洞”。摊开地图一看，那个洞在北甸南约2500米的山上。普查车从北甸出发，很快来到了大龙湾沟。沟的东、西两侧高山相夹，中间山沟里有一条山路，非常陡峭，走着走着，路越来越窄，时隐时现，最后被茂密的林木遮没了。没有向导，又不知山洞的确切位置，队员们只好分成两组，向山上搜索前进。已近6月的天气，气温非常高，队员们穿着厚厚的迷彩服，穿梭在山林中，一会儿便满脸汗水。茂盛的树叶遮拦，只能看到很近的地方。一步一步，队员们爬到了山顶的悬崖下，沿着崖根，向两侧寻找，终于在接近山顶北端的石崖下，发现了这处洞穴。此时，队员们后背的衣服，已被汗水浸透，他们顾不上劳累，带着发现后的喜悦，急匆匆奔向了洞口。进入洞内，嚯，好凉爽！一身热汗，顿时消去。稍作休息后，大家便开始了认真的登录、测量、拍照。“放牛洞”洞口朝南，呈半圆形，宽6米，高3.5米，洞内深9米，洞内地面略平，内里稍高，多有洞顶塌落的大石。洞内东北角有一处近年挖掘的小土坑，队员们在掘出的泥土中采集到数量较多的陶片，还有炭粒及火烧的人骨。显然，这是一处洞穴墓地。

下山了，队员们都很兴奋，有说有笑，毫无疲惫之意。原因嘛，当然是发现了这处难得的洞穴墓地。

2008年6月3日

昨晚，有村民告诉我们，南甸镇北甸屯北后山上有一处山洞。

今天队员们早早吃过了早饭，准备入山寻找。本来定好的向导，家里有事突然不来了，我们只好带上装备，自己奔向北后山了。

北后山较大，山势较高，在没有向导的情况下，要想找到这个山洞，难度很大。山上岩壁较陡，在岩壁上，我们发现了几处山洞，但洞内面积狭窄，洞底石面裸露，没有地层堆积，缺乏洞穴墓地应有的条件，一一被我们否定了。快接近山顶悬崖下的时候，走在前边的队员突然停下了脚步，一动不动地木木站着。待大家走近他的时候，他抬起手指着前边一根枯木桩子，小声的说："蛇。"大家定睛看去，木桩子旁边，果然有一条大蛇。那蛇长长的卧在地上，蛇腹中间有一段向外鼓胀着，看来这蛇是刚刚吞下了鼠、蛙之类的食物，正在慢慢的消化呢。我们不敢打扰它，只好绕道而行。

爬过一段较陡的山坡，在石崖下，我们终于发现了村民所说的山洞，这个山洞的洞口向东，近似方形，宽4.3米，高3米，洞内深10.5米，洞内地表平面呈三角形，较平坦，为黄褐色土，局部泛红色。这红色，仿佛是下面的泥土经过火烧后，向上显露出来的痕迹。细细观察整齐的洞壁，似乎经过人为加工。洞内不曾遭到破坏，地层保存较好。虽然洞内没有发现遗迹及遗物，但根据泛红的土色及整齐的洞壁，以及与过去发现的洞穴墓地相关情况进行比较，我们确定，这个山洞，应该是一处洞穴墓地。

2008年6月4日

今天，又在南甸镇沟口村的羊碰岭上，发现了一处山洞。

山洞位于半山腰处，位置并不高，洞前的山坡十分陡峭，地表有一层碎浮石，没有路通向山洞。队员们只好踩着碎石艰难的攀爬。这碎石，应该是早年山上岩石崩塌滚落下来的。也许是位置的关系，站在山下看这个山洞，洞口不大，但来到洞前一看，嗨，还真不小呢。开阔的洞口朝东，呈半圆形，南北长18米，高4米，洞内长7米，地面较平坦，平面呈三角形。洞口前有一条土塄子，高出洞内地面2米，两侧呈斜坡状，东侧与山坡相连，坡度一致，是否人工堆筑，现在不能确定。

在这个山洞下面的山根下，还有一个山洞，当地人也把它叫做"兰花洞"，洞口略近三角形，1984年曾进行了发掘，下层发现有新石器时期的一处房址，出土有直腹罐等遗物，上层发现青铜时代的4座墓葬，出土有壶、罐等陶器及斧、锛、镞等石器。

望着这一高一低的两个山洞，我想两者应该具有相同的文化蕴涵。当初发掘者为什么没有对上面的山洞进行发掘呢？我一直纳闷。

2008年10月6日

今天来到碱厂镇，开始对胡堡村进行普查。

登录完一座庙址，又登录了一处石棺墓地，有村民对我们说，在附近的南洞沟，有两个山洞，于是我们奔向了南洞沟。

沟里有一家石灰石矿场，几个工人听说我们要去找洞，主动给我们做向导。来到第一个洞口，向洞内一看，我们倒吸一口冷气。洞口不大，洞内几乎近于垂直的向下延伸，仿佛是一口深井，如果不小心坠足其中，生命恐怕也就到了尽头。这样的山洞，古人也是望而却步的，绝不会存在文化迹象。

来到第二个山洞，哇，好开阔的一个大洞。

这个洞坐落在山头的石壁下，洞口朝东，近似长方形，宽8米，高约6米，洞内长27米，洞内地势比较平坦，洞口处高于洞内地面约0.5米。洞内石头上，有村民祭供的香炉。看来，这个山洞，目前仍然充满着神秘色彩。。

在洞内，我们没有发现遗物。本来想找个地方做一下探掘，但考虑这样做会对洞内整体遗存产生一定的破坏，于是放弃了。但根据以往的经验，我们判定这里应该是一处洞穴墓地，便做了登录。

第三次全国文物普查本溪县野外调查阶段的工作已经结束了，每当我想起爬山登砬子去寻找洞穴墓地的那些情节，恍如昨日的事情，历历在目。我们有了艰辛的付出，同时得到了喜悦的回报。最近，省专家组来我县对“三普”野外工作进行验收，在审阅我们新发现的一批洞穴墓地资料时，给予了表扬，我和队员们听后，心里甜滋滋的，欣慰之情油然而生。

心灵的印记

——我在“三普”田野工作的难忘经历

辽宁省铁岭市博物馆　杨丽敏

2007至2008年春夏之季，人们经常看到一支身穿迷彩服、脚踩登山鞋的队伍，在铁岭的山区、平原忙碌地工作着。他们时而攀爬陡峭的山崖，时而越过沟谷，在山坡的田野里随时作着测量、记录，并时不时的捡拾着什么，忙碌而且神秘。这就是铁岭市参加全国第三次文物普查的一个分队。我是这支队伍中的唯一一个女性，要和男性同伴们一样忙碌，可想而知，会比男同伴们付出更多的辛苦和汗水。

“三普”是国家为保护文化遗产，摸清文物家底的一项划时代的伟大工程，因为我单位专业人员少，我的微机专业水平又过得去，所以被选派参加“三普”。在全市普查开始前，参加了省文化厅在朝阳的“三普”二期培训。培训的课程很紧，白天专家讲课，晚上讨论答疑，学员们还要完成指定的作业，这样的快节奏，令很多人感到不适应。由于我文博专业底子薄，为了跟上培训课程，我把专家的讲义借来，把不理解的部分作为重点，向同事请教，几天下来，理解了很多专业词汇和用语，像夏家店上、下层文化，红山文化，地层学，文化层叠压，高句丽时代，青铜时代等，这些陌生的考古学术知识激发了我浓厚的学习兴趣，让我第一次感到考古文化的博大精深，也加深了我对“三普”重要性的认识和理解。在实践课阶段，我负责 GPS 数据测量和填写普查登记表，仪器测量倒是可以，让我头疼的是填写普查登记表，开始我不是漏填就是表述不准确，心里很着急，每天晚上回到房间反复琢磨，进行填写练习七八遍，经过不断的修改，我填报的普查表最终受到表扬，并作为范本让其他学员学习效仿。10 天的培训很快过去，我虽然没时间去浏览朝阳这座历史悠久的城市，没有来得及欣赏三燕古都那瑰丽的华表和探究其深厚的文化积淀，但我为在“三普”培训工作上付出了辛勤的汗水，熟练的掌握了“三普”应用技术而备感欣慰。

2008 年 4 月，铁岭市第三次文物普查的实地调查试点经过紧张的筹备后正式启动，我主动请缨，要求担当遗址点的 GPS 测量工作。按照“三普”数据采集要求，每个普查遗址点要采集四角和中心点等 5 个 GPS 坐标数据，测量过程中，队员要不停地走，是田野调查工作中最累的角色，但也是最重要的工作，因为若干年后，可通过 GPS 坐标的数据来复查到这个遗址，是唯一的可靠性最强、最科学的数据。为了保证普查数据的准确性，我抛开性别差别，承担起了本该由男同志来做的测点工作。每一天的田野调查，晚上都要把调查过程获得的所有遗址照片、GPS 数据及时录入电脑，按照要求填写好备注信息，把遗址信息规整地填入纸质表格。整个填表过程像流水线生产产品一样，按照分工的不同，各自填好相应的表格，最后由组长审定保存。由于我参加过专业培训，队员遇到啥问题都与我探讨。这时候，我不得不放下自己的工作，帮助他们解决遇到的问题。这样，就一定程度上影响了我的工作进度，常常是别的队员手中的工作都做完了，我还在那里埋头苦干，几乎每天都工作到深夜。

试点结束后，全市的“三普”调查全面展开，我随调查队来到了昌图县，由于它的地理位置处在内蒙古科尔沁沙地的边缘，天气的干旱和土壤的沙化，使这里的风沙天气相对较多，因此我们在田野调查时，饱受了风沙之苦。我和大家一样，顶烈日，斗风沙，历时 45 天，转战 39 个乡镇，完成了 425 个行政村的普查任务。通过和当地群众座谈和走访调查，除了调查出数百处古文化遗址、体验了昌图悠久的古代文化，还知道了昌图近现代历史名人端木蕻良以及亲身领略了他家乡的鸶鹭湖，还有亮中桥（两宗桥）、马仲河（马纵河）等地名的由来和美丽的传说。虽然这些逸闻轶事也听人说过，但今天能亲临现场进行考证，实在是让我激动不已。

对开原、西丰两市、县东部山区的调查，完全与昌图不同，与昌北平原相比，西丰县可称得上是典型的山区地貌，数条山脉略呈东西走向，将西丰大地分割成若干个沟谷，谷内溪水潺潺，山上林木茂盛，果蔬飘香，普查队员无不赞叹这里大自然的鬼斧神工。然而正是这里的山，让我们吃尽了苦头。由于是山区，历史遗迹也多数分布在山间沟谷的台地和山顶上，多为青铜时代的文化遗存。这对于过惯城市生活的我来说，无疑是一次体力与意志的考验，每天我和男同事一起，爬高山，涉溪水。上山以后，还要测定和记录数据，与大家一道忙碌，爬过一座山下来，汗水早已湿透了衣衫，每当调查完一个遗迹点，我都已是精疲力尽。这还不算，每次上山前，队长都提醒大家：山上可能有蛇，一定要注意。我一听说有蛇，不仅毛骨悚然，而且非常担心在这荒山野岭一不小心踩到它，被它咬到。但是我想山顶上的烽火台和遗址点不能因为怕有蛇就不测了，于是我经常手握一根棍子，爬上爬下，坚持完成了全部烽火台和遗址点测量任务。山上五月的风，清凉而略带寒气，带起的粉尘，让我们睁不开眼，出汗的身子让风一吹，真是个透心凉。我们有些队员身上起满了红疙瘩，看上去让人难以承受。但大家都没叫苦，一边积极采取措施治疗，一边坚持爬山钻林子，那种忘我的工作热情，着实感染和激励了我。就是在这样的环境条件下，我硬是凭着对文物工作热爱和坚定的信念，与普查队员一起，走遍了辽北的全部县区，坚持完成了铁岭境内“三普”的田野调查工作，硬是与全体参加“三普”的同志一道，取得了“三普”工作田野调查全省第一的荣誉。除此而外，我每天做完白天的野外工作，晚上还要整理数据，录入白天全部的照片、文字，每天都要工作到深夜，硬是不叫一声苦，不说一声累，当天的工作当天做完，保证“三普”田野的成果及时、准确的记录下来，为以后科学的研究奠定基础。截至2009年6月6日，铁岭市率先完成了全市文物普查野外调查阶段工作。

“三普”的路上有累，有苦，但也有收获与欢乐。记得在开原市八棵树镇陈家村团山遗址中我意外地采集了一枚石箭头，看见石箭头被磨制得非常精制，而且材质也非常的好，我特别的兴奋，这是我第一次采集到这么完整、精美的石器。发现的快乐洋溢在我和同伴的脸上，甜在了心里。在普查的现场，我还很意外地接受了记者的采访，这可是我人生第一次，面对着镜头的我是既紧张，又兴奋。当记者问我做这项工作觉得累吗？我说：“累是当然的了，累的同时也有发现的快乐，就像我在团山遗址中采集到的石箭头标本，它具有很高的考古研究价值，作为一名第一次参加全国第三次文物普查的队员来说，能够有这么大的收获，就是累也值得。”

“三普”的田野调查作为一项阶段性的工作，已经过去很长一段时间了，但“三普”路上发生的这一切，却在我的脑海中时常涌现，久久挥之不去，恐怕要永久的留在我的记忆中了。

北风中的惊喜

辽宁省北票市文物管理所 姜洪军

北票市文物管理所在第三次全国文物普查实地文物调查阶段工作中始终贯彻“不遗漏复查遗迹点，注重新发现和重大发现”的原则。在此原则的指导下我们备加努力，开展的实地调查工作以及每天的新发现都是复查的一倍左右，但新的发现仍旧以青铜时代聚落址居多，始终没有我们期盼的更新的、更重大的发现。直至我们在大三家乡羊肠沟村的一次普查中，取得了一个从未有过的成果，为北票文明史的研究增添了亮丽的一笔。

2008 年 10 月 31 日，正值金秋，村民们都沉浸在丰收的喜悦中……而此时丝丝的北风也如期而至，吹落了树叶，吹黄了杂草，吹得我们每天外出普查不知该穿什么才好——穿多了在实地文物调查中就会大汗淋漓，穿少了就会冻得人直打哆嗦。而在这个时段，却是我们进行实地文物调查的黄金季节，我们按计划今天到大三家乡羊肠沟村进行文物普查，经文化站房站长和普查向导介绍得知，羊肠沟村区域大体分布于一条东西向弯弯曲曲的冲沟内，因此取名羊肠沟村，在冲沟尽头是东西长 100 米海拔 582 米的丫台山，由于东西两边的山头高于中间山体，此山很像汉字里的“丫”子，因此取名就叫丫台山，山顶中间部位有一小片平地。

我们为了节省时间和保持体力，普查队研究决定我们一组和普查向导负责丫台山的文物踏查，二组与文化站长负责其余区域的踏查，有发现用对讲机联系。

看着高高的丫台山我组决定从山的东坡往上爬，山顶普查完后从西坡下去。而东侧山脚下是密密麻麻的荆条树和山杏树，没有路可走，只能一边走一边开路，走了一会儿，我突然感觉身后有什么东西拽我的相机包，当时就让我吓了一身的冷汗，右手马上摸起插在相机包边兜的小铲，猛地回头一看，原来是对讲机被树枝挂住，而对讲机的另一头是和相机包连在一起的。虚惊一场，我收好对讲机，看了看目标方向，继续前行。穿过这片树林来到了半山腰，再往上看，山特别陡，没有办法，只能手脚并用地往上爬，刚爬了一小段，就感觉到心跳加快，浑身冒汗。越往上爬感觉风越大，只能侧着脸往上挪，同时心里在犯嘀咕，平时快到山顶的时候就能发现从山顶上冲刷下来的陶片，而这次却什么也没有？我停了一下，仔细向周围看了看，还是没有什么发现，抬头看看前面的路线，直了直腰，准备一口气爬上去。呼啸的北风好像故意在捉弄我，差点儿吹跑我的帽子，我摘下帽子装进兜里，顿时感觉到冷风直吹我的头皮，凉飕飕的，紧接着就打了两个喷嚏。回头看到二组队员正拉开距离向西缓慢的移动着，定睛一瞧，在他们前方1000米左右处有一凸起的长方形黑灰色土带与周围黄褐色耕地形成明显反差，我马上意识到可能是遗址，便立即用对讲机提醒二组普查队员，让他们踏查到那里时要仔细的查看，确定是否是遗址。

山势越来越陡了，我只能紧贴地面左肘撑住山石，手抓荆条杂草，用力但还不敢使劲，怕把它们连根拔下来，右手抓住小铲使劲的向砂石土里插，脚轻轻地蹬着松动的砂石向上爬。呼啸的北风不时地吹打着我，山势越来越陡了，我一步三滑，用尽了全身的力气终于爬到了山顶，一屁股坐在石头上喘起粗气。山顶的风比山腰处强硬多了，我向山下望去，东南方向是雾蒙蒙的北票市区，再一看我爬山的路线，真有点儿后怕，不敢想象我是怎样爬上来的。我拿起对讲机和我组的队员通话，山风特大，我扯起嗓门问他在哪里，对方的声音却让我心里更冷，他说自己不知道在哪儿，迷失方向了。考虑安全问题，我让他和向导原路返回，我现在站在山顶东边最高处，周围没有发现标本和遗迹现象。

休息了一小会儿，我按计划沿山脊向西走从西坡下去。走了大约30米左右，找到了那片长满杂草的小平台，在其中间部位有个不知是谁刚挖不久的土坑，我用小铲仔细地翻着，察看挖出的土。哦！里面竟然有我从没见过的陶片，我赶紧拂去上面的泥土，吹走灰尘，拿出矿泉水，对陶片的里、外面进行仔细的冲洗，又在衣服上擦拭干净，终于清楚地看到是黄褐色夹砂压印菱形纹陶片。我马上想到这陶片肯定不是孤立存在的，在其周围很可能还会有没发现到的陶片，于是我便以此陶片为中心点在其周围用小铲仔细的翻看，把坑里坑外的土都翻了一遍，又收获了大大小小十多片这样的陶片。我掏出标本袋平铺在地上，将采集到的标本整齐的排放在上面，以便仔细的观察、抚摸，马上意识到这是我市以前从未发现过的文化类型的遗物。呼啸的北风竟然给我带来这样大的惊喜，我兴奋极了！看到太阳偏西，怕下山天黑，我马上对遗址进行照相，将标本装袋，画地理位置示意图，测GPS点等。一系列工作总算忙完了，我赶紧握住标本袋向山下走去。俗话说，上山容易下山难，我终于战战兢兢地从西坡走下了山，看看表，已经15点30分了，天有些暗了。队员们看到我兴奋的神情，就知道我有了新发现，都围了上来看我的标本，看完后都说没有见过，问我在哪采集的，我指着丫台山的鞍部告诉他们，就是在那采集的，他们都后悔没有爬上去看看。

由于此标本首次在我市区域内发现，到单位后我立刻给朝阳“三普”办公室的李国学打电话，向他描述标本的特征，同时把标本照片发送到他的电子邮箱，他看过后说此标本是新石器时代赵宝沟文化的器物残片，这个遗址点属于重大发现。赵宝沟文化略晚于兴隆洼文化而早于红山文化，属于新石器时代早期文化，三者之间有明显的承继和发展关系。该遗址的发现使北票市的文明史由原来的3500多年上溯到近7000年，极大地丰富了北票市考古学文化体系，为进一步探讨北方早期农耕文化提供了重要的实物资料。同时反映和代表了北票市地域文物特点，对进一步研究北票地区的社会变迁及发展提供了可靠的物证和理论依据。

功夫不负有心人！有付出就会有收获，看到我们的成果，每个人都有别样的喜悦！

吉林省

从“三普”实地调查看文物保护存在的问题

吉林省长春市文物保护研究所　王义学

第三次全国文物普查不仅是一次国情国力的调查，也是文物工作者直观了解文物保护现状的一次很好的机会，下面仅就本人在“三普”工作中所看到的文物保护问题进行简单剖析，以求抛砖引玉。

一、基层政府和民众文物保护意识依然淡薄

我们喊了多年的加强文物普法宣传，到了基层政府或普通民众那里，依然没有得到足够的重视，基层政府关心的是，如果要加强文物保护，是否会给当地政府带来经济效益。而很多老百姓对文物保护的理解更是存在很大偏差，很多老百姓对文物的理解就是非金即银，而对自家耕地里的陶片、瓷片不屑一顾，在他们眼里，这些应是一文不值的垃圾，更谈不上文物保护了。

二、文物盗掘现象依然严重，文物违法事件时有发生

在实地“三普”调查过程中和老百姓座谈时，有的老百姓会误以为“三普”队员是“找宝”的，因为据老百姓讲，每年都有很多人到耕地里拿着金属探测仪或探铲“寻宝”，发现东西时，就会在夜晚趁人不备的时候进行盗掘。有的老百姓文物保护意识也比较淡薄，比如在一次调查一处辽金古城时，就发现有人在城墙取土，于是，“三普”队员赶紧上前制止，当质问该老百姓为什么在此取土时，他回答说村里人都在此取土，所以我也就在这儿取土。这种文物违法事件应该说时有发生，应该引起各级文物执法部门的重视。

三、基层文物保护单位资金不足，文物保护力不从心

近几年，各级政府加大了对文物保护的投入力度，应该说对文物保护起到了积极的作用，但是基层文物单位，尤其是县级文物管理部门由于管理体制的制约，基层文物管理工作的经费一般由地方政府财政投入，而在注重抓经济建设的大形势下，许多地方政府对文

物工作的重视程度仍然不够，文物保护经费依然是杯水车薪，有的地区仅仅能够保证工作人员的工资，一些经济条件落后的地区甚至连工作人员的基本工资都难以保证。经费短缺一直是困扰基层文物工作的一大障碍。经费短缺也引起了一系列的文物保护问题，许多文物保护单位不能进行有效的管理、保护措施不能及时有效落实，有的只能任其损坏，甚至无存。由于经费的短缺，许多建立起来的业余保护组织的人员经费难以落实，挫伤了业余保护员的积极性，业余保护组织形同虚设，不利于文物的有效保护。由于经费的短缺，许多民间文物任其流失，不能及时回收，许多有价值的文物不能及时调查上报或得到及时保护，造成文物的大量流散。这是基层文物工作者最痛心、最无奈的事情。应该说经费的不足是基层文物工作的最大问题。

基于以上几点，我认为应该采取以下几种有效措施，以加强文物保护。

一、继续大力加强文物普法宣传，提高文物保护意识。文物是历史文化的深厚积淀，也是不可再生的资源，做好文物保护与开发工作，对于弘扬历史文化，促进产业发展，实现经济和社会协调发展具有重要意义。建议加强《文物保护法》宣传，提高各部门和广大干部群众的文物保护意识，增强文物保护历史责任感。尤其是基层政府，要重视文物保护工作，树立“文物保护，守土有责”的文物保护理念。充分利用各种媒介和文化遗产日等宣传活动，向社会各界宣传文物保护的重要性、必要性，营造全社会都来关心和支持文物保护工作的良好氛围。

二、加大对文物违法打击力度，确保各级文物单位安全。各级政府应当把确保辖区内各类文物的安全提到重要议事日程上，纳入社会治安综合治理，并逐级签订文物保护目标责任书，落实文物保护责任制。规范执法程序，加大文物执法力度，重点查处破坏文物的法人违法案件，依法追究当事人、责任人的行政或法律责任。文物部门和公安机关应组成联合文物执法大队，在重点文物单位和文物犯罪多发地区，加强治安巡逻，适时开展治安清查，及时清除犯罪隐患。对发生的文物犯罪案件，要及时组织力量侦破，严厉打击各类文物犯罪活动。

三、加大对基层文物部门的资金支持。文物保护经费的匮乏是长期困扰我国文物保护工作的一大难题。文物保护、开发、展览、科研等工作的经费无法保障，仅靠使用单位经费支持保护工作难以为继，常因缺乏修缮、保养致使文物遭损毁和破坏。文物保护、修缮、保养经费主渠道来源，应同时考虑“以国家支持为主，动员全社会参与，多渠道、多形式筹措资金”，中央财政、地方财政、文物业主单位共同负担，以扩大文物保护经费来源。建议各级地方政府与文物使用单位加强合作，加大对文物保护工作的财政支持力度，使我国珍贵的历史文化遗产得以传承和发扬光大。

五台子山城发现记

吉林省四平市文物管理委员会办公室　隽成军

虽然每一项重大的考古发现成果都令人欢欣鼓舞，但基层文物工作者为了取得这些成果而付出的艰辛，却是常人难以想象和体会的。2009 年对于四平市文物管理委员会办公室的全体工作人员来说，是不同寻常的一年。为了使四平地区文物普查工作有所突破，我们开始了长达 8 个月的文物普查之路，最辛苦的时候从早上 5 点半出发，连续走十一二个小时，饿了，就吃面包就矿泉水，用双脚丈量了四平境内的每一片大地。

2009 年 5 月 1 日，在这个劳动者的节日里，由吉林省文物“三普”专家组、四平市文管办、伊通县文管所共同组成的文物普查队的全体队员却都没有休息。大家明白，这次“三普”工作，时间紧、任务重，往往要一天当作两天用，今天虽然是法定假日，可我们不能休息。伊通满族自治县的“三普”实地调查工作才刚刚开始，新队员没有经验，要让他们以后能够独立工作，就必须付出辛苦和努力。已退休又回单位参加“三普”工作的省著名考古专家、老主任赵殿坤拍拍我的肩膀说：“现在大家都憋着一股劲呢。”吃过早饭，大家带好随身工具，开始了繁忙工作的一天。

下午的天空乌云密布，雷声隆隆，不一会儿下起了阵雨，大家赶紧结束工作驱车返回村里的驻地。累了一天的队员们连说话的力气都没有了，相互依偎着休息，只有老主任默默地望着车窗外。快到景台镇五台子村时，他忽然看到不远处有一座俊秀的山峰，外观很有气势。他叫司机停车，下车走向路旁一位年逾花甲的老农：“老乡，跟你打听一下，眼前这座山叫什么名啊?”老农疑惑地看了看他，答道：“城子山，你们要游山啊？这天都快黑了，再说还下着雨呢。”赵老师笑着说：“我们不游山，老乡，再问问你，这山为啥叫城子山呀，难道山上有城吗?”老农说：“当然有城啦。这城可有年头了，打我记事儿起就有了。”啊，是这样！大家一下子来了兴趣，一致认为这个城子山值得走一趟，于是冒着雷雨背着器材沿着城子山的东坡开始攀登。东坡地势较为陡峭，再加上地面湿滑，一行人走得极为小心，生怕一个不小心把调查设备摔坏。赵老师虽已是 60 开外的年龄，但由于常年参与考古调查工作，走起山路来让年轻人也自愧不如。不一会儿就已登到山顶，此时他厚厚的野外工作服已经湿透了，可是他什么也顾不上，就开始打量眼前的景象。好一座山城！此城依山势而筑，平面近方形，边长约有一百余米，城墙为土筑，现存高度约一米。

城内地势东北高、西南低，北部偏东有一高约2米的近方形平台，为城内制高点。城内长满柞树，植被覆盖较好，仅在平台东侧有一小块近年开垦的耕地。赵老师一眼看见一块被泥土半掩半露的物体，拨开泥土，发现竟是一件圆锥形鬲足。随后上来的队员也相继在城内发现了陶鼎足、陶器耳、器底，石斧、石刀、石镞等遗物。大家开始逐渐进入工作状态：记录方位、测量坐标、拍摄照片、采集标本，一项项工作有条不紊地进行。雨仍在下着。天很快黑了下来，一行人才恋恋不舍地走下山。上车后，大家饶有兴趣地讨论起来。从采集的陶质品看，均是素面夹砂陶器残片，以红褐色居多，黄褐色次之，器表磨光，可辨器形有鼎、鬲、壶、罐、钵等。鼎足有方锥形和圆锥形，鬲足的实足根细长，亦为圆锥形。器耳有舌形錾耳和桥状耳。从这些陶器显示的特征推测，山城为青铜时代早期文化遗存，年代约为商周之际。透过这些历经数千年风雨的陶器残片，大家仿佛看到了先人在这块肥沃的土地上生活和劳作的场景。

五台子山城虽是一座构筑方式原始的山城，但整体保存较好，是吉林省境内目前发现的年代最早的城。它的发现将吉林省土著居民筑城的历史向前推进了数百年，对研究吉林省大黑山西麓、东辽河上游早期青铜文化类型及社会形态均具有重大价值。它是四平地区青铜文化的见证，更彰显了四平地区深厚的历史文化内涵，在我们审视的视野和研究的领域里，将永远闪耀着夺目的光芒。

做文化遗产保护的忠诚卫士

——记“三普人”赵越

吉林省通化市文物管理委员会办公室　邢　晋

赵越自2001年担任通化市文物管理委员会办公室党支部书记、主任以来，团结带领党支部一班人，贯彻落实文化遗产事业科学发展的创新理论，认真践行共产党员的先锋模范作用，大力加强基层党组织建设，不断提高党支部战斗堡垒作用，为我市文化遗产保护事业的发展做出了突出贡献，多次获得“优秀党务工作者”，“优秀个人”等荣誉。今年6月被国务院评为全国第三次文物普查工作先进个人。

一、抓班子，带队伍，增强党支部的新活力

文物管理办公室主要负责全市文物保护与管理工作，由于工作性质的特殊性，人员相对较为分散，党支部建设长期滞后，党员长期不过组织生活，2001 年赵越走上文物办公室党支部书记的岗位，面对这种现状，共产党员的责任意识油然而生，他决心改变单位落后面貌，推动文物保护工作繁荣发展。文物办落后的原因主要是党支部战斗力弱，党员干部带头作用不强，于是他把转变干部作风当作首要任务来抓。他们根据各自工作岗位，制定了百分目标考核责任制，每年年终进行考核，并划出层级。党支部还从群众关心的财务问题入手，制定了三条纪律：一是不乱花钱，二是不偏袒亲友，三是不搞特权。在工作中，赵越严格要求自己，每次出差都找最便宜的招待所住，有时为了节省开支，他经常挤坐公共汽车，由于工作任务急，为了尽快办完返程，他就买些干粮，简单地吃上一口饭，最大限度地节省经费。对待自己他是吝啬的，可对待事业，对待同志他却异常慷慨，他深知野外考古的艰辛和劳累，每到节假日他都自己带东西到工地看望慰问同志，与考古队员一起过节日。为了调动全办党员的积极性，在群众中树立良好的党员形象，党支部逐步规范了党内活动，使党组织的作用得到了充分的发挥，真正成为群众的主心骨。

二、重学习，勇担当，开辟文物保护的新路子

素质要提高，学习须先行，要使党支部真正成为基层建设的堡垒，就必须提高思想政治理论水平，用党的创新理论指导实践，面对党员干部重业务、轻学习，重事务、轻理论的模糊认识，他主动带领党员干部坚持每周理论学习，重点学习党的知识，党的创新理论，用科学发展的新理念指导文物保护工作，为了提高班子成员的理论水平，他主动与省内其他市州联系，组织大家到外地参观学习，借鉴外地文物保护工作的成功经验，营造了班子成员共谋发展，团结干事的良好氛围，在他的带动下，班子成员遵循科学发展规律，科学保护文化遗产的新理念逐步形成，一批理论高，业务精的干部崭露头角，成为我市文物保护事业强有力的后备力量。他常常对大家说“文物保护工作保护不是目的，利用也不是目的，传承才是目的”，为我市文物保护事业的探索了一条符合实情的新路子。

三、顾大局，讲奉献，再创文物保护的新佳绩

文物保护工作是枯燥，清苦的，每年野外工作时间达半年之久，而且常年跋山涉水，风餐露宿，为了完成工作任务，他在党员干部中提出“顾大局，讲奉献”的要求，每名党员干部要身先士卒，吃苦在前，享受在后。在全国第三次文物普查工作中，面对人员少，任务重的实际，他始终把事业的发展放在首位，从不计较个人的得失，坚持用共产党员的标准严格要求自己，自觉履行职责。自普查工作开始以来，他从没有休息过一个完整的假

日，始终与同志们奋战在一起，无论是田野调查，还是资料整理，无论是炎炎烈日，还是风雪严寒，他都冲在最前沿，用自己的实际行动影响和带动全体同志同心戮力，不畏艰难，为完成普查任务而努力工作。当“三普”工作进入攻坚阶段，受东北气候的影响，冬季田野调查工作将难以进行，由此普查工作必须保证在落雪前全部完成田野调查工作任务。为了赶进度，赶时间，他几乎每天都奔跑在野外，一个点一个点地调查、统计。由于常年超负荷的劳作，他患上了严重的胃病，发作起来常常疼痛难忍，可为了工作，他默默地承受着病痛的折磨，咬牙坚持工作，直至把任务完成，为群众树立了榜样。

努力工作　情系“三普”

吉林省白山市七道江会议纪念馆　盖开云

我叫盖开云，是白山市浑江区（原八道江区）七道江陈云纪念馆、文物管理所的副馆长。白山市浑江区文物管理所是一个刚刚成立不久的单位，在接到第三次全国文物普查的通知时，有很多事情都未成体系，没有可借鉴的经验，更没有前辈指导，一切的一切只能靠自己摸爬滚打，这对于一个在教育部门工作了近十年的我来说是非常困难的。在接到“三普”通知时，我犹豫了，从教师到文物工作岗位，我对文物方面的知识太匮乏，而我又深知没有天文学、地震学、地质学、地貌学、古生物学、文物考古学等多方面的学科理论知识“三普”就是一句空话。怎么办，既然“命令”已下达，我只能服从指挥。好在文化同源，不会就学，我是党员，内心深处的不服输的劲头告诉我，只要有强烈的责任心，加上勤学苦练，吃苦耐劳的精神，我就一定能做出个“名堂”来，正所谓：天下无难事，只怕有心人。

我先后参加了2007年10月13日在柳河及2008年5月在临江苇沙河举办的“三普”知识培训班，在那里我聆听各位专家教授的讲座，知道了什么是文物，为什么要进行文物普查，文物普查对现今社会的发展会产生什么样的效益，以及如何进行文物普查……我第一次感受到文物考古这项事业的博大与精深。培训结束后，我又一头扎进图书馆，翻阅了大量的文物考古书籍，尽可能多的储备文物普查方面的知识。

由于我提前做好了一切准备工作，2008年5月15日，我和靖宇、抚松、长白等几个县区的五位抽调同志一同赶往临江组成普查小组，对临江的文物展开普查。当时正值农历四月末五月初，气温早晚温差大，早晨穿长袖衣还冷，到中午穿半袖还觉得热，我和大家一道早上班晚下班，攀悬崖过山涧，钻密林，趟荆棘，头顶烈日，风餐露宿，克服重重困难，不管刮风下雨，文物普查丝毫没有一点松懈。

记得在临江六道沟冶铜遗址普查时，我们早晚在老百姓家吃，住在多年没人住，因经营不善而阴暗潮湿的铜矿招待所，有时中午为了节省时间，就地一个面包、一根香肠、一瓶矿泉水，吃完继续工作。我负责 GPS 定位和制图。其中，有一次对铜矿房址进行调查后回到驻地整理材料时才发现同组成员测量的数据有误差，如果再重新回去测量的话，原计划的工期将会被打乱，小小的误差如果不仔细验证，也许发现不了什么，但我还是坚持重新测量，为了不迟误工期，我利用午休时间亲自回去重新测量，直到数据准确为止。这一去一回，步行近两个小时，回来后脚掌磨出了个大血泡。

在测量七号洞时，我至今想起来还是心有余悸，因为七号洞位于距地面 80 多米处的一块峭壁上，山势险要，不时会有坠石滑落，攀援非常困难。为得到准确数据，我和高建忠等人冒险爬向洞口。中途有几块坠石滑落，险些砸到我们。当我们测得准确数据顺利完成任务时，那心情真像打了一场胜仗。

临江九号洞离驻地较远，山高林密，测量那天走到半路下起了大雨，如半途返回，将会耽误工期，增加费用，最后我们冒雨坚持工作，工作质量准确无误，得到了同组专家的好评。

在临江普查中我凭着高度的责任感，保质保量地完成任务，我趴在驻地窗台、床上汇总数据，完成测绘的情景，还恍在眼前，然而对家人，我却深觉有愧。我儿子小，父母又离的远，一切家事都由妻子一人承担。我端午节也没回家过，家里改暖气也没管，妻子风趣地称我为“甩手掌柜”，在这里我向她深表谢意。

是年深秋，国庆节刚过，我又接受派遣到抚松普查。期间，我最深爱的姥姥去逝，我未及床前尽孝。深秋时节，山林中寒风刺骨，我们顶着风雨坚持工作，也许是风寒太重，我感冒了，吃了点药继续工作。10 月 25 日，在野外普查时，恰逢那年冬天的第一场雪。雨雪似乎是在向我们挑战，为了保护测量仪器，我浑身被淋得透透的，回驻地后，就感到身体右侧发麻，腿脚不听使唤，敲击键盘的手异常僵硬，但我仍咬牙坚持把数据整理完毕，直到第二天 10 月 26 日病情严重，我连袜子都穿不上了。抚松文物所所长王文兴赶早把我送回白山市，直接住进市人民医院，不能确诊，后又转院到长春省第一大学附属医院，确诊为极罕见的“格林巴利”，病因主要是受风寒感冒后病毒侵犯了我的运动神经而导致四肢无力，连吃饭、入厕都不能自理，当时真的是很绝望，躺在病床上的我，只能靠回忆重温普查过程中的苦与乐……好在我的脑袋还十分清醒，我告诉自己要挺住，要坚强，我还年轻，我还有老婆和孩子，还有年迈的父母，我要挺过来，我绝不能向病魔低头。在我患病治疗期间，我仍心怀“三普”，不忘自己是“三普”人，同组成员也常打电话问候，给了我很大的关怀，有时他们也问我普查方面的一些事项，让我觉得自己还是“三普”人。当病情稍稍稳定好转后，我就经常打电话问一问普查到哪里了，怎么样了，告诉他们工作要紧，但也要注意身体。

“阳光总在风雨后，乌云上有晴空，珍惜所有的感动，每一份希望在自己手中……”，大病之后的我感谢所有“三普”人的支持和帮助，也更加珍爱这份事业。是“三普”让我重新认识了文物考古工作，也重新定位了文物部门的社会地位。总之，我要用我的文物知识去成就它，提升它，为它争得荣誉。我有一个心愿，如果还有第四次全国文物普查，我还要参加……

黑龙江省

享受发现的快乐

黑龙江省龙江县文物管理所　邹向前

很多人问过我，在第三次全国文物普查田野调查阶段，最大的感受是什么？我不加思索地回答他们：是辛苦与寂寞相伴，更是满足发现欲望与享受发现快乐的过程。

预知遗址的位置，并且在一次次调查实践中得到证实，那是相当得意和满足的事情。

田野调查之初，我们面对山地、丘陵、平原交错、河湖泡沼星罗棋布的6175平方公里的调查范围；面对比照全国调查起始时间相对较晚，冬季漫长、大地冰雪覆盖，有效调查时间相对较短的不利因素；面对所在地经济欠发达，调查经费相对较少、专业人员严重不足的实际情况，我们以节约经费、节省时间和人力，但不影响调查效率为原则，根据以往掌握的遗址分布特点，按照近水、高地、向阳的人类居住规律，细心读图、潜心判图，在国家标准的测绘地图上做出了“有、可以有、不会有”的三种判断，并按图打破现有乡镇、村、屯区域界限，以河流阶地、黄土岗、湖泡、山间平原、古河道周边为重点区域优先进行调查。2008年3月中下旬开始，我们按照图上标定的点对境内的罕达罕河、绰尔河、雅鲁河流域，哈拉海湿地边缘进行调查。证实了我们判图“有、可以有、不会有”遗址的准确率达到100%。发现旧石器时代遗址100余处，辽金聚落址30余处。顺河纵向看河岸海拔高度和河岸距水面的垂直高度，垂直高度低于30米，横向看河岸坡的朝向和延伸的坡角度，朝向南与东南、角度小、坡较长的一般都能够采集到人类生产生活留下的遗物、遗迹。我们也对判断没有遗址的区域进行了实地调查，结果与我们的判断相符。在与调查区域的领导、群众交流时，他们说：你们神了，说有就有，说没有就没有，是怎么知道的，会看风水吧。我们只是惬意地微笑，那种满足感只有经历的人才能体会到。

发现的兴奋和发现的快乐，让苦和寂寞在这个过程中也就淡化了。

通过准确判图，我们很快地就发现了许多新的古文化遗址，特别是我们一到预定地点，下车低下头就能够发现精美的石制品和陶制品，兴奋点马上就被提了起来。大家相互交流着、比试着，看谁采集的标本最精美、最具时代特征。看上去那不是艰苦的田野调查，倒像是在“淘宝”。2009年4月20日，我们在雅鲁河右岸，横向2公里的范围向上游进行调查，调查车在接近王家屯南山岗时，队员王洪海就喊停车：“地表有可以加工石器的石材。”果然这里是一处旧石器晚期文化遗址，很快就采集到刮削器、楔形石核、细石叶等石制品。定位、测量、描述、拍照，一系列的重复程序伴着发现的兴奋完成。我们顺河纵向推进10公里，在20平方公里的范围内，已经发现旧石器与辽金时期文化遗址19处。天渐渐的暗了下来，但队员们意犹未尽，要求凑个整数，一定要达到发现20处。我们又驱车向前直到光线已经不适宜拍片了，在又发现两处旧石器晚期文化遗址后，队员们才恋恋不舍地带着兴奋打道回府。

在整个田野调查阶段，苦中作乐。我们几乎天天是早出晚归，中午遇到食杂店就是面包、榨菜、瓶装水，有时还遇到过期和变质的食品。但队员们却从没因为条件的艰苦而沮丧和懈怠，抓紧一切时间寻找遗址。调查中，我们租借了一台破旧的松花江微型车，并将车的作用发挥到极致，最大限度地减少队员步行，克服了山险、水险、车险等困难。几乎是无论有无道路，车一定会到指定位置。爬山、越河、穿垄地是无所不能，队员戏称调查车为“坦克”。2009年5月初，我们来到乌尔其根河左岸的马山，在采集到有人工痕迹的石制品后，继续驱车沿河岸来到一山坡进行调查。山坡下是河岸，我们停在半山腰，结果下去没有可以离开这一区域的路，同时山坡黄土与碎石混杂的地表已经开垦起垄待播种，我们没有选择，只有在山坡上向山顶掉头按原路返回，车随侧坡浮土石整体侧滑，随时都有翻滚下山的危险。不过，这一次冒险很值得，我们发现了两处旧石器晚期文化遗址。

普查队自2007年9月至2010年4月，3年的“三普”田野调查阶段，完成14个乡镇、158个村、1048个自然屯的调查，覆盖率达100%；调查遗址总数437处。登记录入文物遗址407处，占总数的93.14%；新发现不可移动文物遗址383处，占94.10%；其中新发现古文化遗址257处，占67.10%。采集文物标本、资料1700件，登记入藏700件，绘制不可移动文物遗址图纸1578幅；拍摄不可移动文物及标本照片1835幅。34处新发现文物遗址由县政府公布为县级文物保护单位。普查中，队员的勤奋和吃苦耐劳以及责任感与发现欲望，为普查取得田野调查阶段性成果奠定了坚实基础。

整理好图纸、照片、标本完整的证据链，人人可以读懂你的成果，那成就感别提多大了。

进入室内调查数据整理录入的4个月里，队员们周六、周日从未休息过。特别是2010年元旦、春节两大传统节日都是在单位电脑前度过的。认真把握不可移动文物价值评定关。首先，以所采集标本的数量和质量作出判断，确定录入。其次，把好相关信息录入时的相互认证关。尤其是对GPS点、图纸、照片、标本、遗址现状及周边自然与人文环境等描述做到相互说明。最后，严把图纸使用标准关。位置图，我们没有简单采用简易图纸，而是国家标准测绘图，实现看图即可推算出遗址所处经纬度及遗址相邻地形关系；遗址周边环境图采用卫星地图，其形象的反映了遗址地貌和周边环境。同时，通过卫星地图修正了GPS出现的部分误差。

录入中严守国家制定的技术规范，保证所有关于不可移动文物遗址的信息表现清晰、明了。做到了“五个统一”：1. 实地采集的 GPS 点与所绘遗址位置图标点重合统一；2. 遗址位置图与遗址环境图所体现的相邻关系统一；3. 遗址环境图与遗址平面图表现的实际地貌相统一；4. 遗址平面图显示的特征与遗址照片相统一；5. 遗址照片与文字描述概貌相统一。做到了只要你看到遗址位置图、平面图、环境图、建筑的“三视”图、照片、文物标本等，就可以清楚地找到和认识遗址的实际位置、相邻关系、周边环境、文化特征等。许多人看了我们调查记录文本，都发出由衷的赞叹：精致、翔实，环节相互佐证，没有专业常识的人都可以读懂。

热爱、责任感和使命感是我们实现“三普”工作目标的原动力；发现，是我们快乐和满足的源泉，我们享受着发现的快乐。

求真务实、扎扎实实做好“三普”工作

黑龙江省佳木斯市文物管理站　高　波

第三次全国文物普查第一阶段至第二阶段工作已经顺利地结束了。回想三年多来的工作历程，心里感触颇多。

在“三普”实地文物调查阶段，佳木斯地区的“三普”工作走在了全省的前列。市文物普查队荣获了全国突出贡献集体的光荣称号，我个人也荣获“突出贡献先进个人”的殊荣；全地区六个县级所，有两个获得省先进集体奖，4 人荣获省级先进个人。成绩是令人鼓舞的，它的取得，离不开省“三普”办、佳木斯市委、市政府及市文化局对“三普”工作的高度重视和亲切关怀；个人的发展离不开强有力的团队，如果没有佳木斯地区所有“三普”队员的辛勤努力，密切合作和鼎力支持，也同样没有我今天的成绩和佳木斯文物工作欣欣向荣的可喜局面！

成绩的取得，同样离不开个人的努力和付出，对于过去的三年，我可以坦然地说，我是全力投入，全心付出的！普查队长要冲在一线工作，问题要在一线解决，业绩要在一线创造。作为一名领队人，不能回避困难，要激流勇进，敢于担当，并把全部精力投入到普查工作中去。身先士卒，全力以赴，是一个普查队长的责任。自 2007 年“三普”启动以来，佳木斯普查队三年来走遍了佳木斯市四区 13 个乡镇 123 个行政村的山山水水。在实地文物调查阶段，普查队员放弃了所有的双休日，先后6次，利用80多个工作日，深入所辖六县普查队指导和协助田野调查工作，手把手地教县级队员填写调查记录，点评文本。每次田野普查，我都走在队伍的最前方。山陡路滑的地点，我总是坚持只身前往，把安全留给队友。一次调查时，我的左腿被断面的土方砸中，我忍着疼痛，坚持调查。没有因此耽误一天的工作。直到现在，每逢阴雨天，我的伤腿还会胀痛。在别人眼里，这些工作也许是单调的、苦的，可是我的心里却是幸福的。

在三年来的实地文物调查工作中，普查队高度重视农民义务普查队员的作用，向农民宣传文物普查的基本常识及文物保护的重要意义，提高文物保护意识，并与他们结下深厚的情谊。在这次普查中，我市郊区长发镇长发村的农民姚汉，为了配合普查队工作，他错过了农忙最佳耕种时间，为普查队做向导，走遍长发镇所管辖的十一个村屯却不计任何报酬。桦南县幸福乡三道村民聂国良老人，长年坚持义务做文物调查工作，发现线索及时向文物部门汇报。多年来，向文物部门提供有价值的文物线索60余条。这样的农民还有很多，正是由于他们默默无闻的无私奉献，为我们的工作提供了很大的帮助，也深深的感动和鼓舞着每位普查队员。

龙头和团队作用是我们取得成绩的关键。为确保各市实地文物调查工作的顺利进行，市普查队不断加大对市辖6个县（市）文物普查队的检查、督导力度，以查代训。我市下辖6个县（市），其中5个县是国家级贫困县，各县文物普查队都存在业务人员少、资金短缺的状况。在实地文物调查的关键时刻，市文物普查队充分发挥了龙头作用，将6县普查队紧密地团结在一起。市普查队在认真做好市区实地文物调查工作的同时，经常深入到各县普查队中做现场指导，实地解决经费、设备、技术问题，帮助修改文本。三年来，协助6县普查文物遗址300余处，修改文本500余份。通过“三普”实地文物调查工作，6县普查队员业务能力有了显著提高。

荣誉的取得是对于过去工作的认可，也是对未来工作的期待。对于我来说，它更是一份沉甸甸的责任。通过“三普”，我们对于佳木斯地区的历史脉络，不可移动文物的数量、分布、文化类型，文物的保护现状，下一步文物的研究课题和文物管理的方法都有了更深的认识和更多的思考。文化是人类历史的见证，是传承历史的重要载体，是进行社会主义物质文明和精神文明建设的宝贵资源。随着工业化和城市化进程的加快，民族、民间传统文化赖以生存的环境急剧变化，一些文化遗产遭受自然或者人为的破坏，有些重要的文化遗产由于过度的开发和不合理利用，逐渐损毁或者消亡，许多有历史、文化价值的珍贵文物和资料遭到毁弃或者流失，有效保护、抢救珍贵文化遗产已经刻不容缓。如何把我们已经发现的文物真正做到“保护为主、抢救第一、合理利用、加强管理”，是我们文物工作者的责任和使命。借第三次全国普查的东风，我们有信心在今后的文物保护工作中，开创佳木斯市文物保护事业的新局面。

信念，来自对远大目标的追求与奋进

——黑龙江省海林市文物管理所“三普”调查纪实

黑龙江省海林市文物管理所

保护文化遗产，传承民族文化，是实现中华民族伟大复兴的重要文化基础，是建设社会主义先进文化的必然要求，是加强国情国力调查，确保历史文化遗产安全的一项重大战略举措。就是按着这一战略举措我们于2007年4月拉开了“三普”调查的帷幕。

“三普”田野调查顾名思义无疑是一个艰难困苦的差事，普查2007年5月12日开始，清晨，我们迎着朝阳，吸着新鲜清爽的空气，乘坐老乡的农用三轮摩托车离开大本营向着威虎山顶峰方向出发，去调查侵华日军草料场遗址。大山里美景让人心旷神怡，大地刚刚返青，小草在晨风中摇曳，山上达子香含苞待放，小河流水透过刚解冻的冰层，哗哗流淌，望着眼前一片美好景色，年轻的普查员情不自禁地唱起“谁不说俺家乡好……”歌声在山谷中飘荡，惊飞的山雀在空中鸣叫，噢，大自然多美啊！卡嚓！歌声突然中断……房东家的黄狗纵身跃出车箱，昏迷中惊醒的队员睁眼一看一车人全都躺在了路旁的壕沟里，最小的孟林捂着摔疼的腰，挨个把每个人叫醒，全醒了就差所长了，沟上没有，往下一看所长果莹躺在一个树桩旁，两手紧抱住树桩，大家一齐上前叫了很久，她才醒过来了，她醒来的第一句话就是：“都没事吧？”大家齐声说：“都没事！”这时果所长吸了一口长气，在大家搀扶下，坐了起来，所长大声说：“没事就好，干活！”当要站起时却又坐下了，腿摔坏了。当大家用力把她扶起往沟上走时，回头一看，哇！好险啊，沟膛里是犬牙交错的无底深坑，要不是那个树桩，所长非摔成肉饼不可呀！这时开车的小老乡无比愧疚地说：太对不起了，车后轮轴断了，你们看车轮都跑车身前边去了。所长连说：“没事，没事，没出大事就算烧高香了，好在有惊无险，人人平安，晚上喝点酒庆祝庆祝。现在各就个位，干活。”只见所长一手扶着受伤的腿，一手拎着仪器，按部就班地工作了。

这就是一个50多岁的女所长，在生死悠关的时刻，显示出比男人更男人的坚强意志和豪迈气概，就是这样刚强坚毅的人又有谁能想到她却是一个动过两次大手术的人呢？2005年我市参加全国文物先进县评选活动，她带领全所人员，夜以继日，忘我奋战，就在“创建”的关键时刻，她突然感觉身体不适，到医院初步诊断为“甲状腺瘤”，恶性良性未卜，躺下了创建工作怎么办？谁来管？谁来干？不管不干就意味着“泡汤”，就失去了千载难逢的好机会。就在这公私交错，安危抗争的复杂交锋中，她依然决然地选择了“干”，不干不是果莹的性格，不仅干还要干出样来，于是她隐瞒了病情，谁问病情她都不经意地说：“没事，就是上火感冒，嗓子发炎。”有道是重病在身，谁痛谁知道，谁苦谁难受呀。她的忘我敬业精神感动了大家，于是同志们齐心协力，拧成一股绳，艰苦奋战两个月没休息一天，功夫不负有心人，经过不懈努力终于通过了省文化厅的验收，最后获得“全国文物先进县”的殊荣。

成功了，胜利了，人笑了，果莹那颗悬着的心终于放下了，她迈着沉重脚步，扶摸着巨痛的病处，眼含着悲喜交加热泪，进了医院的手术室。第二次手术是在“三普”最高潮期的2008年，这是田野调查最紧张时刻，她的病突然复发，这次比初发时更为严重，医生说复发的主要原因是着急上火，劳累过度，营养不良，缺乏休息造成的。她是一名普通党员干部，没有惊天动地的豪言壮语，更没有轰轰烈烈的壮举，但她在工作中有着坚毅的性格，无私的情怀和不懈的追求，她用一颗赤诚的心在平凡的岗位上体现了对党的事业的无限执著，折射着一个共产党员的高尚品格。

文管所突出的难点就是经费不足。在向上争取资金的过程中她费尽心机跑市里，打报告，去省城找领导，忙得不可开交，在跑资金的时候不知遇到多少困难，她不畏冷漠，不怕遭白眼，忍饥挨饿，不知多少次在办公室门口嚼着干面包等候领导，不知多少次在寒风里拿着红头文件默默地流着眼泪，面对这些她从不委屈，从不后悔。为了工作为了事业再苦也值。精诚所至，金石为开，她凭着坚强毅力，执著的追求和百折不挠持之以恒的精神感动了“上帝”，辛勤的付出了终于换回了丰硕的回报，市政府将文物保护经费列入了财政预算，沉积多年的大问题解决了，还把文物管理工作的“五纳入”落到实处。钱有了，欠外单位的钱还了，欠职工为所里垫付的款给了，可钱毕竟有限，拖欠省级保护单位看护员工资7300元，还没着落，不给人家就要撂挑子，怎么办，果莹挺身而出，发动家人凑钱，老爹那借点，姐妹那又借点，剩下的自己掏，就这样把7300元点给了看护员，使工作顺利进行。

在“三普”工作中经费到位得晚，但“三普”的黄金季节只有每年的4、5、6月，干等就得耽误时间，于是果莹为了抢时间，争主动，果断地拿出自家攒了多年买房子的钱5万元来应急，保证了普查工作顺利进行。她这种舍己为公，无私奉献的精神在全文化系统有口皆碑。人们常说女人干工作不易，干好工作更不易，多半是指她们既要维系家庭，照顾老人，教育子女，操持家务，又要从事工作，所以很难兼顾。果莹家上有80多岁老父亲，下有即将高考的女儿，再加上自己的病情日益加重，重担压得她喘不过气来，每天忙碌在“三普”一线，她顾不上在医院护理老父亲，更顾不上给参加高考的女儿做顿可口的饭菜，在她心中只有对家人的愧疚，但从来不为自己的选择而后悔，因为她心中始终有一个坚定的信念在支撑着她不断前进。然而她对所里的同志们却关怀备至，老职工陈志远在“三普”工作的紧张时期食道癌复发去北京住院，她在第一时间赶到医院，帮着忙上忙下照顾着，就像是自己亲人一样，没钱找钱，没物买物，病人家属无比激动的说：“摊上这样的领导是咱的福份。”果莹却说：“应该做的。”

“三普”时值春季，也正是森林脑炎高发期，人们进山必须预防一种人称为草爬子的小虫，它是森林脑炎的传媒体，被它钉上患上森林脑炎就会有生命危险。“三普”田野调查必须进入大山里，因此普查队员都得注射森林脑炎疫苗才可进山。这时也正是疫苗最紧张时期，海林各家医院和药房全部脱销，“三普”任务紧急不能拖延，果莹心急如焚，跑遍镇内各大医院，甚至跑到乡镇都没有，最后她又跑到牡丹江林业医院疾控中心托人，好不容易买了两只，果莹却把仅有的二支药给了两个年轻的普查队员，自己却冒着生命危险继续进山调查。她那尽心尽力，无私奉献，严于律己，热心待人的精神，诠释了“共产党员”、“人民公仆”的深刻内涵。她那独特的人格魅力，使全所同志自觉凝聚成一个坚强、团结的群体。

果莹同志自任所长以来，心系文物事业，把事业当成自己神圣的使命，绞尽脑汁，想方设法维护这个事业，近年来先后在国家、省、市争取了大量保护经费，2003 年从国家文物局争取资金 20 万元；2004 年从省文化厅争取资金 10 万元；2005 年从省文化厅争取资金 10 万元；2007 年从省文化厅争取资金 18 万元；2010 年向省文化厅争取资 60 万元，2010 年向省文物局争取资金 40 万元，共争取资金百万之多。

多年来，果莹同志爱岗敬业，勤勤恳恳，不骄不躁，酷夏寒冬，始终如一，默默无闻，任劳任怨，夜以继日，加班加点，端正的工作态度和不计其数的业余时间换来了她突出的工作业绩，得到了上级部门的认可和肯定。2008 年被评为海林市政府模范工作者；2008 年被牡丹江市文化局评为牡丹江市文化工作先进个人；2008 年被省文化厅、省文物局评选为全省文物保护单位标志碑树立工作先进个人，2009 年被牡丹江市妇联授予牡丹江市“三八”红旗手荣誉称号；2010 年被国家文物局授予“三普”调查”突出贡献奖。

第三次文物普查海林市文物管理所在所长果莹同志的带领下，在全所人员的共同努力下，共调查各类遗址 437 处，其中新发现 398 处。在新发现的遗址中有 8 处旧石器时代遗址，填补了牡丹江地区没有旧石器时代遗址的空白。海林市文物管理所获“黑龙江省文物普查实地文物调查阶段工作先进集体”。陈志远同志获“黑龙江省文物普查实地文物调查阶段特殊贡献奖”。果莹同志获“第三次全国文物普查实地文物调查阶段突出贡献个人奖”。

面对所取得的成绩，果莹说：“普查队所取得的成绩应该归功于全体‘三普’队员们，没有他们努力就没有我的今天，每当我想起‘三普’，心情就格外激动，五名队员一名是癌症患者，现年已经 62 岁的陈志远，‘三普’调查时一天没休，每天坚持工作在第一线，为‘三普’调查拍摄了大量珍贵的记录照片。闫星光作为全所年青力量的骨干，在‘三普’刚开始时，父亲突发心脏病去逝，他处理完后事，将母亲托负给亲属照看，强忍悲痛，全心投入到‘三普’调查中，在室内录入时一干就是十几个小时，毫无怨言。孟林同志是我所外借人员，每月只开500元工资，出于对文物工作的热爱，不辞辛苦忙碌在‘三普’工作第一线，室内录入时每天一干也是十几个小时。戴俊福同志身患糖尿病，每天还坚持绘图，帮助校对，整理标本。虽然在大家的努力下，取得了一定的成绩，但只能代表过去，不能沾沾自喜，更不能自满自足，不思进取，我们不能只想成绩，而是想今后工作怎么干，怎样解决文物工作中遇到的新问题。怎样把文物工作推向新台阶，取得更大成绩。”

这朴实无华的话语折射出一个共产党员的精神，在平凡的岗位上她襟怀坦荡，淡泊名利。她的事迹说不上惊天动地，她的故事也未必能够催人泪下，然而，她却以实际行动默默践行着一个共产党员的崇高使命，用自己的真情付出诠释了共产党员的先进形象。

对于工作，她永不自满，对于困难，她永不服输，以饱满的工作热情，迎接着每一天，迎接着每一次挑战。我们相信，在果莹所长的带领下，海林的文物事业一定会向着更高更强的方向奋勇前进，创造出更新、更大的辉煌！

“三普”日志二则（外一则）

黑龙江省勃利县文物普查队　于　玲

一、特别的星期日

又是一个休息日，早早起床，全副武装，带上干粮和水，踏上了寻找古迹的路。自打担任普查队长，开始文物普查后，几乎所有的休息日都交给了“三普”。

勃利县城是个小盆地，四周是山地丘陵，车辆无法深入，似乎又不像有古迹的样子，如果普查队大队人马走一遍，至少要十天半月的。而普查经费有限，普查队员又都是图书馆员兼职，为节省人力、财力，我决定利用休息时间独自徒步对县城周边的山谷、田野进行调查。结果令人振奋，在已调查的县城东西两侧山丘上都发现了汉魏时期的山城址。这，鼓舞着我要一鼓作气把县城周边踏遍。

今天的目标，是距县城3公里的南部山区。这里是离县城最近的山，山边有一个小健身广场，顺山谷向南不远处又有一座水库。所以，市民们假日休闲、清晨锻炼常活动于此。特别是由于祭扫方便，山谷西侧的山坡上，近年来已成为公共墓地，我的父母也安葬在此。每当祭祀时节，山上人来人往好不热闹，特别是每年的正月十五，民间有为故去的亲人送灯的习俗，届时，几乎每个坟头都亮起一盏小灯，远远望去，漫山的灯火点点，宛若人间闹市。在这样“繁华”的地方能有古迹么？我心存疑虑，但不亲自看一遍，我心又不甘。

俗话说“老太太过年一年不如一年”，这53和52就是不一样。去年上山腿还没有这么沉，这才刚爬上一个山头，腿就像灌了铅一样，想找个地方坐一会儿，可去年冬天雪大，山上的积雪又化的慢，地上好像湿透了一样，只好靠在一棵大树上喘口气了。在林中穿行，最喜欢的是松树林，那是脚下也放松精神也放松；若走在灌木丛中，不但行走困难，眼睛也不敢张大，只好马马虎虎看着远处，因为树枝上尽是一团一团的毛毛虫，恐怖极了。人都有软肋，我的软肋就是怕虫子。蛇啊，野生动物啊我都不怕，因为我知道，几乎所有的动物都怕人，人不攻击它，它会躲着你的。可虫子这个低等“动物”不怕人啊，那我只好怕它了。看着树上、草叶上随处可见的毛毛虫，总觉得身后看不见的地方有虫子在爬，头发都感觉要竖起来了。所以，我只好眯起眼睛模模糊糊往前走，硬着头皮穿过一个又一个“恐怖地带”。

正当我筋疲力尽又略感失望的时候，一座高大完整的城址赫然出现在眼前，我呆呆地站在那里半天说不出话来。要知道，我父母的茔地离这里至多也就100多米，我每年都要来几次的，我怎么从未看到更没有想到这里会有这样一个完整的城址！让自己稍微平静一下后，我小心翼翼慢慢登上高约2.5米的城垣。这是一座直径30米左右略呈椭圆形的汉魏时期土城，城垣保存完好，只是城垣上几棵人工栽种的松树已近成材，因为这里是一片人工松林。在城址四周，主要是东侧山坡上分布有大小半地下式居住址40个，而我也是第一次看出居住址呈现为方形。2000年的风雨变迁，让所有的坑乍一看都是圆的。因为坑里的雪深化得慢，坑里坑外土湿度不同，颜色也就不一样，这才使其原形毕露了。

当我依依不舍地离开这里时，身上一下好像轻松了许多。那边过来一个放牛人，这正是我在野外调查最想见到的人，我得赶紧过去搭话，看来这一带还有研究……

二、惊诧“南天门”

南天门，一听这个称呼，就使人感到有点玄乎。

在勃利县西部的大山深处吉兴河林场境内就有一道大山谷叫南天门沟。那里，现在都较少人类活动，会有古迹么？我们认为不大可能，所以，它不是我们普查的重点区域。一天，去乡下办事的先生回来一进门就兴冲冲告述我：“四站老张家在吉兴河林场南天门沟埋坟时挖出一面铜镜和一把刀。”自打我参加了“三普”，先生迅速被我“同化”，不论走到哪儿都不忘向人打听这方面的信息，还真给我们提供了不少有价值的线索。今天他一说，我就基本断定那里可能有辽金遗址。虽然觉得有点儿不大可信，但我不会放过每一条有价值的线索。下一个目标，南天门！

等到先生挤出一天时间，我们一大早带足了给养就动身，挺进南天门。因队员们是一伙年轻人，要到大山里转悠，我心里还是有点底气不足，所以带上了年轻时常跑山的先生，心里踏实多了。

南天门沟是一道宽200～400米，长约6000米南北向的大山谷，距山外直线距离约9公里。山谷中间有一条2米左右宽的小河，两侧是连绵群山。我们从北侧山口延西侧山边向南走，虽是山边小路，可我们这辆老式“213”还是可以勇往直前的。当车行进到800多米的地方发现有坟，我们马上下车查看，刚向山坡上走了十几米，猛然，一个硕大的居住坑出现在眼前，我不由惊呼：汉魏遗址！虽然我们已经发现了几十个汉魏城址、遗址，但多在沿河两岸低山丘陵地带，在这大山深处出人意料地发现汉魏遗址，还是给了我极大的震撼。看来我自“三普”以来建立起来的半个专业的自信，大大地打了折扣。队员们迅速分散开来查坑、采集数据、寻找标本。在山坡的下三分之二部分，共分布有居住坑70余个，坑深1米左右，直径8～12米，陶片质地细腻、纹饰工整。这，似乎又和我们以前见过的不大一样，据后来专家推断，它可能早于汉魏时期。接下来我们沿山边继续向前一直走到山谷尽头，一路的发现更是让我们惊诧不已，兴奋异常。在不到4000米的距离内，每隔一段就有一处山体向里凹陷，形成一处山窝，而每一个山窝的北侧山坡上的密林中都有一个汉魏遗址，一共有6个，总计有居住址250余个，但没有城址。

2000多年前，在这寒冷的北国，在这绵延不绝的大山深处，在这并不算大的山沟里竟生活着1000多人，那该是怎样的喧闹！我的祖先，你从哪里来，又到哪里去了呢？我该怎样去寻找你离去的脚印？太多的疑问不容我思考，要抓紧时间干活。接下来我们又在山边发现了三处辽金遗址，看来“铜镜”和“大刀”不只是个传说，辽金时期，这里又再燃炊烟。

大半天的时间发现了9个遗址，这片神秘的大山看来还真不简单，我该对它刮目相看。下午，我们来到林场场部找到了老营林队长，讲述了我们的发现，想进一步了解一些情况。他答应帮我们找那些老跑山的打听一下，并说大沟里还有一个天然大石棚，我们该去看看。我一听，马上又来了精神，大石棚，古时候是否曾有人类光顾？我要弄明白它。虽然太阳早已偏西，我们还是简单打发了咕咕作响的肚子，拉上营林队长，直奔大石棚……

我真想留住你今天的容颜

轰轰烈烈的“三普”实地调查阶段已基本结束，这其中的快乐、辛苦、收获、震撼、我还来不及去细细品味，慢慢咀嚼。现在，充盈我的大脑，困扰我心灵的最大问题是：怎样保护好这些珍贵的遗址，从现在开始不再继续被破坏。

有些重要遗址在我们发现时就早已遭到破坏，令我痛惜不已。但更让我焦虑的是：破坏仍在继续！有些遗址，当我们第二次去的时候，就比我们发现时有了不同程度的破坏。这让我又焦急又无奈，恨不能一下把这些宝贝都放在我的眼皮底下，让我整天看着它。这些遗址在我心中都是有生命的，它，传达着远古的信息，承载着祖先的希冀，历经风雨，世事变迁，默默地坚守到了今天。我很想在心里对它说：我无法目睹你青春的模样，可我真想留住你今天的容颜。

文物保护，任重道远。我们“三普”人将肩负更重要的使命，踏上新的更艰巨的征程。

呼兰河畅想

——第三次全国文物普查田野调查随笔

黑龙江省望奎县文物管理所　邱宏伟

我久久伫立在高岗上，向着呼兰河的远方深情眺望，寻觅它悠远而曲折的历史芳踪。望奎县位于黑龙江省中部，据说站在此地向西北遥望可看见卜奎（齐齐哈尔简称），故曰望奎。望奎县界内本无大山，唯自海伦延伸之布伦山（小兴安岭）余脉沿克音河西岸冈峦起伏，基本形成了东北部以丘陵地势为主，平均海拔在200米以上，而逐渐向西南过渡为平原地带，平均海拔在200米以下，低洼平坦，视野更加开阔。望奎县三面临河，呼兰河为之最大，呼兰河为松花江支流，源出小兴安岭南麓帽儿山。上游克音河（望奎东界河）、诺敏河（望奎东南界河）等支流汇合后称呼兰河，西南流向，与来自北面的通肯河（望奎县西界河）交汇后，改向南流，进入平原区，河道变宽，曲流发育，至呼兰县入松花江。呼兰河全长523公里，流域面积3.1万平方公里，它就像一条银色巨龙自北方天际飘忽而至，又从我的脚下蜿蜒西行，它是松嫩平原腹地一处还未完全开发的富饶宝藏，激起我太多的幻想。

第三次全国文物普查野外调查阶段在2008年全面展开，我作为望奎县文物普查工作的核心队员，肩负着重要的工作使命和历史责任感。首先作出野外普查路线规划，而呼兰河右岸沿线是一条重要的普查路线，也是我县古代文化遗存较为集中的区域。背山靠水的呼兰河右岸二级台地使这里得天独厚的自然环境成为从古至今一直都是适于人类繁衍生息的佳境。这次野外调查中，除了省保单位厢兰头遗址外，刘芝屯遗址、前贾家遗址、敏头西遗址、黑瞎子沟南遗址等都是“三普”新发现的青铜时代遗迹。据史料记载，这些遗址有可能是3000年前的东北古老民族肃慎遗留下的聚落遗址。这些遗址发现了较为原始的陶器标本，陶器以手制夹砂黄褐陶居多，也有少量红衣陶，胎质较薄，砂粒细小且均匀，常见纹饰有附加堆纹、指甲纹等，也有少量的篦点纹、席纹，可辨认的器形有罐、壶、三足器、陶纺轮等，其文化类型与白金宝文化相类似。这些遗迹的发现使厢兰头遗址的存在不再孤立，形成了呼兰河流域史前文明分布的清晰链条。

呼兰河右岸的辽金和明清时期遗存也比较集中，记得那是5月的一个清晨，太阳才刚刚爬起，我已同队友来到了呼兰河边，清澈的河水滚滚西行，清新空气让我备感精神，唤醒了我带有一丝困意的大脑，新的一天调查工作即将开始，准备好了便沿河寻找，寻找历史，寻找踪迹，寻找神秘。在一处距离呼兰河北岸不足1公里的二级台地上，采集到了一片青花瓷碗口沿。这片青花瓷胎质细腻且器壁较薄，纹饰色泽规整且精美，这是我县“三普”调查以来发现的最为精美的青花瓷片，随后在此又采集了颜色釉瓷片、釉上彩、白瓷杯残片等。我们立即根据“三普”工作的要求，根据采集标本锁定遗址分布范围，进行GPS定位，绘制草图，拍摄照片，记录自然、人文环境等工作，根据出土的标本和靠近河运等特点来看，应是一处清代遗迹。随后几天，在此方圆不足10里范围内先后发现了相同特征的遗迹6处，均属于清代遗存。根据文献记载，清代中期以前望奎县属于“索伦围场”，是专供皇家打猎的狩猎场，是官府封禁的地方，由驻兵把守，百姓不得随意入内。所以，只有两种可能，一是清代晚期开禁以后的遗迹，二是我大胆的设想：清朝康熙皇帝北巡到黑龙江狩猎，见这里山川形胜，紫气缭绕，时而巍峨群山，时而辽阔草原，玉带般的河水缓缓东流，河谷林带中不时有飞禽走兽出没，这里方圆百里群峰竞秀，沟壑纵横，奇岩丽水，连绵不断，宛如一幅无尽的画卷在缓缓展开，从此这里地辟为御用狩猎围场，并派兵丁常年驻守于此。每年狩猎季节，皇帝带领着八旗勇士来此，而京城至此千余里，故围场内必有常驻之处，侍者必备案几、器皿等用以贺猎兽功臣之宴席，而这些器物虽不如京都御用之美，也不同于其他百姓所造，也应为上乘之品，而后遗留于此，为今因“三普”而现，实为史实之证。

呼兰河，就像天女撒落在我们这里的一条玉带，清波荡漾，河两岸林草茂密，资源丰富。呼兰是满语，为“烟筒”之意，清初在呼兰河流域设置八处“卡伦”，“卡伦”亦是满语，为“台”或“站”的满语音译。在呼兰河北50里处我县厢白满族乡，曾设有一处“卡伦”，俗称大烟筒古城（“三普”已消失），而这里的“大烟筒”我们今天可以理解成烽火台，设于各省边境险要处，设立墩台营房，有警，则率兵举烟为号。这处“卡伦”极有可能是清康熙早年抵御雅克萨（沙俄侵略者）所设，可惜的是如今这处遗迹已经荡然无存，只能登记在“三普”已消失文物中。然而就在该地向南不远的地方，就是我县境内的第二道乌龙沟。望奎有两道乌龙沟，从天上俯瞰似两条巨龙一般，所以望奎县也称“双龙镇”。乌龙沟与呼兰河同源均出自小兴安岭南帽儿山，两道乌龙沟穿过望奎腹地与通肯河融合，终注入呼兰河，也算是呼兰河的枝蔓。这第二道乌龙沟以北800余米的地方，就是省级文物保护单位戚家围子古墓群，上世纪80年代曾出土文物千余件，多为铁质、骨质兵器、车马器和生活用具，夹砂黄褐陶、红衣陶等生活用陶，金、银、玛瑙等饰品，根据出土文物特征来看，属于早期铁器时代晚期，相当于魏晋时期。戚家围子类型已成为我省早铁时期一个重要的文化类型，特别是这里有较大型的铁器如铁刀等出土，有学者认为这类遗存的文化性质与汉魏时期的鲜卑遗存相同。根据古墓中出土的大量骨镞、铁镞、铁矛、铁刀等兵刃来看，墓主人与战争有着脱离不掉的关系，而且根据墓葬的情况来看，也非常有可能是一处战地墓葬，极有可能是经过两军对垒大战之后，牺牲的将士们就近合并安葬。可是，他们是从哪里来的一支部队，他们是与哪支部队争锋，之后他们的后代又迁徙到了哪里？这些疑问缺少了文献记载和实物证明恐怕是不容易解答的。这就需要我们有一个空间去思考和研究。

魏晋时期是中国历史上政权更迭频繁的时期，由于长期的封建割据和连绵不断的战争，使这一时期中国文化的发展受到特别影响。作为东北蛮夷之地，受中原文化思想影响也是比较明显的，当时望奎地段属扶余属地，东为邑娄，西为鲜卑，而戚家围子古墓群的文化特征恰似鲜卑文化，从这点看，我们可以猜想这支队伍可能是属鲜卑，与扶余国争夺疆土，与其境内的扶余民众大肆拼杀，牺牲的兵将就埋葬于此。而在望奎县境内，戚家围子古墓群东北30余里的汪家沟屯，也发现过类似同一时期的兵器、生活用具等，难道说这里是扶余先民留给我们的答案？或许他们双方在此兵戈相见，或许他们同是联手抗击中原势力，或许这两支队伍并非同期，根本就没有碰过面，或许……这些只能是我今天大胆的假设与猜想，一切的真相有待于进一步的考古发现和科学研究。

呼兰河一直奔流向前，不舍昼夜。她是位令人自豪的伟大母亲，历经坎坷磨难而坚韧不屈，不断地为两岸儿女呈送吉祥，播撒快乐与幸福。未来的呼兰河，在新时代的媚丽光辉中，必将更加窈窕多姿，富丽可爱，成为东北辽阔大平原上一泓玉洁之水，像远古一样，继续哺育她的万代子民。

悲欣交集的奔走

黑龙江日报社 曾一智

横跨四省区的中东铁路沿线历史建筑在黑龙江境内就有近800处，全部纳入第三次全国文物普查范围，其中一批去年已作为重要的文化线路和工业遗产整体申报第七批全国重点文物保护单位。原本决定拆除的哈尔滨松花江滨州铁路大桥也在去年12月改为保留，近日，又在国家文物局局长单霁翔的建议下申报国保单位。

本该欢乐，但想起这两年为保护中东铁路沿线历史建筑的过程，想到已经消失的和即将消失的那些珍贵的建筑，我心里依然是悲欣交集。

2009年7月14日早上，正准备继续为保护霁虹桥奔走，但刚出门就接到一个朋友的电话。他愤怒地说："北京街这儿正在拆迁，正在拆那座最珍贵的老房子！"

我的天哪！立即回家，拿起发过保护文物文章的报纸再出门，直奔北京街。

三年前，中国文物学会会员、中东铁路历史研究专家郑琦曾对我说，在北京街到海城街一带中东铁路时期的职工住宅区有一座不仅建筑形制独特，而且具有珍贵历史价值的老房子，这种形制的建筑在中东铁路沿线也仅此一座，去找一找吧。

经过几天的寻找，我终于在北京街发现了这座建筑不同寻常的女儿墙。这座新艺术运动风格的建筑形制十分独特，建筑的平面布局为不规则的几何图形，甚至有锐角的构成。檐口下排列的木质牛腿也体现着新艺术运动风格的特征。

据郑琦介绍，早在十余年前，他就开始对这座建筑的历史功能进行研究，查阅了大量文献资料、建筑图纸、地图等，终于，在近日获得这座建筑为北洋政府在哈尔滨设立的督办东省铁路事宜公所，1918年2月1日由北洋政府启用关防的准确资料。同时他还考证出，1900年7月28日，首任督办许景澄被清政府处死，之后督办一职空缺18年。1918年，北洋政府委派吉林省省长郭宗熙兼中东铁路第二任督办，郭宗熙曾在此办公。以后督办东省铁路事宜公所迁往大直街，即现哈尔滨铁道报社址，1928年启用中东铁路督办公署关防。

2008年，当我开始在中东铁路沿线调查一座座历史建筑，并将调查结果送交一个个文物部门，使那些珍贵的建筑被纳入第三次全国文物普查范围以后，更加意识到北京街那座建筑的重要价值。这里处于中东铁路职员住宅区内，距离中东铁路管理局、中东铁路护路军司令部、俄国驻哈总领事馆、苏联驻哈总领事馆、中东铁路图书馆、中东铁路俱乐部、中东铁路商务学堂、哈尔滨工业大学、中东铁路局局长沃斯特洛乌莫夫故居、中东铁路局副局长阿法纳西耶夫故居、中东铁路监事会监事长刘泽荣故居、东省特别行政区长官张焕相、张景惠故居都很近。联想到几年前在哈尔滨档案馆查到的郭宗熙在哈尔滨的住址也在距此不远的花园街，哈尔滨的历史文脉就在这里集中展示，深感这里是一处必须整体保护的历史街区。

2009年6月，我和郑琦老师找到哈尔滨市文物管理站负责南岗区“三普”的工作人员，他们非常重视，终于，在郑琦老师的带领下，我们一起来到现场进行测量、拍照、登录等工作。这座建筑就此作为重要发现被纳入第三次全国文物普查范围。我赶紧在《黑龙江日报》发了报道。

然而，这里的拆迁也几乎同时启动了。7月，眼看着居民在向外搬迁，心急如焚，便向哈尔滨市文物管理站求助。站领导派了一位工作人员到现场找拆迁人员交涉，告知这里已经纳入第三次全国文物普查范围，不得拆迁。但是，他走后的第二天，这里的拆除就开始进行了。

整个上午都在现场，除了跟一家开发单位交涉、拍照之外，还跟职能部门和政府领导联系，终于在下午找到另一家开发单位的领导，他立即打电话叫停了拆迁。然而，在主入口独特的女儿墙已经拆毁，两扇精美的木门也已经被拆下运走了。我一边报告文物部门，一边跟现场人员交涉：“把这两扇门卖给我吧，这是中国人的历史见证啊！”但他们说他们做不了主，不听我的苦苦恳求，执意将门搬走。文物部门的人赶到时，木门早都没了踪影。

当我走进现场拆迁办公室，拿出记者证和中国古迹遗址保护协会会员证、中国文物学会会员证、哈尔滨市政府特邀信息员证。还没等说话呢，对方就说：“啊，你不是退休又返聘的吗？”

6月刚退休，不知道哪个人又把我卖给开发商了。

我拿着报纸力陈这座建筑的历史价值，然而对第一个开发商而言，这些算得了什么？

向哈尔滨市城乡规划局领导求助，因为这里属于历史文化街区的紫线范围之内，在没有任何审批手续的情况下，拆迁即违法。他立即派规划监察执法队来现场执法，但对方根本不予理睬，那张停工单就贴在拆迁办公室窗户上。

第二天，第三天，依然在拆。连日来，不停地为保护这座建筑奔走，但是，她在我眼前被那些毫无心肝的人肢解，那珍贵的历史信息就在铁锤和撬杠下粉碎了……

我只觉得快要窒息了，痛彻心肺，肝肠寸断。

每次来现场拍照都会引来拆迁方的人制止。一个拆迁方的女人竟然叫嚣：“你哭什么，跟挖了你家祖坟似的！”

我答："你说对了，你们挖的是中华民族的历史文脉，中华民族的根就要被你们挖断了！"

在我的怒视中，那些人悄然退却。

终于，我以哈尔滨市政府特邀信息员的身份递交的直呈信息得到主管副市长的批示，这里的拆迁总算停了下来，此时，这座见证了90年哈尔滨城市历史的老建筑已是伤痕累累，内部已经掏空，主入口上半部砖墙拆除后，露出一个个粗大的木方，转角处可看出卯榫结构。

郑老师说，这叫砖包皮木刻楞，是等级高的建筑才会有的。文保志愿者小解说：曾老师别伤心，我会画出图纸，还可以按原状恢复。

到了8月，又传出市级文物保护单位霁虹桥的拆改方案不会改变的消息，我为此多次呼吁也得到省领导多次批示，但是传来的依旧是坏消息。

2009年9月，国家文物局文保司工作人员打来电话，告知已将函件发往辽宁、吉林、黑龙江、内蒙古的文物部门，要求将中东铁路沿线历史建筑整体申报第七批全国重点文保单位。也就是说，经过一年努力，那些纳入第三次文物普查范围的中东铁路沿线历史建筑将要被重点保护！要整体穿上防弹衣！那一刻，我的眼泪夺眶而出。那是欢喜的眼泪。

2010年3月，我接到哈尔滨市城乡规划局名城保护处负责人打来的电话，征求我对这座建筑的保护意见。我说，尽管已经拆得不像样了，但基本框架还在，必须按《文物保护法》的要求原址保护。同时他们也征求了市文物管理站的意见，文物部门领导也要求原址保护。

然而，5月的一天，我接到了小解的电话："曾老师，北京街的督办公所被推平了。"

待我赶往现场的时候，那里已是一片废墟。那份"三普"名单还没有公布，这座建筑也没有来得及申报国保，就已经从名单和现实中永远消失了。

没有眼泪，心里依然感受着莫大的悲哀。

但就像海涅在诗中说的："我们没有时间欢乐，也没有时间哀悼。号角吹起，又开始新的战斗。"

霁虹桥同样是具有珍贵历史价值和艺术价值的不可移动文物，其建筑形制是中东铁路的唯一，也是全国的唯一。对它面临的危机不可小视，必须继续为它奔走。为保护文化遗产一刻不停地奔走。

上海市

文物普查功在当代利在千秋

上海市徐汇区文物文化管理办公室　丁永坤

徐汇区位于上海市区西南部，占地面积54.76平方公里，区辖内有13个街道、镇，户籍人口90余万。徐汇区是上海历史文化资源非常丰富的城区，文化底蕴深厚。为了进一步做好不可移动文物的保护管理工作，1956年以来，根据国家文物局、上海市人民政府文物普查有关文件精神，徐汇区参与组织了三次全国性的文物普查工作。本人有幸经历后两次文物普查，其中第二次普查是在后期参与。在区第三次全国文物普查实践中，本人增长了不少文物保护知识，增强了历史文化遗产保护的紧迫性和责任感，深感文物普查工作是一项利国利民的伟大工程。

1956年，国务院在《关于在农业生产建设中保护文物的通知》中提出："必须在全国范围内对历史和革命文物遗迹进行普查调查工作"。这是在全国范围内进行第一次全国文物普查的依据。据史料记载：通过该次文物普查，地方政府加强了对文物建筑的修缮保护，拨款整修徐光启墓地，为元代棉纺织家黄道婆修墓立碑，修缮明代民居建筑南春华堂。上海市人民委员会将徐光启墓、龙华寺、龙华塔公布为上海市文物保护单位。

1981年，我国开展第二次全国文物普查，普查的规模、时间和成果都远远超过第一次文物普查，实现了对文物资源的抢救性发现和超常规积聚。在第二次文物普查中，徐汇区共调查登录不可移动文物290处。区政府将历史文化街区的保护纳入法律内容，开始建立起单体文物、历史阶段的多层次全方位保护体系，对徐汇区文物保护事业的发展起到了较大的推动作用。

2007年4月，国务院发出《关于开展第三次全国文物普查的通知》，第三次全国文物普查正式启动。此次文物普查适应我国文化遗产保护发展新的趋势，是我国文物工作者的一次全行业大练兵，是各级党政机关干部文化遗产保护理念的大培训，是社会公众参与文化遗产保护的大宣传，对促进我国文化遗产保护发展全局将产生重大和深远的影响。2007年12月，区政府批准成立徐汇区第三次全国文物普查领导小组，下设区文物普查办公室。本人到"三普"办工作后，参与制订徐汇区第三次全国文物普查实施方案，起草区文物普查办公室工作职责，从区域实际情况出发，结合街道镇文物资源分布特点，组织开展形式多样、行之有效的文物普查，利用各种宣传媒体，编印普查宣传海报、徐汇普查简报，加大文物普查宣传力度，将文物普查保护理念送进千家万户。同时，普查办多次组织区、街道镇以及居委不同层次的文物普查专题培训班，不断提高基层普查队伍的普查技能。区文物普查办选择天平街道太原居委进行普查试点，将居委所属的40个楼组分成若干小组，本人与街道普查员走访每个街区、每条马路。在近一个月的试点过程中，参与大小座谈会近10次，登录文物普查表20余份。对于太原居委普查试点中积累的"四层面"、"两逐"（即从"街道→居委→楼组→线索人"四个层面、"逐个楼组、逐栋建筑"拉网式排摸）等经验做法，区普查办及时召开区普查试点总结工作推进会，扎实、稳步推进全区"三普"工作。

实地文物勘查阶段是"三普"的一项重要工作。对于各街道镇普查组上报的新发现文物点，我和同事坚持到现场核查，把好普查质量关。遇到疑难问题，及时向市"三普"办专家咨询，组织专业人员进行技术指导、加强现场指导服务。同时，结合迎"世博"活动，区普查办加强武康路重点街区文物建筑、人文史料专题调研，发掘徐汇丰厚的历史文化底蕴。上海世博会期间，走访武康路特色景观街区，成为海内外嘉宾、游客了解上海的重要窗口。按照区文化局的工作部署，我与同事将"三普"中发现的具有较高历史人文、建筑价值的34处不可移动文物进行资料整理，及时做好新发现文物点的论证工作，由区政府、区文化局公布为区级文物保护单位和区登记不可移动文物。如2008年12月，徐汇区人民政府举行张乐平旧居挂牌暨徐汇区第四批文物保护单位、区第三批登记不可移动文物公布挂牌仪式；2009年12月，徐汇区人民政府举行颜福庆旧居挂牌暨徐汇区第五批文物保护单位、区第四批登记不可移动文物公布挂牌仪式。其中有17处为本次普查新发现不可移动文物，并及时纳入保护管理体系，巩固阶段性普查成果，将文物普查与文化遗产保护、文化遗产传承紧密结合。同时结合"三普"工作，及时将普查资料进行汇总梳理，将具有较高历史、建筑、人文内涵的不可移动文物编辑出版《徐汇区文物志》、《留存的历史》书籍；同时将全国重点文物保护单位——徐光启墓的复查史料汇编成深入浅出、图文并茂的学生课外阅读教材《徐光启》，免费赠送给区域内部分中小学校，以学习弘扬徐光启科学爱国思想，建设科学文明的和谐城区。

留住"城市记忆"，走向美好未来。国家文物局局长单霁翔同志在一次讲座中指出："当前城市不仅面临文化遗产保护不力问题，也面临文化创造乏力问题。丧失文化遗产，城市将失去文化记忆；没有新的文化创新，城市将迷失方向。"在徐汇区第三次全国文物普查实地调查及对历史文物建筑修缮保护的基础上，2010年5月，经过徐汇区人民政府相关部门组织协调，设法联通原来没有道路相通的上海最早的宗教图书馆徐家汇藏书楼、创办于清代的徐汇中学、有远东第一大教堂之称的徐家汇天主堂、有中国近代第一个气象预报机构之称的徐家汇观象台和全国重点文物保护单位徐光启墓等五处历史文化遗存，形成“文物小径”，沿着小径可以一路观赏、品味掩盖在高楼背后的历史遗存。专家认定此地是徐家汇的发源地，被命名为“徐家汇源”。旨在城市更新和城市文脉传承过程中，通过固化经典文化，还原徐家汇区域的历史文化气质，为徐家汇经济、文化、旅游业的新一轮发展备足底气。区政府还将对周边的文化设施进行保护、开发、利用，在原土山湾孤儿院旧址上改建的上海土山湾博物馆于2010年6月12日正式开馆，至月底接待观众二万余人。徐家汇观象台将建气象博物馆，原上海电影制片厂旧址将建电影博物馆。历史文化遗产是美丽的，是和大家的生活息息相关的，是可以彰显城市个性的。徐汇区的“三普”成果不断得到社会共享，文化遗产保护不断成为文化自觉。

文化遗产事业肩负着党和人民的殷切希望，文化遗产保护工作者责任重大，使命光荣。作为一名基层文物普查员，又是区文物管理办公室一名普通文物工作者，在近三年的徐汇区“三普”过程中，由衷体会到：第三次全国文物普查确确实实是文化遗产保护的一项基础工作，也是将文物保护理念送进千家万户的文化工程、教育工程、民心工程。基层一线普查员在文物普查实地调查中，不论春夏秋冬、雨雪风霜，四处奔走，不辞辛劳，尝尽了甜酸苦辣。遇到线索，追根摸底，就会发现每一件文物背后都有一段难忘的故事，文物点的历史人文史料就会不断得到发掘、补充和完善。此时此景，普查员的心里真是乐开了花。至2009年12月底，徐汇区共普查不可移动文物479处，其中新发现不可移动文物216处，复查不可移动文物263处。徐汇区文物普查取得显著成效。“三普”工作现已进入资料整理、数据研究、建立数据库阶段，要继续以饱满的热情，发扬吃苦耐劳、艰苦奋斗的精神，坚持科学严谨的工作态度和深入细致的工作作风，再接再厉，以更优异的成绩，圆满完成徐汇区第三次全国文物普查工作，为人类共有的历史文化遗产的保护传承作出新的贡献。

“三普”中忘不了的人和事

上海市长宁区革命文物陈列馆　顾　华

上海市长宁区，地处上海市中心城区西部，以贯穿全境的长宁路命名，被誉为“上海西大门”。

地方志记载：北宋开宝年间，法华禅寺每逢庙会香汛，塔灯高悬，彩旗飘扬，至清乾隆、嘉庆年间，法华成为上海县西侧首镇。元明清时，纷至沓来的各地文人墨客在法华留下许多吟花赋景、叹事感怀的佳诗美文。只可惜，以上这些已成为《法华乡志》记载中的记忆。

然而，在第三次全国文物普查中，让我在喧嚣的城市中找到了城市的记忆，延续了这座城市的生命。在“三普”第二阶段实地调查工作中，普查队员们挨家挨户宣传、地毯式普查，找回了宋代法华镇上家喻户晓的香花桥、明代李同芳墓碑石刻、民国沈铭昌墓志铭石碑等，长宁的不可移动文物从近代的老建筑洋房延续到古建筑石刻文物，让长宁这城区顷刻间有了历史的厚重，有了更深的文化底蕴。

78 岁的钱老伯从小在法华镇路长大，儿时常在法华禅寺门口的香花桥石桥边玩耍，目睹了 1958 年法华浜填埋后的香花桥搬迁的情景。五十年后的今天，当我陪着年迈的钱老伯来到现已搬迁至中山公园西侧花园内的香花桥旁，钱老伯看到他儿时玩耍的香花桥时，心情格外激动。桥身中央的石刻牡丹花依旧绽放着，桥头的一对石狮子依旧半蹲着，钱老伯时不时比划着当时玩耍时的情景。

沉睡了 360 余年的明代石刻，曾经在上世纪 50 年代第一次全国文物普查中登记在册，“二普”中不知怎的被人们遗忘了，但是明代石刻依然静静地躺在青草地中，吮吸着 3 个多世纪的雨露，见证着时代的变迁。“三普”的重要新发现，打开了人们的封存记忆，明代石刻名正言顺地再一次登录在文物普查数据库中。当普查员们拿着“一普”泛黄的登记表在实地查找文物时，赑屃依旧静静地躺在延安西路少儿出版社西侧花园的水池边，石碑、石马仍在一株直径约 1 米的古香樟树东侧的草丛中，虽然石碑开头楷书体文字“奉天承运，皇帝旨曰”清晰可见，但部分文字模糊难辨。根据石碑文字且结合第一次文物普查文字记载，初步推测与明天启年间副都御使李同芳墓葬有关。为了弄明白为何会在这里出现与明天启年间副都御使李同芳有关的石刻，普查员们去上海图书馆查阅资料，请上海博物馆考古专家现场查勘，发函至李同芳的故里昆山查明历史渊源，普查员们还多次去实地用手电筒照着石碑将碑文一一抄录下来，并请专家大致译释一番，但还是解不开明代石刻疑团。不管如何，明代石刻现在长宁的土地上，这是不争的事实，从今往后的呵护保护是我们的光荣责任。

在泰安路洋房群住宅花园内，沉睡着两块民国时期的名人墓志铭石碑，整整躺了大半个世纪，“三普”让它重见天日了。经上海历史博物馆的专家们观察后认为，两块石碑原本是用子母扣扣合在一起的，主人沈铭昌是民国时期先后担任山东、山西省省长的绍兴人，这块墓志铭的主要价值在于撰写人是非常有名的学者陈三立。经考证，主人沈铭昌的墓远在杭州丁家山，为何墓志铭会在上海，这是一个有待揭开的谜。现在的墓志铭被上海历史博物馆收藏保护着，了却了尹老伯多年的心愿。

原来这块墓志铭是尹老伯原花园里的铺路石，一次普查员与社区党员工作室主任俞静聊天时，俞静说起自己家隔壁尹老伯家花园里，有两块民国时期名人墓志铭。当时我们立即撑着雨伞来到尹老伯家，见到了两块铺在花园门口地上，分别不到1平方米、上面刻着民国时期山东省省长沈铭昌墓志铭的石碑。我们将此事向市文管委报告后，文管委马上派专家来到尹老伯家。尹老伯回忆起50年代的事情：当时单位分得了现在的住房，露台边靠着两块石板，在移动时摔裂了一块，后来就将它们铺在花园门口地上，为保护石板上的字，长期以来在上面铺了软垫子。是呀，“三普”离不开像钱老伯、俞静、尹老伯等许多热心居民的支持和帮助。东华大学环境设计系的同学们在实地绘制平面图时被跳蚤咬伤不吭一声，程桥街道的普查员用自己的私车当普查的交通工具，新华、江苏、虹桥等街道普查员在文化局普查员到来之前，先把各普查点跑了一遍，还有老贺、小张、小庄等的紧密配合，我们的“三普”才会有今天的成果。

“三普”的成果真是不少，惊喜连连。“三普”文物点新发现涵盖了古代、近代、现代各个历史时期的建筑及人文古迹，如明清时期石刻、民国年间墓志铭和工业遗产；名人旧居，如科学家钱学森、民革中央主席李济深、教育家陈鹤琴等曾经居住过的寓所；反映工业建筑的如中国抗生素实验所旧址、改革开放第一只股票诞生地；反映重要历史事件和重要历史机构，如农工党第四次全国干部大会会址、宋庆龄中秋游园会会址等；还有老洋房内海派壁画等，这些都是普查员们和社区居民的热心参与和积极配合的成果，更是长宁人民丰富的文化资源的浓缩。

第三次全国文物普查工作中的一件件平凡而感人的事情，让我难以忘怀，将成为永远的美好记忆，铭刻心底，并深深感到成绩应该归功于各级领导的支持，归功于文物专家、普查员们、社区联络员们、大学学生、热心居民，他们是真正的功勋人物，他们将激励我努力工作，为推进宣传保护、传承发展文化遗产事业做出自己应有的贡献。

“三普”工作的几点体会

上海市闸北区闸北革命史料陈列馆　马幼炯

文化遗产是一个国家历史发展的见证，是不可再生的国家资源，是古代先人留给后人的宝贵财富，文物普查是确保国家文化遗产安全的重要措施，是我国文化遗产保护的重要基础工作。闸北区第三次全国文物普查工作自2007年11月正式全面启动以来，作为区普查队的负责人，我深感既是机遇，更是责任，需要备加珍视。责任是压力，也是动力，促使自我加压，负重奋进。

我所工作的闸北区，位于上海市中心区北部。闸北一词，源于清康雍年间在吴淞江上的两座闸，因地境在两座闸的北面而得名。上海开埠后，闸北由地方自治兴起，进入快速发展时期，工商文化、市政建设都有长足的进展，至20世纪二三十年代成为华界工商业中心和文化中心之一，有“华界民族工业发源之大本营”之称。从1900年至今，闸北已走过百年历程，人文荟萃，为我们留下了深厚的人文底蕴和宝贵的文化遗产。因此，普查伊始我就把全部精力投入其中，与普查队员工作在一线、吃苦在一线，先后拟定了《闸北区关于开展第三次全国文物普查工作的计划》、《闸北区第三次全国文物普查工作实施方案》等工作计划，并积极推进组织机构成立，排定阶段性工作时间表，落实普查经费，使我区“三普”工作一起步就进入有序的工作状态。

下面就参加“三普”工作的点点滴滴，有感而发，归纳的几点体会和心得：

1. 领导的重视和支持，是普查顺利开展的关键

近年来，在闸北区委、区政府的领导下，区文化局、区文物管理委员会高度重视本区文物保护工作。认真贯彻落实《文物保护法》，努力做好各类文保基础工作，通过文物调查、公布不可移动文物保护单位等方式，有效推进区文物工作快步向前发展。在区“三普”工作会议上，区领导就要求各成员单位统一认识、通力协作、明确目标、突出重点、全面及时、高质量地完成此项工作。新任闸北区委书记方惠萍到区文化局调研时，明确提出“挖掘历史”的要求，强调要认真完成好区“三普”工作，要摸清家底，突出重点，要把普查与保护结合起来，切实做好文化遗产保护和利用。在其后的实地普查阶段，区分管领导、区文管委各级领导多次视察“三普”工作，予以关心、关注，不仅对北站街道、宝山路街道等文物点较为集中的地区进行了现场考察、实地调研，及时有效地指导我区“三普”工作向纵深推进，还亲临一线慰问普查工作人员，认真听取工作情况汇报，并努力为他们解决工作中所遇到的各种实际问题。由于各级领导重视，我区“三普”得以扎实推进。

2. 高素质的一线队伍，是普查成果丰硕的基础

普查成果的获得，离不开一线普查队伍付出的努力与汗水。在最初筹建队伍时，我便担任队长一职，着手建立健全文保基层网络、锻炼打造出一支我们自己的专业文化遗产保护人员队伍。结合我区实际情况，确定了以“老中青”三代相结合的方式，普查队中既有长期从事区文化遗产保护的业务骨干，也有熟悉闸北历史人文环境和曾参加过“二普”工作的老专家、老同志和志愿者，在普查中一方面可以让老同志发挥熟悉区情、经验丰富的长处，另一方面可以让年轻同志发挥热情高、干劲足的长处，通过互帮互学，努力实现队员之间的优势互补。针对此次普查技术要求高、科技含量足，特别是文物实地调查阶段验收标准、规范提高的特点，我和普查队员们始终严格对照普查标准、程序、规范，并贯穿于文物实地调查阶段的数据采集、资料登录和表格填写等每一个环节里。有时为了搞清一个技术标准，为了明确一个分类，大家一起探讨研究，还主动请教市里的专家和同行，直到弄清楚，搞明白为止。对待“登记表”的填写，坚持高标准、严要求，多次修改，几易其稿，力求做到完整、规范。

3. 把握区域特点，是普查形成特色的原因

根据闸北历史和现实的区域特点，我有针对性的提出将“工业遗产”、“金融仓库”、“里弄住宅”作为区“三普”实地调查新发现的重点。在历时一年多的实地调查里，我和普查队员一起走遍了闸北区内几乎每一处角落，使普查第二阶段实地文物调查不仅得以顺利完成，同时也取得了较大的收获。其一是以区境北部建设早、规模大的“彭浦工业区”遗存的工厂建筑，作为我区新发现的“工业遗产”类别进行重点调查。先后调查各类工厂近80处，按照“三普”标准将上海彭浦机器厂、上海四方锅炉厂、上海冶金矿山机械厂、新中动力机厂、上海第一石油机械厂等11处作为新发现文物点，连同复查重新归类的5处，闸北区“三普”登录的工业遗产类别文物点共16处，在整个登录文物点中占有相当大比重；其二是开展对吴淞江（苏州河）北岸的“金融仓库”实地调查，先后普查上海交通银行仓库、福源福康钱庄联合仓库、新华银行仓库、中国实业银行仓库、中国银行仓库、四行仓库等7处“金融仓库”旧址，在收获普查成果的同时，也形成区域文化遗产留存的特色；其三结合区境内原属公共租界北区部分的历史街区保存相对完整，留存了1910年至1930年之间不同类型的里弄住宅建筑，经过实地普查、考证遴选后，将慎余里、均益里、福荫里、康乐里等4处里弄住宅作为新发现文物点，填补了闸北区文物类别的空白。

4. 调查和保护并举，是普查全面深入的保证

为将此次“三普”与闸北区日常保护工作进行有效衔接，推进本区文化遗产保护大踏步地向前发展，我所带领的区普查队在这方面进行了积极的探索。2008年、2009年先后对钱氏宗祠、上海铁道医院旧址进行修缮，“三普”实地调查的成果就运用其中，反过来修缮过程中实测数据、图纸资料等也完善和补充了普查的正确性。期间结合旧区改造、又开展专项调研、文物保护单位项目重点规划等，2009年由我担纲执笔，先后完成《迁建闸北天后宫方案可行性报告》、《闸北区文化遗产保护调研报告》、《在商务印书馆遗址上筹建“中国印刷博物馆”可行性方案》等3篇调研报告，涉及建筑价值分析、区域保护策

略，发展目标定位，分期保护规划，保护保障措施等实质性内容，其中《闸北区文化遗产保护调研报告》作为区文化事业“十二五”规划的专题调研，将为规划的编制提供科学依据。

历时一年半的实地文物调查，让我更多地了解认识了闸北区文化遗产资源这座蕴藏丰富的宝库，普查工作也初见成效，但与国务院和上海市“三普”工作领导小组提出的要求相对照，闸北区第三次全国文物普查工作中尚有不足的方面，宣传力度有待进一步加大，文物保护工作有待进一步提高等。普查只是手段，真正做好闸北区文化遗产保护工作才是我本人的心愿和目标，秉承对先辈、对后代负责的责任感和使命感，兢兢业业地做好工作中的每一个细节，同时期望以此带动并逐渐形成全社会共同关心、参与文化遗产保护的良好氛围。

“三普”工作体会

上海市金山区博物馆　奚吉平

从2007年4月，国务院下发开展文物普查工作通知后，结合金山区实际情况，按要求做好具体部署，并于2008年5月正式进入文物普查实地调查阶段，在顶着烈日，冒着严寒下经历了一年多时间辛苦调查。回忆这一年多来与队员们一起工作的日子，在田野间奔走的情形，与当地村民交流的场景，都无法让我忘怀。那些曾经帮助过、关心过“三普”工作的领导、专家以及热心人士，着实让人感动。在此，我对他们表示深深的感谢。写下这篇体会与大家一同体味“三普”工作。

上海市金山区陆地总面积586平方公里，现有人口80万，下辖9个镇、石化街道和金山工业区，属长三角经济区域中心。金山位置特殊，地处上海西南，历来为兵家必争之地。明洪武年间筑城置金山卫，民国初年军阀“齐卢之战”，抗日战争时期日本侵略军在金山卫登陆……近年，杭州湾跨海大桥的建成通车，使濒杭州湾的金山将在长三角地区经济交流方面发挥越来越重要的作用。

金山历史悠久，是上海古文化的发源地之一。距今已有6000多年历史的古冈身遗址，现仍存留在漕泾镇沙积村，是上海成陆久远的历史见证。此外，查山、亭林、南阳港、戚家墩等古文化遗址，也为我们记录了先民们自新石器时代至秦汉时期在金山的繁衍生息。

这些都是激励我们做好“三普”田野调查工作的动力。由于时间紧，任务重，加之人力有限，对我区文物普查工作而言，要摸清家底，实在不是件易事。为了普查工作的顺利进行，我始终秉着不畏艰难，不怕辛苦，勇于创新的精神，投身到本次普查工作中。在田野调查阶段初始，我大胆提出，凡提供一条不可移动文物线索者，一经核实确认奖励 200 元的做法。这一措施的采取，以最快的速度动员了所属辖区村委会、社区干部以及广大群众，达到了最好的效果，并收集到新线索近百条。我们根据线索，逐一认证，新发现许多具有很高历史价值、艺术价值、科学价值，且保存较好的文物点。例如漕泾镇新发现的清同治十七年（1868 年）的 3 块古海塘分段碑，为研究金山古海塘提供了宝贵的实物依据。据资料记载，金山筑塘御海从三国开始，一直用土筑海塘，多次引起坍塌，后改用石筑海塘，将海塘划分为 12 段，每段设“塘长”分段管理海塘。遗憾的是，经过百年的沧桑巨变，另外 9 块已不知去向。

在实际调查中，我倡议“三普”工作层层签约制，并身体力行，主动与各镇、街道、工业区的文广中心主任、每位普查队员逐一签约，从组织上保障“三普”工作的落实。经深入分析，仔细研究，我对每位普查人员进行了合理分工，以事定人，以岗定责，充分发挥各自所长。采取了边调查、边采集、边整理、边审核、边建档的工作方式，极大的节省了文物普查工作时间，提高了普查工作效率。同时，考虑到普查队员经常在野外调查，有可能发生突发事件，及时地为每位队员办理了人身意外保险，并给予每人每天 60 元补贴。这些措施极大鼓舞了队员们的士气，调动了队员的工作积极性。还利用自己多年来与相关部门建立的良好关系，争取他们的大力支持与关心，为普查队配备了文物普查专用车，改善普查队员的工作环境，加快普查工作的速度。普查进行中，常常“天公不作美”，有时炎热的天气让人无法忍受，有时雨后泥泞的小路，让人不得不与大地来一次亲密接触。真可谓是“晴天一身汗，雨天一身泥”。汗水流下来就一擦而过，衣服脏了就用手拍几下，鞋子脏了就在水里洗洗，然后继续在乡间小路上蹒跚。当到了下一处目的地时，早已忘记了身上的痛，心中的苦，精力完全放在对文物点的调查上。就算是如此恶劣的条件，我也坚持与普查队员们在一起，战斗在普查一线。这是因为，我知道身为普查队队长更应该以身作则，尽可能地给予队员们更多的帮助和鼓励。在普查工作中没有巧，只能一靠“走”，二靠“看”，三靠“听”。在艰难的步履中，带着一双善于发现的眼睛，听取着热心村民的讲述，不断会有惊喜出现。当一处又一处新发现被确认时，心中的激动与兴奋是用言语无法形容的。

时间是紧迫的，任务是艰巨的。为及时完成普查任务，我曾多次主动放弃休息时间，坚持与普查队员一起加班加点。多少次因为加班而熬到深夜，多少次因为担心队员安全，不顾早已疲惫的身躯，驱车送他们回家。哪怕时间再晚路途再远也是如此，第二天又早早地来到办公室，开始忙碌的一天。不是因为感觉不到累，而是因为在我心中，有着对文物工作的热爱，有着对工作认真负责的态度，促使我一直坚强的走在“三普”路上。看着一起并肩作战的队员，我有感动，有感激，也有欣赏，但我对他们更多的是严格。在资料整理，数据录入中，为保证数据的真实性、准确性，每一份材料我都会亲自审阅，遇到意思表达不清楚，文字欠推敲，数据不准确的地方我都会一一指出，并要求改正。有时候，可能造成整个团队几天来的辛苦完全白费，所有工作必须重来。但他们也毫无怨言，还是一如既往地支持我的工作，更好更出色的完成任务，对此，我由衷地表示感谢。

第三次全国文物普查田野调查阶段工作已经基本完成，文物普查进入第三阶段。目前资料整理汇总正在有条不紊进行，已编辑出版《上海市金山区第三次全国文物普查集》，可谓图文并茂。这与普查队全体人员的辛勤工作和无私奉献密不可分。虽然我们取得丰硕成果，但是我认为要做的事情还有很多，文物保护维修、文物安全、文物宣传教育乃至文物为本地经济建设和文化旅游建设服务等诸多任务，我区文物保护工作和文物事业永远没有结束，它将一代一代传下去。作为一个文博单位主要负责人，我深感身上的责任重大，自己能力有限，知识不足，需要不断学习，需要与兄弟单位互相交流，需要社会多方面的支持。我决心站好最后一班岗，守土有责，努力为我区文物事业的发展贡献自己的绵薄之力。

刻苦耐劳　谦虚谨慎

——“三普”工作中做一个称职普查员

上海市奉贤区南桥镇社会事业服务中心　谢楚权

我是南桥镇第三次全国文物普查工作小组一名普查员，我抱着对普查工作的热情和执著，两年多来，饱尝了甜酸苦辣，从无怨言，坚持不懈努力工作，在完成本镇普查工作基础上帮助兄弟乡镇普查工作展开付出了自己的努力。

我在镇普查组具体负责信息采集汇编、信息月报、文本登记、摄影等野外测绘工作，由于对文物知识不太了解，所以在精神上压力很大。

南桥镇是奉贤区文物普查工作试点单位，2008 年 3 月第一阶段文物普查工作开始启动，我们对辖区内 32 个行政村（包括奉浦开发区、区农业经济园区 15 个行政村）、39 个居委会，以座谈会形式，组织老年人进行座谈，调查当地文物点存在和消失状况。为了加快工作进程，我把白天座谈会记录内容带回家利用晚上时间进行整理汇编。如在汇编中碰到疑问时，双休日骑车进行个别走访。在这阶段，搜集信息 38 份，可查信息 39 份，新发现文物点 23 处，复查文物点 19 处，消失文物点 13 处。由于我工作主动，计划第一阶段工作定于 4 个月完成，只用 3 个月时间就完成了，为全区第一阶段普查工作展开积累了一定经验。

第二阶段工作是野外测绘工作，是普查中最艰苦的工作。我们普查组人员少，我和另一位老同志（我们二人都是文化站退休干部），一位驾驶员，一台戏三人唱，缺一不行。那时正逢七八月份炎热暑天，天天汗流浃背，皮肤晒得又红又黑。我体质确实很差，有些受不了（因为 2006 年我动过两次较大手术）中饭也不想吃，天天中暑，下班回家头一件事就叫女儿刮痧。女儿心疼地说："老爸，你已退休了，体质又这么差，整天在高温下跑东跑西的，把老命都搭上去了，你还想争啥名图啥利？不要去上班了。"我笑着说："难道让我做逃兵吗！"

有一次，到庙泾桥测绘，在拍摄照片时，因该建筑被两岸灌木掩盖着，很难拍摄，要拍摄好这张照片必须穿过一片灌木丛。我提着相机，刚跨进灌木丛，就感到下半身像针刺一样扎痛，低头看，灌木上爬满了毛毛虫，这时候我惊得浑身发麻，忍着痛拍完了照片回到车上，真是痛痒难熬，回家一看，下半身多是肿块，整整一个星期坐立不安，比生病还要难受，我忍着痛天天与同志们在野外测绘……现在想来还心有余悸。

在全区第二阶段野外测绘工作全面启动时，我们南桥镇普查组在区博物馆安排下，到各镇进行野外测绘指导，每到一处我总是带着使命感和责任感，保持认真工作作风，与各镇普查员之间除了指导性工作外，尽量尊重他们意见，互相学习共同探讨，谦虚谨慎的工作态度受到了各镇领导和同行好评。四团镇因普查组人手少，比较年轻化，文物点存量也比较少，他们根据实际情况要求我对各个文物点出个初稿，经过一星期的努力完成了该镇 10 多个文物点的初稿。由于我们认真指导加快了全区第二阶段文物普查工作进度。

正在普查工作关健时刻，我们做电脑的一个女同志因怀孕保胎，请假 5 个月，单位里没有人手顶上去，后由单位出面协调由华英电脑服务部帮助做电子文本登录工作。因我上班单位在南桥，这家服务部在肖塘，两处相隔十里地，给我修改文字、图纸带来了不便，小修改白天尚可以，如大批量修改有一定的难处，因为他们是搞经营性服务，长时间占用电脑修改影响他们的业务，所以每次修改我总是利用晚上、双休日、节假日，说实话，二年多来，没有好好休息过一天。

记得 2009 年 12 月 30 日，区博物馆要求各镇送二三本已完成好的第三次全国文物普查不可移动登记表，并要求全体普查员参加，由上海文管会地文处于心海等老师前来点评指导。这天恰逢我丈母娘病逝，这真使我进退两难，如不去听于老师点评指导，下阶段定稿修改工作怎样做，盲目修改会浪费时间，拖全区普查工作后腿（因奉贤区“三普”办要求镇级普查工作2009年2月底全部结束)，不去吊唁怕亲眷们指责，经过反复考虑还是选择了以工作为重。点评之前，区博物馆馆长张为伟知道后，当着全区普查员表扬了我。

奉贤区第三次全国文物普查工作基本结束，我离开了岗位回到了家里。我祝愿通过第三次全国文物普查工作，让我区存有的文物得以有效保护，发扬光大。这是对广大普查员的一种极大的鼓舞和安慰。如果我在第三次全国文物普查中作出的一些成绩能称得是一个合格普查员，那么在今后的生命历程里，我也会义不容辞做一个保护文物的合格宣传员。

江苏省

以高度的责任感做好文物普查工作

江苏省南京市鼓楼区文化局　张殿亮

开展学习实践科学发展观活动，要更加注重突出实践特色，就是要立足鼓楼文物保护实际，解决突出问题。文物具有不可再生的特性，科学地保护和利用好重要的文物资源，是我们文物工作者义不容辞的义务和神圣职责。胡锦涛总书记在党的“十七大”报告中指出，“推动社会主义文化的大发展、大繁荣”，从文物工作方面理解，就是要重视科学、历史、文化的遗产和革命文物的保护，文物保护从讲政治的角度是代表先进文化的一种体现，一个地区没有了文化的“根”，也就无所谓代表先进文化。

鼓楼区历史悠久，文脉绵长，文化积淀深厚，区域内蕴藏着丰富的历史文化资源，是南京文明的重要发源地。因明代建有鼓楼而得名，在这里有史前新石器时代的北阴阳营古文化遗址，战国时期楚威王所筑的金陵邑遗址，以及众多的明、清代文物古迹。民国时期，这里是全国性政治机关的集中地和军政要员的聚居地，又是外国驻华使馆的集中地区，保存着众多的近现代重要史迹和建筑精品。目前，区域内有各级文物保护单位 93 处（点），其中国家级 15 处（点），省级 19 处，市级 57 处，区级 2 处，有各种历史文化资源 600 多处。

为认真贯彻落实国务院、省、市关于《开展第三次全国文物普查的通知》精神，在市文物局指导下，根据全市的统一部署、工作要求，自 2007 年 10 月开始，全面启动鼓楼区第三次全国文物普查工作，经过两年多扎实有效的工作，现已完成实地调查、数据采集汇总、软件录入等任务。目前，已投入“三普”经费 65 万元，完成实地文物调查登记 569 处，实地采访询问 687 人次，参与人员近万人次，查阅史料 692 份，申报第七批全国重点文物保护单位 17 处，省级文物保护单位 27 处，绘制鼓楼文物分布图，参与《南京市第三次全国文物普查重要新发现》一书组稿工作。2010 年 1 月区“三普”工作全部通过省、市文物局、普查办和专家组验收，6 月 30 日代表江苏省接受国家普查办整体验收，顺利通过，并得到与会领导和专家的高度赞扬和充分肯定，取得显著的阶段性成果。

一、加大社会宣传，扩大普查影响

第三次全国文物普查是国务院组织开展的国情、国力调查的重要组成部分，是确保国家文化遗产安全的重要措施，是加强文化遗产保护的重要基础工作，也是推动文物事业又好又快发展的必然要求。为此，多次组织召开专题会议，统一思想，提高认识，抱以对国家、对历史、对后代负责的态度，充分认识到开展第三次文物普查的重要意义，以高度的责任感做好文物普查工作。发宣传材料、悬挂横幅，利用社区橱窗、板报进行宣传，以营造氛围，扩大影响。一是宣传文物普查工作是当前最大的一项文物保护工程，同时也是一次全社会参与的文物保护活动，广泛动员、深入发动社区居民积极参与，投入到这场功在当代、利在千秋、造福子孙、利国利民的文物普查活动中去。二是广泛征集普查线索，召开座谈会、走访文化人、收集、查阅文献资料，排查文物点线索。三是要求驻区企事业单位、部队、院校、党政机关、街道、各级文保单位、相关部门积极配合，协助做好普查工作。依靠社会力量、社区群众将普查工作不断引向深入。

二、制定方案、周密部署，提高普查工作水平与质量

针对我区文物遗存数量多，民国建筑分布广，普查工作要求高的基本情况，制定了《鼓楼区第三次全国文物普查工作实施方案》。方案从第三次全国文物普查的目的、意义、范围、内容、时间、技术标准等方面都做了具体要求，下发到各街道，区机关部门和驻区有关单位。要求高度重视，各司其职，各尽其责，通力协作，密切配合，确保普查工作有序开展。

为保证文物普查的质量，在聘请普查队员时要求具有一定专业知识，对历史文化有一定研究，经验丰富、热爱文物工作，肯吃苦、乐于奉献，了解鼓楼历史的“文化人”。如作家、南京地方文化研究专家、《南京名人旧居》作者苏克勤，文化局退休干部原鼓楼区文物管理所所长乙乃华等聘为普查队员。为迅速提高普查人员的业务素质，邀请省、市文物专家，组织开展对专职普查队员和 7 个街道分管主任、文化站长、64 个社区主任、93 个各级文物保护单位的文物保护员进行专业教育培训。他们发扬吃苦耐劳和一丝不苟的精神，通过查阅史料实地走访，用辛勤的工作换来了沉甸甸的史料。

三、积极筹划、精心组织、认真实施

由于我区历史文化资源多，大多又集中在党政军机关等“高干”住宅区，普查难度大。根据省、市第三次文物普查领导小组办公室《关于第二阶段实地调查工作进度》的通知要求，将完成第三次文物普查第二阶段实地调查登记工作列入 2008 年度区文化目标任务之中，文物普查工作任务重、时间紧、要求严、流程复杂、技术含量高。根据工作的具体实际，合理安排普查路线图、任务书、时间表。省、市文物局普查办盛志伟处长、傅广军科长、吴会泽处长、林劲科长等悉心指导、帮助工作。局分管领导亲临一线指挥，文物关系较复杂的街道由文化站长、社区主任、机关单位负责人带领上门，以增加军民的“信任度”、“安全感”。普查队员吃苦耐劳、任劳任怨、不怕严寒酷暑、风吹日晒，以街道为片、深入社区深宅、小巷、院落、军营、校园、机关、企事业单位进行拉网式普查登记。有时为一处普查点，不厌其烦多次上门，常被人不理解，遭指责、告状或被狗咬，流汗流血流泪。我们克服了重重困难，在实地普查过程中采访询问人员687人次，到市档案局、房产局、中国第二历史档案馆查阅历史资料档案692份。同时边采集、边整理、边审核、边建档，力求准确无误，建立了鼓楼区历史文化资源库。在省级机关、部队、文保单位等部门的支持配合下，经普查队员认真细致的工作，于2008年12月15日，鼓楼区第三次全国文物普查第二阶段的实地调查工作已全部结束。共普查登记文物单位569处，其中新发现国民政府中央广播电台旧址等449处具有较高的历史文化价值的历史文化资源，复查120处文物单位。按照边普查边出成果的原则，完成国民政府中央广播电台旧址等17处第七批全国重点文物保护单位，惜阴书院等27处省级文物保护单位，中山路、中山北路“中国历史文化名街”申报推荐材料的上报工作。文物普查完成数量、获奖成果等均在全市各区县前列，被南京市文物局评为第三次全国文物普查先进集体、先进单位，荣获优秀组织奖、重大发现成果奖。

四、重视成果发现宣传，扩大普查工作影响

对普查中的成果发现，我们采取积极的态度向外宣传，以扩大影响。实行边普查，边发现，边宣传。2009年2月4日，省、市文物局领导到我区调研指导“三普”工作，并参观“三普”重要新发现。5月14日，国家文物局童明康副局长等领导到鼓楼区调研检查指导工作，并实地察看了我区第三次文物普查重要新发现国民政府中央广播电台、北河口水厂旧址等。对我区在“三普”工作中所做的大量细致工作和付出的艰辛劳动，予以了充分肯定。国家普查办委托黄乔生、钱振文等领导于“文化遗产日”当天，到我区专题采访，报道我区文物普查进展情况、典型做法和宝船厂遗址、石头城遗址，颐和路民国使馆区12地块的保护开发利用取得的成果。在普查的同时对1984年后消失的10处区级文物保护单位进行登记并附批文上报。根据查阅的大量史料，编撰出版了《鼓楼风光》、《鼓楼风情》、《鼓楼风韵》、《鼓楼风俗》系列丛书。国民政府中央广播电台发射台旧址、北河口水厂（原首都水厂）旧址入选江苏省第三次全国文物普查十大新发现。其中国民政府中央广播电台发射台旧址入选国家级新发现。

五、增强责任意识，实现好普查成果的保护与利用

根据市普查办部署和我区普查方案，今年我区文物普查进入第三阶段：调查资料的整理、汇总、数据库建设和公布普查成果。

巩固普查成果。根据普查的情况，我们撰写了《鼓楼区历史文化遗产保护意见及发掘利用设想》，报区政府和有关部门。提出了对古代文化遗存、近现代重要史迹及代表性建筑、未定级别不可移动文物的保护意见和文化遗产保护建议等，引起区政府和建设规划、房产、老城办等部门的高度重视。与此同时，我们会同南京艺术学院人文学院的专家、学者、教授和南京历史文化研究名人薛冰等对鼓楼区历史文化遗产资源进行全面梳理，将制定鼓楼区文物保护规划，确定鼓楼文物保护与发展的方向。我们通过有效的载体和形式，结合第五个“中国文化遗产日”，举办鼓楼区第三次全国文物普查重要新发现成果展，进一步加大宣传力度，争取全社会对文物普查和文化遗产保护工作的关注。

谋划好鼓楼文物事业的发展。今年是“十一五”规划最后一年，明年是“十二五”规划开局之年，拟举办“十一五”鼓楼文物事业发展成果展示，针对在普查登记中的449处新发现文物，着手研究将其纳入“十二五”社会文化（文物）事业保护规划之中。加强对新发现文物的保护，确定第三批鼓楼区文物保护单位，做好第四批市级文物保护单位的申报前期工作。做好区内旧志和历史文献整理出版工作。开展纪念南洋劝业会100周年系列活动，编纂出版《南洋劝业会》、《南洋劝业会重要文献汇编》、《图说南洋劝业会》、《南洋劝业会研究会报告书》、《南洋劝业会杂咏》等文化丛书，筹建南洋劝业会博物馆、魏源纪念馆和金陵文化博物馆。打造鼓楼区小型博物馆群。

做好文化遗产的保护工作。以敬畏先人、敬畏历史、敬畏文化之心，加强历史文化遗存的保护，形成区、街、居、文物使用单位“三级四方”的文物保护网络。彰显鼓楼文化魅力，提升城区文化品质。在城市建设的拆与建中注重保护由各历史时期、历史遗迹构成的历史文脉，凸显城区的历史文化品位，推动经济发展、城市建设及所蕴涵的历史价值的协调统一。

着力加强各类民国建筑的展示保护和周边环境整治，保护性开发颐和路民国文化风光带，石头城滨河文化风光带、宝船遗址滨江文化风光带和宁海路民国历史文化风光带建设，重点推进石头城南片、宝船厂遗址西、东片建设，颐和路11片区的保护性改造工程，山西路——大方巷民国风貌区建设，充分展示中山北路——中山路沿线民国风貌。以明城墙风光带为切入点，完善外护城河和北护城河绿化带，打造“玉带环绕”的整体空间形象。充分挖掘历史文化资源，打造一个展现个性特色、呈“十”字型分布的文化街区。

鼓楼区文物普查第二阶段实地调查工作已结束，并取得一定成绩，但与上级要求和其他省、市、区、县相比还存在一定差距。在今后的工作中，我们将在国家和省、市文物局

和各位专家的指导下，将从科学发展观的高度进一步增强大局意识、责任意识，扎实工作，有力推进第三阶段工作深入开展，按时间节点，高标准、高质量全面完成“三普”工作的各项任务，为文物事业又好又快的发展作出积极的贡献。

挖土机前救国宝

——重要文物新发现华圻小学旧址抢救记

江苏省无锡市惠山区文化遗产局　符志刚

2009年9月的一天，无锡市惠山区文化遗产局文物保护监督管理办公室接到一名文物普查义务监督员的举报，称在惠山区洛社镇工业园区施工现场，有一条新建大道将通过华圻村，沿途将拆除许多民房，其中包括重要文物新发现——华圻小学旧址。

华圻小学，是民国三十六年（1947年）由无锡著名工商实业家丁熊照先生在华圻村独资兴建的一所私立小学。学校占地面积约2700平方米，由当时的著名建筑设计师需钟奇设计，上海大公营造厂承建。该校功能齐全，布局合理，富有代表性地反映了当时的办学理念和建造水平。旧址为中西合璧式建筑，虽历经半个多世纪的风雨，至今仍保存完好，它是无锡民族工商业家回报家乡、投资教育的最好例证。在不久前刚结束的全国第三次文物普查实地文物调查中，经基层文物普查员发现上报后，我局约请文物专家前来鉴定。专家们一致认定，华圻小学旧址是到目前为止，我国已发现的保存最为完好的民国建筑群之一，具有重大历史文物保护价值。该文物点一旦被拆毁，后果将不堪设想。于是，本人心急如焚地率文保办范宁生主任一起，在第一时间驱车赶往现场。

抵达现场时，但见工地上机器轰鸣，尘土飞扬，几台大型挖土机正在紧张施工，一条宽约40米的交通路基已经基本成型，并已延伸到学校的围墙边。从道路的走向来看，如果施工不予制止，华圻小学旧址将被贯穿分割，这一重要文物新发现将被彻底毁坏。情势十分紧急。我们迅速照会了工地负责人。依照程序，在向他出示了文物执法证后，我们当面陈述了相关情况，介绍了华圻小学旧址的重大文物保护价值，然后依法责令他立即停工。工地负责人表示，施工方已经跟洛社镇工业园区签订了施工合同，如果停工或改变施工方案将承担较大经济损失。除非园区方同意修改合同，否则无法停工。我们一方面要求施工方先行暂时停工，另一方面立即赶到洛社镇工业园区照会园区负责人。

在园区我们了解到，洛社镇工业园区作为惠山经济开发区的配套园区，正在规划建设一条横贯东西的交通主干道。依照无锡市规划局制定的园区建设规划，该条道路将横穿华圻村，沿途要拆除民房和其他建筑物上万平方米。制定规划前，规划部门没有主动与文物管理部门取得联系，也没有摸清规划区域内的文物分布情况。我们当即陈述了处理意见：首先必须马上停工，以免拆毁文物；其次立即向无锡市文化遗产局文物保护稽查支队报告此事，并提请市局出面与无锡市规划局协调，建议修改调整园区规划方案。园区领导十分配合，一面要求施工方立即停工，并同意修改施工合同，适当赔偿施工方的经济损失；一面主动向上级规划部门提出修改方案。为防止变故发生，我们还特意委托洛社镇教育文体服务站派工作人员在现场24小时值班。

经过多方协调，无锡市规划局局部调整了洛社工业园区的道路交通规划，通过改变走向，使原先横穿而过的道路变为绕墙而过。尽管为这一改变政府要多支出上百万元，但这处有着极高文物保护价值的堪称国宝级的民国建筑群得以完好保存下来。在2010年2月国家文物局出版的《第三次全国文物普查重大新发现集锦》中，华圻小学旧址光荣入选，而江苏省总共入选的才不过三处。我们的这次文物保护执法行动，也因为反应迅速、处置及时、方法得当、效果圆满而受到上级文物部门的表扬，本人还被推荐并光荣入选为由国务院第三次全国文物普查领导小组办公室表彰的“第三次全国文物普查实地文物调查阶段突出贡献个人”。

通过这次文物执法，本人有以下几点体会：

首先，在当前的新农村建设热潮中，各级政府一定要妥善处理好“开发”与“保护”的关系。随着历史的变迁，老祖宗留给我们的历史遗产是越来越少了。各级领导一定要强化历史文化遗产保护意识，学点、懂点文保知识，尤其是在开发建设大潮中千万不能头脑发热，动辄一拆了之。如果我们只顾开发，不知保护，让少得可怜的那点老家底也给败了，那么我们就将成为千古罪人。因为文物是唯一不可再生的历史文化资源。

其次，规划部门在制定某个区域建设规划前，一定要做足功课，摸清底子，尤其是文物分布的情况。根据实际掌握的情况，做出合理的保护性规划，以免造成损失。每逢重大项目开工前，文物部门也要主动先期介入，适时开展抢救性保护工作，为规划部门建言献策。

其三，各级文保管理部门务必切实行使好文物保护的管理和监督职能，健全基层队伍，布好“眼线”，充分发挥好文物普查员的监管作用，并通过合理的奖惩机制激发他们的工作积极性。

一路汗水 一路歌声

——田野调查侧记

江苏省灌云县博物馆 邹平彦

2007年9月初，一个骄阳肆虐的上午，我、冯工、傅工、杨工一行四人骑着自行车，呈“一”字队形出了县博物馆大门，开始了田野调查新的一天。

第一个目标是复查大伊山石棺墓遗址（国保单位），遗址地处县城北部边缘，大伊山东麓。因在县城内普查，我们都骑自行车，这样可以节约一些费用。一路上说说笑笑，并不觉得累，半个小时就到了。傅工的第一反应是：“好一快风水宝地！”遗址东向朝阳，西枕大伊山，且当时三面临海，当真一处好所在。

我第一个数完台阶，看到亲自主持修建的门楼牌坊和真空玻璃覆盖棚，不免有些自豪。突然想起自行车没上锁，遂回过身来准备下去。冯工因问：“怎么了?”

“忘了锁车。”

傅工说话了：“不用担心。你的车会自动报警。”

见我不解，他就接着说：“看看你的破自行车，除了铃铛不响，其哪都响，小偷只要一碰，立马自动报警。”众人捧腹。

进入墓区后，我进行了简单的分工：傅工、杨工负责测量遗址、墓区、墓穴的长宽高，我负责记录，冯工负责GPS定位、拍摄照片并绘制草图。

傅工对冯工坏笑道：“有把握了吗?”

冯工知他提及第一次调查时出现的尴尬，因没有经验，头天GPS充电时没开机，没充进电，现场测点时GPS“罢工”，白白跑了30多里冤枉路。因拍胸脯表示：“看我老冯的，各个测点不会出半点差池。”

我们首先测量每个墓穴的大小。傅工身材较胖，因不断弯腰下蹲，加之太阳灼烤，很快气喘吁吁，汗水顺着脸颊往下滴。杨工身材瘦小，尚有心扯闲。他来自乡镇文化站，对石棺墓遗址不是很熟悉，不断问东问西。我一边记录，一边四下搜索，发现陶片就捡起来看。有一块三角形红陶片，很小，直径只有2厘米，微棋，伏于地表。我习惯性捡起它，翻过来看，发现内有两道刻纹，连忙擦拭干净，小心收起。带有刻划符号的陶器是大伊山石棺墓遗址的一个重要特征，有专家把它与半坡遗址出土的陶钵口沿上的刻划符号相提并论，目前馆内只有三件，所以这个陶片颇为珍贵。

这边杨工还在没完没了的问。这次他的问题“雷”倒了我：“这具石棺有180多厘米长吗？看起来不像哎！”

我说：“不要想当然，皮尺量出来的才是准确的。”

不料傅工出了个馊主意：“我有一个好办法。”

杨工：“什么好办法？”

傅工：“你躺进去试试，亲身感受一下。”

我忙说：“使不得。他没那个权利。”

杨工不解：“不要太紧张嘛！又不破坏文物。”

我问：“你可知道石棺里埋藏的都是些什么人？”

杨工还未作答，我便告诉他，这是母系氏族社会的墓葬，只有女性才能享受石棺，才能享受随葬品。

杨工忙说：“时代不同了，男女都一样。咱也享受一下。”说完，真的躺了进去。旁边的傅工望着我窃笑。

可怜的杨工，他身高才165厘米，置身石棺中感觉很宽松，于是干笑两声站起来，且发表了新的“见解”：“现在我知道了，当时女同胞当家还有一个重要原因，那就是身材高大，男同胞不敢惹她们。”他还不知道，石棺墓出土的最高一具骨架有172厘米，比今天普通女性的身材要高许多。

笑完继续干活。这时傅工突然关心地问：“当时男同胞死了怎么办？”

杨工笑言：“叫狗吃了！”

傅工作势欲恼。我忙正色道：“还真差不多。”

傅工诧异：“怎讲？”

我便解释：“以6500年前的生产力水平，原始人类采集石材很不容易，陪葬品也需要长时间的积累和制作，男性地位相对低下，无此待遇，死后或草草掩埋，或弃尸荒野，许多人难免遭遇彘狗豺狼。”我的话引来一阵沉寂。

那边，冯工完成GPS定位，已经开始在各个方位拍摄照片。忽见他神色慌张地向我们跑来，一边跑一边说：“蛇！蛇！”

我忙问：“在哪？”

“跑……跑了。”他惊魂未定，用手指着遗址西北角，“感觉脚下软软的，抬脚一看，一条蛇，窜了。”

大家释然，但我立即意识到这是我的错。2006年夏天组织锄草的时候，曾经有农民发现两条蛇，不足一尺长，黑鱼般身段，本地称“秃灰蛇”，剧毒，来前忘了吩咐大家小心注意。于是问道："什么样的蛇?"

冯工逐渐恢复镇定，顺口拽文："长三尺许，通体红、黑纹……"

我吁了口气，这是本地"赤练蛇"，无毒。仍对大家说："最近的普查重点是大伊山和伊芦山，都有'秃灰蛇'，一定要当心，看清楚了再前行。"大家点头称是。

大伊山遗址占地3000多平米，分三个墓区，现存50多座石棺，等全部测量结束并绘完草图，天已晌午。我看了看表，快12点了，于是着手草拟自然和人文环境，一边写，一边念给大家听，征求意见。当念完自然环境时，杨工插话说："应该加上一句。"

我习惯地："请讲。"

杨工一本正经："常有蛇虫出没，2007年9月6日上午，灌云县博物馆冯工被吓得精神失常……"

话音未了，冯工已向他"扑"了过去，杨工慌忙躲到我的身后，大声道："想吃了我呀！我还没死呢！"

冯工不知我们刚才的对话，并未作出反应，我们两个则笑得前仰后合。

写完收工。我提醒大家："下午2点，单位门前集合，目标是大伊山人物岩画和十盘棋岩画。"四人遂收了工具，下了台阶，骑了自行车，沿原路返回。

路途较长，我突然想哼上两句，便唱起了《打靶归来》，大家跟着唱起来，感觉很酣畅。天气很热，一路汗水，一路歌声。

普查组长手记

江苏省淮安市楚州区文物管理委员会办公室　李　诚

流均镇里探"龙宫"

×月×日　星期二　晴

在流均镇马铺村，村干部带我们参观了他们的"水龙局"。

水龙局设在一个院子里，院子大门上方镌刻有"马铺水龙局"5个字，院内有两间平房，7驾水龙在室内一字排开，很是壮观。

流均镇是我区最偏远的乡镇，距城里有100多里路，是典型的水乡，很多村民以种养水生动植物、跑船为生。过去他们世代居住的是茅草屋，且居住比较集中，像马铺村有几千人口，一旦发生火灾，往往是“火烧连营”，损失很大。村民们便挨家筹钱，造水龙，组织水龙队。为什么叫“水龙”呢？这不仅因为龙是中华民族崇拜的图腾，而且在古代，龙的重要特性就是能吐水。“水龙”发威，“火龙”就会败退，“水龙”的叫法就是这么来的，“消防”是新中国成立以后才有的词汇。

据介绍，每当火警发生，村里的青壮年汉子就会一边敲铜锣示警，一边抬起水龙赶赴火场，到达现场后，选择最佳位置放置水龙，由一人指挥，几个壮汉一起用力，上下压动杠杆，其他人则排成长队，用柳条桶从河里不停地提水往桶里添，水就会从喷嘴射出，如果火势较大，则几驾水龙一起上阵，“7条龙”嘴一齐喷水，一场火灾往往很快就能扑灭。据原马铺小学校长黄宗儒老人回忆，抗战时日本鬼子的飞机扔炸弹，村里有200多间房子起火，水龙队迅速出动，在一片火海的情况下，救出了上百间房屋。通过这件事，村民们对水龙更加看重了，甚至还加以神化。新中国建立之初，看护水龙的老头就对别人说过，水龙夜里会发出动静，只要听到龙王夜里发出吼声，三天之内必有火灾。在日常没有火灾的时候，村里也会定期举行演练和比赛，谁将水喷得最远，谁就会得到一定的奖励。

改革开放30年来，随着人民生活水平的不断提高，马铺村昔日的茅草屋已经全部被砖瓦房和楼房所取代，火灾发生率大大降低，“7条龙”也渐渐失去了用武之地，趴在“龙窝”里不轻易出动了。但这些水龙仍是村里的宝贝，很多人想买走它都没有卖，前几年省里消防部门想要，也没有舍得出手，2000年还将水龙局的房子进行了翻修，派专人负责保养“水龙”。村里人说，要让它一代一代传下去，因为它是我们的“守护神”，是“镇村之宝”。

我们仔细观察这几驾水龙，其制造材料非常考究，木桶、木杠的木质细密坚硬，泵体和喷嘴也是采用上好的铜材。尺寸因制造年代不同而各异。木桶是椭圆型的，长约90厘米，宽约70厘米，高约70厘米；底架长140厘米，宽65厘米；压杆长4米；喷嘴长2米。几驾水龙都很完整，救火时用的其他工具也很齐全，如扒火用的钩子、加水的柳条桶等等。村干部告诉我们，这些水龙都是车桥的王姓铜匠造的，他们的手艺是世代相传的，现在每年都要来维修保养。7驾水龙在其泵体上方都刻有制造年代，最早的一驾是清道光二十八年制造的。这条“老龙王”虽然历经160年的沧桑，仍然完好无损，“龙威”不减。其他的水龙有光绪年间造的，也有民国造的，连上世纪70年代时的维修，在水龙上也有记录。

我们在其他地方也看到水龙，但都是一驾，像这样“7条龙”一字排开，并专门建房保护的，没有见到。它们是反映历史上该村村民社会生活的代表性实物，是一处重要的历史文化遗存。因此将“马铺水龙局”登记为新的文物点是毋庸置疑的，唯一的遗憾是“龙窝”已经翻修，由原来青砖小瓦、木结构的传统房屋变成了砖混结构的“洋房”，改变了原貌。

板桩问题

×月×日　星期二　阴

我们沿着京杭大运河进行实地勘察。

楚州在历史上与苏州、杭州、扬州并称为京杭运河沿线上的“四大都市”。明清时，总督漕运部院设立于此，楚州成为全国的漕运中心和盐运中心，因此文物遗存非常多，仅被国家文物局公布的京杭大运河上的重要文物节点就有6处，它们是总督漕运公署遗址、末口遗址、淮安钞关遗址、古运河石堤、河下古镇、裴荫森故居。

京杭大运河在我区境内有33公里，其中淮河入海水道以北为复线，东路是老的京杭大运河，俗称里运河，大约60米宽，西路则是1949年后开的，比较宽。

我们顺着里运河石堤，一面用卫星定位仪定点，一面向河下进发。快到湖嘴大街时，突然发现河里有一条大型打桩船正在施工，将一根根水泥板桩往河里打。我们有些诧异，大运河是全国重点文物保护单位，这里又是大运河上的重要文物节点，谁这么胆大，敢擅自施工呢，于是上船询问，答曰：这是南水北调里运河截污导流板桩工程，具体讲，就是对里运河进行清淤、深挖，增加水流量；为了防止河堤下滑，就要打板桩加固，并将板桩与河堤之间的空隙填实，建成亲水平台。

我问道：大运河是全国重点文物保护单位，你们的工程经过文物部门批准了吗？答曰：这是国家重点工程南水北调工程的一部分，南水北调工程你们文物部门不知道吗？我感到问题很严重：不管是否经过批准，打桩建平台，将对古老的运河石堤造成破坏，还会改变河两岸的原有风貌。我赶紧打电话向领导回报。答曰：迅速返回，发告知书，让他们停工、听候处理。

于是我们跨上车，“打道回府”。

（注：此事的处理几经反复，最后经省文物局专家实地勘察，认定该工程方案未经文物部门批准，属于擅自施工，已对古运河石堤造成破坏。省文物局已下文责令其停止施工、修改方案、履行报批手续。）

福田庙遗址

×月×日　星期三　晴

在博里镇。

文广站潘站长是一位著名的农民画家，他正在搞基本建设，一座4层楼的“博里农民画院”在文化站的原址上拔地而起，已进入装修阶段。我们来了，他放下手中的工作跟我们下去跑。后来他告诉我：“在镇东王庄小学有一株300年的古银杏树”。我说知道，曾经被列为县级古树名木，但不在这次文物普查之列。

话虽然这么说，我还是决定去看看。学校的校长热情接待了我们，我看到银杏树保护的很好，树下砌了一个很大的花坛。我十多年前涂鸦并镌刻的“县级古树名木”标志牌仍然完好地竖立在树下。我问校长：“银杏树有几百年的历史，它会不会是属于什么寺庙里的呢?”他回答：“对，这里以前是有一个庵。”但叫什么名字他说不清。

这是一个重要的线索，我们当即决定深入调查。

几经周折，潘站长带我们找到一对80多岁的老夫妇。老人告诉我们：“这里叫‘福田庵’，原有大殿6间，里面塑有很多菩萨；东厢房6间，西厢房6间，为王家祠堂；前面还有6间穿堂。银杏树在院内东南方。整个寺庙在新中国成立前被国民党57军拆毁，基础仍在地下。此后不管什么军队到此地，都要来看一下银杏树。”

根据老人的叙述和银杏树的树龄，我们初步分析，这座寺庙的始建年代应该在明末清初，有房20余间（每栋房屋应为单数5～7间），虽然地面建筑被毁，但仍有银杏树在，它是历史的见证。这是该镇一处重要的文物遗迹，因此我们在登记表上郑重地填上了“福田庙遗址”5个字。

“飞来的”文保单位

×月×日　星期五　晴

我们来到了我区的最南端——施河镇大施河村，再向南就是市县的地界了。在第二次全国文物普查时，查出这里有一处汉墓群，定名为“施河墓群”，今天是复查。

我们几个人在村干部和文广站长的带领下，沿着秧田埂向前走着。两旁的稻子抽穗了，沉甸甸的，长势喜人。村干部向我们介绍说今年的水稻丰收是肯定的了，亩产都在千斤以上。正说着，我们远远看见一处高出水稻田的土丘，上面还长了很多树木——那就是了。可等我们到了跟前一看，却有些傻眼了。在土丘上赫然竖立着一块标志牌，上面镌刻着“县文物保护单位　刘师恕墓　县人民政府立”等字样。在标志牌后面是一座小型墓园，迎面是两个石狮子，稍后的墓碑上镌刻着：

清康熙进士贵州布政使工部礼部吏部侍郎

协理直隶总督事福建观风整俗使内阁学士

刘师恕之墓

公元2002年（壬午）秋月

彭城刘氏　二十　　世孙刘敬立

二十二

看我一脸的诧异，村干部向我们解释说，这个土丘周围的土地都是我们村的，在土丘上有一座墓，还有“石人石马”。墓主人的后代住在县界那边。“文革”中墓被毁，石刻被砸碎。2002 年那边的人过来修了这座墓，还立了“保护标志牌”。为此我们没少和他们发生争执。

我们对现场进行了勘察，认为这里应该是一处汉代墓葬群，第二次全国文物普查时的结论没错。在汉代墓葬群的基础上面又有一座清代官宦墓葬，这也是事实。只是一个县的人民政府在邻县的地域上竖立“文物保护单位”标志牌，这倒是闻所未闻。看来加强相邻县区文物部门的横向沟通与协调，是十分必要的。

小区里的古井

×月×日　星期四　多云

有群众反映在城东的建筑工地上挖出一口古井，还出了许多东西。我们迅速赶往现场。

该井位于如意里小区工地，呈圆筒形，全部用大青砖砌成，采用“大井套小井”的独特形制，上井直径 2.1 米，下井直径 1.6 米。目前发掘深度距离地表近 10 米，井中先后出土了一大批珍贵文物。其中有唐代寿州窑黄彩双耳罐、寿州窑黑彩执壶、寿州窑青釉执壶、长沙窑绿彩注壶、长沙窑水注等；有大量的铁制大刀、长矛等冷兵器；还有两件保存完整的晚唐时代的铜汲水壶，其中一件把钮上镌刻的“汲”字，准确地标明了它的用途，显得弥足珍贵；另外还发现唐“开元通宝”、“乾元通宝”两枚钱币，亦为该井打上了确凿的时代烙印。

如意里小区地处历史上的“大官荡”（官宦人家的墓葬区）。在上世纪 50 ~ 80 年代，该地段有大量古墓葬遭到毁坏，出土文物若干。1982 年在该地域发现明朝王镇夫妇合葬墓，出土了文物 60 余件，其中 25 幅字画被定为国家一级文物。此前，楚州博物馆已在该区 160 亩的建设范围内进行了系统的考古勘探，探明大小古墓葬近 300 座，进行了抢救性发掘，先后出土了大量的文物。

根据此井的砖块形状、大小、厚度及垒砌方式，结合井中出土文物以及过去发掘的唐朝古井情况，文物部门判断此井的年代为唐代中期。能用上这么大井的，应该是人口密集区估计是当地城外的驻军或其他机构的专用井。这是一处重要的文化遗存，我们当即按要求对该点进行了登记。

（后来经江苏省考古研究所专家对现场勘察后认为：这样保存完好且出土文物丰富、形制独特的大型唐井，不仅在淮安，而且在全省乃至全国也属罕见，为研究淮安城市的演变、人文风情、地方历史沿革等方面提供了重要的实物资料。）

板闸记行

×月×日　　星期二　晴

板闸，这是一个淮安人耳熟能详的名字，它因明清两代淮安榷关设立于此，而兴起、而繁荣，也因淮安关的裁撤而衰落。如今它又因市政府决定在此兴建板闸生态园而迎来了新的发展机遇。为了配合板闸生态园规划与建设，我们普查小组利用两天时间对该规划区域内的地块进行了实地勘察，新发现文物点3处、复查4处。

1. 板闸钞关遗址，位于淮城镇板闸村。明清以来，户部钞关一直设立于此，是封建朝廷在大运河上进行交通、税收、海事管理的重要实物遗存。据《淮安府志》载：钞关遗址位于板闸镇东街、西街中间，中轴线上有东西辕门、大门、二门、大堂、二堂、后花厅、上房、后花园等。四周筑有高约一丈五尺的土圩，在南街西段的运河边，建有淮关大楼一座。钞关监督公署衙门设在板闸东、西二街的中间，验关大楼设在板闸南街以西的运河堤上，专门办理船只税收工作。

1939年，日军侵占板闸，将淮安关的衙署全部烧毁。现存有钞关码头遗址、钞关旗杆基座及石工堤数百米。

2. 板闸石道街，因漕运的兴起，关榷的设立，使板闸街道在明清400年中商贾云集，经济发达，市井繁荣。其街道也是十分的考究，路面全是用长1.2米，宽0.35米的条石铺设，长约1500米，宽3米，现完好。

3. 汪廷珍墓，汪廷珍（1757~1827年），字玉灿，号瑟庵，淮安人，乾隆五十四年（1789年）进士一甲第二名，钦赐榜眼及第，授翰林院编修；乾隆五十六年，升侍读学士，后升国子监祭酒。嘉庆七年（1802年），任安徽学政、江西学政、浙江学政；后署翰林院掌院学士、左都御史，又升上书房总师傅，为道光皇帝“御先生”。对道光皇帝尽心启迪，于嘉庆二十三年升礼部尚书，道光五年升协办大学士，道光七年卒于任上。历三朝共30年，以文章品高誉天下，生前赞助他人刻书多部，自己著作在身后由故旧搜集整理，刻成《实事求是斋集》。其墓位于板闸村东侧，原墓占地约2000平方米，1960年被夷平，棺木就地深埋于地下2.5米。

4. 江来甫墓，江来甫（1878~1912年），原名祖同，字来甫，淮安城隍庙巷人，同盟会员。辛亥革命后任北伐军第一混成协统（相当于师长），在安徽颍州战役中牺牲，由其子扶柩归里，葬于淮安板闸篆香楼（今玉兰村）祖茔。墓前有纪念碑一座，正面镌“辛亥革命烈士江来甫纪念碑”，背面镌“神州万代国魂在，泪洒云山凭悼哀。血染中华封建史，帝王将相不再来。子江琴荪叩挽时年九十又二为祷”。碑通高3.2米，现保存基本完好。

5. 三元宫，位于板闸村运河北侧，为明清时期板闸镇一处重要的佛教建筑，占地约

1000平方米，建设面积400多平方米。现存五幢房屋，有大雄宝殿、前殿、山门及南北厢房各一幢，皆为硬山顶抬梁式。其中大雄宝殿面阔5间14.1米，进深九间11米，檐口高4.2米，脊高8.5米。原大雄宝殿与两侧厢房有廊轩相接，现已改砌成墙壁。三元宫是我市保存较完整的一处明清时期宗教建筑。

6. 板闸石桥，位于板闸村南街组，始建于明清时期，由长方形火山岩石砌成，单栱，长约8米，宽约2.5米，原有栏杆，栏杆上刻有桥名。现栏杆已无存，桥名不详。据初步分析，该桥应该是我市保存最完好的古代石栱桥。

7. 篆香楼遗址，在板闸“关署东北二里许”，为明代淮上名胜。史载，篆香楼的兴建本用以镇压黄淮水患，明嘉靖时“作巨楼镇压其地，而大川以宁”。据当地老人记忆，篆香楼是一座拥有99间房子的寺院，当时香火鼎盛，每年春天群花盛开时，玉兰花尤茂，会有很多达官贵人、大户人家小姐来到这里游憩。游赏之外，“玉兰片”更为淮上独有，其法以新采玉兰花瓣，挂鸡蛋清糊，入油炸至嫩黄，洒上白绵糖而食。现篆香楼旧址已是一片农田，但其地基还在地下。在附近居民家门口，我们发现了明代嘉靖癸亥年（1563年）由“赐进士出身户部西司主事江阴沈奎撰文”的《新建篆香楼后堂记》，随即通知博物馆的人员前来征集。

以上这几处文物遗存是板闸作为封建时代中国八大关卡之一——淮安关数百年历史的实物见证，也是历史文化名城淮安的重要遗迹。我将普查的情况向有关部门作了通报，请他们在进行生态园规划与建设时，注意保护与利用这些文物遗存。

执著的守望者

——记“三普”工作者杨爱国

江苏省兴化市文化广电新闻出版局　董景云　王　锐

兴化，位于江苏省中部里下河腹地。境内地势平坦，河流纵横。林湖影山头古文化遗址证实，6300年前的新石器时代就有先民在境内生产劳动、繁衍生息。公元920年设县至今，素有“汉唐古都、淮海名郡”之美称。自古以来，先贤名俊灿若星辰，文物古迹遍布城乡。

2008年以来，这方神奇的土地上，活跃着一支青春阳光，尽职敬业的文物普查队伍。他们晨踏清露，暮披余晖，足迹遍及全市614个行政村、1400多个自然村，进行无缝隙的文物普查。

2001年，江苏省历史文化名城公布表上，古城兴化赫然在目；

2009年，城内东大街、李鲜浮沤山庄、状元坊……一批文物古建筑和历史街区以崭新的面目向市民、游客开放；

2009年，林湖影山头新石器时代遗址入选江苏省第三次全国文物普查十大新发现之首；

兴化垛田，作为独特的自然文化景观，入围江苏省第三次文物普查十大新发现，入选全国文物普查重大新发现；

耿家垛汉代遗址、张郭镇蒋家舍崧泽文化和宋野城遗址，得到了省权威考古专家确认；

2009年11月，沙沟镇被省人民政府公布为江苏省历史文化名镇，并推荐申报国家级历史文化名镇；

…… ……

这些成绩的取得，无不凝聚着一个人的心血。他就是兴化市文物普查队领队、文物管理委员会办公室副主任、文广新局文物管理科科长、泰州市人大代表杨爱国同志。

一、最初的梦想

1989年，23岁的杨爱国以优异的成绩毕业于南京师范大学历史系。他没有选择留校任教，对省城几家单位的邀请，他也婉拒了。在别人不理解的目光中，这个生于姜堰的年轻人以一个外乡人的身份，只身来到了水乡兴化，因为他对这里的历史人文情有独钟。

杨爱国到兴化博物馆工作的时候，还是个毛头小伙子。他个子很高，有一颗看起来很天才的大脑袋。他性格在别人看来有些木讷，甚至是孤僻，与同事没什么来往，成天埋头于自己办公室的那些故纸堆里。单位里的人有时甚至感觉不到他的存在。

就是这样一个默默无闻的人，他做出的成绩却让人大吃一惊。他撰写的《以水为魂、以文为脉，建设个性化魅力城市》（名城保护调研报告）被兴化市委内刊转发。他撰写的《源远流长的兴化文化》、《从〈水浒传〉到兴化作家群》、《郑板桥民本思想初探》等论文对弘扬兴化历史文化、板桥文化、《水浒》文化起了很好的推动作用。他参与了《中国文物地图集》（江苏卷）、《江苏文物古迹通览》、《中国旅游名胜诗话》、《泰州概览》等书籍的撰稿，主持了《劲竹清风——郑板桥诗文书画精选》的诗文编选工作。

众所周知，做学问是件很枯燥的事情。做这一行，付出多，回报少，需要守得住清贫，耐得住寂寞。多年来，杨爱国刻苦钻研文物保护和文物管理专业知识，深入研究兴化历史文化。常常别人都下班了，他办公室的灯仍然亮着。他的生活里没有节假日，没有休闲娱乐。他甚至孤独得没有一个要好的朋友。他的衣服永远是那么几件，发型也是老土的，说话很少，说出来的话永远像老夫子。别人说他什么，他也不愠不火，他永远是随和的。虽然与人交往很少，但安排的工作、别人请他做什么事情，不管是份内份外的，他从不推辞，不折不扣地完成。

有人戏说搞文物的杨爱国，自己也像一件文物。的确，在这个物欲横流、人心浮躁的社会里，他是像文物一样稀缺而珍贵的存在。因为在文博事业上的突出贡献，他当选为泰州市人大常委会委员。有的人在这个位置上跟领导称兄道弟，如鱼得水，官运亨通。而他视文物如生命，他所有的提案都与这些有关。他的才情、他的灵魂都给了文博事业。名利于他如浮云，在市主要领导主动关心他对工作有什么要求、生活上有什么困难时，他的回答是“没有”。在别人眼中，是多么书呆子的举动啊！他明明可以提出要求的，可是他没有。尽管他那么清贫，这么多年来一直买不起房，和自己的妻子、儿子一直住在岳父家又破又旧的老房子里。

二、在路上

2007 年，全国开展第三次全国文物普查，身为文物管理科科长的他当仁不让地成了市文物普查队领队。兴化虽然是个县级市，但面积有 2400 平方公里，乡镇众多，水路纵横，普查的任务非常繁重。

普查工作一开始，他便身先士卒，事无巨细，什么事情都做在前面。这个连自己的头发都打理不好的男人在做工作时却心细如发，每次下乡普查，他都提醒大家把仪器和材料准备得好好的。虽然他的身体一直不是太好，看起来个子高，骨架大，但身体很瘦弱。但是，他却每天奔走在乡间田头，走访群众，多方调查。听说什么地方有文物线索，他就立刻赶过去。即使有时无功而返，但他的热忱却从来不减，始终还是一有线索就去查看，哪怕为此耽误了吃饭休息。我们常常想，这个带病的身躯里究竟蕴藏了什么样的能量，才能支撑着他用脚步去丈量这座城市的每一寸土地。一定是对文物、对文博事业的热爱，就像很多年前那个身患肺病的弱女子林徽因一样凭着对建筑业的无限热爱走过了祖国的山山水水。林徽因的儿子曾经说过，有那么多男子迷恋他的母亲，并不只是因为他的母亲美丽，而是他的母亲强势、坚强，浑身散发着信仰的光芒。

同样，曾几何时不被我们理解的杨爱国，最终却让我们、让他的同事们由衷敬佩。因为，他在为理想、为信仰，而活着、而燃烧着。

他的付出有了回报。兴化市第三次全国文物普查共普查文物点 224 处，其中复查 48

处，新发现176处。无论是数量还是质量，都在泰州市处于领先位置。泰州市先后两次在兴化召开文物普查工作推进会，顺利通过省和泰州市文物普查实地调查阶段验收。

三、隐藏的激情

杨爱国平日里说话语速很慢，表情很少，连和他一个办公室的同事都很难察觉他的想法。第一次见面，常常以为他是情感淡漠的人。

但是，他宣传起文物保护的法律法规来却特别地有条有理，感染力很强。沉默寡言的他此时像变了一个人，口若悬河，连眼睛都是闪着光的。因为这是他热爱的事业。他十分重视宣传，特别是每年的“文化遗产日”，利用报刊专版、电视专题、橱窗展览、宣传标语等形式，广泛开展广场咨询、专场演出等活动，还印制大量的宣传材料分发到群众手中。正是在他和同事们的不懈努力下，全市形成了良好的文物保护氛围。

2008年旧城改造时，杨爱国发现成家大司马府被列入了拆迁范围，立刻心急如焚。这是一座有500多年历史的古建筑啊。平时，不擅长与人交往、见了领导更是拘谨的杨爱国为了抢救这一文化遗产，立刻找到市领导报告情况，迥异于他平素的羞涩腼腆。他还让文物科的同志值班察看，确保成家大司马府不受到损坏。为了此事，他多次与有关部门交涉。最终，在他的坚持与努力下，市委市政府下了决心，成家大司马府得以保全。现在这座古建筑群内建成了兴化“非物质文化遗产展示馆”，成为兴化一个亮丽的景点。同事们说他是兴化的“梁思成”。当年，梁思成为了抢救北京的文化遗产奔走呼吁，如今的杨爱国也是一样。他像老夫子似的笑着说，不敢当，不敢当。诚恳的样子让人感动。他保护的文物又岂止成家大司马府一处。今年，城隍庙违规修缮，他得知后，立刻组织人员现场勘查，与相关部门交涉，最终让管理单位修改了修缮方案，最大程度地保存了城隍庙的原貌。

对于文物，他有一种异乎寻常的热爱。为了让出土文物及时收归国有，得到有效保护。他常常带领科室的同志们到全市各乡镇进行文化执法。但他不是简单的执法，强行要求市民上缴文物，而是晓之以理，动之以情。因为他觉得只有这样，才能让市民真正地理解文物保护的价值，主动地参与到文物保护中来。就谈东古遗址出土的石器，当时被一个村民挖到。杨爱国得知这一情况后，三番五次登门，终于说服了本想把石器卖给文物贩子的村民。最终，东古文化的11件石器完整入库。村民说，他比最勤快的保险推销员还要缠人，最后还是被他的精神感动了。我虽然没什么文化，但也不能只顾着赚钱，也要为文物保护作点贡献。

杨爱国就是这样，用他的真心和热忱感动了很多人。他患有高血压病，本该注意身体，但他为了工作常常废寝忘食。很多同事都记得，那天下班时，还看见他的办公室里亮着灯，还有人跟他打了招呼。但是第二天，我们却得知他突发颅内出血，已经被送到上海治疗。

大家都说，他是干工作太累了。

所幸，手术非常成功。手术后不久，虽然医生嘱咐他多休息，他却拖着虚弱的身体来到了单位。因为脑部刚动过手术，他看起来很憔悴，动作也比以前更迟缓了。大家都劝他回去休息，他却问了同事们一些文物上的事情，语速比从前更慢了。有的同事掉了眼泪。我们都知道他放不下他心爱的文物，他为之奉献了二十多年的文博事业。

我们相信，他还会回来的，继续行走在他信仰的道路上，为理想而战。就像一向寡言的他曾经语出惊人的说“保护文物就是一场斗争啊”！是的，与城市发展碾过的车轮斗，与文物贩子斗，与流失的时光斗。在这个战场上，他不会言败。

浙江省

普查回忆

浙江省诸暨市文化广电新闻出版局　冯力军

两年多的文物普查结束了，回忆起普查工作中的种种，让人思绪万千，感慨不已。早想把这段往事诉诸笔端，可又不知该如何起笔，故好几次提笔欲止……

前期准备时的枯燥繁杂，野外普查中的漫长艰辛，后期资料整理中的身心疲惫，往事历历在目……回忆起来连自己也觉得这一路走来不简单。但所幸的是，我们的努力没有白费，我们的付出也终有所获，我们的文物普查工作顺利通过了国家验收，我本人也因此荣获“第三次全国文物普查实地调查阶段突出贡献个人”的称号。更让人欣慰的是，在这次普查中我虽然付出了很多，但所学颇丰，自身的工作能力和水平有了飞跃式的提升。

揭开尘封的记忆，时间回到2007年的7月初，我在外地接到领导电话，被告知省文物局将在我们绍兴进行全省第三次全国文物普查试点，单位领导安排我等3人参加，让我火速赶回。我怀着激动的心情日夜兼程赶了回来，从此便开始了二个多月的普查试点工作。在普查试点中，我与参加试点工作的其他同志一起，冒着高温酷暑，走村串户，全面踏勘了试点乡镇，共完成500余处不可移动文物的普查登记。期间，我们普查试点工作组的刻苦耐劳精神多次受到了上级部门的表扬。而我个人，通过与省、地区文物领导专家的朝夕相处，有幸聆听了专家们的谆谆教诲，汲取了丰富的业务知识，极大的开阔了眼界。

省普查试点工作结束后，诸暨市文广局根据浙江省、绍兴市普查办的精神在9月启动全市第三次全国文物普查工作。并于10月在街亭镇成功进行普查试点工作。期间我根据省试点工作中学到的知识和积累的经验积极为领导出谋划策，取得了较好的成效。11月上旬，我协同领导根据普查试点经验编写普查手册，共向各镇乡普查员下发手册1500余册，同时对余下26个乡镇的182名文物普查骨干在市党校进行了集中培训。为了深入而广泛的发动群众进行文物普查，从11月中旬开始，根据我局普查计划，多次带领小组成员到责任乡镇（街道）对510个自然村的普查联络员进行了普查培训，培训人员达600余人，并多次会同本市部分乡镇的普查骨干对部分村进行普查信息采集示范，在此期间还多次带领小组成员下乡和部分乡镇的普查技术骨干对普查信息采集过程中遇到的问题进行座谈交流。由于对普查信息采集工作准备充分，至12月底，我们组共采集到9个责任镇乡（街道）的文物信息近1600余条。

从2008年1月开始至2009年10月我与普查队其他成员马不停蹄地转战于诸暨境内余下的26个乡镇的522个行政村计1300多个自然村，对1000多处具有一定历史、科学、艺术价值的不可移动文物进行了登录，包括文字记录、拍照、测绘等工作，取得了第一手的宝贵资料。

我们普查队开始分三个组，逐村逐乡（镇）开展地毯式调查。我们一般是以2人为一组，其中一人负责文字记录、拍照，我在小组中主要负责地形图标注、平面图绘制、GPS测定等工作。因在街亭镇试点时地形图去外面复印用去了700多元，当时匡算了一下，如果全市图纸复印的话，这笔费用将达3万多元，会大大超出预算。为了节约经费，决定有1∶2000电子图的镇乡图纸全部由自已用A3纸打印拼接，没有电子图的借来纸质图纸自己用A3纸复印。因为要准备3个组的地形图，所以那段时间我基本每天加班到深夜，早上8点又要准时随队出发，每天拖着疲惫的身体重复着几乎同样的工作，压力大得让我都有点喘不过气来。幸得领导的关心和家人的支持，我还是不辱使命顺利地完成了工作任务。

随着普查工作的逐步深入开展，因各种原因，普查人员出现了流失现象。我市本来有普查人员6人（其中包括一名局长助理及一名博物馆副馆长），分成三组，当普查到第四个乡镇时，一个刚分配来一年多的大学生，因不堪野外普查工作的艰辛，自动辞职不干了。他辞职后，为了维持三个组的运作，我决定一个人带两个组，这也就意味着我一个人必须干两个人的活。两个组的平面图绘制、地形图标注等工作全部由我负责，两个负责文字工作的普查人员分别在两个点上进行文字记录及拍照，我处理好一个点的图纸就立刻赶到另一个点，一个人连轴转，工作强度之大可想而知。普查到第五个乡镇时我们组有个负责文字工作的同志要支援博物馆的扩建工作又离开了，因此三个组只能变为两个组，这样一来更是严重影响了全市普查工作的进度。后来，又由于负责普查的领导还常常要去协调管理博物馆扩建工作和全市的古建维修、重点工程考古发掘等工作，所以领导就安排我负责普查工作的总体安排和协调，这样一来我们的工作难度就更大了，而我肩上的担子也就更沉了。为赶进度，我们几乎每天都是早出晚归，不管刮风下雨，炎日酷暑还是天寒地冻，我们始终坚持奋斗在普查第一线，我们普查人员的足迹遍布了各个村落。特别是有时遇上恶劣天气，对原本就繁复的普查工作来说则更是雪上添霜，大家埋头苦干的画面如今回想起来还是那么清晰：如在大雪纷飞的大唐镇，狂风暴雨的马剑镇、赵家镇，烈日炎炎的山下湖镇、阮市镇……面对如此情形，我们全体普查人员没有一个喊苦喊累，各个乡镇都洒下了我们普查人员辛勤的汗水。通过这次普查，我深刻体会到了文物战线上的领导同志高度负责的敬业精神和敢于挑重担的工作责任，也看到了他们那种亲历亲为、注重实干的工作态度，更感受到了同志们众志成城、齐心协力的工作热情，想到如此种种，我情不自禁地肃然起敬，热血澎湃……

我在这次普查中遭遇的二三事

遇狗记：普查中遇狗的惊险场面让人记忆深刻，第一次是在次坞镇普查，一天上午，我们听说在普查的村后有座祖坟，就赶紧过去实地踏勘，因为行走速度过快，在返回的路途中被村中窜出的10多条狗围住狂吠，一时不知如何是好，最后我们只能放慢脚步缓缓移动，等到安全到达时，同组的女同志哭了，我也有种劫后余生的感觉（因为之前听说最近临近镇刚有人被疯狗咬死）。第二次是我带组去牌头镇一个村普查，当时我刚跨进一处民房，突然窜出一条和我胸部齐高的狼狗，幸好主人及时喝止，狼狗才没向我攻击，但那凶狠的目光及低沉的吠声，吓得我阵阵后怕，背心直冒冷汗。

爬山记：第一次远距离爬山普查是去店口镇，对山中的一处寺庙进行普查登记。因为路途遥远，而山中又条件有限，为了解决中饭问题，我们只好自己带米、菜上山，在山上寺庙进行简易烹调，普查之余大家伙过了一回山野村夫的生活，其乐融融，真是别有一番风味。如果说这还有一点乐趣的话，那下面一次的爬山普查就毫无乐趣可言了。那是去岭北镇普查，听当地的老人说在大山深处有个宋代的银矿冶炼遗址，那个遗址有村民在“大跃进”开荒时看到过，于是我带了当地两个向导（带上砍刀）向大山深处进发。出发时向导指点说遗址在远方两座大山后。那种“看见山头爬得哭”的感觉，在这次爬山中领悟最深。来回近4个小时的山路，和我一组的那个老同志已年届70，也坚持要跟我们去，虽然走到半路因为路途实在是太远还陡峭难行，出于安全考虑我让他在原地等我们返回，但他那精神，使我肃然起敬。像这样的爬山遭遇有过三次，其他的近距离爬山普查就不计其数了。

向导：我想借这机会，写写我遇到过的那些向导。在两年多的野外普查中我遇到过好多当地的向导，他们中有退休的教师、离休的干部、年老的农民……虽然来自不同的阶层，但他们有一个共同的特点：不计报酬，给你在山里（去山里的时候还为你披荆斩棘）或村里带路，目的只有一个，就是能让他们本地的文物遗迹通过我们能被人们所认识，多么淳朴可爱的老百姓啊！我遇到过的向导中年龄最高的是店口镇的一个老人，那年94岁，他带我们去看一处他们村最古老的民房；病情最重的向导是在东白湖镇的一个村中遇到的，是一个癌症晚期的退休教师（刚做过化疗），他带我们去看他们村的古迹；最“多事”的向导是我在阮市镇遇到的，一个带客人来梨园摘梨的律师，当听说我们来调查梨园附近的窑址时，竟自告奋勇的自己驱车半个多小时把了解一些背景情况的老父亲接来为我们做向导。看着这些老人那颤巍巍乐颠颠的背影，我被一次又一次地感动。

两年多的普查工作忙碌而充实，我们在这次普查中共取得了1042处登录文物、142处文物登记点详细而宝贵的资料，而我本人也白了中年头。可我并不后悔，因为这对我来说是一个终生难忘的经历，也是一件特别有意义、有价值的事。我有时候开玩笑“以后让我儿子也搞文物工作，二十年后如果搞第四次全国文物普查的话，我市地面的不可移动文物只要翻一下我们这一代做的资料就可以了”。本次普查工作把我市范围内的文物家底彻底翻了个遍，摸了个透，普查范围之全面，普查工作之细致，尺度把握之精准在本市可谓是史无前例。通过普查不但发现了大量的文物古迹，也为以后的文物研究工作奠定了坚实的基础。正所谓“天道酬勤”，在有关部门和领导的大力关心和支持下，在一些热心人士的帮助下，我们全体普查人员的辛勤付出终有了回报，我市的文物普查工作得到了绍兴市及浙江省专家验收组的充分肯定，而我本人的工作成绩也被上级所认可。我和普查组的其他同志们必定会以此为新起点继续前进，力争为我市的文物普查工作添砖加瓦，再创佳绩。

肩担“三普”重任　敢冲一线指挥

浙江省宁波市鄞州区文物管理委员会办公室　谢国旗

带着“三普”的执著，始终奋战在一线，既是指挥员，又是普查和驾驶员，带领全体队员西上四明高山，东下东海之滨，跋涉山海间古越鄞州，奔波于全区（县）1380.54平方公里，行程3万多公里，登录2152处，全面取得“三普”的决定性胜利。

实地调查中，不管个人安危。2009年3月16日，不幸碰到车祸，与死神擦肩而过，毁了汽车，全身粉身碎骨般的疼痛，还在膝盖处缝了5针，但没有毁掉我在“三普”一线的指挥决心，一星期后投入战斗。由因蹲点在外，所以管不上家中双方父母，我的岳父和自己的母亲相继离世，都未能赶上聆听老人遗嘱，但得到亲属们认为“忠孝”不能两全的赞许。

欣慰的是，本人荣获“第三次全国文物普查实地调查突出贡献个人奖”，普查队荣获省、市先进集体。冬去春来，辛勤汗水换来的是沉甸甸收获，迎来的是鄞州文物艳阳天。一步一个脚印地与雪灾抗争、与橙色天气赶时间、与莫拉克台风捉迷藏，打响实地调查阶段“备战普查、挺进雪山、歼击平原”的“三大”普查战役。

第一战役：备战普查

2007 年 9 月 30 日打响实地调查第一战。300 名相关领导和业余文保员参加区政府“三普”动员会，会上宣布由我担任普查队长。此后，首先培养一批懂科技设备有动手能力的人，进行实战操练并选拔各小组长，以老带新建立队组。既发挥老同志的丰富经验，又发挥新同志擅长使用高科技装备的有利条件；而业余文保员在野外实战向导中最大程度地发挥了优势作用。

每到一地，安营扎寨，采取“即培即查，蹲点驻镇”，亲临讲课 22 期，听众 1125 人。所到之处，无不受到群众“倒茶水、提桔子”的热忱欢迎，成为情感与和谐的具体表现。将边普查、边“保护文物”的宣传，成了“长征”式播种机。如潘火村文保员，不惜一切让村委会将已签下旧村改造的合同撤销，使蔡家祠堂免遭拆除而受到保护；97 岁鲁青生老人，深知“不寻常的东西”就是文物，为保护“民国中医名人范文虎墓”而上访，得到区长亲自批复，等等……

第二战役：挺进雪山

鄞州地形复杂，海洋性气候多变。实地调查只有两个冬季，采取尽避免蛇虫类于春雷后活跃的困难，提出“冬季山区、夏季平原，晴天野外（调查）、雨天整理（资料），晴雨结合、先难后易”普查方法。2008 年春节，听到广播中“中国南方地区发生百年一遇雪灾”时，我们仍坚持与雪抗争，向鄞西主峰杖锡山挺进，打响第二战役。

山道弯弯、白雪皑皑，呼啸的寒风刺不倒队员们信心，可以压倒铁塔的大雪却压不垮队员们精神，老乡们善心的劝告也挡不住队员们翻过一座座高山，钻进茫茫的雪林。艰难险阻的环境是当年游击队戏称“公馆”的地方，在强大的责任感、自觉性的驱使下，国务院的“三普”命令谁敢儿戏？由此，一个个重量级的文物在雪林中复活了——抗日防御工事，浙东游击队司令部、政治部、后方医院，还有玩石沟“公馆”……

虽车里装着饼干、快速面，但往返公路会影响普查进度。于是，饿了采野果充饥；渴了喝溪坑生水。逮住什么吃什么都认为香，只要运动量大、多出汗就不会犯病，而最害怕的是不吃、不喝，那会犯病误事。

第三战役：歼击平原

“山村包围平原”是对付恶劣气候下“三普”的战略战术。但两个冬季完成不了山村普查任务，且再也没有第三个冬季，怎么办？

明知山有虎，偏向虎山行　2009年2月24日，一个小组于姚江边后山村，其他集中江边寻找古渡、老闸，然后汇合后山。因这一带几乎无人居住，只是所谓新宁波人的“包养渔塘”，所以这里的狗比人多。知道狗多，所以聚集一起前行。银河般的姚江只有岸边的渔塘，静静的渔塘边，远远望见广告布搭成的田舍，突然间，窜出一只德国狼狗拖着铁链狂奔而来……

谁都知道遇到狗不能逃跑，谁又能顾得这个？9名男子汉只能急中生智绕渔塘拚命狂跑。狠命的狼狗还引出不同毛色大小不一的本地狗7只，调头后一路迂回而来。最后，人的智慧毕竟超越了动物，当它迂回时，我们却不是朝它想象中的方向而去，而接近了后山。不料听见破屋中的救命声！8张狗嘴正围着张平狂叫，看到9个男子汉前来增援它们才逃散。后来才知她被困了两次。仔细想想，她在同地两次被困，足以证明其对工作的责任心，否则就放弃了……

摇着扇子，光着背子的老农笑对挺着肚子（身孕）的女队员朱海燕说：“好汉不赚六月钱，现在妇女比过去的好汉还厉害。”说这话，正是7月的天气，是广播连续“橙色”预警的天气，是事后报纸上看到39～40℃的天气。水泥桥因高温而鼓起大疙瘩。气温能毁坏桥梁却毁不了队员们的意志和毅力。那时，我们的普查目标已从山上转到平原古林镇，但“热老虎”跟随而来，却热不过我们对普查工作的热情，新发现了有碑记的明清建筑。

橙色天气吓不倒，身体实力须保障。为了保证人员安全，将小药箱增加到每组一只，这解决了大问题。崔忠定被山蚂蟥叮咬、陈存瑶中暑、王宏宏患感冒、郝宏星发高烧等，都被小药箱缓解了。

7月31日，太阳照样射着炎热的光芒。转到鄞南后，许文冠虽拉一晚肚子，但天一亮仍带病背工具包爬黄泥岭。12月10日，李一丹女队员登上鄞东火爬岭烽火台，一路穿丛林，钻荆刺，爬一阵子，脱一层衣，下山后，村妇告诉我们“她微鼓的肚子有5个月身孕了”。大家都知道现代少妇怀孕的娇气，而她坚持在“三普”一线。

实地普查是非常辛苦的，有位老婆婆偷着说我们是“低档公务员”，但她不知道，我们连公务员都不是，恰恰是为了事业。所以，我回以一句“我们是事业单位”。

呼啸的台风夹着倾盆大雨——它的名字叫“莫拉克”。我们赶在台风前转到鄞东塘溪，在白岩山上听到“鄞西山区遇50年一遇台风袭击”的广播，庆幸那边的普查已经结束。但这里的水库水位急剧上升，还有古桥怎勘查？雨不停地下，眼看一星期后全淹，决心请求渔民撑船，最终于在呼啸的狂风和暴雨中完成登录。老百姓赞叹“是在玩命”，我们却一笑了之。

我们深知莫拉克，却不怕莫拉克；我们深知橙色预警，却不怕恶劣天气；我们深知高山大雪，却不怕严冬腊月。不是我们与大自然过不去，而是大自然在考验我们。因为国务院发布的“三普”命令要比气象台发布的“莫拉克、橙色预警、南方雪灾”早得多，所以是一场必须打赢的硬仗。

难忘的一天

浙江省文成县文物馆　吴海红

文成素有“八山一水一分田”之称，开门就见山。俗语云：“九都九条岭，条条通天顶。”古时村民与山外面世界联系的，便是村民在大山上开辟的条条山道，山里人柴米油盐等一切生活必需品及山货山珍的出售，无不靠肩扛扁担挑。特别是六月酷暑，骄阳当空，烤得你臭汗满身，弄不好还会发痧中暑。于是，人们在用块石堆砌山道的同时，路旁每隔一定距离就栽上枫树，天长日久，遂成株株两人合抱的古枫，护路枫林长似龙，在深山中呈现出一道迥异的风景线。人们珍视古道上的枫树为“风水树”，故虽经岁月沧桑，改朝换代，枫树只管自成长壮大，就是“大跃进”年月，那时为炼钢而大砍树木，古道上的枫树亦无损。旧时主要路线上的行人更是络绎不绝，担者塞途。

第三次全国文物普查中，为了摸清楚我县红枫古道的现存状况，我们搞了专题普查，登录了43条红枫古道，最难忘的一次莫过于7月7日那天樟坑岭古道的普查。

一早天气较阴凉，队员们心中暗暗庆幸，驱车来到村中打听路线，无人不诧异，“那条老路早就没人行走了，草都比人高，你们去干啥?”“这帮人吃饱饭没事干……”呵呵，村民是不会明白和理解我们行为，在他们的眼里，现在交通那么发达，好好的不坐车，去走他们现在都不愿意走的老路的人是傻瓜。

找到路口从上而下出发了，这里的海拔为700米，刚开始还行，只是下起了小雨，淅淅沥沥的，虽然路面仅一人能通过，但还好走，大家按部就班，各司其职，行至半路时，突然天空下起了暴雨，路边除了一人多高的茅草丛斜斜的挡在你的面前外，根本就无法找到避雨的场所，雨越下越大，雨伞又撑不住，我们处在进退两难的境地，队员们你看看我，我看看你，天上的雨水和草尖上滑落的雨水淋得大家晕头转向，分不清脸上流的是汗水还是雨水，只差泪水了。我因不能淋雨，手臂上长出了一大块一大块的荨麻疹，加上一条条被茅草划的血痕，真是好惨。但大家并没有被大雨吓退，除了按规定要完成测量、拍照、数枫树外，更要留神脚下的路面，因为坡高而陡，早已被来往行人磨光棱角的石块上现又长满了青苔，如果稍不留神脚下打滑，那真的是直接到达谷底，省时省力，一命呜呼了。大家都憋着气，咬牙坚持着，不敢疏忽，专挑小块石和小块石缝隙处横着落脚，特别危险处，二人一组，一前一后手牵手互相搀扶。休息时站在半山腰的古道上，脚边就是万丈深渊，那时你绝对会有居高临下的感觉。好不容易到达山脚崇福桥上时，看看时间正好2个小时，每个人都长长吁了口气，居然有精神欣赏起周围的风景来了。大家说，如是深秋时节到这，缠着古道逶迤而上的红枫、古桥、路亭相衬，溪涧中块石峥嵘，真可谓是一幅精致的风景画。

早上的古道普查是计划外的，领导的意思。按照计划安排，下午应到玉壶镇外村普查，匆匆带大家吃了饭，各自回家洗个澡，换身干净衣裳，拖着发酸打颤的双腿又奔赴新的“战场”了。

外村的普查至今让我记忆犹新，想想都后怕。我从小没在农村住过，也从没养过狗，所以看到狗很怕。可是普查工作地点都在农村，不看到狗是绝对不可能的。外村的后山自然村处于偏远地区，住户很少，一下车我们首先登记的是150碇长的碇步。碇步那端就是一座地主庙，清光绪十二年重修的，认真拍了照片，交待要记录的材料后放眼观察四周环境，一眼就发现前面50米左右有“目标”，扔下其他队员一人前往探查，果然是座祠堂，民国二十八年建造的。正认真查看着，突然传来一声犬吠，扭头一看，愣住了，一条庞大的黄狗闯进大门已经停在我的眼前，脖子上带着铁链，直立着身子，吐着血红的舌头，我甚至能感受到它嘴里喷出的热气，我与狗对视着，眼睛的余光在周围搜寻了一遍：唉，地上只有几根软软的小松枝，完了……今天看来是逃不了被咬的命运了。我的心“砰砰砰”直跳，双腿发软，不知怎么办才好。这时一位小个子妇女急急忙忙赶上来，骂骂咧咧，拉了拉铁链没拉动。我吓呆了，一动也不敢动，一直呆在原地，女主人看拉不住它，到祠堂外找了根大木棍，“你这畜生……”，“唰”的一下，这狗就箭一般窜出门去了。我定了定神，故作无事地出门招呼伙伴们，不经意间看到这一带除了这祠堂就是一座民居，怪不得，很少见生人的狗能不凶吗？

事后跟大家说起这事，人人都庆幸我当时没撒腿就跑，说那是犯了遇狗的大忌的。从那天以后，到偏僻的地区普查，一看到狗，我第一件事就是找木棍。

我有幸参加二三十年才一遇的文物普查，同时也学到了很多东西，更是亲自掌握了本县现存不可移动文物的数量和分布情况，感到满自豪的，想想再辛苦也是值的。普查中的点点滴滴，很多真的无法用言语来表达，其实每一次的经历都会让人永远铭记在心。

失而复得的野外记录本

浙江省桐乡市博物馆　朱宏中

小沈是个快乐的小伙子，普查队伍中有他的身影就会不时传出阵阵欢笑。可这会儿他正一脸焦虑与委屈，原来是我们三位老兄在向他“发难”。

“我没藏，我真没藏起来！”小沈着急地辩说着。到底发生什么事了，让大伙儿齐齐地把矛头对向这个总是带给大家欢笑的小伙呢？

原来是普查二分队的四名队员找不着野外调查记录本了。小沈平时爱搞怪，大伙儿一发现记录本不见了，自然矛头就首先指向了他，认为是他把记录本藏起来戏弄我们了，这会儿正在要求他坦白从宽呢！也难怪他要着急，文物普查记录本可不同于平常的工作笔记，这次为了顺利开展第三次全国文物普查，确保文物普查资料信息采集的标准化、规范化，避免原始信息遗漏和散失，我们浙江省第三次全国文物普查办公室根据普查规范专门设计编印了《野外调查记录手册》，要求在野外调查时按普查规范认真仔细地填写每一栏内容，除了现场记录每处野外不可移动文物外，还要作为野外调查的第一手资料进行质量检查和永久归档保存。

这下麻烦了，记录本没了，最近两天调查的文物点都在里面，这几天算是白跑了！

看着他认真的样子，不像是恶作剧，我们仨最后的希望也落空了：记录本是真的丢了！六月的天气本来就闷热，心急之下，汗珠更是一个劲地往外冒。大家四下张望，沿着原路往回走，希望它就掉在不远处；记录本没发现，却发现了一堆刚刚熄灭的火，那是刚才一户农家在田间点燃了秸杆在还肥。

糟啦！刚才记录眼前这座古石桥时，我们就坐在那堆秸杆边上，农户要在那地方点秸杆，还特意提醒我们换个地方，我们的记录本该不是正好落在秸杆堆上被烧毁了吧！四个人匆匆赶到刚刚燃完的火堆边，哪看得到记录本的影子啊，任凭我们不死心地翻拨，火烬中也没有记录本踪影，扔下拨弄灰烬的棒杆，四个人互相张望着，涌起一股哭笑不得的感觉。“得了，重新补做吧。”挥了一把汗，作为分队长的我说。

桐乡市地处杭嘉湖平原，历史上就是一片富庶繁华的地域，素有“鱼米之乡、文化之邦”的美誉，文化遗产资源也相对比较丰富，为顺利开展第三次全国文物普查，在市委、市政府高度重视下，我市抽调专业人员组成了两支普查队伍，我是第二分队的队长，我们这支小分队人员不多，但是上了战场个个是精兵强将，不用扬鞭自奋蹄，更何况我这个小队长下了令，令出即行，立马行动。

普查记录本记录着普查登记文物的全部现状信息，不光有调查文物的概况描述，还有坐标资料、环境状况、现场图纸、测量数据等详细内容，单凭脑袋中的回忆是无法补全资料的，所以话说是补做，真要实施起来可不是一件容易事。从早上赶早开工调查到现在，普查队已经工作了快一上午了，江南六月的天气，日近中午，赤日炎炎，队员们刚才在工作时就憋着劲在赶时间，想乘烈日当空之前完成眼前古石桥的调查记录工作，迅速撤到下一个点，一边还憧憬着下一个文物点周边最好有一片绿荫可以遮荫蔽日，这下全泡汤了。

不光是眼前登记的这座石桥资料得重新记录，赶早记录的其他三处文物点和昨天做的都还得折返回去补做资料，还盼什么有绿荫纳凉的文物点，连中午饭是否还赶得及吃都成问题了。可四个犟脾气的人偏偏发起了牛劲："补，重新补做资料，补完了再吃饭。"

折返车厢，找来一本新的记录本，耐着性子重新从眼前这座刚刚做好的石桥开始补做资料，记着记着，有人突然说："不对呀，转移场地后还记录过测量座标的，肯定不会是遗落在秸杆堆上。"

经这么一提醒，一伙人慢慢地回忆着。确实，记录本不会落在火堆里的，负责记录工作的徐进也肯定地回忆起来了。那记录本怎么找不到了呢，再查找随身物品，其他一件没少，就是没有记录本；仔细回忆，这儿已经是小路尽头，没有过往行人，除了刚才搬动一下位置，其他排除了丢失可能。真是怪事，草丛中，河岸边，遍寻不着。忽然，远处一条小黄狗引起了大家的注意，那是刚才随着那位农民一起来田间巡看的，现在主人已经回去了，它还在桑树丛中扑腾玩耍着，对着草丛里的一个目标不停地"吠吠"发声。莫非是它在捣蛋，几个人对望了一眼，泛起了一丝侥幸，机灵的小沈匆匆追了过去，欢快的叫声传来了："找到了、找到了……哎哟，它还当是肉骨头，不肯松口呢，快松口、松口……"

哈哈，原来是小狗在捣乱，它乘我们在拍摄现场照片不注意时把记录本叼跑了，幸事啊！乐事！一伙人长长地舒了一口气，听着远处小沈的疾呼笑弯了腰。

野外文物普查工作是辛苦的，三年来，历严寒、冒酷热、经风雨、遇蛇虫，队员们的足迹踏遍了田头地角，但是普查工作的乐事也不少，这其中有探索发现的快乐、有志愿人士古道热肠带给我们的感动、有同事间默契配合奏出的和谐音律，更有一股履行历史使命的光荣和神圣感，串联起普查中点点滴滴的趣事。我们为我们的付出感到无限欣慰。

若斧亭调查札记

浙江省武义县博物馆　薛骁百

从2008年1月4日开始到今天，在履坦镇政府所在的履三村调查已有十余天时间了。这是武义县文物普查队为第三次全国文物普查选择的正式启动地点。之所以作如此选择，是因为这里的不可移动文物类型较为丰富，对于刚刚结束培训的队员来说，是最好的实践地点。

实际上，履三村和履一村、履二村原属同一村庄，当地统称为履坦，村民以徐姓为多，其始迁祖为仓部公徐镃十六世孙徐肃与贵安，南宋时从泉溪一带履步而来，发现此地平坦，遂定居于此并取名履坦。村东有自东南向西北流经的武义江，为县境内最大的河流，古称丽阳川，发源于境内千丈岩，在桐琴入境，经桐琴、泉溪、壶山、白溪、邵宅、履坦6个乡镇，从履坦范村出境后注入金华江，属钱江水系。

村内星罗棋布般地保存有宗祠、牌坊、民居、厅堂、桥梁、水井等明清至民国时期的各类建筑，还有一条贯穿南北的商业老街，两边店铺之间虽插建有不少建于上世纪60、70年代的现代建筑，但仍显现出旧时商贸的繁荣。近年来随着经济社会的飞速发展，以及新农村建设和村庄整治，村内建筑已是新旧杂糅。

从十余天的调查情况看，清代至民国时期应该是履坦发展的鼎盛阶段，此阶段遗留至今的建筑为数不少，类型基本涵盖了旧时村落生产生活需要的所有内容。建筑用料粗大，选材和造作讲究，雕刻精美，尤其是建筑院落地面的石板铺装极为考究。从石质上看，似乎履坦本地并不出产此类石板，经询问向导和村民，果然是当年通过水路用船从外地运来的。有关史料记载，旧时武义主要有九条大路通往外界，运输除肩背人挑外，尚有各种民间车轿。民国时据县城、履坦、俞源等地统计，有私人轿房12家，轿100架，客运和货运量极低。而水路运输历史悠久。清初，武义开拓水运，用船筏贩运粮食、竹、木、柴炭及日常用品，经商者渐多。至民国初年，集市增多，商业发展较快，除县城外，较大的集市东有茭道，南有东皋，西有下杨，北面履坦则因濒临武义江，水陆交通方便，是武义水陆运输的重要集散地之一，故市面较为热闹。水路运输主要有筏运和船运。至20世纪50年代，水路运输仍占主导地位。60年代初由于公路发展和上游水库的蓄水，河道水位下降，部分船道淤塞，水路运输衰退停止。可以说，履坦昔日的繁华靠的就是武义江水运的便利。清嘉庆年间金华叶永堪在其《武阳杂咏·履坦渡》一诗中有“孤篷沿水涯，来去纷如梭”句，可以想见当时武义江水势浩淼、船筏往来的景象。因此，履坦应该保存有旧时的码头和渡口。

然而，今天当向导带我们前往江边寻找时，仅在村庄公园的江边找到一处码头遗址，村庄已将其作为公园景观保存下来，并立了一块“履坦古码头”石碑。其余码头不是被埋在防洪堤下，就是在现代桥梁建设活动中荡然无存。我们仍不死心，最后终于在江北岸履坦小学内的操场东南角找到一处当年的渡口以及专为过往行人等待摆渡遮阳避雨而建造的渡亭。渡亭建在江边3米多高的岸坡上，离水面的垂直距离约为5~6米，掩映在一片小竹林中，周围堆满了猪粪便和各种垃圾，污水遍地，臭气冲天，肮脏不堪，而渡口应有的坡道、埠头等均因年久损毁而无存。向导解释说，渡亭没有名称，现在被用于学校养猪以改善师生伙食，并建议我们不要进去。然而，当我们透过竹林见到渡亭东侧与亭连为一体的分水尖时，精神不觉为之一振，这种奇特的构造组合方式毕竟是我们第一次发现。于是，全体队员小心翼翼的走过污水遍地的路面进入渡亭。亭内饲养着几只大猪，满地都是腐烂的稻草和猪粪，脚踩下去吱吱地会冒出水泡，臭不可闻，队员们呼吸都有些窒息了。在现场作大体勘察分析后，普查队认为，渡亭作为渡口的遗留物，见证了一段水路交通的历史，其分水尖与渡亭的奇特组合方式是因地制宜的结果，有一定的文物价值，于是不顾肮脏便开始了记录、画图、测量和拍照工作。

这是一座建于清末民初的渡亭，南临江水，平面呈东西向的长方形，外观为两坡硬山顶，四周用青砖墙合围，砌置规整，南北分别开有一栱形石门洞。南门洞和北门洞内外侧分别行楷双钩题刻“我且停骖”、“快渡如梭”和“人欲避雨”、“坚渡若斧”，喻意生动而富有诗意。石门洞西侧的南、北砖墙上，在离地面约0.80米处各开有一矩形小窗洞。渡亭内用截面方形抹角的石柱分成两间，宽7.96米，进深一间，3.47米，前后二柱，抬梁式构架。渡亭东侧贴墙建有用九层条石错缝叠置成的分水尖，高2.24米，长3.87米，宽同亭深，尖部上端向上翘起，砌石虽有松动，但保存完整。向导介绍说，该渡亭之所以在亭东侧筑分水尖，在南、北两侧墙上的低处开小窗洞，都是为了减轻洪水对亭的冲力，在波涛的冲击下，湍急的水流会从窗洞泄出并发出巨大的声响。然而我们奇怪的是，渡亭位于江面3米多高的岸坡上，洪水真会有这么高吗？经向向导了解，得知履坦海拔高度为全县最低，平时容易洪水泛滥，往往其他地方的洪水退了，履坦仍是汪洋一片，加上旧时武义江上游无水库之筑，平日水位应高于现在，江面也比现在更宽，因此，洪水泛滥时水位将会更高。为了保证渡亭的牢固，履坦徐氏便将渡亭与当地桥梁常用的分水尖结合在一起，并在墙上设置泄水用的窗洞，因地制宜地创造了一种独特的建筑外观形式，这不得不使我们对古代工匠的聪明才智由衷的佩服。随着公路的建设和水运的衰退，渡口和渡亭虽然都已丧失原有的功能和作用，但这一段因社会发展和经济建设而发生的历史变迁却被凝固在渡亭的构造形式中，不由得引起我们对武义江曾有过的浩淼江面和船筏往来的无限遐想。同时，对渡亭用于养猪而感到可惜。根据渡亭的形式和留在亭内的题记，普查队将它取名为“若斧亭”。

学习让“三普”更精彩

浙江省江山市第三次全国文物普查队　周晓东

2007年第三次全国文物普查启动后，由于江山市博物馆新馆建设及廿八都古镇保护工程开始启动，专业人员匮乏，江山市文化广电新闻出版局决定由我全面负责江山市第三次全国文物普查，担任文物普查队队长。

摆在我面前的现实是严峻的：工作任务繁重，全市共有21个乡镇（街道），300多个行政村，2500多个自然村；专业人员缺乏，担任队长的我除了一些有限文物保护法规知识外，对文物的了解几乎是一片空白。队员中除一名从博物馆抽调的专业人员外，其他人员全部面向社会招聘。7名面向社会招聘的大学生同样对文物知识知之不多，没有任何文物普查经验。

经过分析思考后，我开始加班加点地重点做好两件事：一是提高自己的文物专业知识，切实掌握普查规范。我购买了《中国陶瓷史》、《中国古建筑史》、《营造法原》等专业书籍，夜以继日地开始研读，并到典型文物现场进行验证，利用各种机会积极向专家前辈请教，终于在短时间内，初步掌握了各阶段陶瓷识别特征、房屋类古建筑的梁架描述等知识，明、清两代的各朝起始时间几乎能做到脱口而出。同时，通过培训后，我熟读规范，对文物定名、年代、简介撰写等要求烂熟于心；二是利用自己曾经当过教师的优势，对新招聘的队员进行培训。这是典型的“现学现卖”，但形势所逼，没有其他的路可走。我把所有可能找到、自己可以看懂的书籍、文物修缮方案、新闻报道中有关不可移动文物的简介传授给队员们。这些都为文物普查的启动打下了基础。普查队就这样在磕磕碰碰中上路了。

解决了最基础的问题后，紧接着而来的一道难题是如何开展普查工作。我接受了老文物工作者的建议，采取先基础普查后专业普查的方法，先由乡镇选报基础普查员，普查办对他们进行普查培训，重点要求他们提供文物普查线索。按照这种做法开始了试点，一段时间后发现效果并不理想。原因是基础普查员都是一些老同志，对说教式的培训完全提不起兴趣，不能领会培训的要领，提交的普查线索没有起到应有的作用。我在试点中果断改变了对基础普查员培训的方法，根据自己对文物普查的理解，制作了图文并茂的课件，对基础普查员采用多媒体形式进行培训。这一改变，对提升基础普查员对文物的认识起到了很大的作用。原来“文物”对于农村的老同志来说，要不就是古董，要不就是老房子。通过形象生动的图片和讲解，一下子就拓宽了思路，原来许多熟视无睹的东西就是本次普查要找的文物，这样一来，工作局面为之一新。普查工作走上正轨后，针对不断涌现的新问题，我创新思路，先后制订了《普查队考核管理办法》、《有奖征集文物普查线索办法》、《普查情况通报制度》等，为文物普查的有序推进注入了活力。

在长达两年多的时间里，江山文物普查队一直都保持着旺盛的斗志和良好的工作作风。作为普查队队长，我一直注重提高队伍的战斗力。一方面我把文物普查当成一次摸清江山文物家底、锻炼自己的绝好机会，我常跟同事和同行这样说：这样的机会几十年才遇上一次，政府给你经费、设备和时间让你到全市各地去跑，你如果嫌累不想下乡，是不是有点傻？抱着这样的信念，只要没有冲突的事情，我都与队员一道下乡普查登记。在普查过程中积极主动，身体力行。有一次，一天的普查结束了，普查队员沐浴着夕阳的余辉，带着一身疲惫踏上回程，走到半路，我突然发现离公路约五六百米的地方有一片茶叶山，我立刻叫驾驶员停车，全车人穿越稻田爬上茶叶山，寻找陶片。因为按照江山古遗址分布的规律，低丘陵茶叶山上比较容易发现陶片，普查队进村后发现有茶叶山都要去爬一爬，找一找。这一次额外的工作没有白费，普查队果然在山上找到了数枚商周时期的陶片。这种认真、务实的工作作风对提高整个普查队的战斗力发挥着良好的引导作用。另一方面，我认为，一个团队要有持久的活力，领队人的表率作用非常重要。2008 年夏天，正是普查的攻坚时期，天气炎热，午后室外温度高达 40℃，队员们经历了长时间的野外调查，身心疲惫，面对高温天气，普遍有畏难情绪。身为队长的我虽然也很想有一段休整的时间，但任务重、时间紧，全年要完成 60% 的普查任务刻不容缓。在这种情况下，我身先士卒，越是艰苦的环境，越冲在前面，分担队员的工作，用实际行动鼓舞队员们的士气。这种做法使普查队自始至终都保持着良好的工作作风，为顺利完成野外调查阶段的工作任务发挥了重要作用。

随着文物普查工作的推进，我又踌躇满志投入到第三阶段工作中去，一如既往地积极、认真，我想把这件几十年一遇的好事，在自己手上画上一个圆满的句号。

陈舟跃“三普”事迹

浙江省舟山市文物管理办公室

2008 年 4 月初，绵绵细雨中的普陀山多少还夹带着一丝寒意，行进在崎岖湿滑的山间小道，陈舟跃带领另一名普查队员老夏拉开了普陀山“第三次全国文物普查”野外调查序幕。普陀山位于舟山群岛东侧莲花洋上，陆地面积 12.5 平方公里。岛虽不大，有普陀山观音信仰文化历经千年，四海名扬，历史遗存丰富集中，乃舟山市“三普”重点。然而舟山市文博力量原本薄弱，野外调查人员安排更是捉襟见肘。考虑到陈舟跃责任心强，工作经验丰富，组织决定普陀山“三普”由其负责承担。普陀山地势复杂无专配汽车，山高林密交通不便，历史遗迹量多体大，对年逾半百的陈舟跃而言无疑是巨大挑战。然而陈舟跃深受众望，通过不懈努力，克服种种困难，最终高质量地完成了普陀山“三普”野外调查及数据录入，得到浙江省“三普”专家验收组的高度评价。归纳陈舟跃在“三普”野外调查中的突出表现有以下三个方面：

一、肩负使命认真不懈　“三普”乃“千秋之功”。陈舟跃认为加入“三普”行列意味着自己承担了这一历史责任，光荣而艰巨。首先必须树立“肩负使命，认真不懈”的思想认识。野外调查情况复杂，除了工作经验、专业知识以外，思想重视、态度认真是保证“三普”获得成功的充分条件。普陀山历史遗存遍布，其中摩崖石刻数量众多，形式各异。有多款集中一处、也有后款叠盖前款等。调查中稍有疏忽就有可能造成遗漏。在对“百步沙摩崖石刻”的复查过程中，陈舟跃不仅对“复查”内容进行了仔细核查，对“复查”内容周围区域同样不肯怠慢。结果在镌于 1932 年及 1936 年两款摩崖石刻下方发现了 1925 年用英文镌刻的“霍夫曼题刻”。“霍夫曼题刻”字高 10 厘米，涨潮海中，落潮岸边，沙粒质岩，风化明显。如果调查不认真容易漏网，好在陈舟跃准备充分。“整体观察认真到位，局部细节留意变化”是陈舟跃在“三普”中得出的工作经验。“霍夫曼题刻”体现了普陀山观音信仰文化之魅力，民国初年与外界交流广泛，意义非同一般。于“西天门摩崖石刻”款款之间发现以前一直被忽略的元代摩崖石刻同样也是陈舟跃工作认真的结果。此前普陀山摩崖石刻最早莫过于明代，此次“三普”发现元代石刻意义自然深远。

长期从事文物保护使陈舟跃对判别文物真实性看得尤为重要，本次“三普”将认定文物真实与否作为调查工作的其中一项重要内容。多方收集信息，细致分析研究，严格认真把关。最终证实以往被认定为“文物”的“海天佛国摩崖石刻”、“几宝岭摩崖石刻”等数款内容实际在“文革”期间已遭毁坏，现有款项皆“文革”以后根据遗留照片在原来痕迹上的重镌。普陀山有一批老庵堂因为失火或其他原因前些年原址重新建造，所用材料为钢筋混凝土。面对这些新近建造，且 2002 年浙江省文物普查已经定论不存有历史遗存的老庵堂，陈舟跃依然坚持前往，逐一进行认真核查，以保证本次“三普”全面性、完整性。结果在现代仿古建筑林立的常乐庵内外墙之间发现了一座具有普陀山典型民国风格的山门建筑。尽管体量不大，制作十分精美。大廊小轩，飞椽挑檐，龙吻花脊，细瓦屋面。具有较高的历史、艺术及科学价值，现已申报舟山市市级文物保护单位。

二、克服困难勇挑重担　舟山誉称“千岛”，普陀山为其中之一，多人进岛驻扎开展“三普”实有诸多不便。陈舟跃以“三普”为己任，欣然接受组织安排。尽管体力不比从前，工作热情却不减当年。“三普”之初，从联络各级政府到下村入户宣传“三普”，由走访佛教协会到进寺、入庵了解情况，包括制定计划，安排实施等等，工作辛苦不言而喻。为尽快打开局面，陈舟跃无心顾及自己的旧伤新病，全力扑在工作上。头两个星期下来体力就出现透支，另一名原本多病的普查队员老夏此时告病而退，陈舟跃成了名副其实的“光杆”队长。序幕才刚拉开，迎面遭遇困难。是坚持，还是退缩？在困难面前陈舟跃没有退缩。经过两天调整，陈舟跃只身一人背负仪器开始了野外调查的“单兵”征程。事后陈舟跃坦言：“当时的确想过等待上级再派援兵，但是好不容易刚完成前期准备，又要把大好时光浪费在等待上，实在于心不忍。最终责任心还是占据了上风，咬牙坚持了下来。”“宁愿自己苦累，‘三普’务必到位”是陈舟跃在“三普”期间为自己设定的要求。两年时间下来，陈舟跃用行动圆满实现了这一自我要求。

如今居民广泛使用液化气，上山取柴成为历史。山间柴草茂密，林地蛇虫藏匿。行走其中困难重重、危险不言而喻。然而许多历史遗迹却恰恰“隐居”这山间林地，这对膝关节受伤未见痊愈、行长路十分困难的陈舟跃而言又是一大难题。忍着膝痛坚持工作，只身攀爬崖壁调查摩崖石刻是常有之事。有数次工作完毕后才真正感觉崖壁陡峭，自己腿脚不好无法下来，幸亏过路僧人相助得以脱身。对此陈舟跃诙谐道：“野外调查使我得机会体验了古人‘山当曲处皆藏寺，路欲穷时又遇僧’这一诗句的玄妙。”时有因劳累致关节肿胀、发热咳嗽，陈舟跃从未有过消极。即便实在无法外出调查，仍坚持整理数据以确保“三普”进度。2009 年春节只容许自己休假两天，平时节假日基本全都放弃。这种为了“三普”不顾自我的奉献精神值得赞扬。

三、调研并举探究内涵 长期从事文物保护工作造就了陈舟跃乐于探究文物文化内涵的良好习惯。“三普”中有的历史遗存出处不明，个别有记录却与实际情况难符。对于这类遗存陈舟跃总是想方设法非得理出头绪来才肯罢休。普陀山有达摩峰，顶峰有摩崖石刻“瀛洲界”。民国《普陀洛迦新志》记载：达摩峰“其北面刻赵孟頫题‘瀛洲界石’四字”。2002 年浙江省文物普查将其作为元代赵氏所书登记。然而实际情况只有“瀛洲界”三字，与《新志》“四字说”不符。陈舟跃经过仔细观察发现“瀛洲界”两侧隐约可见一框，框由石刻三分之二高度向下，时间显然早于现有石刻。搜寻资料，见有定海把总徐景星“明万历二年（1574）……又将‘瀛洲界’三字刻于达摩峰”之记载。可以确定现存石刻“瀛洲界”乃明代把总徐景星将元代赵氏所书“瀛洲界石”铲平后的重镌。本次野外调查发现摩崖石刻“相见别峰”，落款“康熙已巳”，未见记载。陈舟跃经过研究得知康熙二十八年皇帝南巡途经嘉兴，定海总兵王大来启奏普陀废状，康熙帝赐帑金千两重建普陀、镇海两寺（今普济、法雨寺），此款石刻乃护帑到山官员所为，可以认定此乃标志着清初海禁之后普陀山得皇帝恩赐开始复兴，意义重大。

普陀山“三普”最终获得圆满结束，虽说得益于舟山市文广新局党组领导有方，大力支持，但与陈舟跃自身努力是分不开的。通过“三普”，普陀山有29处历史遗存进入浙江省级、舟山市级文保单位的申报程序，相信一定会开创普陀山今后文物保护一个崭新局面。

余岭岩画调查手记

浙江省仙居县文物管理办公室　张　峋

“踏遍仙居七百村，远山近水觅文魂。普查何计征程苦，一路行来感受深！”这是我参加“三普”实地调查结束后写的一首诗。真的，在实地调查阶段的许许多多个日子里，我作为在一线工作的普查队长，有幸遇见了许多感人或有趣的人和事，让人感受深刻，回味无穷。虽然在普查中我瘦了几斤，脸也黑了一些，但我认为那一份记忆是我人生阅历中宝贵的精神财富，我将永久地加以珍藏。现在，我撷取其中的一朵花絮，呈献给广大文博界同仁乃至社会各界。敝帚之珍，或能博读者诸君一粲。

2008年4月9日，天气晴朗，惠风和畅，早上7点半左右，我们就驱车踏上了前往仙居县大战乡西南部的征程，那里的十几个村庄，深深地隐藏在大山的皱褶里，虽然群峰叠翠，风光旖旎，却也山高路陡，行路困难，我不时地提醒既是驾驶员又是普查队员的陈荣军，让他把车开慢一些。在路上，普查队员王志武突然哈哈笑了起来，县文物办的陈乾贵开玩笑说：“怎么？昨夜做了美梦？”“嘿嘿，还真被你说中了，昨夜我做了一个梦，梦见自己在攀登一处山崖，苦苦寻找岩画，后来一位白发老翁指点我往对面的一块岩石找，才真的找到了。看来是个好兆头，今天可能会有收获。”王志武回答说。我哈哈大笑：“你这真是日有所思，夜有所梦啊！”我们这五位普查队员，自从开展实地调查工作以来，几乎每天都期待着岩画的新发现。因为前几年，仙居曾经发现了轰动一时、填补了浙江岩画考古空白的朱溪小方岩岩画，我们认为仙居的许多高山密林里很有可能还隐藏着古越先民留下的岩画。普查队员们随身都带着岩画照片，遇见山民就问“大伯，你们这里附近的山上有这种东西吗?”那种如痴如醉的执著精神，令人好不感动！

整个上午，我们在丈马扇村普查，登录了几座古民居和古墓葬。在村里吃了中饭后，我们大部分普查队员躺在老农家的竹椅上稍作休憩，王志武没有午睡的习惯，这时又主动出击了，他似乎始终相信昨夜那个梦会应验，他向一位老农询问有关岩画的线索，老农摇摇头表示不知道。这时，老农身旁的一位六十多岁的大妈，扯开嗓门说道：“岩石上的图画？有啊！高田余岭村的山路旁边就有！我年轻时来来回回路过时，看见过的，那东西你们有用？——错不了！那里有！不过具体在哪里记不得了，那条路也多年没人走啰!”

这是一条重要的线索！我们都兴奋起来，睡意顿消，大家都从躺椅上、竹床上起来，我以一种坚定地语气说：“走！到余岭村找岩画去!”

余岭村是大战乡高田村的一个自然村，海拔 429 米，群山环抱，绿树葱茏，环境幽静。村里只有二十几户人家，年轻人大多外出经商或打工，留守的是一些老弱妇孺。我们赶到余岭村时，已是下午两点多了，走进一座略显破败的老三合院，只见几位老农悠闲地躺在家门口的竹椅上休息，见我们到来，都起身热情相迎。有一位五十开外的大伯，姓李，略显黝黑的脸长得方方正正，带着一种沉静、质朴的笑容，递过来几支烟，他的女人这时也从里屋出来，提着一个热水瓶和五六个大瓷碗，热情地请我们喝水。实地调查当中，我们已不知多少次遇见过这样纯朴、热情的村民，那份浓浓的、带着泥土气息的、质朴的乡情，总让人心里好生温暖，工作的劲头似乎也为之一振！我们坐下来，稍作寒暄，就急不可耐地直奔主题，询问起岩画的线索来。“岩画？这是什么东西？”我们情急之中忘了拿照片给他看，普查队员曹善明慌忙从普查包里拿出岩画照片，递上去。“这东西，好像在哪儿见过哦！……在我们村外山路旁哪一处，好像有见过……在哪一处呢？”李大伯沉吟起来，突然他大声喊叫着一个叫“大顺”的人，不一会儿，只见一个身材瘦小的、脚有点跛的中年男子从东厢房的一间屋子里出来，李大伯问大顺：“你以前说过在哪儿见过山上的岩石上有图画，还记得哦？”大顺同志说：“石头上的图画？见过呀，就在村东的前门山脚下小路旁啊！不过，现在路也没人走了，长满杂草，也不晓得在哪一处啊！”李大伯以一种命令般的语气对大顺说：“快！快去拿砍刀，把杂草除一除，带县里的普查队员去找去！那是宝贝，国家有用的！”原来李大伯是村里当了几十年的的老干部，前几年刚退下来，在村里说话很有分量。大顺同志马上跛起脚步，拿了砍刀捆在腰上，挥挥手对我们说：“走吧!”我们跟上去，往村东山脚下走去。绕过村南的一口山塘，走过一片梨树林，一条块石铺成的山间小路跌落下去，消失在草丛里，又缓缓地在一处高坡出现……大约过了十几分钟，我们就来到村东一处山脚下。只见李大伯已经出现在那里，手拿砍刀用力斫倒了一片杂草和柴禾。原来他是从另一条小路过来的。汗水已经湿透了他的灰白色的衬衫，脸上也汗珠直冒，他也顾不得擦一擦。大顺同志，普查队员曹善明、陈乾贵这时也先后砍起杂草来。不一会儿，一个个都汗流浃背。这时村里人越围越多，好几个老农也在知道了我们的意图后，加入了砍柴斫草的队伍，四月午后的阳光映照下来，映照在那一片草丛舞动的山脚下，说笑声、除草声交融在一起，青草的、泥土的气息也散开来，我心里好不感动和温暖，一时间似乎要醉倒了……突然，不知谁高喊了一声：“看！找到了！就是这种图画吧？”王志武、曹善明不约而同地叫道：“张老师！快来看！你说这是不是岩画？”我三步并作两步，来到了山脚下小路旁的一处稍平坦的山崖上，只见一垄平坦的村民的承包田外岸的一块天然巨石上，刻着蛇形、柴刀形、三角形、人像形的的五个图纹，有明显的人工刻凿痕迹，我以一种肯定的语气说："应该是岩画，和前几年发现的朱溪小方岩岩画风格相似，年代也应该相近，是春秋战国时期古越先民的作品。"好几位村民不禁大声高喊："我们村发现宝贝了！不得了了！"我马上对村民们说："这是宝贵的文化遗产，是全县人民乃至全人类的共同的文化遗产，我们大家都有责任和义务好好保护它！"李大伯过来说："我会把这件事向村两委汇报，我们村会好好研究，把它保护好！你们放心吧！"我们都很感动，连声道谢，然后我们在村民的帮助下，清洗了岩石，开始拍照，测量，绘图，文字记录，忙得不亦乐乎。

踏着夕阳的余晖，迎着清凉的山风，我们一路高歌，一路欢笑，歌声、笑声久久回荡在空旷的山谷里……突然，我拍着王志武的肩膀，大声问道："志武，今晚做什么好梦?!"他大声回答："还做岩画的梦！"

为文物普查奋斗到最后一刻

——记青田县文物普查队队长单泼

浙江省青田县文物管理委员会办公室　王友忠

单泼，男，1981 年 10 月 7 日出生于浙江青田温溪镇，2000 年毕业于丽水职业师范学校，被分配到青田县文化馆温溪文化站工作，即借用到县文物管理委员会办公室从事浙江省三次文物普查工作。2002 年 9 月正式调入青田县文物管理委员会办公室从事文物保护管理工作。单泼是一位聪明、好学、可爱的好小伙子。自从踏入文博工作岗位后，他就立志要为青田的文物保护事业做贡献。为此，他以谦虚的态度勤奋学习，以踏实的工作作风和顽强苦干的精神，从事浙江省第三次文物普查。在工作实践中拜老同志为师，严明工作纪律，注重工作效益与任务质量。为推进工作效益与进度，他常常加班加点，甚至工作到凌晨，从无怨言。其工作精神得到了单位领导的肯定，2008 年 6 月任青田县文化广电新闻出版局文物管理科副科长一职。在日常工作中，他主动承担起文物法规、文化遗产日、国际博物馆日等宣传工作，积极参与青田文化建设"三十工程"中的文物保护项目。青田文物干部编制仅二人，在人员非常欠缺的情况下，他兼职财务、档案保管等工作，无论干哪项工作，他都做得有声有色。

2007年11月，青田县全面开展第三次全国文物普查实地调查，单泼担任普查队队长一职。他全身心地投入到文物普查工作中，带领普查队员顶酷暑、冒严寒、查资料、忙整理，井然有序地扎身于“三普”一线的实地调查工作，严格执行县“三普”办的工作计划，深入到高山、田野、村庄，使青田“三普”工作有效的深入推进。

青田县域总面积2484平方公里，下辖31个乡镇、425个行政村、2465个自然村，地形地貌复杂，素有“九山半水半分田”之称，丘陵山地占全县的95%以上。根据“三普”工作要求，必须完成县域内100%行政村、90%以上自然村文物史迹实地调查，可想其工作任务繁重。于是，单泼一方面按照上级的要求和部署，确保“三普”工作进度推进，另一方面又根据青田石雕、华侨、名人“三乡”文化的特点，对文物史迹实施分类，进行重点、专题调查。确保普查的质量，在野外实地调查过程中，他起到了表率作用，带领普查队跑遍了县域的29个乡镇、361个行政村、2252个自然村。截至2009年6月，经他负责调查登录的文物史迹达901处，其中复查点332处，新发现569处。每到一个自然村，不管是否有文物史迹遗存，他都会对所到村落进行村貌拍照记录，同时还做好相关资料收集工作。他时常对（招聘应届6名大学生组成的普查队）普查队员讲：“全国‘三普’工作是为我们提供了工作检验平台，是我们学习实验的好机会，我们要对历史赋予我们的使命负责，认真做好‘三普’工作。借此机会，我们要放宽工作视野，多搜集相关资料，逮着历史痕迹，为今后《青田百年古村》的编纂做些基础性资料工作，做到文物普查和工作两不误。”他采取1+1工作方式，每当完成一个乡镇的野外实地调查，即刻转入室内调查资料的规范性整理，以免调查资料的失落，及时处理调查资料的差错，为确保质量，以高标准、严要求实施CAD软件绘制文物建筑柱网分布平面、柱网分布图等，实施调查资料登记建档、编制普查进度表、复查、新发现总计表、当月普查工作汇总表，进行“三普”数字化科学性管理；按照“责任到人、谁调查谁建档”的原则，使每个普查员在短时间内都熟练掌握绘制、文字描述技能。在此基础上，他把文物普查所得信息及时反馈给当地，与乡镇政府签订《“三普”情况反馈表》，协助当地政府做好近期、远期规划，协调乡镇建设与文物保护之间的关系，此举受到省“三普”办好评。

为了做好普查工作，单泼还加强业务知识和技能的钻研学习，通过工作实践收到了良好的成效。在全国首届“第三次全国文物普查摄影图片评比”活动中，他的摄影作品《木廊桥》荣获优秀奖；他还积极撰写了36多篇普查日记，成为浙江省“三普”日记的“明星”。每篇日记都反映了单泼同志对工作的职任理念和工作热情。2008年6月14日他的《举办文化遗产日活动》日记中写道：“多年来，文物保护工作与时代发展似乎脱轨了，地方政府狠抓经济建设，忽略文化建设，有甚者藐视文化遗产（保护事业）发展，是不应该的……”可见他热爱文物工作并为其与社会经济发展矛盾而忧虑。同时又深感历史赋于自己的使命之重。2009年3月8日《杂记》日记中写道：“作为普查队长来讲，深知任务艰巨，绝不能为了普查而普查。此次‘三普’是我们文物人难得的一次锻炼机会，让我们步履千山万水，更让我们感到历史的责任感。更加注重青田本土文化的调查（保护），时刻捕捉‘三乡’文化的各方面特征。我是这样，相信我的普查队员也是这样（想）。”这段话佐证了单泼深刻理会“三普”工作的指导思想和文物工作的宗旨。2009 年 7 月 7 日，是单泼写在“三普”工作日记中最后一篇日记。当他完成船寮镇大路“忠义乡”文物史迹实地调查后，他速记了《写在“七七事变”纪念日》工作日记。面对所取文物调查史迹，他清醒地目视到青田人民在抗日战争的烽火年代里，是那么英勇抗战、忠肝义胆，可歌可泣的历史场景。深知自己的责任及做好“三普”工作的深远意义。“七七事变”，给中国人敲响了警钟，不要忘了历史，不要忘了我们的抗日英雄。假如我们在那个年代，我们会保家卫国（吗）？我们会拿起猎刀刺向敌人（吗）？我们会走在抗战前线吗？答案是：“我们会。”这几句满腔热血、慷慨之言发自于单泼肺腑之心，是新一代文物工作者对文物事业追求的精神。

2009 年 7 月 16 日，他获悉浙江省文物局将组织自愿者远赴青海支援“三普”工作一事，他立即向单位领导请缨，主动要求前往西部支援当地的普查工作。单泼在“三普”实地调查工作期间身兼多职，几乎没有享受过休息日，由于长期奔波而劳累，仅在 4 天后，在一次野外工作时发生意外，溺水而亡，于 7 月 20 日走完了他短暂的 29 个春秋的人生之路……

单泼为了文物保护、文物普查工作直到自己生命的最后一刻，并在“三普”工作中起到了积极影响，得到了省市县有关部门领导和当地群众对他工作的一致肯定。他的英年早逝，无疑使文博战线失去了一位好同志，我们工作的好伙伴、好战友。他那种勤勤恳恳、任劳任怨、无私奉献、忘我工作的精神，将长留在广大文博工作者的记忆中……

2010 年国家文物局授予单泼“第三次全国文物普查实地文物调查阶段突出贡献个人”荣誉称号。

安徽省

汗水与成就

——肥西县文物普查与保护走笔

安徽省肥西县文物管理所　张永新

两年多的野外寻踪踏查，普查队员们冒严寒顶烈日，走遍了全县 14 个乡镇 334 个村 11000 多个自然郢，爬越了 10 多座山，趟过数十条河，查找散落隐匿文物点 515 处，签订县乡村文物保护责任书 195 份，树立不可移动文物保护标志牌 133 块，设立乡镇文物展室 3 处……安徽省肥西县的第三次文物普查，让新发现的文物点得到了合理有效的保护。回首两年来普查与保护的历程，其工作难度之大，普查范围之广，远远超过了原来的想象。可喜的是，普查队员们的吃苦耐劳，相互帮扶，彰显了集体主义的团结协作精神；可贵的是，普查队员们为实现既定的目标努力坚持，始终如一；感动的是，群众和乡村干部的热情帮助，献计献策，给了我们莫大的支持。普查中有快乐有苦恼，有欣喜有争论，其中的酸甜苦辣只有亲身经历才能深刻感悟，它将永远留在我们的心灵深处。

抹不去的记忆

文物实地调查中大部分的地方汽车是无法到达的，需要队员们徒步行走，在普查中跋山涉水也是常事。2008 年 5 月 19 日，我们开始对紫蓬镇区域内的文物点进行实地调查，一大清早，我们就驱车到达紫蓬山脚下，大家准备了一些水和干粮就匆匆上山了。由于环山公路正在修筑中，大家只能从小路上山，崎岖的山间小道上散落着许多石头，道上树藤错结，每走一步都要十分小心，队员们相互拉扶，经过近两个小时的艰苦攀爬，上午十点多钟到达山顶。山上的西庐禅寺是合肥西乡名寺，太平天国将军袁宏谟后期出家重修，现存大王殿旧房 3 间，内墙上有碑记 1 块，外有银杏、枇杷、丹桂、柏榆等古树名木。没有片刻的休息，大家就紧张地忙碌起来，绘图、照像、拓片、测点……做好记录后，已是中午十二点多了。普查队员们在一处大树的荫凉下默默吃起了自带的午餐，今天是汶川地震的哀悼日，每一个普查队员心里都清楚，将悲痛化为力量做好自已的工作，这是对逝者哀思的最好表达。

下山后，在镇退休老书记的引领下，我们驱车来到了紫蓬镇上店村王小郢，依据第二次文物普查资料记载，这里有一处商周时期的古遗址。我们询问当地的村民，得知遗址在王小郢后面的梳头河对岸，原先河上有人摆渡，现在因为农忙摆渡的人不在，要想到河对岸只能趟河而过。我们来到河边，水面宽约 20 米，河水清澈见底，水流也较为平缓。为了节约普查的时间，我们决定在确保安全的情况下趟河到对岸。5 月江淮的天气已渐变热，但河水还是很凉的，当队员们下到河里时才发现，清澈见底的河水并不浅，河水浸透到腰部，河流边缘坡陡泥软，中间的河底却是光滑坚硬，我们将普查器材和衣服高举过头，缓缓地相互协助着趟过了齐腰深的梳头河，到达了河的对岸。队员们都笑着说，这样普查趟河已不是一两次了，现在越来越有趟河的经验了。遗址在河边 100 米处名庙墩孜遗址，是临河台地，面积有一万多平方米，新中国成立前遗址上有寺庙，现在上面种着香樟树及旱粮。我们到达遗址时已是下午两点二十分，全国性的悼念汶川地震遇难同胞仪式即将开始，大家在遗址上选了一片空旷地带，站成一排面向西南的汶川方向，当两点二十八分哀悼的警报拉响时，队员们含着眼泪，为汶川地震遇难同胞默哀祈祷……

这次文物普查还有在野外队员们突然受到暴雨袭击的经历，有普查车深陷泥泞的道路被群众用牛拉车的过程，有在烈日下村民送水到查普点的动人情景，还有乡村干部为普查工作前后忙碌的身影。我们走访询问的有 89 岁高龄的退休教师，给我们引路的有村中十一二岁的孩童，很多感人的事永远定格在我们的记忆中。

来自基层的启示

2008 年 7 月，按照计划安排，这一个月时间是在柿树岗乡进行实地文物点数据采集工作。7 月 6 日，普查队到乡后，在乡政府会议室召开了由乡镇领导、各村主任和老同志参加的柿树岗乡文物普查启动会议，散会后，大家立即在乡文化站长高士林的陪同下到村进行调查了。

七月的江淮，天气闷热，骄阳似火，普查队员穿行于田野、河流、村庄之间，发现了众多的古遗址、古墓葬和圩堡建筑。当我们发现保存较好气势庞大的张马墩古城址时，异常兴奋，同行的高士林站长也激动地说：“没想到我们乡还有这样多的文物资源，要不是这次文物普查发现了还不知道呢，等你们普查完后我就向乡领导汇报，同村里签订个协议把这些文物点保护起来。”这一席话虽在不经意中说出，但在普查队员们的心中却翻起了浪花。现在是经济发展时期，加上大面积土地平整，新文物点前脚发现后脚被毁的现象时有发生，对新发现文物点保护问题一直是大家感到头痛的事。“对，乡里能同村里签订协议保护，我们为什么不争取县政府同乡镇签订保护协议书呢，那样新发现的文物点乡里知道了村里知道了群众也知道了，既宣传了也保护起来了不是很好的做法吗?”我深受启发地说。“我们还要深入调研一下保护的可行性，拿出具体的方案向县政府汇报。”普查队中年龄最长的高瑞普也说道。

此后，我们共同商议，细细揣摩，拿出了一套完整的文物保护方案，并争取到了县政府的重视和支持，通过签订《肥西县不可移动文物保护责任书》等方式构建县、乡、村三级文物保护网络，“明确三级职责，树立保护标志，建立报告制度，延伸文保职能，开展长效宣传”，这在全国第三次文物普查简报上被称为“肥西经验”。

现在，柿树岗乡不但同村委会签订了文物保护责任书，对各文物点树立了标志牌，还结合民生工程在乡文化站设立了文物展室，这也是全省首家乡村文物展室，展品就是这次文物普查中采集的陶片、墓砖、木构件、钱币、瓷片等，以图片沙盘介绍为主，虽然不是精品文物，但展室却反映了历史的进程和文化特征，起到了很大的宣传作用。

普查小记三则

安徽省繁昌县文物局　谢　军

文物普查之惊蛰日惊魂

2009 年 3 月 5 日　今日惊蛰

惊蛰是 24 节气中的第三个节气。惊蛰的意思即是天气回暖，春雷始鸣，惊醒蛰伏于地下冬眠的昆虫。其实昆虫是听不到雷声的。大地回春，天气变暖使它们结束冬眠才是“惊而出走”的原因。我国劳动人民自古就很重视惊蛰，将它视为春耕开始的日子。

据普查计划，我们今天去复查孙村镇的前村遗址和章家祠堂，为加快普查的进度，普查队一般分成两组，一组去登录两处复查点，我们这组去周边调查有无新文物点，顺着前村遗址旁边的河道往上游排查发现了两个台地，我和队员小汪异常兴奋的奔过去，果然都是遗址，测点绘图、拍照、采集标本，不知不觉已到中午。看小汪绘图还没结束，我就去台地的边缘想再多采集一些标本。刚抠到个口沿就感到有个肉乎乎的东西，低头去看只见一条黄褐色的叫不出名字的蛇正蜷伏在口沿下面，三角形的头正缓缓的转过来，邪恶的眼睛木然的瞪着我，吓得我猛然跳起，连滚带爬地跑到陪同的村干部的旁边，村干部问清缘由迂回上去，用竹棍把蛇挑起说："这是毒蛇，你真走运，蛇毒储藏了一冬，幸亏它冬眠还没完全苏醒，不然咬你一口你就惨了。"惊魂未定的我又后怕又庆幸拿着那块标本自言自语到："这不是个口沿是个甗腰。"回到县城立即就联系药店购买蛇药，发给普查队员做好安全防范。

专项调查之野猪岭丢盔

2009 年 11 月 1 日

我县"三普"的最后一个任务就是国保单位皖南土墩墓的专项调查，为了更好的保护和利用这一文物资源，县普查领导组会议决定结合全国第三次文物普查对皖南土墩墓群（第五批全国重点文物保护单位）进行专项调查，用科技手段对我县境内的土墩墓分布规律，保存状况、具体数量等信息进行数据采集录入。皖南土墩墓群跨繁昌、南陵两县，分布在漳河两岸的丘陵岗峦的山脊及其支脉上，呈有规律的排列。

电话中又听到张书记熟悉的声音："好，说定了，明天早上我在村里等你们。"他原是村书记也是文物保护员，在村里工作了几十年，对辖区内的土墩墓群了如指掌，多年来一直协助我们进行土墩墓群的保护工作，配合专项调查他是再合适不过的人选了。

早七点准时出发，镇政府也抽调 2 名同志配合我们的工作，简短的任务分工后，一行 7 人带上设备从村里出发直扑山顶。这几年国家鼓励退耕还林，村民做饭都改烧煤或液化气，已基本不上山砍柴，植被异常的茂盛，上山的路都需要我们自己砍出来，每个土墩墓的数据采集都异常艰难，有时为了测一个数据，拍一张照片要钻过齐人深的灌木丛，衣服和手经常被荆棘划破，狼狈不堪。在灌木丛里还比较容易迷路走散，我们总结的经验是走散后找棵小树边摇晃边喊："看到我了吗，我在这！"

转眼 1 个多月过去了，专项调查进入了尾声，早上一见面张书记就向我们说了一件事：今天要去的自然村前段时间有人被野猪咬伤，大家调查时要小心不要走散。上午的工作有序而又忙碌，大家早就忘了这茬了，但是在途中穿越一条山涧时。我们发现泥地上有很多动物脚印，越往前走泥坑和脚印越来越多，越来越清晰，张书记又提起野猪伤人的事件，大家又变得紧张起来，越想越怕一路小跑都想早点走出山涧，忽然发现一只又肥又大的黑猪正在路边的水坑旁冲着我们哼唧。我们都大惊失色，狂叫：不好——野猪！众队员都掉头飞奔，直到遇上随后赶来的张书记。看着哈哈大笑的张书记，我们这才回头。顿时我们自己都笑了起来：不远处有一小院，墙上赫然写着——平铺镇生态养猪厂。

文物点复查之田野课堂

2009年3月17日 晴

春光明媚的早上，我们按照计划一组复查孙村镇鸡头遗址，另外一组去普查该行政村所辖自然村。鸡头遗址位于繁昌县孙村镇义兴行政村鸡头自然村，是一处新石器至商周时期的台地文化遗址，面积约7000平方米，遗址高约5米，南面紧邻黄浒河，于1982年文物调查时发现。曾在遗址上采集了大量新石器至商周时期的陶片及石器。遗址周边水网密布风景秀美。

村里安排了2位同志配合我们，陪同我们这组的是村妇女主任小黄，20多岁，单眼皮，秀气、闪亮，一头深色秀发丝质般的光润，走起路来富有弹性地跳动着。高鼻梁下有力地紧抿着的嘴唇，显示着干练和活力。鸡头遗址上有个几户人家组成的小村子，普查队员小彭在黄主任的陪同下走访村民填写登记表，其他队员散开各负其责，绘图、测点采集标本，看到我们采集到的标本，小黄惊讶极了，不住地问这问那，小彭边向她介绍文物知识边登记，小黄听得精彩竟拿出个本子记了起来。看到"学生"如此好学，小彭热情越发高涨，从旧石器讲到新石器，从遗址讲到窑址，大有把自己所掌握的文物知识一古脑全部讲授出来之势，我们羡慕之余不禁感叹平时沉默寡言的小彭竟然有如此口才。午饭之后小彭告诉我们黄主任早上对他说离村子不远处还有一个台地，可能也是我们要找的遗址。饭后去调查果然是一处商周时期的台形遗址，普查又多了一处新发现，可见普查的信息资源真是无处不在啊！

"三普"

——对基层文物部门全方位的锻炼

安徽省固镇县文物局　蔡文静

固镇县隶属于安徽省蚌埠市，位于安徽省东北部，淮河中游北岸，面积1371平方公里，辖11个乡镇，228个村（居）委会，人口59.8万。全县地势平坦，境内有澥河、浍河、沱河三条水系。

2007年4月国务院《关于开展第三次全国文物普查的通知》下发后，固镇县结合本地实际情况开展了一系列贯彻、落实、实施工作。截止到2009年7月31日，固镇县第三次全国文物普查实地调查阶段工作全面结束。全县共登记不可移动文物点388处，其中新发现文物点325处，复查文物点63处。圆满完成全县228个村、居委会实地调查工作，完成率为100%。2009年9月底，固镇县作为全省验收试点县之一顺利通过安徽省“三普”实地调查阶段验收。

全国第三次文物普查工作开展以后，做为基层文物部门一名负责人，我感觉“三普”不仅是一次国情的调查，还是一次文物工作人员素质的锻炼，也是对一个地方文物部门办事能力和每个文物工作者责任心的考验。所以，如何克服困难，扎实完成普查任务，其中的内涵非常丰富。固镇县“三普”实地调查阶段工作，通过精心准备，创新工作方法，开展实地调查，直到实地调查阶段工作圆满完成，我有以下几点体会：

一、坚持依靠党委政府，实干加巧干，争取多方支持

全国第三次文物普查，对基层文物部门的协调能力是一次锻炼。

2009年前，固镇县文物所实有人员2名，文物所为财政全额拨款事业单位，是一个人员少，经费紧张的弱势部门。2007年全国第三次文物普查启动后，文物所抓住机遇，乘势而上，没有停留在等、靠、要的被动工作局面上，而是主动宣传国务院“三普”《通知》精神，苦干加巧干。文物部门多次请分管县、乡领导和主管局领导到“三普”一线感受“三普”工作的艰辛，介绍文物普查科学严谨的操作规程，借此把“三普”工作逐步真正融入县、乡两级政府工作之中，让国务院《通知》精神切实得到落实和贯彻，从此，固镇县“三普”工作从机构、经费、到购买设备、部门协调等工作都顺理成章，有条不紊地开展起来了。

为加强对“三普”工作的领导，县里成立分管县长牵头的领导小组，出台一系列的政策和措施，各乡镇抽派分管领导带队的三名人员参加“三普”培训，以此配合固镇县“三普”工作。县财政局在经费十分紧张的情况下，挤出普查专项经费38万元，为普查工作做好了物资保证。

二、普查人员要具备责任心、事业心、敬畏心

全国第三次文物普查，对基层文物队伍整体素质和业务能力是一次大练兵，普查人员要具备“三心”：责任心、事业心、敬畏心。

普查队员对全国第三次文物普查这项工作的认识直接影响着普查的质量；普查队员自身的素质和业务能力也直接影响着普查的质量和水平。遗址时代划分、标本辨认能力、墓

葬的区分、仪器的操作和数据采集的准确性都要求普查人员业务过硬、责任心强。固镇县文物所，在全县开展文物普查的同时，不是仅仅抓普查速度和数量，而是借此机会加强文物工作人员业务和素质的提升，培养他们的责任心、事业心和对工作的敬畏心。

有高度的责任心，可以做到实地调查阶段调查的文物点不遗漏或少遗漏，数据采集不敷衍，保证普查数据准确、可靠。有强烈的事业心，可以发挥主观能动性，让“三普”成果成为地方文物部门标准档案，任何时候，任何人翻阅档案可以了解当地不可移动文物的大概情况，而不是只有当事人自己明白。这样才可以保证“三普”不流于形式，才能真正把文物的基础工作做的扎实可靠。保证“三普”的资料，不是一堆废纸。有对文物工作的敬畏心，可以保证普查人员实地踏查的决心和坚定心，不会蒙混过关。文物有其特性，这是每个文物工作者都了解的。“三普”的重要性和意义，要求普查人员一定要怀有一颗对文物事业的敬畏之心，任何一处文物点在我们手中登记后，就等于会得到适度保护；反之，如果遗漏了，文物资源就有被破坏的可能。强调普查人员的“三心”，无疑可以提高文物队伍的整体水平，保证普查的质量。

三、创新工作思路，坚持原则性和灵活性相结合的工作方法

全国第三次文物普查，对基层文物部门拓展工作思路是一次推动。

大规模的不可移动文物排查、摸底工作，工作量大、任务艰巨、技术含量要求高，工作仅靠文物部门的力量是很难完成的。但依靠地方党委政府支持，抽派的人员只能是协助调查，业务上进入角色却很慢，固镇县首批培训的四十多名地方普查队员，就很难独立完成普查任务。因为我县地下文物众多，他们很难把握遗址、墓葬的特点，即使找到，也没有经验判断时代、辨认标本。而如此专业的知识又不是短期可以培训完成的。

针对上述问题，固镇县文物所在困境中探求新的工作方法，创造性地开创了与高校联合普查的新思路。2009 年 5 月开始和安徽大学历史系考古专业合作，利用研究生、本科生实习和暑期社会实践活动之机，提供实习、实践活动平台和资金，聘请安大历史系研究生、本科生 9 人，参加固镇县“全国第三次文物普查”工作。由地方文物部门专业人员带队，高校学生参与组成的三个专业普查小分队，在固镇县开展了高质量、高效率的文物普查实地调查阶段工作。截止到 2009 年 7 月 31 日，固镇县第三次全国文物普查实地调查阶段工作全面完成，登记不可移动文物 388 处，其中新发现文物点 325 处，复查文物点 63 处，消失文物点 33 处。全面踏查 228 个行政村 859 个自然庄，召开座谈会 203 次，访谈干部群众 600 多人次。2009 年 8 月 6 日，县文物所向县“三普”领导小组和安徽大学历史系领导，全面汇报了我县“三普”实地调查阶段工作完成情况。“地方和高校合作普查的方式”在固镇县“三普”工作中发挥了很好的作用，受到了安徽省文化厅、文物局和省“三普办”的高度赞扬。2009 年 9 月 27 ~ 28 日，固镇县文物普查第二阶段的实地调查工作，顺利通过省“三普办”的验收。

因为高校的加入，固镇县文物普查数据录入工作也得到了质量保证，纸质文本档案和标本存放有序，查找方便；电子文本效验通过率100%。

四、加强了文物队伍的建设，促进个人能力、业务能力、办事能力的提高

全国第三次文物普查，带给基层文物部门的是一个全方位的发展契机。

抓住机遇，锻炼一支业务过硬、素质高、办事能力强的工作队伍，这是难逢的机会。我县文物部门编制 2 人，多年来没有进人，在职人员少、人员老化、工作开展难度大等问题。“三普”给了我们一个契机：依靠地方党委政府，创新工作方法，圆满完成普查工作任务；积极宣传文物保护工作的重要性，协助乡镇搞好文物资源保护利用工作；配合县委县政府中心工作，在配合中加强文物的保护，同时支持政府对文物资源的合理利用并做好服务工作；尽快把普查成果进行整合，为县委政府做决策时当好参谋。

固镇县文物所利用“三普”平台，加强和政府的交流，在交流中时刻注意加强自身素质、业务能力、办事能力的锻炼，同时也让政府了解到新时期加强文物机构和队伍建设的必要性。正是通过全国第三次文物普查，提升了文物部门的地位，引起了县委县政府的重视。2009 年县编委为固镇县文物所增加 2 人编制，并要求从大学专业生中招聘；2010 年文物所改名为文物局，固镇文物部门从队伍到机构的建设都得到了实质性的加强。

让阳光照亮这块墓碑

——国民党 138 师抗日阵亡烈士公墓调查手记

安徽省太湖县文物管理所　汪淑琳

偶得线索

2008 年 10 月初，我们在晋熙镇进行野外文物普查，在与村民交谈中得知，四面尖山坳中有一座国民党烈士公墓。四面尖山位于太湖县城西北，海拔 509 米，形方而锐，恰似一个棱锥，山势陡峭，山内沟壑纵横，荆棘丛生。

村民提供的这条线索让我内心一震。我县所保存的抗日战争遗迹中没有国民党抗日遗迹，如果能发现国民党抗日烈士公墓，将填补我县的文物考古工作的一项空白。当晚我便查阅了《太湖县志》（军事志），书中果然有一段关于国民党陆军138师抗战的记载：“民国二十七年六月二十八日（1938年7月25日），日军清水师团万余人，分三路进攻太湖。驻守在太湖的国民党陆军138师413团及川军杨森部队兵力共约2000余人，在县东山头堵击，双方鏖战多时，又遭敌机狂轰滥炸，因众寡悬殊，翌日，县城失守，国民党138师等部退守四面尖山一带阻击。日军继续猛攻，在四面山用飞机狂轰滥炸，138师部伤亡惨重，被迫撤离，退守山区。”我又查找了其他一些史料，都没有关于国民党抗日烈士公墓的记载。在“太湖县第三次文物普查不可移动文物摸底名录表”中，也没有相关记录。

考虑到历史上的某些政治因素以及记载遗漏等问题，我相信史料上未有记载并不能说明烈士公墓就不存在，让被埋藏的历史重见阳光正是我们文物保护工作者的使命所在。

夜访见证人

2008年10月21日上午，我带领几名普查队员到四面尖山下的几个村子进行走访，以求获得一些关于国民党抗日烈士墓的新线索。村里的多数村民都移民至畈区，仅剩的几户中也只有留守老人和儿童。而更遗憾的是，我们所访问的村民都没有听说过国民党烈士墓的故事。

莫非烈士墓真的不存在吗？

天色渐晚，我们一行人还是沿着四面尖山山脚，从一个村落走向另一个村落。

正当我们有点泄气之时，却在四面尖山西北部的一个村子里遇见了唯一一位亲历了史料记载的那场战斗的世纪老人——陈叔珍。92岁的老人虽然患有白内障，背已经弯成了90度，但身体还算硬朗。作为当年战斗中送饭送水的乡亲之一，他对于那场战斗的记忆仍十分清晰。昏黄的灯光下，老人用嘶哑而颤抖的声音向我们讲述着：那一年，李宗仁率领的138师坚守在四面尖山，日军对四面尖山进行猛烈进攻，飞机狂轰滥炸，送饭送水的乡亲一批又一批被炸死，坚守山上的近千名抗日将士全部牺牲。一个月后，日军败撤，山下村里六个不同姓氏的村民，进山将牺牲的抗日将士尸骨搜集到一起进行了掩埋，并立了一块墓碑。我们用摄像机拍摄下了老人的这段回忆。

看着老人脸上沟壑般的皱纹，眼角残留的晶莹泪光，我的心久久不能平静。离开陈叔珍老人家时，夜已深了。借着点点星光，我回望那座四面尖山，山势轮廓清晰可见，想起山中掩埋的烈士忠骨，我忽觉得这座山在黑暗中更加巍峨高大起来。

寻找墓地

第二天早上8点，我们一行4名普查队员携带工具，开始上山。尽管从陈叔珍老人的讲述中，我们能确定山中有烈士墓碑，但具体位置仍不知晓。山中树林茂密，遍地荆棘，漫山寻找谈何容易。虽然已过十月，天气却闷热异常，密林中潮湿难耐，我渐渐感觉体力不支，心里暗暗祈盼着心脏病不要发作。这时，其他队员也察觉到了我脸色异样，知道我身体不适，便提议要派人送我下山。而我知道，如果我下了山，队员的工作量无疑增加了一倍，找寻墓碑的难度也将更大了，何况我寻碑心切。于是我坚持不下山，休息片刻后继续寻找。

正午了，我们已翻找三条山坳，但一无所获，便找了一块阴凉之地，吃点食物。午间烈日当空，树荫下湿气蒸腾。环顾四周，风止树静，除了蝉声，偶尔听见几声鸟鸣。半小时后，我们又进入了第四个山坳，不觉间，天空乌云聚集，天色也暗淡下来。

14时许，我突然感到脚下踩踏一块硬石，便下意识的弯腰查看，脚下是一堆烂树叶，透过松软的树叶隐约感觉得到是一块石板。我轻轻拂开树叶，一块被泥土覆盖着的大方石赫然出现在我眼前，上面的字样被淤塞。而此时，豆大的雨点开始砸在我们身上。我欣喜地意识到，这块倒在我脚下的大方石就是我们一直寻找的对象——国民党138师抗日阵亡烈士墓碑。

我们四人一齐上阵，用砍刀和锯子清理杂木与荆棘，经过三个多小时的简单清理，烈士墓四周垒石与墓体呈现在我们眼前。尽管墓圹已被山洪冲塌，墓体轮廓依旧十分清晰。雷阵雨过后，我们扶起墓碑，轻轻擦去碑上积淀了半个多世纪的泥土。一道金色的阳光掠过云层，穿过繁密的枝叶，投射到这块墓碑上，墓碑被照亮了，“通山阵亡烈士各位之墓；民国二十七年七月吉日，六姓同立。”碑文依稀可见。

墓前之思

雨后斜阳，洒满墓地，哀悼之情油然而生，沧海桑田，多少故事被搁浅在心底，被岁月所遗忘。这块倒在烈士尸骨前的墓碑，半个多世纪以来，任风雨冲刷，任残叶覆盖，任淖泥沉积，得不到阳光的照耀和世人的瞻仰。硝烟散去，归于宁静，而那场战斗中的血雨腥风和烈士壮志却永不会被历史所忘记和抛弃。“国民党138师抗日阵亡烈士”，这是墓中烈士共同的名称，但在同样的抗日救国信仰面前，墓里的烈士没有党派之别，他们都是中国人！历史应该记住的是他们真正的名字和为国捐躯的誓死信念。

我又想起了陈叔珍老人那抹不干的泪痕，这泪痕幻化成历史的长河，河水东去，但曾经卷起的浪花却成为后人心中永远的回响。

浦溪河流域遗址调查札记

安徽省黄山区文物局 周 洋

一、序

三年磨一剑，黄山区第三次文物普查工作在2010年4月告一段落。三年时间，黄山区文物工作者翻越高山、徒涉湖水、穿越密林，追寻着历史的痕迹，探索着先人的脚印，揭开层层的迷雾，还原历史的本色。美丽的山水在我们的面前如云烟而过，历史的真知在我们的记忆里烙下深痕。

第三次文物普查野外调查工作阶段业已结束，普查工作中的辛酸与快乐历历在目：主管领导殷切希望的目光转化为在双肩沉甸甸的压力；在仙王山挣扎的攀爬；在碗口与五步龙的不期而遇；在太平湖边落水的窘迫；在梅花群山发现陶片标本却总也找不到地层的苦苦思索，和在那个下午发现文化堆积层的雀跃。

以下是文物普查后期在黄山区浦溪河流域进行地下文物重点调查时的一些文字，想从一个侧面反映考古队员野外调查时的工作生活和心理历程。谨以此短文纪念在这个一千多个日夜的普查生活。

二、准备会

近三年的地面文物（古建筑类）调查工作即将结束，地下文物的调查已经拿到桌面上来了。作为普查队队长，对地下文物的调查有一点头痛，我们区的普查队（共5个人）算上本人只有2人正儿八经地做过田野工作，2个人从来没做过，另外一个老同志只是接触过这项工作。

1月5日下午，我把普查队另外一个具有田野经验的同志孙亮（他也是普查队的副队长）叫进办公室，我们打开了本区唯一一张小比例（1:75000）地图，拿着三角板量了一量在浦溪河流域两岸的甘棠、耿城两镇畈田和周边低矮的丘陵区域，用计算器初步算了一下在地图上的面积，孙亮嘟噜了一声：110平方公里。我点着了一根烟，大脑飞快的计算，110除以2得55个工作日啊，加上周边连绵不绝的丘陵岗地，怎么得要两个半月啊，这还不是精细的区域调查。

孙亮离开了办公室，我独自一个人坐在地图前，看着眼前红色、绿色等各种颜色和线条组成的地图，河流、村庄、田畈和临河的岗地的等高线、面积。搜寻着一个个疑似地区，将它记录在笔记本上，存放在自己的脑海中。

1月7日早上7点半我早早的来到办公室，根据昨天的安排，今天是我们浦溪河流域区域调查工作开始的第一天，昨晚在家中辗转难眠，总觉得准备工作还少了点什么。思来想去，还是要在正式调查开一个队会，强调一下工作纪律和工作方法。

8点钟，最后一个队员跨进了办公室。“兄弟们，今天是我们地下文物调查工作的第一天，本来不想搞得这么严肃，思来想去，我觉得还是要把野外工作纪律与工作准则、要求再强调一遍：首先大家思想中要有保密这根弦，地下文物调查所有的信息大家一律不得外传。其次大家要有吃苦的准备，无论老少必须走完这110平方公里，必须绝对服从指挥，保证工作有序进行和以防不测，现在大家如想离开队伍可以马上离开，进入工作中一律不得以任何理由缺席。最后讲一下调查计划和分配各人工作，我们的计划是沿着浦溪河的两岸由南至北徒步调查，南从耿城查家开始，北至甘棠刘村结束，先踏勘东岸，后调查西岸。我负责填写普查登记表，孙亮负责总日记和数据采集，老黎负责开车和总后勤，小席负责绘图，老郑负责照相。”我说完了最后一句话，看着他们说着笑着走出了门，我知道，迎接我们的将是不断的发现、繁重的工作和痛并快乐着的一段生活。

三、田野

1月7日　查家遗址

皖南的山区秋冬季节雾气很大，浓的时候10米左右就见不到对面的人了，并且持续时间还长，有的时候到下午1点钟才完全散掉。这个季节，特别是上午做野外工作，对于普查队员来说可谓是苦不堪言，要与寒冷、露水、路障作斗争。

查家遗址是2007年普查开始时发现的一个商周遗址。位于耿城镇金桥村查家，浦溪河与浮丘河交汇处，河套地域山坡地上，海拔178米。面积约3万余平方米，文化层厚度达1～2米。遗址西北部边缘有一中心台地。出土文物有陶豆、石刀、砺石、石镞、纺轮、双系陶罐、盉、月牙形制陶工具等；陶片以灰陶、红陶为多，陶片文饰素面为多，伴以麻布纹、回纹、云雷纹、勾云雷纹、夔纹、臣字纹等；陶器含砂量较低，部分豆为原始瓷，并施有青釉。

选择查家遗址作为起点，是我本次区域调查能否取得开门红一个重要的举措。作为一个老点，其遗址的文化特征已基本清晰，让它作一个开端就是为了锻炼普查队伍中的新手，通过对这个遗址的学习，要使普查队员认识什么是遗址，通过什么方法识别遗址，掌握遗址普查工作的基本方法。

今天的雾气很大，到了地点后，根据事先安排，由孙亮带着3人对这个遗址作一次拉网式调查，我在集结地对这个地点进行文物普查数据登记工作。2 个小时后，队员们都回来了，带回来的是满身的露水、沾满泥泞的鞋袜裤脚和寥寥几片陶片。稍作休整，老郑和小席开始了查家遗址的 GPS 数据采集工作，这时雾渐渐有散的迹象了，我和孙亮、老黎对查家遗址对面的村落边山岗和 1 个圜丘进行踏踩，1 个小时过去了，带着失望我们回到集结地，等了约半个小时才见到疲劳不堪的老郑他俩。

1月19日　梅花群山遗址

该遗址位于耿城镇绕村梅花群山最东部的两个伸出的小型岗地上。面积近 3 万平方米，海拔 182 米，西北距董湾遗址约 1 公里，西距蒋家山遗址（蒋家山遗址北接浦溪河）约 1.5 公里。东边是一个山冲，冲里为水稻田（现开发为绕村农业示范基地），没有河。该遗址分布范围较小，文化层深度约 10 厘米至 40 厘米，大部分文化层基本上与耕土层相混淆。文化层包含物数量一般，但土色较纯净，基本为土黄色，与本地生土颜色接近。采集陶片等标本有夹砂红陶、夹砂灰陶、印纹硬陶等，纹饰有席纹、弦纹、云雷纹、方格纹、素面等，可辨器形有陶豆、盆底、罐口沿、鼎足、泥条，圆形石器等。

在梅花群山的那个下午，可能是我田野生涯中不能磨灭的记忆，那个下午让我们找到了山地（小型盆地）遗址的一把钥匙。

这还得从 19 日上午说起，之前的计划今天我们以董湾为基点，进行半径 1.5 公里的搜寻工作。董湾是 2008 年发现的一个商周遗址。当时我们拟订的计划是每发现一个文物点即以其为中心，进行半径 1～2 公里的踏勘。从地理条件上分析，董湾向北已是开阔的甘（棠）耿（城）盆地，其河谷地的海拔多为 165～170 米之间，较平坦；周边的丘陵、岗地多 175～185 米左右，是重点调查区域，后来最终的结果也是与我们当初分析的基本相同。中午会合的时候，孙亮一组说：在董湾的东南部 1 公里处发现了一片麻布纹陶，因未发现地层，标本未采集。这个信息在我脑海中一过，下午还是到现场看看吧，已近两天没有新发现了，如果能发现汉代的地点也是可以的啦。

午饭结束后，我们来到现场，发现地点的西边是梅花群山的短岗，（该山平面上为不规则梅花形，西部较高，东部有一个短小的山岗）东部 300 米又是一片绵延的丘陵，梅花群山与东部的丘陵间有一个狭小的山冲，山冲早已被开垦成水稻田，且没有河流（该地点西距浦溪河约 2 公里）。因该地点已是当地农户承包的山场，种植了大量的香樟苗木，普查队只是很简单的分组，并各自划了一块区域自行现场调查。我一个人来到该地点的东南角北侧一个因农业开发项目施工的便道上，当我脚上的鞋子在一堆烂泥中挣扎的时候，一片方格纹硬陶片出现在我身体的右侧，捡起来，用事先准备的方便袋装好，拔出在泥泞中的双脚，双眼直直的在这个区域的地面上搜寻。不多时，远处传来老郑呼唤我的声音，他发现了一个圆饼状，中间有圆孔，磨制精细，类似砣具的半片石器。这是什么？我都怀疑它是现代机械的产物。继续收索，搜索的重点已转换为找地层了，地层没找到，却在那片方格纹硬陶不远处又找到了一片席纹陶片。两个小时过去了，文化层就是像故意躲着我们似的，就是不出现。大家沮丧地坐在田埂上，一个年轻的队员发出了一声："这该死的梅花群山。"我苦笑着望着他那稚气的脸，摸了摸口袋，对着孙亮说："给我一根烟吧。"从不吸烟的我点着烟仰躺在冬季的田埂上，眼望这片冬季纯净的天空，大脑一片空白。这文化层到底在哪里呢？二片商周时期的陶片，加上一个标本，根据以往的经验，这基本上可以肯定是一个商周遗址，并且可能是周代的；这山区高植被覆盖地区文化层就这么难找吗？我立起身体，掏出手机，轻拨了朔知先生的电话号码，向他介绍了这个遗址地理、植被及发现情况。我曾有幸参加了安徽省第二届田野考古培训班，当时朔知先生就是这个班的老师，沉默片刻后耳边传来他说话特有的语气："你们有没有到这个岗地顶部的边缘，如果没有，建议你们去看看，另外，对这个岗子最好全方位踏踩。"

轻轻的一句话，如拨开云雾重见天日一样。我们带着柴刀，扛着洛阳铲，劈开一条道路，爬到岗顶，在岗顶的缓坡处的一个树坑中发现了文化层，这个文化层不是在商周遗址中常见黑色土色为主地层，而是与生土颜色基本相同的红色土质，如不是夹杂着较多的豆盘类标本和酥松的土质，还真有点难以判断呢。随后又在这个短岗的南部一处坍塌处发现了大量的泥条和豆的残片，泥条是夹砂的，豆有原始瓷的特征，有的还饰了青釉，这个与查家遗址豆的特征相符。

后期工作中发现，这个遗址的泥条数量居多，占整个采集标本的2/3，其次为豆类，占1/5。之后，我有着这些思考：这些泥条是做什么的？且如此多的数量是否预示着该遗址是有别于其他遗址的一种经济类型？且该遗址在古代环境上远离河道，有悖于其他遗址经济类型的生存环境，是否就是一个以制陶为主的陶器加工点？这些问题还是待以后做深入调查时再解答吧！

通过梅花群山，让我深深的意识到，遗址调查，经验不是绝对的，往往还有些经验之外的，如这个遗址远离河道，并深藏在群山（丘陵）中；但它也有着其他遗址的共性，如在岗顶边缘，岗子面积虽小，却较为平坦，东南部有一小块开阔地，关键的是其岗顶海拔与这个盆地中发现遗址海拔基本相同。我很庆幸如没制定以一个已发现遗址为圆心向外踏踩的调查方案，我们将肯定与这个地点擦肩而过了。这个以一个已发现遗址为圆心向外踏踩的调查方法就是我前文所述的打开山地遗址调查其中的一把钥匙。

1 月 20 日　团箩山遗址

团箩山商周遗址位于耿城镇饶村西部，面积 5 万余平方米，海拔 185 米，南距董湾遗址约 0.5 公里，西距浦溪河约 1.5 公里。该遗址平面呈不规则圆形，表面生长大量杂竹，草等植被，基本不见泥土面，南部山腰坟地处发现一斜坡堆积文化层，红褐色土壤，沙性，有一定黏度，包含物较少，仅见少量夹砂红陶片，灰陶，红烧土颗粒。遗址上采集标本不多，约 10 片左右，有小块夹砂陶，硬陶（席纹，方格纹），南部边缘有汉代痕迹，由此推算，该遗址为商周遗址，且有汉代堆积。

在叙述这个地点之前，让我们再“诅咒”一次冬季山区所特有的大雾吧！随着调查工作的深入，大雾的天气已经严重影响到普查队员身体和心理的健康，随着影响到调查的进度和质量。在寒冷冬季的上午，周边是浓浓的雾气和湿嗒嗒露水，人走在野外，穿过田野和山林，不出5分钟，全身就是一个落汤鸡，这种态势，野外踏查怎么开展，经过大家讨论分析和前一段野外工作的实践，我们找到了一种方法，最终解决了这个问题。我们把调查区域以地形条件分为两个部分：第一部分为畈田，在浦溪河的两岸，是较为平坦冲积盆地，分布着大量的水稻田和村庄（我们这个地方将这种地理特征俗名为畈里或大畈），我们用上午的时间在畈田中做“之”形的拉网式调查）我们5人为一组，中间为队长，两侧为组中业务较强者，将组中业务较弱者夹在中间，由队长控制方向、距离与速度。人与人间距50米，由南至北横向线性踩踏，以纵深1公里为一个区域单位往返踏踩。这个时候的浓雾和露水对队员的影响相对较小；下午的时候对畈田周边的丘陵、岗地作逐点调查。通过这样的办法，较为有效地解决了大雾天气对普查工作的影响。

那天下午，在高植被覆盖的团箩山，老郑带着老黎、小席分三条线路搜索过去，一小时后回到集结点，无任何发现。我看着疲劳的他们，说了一句：“再探。”这次我和孙亮都跟着去了，我一个人一组，走的是临河的岗地边缘路线，孙亮带着老黎走中轴线路，老郑带着小席走岗地与群山相连结合带的线路。这个岗地植被太茂密了，杂竹和茅草挡住了土壤露头，我绕过山脚，穿过植被，尽量将自己的线路保持在山腰处，来到这个地点西北部，发现这里有两垄当地农民已经废弃的耕地。谢天谢地，终于见到土了。来到了这一小块耕地中，植被太多，没有发现，一屁股坐在地上，目光所及之处，一片印纹陶静静地躺着那儿，捡起一看：哈哈，还是席纹的！拿起对讲机，将所有人召集到这里，但是，除了又发现一片方格纹的陶片外什么再也没发现。时间静悄悄的滑过，洛阳铲已留下多个无用的探洞，孙亮用手铲在一个长满杂草的崖壁使劲的刮着，突然他叫道：“周洋，快看，地层。”我走近一瞧，还真是红褐色土壤，夹杂着一些小的红烧土颗粒。我接过孙亮的手铲，顺着他刚才的新鲜面继续往下刮，一片刺眼的青花瓷片赫然夹在地层中。天色已近暗了下来，只有鸣金收兵，打道回府。

晚上躺在床上，我久久不能入睡，地图凸显位置、平缓的山岗以及低矮的植被，同海拔的高度，西边平整的畈田以及不远的浦溪河，还有那两片陶片。感觉这个地点还是有。第二天上午还是不死心，所有人只有一个任务：在遗址西部找新鲜面。果然，我们在岗顶的西南南部的一个新坟处，找到了一个40厘米厚的原生文化层，当时的兴奋，无法用文字描述。

这个遗址的最终能够发现，虽然经验占据了很大比例；但是与合理的工作方法是密不可分的。在高植被覆盖区，人已经难以行走，如果不是细致再细致、一遍又一遍搜寻，这些现象就会漏掉；如果不在用队列分组踏踩方法，在踏踩中不是将队伍中技术能力最高的放在临河的岗地边缘与中轴线上，也会将这些信息遗漏掉。

通过这个遗址的调查，我们分析认为对盆地区域边缘丘陵需要逐个调查，在踩踏过程中，要将技术最好的依次放在岗地临河（开阔地）区域，这样才能保证最大效率的数据采集，这与在平原地区做区域调查时将技术最好的放在中间有着很大的不同。之后，我将以上方法总结为：对每一个盆地边缘的丘陵岗地，普查队分为3组（条件好的可分多组），一组2人，由队长1人沿着临河的丘陵边缘线踏踩，由副队长带后勤员从山底—山岗—山底直线踏踩，由后勤员与队长保持联系，由业务较好者带测图员沿丘陵地背部（相对与临河）边缘线踏踩，由测图员与副队长保持联系。这个就是我前文所述的山地遗址调查中的另一把钥匙。

1月26日　黄荆村遗址

黄荆村新石器遗址位于甘棠镇十字畈村黄荆自然村，面积11万余平方米，海拔183米，遗址为3个自然山丘组成的一个自然台地，该台地高于周边田畈约12米，文化层从山顶向山脚延伸，西南、东部文化层分布较多且厚、平均。遗址主要在西南部，文化层厚度1~2米，土色呈褐色，含大量红烧土颗粒、陶片等包含物。主要器物由鼎足、砺石、网坠、罐口沿、鬲足等，陶质主要是夹砂红陶、灰陶，少见泥质陶。

这个遗址发现经历波澜不惊，当我们走过饶家塝的时候，北眺这个上面种满了茶叶和蔬菜的长岗子，我们几乎断定它就是下一个新发现。然而让我们吃惊或不解的是这个地点最终呈现了一个精彩的遗址给我们。

首先它的大面积，这点前面已有数据表示，这么大的面积在高海拔山区可谓是大了。其次这个遗址有着两种不同的堆积方式，当我们由东南向西北，从岗顶走向岗底的黄荆村这个平缓半圆形区域，在跨过大跃进时期的一条河渠时，发现了一个特殊的现象，在河渠塝上，耕土层80厘米之下，赫然出现了水平堆积的新石器时期文化堆积层，露头的地层厚度有1米深。这种堆积与岗顶上本地常见的斜坡堆积有着本质的区别，我们通过这条河渠向四周延伸，发现黄荆村这个自然小村落大部分座落在高出周边西、南、北畈田3米的台地上，这个台地较平整，东靠山岗。于是问题出来了：这两个地层是属于新石器晚期的不同时期，或着是不同族群在不同时间堆积形成的？再者这个遗址西部岗地顶端发现了一个约10余平方米遗迹（建筑地层），表面为杂草，耕土底下为30~40厘米纯净黄色土层，基本水平分布，似有踩踏痕迹，该土层极少见包含物。土层下为1米左右的新石器时代文化层。从现有的剖面观察，无火烧迹象，无地面、墙体等遗迹。这是墓葬还是祭祀地点？这些只有日后来论证了。

连续发现之后，因天气、普查工作的细节等原因，让我们的进度落后了，在黄荆村边的小河旁，我打一个电话给省普查办主任宫希成先生，我向他汇报了现阶段的普查成果与工作状态，宫老师听到我们目前的发现很高兴，说："太好了，太好了。"两句"太好了"是对我们前段工作的肯定和表扬，说实话，当时我挺激动的，手都有一点颤抖。电话中我向他提出：时间不够。对于我的要求他沉吟了一下说："我给你时间，把你们验收的时间延后，关键你得把这项工作做好。"宫老师最后的一句话，顿时让我的肩上沉甸甸起来。带着领导的嘱托，我们又迈向下一个地点。

3月17日　官山（白屋）遗址

官山新石器遗址位于甘棠镇张家埂村南白屋自然村的山岗地。面积10万平方米，海拔183米，官山由西向东，由高至低向浦溪河延伸，东距浦溪河约1公里。该遗址文化层分布较稀，主要分布在遗址南部、中部。还有西部圆形自然土丘上（估计是当时的墓葬）。文化层较薄。从遗址中部当地农民挖出的沟渠来观察，地层厚约50~60厘米，土色接近生土色，为褐黄色。夹有一定量的包含物。采集文物有鼎足、夹砂红陶、杵石、石箭镞等。

为什么将这个地点拿出来叙述，因为这个地点的发现之偶然，是这次调查工作中从未遇到的。

在官山，我和孙亮各带一组分南北由东向西踏踩过去了，中间一组远远落在后面，他们组中的一个老同志——老郑，走过去又回头，估计是想带走民宅旁的那块黄蜡石，可是这个老先生他不知为什么找黄蜡石却用他的工兵铲去翻动了民宅边的那个草木灰堆，不翻还好，翻了就是一个重大发现，一个鸭嘴形鼎足，呵呵，好家伙，新石器时代的。老郑大声呼喊孙亮和我的名字，于是所有人都回头，重新搜寻，在那家民宅后的一个排水沟中，50厘米的耕土层下发现了一个60厘米厚度的新石器时代地层，后来在这个遗址上还发现了墓葬区。这个地点的发现有偶然也有必然，如不是老郑执著地的走回头路，就不会有偶然所得；但是如果老郑不回头，在南部路线上也会发现蛛丝马迹（南部西边有两户人家建房时曾经挖出过箭镞，这些通过询问是可以得到信息的）。当然，老郑的"回头路"让我们少走了很多弯路。

四、结束

本次浦溪河流域地下文物调查时间从2010年1月5日起，至2010年3月20日结束，合计66个工作日。共发现13处地下文物，4个新石器时代遗址，9个商周遗址（其中狮形山遗址具有新石器、商周两个时期的文化），1个墓葬群；浦溪河东侧共发现地点9个，浦溪河西侧发现地点4个；新发现方面有11个新发现，2个复查，复查中的赵庄汉墓群重新确定了范围和历史延续，即赵庄汉墓群从春秋时期延续至六朝时期。

这些数据并不能说明本地是一个遗址密集区，但作为一个狭小的山区盆地，有这样数值已能说明一定问题。值得一提的是，我们在山区盆地河流地区做了一次尝试，将平原地区的拉网式区域调查方法用于地理条件复杂的山区，通过不断总结和改良，找到了一些符合山区遗址的调查方法和经验。这些尝试等待着今后工作中继续实践和印证。

另外，通过这些细致的调查方法，我们总结出山区盆地遗址存在的常态环境，即“半山（岗）半畈”，遗址多分布于盆地边缘的一头伸向畈田的岗地，且遗址核心区紧靠临河位置或毗邻开阔地的位置。

五、后记

第三次文物普查野外调查工作结束已有 4 个月了，回忆这三年的点点滴滴，心头有一种冲动，久久不能平息。提起笔，却难以将胸中的涌流跃然于纸上，就拣浦溪河流域（甘耿盆地）遗址调查工作的二三事用以纪念吧！

由于笔者专业技术能力，文字水平较低，文章生涩难懂。不妥之处，请批评指正。

参加黄山区第三次文物普查工作的同志有：焦健、周洋、孙亮、崔珺、郑国和、黎为贵、席冀文等诸位同志。

让梦想飞得更高远

——第三次全国文物普查田野调查侧记

安徽省黄山市歙县文物局　潘秀萍

每个人心中都会有一个梦想。

作为一名普通的文物工作者，我也有我的梦想！

生在“无梦到徽州”的歙县，听多了“无徽不成镇”的往事，打小就接受“文化之邦”洗礼，在文物之海里畅游的我无可救药地喜欢上了这片热土，并由此产生了一个挥之不去的梦想——摸清全县文物家底，为政府文物保护决策提供依据！

我热爱的歙县，地处“世界文化和自然双遗产”的黄山脚下，是国家级历史文化名城。自隋末以后的1300多年间一直是郡、州、府治所在地，素有“东南邹鲁”、“文化之邦”之美誉，是古徽州的政治、经济、文化中心，是徽文化的重要发祥地和徽商的起源之处。新安画派独树一帜，新安医学拔萃医林，徽派艺术技艺精湛，徽派建筑纳徽四雕于一体，在古建艺苑中占重要一席。文房四宝中有“两宝”：徽墨和歙砚出自歙县，还有徽菜、徽剧、徽派版画、徽派篆刻、徽派盆景……都成为国内外学者研究的徽州文化的古老而又鲜活的课题，“徽州学”已成为与“敦煌学”、“藏学”比肩并立的三大地方学之一。走入歙县，谯楼、古街、古巷、古井、古石坊比比皆是，桂花厅、桃花坝风韵犹存的雄村，七座牌坊逶迤成群的棠樾，五马坊、大邦伯屹然耸立的许村，处处充斥着古朴的神韵、旖旎的风光，令人情趣横生。全县现有各级文物单位223处，其中国家级文物保护单位6处、省级文物保护单位26处、市县级文物保护单位191处。但随着历史前进的脚步，许多文化碎片，剥落遗失在时间的旅途，古歙大地难以统计的文化瑰宝正在令人痛心的消失。

2007年12月21日，一个激动人心的日子，我作为一名文物工作者有幸参加了歙县第三次全国文物普查这一光荣而又神圣的活动，同时，受局领导的重托，出任县文物普查队的副队长，具体负责文物普查实地调查阶段的外业工作。那时的我，对普查的业务工作可以说是两眼一抹黑。为了迅速转变角色，尽快掌握普查工作的业务知识，我曾先后多次赴省市参加培训，向有经验的老同志请教，向精通业务技巧的工作人员学习，让自己不断的进步，如今的我，不仅能熟练操作电脑、摄像机、GPS定位仪的高端设备，还多次创新普查工作方法，顺利实现了从“门外汉”到“专家”角色的转变。

歙县不可移动文物点多面广分布较散，有的古民居无人居住难以进入测量，有的古民居规模大，测量绘图难度较大，给文物普查工作带来了很多阻力。我主动与当地村干部沟通协调，积极寻求当地农民群众的支持，在全体普查队员的努力下，一个个难题迎刃而解。为抢抓普查工作进度，普查队员们经常是每天早上五六点就出发，到晚上六七点才回来，期间渴了就向村民讨口水喝，饿了就吃自带的干粮，绝不叨扰群众。有时候在一些特别偏远乡镇村普查时，往返县城特别不方便，年轻的普查队员不习惯，于是我就主动带头，借宿在当地村民家中，有效带动了全体普查队员的积极性，受到了广大群众的交口赞誉。

为了防止普查队员出现意外和解决他们无法照顾家庭的后顾之忧，我主动担负起照顾他们的职责，为他们配备遮阳帽、墨镜、服装、雨伞、鞋、水壶、工作包等必要设备用品，以及野外应急用的外伤药、常用药等。同时，为每位普查人员买了一份意外伤害保险。遇上谁家有急事，大家一起帮忙，谁家有困难，大伙一块扶助，全体普查队员就像一个大家庭。在这以后的700多个日日夜夜，我和其他普查队员一起，白天跋山涉水，进村入户，走访群众，测量数据，汇集信息。晚上，则加班加点，按照文字、绘图、照片、电子文本等流程明确分工，坚持一流的标准，不敷衍，不凑合。比如文字资料，一字一句反复推敲，反复斟酌，不辞劳苦，不怕麻烦，三番五次修改，力求做到普查的文档资料科学翔实，准确无误，不出差错，不留遗憾。

为确保文物普查质量，我还经常通过恳谈会、研究会、纠错会等形式，让普查队员参与决策，通过大家集思广益，为普查工作少走弯路、不走错路打下了坚定的基础。通过进一步的论证，我们最终确定了“以“三普”办技术骨干为核心，以各乡镇、村普查人员为有力支持”的普查模式，通过制订“三普”流程图，高质量、严要求地组织实施野外调查。同时，还针对不同乡镇实际制定不同调查方法。采取先复查、后普查，先重点、后一般的方法。在时间安排上，冬、春两季加大田野工作力度，夏、秋两季多做室内资料整理工作。对重点古村落采取重点排查，力争不遗漏每一点每一户。在这样的努力下，截止2009年12月底，全县共计普查了28个乡镇、288个行政村和17个居委会，共登记不可移动文物3795处，其中新发现3443处，复查352处，位居全省前列；调查登记消失文物29处。实地文物调查行政村（社区）、自然村覆盖率为100%，较第二次全国文物普查时有了质和量的双突破。比如在桂林镇桂林村发现了一栋保存基本完整的明代古民居，三层楼，二进三开间，进深15.4米，面阔11米，木构件雕刻精美，是目前我市范围内明代古民居中之精品；在桂林镇新管村绩黄高速公路道口与芜黄公路联接便道上发现了唐宋时期的古陶瓷堆积，厚度0.2～1米不等，面积有近千平方米，对唐宋时期皖南地区陶瓷业发展有一定的研究价值；隋末开凿，历经唐、宋、元、明，在清朝顺治年设关扼守的箬岭千年古道，山上完好的保存了青石板古驿道，漫步其间，仿佛时光倒转，不知今夕何年。箬岭古道又称徽（州）安（庆）古道，由青石板铺就，自许村直达黄山脚下的谭家桥、绵延10多公里的古官道，始建于隋朝，是当地郡守征调民众开辟的通往沿江、中原的战略要道。是目前歙县境内保存最完整的青石板古道。还有那座座位于海拔超千米的狮石吊脚楼，由于位居深山，通往该乡狮石的公路被称作皖南天路，现存土木构造的吊脚楼百余处，极具地方特色……不需要一一举例，数字也许就可以说明一切。每当谈论起这些，我和队员们都按捺不住激动的心情，那一幕幕调查的情景，那一幅幅感人的场面，不断在脑海萦绕。

近三年来，我带领文普队的精兵强将们，坚持“科学普查、客观统计、实事求是”的方针，本着认真负责、一丝不苟的态度，不畏山高路远，攀崖过涧、钻林趟棘；不畏严寒酷暑，顶烈日、冒严寒，克服重重困难，不计个人得失，踏遍了全县2200多平方公里的山山水水。哪里需要到哪里，先后培训了普查工作人员近200人，为全县的文物普查工作了提供了人才保证。同时，也多次带队深入各乡镇对文物普查工作进行指导、督促和检查，并及时帮助协调解决在工作中遇到的疑点难点问题，为我县第三次文物普查工作圆满完成做出了积极的努力，获得专家组的一致好评。“中央主要新闻单位第三次全国文物普查采访团”、《安徽日报》还专门进行了采访报道，县文物普查队还荣获安徽省第三次全国文物普查实地文物调查阶段突出贡献集体奖。

曾有人问我，你一个弱女子跟一个大男人一样到处奔波，担负着这样艰巨的任务图的是什么？我想不图名、不图利，只希望通过自己的努力可以让一些文物能更好地受到保护，永续长存，世世代代传下去！这许是所有文物工作者共同的梦想吧！

“三普”中体验“拼搏”精神

安徽省滁州市文物管理所 朱振文

“拼搏”是当今社会上上下下，各行各业在现代化建设中提倡的一种精神，在这次第三次全国文物普查工作中，给了我一次“拼搏”的机遇，体验了一次“拼搏”的精神实质。

我是一个已年满花甲，在文博战线上工作已近40周年的老兵了，20世纪80年代我参加了全国“二普”工作，这次又有幸赶上了第三次全国文物普查工作。

我身为安徽省滁州市第三次全国文物普查办的副主任和普查队长，深感责任重大，任务艰巨，在第二阶段实地调查工作中，60多岁人了，我总是身先士卒，一年300天和年轻队员一起跋山涉水，走村串乡，穿树林，钻草丛，冬天寒风刺骨，热天大汗淋漓，为了提高普查效率，中午查到什么地方，总是自备一碗方便面充饥，这不是一顿二顿，数月连续吃，最后实在是乏味了。2009年10月30日滁州市宣布实地调查工作结束。经省普查办实地验收，顺利通过，这是一个多么令人欣喜和振奋的结果啊！我们的辛苦没有白费，我们的汗水没有白流，我们为国家文博事业的发展，作出了自己的贡献，这靠的是一种“拼搏”精神。

实地调查战役刚刚结束，我尚未来得及喘息，不幸的事情降临到我身上，2010年2月，我60多岁老伴不幸身患脑梗塞住院治疗，我是白天黑夜守护。在北京治疗期间，2010年5月10日，突然接到省文物普查办电话，要求我必须在2010年7月底前完成滁州市“三普”实地调查文物点的纸质文档和电子文档建档工作，仅剩下一个半月时间，2010年5月13日，离京赶回滁州，到家后一边投入到建档工作中，一边仍要照顾病中的老伴。早晨四点钟起床，为老伴准备好一天的饭菜，6点半钟赶到办公室制作文档，中午吃顿饭继续干，一直干到晚上10点钟，才拖着疲惫的身子回家吃晚饭。我不仅年过花甲，而且又患有高血压病，从早到晚连续工作15个小时，这时的我，头脑发飘，双腿沉重，硬是咬紧牙关，奋力拼搏，7月25日，滁州市300多处文物点纸质文档和电子文档按期完成，这时的我，深深体会到完成任务的快感。

鉴于我在全国第三次文物普查工作中的工作表现，国务院第三次全国文物普查领导小组办公室授予我“第三次全国文物普查实地调查阶段突出贡献个人奖”，这真是“老骥伏枥，贵在拼搏”。

敬业“三普”　拯救遗产

安徽省亳州市文物管理处　侯　永

第三次全国文物普查，是我国国情国力调查的重要组成部分，是确保国家历史文化遗产安全的重要举措，也是我国对文化遗产保护的重要基础工作。搞好“三普”工作，更是我们“文博”人义不容辞的职责。

亳州是中华古老文化的发祥地之一，早在5000多年前便有原始人类在此活动，3700年前，商汤在亳建都以来，曾三次成为古代都城，历史悠久，遗存丰富，文化厚重。1986年12月亳州被国务院批准为国家级历史文化名城。

2007年，第三次全国文物普查开展以来，市委市政府十分重视，第一时间成立了亳州市文物普查领导小组，利用报纸、广播、电视等媒体及时开展宣传活动，普查工作很快转入实地调查阶段。亳州属皖北平原地带，地理环境及文物分布特点比较突出，我们根据这一特点，首先编制了一套科学、详实的实地调查阶段的普查方案，避免了工作中的盲目性。普查期间，除领导坐阵指挥、其他同志做后勤保障外，主要实地调查工作由老王、老吴和我负责。我们三人中，其中两人参加过“二普”工作，具有一定的工作经验。工作中队员们个个积极主动，认真负责，不畏酷暑寒冬，涉足野外，风餐露宿，不辞劳苦，任劳任怨，凭借一腔热血和“文博”人的责任，踏遍辖区的每一寸土地，普查登记不可移动文物400余处，取得了丰硕成果。由于我们三人业务娴熟，分工明确，配合默契，数据采集规范，被同事誉为文物普查“三剑客”。

通过此次“三普”工作，本人有一些感想和手记写出来同大家一起探讨、分享。

一、通过此次文物普查，发现分布在野外的古墓葬、古遗址等不可移动文物的非法盗掘现象十分严重，安全保护不容乐观。

亳州属平原地带，分布在野外的古墓葬、古遗址很容易被确认，凡是高出地面的土丘一般来讲都是古墓葬或古遗址，由于历史原因，本地区古墓葬以汉代墓葬居多，古遗址以聚落址和建筑遗址为主。在建筑址中又主要都是一些寺庙遗址，早期寺庙一般都选在地势相对较高的地方。平原地带，地势平坦，因此当时寺庙大都建在古墓葬或古遗址之上。由于这些因素的存在，所以给一些盗掘文物的不法分子提供了条件。通过第三次文物普查，在辖区内共普查各类古遗址、古墓葬200余处，经调查其中95%曾被盗掘过，而且大部分都发生在2000年以后。根据我们调查走访当地群众，这些盗墓分子，都是驾车流窜作案，大都来自临近的河南省，他们利用先进的探针、探铲等工具进行先期踩点、勘探，而后盗掘，分工明确，作案迅速。作案时间都选在夜深人静的时段，选好点后，先用炸药爆破，然后人工快速挖掘。一旦被人发现迅速驾车逃离，然后伺机再盗。总之猖狂至极，不达目的，誓不罢休。

二、文物普查是集知识、体力、耐力相融合的工作，作为一线普查队员，其中的酸辣苦甜难以言表，所以对亲身经历的每一件事情都记忆犹新。

2009年8月17日　晴

天刚亮，我和老王、老吴三人按照昨天约定的时间，来到单位集合，准备到城父镇去普查。我们检查好所带的相机、测距仪、GPS等设备，又对方便面、纯净水等食品进行了补充。一切准备就绪，驱车前行。早上6点多钟，太阳还没有出来，空气中散发出一丝丝清凉，大家打开车窗，清风洗面，一路兴高采烈的向目的地驶去。

城父镇位于亳州东南边陲，距城区约33公里，南依漳河，北偎涡水，紧靠大京九铁路线，水陆交通极为便利。城父古称夷，春秋为陈国夷邑，楚灭陈后，夷沦为楚地，成为楚国的“陪都”。千年古镇孕育了厚重的文化底蕴，全镇有省、市级重点文物保护单位十余处。2006年9月被安徽省人民政府批为安徽省历史文化名镇。

今日前往城父，主要是利用新购置的先进设备，对城父的古城址进行实地测量，以前都是靠目测，城址跨度大，中间障碍多，测出结果与实际差距较大。利用“三普”这次机会，进行一次科学的测绘。考虑到我们对当地地形不熟，需要一名比较熟悉情况的当地同志做向导，就首先来到位于集镇上的镇政府，进入政府院内，正巧碰上一名分管计划生育的副镇长昨天夜里值班，我们说明来意后，他脸都没顾上洗就接待了我们，并给我们安排一名比较知情的当地群众做向导。

现在的城父集，位于城父古城的旧址上，大部分都是原住民，只是相对人口较少，分布比较集中，只占据古城址的一部分。我们就从城址的西南角开始测量。这时太阳早已升起，空气中唯有的一丝凉意也没有了踪迹，随之而来的是闷热的空气。大家一边走，一边甩掉脸上的汗水，带着设备、干粮，迎着骄阳急促的行走在乡间的小路上。离别小道步入田间，向导给我们指点了城墙旧址的位置，田野里种的是齐腰深的黄豆，一望无际。那尖尖的豆角，个个张牙舞爪，稍不注意就会被划伤。同事们还是迎着热浪坚定地向田野里走去。经过一段蹒跚的行走，终于到达了城墙旧址的最高处，同事们激动不已，高呼：我们胜利了!，这时在大家对视的霎那间，都止不住的仰天大笑起来，原来满脸的灰尘加上汗水的调和，个个像反恐精英似的一脸灰痕，狼狈不堪。

我们三人按照分工，各司其职，熟练的行动起来，老王测量，老吴拍摄，我负责填表登记，很快城墙的厚度、高度、走向、方位、照片、摄像、GPS等一系列基础数据全部搞定。时间已经到了中午12点5分，我们决定，沿着南城墙向东南角测量，但其间无路可走，要穿过田野、沟河、公路、杂树林等。我们延着断断续续的城址，边走边测，途中荆棘丛生，步履艰难，满身的汗水顺流而下，直接流入鞋内并和泥土一起形成泥浆，走起路来脚底打滑，重心不稳，几个人的脚都磨出了血泡。炙热的骄阳似火球般射向大地，好像在故意考验我们，再看我们个个双目血红，脸颊、胳膊伤痕累累，浑身的衣服全湿透了，在太阳的暴晒下，就像刚出笼的包子满身蒸汽里外热。由于排汗过多，身体虚脱，口渴难耐，浑身无力。为预防中暑，我们必须抓紧时间尽快完成测绘，同事们拖着僵直的双腿，一步步艰难地向着目标方向移去。到了，到了，快到了，这时才真正领悟到“望梅止渴”的意境所在。经过千辛万苦，终于到达了南城墙的尽头。走出庄稼地来到地头的小树荫下，同事们不顾被太阳蒸得滚烫的大地，个个仰面朝天的躺了下去，真舒服啊……我们吃点方便面，喝点纯净水，稍作休息后又肩背行囊，一瘸一拐地向着城址的东北角继续前行……

直到下午6点多钟，天将黑时才把整个城址测绘完毕。大家拖着疲惫的身躯，坐上车，车子载着一路酣睡的我们朝着城区的方向驶去。

石台榉根关古徽道普查手记

安徽省石台县文物管理所　李秀云

我有幸对古徽道进行了为期一个月的普查，依据“史料记载的”、“专家学者座谈所记的”、“周边市县提供的”，“县、乡、村、组热心人员介绍的”和“自己走访的”、“野外采集的”的大量信息资料，使我感受到古徽道的真正内涵。它是中国南方商旅往来，文武张弛的咽喉要地，其历史、科学、艺术、商贸、军事、生态价值十分突出。

榉根关古徽道坐落在皖南石台、祁门、东至三县交界处的石台县仙寓山上，全长7.5公里。始建于唐代，全部用青石板铺设，共1.8万步，现仍保存完好。古徽道是连接徽州与安庆、池州方向的通衢，既是徽商经商，宾客旅行之路和官府的驿道，又是唐代以来兵家争夺的战略要地。

榉根关古徽道沿途保留有大量明清时期的古建筑和史迹，如古亭、石碑、石刻、寺院、关隘、古战场等，这些凸现出当年古道的繁盛景象和重要地位。

榉根关古徽道具有高超的技术内涵，建筑形态展现了一种山川灵气的古朴美感，蕴含了大量的历史文化信息，它见证、记录了徽商的发展历史和唐以来的重要战事，体现了徽文化的丰富内涵。

榉根关古徽道又是自然景观与人文景观天人合一的载体，可观性和可游性强。加强古徽道的保护与合理利用，对弘扬中华优秀传统文化，发展观光旅游，促进当地的经济、社会发展有着重要的意义。

我们普查组 3 人和住在古徽道上的村民郑吉明以及镇干部，为了弄清古徽道的庐山真面目，大家齐心协力，不畏艰辛，不怕疲劳。记得在鸡头岭古徽道调查时，我们步行 40 多公里山路，查看、测量，有的山路崎岖狭窄，半边悬崖半边峭壁，行走艰难，但队员们无怨无悔，一丝不苟地工作。我们每个普查队员都有感人难忘的故事。

对古徽道的普查，真使我按捺不住激动的心情，那一幕幕调查的情景，一幅幅感人的场面，一张张精美的图片，一套套标准的文稿，一份份电子档案，在我眼前展开。啊！古徽道是一条见证历史沧桑之道。下面，我概述一下几个悠久的文化遗址，足以证明古徽道文化的深厚底蕴。

榉根关关隘

榉根关关隘坐落于海拔高度 710 米的榉根岭，此关隘高 3.5 米，关隘中间设有大门，门高 2 米，门宽 1.5 米。石墙厚为 5 米。关隘两边是 14 公里的石长城。此石长城、关隘建于太平天国时期。据《江南通志》、《池州府志》记载：“咸丰间，曾文公（即曾国藩）相度形势，建置石堑于此，以御粤匪。所谓一夫当关，万夫莫开也。”

清咸丰十年，两江总督曾国藩率领湘兵，设营于祁门，扼守距兵营十里外的榉根关，清兵和太平军在榉根关血战三天三夜，太平军随时都可能破关而入。这天夜里，曾国藩见榉根关烽火连天，心想此番必死无疑。他先给皇上写了一封奏折，后事逐一作了安排，又给儿子曾纪泽、曾纪鸿寄了一封家书，叮嘱儿子长大后，一不涉兵事，二不做官，唯专心读书。又重申了“八本三改致”的家教。并在家书中自述：“无日不在惊涛骇浪之中，无日不战，无路不梗。”榉根关之战，曾国藩刻骨铭心，终生不忘。家书中也多次写到榉根关之战。

仙寓庙

仙寓庙坐落在古徽道所在的仙寓山上，占地面积约 2 亩，建筑面积达 800 平方米。据当地人说，曾经有 106 个和尚居住于此。后因战争，佛事活动逐渐淡出。抗战期间，原徽州工委机关、秋浦县委机关、贵、至、东中心县委机关旧址均在仙寓山。《中共黄山市委地方史》介绍，1931 年 11 月，中共徽州工作委员会在秋浦县雁落坡建立。机关驻仙寓山庙内，直属工委领导的有贵池、秋浦、祁门、歙县、休宁、太平、旌德等 7 个县委、黟县区委、东（流）、石（埭）特支，绩溪支部（其范围是现在的池州、黄山两个市的行政区）。

古 亭

古道沿线每隔 2 公里左右建有石亭，供路人小憩。如启源亭、玉泉亭、古稀亭、继保亭等古建筑，全都是先民们集资修建的，每组石亭都有一段感人的故事。如古稀亭碑文曰："盖闻建桥修路，皆为善徵，人有是念，天报必殷。今有永庆七十老人齐眉夫妇，满膝儿孙，素性好善，因造是亭，予见其美，羡慕频频，爰笔以增古稀名云。采石氏题，宣统二年拾月□日，石司怀邑王雅文。"意思是说，永庆七十老人夫妇体健恩爱，子孙满堂，幸福美满，为报天恩，故建其亭。

输山碑

我们在古道旁发现一块高 110 厘米、宽 58 厘米的石碑。碑上有"输山碑"三个大字。碑文曰："募修岭路挨路上下之山，必先禁止开种庶，免沙土泻流壅塞，斯为尽善乐助有功慈幸。众山主矢恶好善，自岭头到岭脚，凡崎岖之处，不论公私，永远抛荒，平坦处，挨路上输三丈，下输二丈，永禁开挖，爰勒芳名永垂不朽云。源头李佳公植下，李招祥公植下，李琇公植下，李戊公植下。道光八年秋七月　吉旦，李桂礼、欧阳旦立。"碑文大意是：护林护路，禁止乱伐，严防水土流失，保护生态环境。这说明我们的先民们自古就十分注意环境保护。

墓 碑

古徽道上墓碑很多，其中有这样一块墓碑，文字很少，碑文曰："普祭孤魂之墓……"。这块墓碑，主要是为了悼念战争年代死去的亡灵，也普祭行走在古徽道上因灾害而死的孤魂野鬼。这充分反映了当地村民心地善良、仁慈宽厚、天人合一的心境。

广袤山川追溯远古遗迹 荒僻乡野寻觅历史瑰宝

——第三次全国文物普查田野调查手记

安徽省旌德县文物管理所　邢春晓

2007 年 12 月 30 日，规模浩大的文物普查活动在我县拉开帷幕。这是上级安排的统一行动，我们根据要求组织了一个信念执著、业务精通的文普小组，穿行于田间地头，游走于乡村巷陌，踏遍了全县 10 个乡镇的山山水水。本着负责任、重质量的态度，以“科学普查、客观统计、实事求是”的工作方针，不惧严寒酷暑，不畏山高路远，利用两年多的时间，在这个 900 多平方公里，15 万人口的县内，寻觅调查文物点 324 处，并高质量地通过省级专家组验收。

身为这支普查队伍的负责人，我深知文物普查是一次丰富经验、磨炼意志的机会，更知道文物普查是为保护文化遗产，传承文明的责任，前应对得起古人，后要无愧于子孙！为此，我不顾身体羸弱多病、不计女同志在野外调查中身体和生理上的诸多不便，全身心扑在田野调查的第一线。在数百个风雨寒暑中，与大家一道，不畏苦、不怕累、一丝不苟。同事们的敬业精神激励着我，乡亲们的热情支持感动着我，使我在“三普”野外调查中一次次克服身体、生理上各种困难，也磨炼了我的毅力和意志。其中，那次攀登旌歙古道上的天星洞，将成为我终生不能忘怀的一幕。

旌歙古道是过去旌德通往歙县的交通主道。歙县历史悠久，是古徽州府所在地，有水陆码头，交通便利，经济文化发达。旌歙古道也就成为旌德与徽州进行经济文化交流的重要干道。建国后因修建了公路，交通便利了，自然没有人再跋山涉水、肩挑背负行走这条路，这条道路渐渐地被人们遗忘了，成为历史上的古道了。

旌歙古道源为旌德县白地镇高甲村至歙县许村，全程约 30 多公里。其中旌德县地界内约占 13 公里。天星洞就是位于旌歙交界大山顶端的一个分界路亭。该亭为栱形石砌，中间是穿行路道，可供行人休息。亭不大、狭而高长，成圆顶“介”字形状。不管从哪边远眺，亭中间都有一个亮点，好似缀在天上的一颗小星星，天星洞缘此得名。

2010 年 3 月 19 日，我们普查组一行 5 人，经过精心准备，早早乘车来到旌歙古道山脚下，经过短暂的访问了解后，开始登山。

一条羊肠小道开始沿着山涧中的小溪蜿蜒而上，小溪中的潺潺流水清澈透底。时节虽说还未到阳春三月，但山上依稀可见樱桃花、野杏花在争相绽放。随着春风幽荡，山间不时传来阵阵兰花的暗香。小溪中的汩汩流水声伴随着山林中小鸟的阵阵啁啾，群山显得更幽静，我真正体会到诗画中鸟语花香的境界了。

我们行走约一里路，就开始步入一片毛竹林中，沿着石砌的台阶曲折向上攀登。成片茂密的竹林似一片竹海，遮天蔽日，春风吹得绿意葱茏的竹叶沙沙作响，正好掩饰着我急促的喘息声。台阶式的山路越来越陡，我的两腿也渐渐不听使唤，我没顾及行走了多少时间，看到园林路中一座石亭，就迫不急待地招呼大伙休息一下，喝口水，随即对该处石亭进行勘测登记，亭上的碑刻“五里亭”格外显目，凭我感觉怎么也不止走了五里路。这时正好来了一位在山上砍竹子的农民，我们邀请他在亭中休息并和他攀谈起来，进一步了解到这条路的情况，同时得知到山顶“天星洞”还有十多里的路程，而且越往上路越不好走，有些地方几乎没有路了。听了他的介绍，我心中暗自嘀咕，我今天能爬得上去吗？同伴似乎看出我的心思，他们开玩笑对我说：“别怕，爬不动时我们结队一个在前拉，一个在后推，万一滚倒地下我们多一个人就多一安全支撑点。你总不会像头母牛那么重吧？哈哈……”同事们的玩笑是对我精神上的鼓励和鞭策，我毫不犹豫地随大家继续向前攀登。

山路越来越难走，许多地段原先铺设的石台阶早已被山洪冲毁。隐约的小路呈现一片碎石子和浮土，把握不好会走一步倒退二步，随时有滑下山涧的可能。同伴们把我夹在中间，时时提醒，随手搀扶。我嘴上虽说“不要紧”、“没事”，其实心跳得很厉害，原本患过病的两腿更不听使唤。我强鼓精神、喘着粗气，随着大家闯过一段段艰险路，盼望前面有个平坦的地方休息一下，谁知一拐弯，大家惊呆了：一段约六七米宽的山体滑坡将原来的石板路冲得无影无踪。眼前只是一片碎石浮土泥沙，由于有树木遮挡，山下到底有多深谁也搞不清，只是隐隐约约地传来谷底小溪的流水声。悬！险！——是走，是停？是进，是退？这对我们每个普查队员是个意志上的考验。这时有个队员说，既然泥土上有两行脚印，说明还是能通过，只不过要小心慎重，方法得当。他率先两脚叉开，两手张开撑地利用四个支撑点受力，横着慢慢稳步过去了。我和其他同志也效仿顺利地过去了，踏上那头石台阶路后，我长长地舒了一口气。

“竹海”已是尽头了，山上是一片杉树和各种杂木树，偶尔还能发现珍贵的红豆杉。在前进的路上我们又做了三个文物普查点（即玉来柱、古驿站旧址、五子洞石亭）的资料录取后，开始最后冲刺，向顶峰——天星洞迈进。此山上部基本上没有成荫的树木了，通往山顶的一条石板小路全裸露在蓝天阳光之下。虽不是夏天，太阳晒到身上还是感到火辣辣的。路也越来越陡了，此时的我上气不接下气，走一步要停一步了。如果不是一种意志和毅力的支撑，不是同志们鼓励配合，说真的，我可要赖在地上了。不知谁喊了一句："不到长城非好汉，还有行程两里半。走啊！"同志们的浪漫豪言再次鞭策着我，想想红军两万五，今日行程怎叫苦。一步又一步，一档又一档，天星洞在我的视线中越变越大。看啊，有两位队员已经到山顶了，在向我们招手呐喊。我的两脚此时不知怎么的也变轻松了，我一鼓作气，终于站在天星洞口。山顶上的风很大，不断吹起我的披肩长发，时而遮盖我红彤彤的脸，更吹荡着我一颗不停起伏的心。啊！我终于攀上了旌德文物普查点的最高峰，据 GPS 测定这里海拔 1000 多米，我急忙招呼同事为我拍下一张终生荣幸也终生难忘的照片。

队员们测定完天星洞各种数据，我此时心也定了，气也顺了，我们浏览了一下南北两边的风光，会当临绝顶，一览众山小。原先我们启程登山的那几百户村庄，在我们脚下收缩成一小块，在成片绿色田野映衬下，在许多条线状公路、河流的分割中构成一幅美丽的山水图画，真是人在山中走，如在画里游！

时间不早了，我们抓紧下山。俗话说上山容易下山难，这无疑对我又是一次最大的考验。果不其然，没走几个石台阶，就感到头晕，两腿发抖，比上山更厉害。在同事的建议下，我侧着身子，手拽住路边的小树枝，只看着眼前路面，用倒退的方式下来，效果不错，比原先感觉好多了，就这样往下走一段，稍作休息，略微调整一下心态，又走一段。

世上无难事，只怕有志人。经过几小时的拼搏，我终于下到山脚。此时，我也顾不上同事们的安慰和问候，在车旁一片绿色草滩上就地躺下，感到一身骨头架子要散了。我喘着气，双目看着蓝天上映衬着的晚霞，深切体会到一个文物工作者的价值和所肩负的神圣使命！这时的脸上不觉露出一个胜利者的微笑！

福建省

寻 找

——“三普”实地调查手记三则

福建省闽清县博物馆　林跃先

在第三次全国文物普查的实地调查中，普查员常常都是在寻找着。寻找先人那远去的足迹，寻找先人所创造的文明，寻找那些被岁月湮没了的历史或被历史长河冲刷行将消失的印记。而寻找的过程，常常充满着艰辛，但也收获着快乐。

寻找古龙窑

今天，我和普查员老黄前往位于我县东北面的东桥镇溪芝村，对“青窑遗址”进行调查。这是一处有着近千年烧造青白瓷历史的地方，遗址由南至北断续分布在十几个山头，绵延5公里。

一早，我们背上行囊乘坐公共汽车出发了。约莫一个钟头的时光，便到达了芝溪村。进村后立即与文化协管员毛起龙同志取得联系，经过沟通，我们决定从村的南面向北推进调查。

通往南面遗址有一条羊肠小道，蜿蜒曲折。由于多年无人行走，大部分被荒蒿茅草所湮没，严格地讲已经不成路了。好在老毛同志早有准备，带上柴刀在前头一路劈砍。尽管这样，我们依然举步维艰，大多时候都只能低头弓背，或钻或闪，缓缓而行。行进中，要数老黄最辛苦了。老黄的名字叫勤仿，是政府机关的退休干部，他凭着对家乡文化的热爱，主动报名参加普查工作。今天是他第一次进行野外调查，他感慨地说：“真是隔行如隔山，一人不知一人事啊，原来做文物工作这么辛苦。”我告诉他：“其实这不算什么，以往我们常常是一个人进行野外调查，特别是置身在荒山野岭中，不仅风餐露宿，还要克服遭遇毒蛇、野兽之类的恐惧心理。说实在，我们其实完全可以放弃一些偏远、险要、难度大的犄角旮旯，因为没有人在你屁股后督促你。但我们考古人似乎天生就有一种不畏艰险和对未知历史有着打破沙锅问到底的秉性。”今天眼前的这段5公里的山路一路走来，大家衣裤都被汗水湿透，随带的矿泉水也早已翻了个底朝天，并且脸颊、手脚还被茅草荆棘划出道道伤痕。

南边的这处遗址是复查点，我和老黄分头进行了GPS定位、拍照、描述登记和采集标本等项工作，并重点展开对龙窑的寻找。为了节省时间，我们就地吃些随带的面包后，继续进行调查。

正值盛夏的午后，毒热的太阳照在身上，焦灼难耐。我们就是这样顶着烈日、冒着酷暑，一座山一座山地翻越寻找，一个遗址又一个遗址被发现，采集了许多宋元时期的瓷器标本，可谓成果颇丰。但我们没有发现龙窑遗迹，不免有几分沮丧，大家决心趁日落前再坚持寻找。也许是我们不言放弃的执著精神感动了上苍，日落时分，终于在村的西北面名曰“匣钵墩”的山岗上发现龙窑。

新发现的龙窑呈南北走向，坡度约30°~35°，残长70米，窑顶已坍塌。龙窑的窑壁是以窑砖和废匣钵混合砌造，窑壁上当年烧窑留下的窑汗仍清晰可见。望着眼前历经了数百年风雨沧桑的龙窑，我喜悦的心情难以言表，疲惫之感顿时也烟消云散。要知道曾经有多少学者为寻找它而一无所获，而我们在“三普”中发现了它，这不仅丰富了窑址的内涵，也为研究明清古代瓷器烧制工艺提供了宝贵的实物资料。

寻找古桥

结束了上午的普查任务，按计划下午要对梅溪镇马洋村进行调查。队员们在路边小店匆匆吃了午饭，又上路了。车子在蜿蜒险峻的山道上穿行，车窗外墨绿色的山峦不时跳跃出一抹金黄、暗红色的枫叶，这深秋的山景如诗如画。然而，队员们却无心欣赏，因为连日来马不停蹄的调查，大家都已疲惫不堪，此时趁着途中空隙打个小盹，算是忙里偷闲了。

马洋村是一个人口不足500人的小村庄，四面群山环抱，车子行驶了约两个钟头，到了村口。走进村子，这里显得格外的冷清，山中零散错落的村民房屋多是20世纪70年代所建。望着眼前不算老也不年轻的村落，队员们都有一种莫名的沮丧以致感到“又多了一个空白村”的不祥之感，但大家还是分头对群众进行走访。走访中，一位老妇告诉说：“在一山坳中好像有一座石桥，不知道是不是你们要找的古物，那里路途很远，很难走的。”听到有石桥，队员们仿佛注入了兴奋剂，顿时来了精神，便找了个村民做向导，立刻前往。前往石桥，必须要从一个落差大约在45°的水电站输水管旁侧的台阶由山顶下到谷底。由于这个水电站已荒废多年，因此台阶几乎是淹没在茂密的茅草中。行进中，大家手脚并用，深一脚浅一脚谨慎挪动着脚步缓缓下落。下到谷底，眼前茂密的树林，潺潺的溪涧，一片原始状态的山谷，使得大家再次怀疑这里会有古桥吗？而向导告诉我们，他也仅是听老人说过有石桥，并没有亲眼所见。因此我们在寂静僻幽的山谷中盲目地寻找了将近一个钟头，终于在密林深处发现了石桥。此时，队员们欢呼雀跃起来，那高兴劲绝不不亚于当年哥伦布发现了新大陆。

这座石桥系两块单跨梁桥，由信士募捐而建。我们在清理石梁板上的尘土落叶时，石梁上镌刻的“嘉定三年”等铭文赫然在目，我对大家说，这座桥建于宋代，距今整整800年了。

在完成了所有信息的采集后，队员们带着极其慰藉的心情返回村子。但这一来一返，近1600层的台阶走得大家腿脚不自觉地颤抖、抽搐。此时，天色渐渐地暗了下来，山村旷野的瑟瑟秋风侵透着队员们被汗水浸湿的衣背而顿感丝丝的凉意。尽管大家依然沉浸于发现宋代文物的满足，却难以掩饰疲惫的容颜。

寻找岳飞庙

连日来，由于一直下雨，野外的调查不得不暂停。

今天一早，天空稍稍放晴，我们按计划继续对池园镇进行普查。今天要去的村子叫仁周，是池园镇的一个高山村，村子海拔700多米。由于近年的村村通公路，改善了交通条件，缩短了山区和平原的距离。我们的车子沿着盘山公路行驶约一个小时光景，顺利地到达了村部。因为事先镇文化站同志通过电话联系了村长，并交待村里要积极配合做好文物普查的事宜，所以村长早早地就等候着我们了。在村部不等我们询问，村长胸有成竹地告诉我们，在西北面山中有一座岳飞庙，历史非常久远了。队员们听说有岳飞庙，先是兴奋，后感惊诧。在这偏僻深山中怎么会有岳飞庙呢？村长似乎觉察到我们的怀疑，就对大家说，岳飞庙距村约7公里地，我现在带你们去。上车后，村长向我们讲述了一段民间关于建岳飞庙的传说。他说：“很久以前，在隔壁的上莲乡有一读书人名叫萧磐，他在外地做官。有一次返乡乘船途中，突然江上大雾笼罩，狂风大作，随时都可能造成船毁人亡的危险。此时，萧磐忽见江浒有庙，便立于船头作揖祈祷平安。云雾中他仿佛看见有三人显现，顿时风浪遂息。后来得知那庙宇是岳飞庙。”大家正听得入神，突然“咔嚓”一声巨响，大家知道这是汽车的底盘与地面的凸石来了个亲密接触。原来这一段路是刚刚开通的，路基还未压实，加上连日的下雨，造成路面坑坑洼洼，而路的外侧便是陡峭的溪谷。出于安全考虑，我决定让大家徒步前进。队员们行走在泥泞的道路上，继续听村长的讲述。村长接着说：“萧磐一路平安地回到家后，为感激岳飞神灵的保佑之恩，便在家乡择地建了一座岳飞庙。庙宇建成后，信士众多，香火甚旺，并且周围的一些村落也纷纷建庙祀之。”听着颇具传奇的故事，不知不觉间我们把约3公里的泥路甩在了身后，又翻越了两座山，终于看到了岳飞庙。

这是一座坐北朝南，平面呈长方形，占地面积324平方米，建于清咸丰丁巳年的土木结构的建筑。在正门门额上墨书“将军府”三大字。正殿面阔三间、进深五柱，殿后设佛龛。佛龛中立“武穆岳府将军”，两旁立“文武郎总管官”、“有功大夫萧公”神主牌。从神主牌中，证实了该庙即为岳飞庙，并兼祀汤怀、牛皋等岳飞的手下一干将领，同时那位“有功大夫萧公”则是村长讲述传说中的读书人—萧磐。

此时，我立于岳飞的塑像前，感慨万千。我在想，岳飞那刚正、高远的民族精神曾经激励过多少仁人志士？在乡村百姓通过建庙祭祀的形式一样表达的是对英雄的敬仰。望着岳飞塑像，他那首《满江红》中“怒发冲冠，凭阑处、潇潇雨歇。抬望眼、仰天长啸，壮怀激烈。三十功名尘与土，八千里路云和月。莫等闲、白了少年头，空悲切”的词句久久地萦绕在我的心间。

大嶝与小嶝两岸关系的见证

福建省厦门市博物馆　靳维柏

大嶝岛和小嶝岛是厦门市翔安区所属的两个小岛，因为在地缘上与金门岛距离最近，留下了两岸关系发展变化的历史见证。因此，在这里进行文物普查的重点也在这个方面。

因为大嶝岛交通方便，普查先从这里开始。大嶝岛上最著名的是抗日战争时期金门县政府的旧址，1937 年抗日战争爆发，日军通过海路首先向金门进攻，金门沦陷于日军之手，金门县政府和国民党县党部从金门岛迁到了大嶝岛，借用当地群众的民房组织和设立了机构，领导军民继续坚持抗战。金门县政府在大嶝岛前后历时 8 年时间，直到 1945 年抗战胜利才迁回金门。

抗战时期的金门县政府，有比较完整的机构，还有国民党金门县党部的机构和部门，其中包括了金门县政府总部、金门县政府文书房、金门县政府警察署、金门县政府分部、金门县政府会议室、金门县政府干部宿舍、盐兵楼、国民党金门县党部、国民党金门县党部书记处、国民党金门县党部宿舍和国民党金门县党部干部宿舍楼等，一共有 11 处的文物遗存，现在都已经保存了下来，普查时我们都按要求进行了详细的登记和测绘。遥想当年，两岸本是一家，彼此不分，在这些院落中进进出出的人们，想的也是同一件事情——

抵御外侮，光复中华。但是，没有想到的是金门县政府迁回金门不久，因为国共内战，金门岛与大嶝岛却彼此隔绝了60多年不相往来。60年过去了，这些遗存中有的是当地群众的家庙，现在仍然在继续使用，香烟缭绕；有的是民居，人们仍然在里面生活；虽然个别的已经破旧，但是仍然保存了原有的面貌。

今天是我们到小嶝岛进行文物普查的第一天，也是唯一的一天，因为这个岛实在是太小了。这个小岛在过去并不知名，1958年8月23日，中国人民解放军奉命炮击金门，一夜之间使这个小岛举世闻名，与大嶝岛和角屿并称英雄三岛。

小嶝岛与金门岛仅相距3600多米，当年炮击金门，全世界的目光都集中到了这里，解放军万炮齐轰，震天动地；前线人民奋勇支前，舍生忘死，炮战中涌现出了安业民等许多英雄人物。随着国际形势和两岸关系的变化，炮击逐渐变成从重点打，逢年过节不打，到单号打双号不打，再到只打宣传品，一直延续了整整20年。

炮战已经是过去的故事了，通过当年留下来的遗迹还能感受到曾经的场面。现在在小嶝岛上保存下来的有两处当年的遗址，一个是在1969年3月，中苏发生珍宝岛事件，台海局势也十分紧张，为了进行对敌斗争，在小嶝岛上修建了一条1200多米长的地道，故名“303”地道，地道可以用来隐蔽和转移部队，也可以为群众提供安全的生活条件。地道修建在12米深的地下，宽1.2米，高2米，是打通岩石之后又用石块砌筑墙体，用混凝土浇筑穹顶，浑然一体，十分坚固，可防对岸最大的203毫米火炮的炮击。地道曲曲折折，修建有四条岔道，分别与三座地下室和一座暗堡相连接，即可防守又可反击。地道口附近的地下室里还设有粮店、商店和供销社，做到了平战结合。另一个是对金门广播的喇叭堡。当时为了向金门守军进行政治宣传，开展攻心战，除通过空飘和海飘向金门投送宣传品，还面向金门方向修建了高达10.8米，宽8.1米，占地面积87.48平方米的广播喇叭堡，安装了48套当时世界上最大的广播喇叭，号筒长达5米，有效传播距离达到12公里，可以覆盖整个金门的东部地区。

随着两岸关系的改善和发展，大嶝和小嶝从昔日的对敌斗争前线，已经变成了两岸经济文化交流的前沿。金门县政府旧址见证了两岸同是一家人的历史，“303”地道使我们想到了炮战的惨烈，石砌的喇叭堡已经废弃在荒草之中，繁荣的大嶝岛对台免税市场则预示着明天。

在这些历史遗迹的不远处，正在规划兴建“海峡论坛”会址，今后两岸的定期交流将固定在这里进行，回味和感受历史，面向新的未来，更容易寻找到两岸统一的共同点。

盐海撷珍

——东峤镇清末盐民住宅群发现随感

福建省莆田市博物馆　游国鹏

2009年7月12日，莆田市第三次全国文物普查队会同秀屿区普查组，进驻莆田市的盐业重镇——东峤镇，在霞西村发现了一处古建筑群。

莆田东和南临海，富有海盐资源。唐至宋初，莆田长期使用煮盐法蒸制海盐，成本高，产量低。宋太平兴国年间，被民间崇奉为盐神的忠佑侯陈应功发明了晒盐法，降低了制盐成本，产能大增，莆田成为宋代福建的十大盐仓之一。明初，官府大力推行坎晒法，并允许私人晒盐，推动了莆田盐快速的发展，跻身为福建四大盐区，而东峤镇成为莆田的三大盐场之一。霞屿（今名霞西）、铁炉、东峤、前江、渚林、上塘、魏厝七村为东峤盐场的重要产盐地，当地俗称“七团”。

霞西村位于东峤镇东南部，南临笏埭公路，呈前盐田后村庄的格局，辖有人口5000多人，村民全部姓林。古建筑群沿呈东西走向的村道，三五幢一落，散落在小海星自然村的前厝，南风厝和顶厝三个角头中。翘脊飞檐，红砖贴墙，在白色瓷砖贴面的现代民居群中，耀眼夺目，成为该村的一道风景线，穿行村中，让人有穿梭在两个世界中的感觉。

该建筑群现存古民居16幢，均为中间正厝，厢房置立左右两边，前面用围墙、门楼闭合的三合院格局。和莆田沿海其他地方的民居因怕大风掀翻屋檐而出檐短浅接近硬山顶的式样不一样，这些悬山顶的古民居均出檐较长，后檐外伸达30厘米，前檐前伸两架桁，和两端向上挺翘的屋脊相配合，整个屋面呈轻盈飞升之势。据现住户回忆，清代政府管盐，实行民制、商运销，他们的祖辈，既是拥有较多盐田的大户，同时也是盐商，用海船将自家生产的海盐远销外地，发家致富后，盖了这些大厝。

这些古民居均坐东南朝西北，面阔五间深二间，两稍间山墙前伸与前檐廊平齐，正面内凹呈骑楼式，为莆田传统的“五间厢”格式，和清末莆田其他地区的土木结构不一样，它们的明间、次间为穿斗式木结构，梢间的墙体采用夯土筑就，所以结构牢固，至今都保存比较完好。

莆田地区的古民居装饰的重点都在前廊，厅堂和宅屋的正面墙身，这些富裕盐民更是不惜重金在这些部位精心装饰，炫耀自己的富有，形成了清末盐民住宅群的特色。霞西村古民居的前廊檐，出檐深长，檐柱用材硕大，柱础均采用莆田名石“绿豆青”，浮雕成瓜楞状，柱础肩部用二条弦纹雕成边框，上饰松鼠抱南瓜图案，雕工精美，活泼灵动。挑梁和穿插枋前出檐柱部分分别圆雕下龙上凤图案，中间用圆雕力士和仰莲图案的斗承托，并加贴金彩，显得金碧辉煌。廊檐后的正面墙身，俗称码面，墙裙用磨细的条石，用一层、三层各二块，中间二层三块的格式贴饰，下部勒脚用高 20 厘米的通长条石制作，前后两端各浮雕成呈外八字的螭虎形状，窗户两边墙身用条砖贴砌作边框开光，中间用红色的方砖贴成金钱海棠图案，古朴中透着富贵气。

霞西村古民居装饰的特色之处，还体现在厅堂的彩绘。古民居的厅堂照例设在明间，为穿斗式木结构，在壁柱、穿枋和板墙之间形成的一格格板肚间，上部板肚分别彩绘花鸟、人物图案，中部板肚左、右分别墨书家训“居家务宜质朴、为官心存家国”、“读书志在圣贤，教子要有义方”。

在和现住户的访谈中了解到，近几年随着莆田市社会经济建设的迅速发展，富裕起来的村民纷纷在这些古民居周围盖起三层以上的砖混结构楼房，而且新楼的地基都夯筑得比古民居高出 80 厘米以上，使得古民居位处洼地间，一下大雨就积水，严重危及古民居的安全。而且，老房子的卫生等生活设施比较落后，现住户的翻建愿望都较强烈，因此这些老房子的保护状况令人担忧。

这些清末盐民住宅，不但完整保留了这个时期沿海民居的“轿头拖、二寸檐脚、二三二码面、四川柱、前后楣”等共性特征，还因融入了房主人的理想抱负，志趣情感而凸显特色，它们和盐田、风车等传统制盐工具等共同构成了研究莆田盐业历史的珍贵要素。这些古民居，拥有的浓厚盐区气息和地方特色，会在我市提振旅游产业等方面发挥持久的作用。我猛然意识到保护好这些古民居是文物工作者肩负的光荣使命。

豪迈的激情在“三普”中闪光

福建省泉州市安溪县文管办　林美莲

我从事文物专业工作已经 14 年，有幸参加 20 年一遇的全国性文物普查工作。经过文物工作者的艰苦奋斗和所有支持文物工作的人员的共同努力，在 2010 年 4 月 16 日，福建省第三次全国文物普查领导小组办公室组织专家对我县进行实地文物调查阶段验收，专家组对我县文物普查组织管理、数据质量和现场调查等环节进行逐次验收，验收完毕，一致通过，评定我县为优良等级，并提出了许多宝贵意见。这一刻，会场所有参与普查的人员感慨万端地欢呼着。因为只有经历过，才知个中那份艰辛，那份甘甜，还有那份默默无闻的执著与奉献。我们清楚，这既是对我们的普查成果的充分肯定，也是对我们今后工作的无声鞭策。

每当回忆起“三普”野外调查的如歌岁月，我就想起同甘苦共患难的普查队员们。让我最记忆犹新的，是2009年12月21日到龙涓乡普查的惊险刺激经历。这一天，我们还像往常一样6点就在迷蒙曙色中出发了。

龙涓乡是位于我县南线最偏远的乡镇，36个行政村，工作量比较大，从县城到龙涓有两个半小时的车程。文管员明皆老先生像平时一样，一路上，都是他自编的顺口溜和笑料，简直就像“老顽童”。绍清是李光地故居的老文化人，相对腼腆。受明皆影响，两人时常斗嘴，有时是风趣的民间故事，让我跟司机听得津津乐道，一路上笑声不断。

好像一眨眼功夫，就到了龙涓乡，很快乡里就配合我们把五天的工作计划安排下来。我要求从最远的点先来，那就是黎山村瓷窑址。文化协管员听说要去龙涓黎山村瓷窑址普查时，说路况很不好，而且路程很远，最好别去，那里现在都开垦茶园，已经没有什么遗迹了。然而，只要有路可走，我还是坚持要去，我心里想：怎么能因为这点困难就退缩呢，这会影响到“三普”的普查率。考虑到明皆同志年纪大，脚摔伤还没好，我决定跟绍清一起前往，明皆同志却丝毫没有惧怕，还说“二普”参加一线调查，“三普”怎能退却，坚持要到现场绘图才真实，我只好尊重他一起去。

当村民们用摩托车载我们进山后，行驶大约10分钟的崎岖山路，接着路开始变窄变陡，更加难行。骑行在雨后不久的山路上，我感觉到车轮一直在滑动，加上感冒还没好，耳朵“嗡嗡”响。我让村民车速慢点，他说不行，一定要快，斜坡太陡，会向后退。终于，我们到了海拔1200多米的山顶，云雾缭绕，人仿佛置身于仙界中，我以为已经到了目的地，可车子还继续向前行，此起彼伏像波涛中的舢板，好晕。又过了两座小山头，紧接着开始下山了，下山的路况比上山更糟糕，两旁尽是密林和荆棘，仅剩30厘米宽的小山路了，车轮下经常遇到长满青苔泥巴路，老打滑。到了50～60度的斜坡，路面都是灌注水泥的碎片石路，车轮在石头尖上跳动，肚子好疼，脸上手上被树枝、茅草划拨着，疼却不敢叫喊，担心叫了师傅走神，造成不堪设想的后果，只能屏住气息坚持到沟壑。

一个多小时的“飞车路”，让我“疯子”似的披头散发，有的上衣被扯破，有的裤子被勾破了，老老少少都挂着彩。文化协管员不好意思地说：“现在不是茶季，都长满杂草和树枝，让你们划伤了。这条路是茶农自己修的，只是用来一年两季摘茶叶用，不好走，很少人路过，车技不行还不敢载呢，人和摩托车翻到山沟里是经常的事……”我倒吸了一口冷气：今天算是跟大伙在鬼门关上走了一回！还好，有惊无险，要不然，该怎么交待啊！明皆竟然还笑笑，拍拍屁股说："没事，我活到六十甲子，够了。"

到了目的地，向导指着对面山腰那片茶园说这就是以前的窑址，现在什么都没有了。找了一阵子，确实也没发现什么标本，凭着普查的经验，觉得半山腰没水源，应该往下面一点寻找。最后终于在山脚下发现了一字排开的三个被损毁的窑洞口，窑洞还在，并捡到了许多标本，意外的发现让我们忘记了来时的惊险。

登记完后，拎着重重的标本，回程的路显得更加沉重了，只能选择另外一条远的山路步行回去了。现在是 12 点，大家都饿得咕噜响了，没走多远，爬坡时明皆就不行了，绍清先背明皆一阵子，接着几个男人轮流背，绍清说跟扛"野山猪"没两样，大家哈哈大笑，看着 70 多岁的老向导走在最前头，有时挥动手中的砍刀劈荆斩棘，那麻利的动作，让年轻人自叹不如。走了一个多小时，天无绝人之路，竟然，在这里发现山野柿子树，红彤彤的柿子让我一下子吃了 5 个，明皆看着绍清吃得丢了一地的柿子皮，说他像野狼啃鸡，拔了一地的毛，都这样了两人还很风趣的说笑。下午 3 点 35 分，克服重重困难，终于安全的走出了这座大山。

每一天的早出晚归，每一天的辛勤劳动，每一天的惊喜发现，每一天的惊险经历，在普查过程中是经常遇到的。我们的普查人员，凭着对事业的忠诚，凭着不向困难低头的顽强和豪迈的乐观，克服了一切艰难险阻，为我县文普工作，谱写了光辉的一页。

我很感动，也很感谢这些热爱文物事业的编内、编外普查队员，是他们翻山越岭踏遍茶乡每一村落，"三普"工作才能如期圆满完成。在这里，我想说，我先进的光环是他们用辛勤的汗滴串联的，是所有支持"三普"工作的人员成就的，是他们的工作热情无时不刻激励鼓舞着我。大家都尊称我为"莲哥"，也许是"三普"工作的艰巨，让我多了一分男人刚毅的性格，少了几分女人味，甚至，有时，忘记了家中还有一个儿子需要我照顾，只能告诉孩子，"三普"工作已经到了倒计时紧要关头，请他理解和支持妈妈。在这里我很想对儿子说："孩子，你是好样的。不仅生活自理，支持妈妈'三普'下乡工作，还以优异的成绩考上重点中学。"

"三普"，让我体会到了艰辛与收获，也让我体会到了乐观与坚强，这次普查，不仅锻炼了我的意志，更多的是让我将学习到的专业理论知识和先进的科技知识综合运用到实际工作中，让我了解到全县的文物分布、风俗民情、人文景观。因此，"三普"的工作经验，是我一生的财富，将作为我今后更全面为基层服务的指南针。

寻访郑和碑

福建省云霄县博物馆　汤毓贤

1956年，福建省实施第一次全国文物普查，省普查队在闽南云霄县马山村天后宫找到一块“郑和碑”，载入省人委会分级保护名单。但时隔半个多世纪，此碑已不知所终。2009年3月26日，漳州市和云霄县联合“三普”队直赴马山寻访“郑和碑”。

一

福建造船业历史悠久，素有“无湾不造船”之说。春秋时代吴王夫差在长乐一带督造战舰；汉元鼎四年有南粤王赵佗曾孙赵建德于粤王潭伐木造船；东晋南梁有国外商船频繁进出绥安溪；隋代炀帝曾到闽南伐木造船征伐琉球。福建所造的“福船”，结构精良，装载量大，适于航行远洋。宋元海上丝路航线开辟，航海人才更荟萃于福建。

云霄县地处福建东南沿海，是初唐漳州发祥地，自古海洋贸易繁盛。对外航运贸易航线北通津、沪，南达港、粤，东至台湾。航运热络，许多货物由漳江码头集散和吞吐。陈元光《龙湖集》有“海舶近通盐”诗句，明《八闽通志·山川》记载唐嗣圣间胡商康没遮入闽经商沐浴于云霄后埔温源溪，南唐保太年间三佛齐国开漳将士李姓后裔跨海贩运香料捐建将军山普贤院，都可获知云霄漳江船舶运输已很发达。云霄港位于港深坞静的漳江出海口沿岸，人称“状元港”。而传统造船业在福建航运史上同样不可忽视。宋代福建一路以海商为主，漳州地方每年要上交新船百艘。到了元代，又为远征东南亚国家大造战船。滨江东厦镇船场村作为修船造舰坞头，后来聚落成村舍，沿用为地名。“三普”队出发前，我查阅《明成祖实录》获知，永乐元年（1403年），福建都司受命造海船130艘；次年再造5艘。福建沿海民众自古耕海为田，极富海洋文化特质。郑和远洋舰队下西洋29艘大海船，所需人员2.78万名，多从福建招募。《漳平县志·王景弘传》载：“永乐十年，景弘受命至闽浙沿海一带招募大批水手和造船工匠。”副使漳州人王景弘招募舵工水手，使得舰队官兵多闽人。而下西洋所制造巨舰，当然也离不开福建精湛的造船工艺。

漳江中游以南的月形溪畔静水深港，适合商船运输交易，敦照集镇的航运码头一跃成为漳南对外贸易良港，官方配设敦照所，分驻县尉管理商运。多处造船场坊陆续开办，漳江造船业得到进一步发展，明朝初年，云霄商船队在东南海面活动频繁。明永乐间，三保太监郑和为下西洋伐木修造船舰，曾于云霄火田大坑以及莆美马山、象坑（今上坑）砍伐森林造船，致使犀象异兽无法藏身，大片土地植被流失严重。自天顺到崇祯年间，云霄发生4次大地震、11次大洪水，并发的山洪和泥石流汇入月溪内海，使昔日繁华的敦照集镇历经从船坞到溪埭、草埔、村社的转变，徙然失去作为船坞、溪港、商运的生态环境。此后，海澄月港渐次取代漳南月溪，成为明代漳州对外商运中心。

二

在马山村外通往山间田坎的小溪南岸，“三普”队发现几方碑刻，但已被填作石桥金刚墙。取出并确认郑和碑，还得假以时日。不过，这碑文内容是否像长乐《天妃灵应之记》碑呢？带着疑问，我专程赶赴邻县东山博物馆造访陈立群馆长。

位于东海与南海交汇处的东山岛，乃郑和下西洋所经之地，也曾出现过一块“郑和碑”。虽然古碑早已遗失，却被一位有心者抄录下全文，即为《舟师往西洋记》。碑刻出自康美镇铜钵村净港山坡上一座天妃庙前，抄录者系该村清末秀才林绍唐（号继仙）。这份手抄碑文在对朝廷进行一番歌功颂德之后，直接宣扬舟师往使西洋的壮举。还罗列了永乐三年、五年、七年、十一年四次出使西洋的航程。紧接着写道：“永乐十五年，统领舟师往西洋。开港十五有三日，忽遇暴风巨浪，绕山根避泊。有神天妃荫护保无恙，皇明威福。驻泊净港，候风息，再涉狂澜。勒一石以铭志之。永乐十五年，岁次丁酉仲夏吉日。”最后是立碑者郑和、王景弘等人落款，内容跟长乐碑类同。

按碑文所载，明永乐十五年（1417年）五月某天，郑和舟师经过东山湾海域忽遇暴风巨浪，船队驻泊静港，并为感恩“天妃荫护”而勒铭于石。据陈立群介绍，净港亦称前港，就位于东山岛东部铜钵村前，向来都是海船避风歇息的内海港湾，如今已是马銮湾浴场。既然云霄马山曾出现郑和碑，郑和船队避风东山，极有可能随后进入内港到云霄补给物资、淡水及修船。因为当时东山湾一带淡水十分短缺，难以容纳这庞大舰队。而自海湾北上，很快就能进入漳江口，再从南江“绕山根避泊”，驶入内河到达漳南港尾埠等港澳，以获取地方官支持和补给。那么，马山郑和碑是否承载此事呢？

三

《明史·郑和传》载：“永乐十四年冬……复命和等偕往，赐其君长。”《明史·成祖三》又载：“永乐十四年十二月丁卯，郑和复使西洋。”次年五月，驻泊长乐的回教徒郑和曾到泉州灵山圣墓行香。泉州镇抚蒲和日镌立《郑和行香碑》载曰：“钦差总兵太监郑和，前往西洋忽鲁谟厮等国公干。永乐十五年五月十六日于此行香，望圣灵庇佑。镇抚蒲和日记立。”再从宣德六年（1431年）第七次下西洋前，郑和与副使王景弘等也在长乐刻立《天妃灵应之记》，碑文载："永乐十五年，统领舟师往西域。其忽鲁谟斯国进狮子、金钱豹、大西马……"据此，郑和于永乐十四年十二月奉诏第五次下西洋，因必须为远航做充分准备，次年五月方成行。在这长达半年时间内，按闽南相当发达的造船业，在泉州、漳州一带港口定造巨舶，在云霄港船坞伐木修船或有可能。

为验证此说，6月26日，我们又到云霄火田镇大坑村普查。据退休教师方普全介绍，这里过去是盛产制造巨舰龙骨上等佳材铁沙木的地方，郑和下西洋时，曾在此大肆伐木，并利用漳江上游水流落差，用放水柴（俗称鸭母柴）的方式把木材放入河中，漂至中下游河床宽阔水流平缓的船坞，或装船运载，或就地造舰。说着，他手指村头圣慈宫："这不，这宫庙中还供奉着太保公郑和雕像呢！"经调查获知，过去大坑与溪口两村相邻的宫前山是昔日伐木场。此地曾立一"太保宫"供奉郑和，宫前山即依此得名。只是这太保宫早已颓废，所祀郑和木雕神像被大坑村人奉迎村头圣慈宫继祀至今。这不禁让我联想到3月7日，我们调查坐落于漳江畔古码头的寅钱寺，里面也同样供奉一尊郑和雕像。而且每逢农历五月初二郑和寿诞，当地及周边民众虔献供品于神像前，纪念这位敞开大海胸襟，接纳万里长风的"太保公"郑和。

有关郑和在云霄活动情况地方志失载，加上明宫大批郑和档案失踪，寻觅马山郑和碑意义就显得非同寻常。这次普查的收获，不仅让我们解读了郑和与云霄航运乃至造船业的深厚渊源，还在于意外发现两座"太保公"郑和雕像。而马山郑和碑确曾存世的事实，又为马山、上坑和大坑等地隐现的郑和踪迹提供了研究新证。要解开这一谜团，即便是此次"三普"工作结束，寻访和研究工作仍将继续进行。

第三次全国文物普查实地文物调查阶段工作体会

——武夷山市第三次全国文物普查工作缩影

福建省武夷山市博物馆　陈剑辉

2008年7月我市正式启动田野调查工作以来，文物普查队员就全身心投入到文物普查工作中，他们以不怕苦不怕累的精神积极面对工作中的困难，以不退缩不马虎的态度始终坚守在一线阵地，以高质量高标准的起点严格要求确保普查工作顺利进行，最终取得了较大的成果。在近两年的辛勤工作、不懈努力下，普查队走遍全市10个乡镇、街道，115个行政村，1305个自然村，总行程约41700多公里。共普查登记不可移动文物501处，其中复查178处，新发现323处，消失文物点9处。新发现文物点中，比较重要的如武夷街道黄柏村竹林坑遗址（采集标本有原始青瓷27片，纹饰有席纹、网格纹、弦纹和网格纹组合，可辨器形有豆、甗、罐以及窑渣。在遗址中心位置断面距地表深约80厘米处，发现窑炉火烧面的痕迹，还有烧土粒，窑炉断面呈椭圆，直径约100厘米、厚约50厘米，在中心区废品堆积层约40厘米。该遗址规模较大，具有一定的研究价值）、吴屯乡东山寺等等。通过文物普查的深入开展，大批体现武夷山厚重历史的文化遗产被逐渐认识、发现并一一呈现在世人面前。

文物普查队员完成的是一项调查统计我市文物资源，全面展现我市历史文化的工作，需要付出的努力和需要肩负的责任都是相当大的。为此他们近两年来的工作、生活都不得不作出了调整。针对我市地域辽阔，有丰厚的历史文化，又地处闽北山区的地理格局，在普查中，我们以乡镇、街道为单位，普查队分成三至四个小组，分别深入到每个行政村的各个自然村，逐一开展对不可移动文物的现场勘查、测量、采集标本、绘图和拍照以及各类数据和相关资料的采集与登录工作。

现就普查工作谈谈几点体会。

一、“三普”工作离不开各级领导的关心和支持

在整个普查过程中，省、南平市主管部门的领导，我市市委、政府领导都给予高度重视与关注，关心“三普”的工作进展情况。2008年，市委常委、宣传部部长在全市宣传工作会议上对“三普”工作做了全面部署，要求各乡镇党委宣传委员、文化站长、村文化协管员等要全力支持“三普”工作，配合普查队搞好所在乡镇（村）的普查。在开展普查工作一年多时间里，省文物局局长郑国珍、调研员刑新建等领导曾到武夷山看望普查一线的普查队员；省博物院考古所所长栗建安老师，省文物考古专家林存琪老师亲临现场，指导“三普”工作；南平市文化出版局局长曾一帆也冒着酷暑，来关心我们的普查工作；南平市文管办主任陈家康等多次到武夷山了解普查工作进展情况，帮助解决有关困难和问题，努力为普查人员排忧解难。原武夷山市志办主任黄胜科同志虽年逾花甲，经常和普查队员一道深入一线参加普查工作，为普查工作提供宝贵的资料。

二、“三普”工作必须依靠乡村组织和人民群众

武夷山市地域辽阔，有丰厚的历史文化，本次普查实地调查阶段工作的顺利完成，离不开各乡镇、街道、村的大力支持和密切配合。特别是在田野普查中，各乡镇、村在工作和生活上为我们提供了极大的便利。不少乡镇党委宣传委员、文化站长都亲自参与本乡镇的普查工作。如新丰街道党委宣传委员王华进，在该街道普查期间不仅每天提前安排好普查线路还亲自带队参与普查工作，和普查队员同吃同住；兴田镇文化站长符仙玉，在普查期间每天都提早骑车从兴田到我们汉城的住处，安排好早餐以及各组的普查线路；吴屯乡文化站长张华，妻子重病卧床不起，他既要照顾重病的妻子，还坚持和我们一起普查，连饭都没有办法和我们一块吃，使我们非常的感动。不少村不仅文化协管员参加普查，甚至支书、主任、村两委都积极参与。不少群众还义务为普查队带路，向普查队员介绍该村文物的历史情况。普查期间，各乡镇、村还为普查队员准备了防暑茶水、可口饭菜，使普查队员有宾至如归之感。我市“三普”工作，还离不开社会各界支持和帮助，如景区管委会俞建安同志，在景区普查近两个月时间里，一同参与普查工作，为普查队带路，几乎每天带着干粮上山，有时水喝完了，就喝山泉水，经常一天十几个小时带领普查队员在险峻的山岭中穿梭。志愿者章希密同志放弃假期休息时间，帮助我们开展摩崖石刻调查工作。可以说，没有各乡镇、村和广大群众支持和参与，“三普”工作是难以完成的。

三、“三普”工作与省、市专家同仁的鼎力相助密不可分

我市博物馆、文管所人员少，各项工作多，仅靠现有工作人员是难以完成“三普”任务的。在“三普”工作中，上级文博单位、兄弟县市博物馆在人力和技术上给予了极大支持和帮助。福建闽越王城博物馆、南平市文管办、南平市博物馆、浦城县博物馆等在我市普查中派出人员携带仪器设备给予协助。如原南平市博物馆馆长张文崟同志，虽已60多岁，但在普查工作中老当益壮，顶严寒，冒酷暑，不怕苦，不怕累，其严谨的工作态度和踏实的工作作风，为全体普查队员做出了表率。福建闽越王城博物馆高绍萍同志小孩才几个月大，母亲又卧病在床，但他仍然支援我们的普查工作，顾不上照顾妻儿老小。还有该馆林繁德、赵福凤，南平市文管办陈家康主任、魏祖能、陈容凤，浦城博物馆熊仁寿、徐荣福以及聘请的技术员虞福生等同志，他们都在百忙中抽出时间来协助我市“三普”工作，有力地促进了我市“三普”工作顺利开展和全面完成。

四、"三普"工作体现了文博干部爱岗敬业的奉献精神

在本次普查两年多时间里，野外作业十分艰苦，风霜雨雪，冬天零度以下，夏天烈日酷暑，野外高温四十多度，早上6点前起床，晚上8点多钟才回家，每天工作十多小时，不少同志中暑了，累倒、病倒了，吃点药仍然咬着牙坚持工作。普查期间，为了工作的连续性，每一个阶段都没有双休日、节假日，一干连续就是三四十天，但队员们都毫无怨言。他们就是凭着对文博工作的执著和爱岗敬业的奉献精神，征服了一座座千米高山，谱写了一曲曲感人诗篇。如我市普查队队长陈剑辉同志，在普查工作期间，每天要提早安排好普查的路线，带头走在普查的最前头，他作风严谨，工作认真负责，在田野普查中，绝不漏掉一个自然村，甚至一座小山包，有时为了再寻找几片标本证实一个新发现的遗址，不惜翻山越岭再次复查，有时驾驶员不够，他亲自驾驶，既要开车又要普查，晚上还要安排第二天的工作，每天睡眠不足，咽喉肿痛得很厉害，也只是吃点药咬咬牙挺过，没有因此而休息一天；赵爱玉、刘秀萍两位女同志，巾帼不让须眉，不论严寒酷暑还是家里有事，未请一天假。赵爱玉同志在洋庄乡铁岭下自然村翻越山沟采集标本时滑落，鞋子湿了，衣服也被树枝刮破；刘秀萍同志手臂划伤，简单包扎后依然坚持继续工作；张诗文同志生病需打点滴，怕影响普查进度，拿点药又投入到普查工作中；还有叶凯、童丽玲、何冬华等同志都在"三普"中做出了自己的贡献。

正是由于普查队员的辛勤劳动，我市的"三普"野外调查工作才顺利完成，定会为此次文物普查画上一个圆满的句号！

探寻文明的足迹

福建省宁德市古田县博物馆　林丽金

盛夏的太阳，即便是刚出山也已非常炽热。

在做普查方案时，我们把全县的普查村点都做上标记，画上路线图，并标明普查的时间。每走过一个村庄我们均用红笔做好记号，避免遗漏了村庄和走重复的路，这个来自于实践的方法虽笨却很实用。今天，我们的目标是我县东南方向的泮洋乡。一大早，我们一

行四人身着绿色迷彩，肩背普查仪器，向着目标出发了。

泮洋乡面积虽然只有128平方公里，但相对海拔却有1200多米。境内山峰耸峙，绝壁攀云，交通极为不便，是个典型的山区贫困乡。前几天，我们与乡政府分管副乡长联系时，他说，境内有五公里连接线正在修路，还是先到其他乡镇，待通车后再去。我们知道，等到通车的日子，我们就不能按照计划规定的时间完成这次的普查任务了。熟悉泮洋乡的老同志都说，那里没有文物，去了也是白辛苦一趟。我们知道，搞文物普查是没有既定目标的，只有踏踏实实地一个村、一个点地去实地普查，认认真真地实行“零报告”制度，才能放下心里的疙瘩。

到了通往泮洋乡的叉路口，我们只好下车徒步前行了。到了泮洋乡政府，副乡长和文化站站长见到我们上衣被汗水湿透了，调侃地说：“这只是热身，真正的流汗比赛还在后头呢!”

稍事休息后，我们前往中竹村际头厂复查那里的宋墓。中竹村到复查点要翻过三座大山，山道已经荒废，灌木当道，荆棘纵横，热心的村长带把柴刀在前面开路。我们女同志为避免被荆棘划破脸，就用野芋叶、山芭蕉叶遮住脸挡着往前走。天气异常炎热，队员们一个个汗流浃背，衣服湿了又干了，流出的汗水因盐分在衣背后形成一个个白色圈点。所带的矿泉水很快就全喝光了，好在路边的泉水、山涧水都是优质天然的矿泉水，一路上只要遇到，我们就像牛一样，经常伏身狂饮。山泉水清冽，沁人心脾。

我们走了2个小时的崎岖山路，到达墓地。一看墓室被盗掘，墓砖散落四处，心一下子凉了半截。我们感慨万千，很多文物正遭到不同程度的破坏和威胁，我们感到肩上的责任和担子更重了，不仅要普查好，而且要保护好文物。不知不觉已经到下午1点了，我们的肚子真是饿得慌，只好下山到一处老乡家吃午饭了。热情的老乡炒了当地出产的芹菜、茭白、香菇款待我们，虽然饭菜简单，但我们却感到这顿饭不知胜过多少城里的美食，真是美味极了。

按照预先设计的路线图，我们下午的目标是中直村。这里的高岗山海拔1487米，是我县为数不多的风景区之一。每到春暖花开时，高岗山上10多公里开满杜鹃。中直村不大，是个外人罕至的地方。

我们一行人到了中直村，村民们听到我们是普查文物的都笑了起来：“我们这山沟沟里哪里有什么文物!”像这样的话在以往的普查中我们听多了。凭以往的经验，我直奔主题：“有没有水尾殿?”我县是临水娘娘陈靖姑的故乡，陈靖姑的祖殿在我们古田临水，陈靖姑信俗是我省重要的信俗之一。一般来说，水尾殿大多是祀奉陈靖姑的，其建筑多是明清时的建筑。陈靖姑信众遍布全球，信徒有8000多万。现在，每年到古田临水祖宫请香、还愿、参观的信徒游客约十万人次。海峡彼岸的台湾同胞每年均有众多的团体专程前往拜谒祖庙，它们以无声的语言，向人们诉说着两岸共同的崇拜信仰和文化渊源。村民回答说：“水尾殿有，叫钱公宝殿。”我知道有戏了。

村干部带着我们往水尾走去。拐过一个弯，我们听到了潺潺流水的声音。再往前走，跃入我们眼帘的是一处飞檐翘角的古殿深藏在参天古树中，殿前小瀑布水帘悬挂，潭水清澈可鉴。我们迫不及待地用数码相机摄下一张张秀美的图画。拾阶而上，迈入山门，首先进入我们视线的是该殿古老的建筑“钱公宝殿”。这是一座建于清乾隆年间，建筑面积162平方米，单间土木结构抬梁穿斗式歇山顶的建筑。在殿东西两面墙上，我们惊喜地发现《陈靖姑传说》壁画。我县像这样的陈靖姑分庙有几十处，壁画也有上百幅之多，但都残缺不全或模糊不清。透过照进殿里的一缕阳光，我看到这里的壁画颜色鲜艳如新，蓝的靛，红的彤，线条古朴，人物、山水、花鸟布局合理，造型生动。数了数，整整38幅！这场景让我们惊喜不已，顿时忘却了身体的疲惫。这是我们普查以来发现的我县保存最为完整的《陈靖姑传说》壁画！壁画以两行两列、两行三列的形式分布着，每幅均以墨线相隔。壁画完整地叙述了陈靖姑出生至24岁除妖灭怪，祈雨救灾，护产保婴的神话故事。我们赶紧文字记录、测量、拍照忙个不停，生怕漏掉一丝一毫的细节。

钱公宝殿的陈靖姑壁画是迄今为止我县发现的保存最为完整的壁画，也就是因为它独特的文物价值，从而入选全国“2009年第三次全国文物普查重要新发现”。

当我们踏着夕阳的余晖，背着一天沉甸甸的收获，虽然身体疲惫，但心里填满了收获的喜悦。晚上整理野外普查笔记，是一天中最幸福的时光了，针对白天的原始笔记，我们均重新再抄上一遍，补缺补漏，充实完善，现已整理6本普查笔记，为我县第三次全国文物普查提供与保存了较为完整的原始资料。并将相片全部按村庄文物点命名导入到笔记本电脑，为了在睡觉前把当天的工作清理完，熬夜到子夜时分是经常的。同时又规划着新的一天，新的目标。我们所做的不同的是每天走过的路程，相同的是每天同样的程序：找村长了解情况，听村民介绍村情，四处寻觅，发现新的文物点。

踏遍千山万水，寻觅历史足迹。通过普查，我们全面地掌握了我县境内的遗址、古墓、古建筑、石刻的第一手材料，特别是对古田旧城水下遗址（一座千年古城沉入湖底）、古田溪一级电站（国家第一个五年计划重点工程梯级电站）、古田县食用菌真菌厂（全国最大的食用菌产销量基地）等都做了详细的记录。我们走访986个自然村，300余座山头，普查文物点329处，其中新发现190处，复查131处，消失8处，每一处都留下我们的足迹和汗水。也只有亲身经历和体会，才能真正体味到普查工作的酸甜和辛苦，我们用双脚探寻文明的踪迹，用汗水收获希望。

我普查，我快乐！

江西省

勒功的记忆

江西省浮梁县博物馆　李新才

当我们收到省局转发的《关于开展第三次全国文物普查的通知》后，按照全国普查的时间安排，于2008年1月成立浮梁县第三次全国文物普查工作组，并聘请景德镇陶瓷学院考古专家组建了顾问组，同时对先前的文物保护单位进行了认真的梳理，立即开始了以乡镇为单位的浮梁文物家底调查。

春节刚过，我们决定先到浮北乡镇勒功乡省级历史文化名村沧溪村调查。沧溪村位于浮梁县东北部，隶属勒功乡，距离浮梁县城60公里，距勒功乡政府5公里。勒功乡黄副乡长热情地接待了我们。与黄副乡长交谈中发现，他对勒功乡的文物如数家珍，尤其是对沧溪村有深入了解。因为乡里事务缠身，不然，黄副乡长会亲自带我们前去沧溪。临行前他对文化站曹站长再三嘱托，一定要好好带着专家普查组仔细看看。

一路上曹站长给我们讲起了历史悠久的沧溪，整个村落靠山面水，由上村、中村和下村三部分组成，至今保留较为完整的明清时期村落布局，其中保存完好的明清建筑70余栋，整体建筑风格似徽派建筑，故有"袖珍西递"之称。曹站长的精彩介绍吸引着我们，我们的心情很是感动：没有乡里的基础工作再好的文物也要被破坏，更不用谈文物普查了。到了村里，曹站长领我们走古街、访古宅，一上午看来收获很大。位于村口的蜚英坊是明代正德十五年（1520年）举人朱韶为纪念本村宋代理学士朱宏而建的"仕贤坊"，朱宏被同时代的朱熹誉为"高识笃行，鲜与伦比"的理学家。牌坊为"四柱三间五楼"的建筑型式，全砖结构，牌坊上砖雕构图简炼生动，制作手法娴熟，代表着明代中期兴盛的砖雕水平。村里祭拜场北墙镶嵌一块青石板碑刻，碑文是明代资德大夫戴珊为纪念朱宏而题刻的，内容记叙了朱宏生平事迹，歌颂了朱宏的美德贤才。祭拜场是沧溪朱氏后人为纪念朱宏而设的。从这一小的细节可以看出，沧溪村的村民对这位朱氏祖先的崇拜，这是村落的精神，也是灵魂。我们感到欣慰的是在新农村建设如火如荼之际，沧溪村对本村的文化遗产资源进行了调查，大规模的村容整治也没有破坏古村落的传统格局，村里很少有拆旧建新现象，也没有兴建假的人造景观，沧溪村仍然保持明清以来的和谐的人文环境。这是我们在沧溪村调查体会到的，从村长到每个村民内心都对祖先由衷地敬佩。正是有这样可敬可亲的乡亲，我们浮梁才有深厚的文物家底，让我们这些文物工作者内心深处的敬佩之情难以言语。

从沧溪村回到乡里勒功街，古时该地处皖赣交界处，徽饶古道从此而过。雄踞在入村口要道的迎官阁，始建于北宋天圣年间，是往来皖赣官员的驿馆。它饱经沧桑，几经修建，仍保留了初建之风格。精雕细琢的工艺，仰首昂身的重栱，翘脊飞檐的造型，构成整体精致的景观，实为当地古建之精华。过迎官阁，就看见明初就形成的长达两里的长街，这条街是浮梁县古代四大名街之一，有正街、横街、里弄等，开设酒坊、油坊、屠店、豆腐店、茶店、布店等数十家店铺，同时有四个船舶码头，通过北河进入昌江，每天多时有300条装运窑柴及其他货物的船经过。现古街风貌犹存，行走在古街上，“勒功古市”的繁华感觉还在身边，脚下数百米长的青石板路面，中间有深深的印痕，那是当年的记忆。曹站长说前年为了新农村建设，我们改造了一下路面，绝大部分铺路石还是当年的那块，其他用一样的青石板铺就，这样看起来历史与今天紧密联系了，我们与古人就更容易沟通了。曹站长的话反映了乡里的文物政策落实得好，使历史能够真实的保留，完整的再现，我们为有这样的文物基层工作者感到自豪。

最后我们调查了双峰塔，该塔位于勒功街南面六华里的宝莲山中。在村民的带路下，普查组一行五人开始了漫长的旅程。我们佩带了GPS卫星定位设备，两台照相机，还有足够的饮用水。一路上风景很美，小溪潺潺，莺鸟啼啼，真是世外桃源，怪不得高僧当年选择这里修行悟道。越往里走，山越高林越密，温度湿度也低了，大家都说今天可似长征了。村民也有点累了，一路上休息了几次，也抽了几次烟。我发现山里的村民灭烟很讲究，先在地上刨个小坑，把烟头丢进去，然后用脚把周边的土搂进去，再用力在上面踩平。我问为何这样，他说烟头随意丢会引发山火的，山是我们的家，我们要好好照顾它，顿时令我肃然起敬。走了近两个小时，终于到了塔下。这座北宋天圣二年（1024年）的砖砌佛塔，坐落在形似莲花的宝莲山间，与勒功街遥相呼应，因山中两峰对峙，故名“双峰塔”，塔为六角七层，底层每边只有3.5米，塔身无平座层，是典型弧身塔，平面每边约栱率1/20的弧线，塔身收分亦呈弧线，这是一座国内罕见的典型弧身塔，是我国研究弧身建筑的一个很好的佐证。“山不在高，有仙则名”，历代文人墨客，官宦仕豪，途经勒功，无不以畅游此地为快。宋代文学家范仲淹、民族英雄岳飞都在此赋诗遗墨。至今塔脚下还保留着两方石碑。一块是宋代嘉定己巳年的，一块是明代天顺庚辰年的，这两块高大的石碑，字里行间，透露出一些历史的风云。为使照相效果好些，我们就得把周边野草拔掉，不一会儿很多人身上盘满了荆棘。为了把石碑上的文字照的更清楚，大家把随身带的饮用水都贡献出来了。这次双峰塔之行真是令人难忘，想不到浮梁有这么好的山水啊！

勒功，那里的水是甜的、天是蓝的、人们是热情的、文物古迹是历尽沧桑的，我们带着这些美好的记忆走了……

"张天洞"中的红色史话

江西省萍乡市莲花县文物管理办公室　吴栋山

近日，莲花县文物普查办在田野调查登记中，来到县六市乡鸡冠石村后，发现了一天然乳岩洞，当地村民讲此洞名为"张天洞"。洞深数十米，共有三室，洞室中各有奇绝。众多石乳凝成大小水池，错落如梯田，岩水由梯田依次而下，可称为"龙田玉溪"。中洞幽旷虚明，整洁明爽，后洞幽深宽广，石乳奇秀。特别是在洞中间的岩壁上有莲花早期革命领导人张子铭烈士的遗墨。虽然距今80余年，但仍然墨迹淋漓。其文为："甲子十二月九日与家兄俊敷避乱至此，蒿目对艰望景兴悲因赋诗以记恨之!"另有遗诗"……飘然重部渔父津，探得桃花几度春。暴秦万劫人谁脱，聊与清风作友人。""白雪深处是隐居，清风明月两相予。治忽久疏尘世事，洞中闲读南华书。"落款为："离怀轩主人张子民(铭)。"

张子铭，字俊岳，号子铭，莲花县六市乡鸡冠石村人，1906年生，十九岁就考入萍乡达成师范学习并加入了学校内成立的共产党小组。

1926年8月，为了迎接北伐军进城，张子铭和达成师范的党员在张宗和等人的领导下，带领广大师生，成立欢迎队、慰劳队等各种组织，支持和欢迎北伐军。1927年2月，在萍乡市第一次工农兵代表大会上当选为萍乡县总工会执行委员兼青年部长等职。1927年4月12日蒋介石在上海发动了反革命政变，萍乡党组织在县内文昌宫草坪上举行万人大会，愤怒声讨反动派的反革命罪行，会后张子铭走在游行队伍的前列，高呼口号，散发郭沫若所著《请看今日之蒋介石》宣传单，激昂慷慨，动人心魄。6月5日，国民党湖南许克祥军队两个营兵力，分两路进军，将萍乡总工会，农民协会及各革命团体搜捕捣毁。为逃避反动势力的追捕，张子铭和彭达夫等人化装离开安源，穿南坑，绕道大沙赶回鸡冠石老家。张子铭回到莲花以后，以教书为掩护，仍然进行革命活动，在鸡冠石村发展到一个支部，包括六江陂、垭坞、西坑等处，发展党员有十余名。秋收起义前夕，几经曲折和萍乡党组织取得联系后，莲花农民自卫军由扬良善率领，如期开往安源，编入了王新亚部第二团第四连，参加了震惊中外的秋收起义。1928年井岗山"八月失败"以后，莲花也被国民党进攻，藏匿在石洞中的张子铭怕敌人逼近，他又转移高洲大沙村和萍乡大垅。后不幸在株洲被捕，他在狱中坚贞不屈，受尽折磨。1930年彭德怀率领红五军攻打长沙时，路过株洲，部队打开监狱，张子铭被解救，以后即留在部队工作，任红五军团政治部委员，参加了粉碎蒋介石对中央根据地的第一、二、三次围剿。后随黄公略转战吉安时壮烈牺牲。

这些遗诗的发现，为研究张子铭早期革命的思想和成长历程有重要的历史价值。

无悔的选择

江西省九江市文化局　叶筱慧

1988年，我大学毕业分配到九江市文化部门，一直从事文物保护工作。20多年来，先后参加了九江市、江西省和全国的文物普查工作，特别是2007年，第三次全国文物普查工作开始后，根据组织安排，我担任了九江市第三次全国文物普查领导小组办公室副主任兼普查队长，全面具体负责九江市第三次全国文物普查工作。回顾自己20多年文物工作的历程，对文物工作从最初的好奇喜欢，到如今的深深挚爱，艰苦的跋涉换来了丰硕的成果，我可以骄傲而自豪地说："文物保护工作是我今生无悔的选择。"

一、迎难而上，勇挑重担

2007年，我刚调任九江市博物馆党支部书记，或许是组织认为我有多年从事文物工作的经验，突然安排我具体负责全市第三次全国文物普查工作。当时于公于私都很为难，一是新的工作岗位，一切工作都在熟悉和摸索之中。二是女儿马上要进入高三学期，正是学习最关键、需要多加关心和照顾的阶段，我爱人因为工作忙，经常出差，照顾女儿的工作一直以我为主。如果参加文物普查工作，势必影响对家庭的照顾。三是一些有经验的老同志都先后退下来了，文博新兵要靠自己帮、扶、带培养，自己能够胜任吗？对全市的文物普查工作进行指导和协调，自己能掌控全局、肩负起这个历史的重任吗？可我也非常清楚，文物普查是一项艰苦的文物保护基础性工作，是最能锻炼人、考验人的，也是学习知识、检验知识的一次极好的实践机会，机不可失，时不再来。考虑再三，并征得家人的理解和同意后，还是决心迎难而上，积极投身到九江市第三次全国文物普查的洪流中。

二、严于律己，率先垂范

文物普查工作伊始，为了确保普查质量，我把重点放在提高普查队员的业务素质上。

在率队参加全省文物普查专业培训后，我立即组织举办了全市文物普查培训班，为使学员们安心学习，便于实践，我把培训地点选择在交通不便、环境幽静的全国重点文物保护单位白鹿洞书院。我认真备课，根据自己多年从事文博工作的经验，结合第三次文物普查相关标准和规范，尽量讲得生动有趣，通俗易懂。不讲课时，我也每课必到，认真听讲，认真做笔记，为全体普查队员做榜样；野外实习时，我不顾自己是女同志、年龄相对大一些、体力也弱一些，仍亲历亲为带队进行野外实习。我认为是我的责任感促使我这么做。为期一周的培训，室内理论学习出勤率 100%，野外实习参加率 100%，培训达到了预期的目的。

三、积极主动，求真务实

浔阳区是九江市中心城区，其文物保护工作一直由市里直管，没有专门的文物管理机构，也没有专业人员，尽管区政府领导非常重视，也想通过这次文物普查打基础、培养人才，还为此成立了由区政府 10 多个相关职能部门组成的普查队。虽然队员积极性很高，但基础差，很多队员都是第一次接触文物工作，既新鲜也担心，怕完成不了任务。了解到这个情况后，我对浔阳区文物普查工作采取积极面对、主动介入的态度：举办培训班时，根据学员的实际情况，我亲自安排课程和老师，并请授课老师因材施教，使学员们既克服了畏难心理，也掌握了文物普查的基本常识。同时，我身体力行，带领浔阳区普查队对辖区内的各级文物保护单位进行复查，在现场解答问题，讲解难点，让他们在实践中消化知识，开阔视野，积累经验；在队员们有了一定的实际操作能力后，浔阳区的实地文物调查才全面展开，确保了浔阳区的文物普查质量，为完成普查任务打下了坚实的基础。

四、忠于职守，不畏艰险

2008 年 4 月，我市进入第三次全国文物普查实地调查阶段后，为了抓时间、赶进度、保质量，我先后三次带市普查队到各县区进行业务指导和督促。我市有 13 个普查办，即使是进行重点指导，每轮下来，都要半个多月的时间。省“三普办”的每次督查，我也是全程陪同。这种指导和督查都是在实地进行，有时，要跋山涉水、翻山越岭；有时，要顶着烈日、冒着酷暑。作为一个女同志，其中的艰辛和困苦只有自己才能深切体会，只有自己才能真正知道；另一方面，作为一名深深热爱本职工作的文物工作者，其中的乐趣和收获，却也是值得自己一生品味和珍藏的。

经过 1 年多的时间，2009 年 12 月 31 日，我市按时完成第三次全国文物普查实地文物调查工作。在各地文物普查队员的辛勤努力下，全市实地文物调查工作取得了可喜的成绩，截至 2009 年 12 月 31 日，全市共有 300 余人参与文物普查工作，其中专业普查队员 111 人；共投入文物普查资金 176 万元；全市所有的乡镇（场、社区）全部启动并完成，启动率为100%，完成率为100%；共调查登记不可移动文物点3481处，其中新发现3030处，复查451处；调查登记消失文物23处。2010年4月，省“三普办”组织专家组对我市的实地文物调查进行了全面验收，并一次性全部通过。

第三次全国文物普查实地文物调查阶段的工作虽然已经完成了，但是文物普查还没有完成，文物保护的路仍然漫长而艰辛，文物保护的重任仍然需要我们这些文物的守护者代代传承……

文物保护是国家的千秋大业！

文物保护是我今生无悔的选择！

寻觅时代的遗产

——江西省贵溪市南山观元代张留孙墓普查记

江西省鹰潭市博物馆　陈福云

文物是国家不可再生的珍贵文化资源，开展文物普查是为了全面掌握不可移动文物的分布状况、数量、特征、保存现状、环境因素等基本情况，为准确判断文物保护的现状，以制定科学的文物保护规划提供依据，这是一项利国利民的大事，功在当代，利在千秋。

2007年鹰潭市开展全国第三次文物普查，我市全体文物工作人员上下一心，怀着“路漫漫其修远兮，吾将上下而求索”的毅力，不畏烈日酷暑、不惧艰难曲折，扎实推进文物普查工作。制定科学合理的工作计划，将普查工作做到细致化、有序化。

还记得2009年7月，我市普查队对南山观元代张留孙墓进行普查的整个工作历程。七月的太阳是炎热的，我们的心是炙热的。为做到有的放矢，在实地普查前，我们查阅了许多文本资料，大致获悉了元代张留孙的基本情况。张留孙（1248～1321年）是张道陵第三十八代后裔，字师汉。信州贵溪人。幼年入江西龙虎山，为正一道教掌教天师张宗演弟子，后自立门户，称为玄教，主领江南广大地区之道教事务。据《元史·列传第八十九》记载：“进开府仪同三司，加号辅成赞化保运玄教大宗师，刻玉为玄教大宗师印以赐。”可见，张留孙道教领袖地位得到元朝统治者的认可，以及玄教影响之大。另据《龙虎山志》记载：“福德观在上清宫北十里，旧为南山观，宗师张留孙勑葬此。”大致上可以确定张留孙墓地所在地的范围，可作为考证此墓地真实性的一个依据。

之后便是实地调查。到达后，按照工作的要求，我们分成三个小组：一组负责对墓地进行 GPS 测点；另一组是负责对墓地的全貌测量，同时在米格纸上绘制墓地地图，以表现墓地的基本概况；还有一组则是通过实地调查，其中包括墓地四周的地势地形、河流走向和走访附近村民询问有关张留孙流传下来的故事等，为填写张留孙墓的基本情况做到尽量完善其普查资料。

当天我们遇上了好几位热心的老大爷，对我们提出的问题热忱地给出了解答。我们得知张留孙墓位于贵溪市彭湾乡溪源村委会南山观，坐东朝西，占地五亩，规模宏大。20 世纪 50 年代末，因修水库墓地建筑遭到毁坏。80 年代初，墓地曾经被盗。因为石料为汉白玉，坚硬沉重，难以搬运，所以除部分石料被抬走外仍有大部分遗留在墓地，现可见裸露的石棺一口，长 3 米，内宽 1.2 米，高 1.3 米，板石厚 0.4 米，草丛中有石羊一尊，石龟一尊，石翁仲二尊，残断的石料上刻有“大元至治十二年，大明崇祯四年八月辛未吉旦”、“张府玄教大宗师达观堂茔”字迹清晰。从残留的字迹来看，古墓应建于大元至治年间，明代崇祯年又对墓地进行了扩建，使墓地更具规模。南山观元代张留孙墓与史料完全吻合。这无疑是将发现的实物资料同流传下来的文本资料相对比，符合王国维先生提出的二重证据法，有利于弥补文献资料的不足，加强历史资料的真实性。

在南山观元代张留孙墓的普查工作中，我们整支队伍秉着“吃苦耐劳、实事求是、高度负责”的精神，在烈日下完成实地考察的全部任务，做到测点精确，绘图全面，填表完善，待完成全部工作后，才转移工作地点，不遗留问题。

文物普查工作的室内整理，我们工作人员高度负责对实地考察后获得的资料进行分类整理，包括文本资料效验及电子录入、影像资料的分类存根、撰写各自的普查日记感想等。

元代张留孙墓的实地调查让我加深了对古墓葬的了解。古墓葬泛指古代人类采取一定的方式对死者进行埋葬后的遗迹，包括墓穴、葬具、随葬器物等。古时，由于受“事死如生”，即对待死者如他活着之时等传统观念的影响，不管是王公贵族还是一般平民都十分重视丧葬的规划，具体表现为对墓葬进行风水选址、棺椁的用料材质、随葬品的数量等。中华民族历史悠久，每个时代的墓葬都烙下了各自的印记，每个民族也有自己的墓葬习俗，因此，墓葬是当时社会的缩影，可以看成是时代的遗产。通过墓葬资料我们可以了解当时人们的丧葬做法，透视时代的社会政治、经济、宗教、风俗等方面的情况。为此作为一名文物工作者，我们要重视墓葬的保护，为研究墓葬文化提供更真实全面的资料，对元代张留孙墓的实地调查其意义也正是如此。

参与本市的文物普查工作，面对热心的村民们，我深深感受到了他们对古墓葬得到重视而表现出来的由衷欣慰，这份情感教育了我，让我明白作为一名文物普查工作人员的崇高责任。目前，我国人民对古墓葬的认识逐渐提高，为充分做好古墓葬的保护工作，作为一名文物工作者更应该加倍努力，而做好不可移动文物的资料记录工作是我们应该做好的第一步。

新中国建立后，全国性的文物普查至今才是第三次，算下来平均25年才有一次，作为文物工作者，这是一次非常难得的实地锻炼和学习的机会。由于博物馆工作的性质，常常接触到的都是“二手”资料，理论学习较多，但实地考察机会较少，这次普查工作让我能够将平时所学，以及以往工作积累的经验，运用于这次实地调查工作中，是一次查漏补缺的良机。

我很欣慰我们拥有一支优秀的文物普查工作队伍，在普查工作中，他们都能够做好各自的本职工作，从不拖后腿，吃苦耐劳，团结互助，发挥团队精神。怀着对文物保护工作的热忱之心，他们不畏酷暑，不畏严寒，走遍鹰潭市的城乡村落，调查工业遗址、乡土民居；深入基层，顺着河流寻觅古代的遗迹，沿着田埂搜索古代的墓葬；对文物普查工作进行广泛宣传，普及文物保护知识，提高群众对文物保护的认识。

作为一名长期从事文物保护工作的基层领导干部，能近距离接触时代的遗产，参与全市的第三次全国文物普查工作并取得骄人的成效，我深感自豪。

永不磨灭的记忆

——文物普查记事

江西省赣州市博物馆　乔　勇　黄少斌

历经了两年多的风风雨雨，第三次全国文物普查实地调查阶段终于完美地落下了帷幕。如今，每天坐在办公室里忙碌地整理着厚厚的普查资料，看着一份份符合普查标准规范要求的登记表在自己和同事们的手里诞生，心中感慨万千，思绪不由又回到了实地调查阶段的那些日日夜夜。这期间，有着太多的艰辛和泪水，也有许多普查获得重大进展后的愉悦和欢笑，但更多的是感动和自豪，感动于我们有着那样一批热爱文物事业，以保护文化遗产为己任和毕生追求的基层文物工作者和基层群众；自豪于通过自己的努力与奋斗，有幸在国家的文物事业大厦上添加了只砖片瓦，为祖国的文化遗产保护奉献了自己一份微薄的力量，无愧于历史及后人。在第三次全国文物普查中，值得记载的人和事实在是太多太多，囿于文章篇幅，只能在记忆中截取一两个片段以飨读者。

普查队里的“夫妻档”

在我们普查队中，有一对特殊的队员，他们就是普查队副队长冯扬和他的丈夫温晓东。冯扬今年47岁，可她在文博战线已工作了29年，参加过第二次全国文物普查，我们县里几次较大的考古发掘都曾留下她忙碌的身影，我们馆里的多件馆藏珍贵文物也是经由她手采集回来的，可谓是我们普查队里的元老；晓东以前在农行工作，前些年因身体健康原因提前退了休，他父亲是我们馆里的老馆长，在前辈身边的耳濡目染下，他对文物工作也有着浓厚的兴趣和很深的造诣，侃起文物来时常令我们这些所谓的专业技术人员都觉得汗颜，加之他以前在农行工作，因为业务的关系几乎走遍了我们县的每个乡村，素有“活地图”之称，有他的加入，将对我们的实地调查工作起到事半功倍的作用。由于经费原因，我们普查队并没有配备工作用车，更不可能每天租部车下乡去搞普查。这就意味着我们必须每天骑着自己的摩托车深入到乡里村间去进行调查，迎严寒、斗酷暑，顶风冒雨，其中的艰辛不言而喻。这对不是在职文物工作人员的晓东来说，的确是个考验。然而当我们找到他说明情况后，他马上就答应了参加我们普查队，没有半点儿的犹豫。从他的身上可以看到老一辈文物工作者执著于文物事业不怕苦不怕累的精神的延续和传承，也体现了一位基层文物爱好者对文物事业的热爱和不懈追求，着实让我感动不已。正因为我们队里有了这样一对“夫妻档”，我们的实地调查工作进度相当的快，质量也相当的好。冯扬精于业务，因此记录普查资料以及对各类文物进行详细的描述自然非她莫属；晓东熟悉路况及乡情，因而带路和问询的工作就由他承包下来。每到一个文物点，我们都可以看到这样一个动人的场景：他们夫妻俩一个忙于进行普查登记表的登录，一个忙于操作GPS设备及牵拉皮尺进行测量，间或还跑前跑后找到村里的一些前辈虚心地求教。沉浸于普查工作中的他们犹如传说中的神仙侠侣一般，在尽情地描绘着我们县文物事业的远景和未来。曾经有不少人问他们：你们夫妻如此不畏艰苦，长期从事文物普查这样一项枯燥乏味的工作，图的是什么？他们回答：不图什么，只求问心无愧，能用自己微薄的力量推动文物事业的发展，能通过自己的努力为子孙后代留下一些有价值的文化遗产，就是自己最大的意愿和幸福。这就是我们普通的基层文物工作者，他们实在值得我们尊敬。

被误会为果商及文物贩子

由于我们每次下乡普查都是骑着摩托车去，而乡村的道路路况普遍都不好，基本上都是些泥土路，晴天一身灰，雨天一身泥。往往经过长途跋涉（最远的一次我们骑着摩托车一天走了250多公里）后大家都是灰头土脸的，有时因为穿越一些布满荆棘的山间小路还会闹个衣衫不整，活脱脱一个走村串户的贩夫走卒形象。我们有时互相看着对方的模样都会心头直乐，为此还闹出了不少笑话。为了更高效、更节省时间去进行实地调查，我们几乎都是直接深入到乡村角落里找熟悉当地情况的村民问询情况，很少去找乡村干部带路，联系乡村干部往往会把许多宝贵的时间浪费在不必要的应酬上。因此在脐橙、蜜桔成熟的时节，有好几次当我们经过大片果园时都会有不少的果农围拢上来，向我们询问当前果品市场的价格，有些果农还直接邀请我们上他家果园去看看果品质量，以期我们能够订购，常常弄得我们哭笑不得。更有几次，我们被村民们误认为是文物贩子，对我们的问询不理不睬，还像防贼一样防着我们，弄得我们异常尴尬，但也暗暗高兴，这说明在质朴的村民心里多多少少有了保护文物的意识。每每遇到这些情况，我们都会抓住机会，化被动为主动，向村民们宣讲文物普查的重要性和保护文化遗产的急迫性，取得他们的理解和支持。以后每次下乡时我们都会随身携带我们自己印制的宣传单，在进行文物普查的同时不忘向广大群众进行宣传。我想，通过我们的不懈努力，热爱、珍视、保存、维护和抢救民族文化遗产的理念一定会逐渐深入人心，成为全社会的自觉行动。

伴着“三水”去普查

——第三次全国文物普查工作札记

江西省安福县博物馆　何财山

在这里，“三水”绝非地名，而是雨水、汗水、泪水的称谓。我从事文物工作十余年，还是第一次经历充满惊险和欢乐的工作日程。

5 月 18 日正是国际博物馆日，我和馆里刘君武同志租车前往安福县彭坊乡陈山村复查湘赣省军区各类革命遗址。陈山村离乡政府有 60 公里，车到彭坊乡才得知进村单行道正在铺设水泥，汽车无法通行，只能坐摩托车沿山道爬行。经与乡领导朱文斌委员商议后，朱委员和我们二人分坐两辆摩托车向目的地出发。

陈山村地处陈山山脉腹地，周围方圆数百里群山环绕、山峦叠嶂。这里与永新、莲花、湖南茶陵接壤，与武功山山脉相连，是湘赣省委领导的省军区后勤保障基地，留下了红军医院、食堂、印刷厂、兵工厂、仓库、碉堡、训练场、烈士墓等众多的遗存遗迹。

摩托车沿山道颠簸爬行，时而俯冲、时而在山间石块上高高腾起。幸好车技不赖，虽然摇摇晃晃却也安全驰行。不料“山里的天、娃娃的脸”，刚才还白云飞渡，突然就大雨倾盆，我们三人没带雨具，一下子成了“落汤鸡”，山风很凉，大家直打哆嗦，躲下去也不是办法，只好冒雨行进。下午2时，我们路过寄岭村，在该村支书家借了雨具，更换了一部常掉链子的摩托车，继续冒雨赶路。

下午3时，我们终于到达陈山村上墩自然村，在村长家里换上老表的衣服，来不及品尝山货的味道就囫囵吞枣般填饱了肚子。这时“娃娃脸”也变成了多云间晴，在村长刘金翻、会计刘彬文、老村长刘发文等的带领下，开始对遗存遗址逐一复查。湘赣省军区兵工厂、办公室、仓库、食堂、餐厅、训练场比较集中，对照表格逐一测点、记录。

在询问中，得知当年红军兵工厂生产所需的铁石采矿场和炼铁土窑就在对面山脚下，我们一阵欣喜，顾不了疲劳，立即翻过山梁赶到现场。虽然多年自然生长的植物已经覆盖了整个遗址，但依然可以看到取石打掉的半边山和两座椭圆形炼铁土窑。这是史料中尚无记载的新发现，堪称弥足珍贵。此时，一种文物工作者所固有的发现感、成就感犹如电流般温暖全身，不时让我们露出失态的喜跃。

临近傍晚，我们顺道去了红军烈士墓葬群，墓葬建在山坡台地上，面对溪流，背靠山峰。在灌木丛中尚见多处用大卵石干垒而成的墓墙。原来有墓碑，1934年红军主力转移后，为防国民党掘坟，当地群众才把墓碑撤掉掩埋起来。正当我沉静在思绪之中时，村长大呼：“何馆长，小心，有蛇。”我反应过来一看，我的脚下一尺以内露出两条花斑纹蛇。同事和村民拿起砍刀和木棍急向我靠拢，我制止他们，以免打草惊蛇。面对现状，我努力克制紧张的心态，强迫自己冷静下来，保持身子不动。我微闭双眼，心中默祷：我们是文物普查员，做的是求证历史的有益工作，如果英烈泉下有知，定会让我化险为夷……过了几分钟，两条蛇在大家的视野中悄然消失了。回到路上，我感到背上粘粘的，一摸才发现，不知是林中露水还是刚才自己出的冷汗，已经把厚厚的衣服前后都粘贴在皮肤上了。

到村长家已经夜幕降临，我打电话通知司机开车自己回县城，明天再来接我们。主人烧起一堆柴火，我们一行人坐在一起，一边烤衣服，一边座谈收集文物背景材料，此时女主人很热情地端出家里的米酒，不停地温酒、加酒，对着丰盛的山味让我们一杯杯干杯，尽情享受了一回终身难忘的“压惊酒”。夜里12点，座谈会散去，我们在村长家宽大的木床上带着微微的醉意酣然入睡。

第二天清晨，在林中群鸟和公鸡对鸣的呼唤中，我们醒来，这时女主人已经煮好了米粉加蛋，我们一行七人用餐后继续开始第二天的文物复查。

尽管仍然是晴雨多变的天气，也不在乎山道弯弯、沟壑重重，有了群众的热情配合，先后在进山路径，山坡台地，田垅制高点上，我们又发现并证实了三处红军碉堡遗址。这些碉堡多用天然大石和青砖构成，虽然墙体早已拆毁，但基础仍然清晰可见。大家一起帮忙，很快完成了测点和记录。接着，我们向红军医院旧址进发。知情人钟兵苟老汉告诉我们，大约在上世纪80年代年，一位曾经在这所红军医院任护士长的女将军带着她的儿子（时任空军某部参谋长）专程到村里住了两天，他的父亲带着她母子去了一趟红军医院，女将军在医院旧址里坐了两个多小时，没能找到撤退时她埋在大树下的医院花名册而老泪纵横……听了这个故事，大家坚定了脚下的步伐，紧跟着老钟向山上疾行。当时的这所红军医院（总院）设在与永新县接壤的高垅冲山腰平台上，有三条山路直达，背靠峰峦，居高临下，山上有泉水，周边均为原始灌木丛林。现在古道早已荒芜，仅能在村民挖冬笋踩出的小径里探行。钟老汉告之说两里路左右远，我们却足足走了50分钟。来到山脚下，抬头一望，山势陡峭、如入云端，我们绕行半圈却发现已经没了上山之路。在我的坚持下，村民们只好用砍刀临时开辟一条“天路”。费了一个多小时，简易的路径勉强开通，由于昨日大雨浇透，山土松落，我们只能踩在草丛或腐朽的枯枝上，一步一步抓住灌木树枝或柴蔸攀登而上。此时我们明显感觉身上越来越沉重了，里层衣服已经被汗水浸透，外层又被露水和树枝的落滴打湿，内热外寒加于一身。当村民已经到达旧址时，我们还在山腰下吃力地爬行。君武同志一手抓在断了的枯藤上，突然失去拉力，整个身子噗的一声顺着刚才的路又滑下去几米远。这种无奈，时常发生，我开玩笑说，当年红军可能还没有乘坐过这种天然滑梯……在一片嬉笑中，君武又紧跟了上来。终于，我看见了山腰上的台地边沿和夯土墙基。兴奋中一时疏忽，抖动了村民前面开路时扭弯的树杈，来不及躲闪，树杈横扫在我的脸上，当时头部一懵，感觉眼睛热辣辣，鼻腔酸楚楚，睁眼时，眼泪、鼻涕夹着汗水齐刷刷涌出……朱委员和村长赶紧跑过来，他们用清水帮我清洗了双眼，除了感觉有些疼和痒，所幸并无大碍。红军医院占地面积近200平方米，除了病房和治疗室以外，两边有瞭望哨亭，夯土墙较厚，墙上原用木板隔成间，顶部覆以杉皮和草棚，现在仅存墙基了……

到了下午，基本完成了这次复查任务，我们与村民握手告别，重新骑上摩托车，带着满身的泥泞和面目皆非的自己踏上了回乡之路。车到乡政府，我们三人的外表引来了附近一伙围观者，其中有人说：“今天乡政府又来了上访的。”朱委员动情地说：“何馆长，我今天第一次看到县里来的干部是这样的……”我们相视一笑，再次紧紧握手！

坐上自己单位接我们的车，抚摸着划破的伤痕又谈起了这次普查感受，虽然经历有些出乎意外，但感觉依然充实和欣慰。我们掌握了一手翔实的资料，有了进一步的新发现，这比付出的代价要珍贵得多。回程路上，大家笑声不断、兴致高涨起来，我有感而发，吟唱起省考古所许智范老师的《考古工作者之歌》：“南国的骄阳晒黑了我们的脸庞，北疆的雨水打湿了我们的行装，探寻祖先创业的足迹，我们一身风尘、满怀热望……”

诗歌伴着车鸣声，结束了这次难忘的文物普查之行！

文物普查随笔

江西省樟树市博物馆　李　昆

樟树市地处赣中腹地，历史悠久，文化积淀厚重，近五千年的古代文明史，是沿着原始村落、方国都邑、六朝治城、千年古县、四代故郡的轨迹渐进的。在这漫长的历史岁月里，樟树的祖先创造了我国东南地区著名的“樊城堆文化”，长江以南首次发现的大规模商代人类居住遗址“吴城文化”，誉满华夏“药都——樟树”的“药文化”，与南京茅山、贵溪龙虎山齐名的阁皂山“道教文化”，独具地方特色四特酒的“酒文化”，以及江西省仅存的千年古碑南唐太平观碑，江西省仅存的二座北宋时期石桥之一的鸣水桥，江西省保存最好的青石牌坊清标彤管，江西省现存最大的府治衙门旧址临江大观楼，樟树市最大的药业胜迹三皇宫等文物古迹，还有丰富的馆藏文物，属江西省的文物大市。

我身为樟树市文物局局长、樟树市博物馆馆长、樟树市文物普查办主任，同时又是一线的文物普查队员，对于如何做好樟树市第三次全国文物普查工作，感到责任重、压力大，但凭借参加过第二次全国文物普查的经验和近30年文物工作的积累，一开始就有计划、有目标、有重点地进行第三次全国文物普查工作。

我们编写的《樟树市第三次全国文物普查实施方案》，在市长办公会上获得通过后，市政府在2008年下拨文物普查经费10万元，2009年下拨文物普查经费15万元，2010年下拨文物普查经费10万元。

2008年，由市政府主持召开了全市第三次全国文物普查动员大会和文物普查培训班。在江西省文物局下拨我市一套文物普查设备的同时，我们还另外添置了GPS定位仪、数码照相机、指南针、笔记本电脑、打印机、复印机等文物普查设备，使文物普查工作得以顺利展开。

我们以樟树市第二次全国文物普查和江西省文物地图集为依据，成立了两个文物普查组，采取分区、分片、分组的方法进行普查。每到一个乡镇，由乡镇领导带到村委，再由村委干部带到村寨，走到哪里就普查在哪里。2008年，我们完成了赣江以东9个乡镇办事处的文物普查任务。2009年，我们完成了赣江以西10个乡镇办事处的文物普查任务。经过两年多的普查，我市共调查文物点642处，其中新发现487处，复查155处（消失26处）在这些文物点之中，古遗址134处、古墓葬28处、古建筑465处、石刻4处、近现代重要史迹及代表性建筑9处、其他2处。

在第三次全国文物普查过程中，我不仅率领市文物普查队早出晚归、身体力行、身先士卒，风里来、雨里去，还承担了文物普查的拍照、绘图、文字等数据采集和整理，并顺利地完成了全市文物普查工作。通过第三次全国文物普查，我们基本上了解了樟树市的文物分布情况，而且文物普查成果丰硕，收获不小。

在古建筑方面：我们在刘公庙镇塔前彭家村发现了目前还保留着比较清晰的原生村落。该村以大宗祠为主轴的两侧巷道布局还依稀可辨，现存二十多栋传统建筑中，大多数是清代嘉庆、道光时期的建筑，尤为珍贵的个别建筑有绝对纪年和相关的碑记。这批建筑主要是宗祠和民居，其可贵之处在于形制风格非常统一，已经演化成鲜明的地方做法。民居大多是一进或一进加入口半天井的中小型格局。构架取檐金对位和堂厢外檐同高的制式，这就明显有别于大多数江西传统民居的做法。因为构架搭接简洁，杆件力向明确，所以房屋整体刚度较好，致使这批建筑保存比较完整，整体房架甚少变形和倾斜。彭家村古建筑构架不尚装饰，挑托部件不追求花哨的效果，但却在轩下、檐下都做有精美和寓意纹饰的天花，这也是江西其他地方甚少见到的。两厢和正房的格扇和槛窗雕刻精细，做工考究。其实，在全市各乡镇办事处也有不少保存较好的民居，遗憾没形成片，拆除不少。

在古代桥梁方面：我们在永泰镇和洋湖乡的一条龙溪河上就发现了8座清代古桥，有横洲上架梁桥、大观桥、车埠桥、杨家架梁桥、太和溪桥、折桥、蛟湖溪桥、溪下杨家桥等古桥。其中横洲上架梁桥、杨家架梁桥，还有大桥街道办事处草溪河的沙珂桥，其特点是用石条为柱，石板为桥面而构成架梁桥，在江西省乃至全国都很少见。就以横洲上架梁桥为例，整桥为花岗岩长条青石建造，桥墩由三根长条石呈鸡爪状插入河床为柱墩，其上端用条石将三立柱墩榫卯横连接固定，共形成八组柱墩立于河中，每组之间架三条长青石为桥面，呈八柱墩、九空架梁桥。桥面全长25.6米，全宽1.9米（连桥墩座），实宽1.16米，桥面距河床约2.6米。该古桥造型独特，结构简单古朴，对于研究樟树乃至江西省地区古桥梁的发展史具有一定的史料价值。另外，我们在义城镇和中洲乡的蒙河及周边地区，发现了城湖古桥、宋家古桥、亭子下古桥、寨里下屋古桥、肖家古桥、琵琶桥、吴平上桥、吴平中桥、吴平下桥等9座与众不同的用山砂、石灰、红壤土、糯米浆等混筑而成的土桥。以城湖古桥为例，桥的上游平面有用山砂、石灰、红壤土、糯米浆等混筑而成的六座半船形分水墩立于蒙河中间，在每孔桥墩之间纵排搭架9～12根不等圆木为桥架面，其上再横铺数层木板，木板之上再筑一层山沙、石灰、红壤土、糯米浆等混筑而成的土面，同时在中间再镶嵌一长条青石为桥面。桥长51.8米，宽3米，面积约155平方米。古桥造型古朴，简洁实用，历经数百年仍完好。该座古桥规模宏大，结构稳定，造型独特，对于研究樟树乃至江西省地区古桥梁的发展史提供了十分珍贵的实物资料。

在古文化遗址方面：我们仍以古代河流的水系为重点，展开对古代人类活动地进行文物普查。比如，我们在临江镇的袁河及周边地区发现了炮台山遗址、清代古炮台、熊家寨古炮台遗址、台基上遗址、榨面前岭遗址等古文化遗址。以熊家寨古炮台遗址为例，它位于临江镇渚塘村委会徐家自然村东侧约500米的丘陵台地上，为商周时期遗址，分布面积约8000平方米，文化层厚0.8~1.2米。遗址的南、西、北三面均为土筑城墙，城墙高约1.8~2.2米不等，东面临袁河未筑城墙。地表采集的标本纹饰有网纹、附加堆纹、回纹等，可辨器形有鼎、罐、大口尊以及石锛等。该遗址为研究江西中部地区商、周文化的区域类型、聚落分布、文化谱系等提供了新的实物资料。另外，我们在吴城水库上游淹没区内发现了下罗遗址，该遗址在枯水季节时显露地表，为新石器晚期至商周时期遗址，遗址呈椭圆形，直径约85米，面积约6500平方米。从地表采集的陶器标本来看，陶质有夹砂红陶、软陶等，纹饰多为方格纹、蓝纹、回纹、圈点纹，可辨器形有鼎足及罐、盆等，鼎足分鸭嘴形、圆锥形、扁足形等，文化堆积下层为新石器时代晚期，上层为商周时期，属吴城文化。该遗址的发现，为研究江西新石器时代晚期遗存与吴城文化的关系，源头聚落分布、区域类型、文化谱系、以及地层叠压等诸关系，提供了新的实物资料。

在古窑址方面：我们在昌傅镇太平村委会丰溪陈家村西南约600米处（即蒙河的东北岸）发现了栖悟山隋唐时期窑址。该窑址分布面积约25000平方米，窑址坐落在蒙河的东北岸丘陵山地的边缘地带，呈东西向（东西长约500米，南北宽约50米）排列，丘陵山地边露出一馒头形窑址。从地表采集的青瓷残片来看，主要有钵、碗、罐、碟及大量窑具匣钵等，从实物标本分析，窑址的烧造年代为隋唐时期，属洪州窑系列，该窑址的发现，填补了樟树地区无窑址的空白，同时为研究该时期陶瓷器烧制的形制、规模、发展提供了新的资料，具有重要的史料价值。

说心里话，我刚参加工作就参与第二次全国文物普查，当时樟树的文物普查工作重点是以古文化遗址为主，155处文物点，古文化遗址就有121处。现在，我又参与第三次全国文物普查野外调查工作，是全方位的，我深深地感到如果此次文物普查能提前十年进行，樟树乃至于全国各地会留下更多的文物古迹，更多的历史文化资源。

“三普”实地调查的最后一天

江西省德兴市博物馆　叶淦林

2009年12月31日　星期四　晴

按照普查计划安排，我市的“三普”实地调查最后只剩下万村乡新屋村和张村乡张村以及遥畈村了，今天要一并走遍。

8点钟上班到单位几项工作稍作安排后，市电视台记者占寿泉随同我们普查队员乘车奔万村乡新屋村实地调查。由于德昌高速公路和京福高铁路段现正忙于施工中，载重车频繁运送土石，致使德兴境内多条公路路面压坏，坑坑洼洼，我们下乡即刻唱起“摇篮曲”。抵达万村乡新屋村时已是上午11点钟。

现年61岁的新屋村村委会原任书记马友煌卸任后，仍在村委会帮忙，见我们一行抵村时近中午，便先安排就餐。尔后把我们带到九子墩自然村27号查看张功太民居。民居为清代建筑，是该村尚存最早的普通传统民居，面积较大，但保存状况不佳。接着，我们又马不停蹄地到新屋村村头查看“福元桥”。桥长8米，宽4.2米，桥面距水面高2.4米，单栱石桥，条形麻石干砌而成，东西走向，桥栱顶两侧各镶嵌石碑，上刻“福元桥”，前款“大清道光四年－阳月旦日”，后款“募化十方善七谨立”。该桥虽历经百年风雨侵蚀和洪水冲击，仍桥基稳固，现仍为村民劳作出行道路桥梁，只是多年未经清理，桥身已长满藤刺，桥面泥沙混积，凹凸不平。为了拍照，老书记马友煌到老乡家帮我们借来柴刀砍去荆棘。

调查结束，老书记马友煌告诉我们有位村民收藏了一幅5米长卷“百美图”，请我们鉴赏真伪，电视台记者占寿泉听后饶有兴趣，想拍条新闻，也就催促我们前去鉴赏。收藏者陈加明出门在外，其夫人陈普英小心翼翼地把画卷捧出展开，众人围观称好，占记者也兴奋地扛着摄像机并组织画面进行拍摄，忙了一阵后，才让我看，仔细一瞧，哟，原是赝品一幅！画中署“崇祯丁未年秋日　杨寿平画”并盖有“乾隆御览之玺”，全无着墨、钤印痕迹，是印刷仿品。听我一说，占记者立刻放下摄像机，顿时像泄了气的皮球，软了劲。一条好新闻“跑调”了！

下午2点半钟，转入张村乡张村沙路自然村。张村沙路自然村，原为张村乡所在地，前些年撤乡并镇，乡政府迁到界田村，现为村委会所在地，一直是革命老区帮扶乡村地，也是我之前全市唯一未到的乡村。虽然初访张村，印象比想象的要好多了。新修的一条水泥公路蜿蜒起伏，两旁绿树成荫。村中新屋错落，建节水河宽平流，朴实的村民谈吐亲和。村中一条条鲜红标语让人目不暇接：“生产发展、生活宽裕、乡风文明、村容整洁、管理民主。”“加强法制教育、促进社会稳定”“以人为本、全面落实科学发展观！”“讲整洁、讲卫生，创建和谐新村！”“发挥农民主体作用，建设社会主义新农村。”“建设新农村，受益每个人。”……新农村建设给张村带来很大变化：路平、屋新、树绿、人和！田园风光美，村民素质高！

村中的沙路大桥，引起了我们的关注。为纪念方志敏在张村革命活动，1980年冬由省老建办拨专款扶助兴建。该桥长60米，宽8米，桥面距水面高5米，钢筋混凝土桥，东西走向，桥面南北两侧设1米宽人行道，桥水泥柱作护栏，柱高1.2米，三联栱桥。桥东建“沙路大桥”纪念碑，正面凹刻“流芳千古　程才金题1986年8月”，南侧“发扬革命传统，争取更大光荣”，北侧“团结奋斗，共谋四化”，背面“纪念方志敏在张村革命活动。1980 年冬由省老建办拨专款扶助兴建沙路大桥。德兴县人民政府，1986 年 8 月”。沙路自然村河对岸有良田百亩，过去每遇洪水泛滥，木桥被冲走，村民无法跨过建节水河流耕作田地。自沙路大桥建成后，勤劳的沙路村民便可风雨无阻地往回两岸，方便耕种。

从张村沙路自然村撤回德兴银城途经张村乡瑶畈村时，多次来过该村的占记者要求我们作短暂停留，看看“瑶畈古戏台”。戏台旁边墙上有村宣传栏“村情简介”：“瑶畈村隶属张村乡，全村村民 183 户，756 人。明时，祝家营张姓建村于砖瓦窑旧址，取村名窑畈，后雅化为瑶畈。……村庄建设布局缺乏后期详细规划指导，新老建筑风格不协调。……”我们正看着宣传栏，村民张杭永抱着孙女主动上前介绍，“瑶畈古戏台”建于清代，属原“张氏宗祠”中一部份。“张氏宗祠”原面积较大，约 1000 平方米，内设古戏台、中堂、天井、祖宗列位台等，是瑶畈村张氏家族重要活动场所。在第二次国内革命战争时期，即方志敏在赣东北闹革命时，此地为红区，宗祠内曾驻兵屯粮。后来方志敏带领革命队伍转移阵地不久，国民党军队入袭瑶畈村，火烧旧屋，宗祠损毁严重，残存宗祠内戏台。外墙上还保存着红漆行书“国民公约”，部份文字已模糊不清。2008 年因新农村建设将“张氏宗祠”戏台进行抢救性修复，现逢年过节村仍请戏班在此演出。经测绘，位于瑶畈村中西路 11 号前的“瑶畈古戏台”面宽 16 米，纵深 10.3 米，台上木柱 36 根。

热心的村民张杭永还带我们看了村中尚存的两口古井，一口位于村西边“火”字路中，据说是风水先生提出“火”字路中挖口“水井”，水火相克，去邪避灾；另一口位于村东边路 27 号屋后山脚。这两口井虽建于清代，但没有特色，加上井台被改造得面目全非，已不为村民饮用，失去其文物保护价值，因而未做测绘。

落日西沉，晚霞满天。载着一天的丰收喜悦，返回路上，望着车窗外飞扬的尘土，脑海中闪现两年来一幕幕普查画面……烈日下、风雨中，普查队员翻山越岭、跨沟涉水，走村访民寻找古迹，蜂虫常叮咬，汗水湿全身。有苦涩，有惊险，有酸甜苦辣，有诗情画意，更多的是收获中的喜悦与欢乐！我欣赏普查队员们不畏艰险、勇往直前的敬业精神，为此写下《赞文物普查员》诗一首：“着上行装田野行，日晒风吹雨飘淋。涉水爬山寻古迹，峰回路转访乡民。地上水下觅珍宝，廊桥牌坊拂蒙尘。肩负重任细调查，何惧困苦与艰辛。”

山东省

“三普”三记

山东省济南市历城区博物馆　张泽刚

历城区的第三次全国文物普查实地调查阶段历时近两年。全体普查队员历寒暑，冒风雪，攀高峰，步田野，跑遍全区655个村居的山山水水、村居院落，圆满完成了实地调查的各项任务，以优秀的成绩通过了省、市文物普查办公室专家组验收。回想那些有些艰苦，但异常充实的日子，感觉一切仿佛就在昨日：白天寻古探幽的行走，夜晚细致的资料整理；新发现文物时的兴奋，目睹文物残毁时的惋惜……所有的复查、新发现都按标准填写了表格，建立了档案；某些待完善的地方建立了备忘录，作为我们今后工作的一个重点。也许，除了高质量的工作，我们还应该记录下调查过程中的琐事，这些琐事是“三普”工作中的趣事，是蕴含着崇高的平凡，是“三普”人虽苦犹乐的情怀体现。

“三普”之登山记

历城南部多山，属泰山北麓余脉，而高山“多以寨名”，因此登山就成了普查工作中的一项重要内容。山寨最为集中的当属仲宫镇高而办事处，该办事处所辖地史称锦云川，在40余平方公里的范围内就有8座山以“某某寨”命名，惹得大家摩拳擦掌，欲一试身手。第一次登山的前一晚，与领队王惠明商定将九名队员分成三组：一组登纪儿寨，一组登黑山寨，一组在村内走访。第二天一早出发，分头行动。在向导建议下，每人都用路边的树枝制作了拐杖，这简易的拐杖，还真发挥了极大的作用。登山伊始，它的作用是助力和支撑平衡，自半山腰开始，它就发挥了更大的作用：山上密密麻麻长满了荆棘，带刺的荆棘高一米有余，密不透风，抓不得，碰不得，只能用拐杖拨开一条缝隙，侧身通过。热。汗。被刮伤处火辣辣地痛。我们组攀登的是黑山寨，通过对讲机，可以与纪儿寨一组联系。在近顶峰时，惠明提醒我们一定要小心，因为他们组的李勇滑倒扭伤了腰。终于到达山顶，发现了石臼等遗迹，一则明代题记很让大家兴奋，尽管字迹已多漫漶不清。一番拍照、测量、记录。下山，前往黑风洞，进入更高的灌木丛。灌木下是一种很滑的草，草下多有獾觅食挖出的洞，姜谊滑了一跤，我连忙提醒她踩实后再迈步，话未说完，我也滑到，幸亏有灌木挡住。绕行几十米，回头望，惊出一身冷汗：刚才跌倒处就在一悬崖边上，因树密当时未发现而已。刚才还有说有笑的我们，一个个胆战心惊。小心翼翼下山，午餐已是下午两点。

有了这次经历，以后再登山，就只挑选年轻力壮的队员。而隔天攀登杨家寨又让惠明、新智和杨琨三人过了一把徒手攀岩的瘾。向导为了节约时间，选了一条近路，却需要他们攀登一段陡峭山崖。看到他们拍回的照片，都为他们感到揪心。局领导得知情况，专程来看望大家，后来为队员们购买了人身保险，体现了对队员的关心。

历时最长的登山要数考察齐长城。我配合省齐长城调查队在历城段的工作共 18 天，每天早 7 点开始登山，在山上一呆一天，下山时腿又酸又软。上山背两壶水也不够喝，而在一周内就让我成功“减肥”4 斤多——嘿嘿，额外的收获。

速度最快的登山要数考察九如山古道。在完成西营镇葫芦峪村内调查时天色已晚，得知村南山上尚存一段通往齐长城的古道，领队王惠明决定用最快的速度去实地查看。联系景区，进入，直奔古道，几乎一路小跑，停下来拍照、记录就当做喘气休息。到达山顶，发现价值较高，作为新发现登录，下山用航迹法测量，完成，整个过程不到 20 分钟。游客叹我们“神速”，只是腿连续酸痛几天。

登山也不总是苦累和艰险，比起北部一望无边的平原，少了旱天飞扬的尘土，没有雨后脚陷难拔的泥泞。登山，更多了“普查兼收美景尽”的喜悦，更多了“山登绝顶我为峰”的豪情。而雨中攀登仙人堂更多的是浪漫。夏雨时停时歇，雨水混合着汗水，穿行在晶莹欲滴的翠绿山林，呼吸着湿漉漉的新鲜空气，别有情趣。雨急，避雨；雨小，工作。复查、新发现共计 3 处。站在洞前露台，看脚下树绿花红，望远山云雾掩映，感受这仙境唯我独有，疲劳顿失，更添豪情。

“三普”之美食记

历城的文物普查是以镇为区域单位，各镇负责普查队的食宿与交通费用，普查队员们有机会品尝了各地美食，在寻觅古迹、领略美景的同时，一饱口福。像柳埠的媳妇汤、高而的豆腐皮、彩石的玉龙桃、郭店的排骨与草莓，都是令人难忘的美味。一日，与队友闲聊，竟总结出几个历城“三普”美食之“最”来：

最解馋的美食——牛脸肉

美食都足以解馋，而馋的层次不同。普查队员集体犯“馋”是在 2008 年冬天。可能是地域不同，天天白菜，且咸得要用开水冲过才能吃，经常夜半饿得肚子咕咕叫。一日傍晚上街，嗅得一股异香，原来是街头小摊在卖牛脸肉，买一块，全体队员都呼过瘾。此后队员轮流做东，晚餐变为一荤一素，科学饮食，晚上睡觉都格外踏实。

最解暑的饮品——绿豆汤

似乎这两年济南的夏天格外热。在彩石镇普查时，旅馆老板见我们每天“汗衣结云彩”，就每天熬一大锅绿豆汤，那个月藿香正气水的消耗量明显减少，绿豆汤功不可没。

最佳夜宵——玉龙桃

彩石的玉龙桃在古代是贡品，文化站长隔几天就为我们提一袋来。桃个大肉厚，鲜美多汁，每晚整理完资料，一人一个作夜宵，那真是享受。

最下饭的菜肴——油泼辣椒

在董家普查时已是初冬，三餐都是在院中水塘边，油泼辣椒成了我们的最爱，暖身又下饭，大馒头每顿能吃两个。

最经济的营养品——花生米

港沟镇食堂经常炒韭苔儿、蒸韭菜包子，再加上长期饮食不规律，四个人的胃经常火烧一般。新智贡献出老父亲在老家亲手剥好、亲自送来的花生米，胃果然舒服许多，而且不再担心睡得晚饿肚子。几天后告罄，去超市买笔芯时捎回一斤多，算是不合理支出了一笔“三普”经费，但味道差了许多。

最奢华的工作餐——郭店排骨

郭店镇的伙食安排得相当好，竟然天天有排骨吃，有时在餐后还有一大盘草莓，早餐也经常调换花样。队员们都觉得太奢侈，镇领导却说大家太辛苦，一定要加强营养。无以为报，尽心工作，领队王惠明就在大家都认为不可能的地方挖出龙山文化鼎足，得雅称“王慧眼”。

俗语说“人是铁饭是钢”，无论大锅菜还是四菜一汤，都是为了有体力干好工作。其实，在地头拔两棵茵陈泡进杯子就是好茶，休息时采一把苦菜洗洗就增加一盘野味，从事自己热爱的工作就是最高的享受。

“三普”之想家记

用我们领导的话说：“普查队员都是业务骨干。”据我观察，每名队员在各自家庭也都是“骨干”。实地调查工作一般是二十几天甚至三十几天回家一次，谁能割断与家庭的亲情联系？感谢科技的发展，高科技的普查设备使“三普”工作事半功倍；幸好有了手机，拉紧了普查队员亲情的纽带。

凭借手机，林老师可以遥控指挥儿子做家务。五十多岁的林荣英老师是普查队年龄最大的队员，作为家庭主妇，她的离开使家庭运转不灵。家中何物在何处，都是电话咨询，电话告知，甚至在电话里指导孩子做饭。

幸好有了手机，年轻的队员可以在电话里与恋人聊天，交流感情。王莹是在每晚夜深人静时与在北京读博的男友“煲电话粥”，去年二人终成眷属。杨琨更多的是边在田野行走边“煲粥”，今年有望喝上他的喜酒。缘分啊，他们的爱情里多了“三普”赠与的甜蜜。

姜谊的儿子一岁多，蓝秋霞的女儿两岁半，作为母亲，她们对孩子的牵挂肯定超过我们，每晚在电话里同孩子说话是必修课。而她们口袋里总有掏不完的糖块儿，在村里碰到小朋友总能掏出一颗，那一刻我们都会明白她们心中想的是什么。在虞山顶上，与小蓝女儿同龄的小女孩儿的一声“谢谢阿姨”，惹得她躲到柏树林里偷偷流泪，我们的安慰却只有沉默。

刘新智的孩子最小，“三普”开始时才几个月大，他就用手机拍了儿子的照片，想儿子了就看看。把手提电脑的桌面也换成儿子照片，每晚用 CAD 作图，打开电脑首先看到的是儿子粉嘟嘟的小脸儿。

往家打电话最少的要数领队王惠明，他的电话都很简短，周末的电话却出奇地长，那肯定是读高中的双胞胎女儿在汇报学习情况。

而我在电话里除了指导孩子学习，多是在遥控行使“家庭骨干权”：老家翻修老屋，遥控指挥妻子买沙子、水泥、木料，找建筑工人；母亲病了，遥控指挥妻子买什么药，做什么饭；弱弟心情不好时，耐心同他聊聊天。

有时我们还“傻得可爱”，“制造”机会想家。在仲宫镇普查时，我和刘新智的家离所住的旅馆步行不足十分钟，但因仲宫镇普查任务重，我们自觉“乖乖”住在旅馆，晚上认真整理资料，有时一天数过家门而不入，继续与家人保持电话联系。即便这样，我们也输给了领队王惠明，在市区普查时，他的家就在旅馆对面也同我们住在一起。的确“傻得可爱”吧？反正我的家人是把这事当作笑话。

至此忽然想到，每名普查队员都应该感谢自己的家人，正是有了他们的理解和支持，我们才能专心于工作，才取得了今天的成果，让我们发自内心地向他们说一声“谢谢”!

再长的篇幅也写不尽我们的“三普”。我们的“三普”有声有色、有苦有乐。有付出，但更多的是收获。我和新智都深切体会到了在文物普查中的“成长快乐”，本是外行的我们，在工作中学习了专业知识、开阔了视野。新智凭借深厚的美术功底，奉献给“三普”的是精美的图纸，是一幅幅饱含深情的速写。而我在工作之余，在失眠的夜里，写下了近千行诗句，记录我们的“三普”生活。我们的“三普”紧张、快乐，我们的“三普”精彩如歌。没有豪言壮语，不需要华丽辞句，一段难忘的经历，一笔宝贵的人生财富——“三普”，将在我们心中永远铭记。

不同地形地貌条件下文物普查调查方法的探讨

——以淄博市第三次全国文物普查为例

山东省淄博市文物事业管理局 徐学琳

文物普查是国情国力调查的重要组成部分，是确保国家历史文化遗产安全的重要措施，是我国文化遗产保护的重要基础工作。开展文物普查是为了全面掌握不可移动文物的数量、分布、特征、保存现状、环境状况等基本情况，为准确判断文物保护形势、科学制定文物保护政策和规划提供依据。文物普查与考古调查既有联系又有区别，考古调查的目的是发现、确认和研究文化遗存，为文化遗产保护提供依据，包括区域系统调查和遗址调查等。简单来说，文物普查的面更广，包括古遗址、古墓葬、古建筑、石窟寺及石刻、近现代重要史迹及代表性建筑和其他等六大类文物，而考古调查的目的性和专业性更强。

基于文物普查的自身特点，实地调查必须根据不同的地形地貌特征以及历史文化资源的分布特点采取不同的方法。淄博市位于山东半岛的中北部，市域范围内山地、丘陵、平原三种地貌齐全，下面以淄博市第三次文物普查实地调查工作为例，试探讨文物普查的不同调查方式。

沂源县地处鲁中腹地，属纯山区，是山东省平均海拔最高的县，素有“山东屋脊”之称。境内有名的山1983座，海拔最高的鲁山1108米。沂源总面积1636平方公里，辖9镇4乡，633个行政村，人口55万。沂源县的田野文物分布具有以下特点：一是由于位于山区，且境域面积较大，文物点分布分散，普查工作量非常大。二是古遗址沿河分布、沿重点遗址周围分布的现象普遍。三是旧石器文化遗存较为丰富。中国科学院古脊椎动物与古人类研究所一直在沂源县不间断地进行旧石器文化调查。四是石碑石刻保存较好，因为地处山区，交通不便，遭受外界破坏的几率较小。根据山区文物分布的这些特点，沂源县的文物普查相应的采取了一套切实可行的工作方法：首先，特别重视对群众的访谈，从中了解有用的线索。山区地形条件复杂，有些地方山势险要，长年人迹罕至，道路崎岖难行；而文物普查有严格的时间结点，在这种情况下片面追求覆盖率既不现实又无必要。广大群众长期在山地耕作放牧，他们熟悉当地的一草一木，因此宁可在访谈中多了解几个人多花些时间，也要避免无的放矢做无用功，对于明显不适合人类活动的区域则适当做一般性调查。其次，要根据沿河流和重点遗址的周围遗址多、旧石器文化相对重要和石碑石刻较多的特点做好重点调查。

一是以沂河流域为重点，全面做好沂河及其支流两岸的普查。先后在沂河及其支流两岸发现了多处遗址和墓葬。其中在大张庄镇张庄发现的龙山文化遗址，面积超过 10000 平方米，该遗址出土的器物标本多，器形全，对进一步研究并揭露该遗址性质具有重要意义。二是做好重点遗址及其周围的专题调查。在对省保单位东安古城的专题调查中，发现了叠压在汉代城墙下的龙山、商周、东周时期的古城墙。这比历史文献记载的汉代郡城提前了 2500 年。三是做好沂源猿人等旧石器文化的专题调查。目前已发现在旧石器文化研究中具有重要价值的山洞两处。四是对保存较好价值较高的唐宋金元明清各个时期石碑石刻进行捶拓，留下珍贵的历史资料。

高青县在淄博北部，北依黄河，南靠小清河，县域境内全部为平原。地势西北高而东南低，平均海拔 12 米，历史上黄河多次改道、决口，致使泥沙沉积，在反复冲切、叠压下，逐渐形成缓岗、微斜平地和浅平洼地等地表形态，缓岗、平地和浅平洼地地形相间，境内自南向北依次有金岭、银岭、铁岭缓岗地。面积 831 平方公里，辖 9 镇、767 个行政村，人口 36.6 万。

高青县地处黄泛区冲积平原，独特环境造成了地表文物少地下文物埋藏深，地表黄河淤积层普遍在 3 米以上，且村多村小，历史资料匮乏，文物普查工作面广量大。针对这一实际情况普查人员在做好深入调查的基础上，采取以下调查方法。

一对黄河沿岸的赵店、常家、木李三镇进行一般性调查。这三个乡镇都处于黄河边，有些村子实际上就处于黄河大堤内的滩涂地上，并且在建国后直到 20 世纪 90 年代进行了数次搬迁，有些地方的耕地是通过引黄河水沉积形成的，现在这个过程仍在进行。这种条件下，能够调查到的文物数量相当有限，仅有个别的清代石碑和民居建筑，因此进行一般性的调查以节省宝贵的人力物力和时间。二对南部、东部各乡镇重点调查，尤其是各条人工河流全线踏查。南部和东部各镇黄河淤积层相对较浅，在 20 世纪 50 至 70 年代为了防洪、除涝、灌溉、改碱多种功能，又开挖或疏导了多条人工河流，比较大的有吉池沟、干河子、干二排、杜姚沟、东干排、青胥沟等，这些人工河深度普遍超过 3 米，有些达到七八米，且历年以来不断清淤，在这个过程中不仅能够穿过黄河淤积层到达文化层，并且将包含物搬运于河岸上，从而能够发现古遗址。荣获 2009 年度十大考古发现的高青陈庄西周城址，也是因为小清河堤岸挖掘排洪沟致使陶片暴露才发现的。基于这个正确认识，我们沿这些河流全线无遗漏的踏查，同时结合重点勘探，发现了多处有价值的古遗址。这些古遗址长期深埋地下，保存状况都比较完好。新发现的店子南遗址位于杜姚沟两岸，遗址表面发现大量的泥质红陶陶片和蚌壳，初步探明遗址东西约 300 米，南北约 200 米，文化层厚度超过 1.5 米。采集到的标本以泥质红陶为主，器形有罐形鼎鼎足、高柄豆豆盘、豆柄、陶壶口沿、陶壶鋬等，且大部分带有彩绘，彩绘以白、褐、黑等色几何图形为主，年代可到大汶口文化中期（距今 5000～5500 年）。此遗址的面积大，保存好，标本丰富，等级较高，对于揭示大汶口文化的分布区域、文化内涵有一定的意义。高青县域境内先前没有发现早于商周的古文化遗址，此次发现将高青县有据可依的历史向前推进了 2000 多年。

周村区位于淄博市西部，南部为丘陵，北部为平原。总面积 263 平方公里，下辖四镇、四个办事处和一个经济开发区，230 个村居。相对面积较小，村庄较少，人口密度较大。

根据周村区的地形特点和文物分布特点也采取一套调查方法：首先，进入村庄之后，普查小组中两人访谈村民搜集文物线索，其余的两到三人查看村庄周围田野，观察地势地貌，然后互通信息，决定重点勘察区域。这种方法既节省了时间又没有遗漏，适用于平原村庄密集地区的田野调查。其次，由于近三十年工农业生产的飞速发展，尤其是机械化耕作方式的普及，田野的地势地貌发生很大变化，陶片等遗物大量减少，在这种情况下，普查队员除充分利用第二次文物普查的资料外，还重点观察沟坎、田堰、河岸、林地、树坑等能够暴露地层遗物的区域，在麦苗长起长高的情况下仍然发现了多处有价值的遗址。再次，周村在近现代为我国商业重镇，素有“金周村”、“旱码头”、“天下第一村”之称。进入城区后，根据周村商业中心的这一特点，广泛的收集包括区志、村志、商业志、各种研究性专著等资料，邀请地方史专家带领实地介绍情况，对古建筑、近现代代表性建筑、老字号进行了调查。在复查古建筑燕翼堂时，原有记录仅为单体建筑，通过队员们细致踏访和仔细观察，实际周围建筑为一个整体，都属于十字胡同王家宅院，遂将其扩大为包括 13 进院落 33 栋总共 105 间房屋的建筑群。新发现的方济各修会楼，结构高大保存完好，具有近现代天主教建筑的典型特点，是研究天主教会在山东传教活动重要的实物资料。在调查中特别将老字号作为重点，共发现历史渊源清晰发展脉络明确的老字号 53 处，其中就有著名的孟氏八大祥的“瑞蚨祥”、“谦祥益”、“瑞林祥”、“鸿祥”、“泉祥”等，也有著名的山陕钱庄“大德通票号”分号，通过一张民国二十年左右的周村大街地图，确认了周村古大街现存最大铺面的老字号——亨达新鞋店。

正是能够根据实际情况创造性的探索各种文物普查的调查方法，才使得文物普查取得丰硕的成果，同时也为下一步文化遗产的保护和研究工作奠定了基础。

找寻历史的足迹

——淄博市第三次文物普查记事

山东省淄博市文物事业管理局　徐学琳

全国第三次文物普查实地调查阶段结束了，一些借调的同志因工作的关系要回到原单位，大家执手话别，虽然轻松地开着玩笑，心情却有些莫名的失落和伤感。看着眼前的情景，回忆起当初组建普查办公室时轰轰烈烈的场面，屈指算来文物普查也已度过了第三个年头，这期间的点点滴滴总是萦绕心头挥之不去。

作为市普查队的队长，我经历了全市文物普查实地调查发通知、开动员会、组建队伍、业务培训、试点、实地调查、成果验收、数据上报的全过程。我市的文物普查取得了不俗的成绩，不可移动文物的数量翻了一番还多，总数达到2000余处，在全省也居于前列。新发现的文物点填补着各种类型的空白，极大地丰富了我市的历史文化资源，有些区县的历史因此而前推了2000多年。成果的取得当然离不开各级政府和领导的支持，但更重要的却在于一大批忠诚于事业的普查队员们艰辛的工作，他们顶烈日，冒严寒，用脚丈量着家乡的山山水水，用心找寻着历史的足迹，他们用火一样的热情谱写出文物事业的绚丽篇章。

还记得在周村区的全市普查试点。虽然经过了省里的统一培训，但是具体如何操作，尤其是如何运用新技术，大家心中没底。于是在市文物局的主导下，调集全市文物骨干齐聚周村进行调查试点。我们这支队伍以年轻的队员为主，也有参加“二普”的老同志，但是如何吃透把准“三普”的技术标准和规范，还是个新课题。经过几天的实践，包括我这个队长在内，也有不少的疑惑：文物如何定名，数量如何确定，年代如何判断，简介都要填写到什么程度，各类型的文物采取什么方法调查更有效，包括有些非专业出身的队员如何培训好基本操作技能？怎么办？群策群力，集思广益，走群众路线。以前被证明有效的方法，在面对新问题时同样有用。我们几个组长，老许、王姐、小徐，各自把各组填写的草表汇集在一块，从封面的第一个栏目——编号开始，大家都纷纷提出自己的理解，然后就是激烈的争论。这种争论又是多么的融洽，因为这是对事业的热爱，是对真理的追索，毕竟都有一定文物工作的专业素养，有道理的意见总是能占据上风，最后达成共识。这种热烈的讨论感染着大家，转眼就到了深夜，12 点，凌晨 1 点、2 点，这时候王姐显现出女性的细心来，拿出准备好的香蕉，那香蕉的个头和滋味真是永远难忘记的。讨论达成的共识，被组长们带回经受第二天实践的检验，同时把组员的意见带回再讨论，经过反复的讨论，我们形成了一套符合实际又符合规范和标准的调查方法，形成了一套标准的填写样本，奠定了整个普查的基础。直到今天我们都是自豪的，因为虽然不乏一些小的理解差异，最后形成的认识对全市的普查工作发挥了极大的指导作用。与此同时，基本技能的培训也一直在进行。有的队员不会绘图，我们有学古建筑的，从米字格开始教起；有的队员对史前标本不熟悉，我们有学考古的，从陶器的器形陶质陶色教起；我们还有“二普”老队员，教授大家古遗址的调查方法和小窍门。试点的那段时间，普查队居住的招待所两层楼的房门都是敞开的，都成了临时的教室，队员们或走来走去的请教问题或三五成群的讨论方法，因为都是要马上用到的实用知识，大家的热情都很高，进步也特别快，真正地带出了一批专业的文物工作者。白天是辛苦的田野调查，晚上是往往到深夜的讨论和学习。队员们的奋发精神甚至都感染到招待所的服务员，说真没有见过这样干事业的。在试点结束后的招待宴会上，队员和领导们都喝多了，年轻的姑娘们也留下了眼泪，这是在共同的干事创业的过程中结下的深厚感情。

还记得在开发区的普查正值一年中最热的三伏天气。大家戴着草帽，搭着毛巾，在山坡上耐心寻找着一块块细碎的陶片，不一会的功夫衣服就能拧出水来，衣服上留下一道道的汗碱，还要随时注意蒿草有没有异常的响动。六月的天，小孩子的脸，说变就变，刚刚还炽热难耐，毫无征兆的就下起雨来，四处是旷野，离车也有老远了，索性就淋着吧，雨过了，衣服也还没有全透，那就接着干。最难受的其实还是在雨后，天上烤着，地上蒸着，还要钻进一人高的密不透风的玉米地，人一进去就要吐了，但是工作不能耽误，谁让咱就干这个呢。就在这临河的让人透不过气来的玉米地里，大家还是发现了一处古遗址，郁闷烦躁和身体的种种不适仿佛一下子都消失了。

还记得在高青的普查从飘雪一直到下雨。高青是个农业县，面积大，村庄多，各种条件相对差一些，但这同样不能影响同志们的积极性。汽车不够分配，也坐过机动三轮，甚至徒步从这个村走到那个村。午休时，如果能躺在车上算是享受了，乡镇会议室硬邦邦的会议桌铺上报纸也能凑合，实在不行树荫下还能坐一会儿。路途远赶不回用餐地点，就随身带好干粮，在小树林里举行别有风味的野餐。乡镇工作人少事繁，人人都是身兼多职，为了普查我们还得拽着乡镇干部们做好与村（居）委会的接洽工作，开始干部们不理解：我们参加的普查多了，哪个像你们这么麻烦？不理解归不理解，工作还得干，耐心的说服教育还要激发他们感兴趣：你瞧这片陶片是汉代的，有 2000 多年的历史了。真的假的，我们这儿还有这么早的东西？乡镇干部们露出惊奇的神情。努力的人，总会受到尊重，一路同行下来，干部们不仅理解而且极大的帮助了我们的工作，甚至和我们的队员成为了好朋友。

还记得队员小苏孩子刚满一岁，给孩子吃口奶就下了乡；还记得57岁的老管，家庭负担重身体也不好，却一步不落地踏查，掏出老花镜认真地记录；还记得老刘，也已经50多了并走上了领导岗位，却也同年轻人一样的爬山下坡，啃煎饼喝凉水……

我常常想，我们的普查队员们为什么能够忍受自然条件的恶劣，能够忍受身体的疲累，能够忍受别人的误解，能够忍受菲薄的待遇，在这个追求速度、效益，追求经济利益和物质享受的社会里，做着这种不计个人得失的清苦工作？只能解释为一种事业心和责任感。文物普查是做好文化遗产保护的基础工作，我们保护的每一处历史文化遗存的背后都有着数之不尽的故事，文化遗产的保护还原和保存着历史，也是传承祖先的思想和心灵、道德和情感，让今天的我们能够摸到先人的脉搏，能够体会到先人的心情，也使得现代的人和我们的子子孙孙都有了根，也就更好理解了人类社会繁衍至今的普遍价值和今后的发展方向。我想我们事业的价值和意义也在于此吧。

参加文物普查使我得到了升华

山东省枣庄市薛城区文物管理站　孙晋芬

薛城区是造车鼻祖奚仲的故里，位于枣庄市西部，是枣庄市新的政治、经济、文化中心。全境东西最大横距29.5千米，南北最大纵距35.25千米，总面积506.72平方千米。全区总人口50余万人。千山山脉和圣土山山脉呈东西走向蜿蜒境域，属丘陵地区。水系属淮河流域、京杭大运河水系，有主要河流17条，总长175千米。下辖9个镇（街），472自然村（居）。

2007年8月，我区成立了薛城区第三次全国文物普查工作队。我作为一名文物工作者幸运地担任了“三普”文物工作队队长一职，参加了枣庄市薛城区第三次全国文物普查工作。我首先做的事情是和普查队的同志们一起，走村串户，利用广播、电视、图片展板等多种形式，在全区范围内对广大干部群众进行文物保护和文物普查基础知识的宣传教育，使全区广大干部群众认识到文物普查工作的重要性，积极配合我区文物普查队员按时完成好境内的文物普查工作。

我自己动手拍摄、制作了21块大型展板，利用文物图片240余幅。组织队员用车辆拉到镇街、中小学驻地和赶大集的地方进行巡回展览，展览近百场次，观众达60000余人次。展板分十大类，有古遗址、古墓葬、古代建筑、古代石雕（刻）、近现代革命遗址、工农业遗产、“文革”遗迹、古代器物以及如何发现文物及遗迹，并及时反映到普查办的一些漫画，收到良好效果，展出后不断有群众反映提供各种线索。另外，结合我区丘陵地段较多，普查难度大的特点，为做到文物普查不留死角，我还特别制作了村级文物普查登记表，区“三普”办印刷后发放到各镇（街）文化中心站，再由各文化中心站下发到各村（居），由各村（居）民委员会组织本村有一定文化水平、热爱文物事业的村民，按初查表格的要求在全村所有土地面积内进行排查摸底，表格填好后由村、镇两级加盖公章后上报到区“三普”办。最后，根据区文物普查队对全村范围内的调查结果，兑现与村（居）镇（街）签订的目标责任书进行奖惩。这样做的目的，一是为了更好的搞好文物普查工作，更为重要的是，借文物普查之机，宣传文物法律、法规和普及文物基本知识，提高人民群众保护文物的自觉性，全区各级直接参与到文物普查的人数达到了1200余人。

进入田野实地调查后，我带领普查队员发扬了一不怕苦、二不怕累的精神，本着严谨负责的工作态度积极推进野外普查。公而忘私，凭着为我区的文物事业做出贡献的责任感，不斤斤计较个人得失，能积极投身到野外调查中，特别是六七月份的热天，顶着炎炎烈日，汗流浃背，踏遍全区的山山水水，攀崖过涧，钻林趟棘，克服重重困难。能吃苦耐劳，每日早出晚归，有时不能按时吃饭，中午的饭要到下午再吃。天热饥渴、冷寒冰冻，为了当日的数据录入不过夜，经常加班到深夜，有时彻夜难眠。我以前有多年的胃病和骨质增生，因超时的工作和不能正常就餐，旧病经常复发，有时疼得直不起腰来，行走都非常困难，但从来没掉过队或耽误工作。领导多次让我休息，但我始终坚持在普查第一线，和普查队员在一起。为确保普查资料的准确性，多处查阅历史文献和走访群众，尽可能多的搜索有用的历史信息，为传承历史文化和持续利用文化遗产打下了良好的基础。在普查工作中积极为普查队员当好向导和参谋，引导队员走向目标。我多年来一直利用闲余时间步行或骑自行车去野外调查文物古迹，走遍了我区的山川、河流、平原、村庄。多年调查发现的文物点，在这次普查中就确认和登录了40余处。由于对全区地形、地貌情况熟悉，在这次普查中我主动当同志们的向导，使普查队员省心、省时、省事，很多地方不用问路就可以直达目的地。在普查过程中积极克服困难，不辞辛苦，跋山涉水，走村入户，深入到城市社区、厂矿企业、乡镇自然村等社会单元开展实地文物调查工作，拍摄了各类文物图片万余幅，很多图片被国家、省、市有关报刊采用。因对电脑操作不熟练，经常需要孩子下晚自习后帮助我进行数据录入，有时一连几天孩子都要加班到深夜，老婆因对孩子加夜班不放心，还经常陪着我们到单位加班至深夜，所有的电子文件入录都是我的孩子完成的。有时孩子加班时间太长加之白天繁重的学习，一到深夜容易犯困，就用凉水洗洗脸，饿了就吃点面包，然后再继续干，后来孩子一看到我拿电脑就害怕。这样老婆孩子一起上的场面经常出现，给我的文物普查工作圆满按时完成增添了无穷的力量，并创造了多项第一。今年初，省“三普”办专家组把枣庄市第三次全国文物普查田野调查阶段试点验收工作选在了我们薛城区。进行了三天的实地、室内资料、电子录入等验收工作，有多项指标准确率达到了100%，使专家组感到惊讶和非常高兴，并被省“三普”办验收专家组评为优秀等次。我们所创造的多项经验已在全省进行了推广，文物普查工作走在了全市的前列。为进一步扩大第三次全国文物普查宣传力度，巩固我区第三次文物普查成果，我还利用业余时间边普查边写作，编辑出版了20余万字的《薛城文物与遗存》和国保单位遗址中出土的文物《中陈郝古瓷遗珍》图录两本专著。虽然全国第三次文物普查实地调查阶段工作非常艰苦，但是使我的业务知识得到了提高和升华。

创新实干　临朐“三普”谱新篇

山东省临朐山旺古生物化石博物馆　衣同娟

临朐县地处山东半岛中部，自西汉置县，迄今已有2000多年的历史。境内多低山丘陵，河流密布，总面积1834平方公里，辖8个镇、2个街道，937个行政村，86万人。县内风光秀丽，文化底蕴深厚，名胜古迹众多，文化遗存丰富，是首批全国社会文化先进县和全国文化模范县。第三次全国文物普查开展以来，我们按照上级部署，精心组织，扎实工作，圆满完成了野外实地调查工作任务。普查中，我们倡导“快乐普查法”，团结协作，无私奉献，历尽了千辛万苦，取得了丰硕成果。

一、抓宣传，搞培训，普查顺利开展

开展文物普查，可以全面掌握我县不可移动文物的保存现状和环境状况，对促进文物资源的有效发掘、保护和利用是一次重大的机遇，同时也为培养人才，锻炼队伍提供了一次良好机会。队员们深知肩负的责任重大，思想上高度重视，不断创新工作方法，积极发挥自身特长，促进了普查工作的顺利开展。

1. 广泛宣传，营造良好氛围。充分利用电视台、广播、报纸等媒体，对文物普查的重大意义、工作进程、普查成果等情况进行宣传报道。同时，印发各种宣传单，在村庄、学校、集市、窑场、建筑工地等处张贴发放，扩大了影响力。普查队员既当文物调查员，又当文物保护的宣传员，把文物保护的理念带到每个镇街、每个村庄，提升了群众的文物保护意识。通过开展多种形式的宣传活动，营造了人人关心支持文物普查工作的良好氛围。

2. 强化培训，提高业务技能。坚持在普查人员业务培训上狠下功夫，积极选派业务骨干参加省、市举办的各期文物普查培训班。同时，还邀请省、市专家来我县进行面对面现场培训，重点组织开展实地考察、实物标本辨识、设备模拟使用、文化遗迹确认等技能学习，使每名普查队员都熟练掌握了普查的规范要求和基本技能，为顺利开展实地调查奠定了基础。

二、跑资金，促协调，建立保障机制

第三次全国文物普查工作量大，任务艰巨。为此，我们建立健全了“四项机制”，保证了普查工作的顺利进行。

1. 建立组织领导机制。县里成立了由分管县长任组长，宣传、文化等 14 个部门负责人任成员的第三次全国文物普查领导小组，设立了办公室，负责普查工作的组织协调和督促落实。各镇街也成立了领导小组，组建了工作机构，落实专人负责，形成了各级有人抓、有人管的大普查工作格局。县政府制定出台了《关于认真做好第三次全国文物普查工作的通知》、《临朐县第三次全国文物普查实施方案》等文件，明确了普查工作的总体要求，构建了县、镇（街道）、村、引导员四级文物普查体系，落实了任务目标和工作责任。

2. 建立责任保障机制。县政府与各镇街、各成员单位签订了《临朐县第三次全国文物普查工作目标责任书》，各镇街与行政村、各行政村与普查引导员也都签订了责任书，将任务目标层层分解，落实责任到单位、个人，确保各项工作落到了实处。县政府还把普查工作列入全县文化建设工作的考核范围，年底对镇街进行重点考核。同时，还建立了协调会议制度，定期组织各镇街、各成员单位召开专题会议，研究解决相关问题，形成了齐抓共管的工作格局。

3. 建立投入保障机制。县政府把普查经费列入了年度财政预算，制定了文物普查专项经费使用办法，实行专户专账管理，按时拨付使用。购置了笔记本电脑、数码相机、GPS 定位仪、罗盘、对讲机等普查所需设备器材，落实了普查车辆，确保了野外普查工作的顺利推进。自工作开展以来，先后拨付普查经费 23 万元，为普查工作提供了经费保障。

4. 建立后勤保障机制。实地调查是这次文物普查的关键环节，也是任务最繁重的阶段。我们非常重视普查队员的后勤保障工作，在为普查队员提供好交通、食宿等方面保障的同时，还为普查队员购买了服装，解决了野外调查补助，办理了人身意外伤害保险，解除了普查队员的后顾之忧，使队员们能够全身心投入工作。

三、严标准，稳推进，确保普查质量

我们研究确定了普查与复查相结合、普查与专项调查相结合、普查与季节相结合的工作思路，以镇街为单位，逐村开展拉网式普查，确保普查工作全面深入，到边到沿，不留死角。普查过程中，严格按照“三普”技术要求，做好实地调查和信息数据登录工作，做到了普查数据资料边采集、边整理、边审核、边建档。完成了辖区内不可移动文物的现场勘查、测量、标本采集、拍照、录像等工作，保证了数据、资料的科学性和完整性。为保证工作质量，县普查办还建立了抽样督查制度，对普查过的区域和文物点不定期进行抽样检查验收，确保行政村（社区）覆盖率达到100%，自然村覆盖率100%，无遗漏现象。

四、干劲足，重实效，普查成果丰硕

为保证普查野外到达率和调查区域覆盖率，我们制定了严格的操作程序和规范，在全县范围内开展拉网式调查。工作中，实行分片包干、分工负责，坚持“四不漏”，即不漏一个自然村、不漏一个山头、不漏一个台地、不漏一条自然河沟，切实做到应查尽查。为加快普查进度，抓住秋后、春前田野面积暴露大的有利时机，开展集中普查，大大提高了普查效率。同时，认真开展调查资料和信息数据的整理、录入工作，编录完成了文物普查档案和《第三次全国文物普查不可移动文物登记表》等各类表格。建立了高标准文物标本陈列室，制作了临朐县文物分布图，展示了普查成果，挖掘了历史文化。

截至2009年11月份，我县共发现、复查各类文物点560处，其中复查180处，新发现380处，新发现数量超出复查数量2倍之多，且所发现的文物点数量大、质量高、种类多。如在柳山镇发现的大型商周至秦汉、西周至唐代遗址，在辛寨镇发现的唐代寺庙遗址、明代玉皇庙遗址等，具有较高的文物价值和考古研究价值。特别是在龙岗镇东上林村和吴家辛兴村发现的两处“新石器时代中早期文化——北辛文化聚落遗址”，距今约7000年，将临朐原始农耕文明向前推进了近2000年，改写了临朐人类活动的历史。这一发现，不仅填补了临朐新石器时代中早期文化的空白，也为研究山东史前中早期文明提供了重要的实物资料。通过普查，全面掌握了我县不可移动文物的数量、分布、特征、保存现状、环境状况等基本情况，为今后文物保护和规划利用打下了良好的基础。

由于普查工作成效显著，今年1月份，我县作为潍坊市代表参加了全省的野外实地调查阶段验收，调查成果顺利通过省级验收，并被确定为优秀等次，为全市树立了标杆，争得了荣誉；2月份，又代表山东省顺利通过了全国野外实地调查资料的审核验收，工作成绩得到了上级业务主管部门的充分肯定和社会各界的普遍认可。

宁阳县第三次全国文物普查随笔

山东省宁阳县博物馆　于　勇

2010年3月12日上午，在宁阳召开的山东省泰安市第三次文物普查实地调查阶段验收暨培训会议上，省“三普”办宁阳实地调查验收专家组组长杨爱国郑重宣布：宁阳县第三次全国文物普查实地调查阶段验收结果为“优秀”。全场掌声雷鸣，宁阳县县长、文体局长及全体普查队员分别在不同的位置同时起立，向省验收组的专家及在场的省、市文物局领导鞠躬，表示感谢。我作为泰安市接受省第三次普查办验收的首位普查队长，感慨油然而生，我和我的队友通过两年多的摸爬滚打、辛勤劳动，换来了丰硕的成果。往事如花，现摘取几朵，献给参与本世纪初最大的一项文化遗产保护工程的同行们，用以共勉。

一、争取培训名额

第三次全国文物普查之初，接到省文物局在菏泽举办全省西部地区文物普查培训班通知后，局里安排我这名在文物战线工作了近30年的老兵参加培训，为了培养新人，我建议由一名在家工作的副馆长参加培训，在外单位帮忙的另一名副馆长得知此事后也强烈要求参加此次培训。为了保证培训质量，省文物局通知每县只能派一名同志参加，为了抓住这次宝贵的学习机会，我发扬“三不怕”精神（不怕门难进，不怕脸难看，不怕事难干），多次给省、市文物局分工局长打电话、发信息，直至上门请求，一再要求增加一名培训名额。精诚所至，终于在普查培训开班前一日，接到了省市给我县增加一个培训名额的通知。培训班结束两名馆长回馆后，给我看通讯录，得知全省各县市区都是一名同志参加培训，唯独宁阳去了两人。此事使我进一步从心里感受到上级领导对我们基层文物工作者的厚爱，领导的关怀是我们做好文物保护工作的强大动力；同时这也是基层人员做好文物工作的一条重要经验。

二、争取普查经费

我县是一个农业县，是全国财政收入贫困县，经济基础相对薄弱，但我们的文物经费在各级领导的关怀下却逐年大幅递增，由2003年我接任馆长之初，每年不足万元增加到现在的数十万元，同时在省、市文物局的资助和指导下，抢救保护了一大批历史文化遗产，2007年我作为全省唯一的一名县级文物工作者，被国家文物局授予“全国文化遗产保护工作先进个人”荣誉称号。

经费短缺是制约文物保护工作的瓶颈，我们争取经费的最初方式是自己借钱、垫钱先干，干完后邀请各级领导视察，逐步取得了领导的信任，后改为表决心争取经费，请求领导解决部分资金，剩下的由我们想法解决，保证如期按时完成该项工作，并在考核验收中取得好的成绩。通过不懈的努力，每项工作无论困难多大，都完成的很好，得到了领导和社会各界的一致好评。再一就是不到万不得已的时候，绝不向领导伸手要钱。通过扎实有效地工作，如今我们已成为县财政局“信得过”单位。县财政局领导看了这次“三普”经费申请报告后，当即表态，说：“大活，回去吧，你的工作，县财政大力支持。”几天后，在县财政经费十分紧张的情况下，两笔启动经费先后拨到了普查专户，为全面做好我县“三普”工作奠定了坚实的基础。

三、创新普查方法

为使普查工作顺利开展，少走弯路，不花冤枉钱，一是组织全体普查队员召开“诸葛亮”会，将大家好主意、好办法进行汇总，安排人员分头去办。二是我们县普查队员参加全市普查培训班后，我县立即举办由12个乡镇文化站长、分工站长以及部分行政村的联络员为期两天的文物普查培训，系统地学习了文物普查的规范和要求，将整理成册的各乡镇的原有文物点材料人手一份，同时按村下发了《全国第三次文物普查信息表》，表格上要求每村必须填写有无文物以及村干部姓名和联络电话等，同时还附有县“三普”办电话号码和普查范围说明。要求村委会盖章后由乡镇文化站报县“三普”办公室。三是在全市创新推出了“一有”即普查队员应有做好文物普查工作的决心与恒心；“二用”即普查人员会使用先进的普查技术，会使用先进的普查仪器设备；“三查”即普查队员要查文献资料，查口碑传闻，查遗迹遗物；“四勤”即普查队员应做到勤跑，勤问，勤看，勤记；“五访”即普查队员要访问当地干部，访问当地农民，访问当地师生，访问当地军烈属，访问当地史志工作者及其爱好者。从而使普查人员业务水平有了进一步提高，实践证明以上做法为全县“三普”实地调查工作的圆满完成打下了良好基础。

四、配备普查装备

“工欲善其事，必先利其器”，经费、人员的问题解决后，我们合理利用先期启动经费，首先是要确定一个较为安静舒心的工作环境，我们将刚刚修复一新的文庙乡贤祠、名宦祠分别作为县“三普”办公室和标本室，安装了空调、风扇。“三普”宣传画、文物普查队员守则及各项规章制度逐一上墙。在家具批发市场定购了办公桌椅，档案橱、标本橱。为每位队员配备了一台台式电脑，另还有一台便携式笔记本电脑，每台电脑内均存贮了《第三次文物普查手册》、《明清宁阳县志汇释》、《中国历史年代简表》、《文物》、《考古》及《中国近百处考古发掘报告》等电子文本，供普查人员随时随地查阅使用。还购置了数码相机、大型打印机、复印机、传真机、扫描仪、移动硬盘、GPS卫星定位仪、摄影灯具等普查办公设备。配备了对讲机、金属探测器、探铲、标本袋、标本签及便携式标本提篮、档案盒和野外应急医疗保健箱等普查用品。我们为每一名普查队员和文化站站长配发了工具包、工作服、手铲、水壶、鞋、绘图笔、钢尺、直尺、笔记本、文件夹、U盘和文物普查登记表格等。我们还采用招投标方式，租用普查专车1辆，为全县的田野实地文物调查工作夯实了坚实的基础。

五、普查硕果累累

文物普查试点工作结束后，我和我的队友把第三次全国文物普查看作是一次难得的学习、锻炼、提高的机会，决心舍小家、顾大局，不怕苦、不怕累、尽职尽责、竭尽全力地完成普查任务。在各乡镇党委、政府和文化站长大力配合下，严格按照国家制定的普查规范和要求，克服重重困难，走村串户，深入田间地头，踏遍了全县的山山水水，对辖区内的所有村庄进行了遍踏，认真做好全县不可移动文物的实地调查、测量、拍照、标本采集、相关数据资料的采集等项工作。实现了村庄到达率100%，野外实地调查率100%，全体队员发扬“以身作则、吃苦耐劳、连续作战、细致严谨、精益求精”的工作作风，天一亮就去野外普查，晚上汇总，有的同志还需轮流在博物馆值夜班，有时一个星期不能回家。副队长徐承军在野外普查时不慎从悬崖上摔下，造成脚骨骨折，徐承军轻伤不离岗，不能外出作业，便在家做资料整理工作。队员朱守军、吴振国家属都在医院上班，工作繁忙，孩子无人照顾，他们把家中的老人接来照顾孩子，前后两年间，没请一天假，没误一个班。为高质量的完成普查任务，两年来我和我的队友几乎没休过双休日，几乎天天加班到夜里11点。沉甸甸的《文物普查不可移动登记表》字里行间都浸透了普查队员辛勤劳动的汗水与心血，饱含着他们对事业的责任感，满腔的热情和执著的追求，凝聚着家人的理解与支持……

经过两年多的艰苦工作，至2009年12月，我县第三次文物普查田野实地调查阶段取得丰硕成果，圆满完成了12个乡镇560个行政村的田野调查任务，共普查各类文物点416处，其中古遗址173处、古墓葬61处，古建筑62处，石窟寺及石刻85处，近现代重要史迹及代表性建筑34处，新发现各类文物点182处。共制作拓片80余张，绘制图纸600余幅，采集文物标本千余片（件），拍摄照片万余帧，普查数量位居全市前茅。成功举办了全县文物普查成果展、拓片展。我和我的队友还编撰出版了20余万字，插图300余幅的《魅力宁阳系列文化丛书·名胜古迹卷》一书，该书由山东省人民出版社发行，集中展示了我县的第三次文物普查取得的新发现、新成果，图文并茂，成为“宣传宁阳、推介宁阳，爱我宁阳”的靓丽名片。

我县的文物普查工作在各级领导的关心指导下，取得了可喜的成绩，先后被县委、县政府记集体三等功一次；被市文物局授予“文物保护工作先进单位”；在2008年12月召开的全省县域普查交流会上做了典型发言；2009 年被山东省文化厅授予“全省文物系统先进集体”荣誉称号。

投身文博献赤心 “三普”路上勤耕耘

——记临沂市第三次全国文物普查队队长邱波

山东省临沂市文物局 王树栋

2010 年 5 月份，山东省全国文物普查实地文物调查阶段临沂市验收工作圆满结束。临沂市共调查登记文物点 4010 处，村庄到达率 100%，完成率 100%，名列山东省前茅。一批体现临沂丰厚文化底蕴的文物，一一呈现在世人面前。省普查验收组专家给予充分肯定。在取得成绩的背后，凝聚着全市文物干部的心血和汗水。回忆在“三普”实地调查的日子里，人们提起邱波，都会交口称赞。

邱波同志是临沂市文物办的一名专业干部，出身于文博世家，自幼爱好文物。1993 年来到临沂市博物馆工作，2000 年调到临沂市文物管理办公室。怀着对文物工作的满腔热情，从馆藏文物的陈列、研究到田野考古调查，从赴北大研究生班学习深造到主持市考古队工作并参加文物普查工作。他一路走来，历经辛勤和耕耘，练就了扎实的文物业务功底，取得了显著的工作成绩，历年来被评为省、市文博工作先进个人。2007 年 12 月，邱波参加了山东省“三普”培训，之后一直负责临沂市“三普”技术指导工作，2008 ~ 2009 年期间，带领市、县普查队员深入一线，先后在三区九县和两个经济开发区进行田野文物的普查工作，普查时间累积超过 600 余天。到 2009 年 12 月，顺利完成了全市“三普”实地文物调查阶段的任务，取得了阶段性成果。

临沂市的“三普”工作点多（文物点多）、面广（面积大）、钱少（经费少）、人缺（专业人员缺）。为保证全市“三普”工作的顺利开展，他充分发挥自己知识积累丰富的优势，在调查研究的基础上，科学论证，大胆决策，创新工作机制，起草拟定全市“三普”普查实施方案和实施细则，明晰全市普查线路，提出了切实可行的工作方法，受到市“三普”领导小组的肯定和专家的认可。

从加强业务人员培训入手，他先后牵头组织举办了四次“三普”培训班，三区九县共 320 余人次参加培训，提高了业务水平，为普查打下了坚实的基础，培训期间不厌其烦给学员授课，还利用课余时间与学员一起研习操作规范，直到熟练掌握为止。为全面提高普查人员的素质，采取传帮带的工作方式，促进普查工作的开展。根据县区业务水平参差不齐的实际情况，在每个县区选择一个乡镇，由市普查队带领县普查队队员开展具体普查工作，自己每次都赴现场和队员一起深入了解，具体指导，手把手的教，使他们很快掌握了普查的方法和步骤，大大提高了工作效率，节省了工作时间，为此他连续二个月未歇过星期天。田野实地调查开始后，除了按时赴各县区和开发区进行实地调查、信息录入外，还定时对全市各地进行宣传指导，及时调度，每月 25 日在市里筹备组织召开一次调度会，将普查工作进展情况以简报的形式发给市县普查领导小组成员，积极宣传“三普”工作，进一步提高他们对普查工作的重视程度。他往往白天在野外进行调查，晚上回普查办汇总各地的工作情况，住在值班室，披星戴月，废寝忘食，乐此不疲。

在实地调查工作中，他创新推广了“五多”、“四结合”的工作法，保证了文物实地调查阶段工作有效、有序、有力的进行。“五多”即多走、多看、多问、多写、多捡，这种工作法使普查获取了更多的文物信息，发现了更多的文物点，录入的材料更加丰富翔实。“四结合”，即初查与复查认定相结合，阅读史料与实物相互验证相结合，文物普查与田野、勘探、调查、发掘相结合，实地调查与广泛宣传相结合。有的放矢地对一些有重要意义的文物古迹进行走访调查，对新发现的文物点进行资料查证，使调查结果有据可依，与史料相互验证。临枣铁路、公路途经临沂市苍山、罗庄二县区，他率领考古队做好临枣铁路、临枣高速公路沿途的文物勘探调查，共发现沿线文物点 38 处。

在工作中坚持“宁细勿粗，宁繁勿简”的原则，力求做到普查数据当天采集，当天录入，发现问题及时纠正，不留后遗症，确保了资料、信息和各项原始数据真实完整，有效保障了普查质量。加强文物普查宣传工作，使文物普查利国利民的观念深入人心。为了让广大人民群众深入了解文物普查的目的和意义，普查工作队走到一处，宣传到一处，，广泛发放文化遗产保护相关法规及资料宣传册，让群众了解文物工作，增强“文化遗产，人人保护；保护成果，人人共享”的文化遗产保护责任感，进而将群众的热情汇聚到普查工作中来，提高了群众对文物保护及文物普查的认识，取得了良好的效果，群众共提供有价值的线索 600 余起，捐献文物 160 件。

在实地文物普查中，他冲锋在前，和大家一道早上班、晚下班，攀崖过涧、钻林趟棘、顶烈日、冒严寒，克服了重重困难，而从不叫苦叫累。野外调查是一项对体力耐力的挑战，凭着为文物保护事业强烈的责任感，不斤斤计较个人利益得失，积极投身于野外调查中。特别是在去年夏天，带领普查队员们顶着炎炎烈日、汗流浃背，连续工作三个月，踏遍了沂蒙大地西部山山水水。在每天的野外调查之后，到办公室还要赶紧整理登录资料。在这项工作当中，他和他的普查队员们体现出新时期文物工作者昂扬向上的斗志，严谨细致的工作态度，吃苦耐劳的敬业精神。2008 年 12 月，在苍山县向城镇普查时，踏查的岭顶子遗址地处迦河与其支流交汇处，水深湍流，岸边树荆丛生，他率领队员们数次趟过迦河，每次都走在前边，当发现预期的文物标本时，他欣慰地笑了，感慨道：当年红军三渡赤水，我们现在五渡迦河、文物普查也要发扬这种不畏艰难、勇往直前的红军革命精神。他参加工作以来就炼就了艰苦奋斗、吃苦耐劳、遵守纪律、服从指挥、不怕困难的作风，他的工作作风给文物普查队员带了一个好头。

邱波有着深厚的文物考古调查基础和丰富的工作经历。近年来，出色地完成了考古调查、勘探、发掘各项工作任务，并取得了突出成绩。先后配合省考古所完成了临枣高速公路、兖石铁路复线等大型基本建设项目的沿线徒步调查、定点勘探与重点古迹的发掘工作。共勘探古迹300余处，发掘古遗址20余处，发掘金银雀山墓群、琅琊王陵、河东小皇山明代指挥使墓、莒南东上涧春秋墓等古墓葬200余座。特别是2003年4月，配合省考古所对临沂洗砚池大型晋墓的发掘，克服了汛期多雨、天气炎热等不利因素，严格按照考古操作规程，圆满完成了任务，并取得了重要收获。发掘工作受到领导和专家的好评，取得了十分完整的科学资料。

站在时代发展的前沿，积极当好领导的参谋，为临沂市文博事业的发展建言献策。在文物普查中，他建议把申报第七批国保和省保单位作为文物普查的梳理和提升，得到文化局领导的赞同，为此市里专门召开了全市文物普查暨申报第七批国保和省保单位工作会议，他根据普查掌握的数据资料，拟定申报名单，并联合各县区进行现场调查、论证，在全省完成了各项申报任务。在此基础上，提前完成了“十二五”文物发展规划和项目申报工作。临沂市文物普查实际数据，再一次印证了临沂市作为文物大市的地位。

邱波作为文物普查队的标兵和榜样，他为文物普查队员增加了信心，注入了活力，对于临沂市第三次全国文物普查实地调查数据和情况，他如数家珍，面对未来他信心十足，临沂文物春天已来临，他决心用豪情和执著去诠释这一信念，再铸新的辉煌。

我的“三普”之路

山东省德州市文物管理处　程小明

我是1995年进入德州市文物管理处开始从事文物工作的，在过去的十多年的时间里，主要从事德州市的文物保护管理工作，对全市文物的基本情况有着较全面的了解。2007年4月，第三次全国文物普查开始，我们着手准备文物普查的具体事宜，成立“三普”工作领导小组，制定“三普”工作方案，组织参加省级和市级培训的多次培训，政府下拨“三普”经费，购买普查设备，一切准备妥当后，2008 年 5 月德州市的第三次文物实地调查阶段开始实施，我们负责协调、督促各县域的文物普查工作，同时也肩负起了德州市辖“三区”的文物普查工作。

德州市辖有德城区、经济开发区和运河经济开发区三区，三区紧紧相连，总面积为 579 平方公里，共有 5 个镇（乡）、7 个街道办事处，396 个自然村，合并后 193 个行政社区，经济开发区和运河经济开发区都是新近成立的一级政府，所以文化机构很不健全，没有专门的文物机构和人员，德城区也存在缺乏专业文物人员的情况，鉴于德城区地域和人员结构的这种特殊性，在德州市文化局的统一协调下，市文物管理处组织了文物普查队伍，对德州市辖区进行实地调查。我作为市辖区第三次全国文物普查队的队员开始了为期 15 个月的田野实地调查工作。

在这次普查工作中我主要负责德州市辖区“三普”野外数据的认定、采集工作。德州市地处鲁西北黄河冲积平原，河道纵横、淤积较厚，存在文物遗迹埋藏较深，地表现象不太明显的情况，这给我们的文物普查工作带来了许多意想不到的困难，普查之初，为了做到有的放矢、不留死点，我们首先组织队员查阅相关资料、历史文献资料和以往的文物档案，不仅从中搜集到许多普查线索，对当地文物点的分布、性质以及各乡镇地形地貌等也有了一个较为全面的了解。

为做到文物普查全面彻底到位，在“三普”工作中，我带领年轻队员坚持了“五多”、“四不怕”的工作方式。“五多”即“多走、多看、多问、多写、多捡”。只有多走路，文物点才能尽量的多发现，文物点的面积才能登记的更准确；只有多看，文物才能更直观，文物点包含的文化因素才能多掌握；向当地群众了解情况，才能获取更多的文物资料，群众的文物保护意识才会得到加强；只有多动笔，文物数据资料才能记录的更全面、更翔实；只有多捡标本，才能对原记录搞好对应，才能发现新的东西。“四不怕”就是“不怕泥泞路远、不怕乡间天短、不怕老天变脸、不怕饥饿饭晚”。普查队员不畏严寒、酷暑，发扬“嘴勤、眼勤、手勤、腿勤、脑勤”工作的作风，在工作中实事求是，通过深入农村田间地头、走街串户走访群众，及时了解、捕捉新的文物线索，认真搜集落实群众提供的各种文物信息，并严格按照“三普”工作技术标准和要求对文物点进行认真调查登记。

2009 年一次在德州市经济开发区抬头寺乡走访调查时，有多名村民反映该杨胡店村村南的农田内，就是清代一位姓田的德州名门望族的墓地，当地人称“田家坟”，地表原来建有神道，两旁立有石人、石马、石羊，石牌坊等建筑，早年被人推倒，有的被村民埋入地下。但现在地表现象不明显，为验证信息的准确性，又向多位附近村庄年长村民进行了解，得到证实后，我们连夜查阅《德州志》，根据记载：“田雯为清代康熙甲辰年进士，累官至户部、刑部侍郎，户部左侍郎田雯墓（葬）在（德州）城东南 35 里阳谷店（杨胡店）”，与现地点位置基本相符，进一步验证了村民的说法。反复确认后我才按照技术要求填写文物登记表，对文物点进行了记录登记。正是我们普查队员们高度的责任心和事业心，保证了市辖区每处文物基础数据的科学性、完整性和真实性。

截止到2009年9月，我们6名普查队员完成了三区全部的普查任务，之后在数据整理的过程中，我发现仍存在数据不准确和资料不完整的情况，于是把这些存在问题的文物点标记下来，2009年11月开始，我带领普查队员邹圆方等队员，开始了第二轮有目标的实地调查校验。这次正值冬季，我们携带数码相机、GPS、以及文物点的先前资料，在零下20度的冰天雪地的田野之中采集标本、拍照、确定GSP点，几次由于路况不佳，普查专用的面包车在漫无人烟的地段抛锚，我们一行普查队员就推车在泥泞和寒风中前行，保证了普查工作的按进度如期推进。

在调查过程中我们深入开展动员、宣传，为文物普查营造声势和气氛。通过张贴、散发传单，宣传普及文物保护法规、政策和文物常识。每到一处村落，由乡镇文化站长联系当地社区村委，组织普查队员以座谈、走访等形式向当地有文化、懂历史的群众宣传普查工作的内容、意义，启发、引导老百姓多谈、多讲，了解当地历史文化信息，根据百姓提供或事先掌握的文物线索，深入田间地头、大街小巷，逐一访查，并按照文物普查标准、规范采集文物信息，保证做到采集数据的科学、真实，调查不留死点。利用报纸、电视和网络，广泛宣传文物普查工作意义，及时报道工作的进展情况。在德城区文物实地普查过程中，队员们累计行程近15000公里，走访群众达3000多人次，发放宣传材料5000多份，搜集群众反馈文物的信息200多条，发布各类文物、普查信息20多条。由于宣传到位、措施得力，大大地提高了市辖区文物普查工作效率，保证了“三普”工作顺利有序的进行。

截至2009年11月，在各级领导的关怀和支持下，在全体普查队员的共同努力下，经过15个月的辛勤工作，圆满完成了德州市辖区第三次全国文物普查第二阶段田野实地调查任务，实现德城区下辖5镇（乡）、7街道办事处，396个自然村和居民社区文物调查覆盖率、田野到达率达到100%。调查文物点160多处，确定不可移动文物点135处，新发现文物点121处，复查文物点14处，消失文物点7处。并从中甄选出4处文物价值较高的新发现文物点拟申报国家重点文物保护单位，17处拟申报为德州市文物保护单位，这些都大大丰富了德州市的历史文化内涵，极大地增加了德州市不可移动文物总量，成为见证和研究德州历史的不可多得的珍贵资料，德州市辖区“三普”工作取得了阶段性成果。

在为期15个月的田野文物调查中，虽然经历了很多的苦辣酸甜，但是这个过程也更加锻炼了我，提高了我野外文物调查工作的能力，增强了做好文物保护工作的使命感和责任感，不仅使我对德州市辖区的文物遗存特点和分布情况有了一个更全面、深入的了解，同时，也使我对文物保护工作有了更真切的体验和理解，促使我更深切地热爱我所从事这项神圣事业。

“三普”路

——山东莘县第三次全国文物普查纪实

山东省莘县文物管理所　李洪冰

根据《国务院关于开展第三次全国文物普查的通知》精神和省、市文物部门的部署，我县第三次全国文物普查工作于2007年9月正式启动，在莘县县委、县政府的高度重视以及我县全体文物普查工作人员的共同努力下，历时两年半，顺利完成了文物普查工作的组织管理、经费落实、设备配置、队伍建设、培训学习、野外调查、数据整理等各方面工作，对全县范围内实施了拉网式的普查，于2010年2月顺利完成了田野调查和资料整理的所有工作，在艰苦而平凡的工作中创造出辉煌而不平凡的业绩。

领导重视　组织得力

县委、县政府、文化局党支部对于这次普查工作特别重视，分管副县长、局领导专门召开会议研究文物普查工作。任务部署后，我被任命为莘县文物普查工作队队长。作为一名文物管理工作者，我充分认识到这次全国文物普查工作的重要意义，对于普查工作，要以“文化遗产、人人保护；保护成果，人人分享”为总抓手，要求普查状况人员对辖区内的不可移动文物做到不遗漏、不敷衍、不急躁，有耐心、有决心、有信心，一定要把文物“三普”工作做好，这不仅是上级的要求，也是我们摸清全县范围内文物工作状况以图发展的需要。

严抓队伍　提升素质

作为莘县文物普查工作队队长，我一直把全国第三次文物普查当成中心工作来抓，严格普查队伍要求，精心组织人员，经过筛选确定了一支10人参加的文物专业普查队。同时，根据上级要求，选派了一人参加了省文物局在菏泽组织的文物普查培训班。随后，又选派3人参加了市文物局举办的普查培训班。通过培训使他们熟练地掌握了文物普查的相关知识和普查要求。根据他们所学到的知识，为我们全体文物普查队员授课，使我们队员每人接受培训，个个熟练掌握普查知识。

改善条件　推动普查

凭我多年的工作经验，仅仅依靠普查人员的苦干，没有上级领导的扶持和帮助，工作是达不到高标准、高效率的。一是要有工作启动经费。为了争取领导和相关部门对文物普查工作的理解和支持，我起草了报告，做出了普查工作所需的资金预算，积极向领导汇报，在我的全力争取下，县政府在聊城市八县市中率先拿出2万元作为莘县文物普查启动经费，用于文物普查的宣传、办公用品的购置。2008年5月，县政府又在县财政比较困难的情况下一次性拨付10万元作为今后4年的文物普查经费。二是配备普查设备。普查经费到位后，我们按照省文物局的要求立即购置了普查专用设备，包括GPS手持机、数码单反照相机、笔记本电脑、台式电脑、多功能打印机、文件橱等，租用了车辆，保证了普查工作的正常开展。

克服困难　以身作则

文物普查工作的重点是田野作业，我一开始担心普查人员会在工作中出现消极懈怠情绪。在动员会上，我重点给大家讲述了“三普”工作的重要意义。我和其他普查人员发扬不怕苦、不怕累的精神，本着严谨负责的工作态度进行野外普查。田野作业是一项对体力耐力的挑战，不管是三伏天气还是寒冬腊月，在每天的野外调查之后，还要到办公室整理大量的登录资料。有时，甚至一天只能吃到一顿热饭。在这项工作当中，全体普查队员体现出新时期文物工作者昂扬的精神面貌、严谨细致的工作态度、吃苦耐劳的敬业精神，大家依然精神抖擞，没有抱怨，没有喊苦，没有叫累，反而饱含热忱，满怀热情，一腔热血，一头扑进工作中。随着普查工作的顺利推进，我的这些担心渐渐的都被化解了。

强化督导　硕果累累

莘县位于鲁西地区，是聊城市面积最大、人口最多的大县。针对这种实际情况，我们采取的办法是发放文物普查信息表和文物普查相关知识问答宣传单10000余份。信息表内容除第三次全国文物普查所涉及的六大类以外，还包括不可移动文物的名称、位置、简介(传说)、信息提供人及电话和民俗类文物、古书籍、民间传说、填报乡镇、村委、村支书姓名、填表人、职务、电话及信息表反馈时间、普查员热线电话等。

我们制定了文物普查时间安排表和普查时间进度表。根据实际情况，我组织成立了两支工作队。一支是文物普查工作队，首先对全县境内已登记的不可移动文物进行复查；另一支是文物普查督导工作队，对普查工作进行督导，主要督导内容有：①文物普查组对各乡镇村庄的到位情况；②普查技术掌握情况；③信息表发放到各村情况；④信息表及汇总表的填报情况等。

我们将文物普查员上报的信息进行了归纳整理、分类。截止到2010年2月，文物普查工作队已对24个乡镇及街道办事处的1154个行政村进行了拉网式普查。同时，对已登记的县级以上不可移动文物进行了复查，到位率达到百分之百。

新发现的不可移动文物91处，其中包括古遗址10处，有秦皇堤遗址、舍利寺遗址、古城仲子庙遗址等；古墓葬16处，有尹营村闪王墓、麻寨村郝氏家族墓、前杨庄村王琢玉家族墓群等；古建筑6处，有郭炉村郭仲伦故居、刘营村清真寺、古井村琉璃井、曹屯村曹氏民居等；石刻46处，有蝗虫庙村五烈士纪念碑、杨行村杨张氏节孝碑、古东村陈永格德教碑、葛楼村创修黑龙庙碑记、高堤口村培修金堤纪念碑、任庄村重修泰山行宫碑、杜河村菩萨庙碑等；近现代重要史迹及代表性建筑13处，有红庙村革命旧址、四合村郑氏祠堂、朝城镇耶稣教堂、天主教堂、耿楼村抗日烈士墓等。

在普查中，拍摄图片资料1500余张，绘制位置图、平面图200余幅，填写文物普查登记表220份。每到一处我们严格按照普查标准进行登记，认真填写信息登记表，做到图纸完整规范、照片准确真实地反映文物的位置、环境、本体结构特征。这次普查新发现的文物点对研究我县历史起到了很大作用，极大地丰富了我县的历史文化内涵。

莘县第三次全国文物普查在县委、县政府的正确领导和各有关部门的支持下顺利完成了田野调查的工作任务。在这次“三普”工作中，我对文物普查工作有了更深的理解，加深了对于文物管理工作重要意义的认识。在今后工作中，我要进一步增强政治意识、大局意识、责任意识，以对党和人民负责，对国家文化遗产保护事业负责，对历史和子孙后代负责的态度，继续努力再接再厉做好第三次全国文物普查的后期工作，为实现我县由文化资源大县向文化强县的跨越作出积极贡献。

文物普查的苦与乐

山东省巨野县文物管理所　祝延峰

我是一名基层文物工作者，能够赶上参加第三次全国文物普查工作，深感庆幸，许多退休的老同志说，干文物工作一辈子也不一定遇上一次全国的文物普查。因此，工作中我倍加珍惜这次机遇，用纸和笔记录下文物普查工作的苦与乐。

记得2008年冬天，在去省保单位昌邑故城址复查时，当地一农民反映在故城址东南苗庄有一石碑，碑首是尖状的，上面有字，听其描述，感觉碑的价值性大，决定在此调查完后立即驱车去看一看。老乡说苗庄离镇驻地达10公里，很偏僻，路窄而且坑洼不平，只能骑自行车，其他交通工具用不上，我们赶紧和镇政府联系，帮我们借了五辆自行车，立即骑车顶着刺骨的寒风直奔苗庄。路上，因为没带手套，一会手就冻红了，大家一直坚持着到达目的地，在庄西头坑边上找到了农民反映的石碑，字体多处风化，年号不清，碑首中间有圆型穿孔，旁边还有长方形碑座。我们顾不得避寒，向当地群众走访，进一步了解信息，原来是村里的藕坑挖土时发现的，大家认为石碑不吉利就扔在了坑边，村民在坑边洗衣服把它当作搓板，另外在坑里还有两块长条石，上面有人物和马，因当时有水，不好打捞就放在了坑里。我们又在村民的指引下来到坑塘，坑里没了水，上面堆了厚厚的泥，通过村委会协调，找了铁锹等工具把石头周围泥土清理干净，看到了两块有画像的石头，大家欣喜若狂，不顾在外长时间的寒冷，用手的用手，拿工具的拿工具，认真仔细地清理，刻石上的《车马出行图》终于显露出来，内容清晰逼真，画面形象。经过现场考证，这是一处东汉时代的墓葬，由于年代久远，早期被盗，墓制破坏，没有发现随葬品，但画像石和碑有很高的历史价值和研究价值，如不及时运到文物管理所妥善保护，可能还会遭到损坏。我们同村里协商后并向县“三普”办领导做了及时详细汇报。村里非常支持工作，可以帮助出工出力，可是吊车，运输车怎么办？时间紧，不能等，大家齐心想办法，发动职工找亲属关系，凡是附近村庄有亲戚的，有熟人的，有车的出车，大家积极响应，终于把文物安全送到了文管所，回报他们的只有一杯浓浓的热茶。天是冷的，可我们心里是暖的，虽然苦，但是我们感到乐。

还有一件事，2009年夏天，在董官屯镇万庄村普查时，村南一堌堆上捡到许多彩陶碎片，立即组织人员分头详细调查，在周围又拣到一些汉代灰陶片和宋元时期的瓷片。堌堆东西35米，南北38.5米，高出地面3.5米，上面新建有三间房屋的小土庙，西边是一大坑，村民建房都从这儿取土，是否是文化遗存？到底是什么性质的遗存？为了将问题彻底搞清楚，还需进一步调查，于是向领导作了汇报，决定在堌堆东侧取土勘探，制定好方案后第二天开始工作。天气炎热高温，大家在烈日下没有一个叫苦的，记录、拍照、测量，工作顺利进行，土被一层层清理出去，到了二米深还没有发现土层变化，为了弄清事实，继续清理，清理到三米深时又发现了一些彩陶俑的残片，大家喜悦无比，有新发现，顾不得多想，抓紧清理，果然，又清理出不规则石板，根据形制仔细察看是一早期被盗过的一般单室石板墓。天有不测风云，正在兴致勃勃的时候，乌云密布，不好，要下雨了，这时候围观的群众喊道：“赶紧上来，躲躲雨吧。”大家没有一个吭声，没有一个离开的，只有一个想法，一定要在下雨前清理完，否则大雨冲刷泥土会将墓淹埋，将前功尽弃，造成不可弥补的损失。大家继续加紧清理，围观的群众都走了，这时，无情的雨从天而降，密集般的雨点砸在身上，顿时，全身湿透了，大家不约而同地喊道："快点，注意安全。"时间一分一秒的过去，淤泥被清理干净，但雨水冲刷着挖出的泥土从高处开始向下流动，我们身上、脸上、头发上全是泥和水。"小心，要塌方了，"村长拿着几把雨伞送过来，看到坑边大块土方裂开，连忙大声呼叫，话音刚落，只听"扑嗵"一声，一堆泥土崩落下来，大家还没有反应过来，土块砸在了身上，幸好，泥土落下的时候，由于雨水冲刷，泥块散落了，把大家砸了个趔趄。大家定了一下神，继续清查，发现了遗留下来的彩陶鼎、陶盒、陶盆、陶壶，终于清理完毕。坑里开始积水，赶紧撤离，大家抓紧收拾完工具上了地面，手捧着清理出的器物，在雨里笑了，笑的无比开心，虽然苦，但是我们感到乐。

文物普查中像这样感人难忘的事太多啦，我县文物遗存丰富、区域广、工作量大、任务重，为按时完成普查工作，取消节假日，早出晚归，每天工作达十几个小时以上。遇恶劣天气不能下乡，就组织队员在单位交流经验，整理材料，不放弃每一个工作日。普查队长因长期下乡，生活无规律，牙痛上火，脸肿得话都说不清了，大家劝他休息，但是他考虑到普查队员少，加上自己手中还有新发现的材料没整理完，还需亲自调查，就晚上边加班边输液到深夜，第二天继续带病坚持下乡工作，同志们既心疼又受鼓舞。这样轻伤不下火线的干部职工还有很多，普查队有的女同志家里有上小学的孩子需要看护、按时做饭，父母在农村且年事已高，不方便帮助照顾，孩子从没离开过母亲，考虑到单位人少，为了不影响全局工作，忍痛把孩子托付到邻居家照看，直到阶段性工作结束，没有任何怨言。不管是领导还是普通职工，都充分展示了文物普查工作者爱岗敬业、任劳任怨、拼搏进取的良好精神。我们为有这样的同志而骄傲和自豪，为能顺利完成普查工作而信心倍增。

回顾文物普查工作经历，也算得上是风雨沧桑，走过的是一条平凡但又不平凡的路，不管怎么说，我们作为文物工作者，要坚定不移地走下去，尽管在我们前面还有许多困难，只要我们同心同德，就一定能胜利地渡过一个又一个春秋，一直奔向灿烂的前程。

河南省

张凤台故居调查记

河南省安阳市文物管理局　赵清荣

6月21日上午10点，办公室内一阵急促的电话铃声响起，我连忙拿起话筒，电话那边传来一个陌生男子的声音："我想问一下，中崇义村的张凤台故居是不是文物……"

中崇义村张凤台故居？北关区中崇义村实地调查已经结束，我记得统计的不可移动文物名录中并没有张凤台故居的相关信息，是工作疏忽还是……为了弄清真相，我决定和北关区文物普查队员一起去现场探个究竟。

去中崇义村之前，查了有关文献，得知张凤台字鸣岐，安阳县崇义村人，生于清咸丰七年（1857年），卒于民国十五年（1926年）。曾先后任直隶省元城（今河北省大名县）、吴桥、束鹿县知县，长春府知府候补。辛亥革命后被委任河南内务司长，1920年7月任河南省省长。在其任省长期间，颇致力于修志事，曾筹设河南通志局，自任总裁，续修150余年失修的《河南通志》。同时亲自督修《林县志》，河南省有9个府县先后设立县志局，续修县志……据说张凤台为官清廉，勤于政事，具有爱国、戍边、开拓精神，深受民众喜爱。除此之外，我还从一个网名叫长青藤的博客中看到了被定名为张凤台故居的照片。所以，去崇义村的路上，心里除了自责之外，还充满了莫名的期待和憧憬。如此一个为民爱戴的官吏倘若其故居没有普查进去，岂不是可惜？

那天，天气很热，火球般的太阳发出耀眼的光芒，刺得人睁不开眼。中崇义村距离市区并不太远，驱车20分钟就到了。经过再三询问，当地村民指着一片现代化的二层楼房告诉我们，这就是张凤台原来住的地方，大门朝南，一直到这边，村民告诉我们。

我心中一片茫然，难道是我们弄错了，还是网上的照片贴错了，问题出在哪里呢？几经周折，终于找到了长青藤博客中所说的张凤台故居。

房子临路，朝北的大门从里面上了门闩，大门上挂了一把链子锁。用手轻轻扣门，门里面传来"汪汪汪"的狗叫声，听起来不由让人生出几分惧意。

良久，一个黑瘦黑瘦的、四十岁左右的男子从门里探出头来。

"找谁呀？"言语中透露出几分不耐烦。

“我们是第三次全国文物普查工作人员，想进院子看看这所房子。”普查队员徐斌回答，并忙不迭的掏出证件展示给对方看，

“不知道，”黑瘦男子一脸的冷漠，用狐疑的目光打量着我们说，“主人不在家，里面有狗，不能进。”

我们看看就行，主要是看一下这座房子正面。

“不能进就是不能进。”黑瘦男子依然坚持。

僵持了一会，从东配房内走出来一个和黑瘦男子年龄相仿、面目和善的女子，我们又忙着说明来意，该女子倒很痛快，很快给我们打开了门。

进门以后，本着职业的敏感，我先四处打量了一下院子布局。院落不大，保存着南屋、北屋、东屋三座单体建筑，南屋、北屋均为硬山式建筑，窗户已经破烂不堪，无墀头、山花等特色装饰。东屋为两间平顶房，整个院落并无任何特色，不过是安阳地区最最普通的农家院落。如此简陋的房子，如果真是堂堂一省之长的张凤台的故居的话，确实应将其作为名人故居列入文物普查范围，张凤台为官之清廉确实应在安阳名人史上大书特书。

正在我疑惑间，从临街的北侧马路上走过来了四五个村民。“大叔，这是张凤台住过的地方么?”我忙迎上去问。

村民立即热情的你一言、我一语的介绍起来。通过村民提供的支离破碎的信息，在反复的询问和求证后，我逐渐梳理出一个脉络。这座房子不是张凤台的故居。张凤台故居原址就在这所房子南边不远处，也就是最初村民指认的现代化楼房所在的位置。张凤台去世后，其故居曾先后被作为邺县县政府的所在地、8300部队驻所。8300部队迁走后，上世纪七八十年代原建筑被全部拆除……

村民们一致确认：这座房子是张凤台堂弟的。但是张凤台堂弟叫什么村民们谁也说不清楚。

究竟结果是不是呢？为了确保文物普查采集信息的准确性，不漏查任何一个文物点，我们决定找到房子的现任房主，张凤台的叔伯侄子，也就是张凤台的堂弟的儿子。但是究竟张凤台的叔伯侄子叫什么，村民们也说不清楚。在村民的指引下，我们找到了与该房子一路之隔的斜对面的张凤台叔伯侄子的家。但遗憾的是，大门上牢牢地挂着一把铁将军，我们的心再一次被吊了起来。

找不到当事人，心中的疑问就无法彻底解决。在焦急万分的时候，看到一位大妈正在距张家不远的北边的地里摘菜，估计应是其邻居。一位普查队员忙迎上去，“大娘，你知道张凤台的侄子在哪里么?”

大娘指着不远处北边的农田说：“在呢，正在田里浇地。”心中的信心又一次被鼓起，竟有了几分莫名的喜悦。

快步走到北边农田边上，“大爷，麻烦问一下，您是张凤台的侄子么”？我扯着嗓子喊，生怕大爷听不见。正在田里浇水的老人抬起头来，点了点头。真是踏破铁鞋无觅处，得来全不费功夫，我一颗悬着的心终于放了下来。

“大爷，我想问你点事，行么？”

因为村民长期盖房取土，大爷所在的农田距我们站立的地方有一米的落差，恐老人上下不太方便，我们就示意老人站在原处，我们问几个问题就行了，但老人还是扔下手中的铁锹向我们走了过来。

“大爷，您和张凤台是什么关系啊？”

“我是张凤台的侄子，我叫张孝堂，今年已经七十岁了。”

“那路对面的房子是谁的呀？”

“是我父亲留下的，我父亲叫张兴台。我父亲和张凤台是叔伯弟兄，这房子是我们家的……我堂叔的房子曾先后被作为邺县县政府的所在地、8300 部队驻所。8300 部队迁走后，上世纪七八十年代原建筑被全部拆除……”

从老人处得到的信息和村民提供的基本一致，张凤台故居其实应是张兴台故居，我们心中的疑惑终于释然了。

在返回的路上，又碰见黑瘦男子，一反初见时的冷漠，热情地和我们打着招呼：“进来喝点水吧，我专门给你们炖的”，一脸的真诚。

“不了，我们还要接着干活呢。”

“天太热了，进来喝点水，歇一会吧。”黑瘦男子再次挽留。

谢绝了黑瘦男子及其他村民的挽留，从崇义村出来，心中无限感慨。从张凤台故居到张兴台故居，一字之差，意义却是天壤之别。如果不是文物普查队员尊重历史，去伪存真，那么张冠李戴的张凤台的故居，不知还要误导多少人？

释然之余，眼前不断浮现刚才普查时遇到的一张张朴实的笑脸，那些笑脸中，除了村民闫书华、徐庆堂、张孝堂外，其他人我根本叫不上名字。然而就是他们，在寂寞的午后，在这个太阳烤得人昏昏欲睡的午后，不求回报地告诉你你想知道的东西，无偿地提供着普查信息。

那些笑脸中，我最不能释怀的是黑瘦男子的脸，那张从初见时的冷漠到要走时千般挽留的热情，从误解到支持，从敌意到友善的脸，这说明了什么呢？

黑瘦男子的冷漠意味着我们的文物普查宣传工作尚未到位，少量民众对文物普查还存在一定程度的误解。黑瘦男子的热情说明文物普查的过程，就是把文物保护的理念送进千家万户的过程，就是把民众对文物普查的误解得以消除的过程，我突然间豁然开朗。

回想两年来走过的文物普查之路，往事历历在目。犹记得细雨中，殷都区皇甫屯一年迈老者瘸着腿领我们在泥泞的田地里穿行二三里，只为指认一处当地人叫做窟窿墙的遗址；丰安村一坐在轮椅上的老伯带我们转遍了整个村子，为了寻找遗留的有价值的旧房子；龙安区马投涧乡的女村官闫莹几个月如一日，撇下患有重病的父亲，与普查队员一起风里来，雨里去……文物普查的哪一日没有民众的支持？

700多个日子里，普查队员用脚丈量了我市的每一寸土地，不错过采集任何一处文物点的信息，本着高度的使命感和责任感，战严寒、冒酷暑，尊重历史、去伪存真………用行动诠释着文物普查的真谛！

是啊，第三次全国文物普查进入实地调查阶段以来，文物普查取得的点点滴滴的成绩，哪一点能离开文物普查队员无怨无悔的付出与努力？700多个日子，文物普查的每时每刻，无论是晴和阴抑或狂风暴雨，那一日离开了民众不求回报而又热情的支持？

一次有惊无险的“寻宝”之行

——白鹿山寺院群旧址寻访记

河南省辉县市文物局　张有新

2007年8月18日。立秋刚过，天空晴朗，万里无云。

初秋的天气，本应是天朗气清的，但炎夏刚过，凉爽之气还在那里“怀抱琵琶半遮面，羞羞答答不出来”，有名的“秋老虎”仍是燥热燥热的闷煞人。今天一早，我和小蔡、小王一行三人又迈向了田野文物调查的行程。今日和往日不同，往日下乡走的是平原，今天则要登山，要登上海拔将近2000米的太行山悬崖峭壁，途中要走曲曲弯弯几十里地的山路。说是路，其实没有路，我们向当地老百姓问路，他们指了个大概方向，说就顺着那道沟往上爬吧，哪里能走走哪里，不错方向就行。所以说，这种情况下去登山，路不熟，天气热，就不太让人“钟爱”了，出力流汗，总是让人很累的事。

但今天的心情很是激动，因为今天调查的目标，是县志上记载的天竺名僧佛图澄所创建的玄极寺。清道光《辉县志·祠祀志·寺观附》卷九记载：“玄极寺，在白鹿寺西。一径梯升，院分左右，左侧危栈石室，右侧古洞深幽，最西有珍珠悬泉，乱落如雨，殊绝可爱。创自石赵之世，有天竺名僧佛图澄者，遍历名山，至此顿步，遂因峰构宇，凭岩考室。至齐河清四年，益造石经诸佛像，勒碑洞口，以识其事。”真要是找见这座寺院，那该是多么让人惊喜的事啊！

但这座寺院的具体位置在什么地方，我们心中无数。问当地老百姓，说是只听说那悬崖峭壁上有个寺院，寺里有个石洞，石洞里有个碑，叫做千佛碑什么的。再问其他，就只是摇头了。无奈，我们只好沿着老百姓指的那道山沟向上爬。

山沟，一般都是“平躺”着的，而这道沟却是“竖”起来的，抬头上望，山沟逐渐变成了山峰，高插入云，不由使人望而生畏。没爬多久，我就已是气喘吁吁。小蔡、小王年轻我十多岁，在我前边攀登跳跃，甚是欢快。我跟不上步伐，他们就时不时坐下来等我。我想这真是年龄不饶人啊，我已经是五十多岁“奔六”的人了，不服老不行啊！

逐渐，我的速度越来越慢，我觉得这样下去要影响今天的任务完成，就让小蔡、小王先走，先去找寻目标，让我后边慢慢的爬。他们见我这样，只好先走了。

我爬一会儿，歇一会儿，渐渐进入布满灌木的峭壁之上。回头下看，不由得出了一身冷汗，只见下边壁立千仞，深不见底。我头晕眼花，有一种上不去下不来的绝望之感。但事到如今，后退是不可能的。于是，我不再回头，一直向上爬去。

忽然，我发现灌木丛中有一条像是小路的斜径，向右前方伸了过去。我想有路就比没路好，就顺着小路爬了上去。

小路越走越平，视野逐渐开阔，转过一道山峰，眼前出现了一道二层台，横卧在悬崖峭壁之间。地形的变化，使我渐渐的有了激动之感：目标是否就要出现？我一阵狂喜，疾步前进。果然，又转过一道弯，看到了前边的开阔地上七倒八歪地躺着一些碑刻和一些房基旧址。我仔细查看，见大都是明代碑刻，碑上记载这里确实是一处寺院，但却不是玄极寺，而是白鹿寺。虽然有点失望，但它却是意外发现，仍令我兴奋不已。我四处查看，见寺北还有一条小路，就顺着小路走了过去，约行两公里，又见到了一处寺院旧址，地上也有很多散存碑刻和石刻构件。经查得知，这处寺院叫做法住寺。法住寺北，仍有小路，我兴趣大增，顺着小路又奔了过去。行约两公里，又见到一座寺院，这座寺院和前两处不同，还有几座建筑存在，而且竟然有一位老者住在里边。我向老人问话，知道这座寺院叫做显阳寺。我说有一座叫做玄极寺、寺里有一块千佛碑的寺院在什么地方啊？老者说那你走错了，那座寺院在最南边，这里是最北边。这道二层台南北有二十多里长，有四座寺院哪！

我兴奋极了，看来今天是不虚此行啊！我要将这好消息告诉小蔡和小王。这时，我才突然想起和小蔡、小王分手的时间已经过去了将近三个小时，他们在哪里？我拿出手机和他们联系，但却没有一点信号。于是我回头便走，慌不择路地奔了回去。

约行十公里，隐隐约约听到山下有喊声，仔细一听，是喊我的声音。我急忙大喊：我在这儿！不一会儿，只见他们踉踉跄跄从山下爬了上来，气喘吁吁地说，张局长啊，你吓死我们了！我们以为你出事了呢！那变了调的声腔中，显然带着十二分的惊慌！

原来，他们和我分手后，顺着山沟直爬了上去，没有多久，便找到了那座玄极寺，自然也是十分的兴奋，一边等我一边前后左右的查看。但左等右等就是不见我上来，开始还沉得住气，后来就有了不祥的念头。小蔡说，不对，这么长时间不见张局长上来，是不是出了什么意外？遇着了野兽还是跌落悬崖？急忙掏出手机联系，但没有信号的手机成了一块废铁。小蔡说，不行，今天的工作不做了，赶快回去找人。但此时的我已在几十里外的显阳寺，他们哪里能找得见？于是他们上上下下的到处大喊，甚至有了哭腔，直到我返了回来。

他二人见到了我，仍然惊魂未定，站在那里喘气擦汗，连声问我是怎么回事。我顾不上解释原因，急三火四地告诉他们三座寺院的消息。他们一听，马上由惊慌变成了兴奋。于是，我们立即拿出 GPS、相机和绘图工具，返回玄极寺，从此寺开始，逐寺收集全部资料。下午三点多钟，全部资料收集完毕，四座寺院遗址的面貌显现了出来：

四大寺院建筑大多不存，但基址保存完好，附属文物众多。玄极寺分上下两院，包括山门、千佛洞和佛殿等。千佛洞是印度僧人佛图澄就一自然石洞凿造而成。洞内有一千佛碑，通高 1.95 米，共雕佛像 1032 尊，现存完整者 1002 尊。佛殿已不存，仅存基址。白鹿寺遗址上仅存山门与 15 通碑刻，山门保存较完整，为明万历年间所建，门额上有楷书“白鹿寺”三字。法住寺遗址占地面积约 200 平方米，现存明崇祯七年“重修法住寺记碑”一通和佛塔石构件 23 件。显阳寺遗址之上保存有明清时期的四个石香案，形制雄伟，雕刻细腻。大殿前为香亭，歇山顶。另外，遗址内散存明清至民国时期碑刻 19 块。

四座寺院所处的白鹿山，绝壁巅险，环峰壁立，云泉滴翠，涧水清幽，是理想的佛教圣地。特别值得一提的是玄极寺和白鹿寺，这是天竺高僧佛图澄最早顿步之地并亲自创建的寺院，自后赵石勒开始，历经北齐、隋唐、明清时期，四大寺院僧侣不断，香火兴盛，延续上千年，如今尤其显得珍贵。

资料整理完毕，我们才觉得饥肠辘辘。显阳寺的老者得知我们还没有吃饭时，立即给我们做了面条。老者是山下村里的人，喜欢清净，就独自一人住到了这里，因此处地势险要，很少有人前来，我们是他见到为数不多的稀客之一，因此他很是高兴，给我们讲了很多有关寺院的故事。

饭后我们下山，因为收获颇多，心情很是轻松。但小蔡和小王说起上午之事还是心有余悸，实实感到后怕：如果真出了事，那该怎么交代啊？他们说。

好在是有惊无险！

2008 年 6 月 16 日，四处寺院遗址定名为“白鹿山寺院群旧址”，被河南省人民政府公布为第五批省级文物保护单位。

武陟县“三普”札记

河南省武陟县文物局　刘举庆

武陟地处中原腹地，面积达832平方公里，辖14个乡镇367个行政村，总人口65万。我县历史悠久，人文荟萃。夏属冀州，春秋置怀县，秦易名武德，隋开皇十六年（596年）始名武陟县。著名的武王伐纣、雍正治河等历史事件就发生在这里。全县现有嘉应观、妙乐寺塔、千佛阁全国重点文物保护单位3处，河南省重点文物保护单位17处，县级文物保护单位64处，县级文物保护点104处，馆藏文物3000余件，是全国文物工作先进县。

2008年，第三次全国文物普查工作开展以来，按照上级安排部署，武陟县的普查开展顺利，很快转入田野调查阶段，并取得了可喜成绩。截至目前，共踏查行政村367个，复查文物107处，新发现不可移动文物717余处，全县自然村普查率达到100%。成绩的取得，当然离不开各级文物部门的领导与支持。然而，每位参与普查队员的辛勤劳动和无私奉献，为“三普”工作增添了光彩，着实让人注目。作为全县文物普查工作队长，我深有感触，亲身经历的每一件事都给我留下了深刻记忆。在此，我把一些小事记录下来，与我的同事一起回味，一同享受。

2008年7月3日　晴天

今天我们要去三阳乡大樊村复查修筑沁堤碑石刻，由于以前没有统一收集和安置，至今复查的石刻还散落在社会上，在这次复查工作中，普查队员都要全力以赴，因为“二普”以来这么多年此碑刻还不知存放哪里，所以每到一个文物点都要认真询问。

在炎炎烈日之下，大家在田间村中奔波，中午队员们自带方便面、饼子加矿泉水草草充饥，继续工作。普查的劳作强度大，午休更是不用说了，往往又睡眠不足，稍作停顿，马上继续工作。下午在大樊村槐荫寺询问时，终于一位80多岁的文物义务保护员告诉我们，10年前为防止修筑沁堤碑刻丢失，便埋于山门附近给予保护，这下我们放心了。队员们马上拿起铁锹开始工作，在野外40℃度的高温下，烈日暴晒，汗水不断湿透衣衫，可队员们从来不喊苦、不喊累，毫不退缩，坚持工作。

该碑通高202厘米，宽96厘米，厚27厘米，圆首，清顺治十四年（1657年）立，是武陟知县赵莫丽为分守河北道张藩修筑沁河大堤而立的碑记，记述修筑沁河堤经过。

此碑刻，为研究清代武陟沁河筑堤历史提供了重要的实物资料。

2008 年 7 月 16 日　晴天

一大早，我们就开始准备今天深入乡村调查时所需的拓片工具。出发前，我和队员们说，今天要啃掉一块硬骨头，打一次硬仗。时值三伏，我们趁着早晨天气凉快，抓紧出发，争取一天完成两套程封汤王庙遗存清代 3 通碑刻的拓片任务。

其中最有价值的碑刻清康熙四十四年（1705 年）“重修商王庙碑记”，圆首，碑身通高 150 厘米，宽 67 厘米，厚 25 厘米。碑载：“吾郡东二十里许城奉村，相传旧有汤帝祠一所，孜之典纪不知何代创修。”庙貌颓圮，由会首刘加全率众善士捐资重修一新。碑座高 55 厘米，宽 80 厘米，厚 55 厘米，由上枋、下枋，上枭、下枭，束腰组成，正面线刻祥云花卉，中浮雕香炉。该须弥座做法，目前在武陟境内已发现的碑刻中尚属首例，体现了官式建筑的沉稳与厚重，大方而美观。

碑阴篆额“排王赞”三字，上刻从汤帝曾孙沃丁帝太庚在位 25 年至汤帝 15 代玄孙弟乙子受辛在位 32 年止，先后 28 位商王在位年限。夏商周断代是我国一项多门类参与的浩大工程。据《中国历代纪元表》表明，商朝从汤即位至商纣灭亡，31 位皇帝大约历经五百多年历史，每位皇帝统治年代尚无确切考证，仅后商几位皇帝明确纪元年代。而该碑刻却详细记载诸帝在位年代，是否准确暂无从考证，但经过对照皇位排序完全吻合，这对研究商朝断代史，无疑是提供了重要的实物例证。

工具准备好后，气温也升了上来，每位队员身上都已渗出了汗水。这时，队员司洛平主动上纸。因为，他对拓片的技术精通。以往，其他队员做拓片，上纸的时候用力不匀，易损纸，上好的宣纸又易起泡发皱。一但用上装裱字画的方法上纸，则又快又平。洛平上好纸后，又向大家说了几点注意事项，任哲峰、孙文斌轮流捶打，宣纸已发白，必须立刻上墨，不然天气干燥，宣纸绷起，白搭工夫。几位“三普”队员既分工又合作，女队员在旁边打打下手，递递东西，搞好运输传递工作。老天爷成心和我们作对，天空没有一点云彩，骄阳似火的太阳暴晒在每位队员的身上。树上的知了在尽情的高歌，为我们伴奏，惹得我们心烦不已。韩瑞花诙谐的说：“今天真是桑拿天，可惜没时间搓背。”队员们只作短暂休息，就又投入了“战斗”。两张拓片下来已过中午，队员们饥肠辘辘也没能让他们停下手中的活。

两套拓片拓完后，已到掌灯时间，万家灯火映在一个个疲惫的脸上，有两位队员的后背被太阳晒得褪了一层皮。他们还嘻嘻哈哈地说：“这叫做脱胎换骨，重新做人。今天的普查新手，明天的考古专家。”普查队员心里充满了收获的喜悦。回到单位已是 10 点多钟。简单整理了采集的信息，作好明天下乡的准备。

2009 年 8 月 19 日 晴天

今天是我带队员第四次来到乔庙乡宋陵村民王名中家做思想工作，又经过一天的努力，王名中终于把多年来在商村遗址收集到的 17 件珍贵文物捐献给文物普查队。此举在武陟县文物保护系统引起很大轰动，并受到武陟县文化局、文物局的表彰和奖励。

他在接受采访时告诉工作人员，虽然他很舍不得这些文物，但在得到普查队的多次宣传文物知识后，才明白文物是国家的，不属于个人的，九九归一，早晚应该归还国家。这些文物包括骨角化石、兽牙化石、人类早期使用的石斧、石箭头、商代时期的汉白玉带钩、骨象牙带钩、骨簪、铜箭头等 17 件珍贵文物，特别是人类早期使用的石箭头在武陟县境内实为罕见，具有非常珍贵的价值。

此次受捐献 17 件文物，为下一步研究商村遗址及“祖乙迁邢”论证会提供了重要的实物资料。

2009 年 12 月 1 日 晴天

今天，天气特别冷。马上就是农历冬至节。古语有“冬至前后，冻裂石头”之说。从早晨 7 点半，我们就开始做嘉应观西五村古墓葬的勘察工作。这座墓葬是 2008 年 11 月 30 日晚上发生被盗，普查队接到通知后立即前往现场调查。经勘察，现场发现一东西长 1.5 米、南北宽 0.6 米、深 3.8 米的盗洞，底部已接近墓室，主墓室尚未挖开，其墓形制情况不详。根据墓室砌砖，经鉴定为明代古墓葬，具有一定历史价值。

普查队员司洛平是这次普查队伍中年龄最长者，又是文物系统的专家。他工作踏实认真，在这次“三普”调查过程中，真正起到了“传、帮、带”的作用。把好的经验传播大家，帮助新队员作记录，带头走访一线调查。这次墓葬的勘察工作其实就在他家门口，距现场不足 3 公里。看守工地时，他首先提出，我年龄最大，晚上觉轻，周边的群众都认识，遇到突发事件我有丰富的应变经验，我最适合留下来。普查队员都清楚，他工作在县城，老人在老家，因为普查，他已有 3 个月时间没回趟老家。这是多好的机会呀！他放弃了，队员们多次催他趁吃饭的时间到家看看，但直到工作结束，他都没能回趟老家。

我们收集的一片瓦、一块砖，也许就是一段历史；我们发现的一块石头、一块残碑，也许就是一个动人的故事；我们听到的传说、几片碎语，就是一个文化传播空间。……总之，我们寻找昨天的历史，延续今天的文明，为中华民族的灿烂辉煌贡献力量。普查队员每个人的故事，平凡而动人，凭着我们对文物普查的热忱，我们有信心、有能力完成“三普”工作的历史使命，给子孙后代交上一份满意的答卷。

说句实话，我们文物工作者是极其普通的，看上去没有什么惊天动地的故事。然而，在我们平凡的故事中，的确充溢着感动的内容。正如前文化部长孙家正所说的：“寻找与守望，是许许多多文化人的生命轨迹和精神归宿，其征途也漫漫，内蕴着太多的挚爱与忠贞，凝集着太多的坚毅与持守。”我们追求的，就是这种境界。

普查开展一年多来，队员们大部分时间都在野外工作，无论是严冬酷暑，还是刮风下雨，始终坚持在文物普查的第一线。队员们团结协作，克服困难，不仅锻炼了工作能力，提高了业务水平，还锤炼了思想，升华了人格。

禹州市第三次全国文物普查札记

河南省禹州市文物管理处　张志伟

自2007年我市正式启动田野调查工作以来，全体普查队员团结合作，发扬不怕苦、不怕累的精神，积极面对普查中遇到的各种困难，认真执行上级普查领导组有关入村率100%的要求，使我市文物普查工作朝着既定的目标顺利进展，取得了阶段性的重要成果。转眼间，历时两年的田野调查工作已经结束，但调查过程中的点点滴滴已汇成了文物普查的一曲曲赞歌。

一、克难攻坚，百折不回

禹州地形复杂，文物分布较广，田野调查的难度很大。但无论工作环境多艰苦，天气多恶劣，队员们都坚持在田野调查的第一线，每天早出晚归，在田间地头来往奔波。由于时间紧迫，许多情况下没有办法正常吃午饭，队员们都是自带烤饼充饥，中午顾不上休息，直到天昏暗下来才离开。在山区普查时，队员们经常在草丛、密林中不断摸索着路径上山，途中被树枝剐伤、藤草绊倒是常事。在神垕镇的调查中，一位队员的脚被锋利的铁丝划伤，鲜血直流，大家劝他停下来休息，他却稍作简单处理，忍住伤痛继续投入工作。

炎炎夏日，骄阳似火，白天室外温度高达40°C，队员们的汗水浸湿衣衫，从未有人退缩，每考察一处文物点，他们走访群众，多方打听，详细记录，共调查文物点2433处，其中新发现2265处，复查168处。到了冬天，调查途中遭遇风雪天气，寒风刺骨，队员们顶风冒雪攀爬具茨山，在长着人头高的野草丛中仔细寻找每一处岩刻、岩画，有时为了寻找一处岩画，队员们不顾危险攀爬数米高的峭壁。凭借着积极向上和锲而不舍的精神，共调查出岩刻、岩画1628处。

在这次文物普查中，涌现的感人事迹数不胜数，特别是测绘人员杨红亚同志。在开始普查工作时，她已怀有两个月的身孕，田野普查攀山越岭是常有的事，考虑到安全问题，同志们都劝她不要再爬山了。她却说“只有亲自去测量才能得出准确的数据，才能画出精准的图纸”。她一直和队员们一起攀崖过涧、钻林趟棘，从不叫苦。每到一处她都亲自观察和测量，详细记录。她常说的一句话就是“全国性的文物普查，人的一生能遇上几回呢？一定要珍惜这次难得的机遇”，正是这种坚强的毅力和无私奉献的精神支持着她一直活跃在普查工作的第一线，为保证实地调查数据的准确性贡献了自己的力量。

二、增加力量，齐心协作

第三次全国文物普查是一次高标准、严要求、科技含量高的新型文物普查。禹州市文物管理处为进一步提高普查水平，主动邀请许昌学院的6名文博考古专业的大学生，参与到我市的文物普查工作中来。

大学生加入普查队正值三伏天，每天天不亮就跟随着普查队下乡普查。正午烈日当头，太阳炙烤着大地，队员们顶着烈日穿过几十条街道，走访数百户人家，分工明确，井然有序。在神垕镇凤阳山深处，队员们经过一个多小时的跋山涉水，劈荆斩棘，调查到一处钧瓷窑址，该瓷窑址共有三个开阔的占地组成，分布面积之广、瓷器残片之多都是普查队前所未见的。在满载而归的路上，队员们一天的疲惫一扫而光，取而代之的是收获的喜悦。在他们的身上，我们看到了新一代文物工作者正在成长，相信不久的将来，他们会在文物工作中写出更华美的篇章。

三、苦中作乐，积极探索

野外调查的工作很辛苦，但队员们依然能乐观向上，在普查过程中常常会上演一支支快乐的小插曲。山区调查，地势高低不平，遇到雨天道路泥泞，调查起来难度就更大了，摔跤是常有的事。在方山镇普查时，大家向当地村民打听到了方山坡瓷窑址的地点，该窑址位于一处土岗上，普查队员背好相机，拿上GPS定位仪、罗盘等测量工具开始上土岗，还没有登上土岗的顶端就发现了散落在断崖上的瓷片，大家一看到有瓷窑址，干劲十足，加快了登岗的速度，突然听到“哎呦”一声，大家赶紧转过头去，发现负责测点的张队长陷进一个深坑，一半身子都陷到了地下，大家赶紧把他拉上来，仔细一看，下陷的地方居然是一处古瓷窑的烟囱！由于上面布满了青苔和植被，不容易被发现，所以才会误踏了一脚，陷了进去。张宏武一边拍着身上的泥土一边笑着说道：“多亏我肚子大腰又粗，要是卡不住就掉进去变成出土文物啦！”风趣的话语把刚才惊险的一幕化为阵阵笑声飘向远方。田野调查是辛苦的，正因为有这样一批乐观向上的普查队员，我市的普查工作才取得了丰硕的成果。

春种一粒粟，秋收万颗籽。第三次全国文物普查开展两年多来，队员们科学严谨、认真负责、一丝不苟的工作作风，确保了整个普查工作顺利进展。2009 年 10 月被河南省政府“三普”领导办公室评为文物普查先进县。在河南省 2009 年文物普查工作会议上，禹州市代表全省县级市在大会上发言，受到省政府领导的肯定和与会代表的一致好评。普查中辛苦而快乐的经历将成为队员们的一笔宝贵财富，他们团结协作、执著追求、以苦为乐的精神将成为普查战线上最亮丽的一道风景线！

探索发现的快乐

河南省三门峡市文化新闻出版局　李　慧

登上马头山石寨，是 2009 年 3 月一个晴天。与陕县文管办负责人姚千文同志及三门峡市老文物干部何康民主任相约去调查，今天终于成行。马头山位于陕县大延洼乡东南山根村东部，海拔约 800 米。据何主任讲：马头山实际应叫“邙头山”，因为这个山头属邙山岭最西部的尽头。当地村民口音的问题，以讹传讹，就成了今天一直在叫的“马头山”。马头山山势陡峭，下午 3 点的太阳灼人脸庞，手脚并用地一气登上山顶，已是气喘吁吁，大汗淋漓。山顶是一方圆十多平方公里的大平台。步行约 3.5 公里，山顶东北部一盆地状石寨展现眼前。中间一池雨水，四面山坡上分布大大小小近百处石砌房基，东西两道石砌寨墙，蜿蜒约 2.5 公里，全由红黄色砂页岩垒砌而成，未见石灰或草泥抹缝，但墙体表面却光滑规整。盆地南部最高处，有石砌的烽火台。石寨给人的第一印象就与军事有关，四面悬崖，易守难攻，山顶有明显的居住痕迹。据姚主任讲：南宋时当地一抗金民族英雄李彦仙曾在此安营扎寨。但经多方找寻，只发现少量明清时期陶瓷残片，未发现宋金时期遗物。石寨的年代性质仍需进一步考证。田野调查阶段结束后，回头想想，许多重大发现竟都在深险绝奇处，许是那里人迹罕至、少了人为因素干扰的缘故吧！陕县王家后乡的黄金寨，也是我们坐了一个多小时的汽车，然后到乡政府换乘上山专用的吉普车，又步行约三公里的山路，登上约 900 米高的山峰时才得见真容的。这时候，才真正感受到“无限风光在险峰”的快意。站在高高的山顶上，黄河在脚下蜿蜒，对面崖壁上的黄河古栈道若隐若现，找寻着古代黄河岸边的导航遗迹，捡拾大把大把仰韶龙山时期的彩陶灰陶，探寻发现的快乐让人流连忘返，乐不思归。

陕州故城的调查让我体会到在发现之后还原历史真实的快乐。陕州故城位于市区西南黄河岸边。该城始建于西汉武帝元鼎四年；自北魏孝文帝太和十一年改置陕州，历代或为州，或置县，均为州县治所。宋时为直隶州，延续到清代。民国时先后隶属洛阳专区和河南第十一专区，1957 年因修建三门峡水库而迁移，20 世纪 70 年代遗址被辟为游览区至今。陕州故城历史达 2000 余年，东西宽 1200 米，南北长约 1900 米，总面积 227.52 万平方米，是豫西地区现存建城时代最早、面积最大，延续使用时间最长，文化内涵最丰富、学术研究价值最高、城廓保存较好的汉代古城址，2000 年被河南省人民政府公布为省级文物保护单位。陕州故城内清代以前的地面建筑遗迹基本得到较好保护，但作为一座几千年不断档的历史名城，河滨城市的文化特色不够突出，近现代文化内涵不够丰富。“三山四码头，水在城上流”这一独特的历史景观在以往的文物保护档案中没有任何显现。为弥补这一缺憾，此次我们把陕州故城的调查重点放在近现代史迹及和河渠有关的遗迹上。通过与市党史办联系，参照大量的文献资料，走访老陕州城原住民，我们新发现了冯玉祥将军立碑处、民国二十七年抗战地道、陈谢大军攻城渡河处、陕州庆祝新中国成立万人大会场等一系列近代史迹，弥补了陕州城近代史的缺失。通过对陕州水利设施的调查，发现了位于东城墙顶部的一段金线渠基址、太阳渡码头、西门码头、羊角山码头等一批凸显老城特色的文物遗迹，基本恢复了老陕州山水城市的历史风貌。作为一个文物工作者，还原历史风貌后的快乐是无以言表的。

充满希冀和美好愿望的快乐是在对会兴故镇的调查之后产生的。在第三次全国文物普查开始之前，会兴故镇的古老及文化内涵之深厚在头脑中只是一片模糊的认识，具体现存哪些历史文化元素并没有清晰的概念。通过这次系统调查，发现古镇所保留的历史文化信息数量大、内涵丰富。如会兴沟旧石器文物点、会兴村仰韶文化遗址、会兴古渡、会兴古道、元明清古寨墙、城门洞、过水涵洞、抗战时期日军战俘营旧址等等，细细罗列，现在的会兴镇如果申报全国历史名镇可能一点都不过分。在结束对会兴镇的调查后，返程中，几个人兴致勃勃的描绘着会兴镇申报历史名镇后所带来的发展与繁荣的美好愿景，不觉忘掉了调查中所有的艰辛与疲惫。

道光二十三年洪水遗迹的调查让我感受到团结协作及增长见识的快乐。三门峡是黄河怀抱中的城市，普查中对有关黄河遗迹的调查是我们关注的焦点。在 2009 年 11 月配合黄河博物馆进行的专题调研中，通过老水利专家、黄河博物馆原副馆长刘老回忆，我们找到了清道光二十三年洪水遗迹。该遗迹位于黄河大坝下游约 2.5 公里处的七里沟沟口，呈南高北低的六十度斜坡状，坡面宽约 50 米，北面向黄河河床缓缓延伸，南面直插入沟口约 400 米处，最高处约 5 米左右。坡面顶部有当地农民种植的农作物，向黄河延伸的低洼地带生长大片野生林。从当地采矿场挖断的剖面并采用颗粒分析法判断：当时洪水流量达每秒 36000 立方米，为千年一遇。此分析与当地流传的一首民谣相互印证：道光二十三，黄河涨上天，冲了太阳渡，捎走万锦滩。有关专家认为：此遗迹为全国现存唯一一处黄河洪水遗迹，对研究黄河水利发展史具有极高的学术价值。对于水利专业，我是标准的外行，通过这次专题调研，向黄委会的专家们学到了不少水利方面的知识，备感充实与满足。

在探索发现中，快乐无处不在，有了快乐相伴的找寻，即便山高水险，荆棘遍地，都会被永远珍存在记忆最深处。

真抓实干铸辉煌

——记普查队员刘国奇

河南省淅川县文物局

2008 年 5 月的一天，一辆白色“文物普查”面包车在丹江岸边的山路上颠簸前行。突然，车轮一滑，立时车子象雪球一样向路边的山沟里滚去。所幸的是山沟不深，车上的人不同程度受了伤。司机在医院醒来时，立马问：“车上的其他人咋样?”当得知都无大碍时，他才松了一口气。喃喃地自语道：“都怨我太疲劳了！这次山区文物普查连续奔波了几天，我不应该疲劳驾驶……”他身体多处严重摔伤，可是见到医生的第一眼他就问：“我多久能出院？我得到普查一线上去”。守护在一旁的妻子忍不住劝阻他等伤好了再去工作。但他摇头道：“现在全县文物普查工作已全面启动，我县 17 个乡镇 2798 平方公里的地域面积都需要跑到，普查任务十分繁重啊。”时隔不到一周，身体刚刚恢复的他就匆匆赶往普查现场。

他就是刘国奇——县文物局副局长兼司机。2007 年 10 月淅川县文物普查工作启动以来，他始终以一个共产党员的标准严格要求自已。哪里需要他，他总会无怨无悔地出现在哪里。无论面对多大的困难，他总是勇往直前。

2009 年春灯节刚过，刘国奇就立马带领普查队员深入山区乡镇开展古山寨调查。此时树木和山草都还没有发芽，树毛子不太深，有利于翻山越岭，山路走起来较为容易些，是山寨普查的最佳时机。国奇一干就是二三个月，除了下雨天从未间断过。都四十岁的人了，体质超过年轻人，信念意志更是坚强。其他的队员要么因感冒、要么因拉肚子、要么因脚扭伤而替换，唯独他是个硬汉子，一点感冒他根本不在乎，每一次普查现场都有他的身影。鞋子跑烂了二三双，裤子挂烂了四五条，手指和脸庞被树枝、痒刺子、山胡蜂刮的或蛰的伤疤不计其数，从未叫过苦叫过累。只要有新的发现，他就兴奋，一下子把疲劳全忘了，愉快地投入到拍照、丈量尺寸、绘制草图当中。几乎所有的午餐都是在山顶吃的，饿了啃点干粮，渴了喝点凉水。就这样全县72处古山寨的普查任务让他一一拿下，没有漏掉一处。

他经常对身边同志说的一句话是："办法总比困难多，不怕做不到就怕想不到。"

2009年的国庆节和中秋节相重叠，国家法定假期为7天，而国奇硬是带领普查队在田间地头度过这难忘的假期。他给同志们解释道：10月的气候不冷不热很适宜田野普查工作，咱们要利用假期把伏天和雨雪天耽误的时间补回来，把剩余的普查任务保质保量完成，要牺牲大家的休息时间，历史会记住大家的功劳的。尽管部分队员有看法但还是保留了意见，服从了他的安排。中秋节的前后二三天，乡里集镇上的食堂和旅店都放假关门过节了，一时间队员们的吃住没法解决。国奇和大家一道想办法，咬咬牙关发扬山寨普查的精神吃月饼、方便面，喝矿泉水；到附近的学校睡在教室的课桌上度过特殊时期。就这样放弃了与家人团聚的难得机遇，放弃了观看国庆60周年盛大阅兵式的良好机会，全身心地投入在普查一线，总期盼有新的发现、新的收获。就是这种吃苦耐劳、踏实肯干的精神确保了全县新文物点的数量节节攀升。

统筹兼顾，学会"弹钢琴"。国奇除了分管文物普查外，还肩负着南水北调丹江口库区淅川境内160多处文物抢救性发掘工作的重任，协调配合的工作任务繁重艰巨。他就巧安排时间：在雨雪天或三伏天文物普查工作无法开展时，转而投入到库区发掘工作中去，做到两项工作都不耽误。几十个发掘工地分布在几百里的丹江两岸，他不知疲倦地驾车往返于发掘工地之间，不厌其烦地同当地农户协商用地、赔青、用工等事宜。确保了发掘队能够"顺利进驻，有序开展，圆满撤离"。

两年多来，无论是盛夏酷暑或是数九寒冬，他带领同志们跋山涉水，翻山越岭，走遍了全县514个行政村，2000多个自然村，累计普查文物点1430处，普查总量位居全市首位、全省前十名。淅川文物普查工作先后得到了国家、省、市文物局的通令嘉奖。特别是，普查中发现的寺湾镇寺坡崖墓群，被省文物局命名为河南省文物普查重大发现，现已向国家文物局申报国家级文物保护单位。

荣誉和成绩的背后是辛勤的汗水，更是对家人的愧疚。

他整天忙碌在外，老人和孩子，就托付给妻子。而妻子既要上班又要照顾家庭，积劳成疾，患上了胃炎、肾炎、胆囊炎。妻子多次要求国奇陪她到外地看病，但他一直没有抽出时间。2008年8月的一天，他正在乡村普查，母亲打来电话，说妻子突然腹疼难忍，要他赶快回家。他一时走不开，当他处理完工作从乡村赶到县医院，看到的是刚做完手术躺在病床上奄奄一息的妻子。医生告诉他："突发急性阑尾炎，再晚来会就没这个人了。"此时此刻，这个强硬的汉子泪水在眼圈里直打转，他拉着妻子的手愧疚地说："等这次病好了，我可带你到外地大医院好好看看……"妻子用微弱的声音说道："我没事，等你闲了吧。"

几多付出几多喜，一路艰辛一路歌。刘国奇这位勇当时代先锋的文物战士，从来没有想过如何享受生活，也从来没有在工作中畏惧过困难。他对家人的承诺可以不兑现，但对入党时的庄严承诺却从不食言。

走在文化风景线上的人

——记河南省人大代表、夏邑县第三次全国文物普查队队长张帆

河南省夏邑县第三次全国文物普查队

一群匆忙的身影走在豫东夏邑偏僻小村弯弯的路上，不时向田间、路上的村民打着招呼、询问着什么，带队是夏邑县第三次全国文物普查队队长张帆。

2007 年第三次全国文物普查启动。2007 年下半年，夏邑的文物普查工作在全市处于落后县份，为了做好第三次全国文物普查工作，夏邑县第三次全国文物普查领导小组及市、县文物主管部门领导决定对夏邑县文物普查队的班子重新调整，在上级领导的信任和普查队同志的期待中，正在博物馆忙于筹备文物展览工作的县博物馆馆长张帆同志接过了夏邑县第三次全国文物普查队队长的担子，从此，除了博物馆的日常工作及必须参加的社会活动，还有，文物普查让她成了一个名副其实"大忙人"。

张帆是一个从事文物工作多年、曾参加过第二次全国文物普查的老同志。多年来，凭着对文物工作的热爱，她几乎跑遍了夏邑的村村落落，对夏邑的历史文化家底如数家珍。在两年的田野文物调查中，她带领普查队员日夜奔忙在田野文物调查第一线，从无节假日，无论是田野调查、资料整理、测绘、照相等无不身体力行。

2009 年春节刚过，县财政文物普查经费尚未落实，为不影响普查工作的开展，作为普查队长的她自己掏腰包，先垫付普查经费，并购置了电子测距仪、高倍望远镜、罗盘、拷贝台等设备，迅速把工作开展起来。为争取普查经费，她利用自己是河南省人大代表身份的优势，积极向县政府主要领导和分管领导汇报普查情况，申请文物普查经费，通过嘴勤、腿勤，即勤汇报、勤跑腿，取得县主要领导和分管领导对这项工作的重视和支持，在县财政十分困难的情况下，多次拨付文物普查专项经费，有了经费作保障，夏邑县的文物普查工作在张帆的带领下做的更加扎实、有效。

在田野调查工作中，张帆同志总是关心他人比关心自己为重，利益面前先人后己，每次吃饭时，总是让大家先坐，自己忙前忙后做服务工作。在入村调查中，她总是主动向村民了

解、询问，午饭时间大多在下午一点以后，可以说每次下乡都没有按时吃过一顿饭，有时最晚到下午两点多钟才吃上。晚上返程多数是满天星斗。田野文物普查新发现往往是很偶然的，发现目标之后，她总是第一时间全面认真查看新发现文物点的保存状况，亲自做文字记录，安排测量、定位、走访村民，抢着做最艰苦的工作。有一次在一个村庄调查汉画像石，由于画像石早年被村民砌筑到了桥券上，桥下臭水横流，布满垃圾、粪便，工作环境很差，在场的很多人都主张在远处拍几张照片，大致数一下画像石数量就可以了，可张帆同志不顾臭水、垃圾及呛人的异味，躬身钻进桥下。由于桥券很低，人进去只能躬着身子，不能站立也不能蹲下，她没有让别人进去，硬是自已坚持半个多小时，把桥券上的画像石逐一拍照、测量、记录，勾画草图，近距离取得了第一手资料，待工作结束走出桥洞，她长时间无法站立，在场的工作人员和围观的村民无不感动，等缓过劲来大家一看表，时针已指到 15 点钟，这时才想起来还没有吃午饭。像这类事情无论是在田野、还是在室内整理资料期间都经常发生。往往在去吃饭的路上又遇到新的文物点，为了不走重复路，节约时间和油料，她带领大家随时发现随时完成记录。很多时间从田野回到县城早已是万家灯火。在普查办公室内整理资料时，也常常不能按时吃饭，晚上 9 点吃晚饭是常有的事。

一天傍晚，在田野调查一处古文化遗址时，工作还没有做完，天空飘起了细雨，她把雨伞让给别人，自己用身体护着记录本，冒雨坚持做完资料记录工作。劳累了一天的队员拖着疲惫的步子走在泥泞的田间小路上，她见大家情绪有点低落，便幽默地鼓励大家："回头看，雨中的遗址多美，老天把大家变成'湿'（诗）人了，我们是一群走在文化风景线上、正在做着一件很了不起的大事的'湿'（诗）人，能够参与第三次全国文物普查这样一件伟大的工程，是值得我们一生骄傲和庆幸的。"

除忘我工作外，张帆同志在普查工作值得称道的做法还表现在对事物的追根求源和对相关资料全面搜集，在追寻的过程中往往会有重要发现。一次我们在田野发现一个特大型封土堆墓，按照现代豫东的埋葬风俗，墓上封土不应该这么大。为了搞清楚这个问题，她带领队员一个村一个村的寻找这座墓主的后人。由于一开始村民不理解、不配合，工作过程非常艰难，大伙一度产生放弃的念头，张帆同志硬要坚持寻找，花去了一整天的时间，在弄清楚那座墓葬封土堆高大的原因的同时，又意外的发现一处清代石牌坊和两口明代古井。尽管没有吃上午饭，身体很疲惫，但在返城的路上大伙儿却一直兴奋不已，都说如果不是张队长的执著坚持，就不会有今天的重要发现。

她作为普查队长，严谨、细致的工作态度和执著、敬业的工作精神，不仅感染了全体普查队员，也极大地促进了夏邑县第三次全国文物普查工作的顺利进行，而且还带出了一支高素质的普查员队伍。在对相关资料全面搜集方面张帆同志表现得非常认真细致，以家族墓葬群为例，除了对墓地现存状况资料的搜集外，她还坚持查找家谱等其他资料，同时对相关的非物质文化遗产，如民间传说故事等也进行收集、整理，极力追求资料的全面性、完整性。

实践证明，付出辛劳总会得到回报，通过她和队员们的不懈努力，夏邑县的文物普查工作取得了十分可喜的成绩，多次受到省、市文物主管部门的表彰和奖励。她也多次被评为省、市、县文物普查先进个人。2010 年，又被评为第三次全国文物普查实地调查阶段的突出贡献个人奖。

我们的故事

河南省信阳市文物局　花　原

信阳文物普查队在谭家河乡找到了一条运茶古道，顺着古道又一路查寻，终于在李家寨镇发现了唐宋时代的茶树遗株。茶树遗株，这几个字本身就有独特的诱惑力。

老茶树位于李家寨镇旗杆村的大茶沟，很奇特，整个村子被 377 部队所包围，进村之前要先登记，反复认证之后，小战士才放我们进去。

一进旗杆村就被眼前的景色迷住了。两边的山全给郁郁葱葱的植被所覆盖，有几株矢车菊零星地开在山崖边，给疏朗的青山凭添了俊秀和雅致。除了我们几个人，见不到汽车和人群，有几座军需仓库隐蔽在山洞里。一切都显得那么静谧，透着几分神秘。我们屏气静息，话都不敢大声说，就像行走在水墨丹青的画卷里。

没想到旗杆村满山遍野全是绿油油的茶园。爬了大约 40 分钟的茶山，气喘嘘嘘来到了村茶场。茶场的老板叫邓世忠，有 60 多岁，身体结实，红光满面，他接到支书的电话一直在等我们。

老人很健谈，提供了大量有关茶的信息。千年茶树有一株就在茶场的东南，但另一株，当地人称“茶王”的，还要翻过两座山，没人带是找不到的。这里原来有条运茶的栈道，青石铺砌，上面还有车轮深深的印辙，很遗憾，栈道在后来修路时给破坏了。这条古道经过大茶沟、中茶沟、小茶沟，延绵 35 华里，到李家寨驿站（原叫白果庙金店）过武胜关就是湖北了。

他让茶农给我们每人泡了一杯上好的新茶，说，喝了他的茶一路上都不会口渴的。

老人的儿子（我们叫他小邓）从屋里拿出一小袋茶叶，说这是茶王树上采摘的茶叶，每年只能采摘几斤。太让人震惊了，我们立即围上去，拈起几根放在嘴里，茶叶在嘴里嚼起来脆生生的。忍不住泡了一杯，刚喝一口喊起来：“是甜的。”而且口口甘甜，带有苹果的芳香。泡出来的茶水呈金黄色，怪不得古人管茶水叫“汤”了。

老人说这茶可入药，调理肠胃，能治失眠，喝完之后昏昏欲睡，所以又叫“神仙茶”。这神仙茶学名叫“柃木茶”，因嫩梢呈三棱状，又称三棱子茶。

喝完了“汤”，陶醉了一会做神仙的感觉，我们要找茶树王了。老人让小邓给我们带路，并坚持带上自家买的糕点和水果：“要爬几个小时的山路，没吃的顶不下来。”

老人的儿子很憨厚，用蛇皮袋装上蛋糕和家里的全部鸭梨甩在后背上就带我们上路了。

爬了2个多小时，一会是上山的路一会是下山的路，由于下山的路太滑，我已经摔了4个跟头。大家都笑：今天要保证摔8次。因为我们这支队伍有8人，指标要我一人包圆。小邓只好腾出一只手紧紧的拽着我。这次真正体会到什么叫做“爬山”——手脚并用，连滚带爬。体力渐渐不支，于是，就问：还有多远？快到了。再问，还是快到了。老实的山里人也学会了“忽悠”。

正累的喘不上气时，一抬眼，望见一树锦簇的映山红。仰望灿然盛开的花朵，心中油然产生了一丝情愫。这是棵结结实实山里的树，层叠的映山红，宁静温馨，透过阴柔的阳光，好像会随时化蝶而去，而她依然绽放得饱满热烈。“回看桃李都无色，映的芙蓉不是花”，映山红淡淡的芳菲让所有的风停止了歌唱，伴我们一路相随。

突然，镇文化中心的袁主任大声说：“你们听到泉水声了吗？快到大滴水了。”大滴水是这里的风景区，山泉水汇集在这里形成颇为壮观的瀑布，由于山高路险，能看到此景的人很少。

顿时，大家打起了精神，顺着一路喧闹的水声，终于看到了大滴水瀑布。瀑布高有十余米，粗壮的水流与四周千姿百态的石头汇合了，组成一首首听不懂的山歌。我们贪婪地喝起了潭里的泉水，深潭的沉闷一子被我们扰醒，变得欢快而顽皮。泉水的清凉洗去了焦躁，但倦意袭来，不知是不是喝了神仙茶的缘故，很想倒在宽大平整的石板上睡个好觉。

“该吃饭了，都1点多了。”小邓也在喊。我们抓起蛋糕，深深呼吸着沁脾湿润的空气，望着像水洗过一样洁净的天空，每人的目光都放慢了转动。沐浴在习习的微风里，熏得人人自醉。

不能耽搁太久，再翻越一座山就是茶王的领地了。大家拖着疲惫的双腿跟在小邓身后。

小邓一路走还一路采着草药。他说，七叶一枝花是治跌打损伤的，把它捣碎了抹在伤口上很快就好。野姜是治消炎和风湿的，效果很显著。怪不得在这深山里，到了建国后还一直有人居住。勤劳的山里人把山石一块块搬开，整出一小块平整的土地，盖起房屋，种上庄稼，就安家落户了。过着不知秦汉世外桃园的日子，有个小毛小病他们自己采点草药就解决了。

快到了。小邓喊道。这是我们今天最愿听到的一句话。可越靠近茶树越难走，已经是没有路了，全是陡峭的悬崖。我们小心翼翼地贴在山壁，手拉着手一步步挪向茶王。终于，双手触摸到仰慕已久的茶树王。

这株茶树高5米，周长100厘米，挺拔伟岸，是当之无愧的绿茶之王。我的背紧紧靠在山体，脚登在茶树根，一动也不敢动，怕一不留神掉下悬崖。而身手敏捷的小邓和刘成不知什么时候爬到了树上，看的我心惊肉跳。小邓说，茶树就是喜欢生长在背阴潮湿的山崖上。

茶王带给我们万分的喜悦，但更多的是充满了对它难以名状的复杂思绪。

唐肃宗时和回纥开始驱马市茶，打开了茶马交易的先河。从宋代开始，由于常与辽、金交战，所需的军马更多，宋王朝便将茶马交易作为一种政治手段，对茶实行禁榷，始终把茶叶和战争捆在一起。在淮南盛产茶叶的蕲、黄、庐、舒、光、寿六州设立十三场。凡六州茶户种的茶，一律隶属于所在山场，把茶叶的生产者控制起来。光州，就是我们今天的信阳地区。这株饱经沧桑的茶王，曾经是唐代宫廷里的贡茶，带给宫廷贵族们在视觉和味觉上的充分享受和满足。但到了宋明，由于茶税过重和不断的战争。茶农不堪负重，一怒之下放火烧了茶园。现在，这片一望无际的万亩茶园仅剩下屈指可数的百余棵老茶树了。它们见证了那个时代我们无法亲历的蹉跎岁月，告诉我们曾经的辉煌和离乱。远离了滚滚红尘，忍耐着千年孤寂，茶王，始终割舍不下的是这里被它染绿的大山。

沿着千年的运茶古道，惜别生机勃发的茶王，我们把目光和岁月停在了那里，也让脚步一遍遍地来回。云在天上，我们在地上，普查的路有多远我们就走多远。因为，那里有我们太多的故事……

普查日记

河南省郸城县博物馆　吴景超

2009年10月26日　星期一　阴天有短时小雨

今天午饭吃卤蛋

按照昨晚的约定，今天我们要到县域最东部与安徽交界的地方普查，有100华里，要早一点走，不然一天干不了多少活。早上7点，我就到了办公室，看到队友巴云忠已在办公室整理田野调查表，我就赶快加水打开了电热水壶，烧点开水带着下乡，这时候普查队的钱方和志愿者赵一铭也陆续来到我的办公室，“四人小组合”到齐了，按照分工各自检查每天所要带的表格、器具等。我看到巴云忠憔悴的面容，鼻子酸酸的：我们已经连续下乡一个多月了，连十一长假也没休息，嘴角都熬出水泡了，几位同志都喉咙疼，口腔溃疡。我这个文物普查队长就心里暗自许愿：田野调查结束我一定让你们好好的休息一月（我真不知能否实现？所以也没敢说出来）。

带足了饮用水，不到8点，我们就驱车正东而去。在车上，同志们又忘记昨日的疲劳，开始胡侃一通。钱方突然想起昨天的午饭，提起意见来：“昨天中午吃板面，多想饶两个卤鸡蛋，队长不发话，我没敢要，今天能不能每人吃俩?”我们县经济很困难，单位没车，为了省钱，我们租了个昌河车钱方开着，普查经费让租车费占去大部分，同志们下乡没补助，只是吃顿简单的工作餐，但是，每人加两个鸡蛋还是没问题的。我笑笑接道：“吃卤鸡蛋当然可以，咱们还是按规定，发现一处史前遗址，卤蛋管够，每人外加一瓶啤酒。发现不了史前遗址，卤蛋想也别想。”其实，那有这规定啊？但这可是我的杀手锏啊，鸡蛋可不能白吃，靠这个杀手锏，我们发现了几十处史前遗址，我可是真大方了几十次，哈哈，我心里知道，弟兄们不是要鸡蛋吃，是要求组织对其重要发现的承认，同时也是我们普查队重要发现的一种独特的庆祝形式，没有重要发现，就不能吃卤蛋。我们已经几天没发现史前遗址了，我们需要有重要的发现来调剂一下精神，振奋心情，哪里是想吃卤蛋。

唉！天不作美，车刚到宁平东，竟然下起了小雨，看来不能跑那么远了，东面那几个乡，雨天不能去，那里的路不好，下雨了车会抛锚的，我就决定在附近看看。车到许楼，我们就转向北方，没一会儿，就来到了宁平、汲水、丁村三乡交界的安庄行政村，雨好像也停了。这里北靠境内最重要的河流——黑河，这一带我们是首次来，黑河可是古河道啊，根据我们的经验，黑河两岸汉代遗址、墓葬不会少，车没停稳，同志们欢跃而下。我的弟兄们工作就是这样。

果然，不到9点我们就有了收获，刘桥村南，冷库以西大约东西200米，南北200米的大田里，我们发现了大量的汉、唐、宋时期陶器残片、瓷器残片和大量的汉宋时期墓砖，看遗存还是以汉代为主，宋代还是很丰富的，虽然唐代瓷片少一点，且没有唐代的墓砖，还是可以将古墓群定为汉唐宋的。我们简单议了一下，就分头拍照、定位捡取标本，我们分工有序，10分钟搞定开辟新战场。

我们很快来到了赵楼村，赵楼是个新型农村，隶属安庄行政村，村内公路交错，高楼林立，让人一进村就可以感受到新农村改革开放的发展成果。我们在村东、村南、村西以及村中都按照规程踏查一遍，虽然有收获，都是汉代或者宋明时期遗址和墓群，这在宁平一代到处都是啊，很正常，同志们忙了一阵，多少有一点遗憾。沿着村中公路我们向村北走去。

在村东西公路边，我们遇到了要下地的赵楼五队村民，63岁的赵树体老人，听说我们是搞文物勘察的，就和我们站在路边的几块“水泥砖”上聊了起来，他告诉我们：赵楼村东、村西和村西北角都有老庄户（即老村落），但是都不大，只有村北黑河转弯处的北庄户又大又高，他记事时庄户高约2米，东西、南北都有近300米方圆，1963年平整土地，整个大队的社员挖了很长时间才挖平，地里打井，挖了五六米还是生活土，里面还有瓦片。说者无意，听者有心，不觉间我们都挪动了脚步，将追赶着诉说的老人抛在后面，风驰电掣奔向村北地。

果然这里地势特殊，黑河竟然围绕这个庄户转了个小弯，看来古人就利用自己的努力战胜了自然，让那么宽的河流绕道走。队员们四散寻找遗存，欢跃之声不断响起，“卤蛋！卤蛋！”“今天午饭有卤蛋！哈哈！”他们的欢笑引起了周围农民不解地观望，我知道，这是我们胜利的呼声！肯定有了吃卤鸡蛋的发现。

我受到他们的感染，也加入了捡取标本的行列，哇！有大汶口的、龙山的、商周的，标准的新石器时代遗址，不虚此行。

这时，在一旁的赵树体老人受到我们欢悦情绪的感染，悄声告诉我说：“我前几年种山药，挖山药沟，曾经挖到一个古墓，挖了很多砖，在那边，你看看不？”我说：“那你领我们去看看。”老人将我们领到了遇见他的地方，指着我曾经踩踏的所谓“水泥砖”说：“这就是那些墓砖。”我很惊异，这哪里是古代墓砖，分明是现代水泥才能制作的模具砖，栱形，有嵌槽，一头厚，一头稍薄，一块有十多斤重，分散在村中公路旁的垃圾堆里，有的被垃圾掩埋着，我刚才分明就践踏在他们身上和村民们交谈，我还误认为是村民建房的水泥构件呢，我们几人拿起一块仔细分析，啊！这是陶制砖，看陶质就是汉代的，我们从未看到过这种器形的墓砖，我们不顾垃圾和动物粪便的腥臭，动手翻动垃圾下的墓砖，嘿，垃圾下还有很多大块史前的器物残片，一会儿就扒出了一大堆，足可以装满两个标本袋的陶片和十几块完整的墓砖，居然还有两块特殊的空心砖和一块陶质的半圆的墓门上额，分明和栱形墓砖可以组成一座特殊的古代墓葬的墓汀。看着这一堆陶片和墓砖，我的手有些颤抖，怎么这些器物器形那么生疏啊？器形特殊、很精致，经验告诉我，这是一个与境内其他遗址有区别的很好的遗址，遗存丰富，可以说这是一个史前比较富裕的部落，一个延续了几千年还有那些特殊印记的部落，我和我的伙伴们震撼了。

“把这些墓砖统统装车上，残的也要统统装走！”我的脑海里突然产生了一个景象，在我们未来的博物馆展厅里，一座复原的汉代墓葬，一座具有赵楼特色的汉代墓葬前，攒动的人流在议论、在观赏。

中午时间到了，墓砖统统装到了车上，装满我们乘坐昌河车，甚至于挤占了我们坐的地方，我们没有去洗沾满污浊的双手，就挤进了车里。大家突然都感觉饿了。“走，开车！今天午饭吃卤蛋！”

嵖岈山文物普查纪实

河南省驻马店市文物普查办公室　谢　辰

2009年仲夏季节，豫南淮河平原一望无际的株株玉米已长成高过人的青纱帐。遂平县的文物普查工作转入了坐落于河南省驻马店市遂平县城西20公里处的中原盆景嵖岈山，她不但具有迷人的景色，更有深厚的人文底蕴，也是山区普查重点。

清晨，夜晚的余热还没退去，我们一行五人便草草吃过早餐，匆匆踏上了行程，经过半个多小时的奔波，来到了嵖岈山下，秀色可餐的风景，令人神往。处于蛇类出没、毒蚊肆虐，以及其他伤害随时可能发生的季节，要攀爬到人迹罕至，荒废超过百年的建筑基址进行录入材料工作，困难处处有，危险时时在。我们也有不小的思想压力，于是进行了临时动员，要求队员们工作时绝不可掉以轻心。

拾阶而上，气喘吁吁，一队员突然大声叫喊，上面那巨石壁上有檩洞，抬头望去，影影绰绰在树木藤蔓的后边。于是我们手足并用，攀爬到巨石边，马上清理建筑基址附近的各类杂草藤蔓，然后对檩洞到地面的高度，檩与檩的间距，檩洞的样式、大小进行细致的测量，记录，绘示意图，拍照。我们所发现的这处建筑基址利用北边石壁做山墙，其他三面都用木头搭建，只残留一个山墙痕迹，所以无法确定该建筑基址的面积。初战告捷，大家互相看了看，忍俊不禁地笑了起来，在清理杂草藤蔓时被无意划伤和野蚊子的无情叮咬，已给普查队员们身上留下了深深的烙印。

过了一道门，来到了三佛殿，这是一处天然石屋，面积有百余平方米，坐西面东，门、窗和墙用花岗岩条石筑成，其余三面是自然石墙，室内北部也经过雕琢处理，摆放神位，十分精细，令人赞叹。队员们测绘、定位、绘图、描述，一阵紧张工作，刚坐下来补充水份，举目便望到前面高处石壁上的檩洞。发现目标，信心倍增，所有人一窝蜂似冲了过去。

这是一处利用两石壁做山墙架檩的建筑基址，坐东面西，门前铺有5阶斜向石台阶，建筑工匠们先琢檩洞，合理分布檩距，然后按石壁之间的檩洞实际距离，确定檩的长度，再把檩直接牢牢固定在石壁之间，建筑物自然十分坚固，前墙和后墙由石条砌成，屋面里不规则形状。通过测量，前墙宽5.6米，后墙宽为8米，进深7.3米。一阵匆忙工作之后，队员们一个个汗流浃背、蓬头垢面。

大家随意找一个阴凉地坐下休息，补充体力，山上野蚊子无情叮咬的印痕，由于忙碌似乎没有感觉，一旦歇下后，早已连成片的过敏疙瘩便痒得钻心，涂抹大量的风油精和驱蚊水也都无济于事，看来这些药水是针对一般蚊子生产的。

小憩之后，我们开始对唐代建筑基址五龙宫进行测量，五龙宫面阔三间，进深一间，高5米，坐北面南，西山墙和后墙是利用天然石壁雕琢修整而成，西山墙琢有檩洞，后墙琢有梁洞，在檩洞和梁洞的下面琢有长方形小洞，目的是要嵌入木块，固定檩和梁，非常壮观。基址由琢雕而成的花岗岩石条平铺组成，石条一部份凸出，半圆形的雕面，非常完整，而且十分漂亮，可惜上部早遭破坏，现存基址上又建设了新的建筑物。

随着山势变化，石阶突然变陡，今日的台阶是为了旅游几经修整过的，昔日肯定不是这样，艰难攀行一段后。忽然面前变得开阔，出现了一个平坦的小院和一座坐北面南、进深3米、面阔三间8.9米，全部用花岗岩石条砌成的房屋。该石房的门窗用花岗岩石雕成不同形状，圆形的栱门，方形的窗户，与我们现在的房屋门窗大小一致，小块条石有几十斤重，大的条石可达半吨左右，也不知这么大的石条是怎样雕成的，用了多少人力，才砌到高高的墙上。石房造型别致，不用任何粘合物垒砌，是研究石质古建筑的较好实物资料。

上午，忙忙碌碌采集录入9处建筑基址的全部资料后，我们来到旅游线路边的售货摊点。劳累与饥渴，使队员们忘记了炎热与瘙痒，饥不择食，从背袋里取出带来的食品，在摊点买一碗凉粉，或泡一碗方便面，就是一顿丰盛的午餐。在这酷热难耐的中午，饭后随便找一个阴凉地方坐下，靠着石壁，顾不上炎热和蚊子叮咬，便很快进入了梦乡。

下午两点半，酷热的天气和蚊虫的袭扰把队员们从熟睡中催醒，普查工作也就开始了。我们来到北斗宫，它隐匿于山顶一巨石下，整个巨石做屋面，上边是人行路，下边是房屋，面积有100多平方米，西墙和南墙用石条砌成，各留有两窗一门，都是仿木结构做成，特别是南边的两个窗户由于下半部支顶的原石壁影响了两个窗户的美观，能工巧匠们还特意对影响部分进行了雕琢，形成两个漂亮的小窗户。站在该石房南门外的小平台上，可欣赏嵖岈山美景，出西门有一上下攀爬的自然石洞路直达山腰的上下山路，北边有一自然门，可直通山顶道路，整个构思十分巧妙。

再往下走来到了刻有“蓬莱三洞”的石棚房子，此石房子座西面东，上边是整块巨石，在东边出口处用石条砌房门和窗户，门比窗后退0.8米，窗户的上边沿和门的底边在一个水平线上，门外有8个石台阶，门口右边石壁上阴刻“蓬莱三洞”四个0.5米×0.5米的大字，煞是醒目。石房内成不规则形石地面，南半部高，北半部低，面积近100平方米，冬暖夏凉，的确是个好地方，“蓬莱三洞”为明代所刻，这是一处供奉神仙的地方，现在已废弃，但石房保存完好。

已是下午5点多，我们来到了山下，在旅游线路的上方面向东的石壁上，赫然出现两行阴刻1米×1米的24个大字，雕刻时间是1935年。早在抗日战争时期，进步人士魏朗斋先生在此创办的“嵖岈山农科职业学校”，是我党培养革命力量的摇篮、嵖岈山抗日保卫战就是在我党的领导下打响的，在取得胜利的同时，魏朗斋先生的孩子和其他同志也付出了宝贵的生命，魏朗斋先生就把纪念的哀思刻在了石壁上，成为一种特殊的、永久性纪念方式，也是我们今天缅怀革命先烈的重要场所。

做完测量工作后，我们收拾好行装，来到山南的一个小水库，洗个凉水澡，洗去了一天的风尘和疲劳后，踏上了回家的路。

在两个月的奔波中，有晴天，也有雨天，更有闷热天，天公不作美，拖垮队员身，跑痛队员腿。何况靠近旅游线路的只是很少一部分，其他全是荒凉之处，只好找一个当地人拿上砍刀，劈出一条路子，队员们准备一根棍子，既是保持平衡的拐杖，又是驱散其他虫类的武器。队员们通过钻、爬、攀、遛等方式走遍了六峰山、蜜蜡山、嵖岈山南山和北山，共普查出各种形式各个时期建筑基址、碑龛群、石刻文字、岩画、抗日阻击战纪念地、抗战烈士殉难纪念地等近200处不可移动文物点。特别是从唐到清的建筑基址，形态各异，有利用天然石棚的，有利用部分石棚的，有利用石壁作两个山墙的，有利用石壁作一个山墙的，也有作部分山墙的。有全部用石条砌成，有部分用石条砌成，有用两个加工过的石壁做墙的，有砖石混用砌墙的，也有全部木结构的。有单层的，也有双层的。有用槐草做屋面的，也有用瓦做屋面的。有把檩洞刻成斜洞的、方洞的、圆洞的，还有在檩洞下边琢刻固定槽的，更有门口刻有明代天顺和正德年间的。五花八门囊括了各类古建筑的建筑方式，成为研究古建筑群体的实物资料。

普查出近200处不可移动文物点的成绩，伴随的是汗水、危险，付出的是辛劳、心血，收获的是自豪、成就感，虽是第三次文物普查工作中的点滴，但这段普查工作经历让我久久不能忘怀。

湖北省

“张太孺人墓碑亭”发现记

湖北省黄石市阳新县文物管理局　程　军

注：阳新是一个农业大县，国土面积2780余平方公里，312个行政村，人口近百万，就文物普查工作而言，点多面广，工作量大。阳新的地理环境有其自身的特点，是个多山、多湖、多岗地的半山区和半湖区，路难行。这里的气候属亚热带气候，入伏后闷热难当，体能消耗大。为了按时完成第三次全国文物普查工作任务，这些困难是我们必须克服的。

2009年8月3日，也是我们在龙港镇普查的最后一天。早晨6点，普查队一行6人带好工具设备，分乘三辆摩托车来到石下村。镇里已于前一天通知该村，村支书早早在村委会门口迎接我们。简单介绍一下情况后，在他的带领下，先走访部分年龄大的群众和当地的文化人，询问周边有无文物古迹。有一位张召加老人说他祖上曾建有一座墓碑亭，不知算不算文物，墓碑亭离他们村有十多里远，问愿不愿意去，如此重要信息，作为普查队员自然不会放过。在张召加老人的带领下，我们踏上了进山的路。

正值三伏酷暑天，烈日当头，炎热难当，走没多久，队员们就一个个气喘嘘嘘，汗流浃背，带来的饮用水很快喝光了。好在山中有众多的小山溪，流淌着股股清凉的山泉，使我们不至于受干渴之苦。山路曲折陡峭，林密草茂，极为难行，张召加老人在前面不停地挥动着柴刀，劈荆斩棘，开出一条小道。道边锋利的茅草不时将队员的手臂划出道道红印，带刺的荆棘把队员的衣裤撕出条条口子。经过一个多小时的艰难跋涉，在山腰的一块平地上，一座保存较为完好的墓碑亭出现在我们的眼前。墓碑亭位于东山垅半山腰上，坐东朝西，建于清道光三十年，面阔7米，进深4米，砖木结构，由前檐、回廊、主室和侧室等部分组成。四廊采用木构，于左、右外檐角各设一檐柱，廊顶依主室前檐墙体搭建，类似雨搭；主室则用青砖平砌，实心墙体，前檐中心开有门洞，门洞顶部用青石雕刻“张太孺人墓碑亭”横于门楣，两侧墙体镶嵌“墓志”、“事述”碑刻各一块，分别记载张太孺人生平和建立“墓碑亭”的原因。内墙镶嵌“一生大节余卷石，千载深思寄矮亭”等对称文联四块。据《张氏族谱》和碑亭“事述”记载，建立碑亭的主人张琴为清光绪年间秀才，因其母张太孺人生病，司药奉母不离床榻三年之久，光绪三十年，张太孺人病故，张琴又在张母墓前建墓碑亭并守孝三年。此孝举在地方被传为佳话。

我们做完记录，绘好草图已近中午12点，山间草林中野猪的打斗声不时传来，四脚蛇在脚下爬来窜去，时不时让人惊出一身冷汗。好在我们人多势众，并不怎么惧怕。收拾好工具下山回到村中准备返回龙港镇时，才发现其中的一辆摩托车的油门线不知什么时候被顽皮的小孩弄断，无法启动，最后找村民借一把钢丝钳夹住油门线，勉强把车发动，好在摩托车驾驶员对车况熟，免了我们推车之苦，安全返回驻地。

虽然这一天很辛苦，也遇到一些惊险和麻烦，但收获已超过了预期，为把普查工作做到实处，我们认为值。想想古人为了一个“孝”字，舍弃功名利禄，在孤山野凹里为母守孝三年，至诚之心，值得今天“物欲横流”社会里的人们深思。

寻找巴土文化记忆

湖北省长阳土家族自治县博物馆　罗建平

悠久的历史，灿烂的文化，给土家长阳留下了光辉灿烂的文化遗产，尤其是魅力独具的巴土文化更是华夏文明的重要组成部分。作为历史文化载体，它是人类文明的记忆，也是土家族富于创造智慧的佐证。

2007年4月，第三次全国文物普查正式启动，作为文物工作者，顿感文化遗产保护的春天再一次来临，能参加建国以来规模最大、科技含量最高、工作要求最严的文物大普查，我们深以为幸。面对神圣使命，我反复思索，如何才能确保文物普查高质量的完成？我和队员们将实施方案反复论证完善后，便进入了紧锣密鼓的筹备阶段：争取县委政府的高度重视；查阅史料，摸排信息；添置设备，组织培训。一切都在有序的准备中就绪，随即正式进入田野调查阶段。

在长达15个月的时间里，我和队员们深入村居、走访群众，穿梭于崇山峻岭之中，时常以方便面充饥，凉水解渴，用汗水和辛劳打开了长阳巴土文化的记忆库。截至2009年12月，全面完成田野调查任务，实现了行政村、自然村踏查率两个100%，新发现文物点显著增加，填补了长阳不可移动文物点时代和类别上的空白，消除了区域上的“死角”。

共登记各类文物点596处，其中新发现文物点522处，是已登录文物点的8倍。特别是新发现的一批地域特色鲜明的古墓葬、土地庙等，大大丰富了长阳历史文化内涵。绘图近2000份，拍摄照片30000余幅，拓片200多张。每当面对一本本记录手稿，一幅幅精美照片，一张张绘制图纸，一份份登记表格，无不令人思绪万千，感慨无限，就会不由自主地回忆起那些惊险的场面，感人的故事。

记得田野调查首日，8点不到，普查队从县城出发，骑着两轮摩托车沿清江东下，行至3公里处，岸边一片葱茏的竹林映入我们的眼帘，正当大家欣赏竹林美景时，却意外发现竹林里掩映着一栋古民居。我和队员们兴奋得几乎要叫起来，因为这是长阳开展“三普”以来新发现的第一个文物点。我们下车匆匆来到老屋前，这是一栋“四水归池”的古屋。细细一看，檐口下、墙面上的墨绘图案和“文革”时留下的毛主席语录、标语等还清晰可见。步入门厅，走到天井中央，环顾四周，整个建筑布局对称，尤其是那精美的雕花门窗和花格栏杆，让所有队员都啧啧称赞。在对老屋房前房后一通观察后，队员们按照分工开始采集数据、记录资料，一直忙到中午时分。午餐时，房东热情招待了我们，并拿出了家谱，使我们对这栋名为“郑家老屋”的古民居有了更为全面的了解。该文物点的发现，昭示着我县“三普”首战告捷，也令我们做好“三普”的信心倍增。

2009年4月5日，根据县志记载的信息，我与镇、村干部取得联系，前往高家堰镇金盆村蜡烛山调查山上的一处道观。经过一个多小时的紧赶慢赶，普查组一行6人于上午9时到达山脚。迎候我们的村支书简单介绍了上山的道路状况和道观所处的海拔位置。大伙一听，垂直高度600多米，内心开始发怵：上此观可谓“难于上青天”，但都没有退缩之意。大家准备好干粮和水，背上沉重的仪器设备，向着山顶开始进发。走了没多远，就个个挥汗如雨，气喘嘘嘘。“脱缰”的汗水浸入眼睛，使人难受极了。荒无人迹的山间崎岖小道，处处荆棘丛生，处处都是陷阱。六名队员不是被荆棘拉破衣裳，就是被厉刺划伤皮肉。还有一名队员不慎误入马蜂窝，被蛰得满身红肿。我们没顾得这些，用创可贴和无极膏简单处理后，就又向着目标艰难前行了。走到半山腰时，前面的队员又不慎绊发了山民捕捉野兽的“锁子”，篾弓的弹打声，机关的咬合声使所有在场的人都惊出了一身冷汗，吓变了脸色。幸好有村支书的援救，才使这个队员躲过一劫。休息了好一阵，我们才缓过神来。村书记主动担起了探路的任务，我们又继续攀行。一处陡峭的垭口再次挡住我们的去路，大家牵着手，抓着树枝，前拉后拽，“四脚”攀爬，直到中午12点，终于到达峰顶。此时队员们已疲劳不堪，饥渴交加，但战胜重重困难、到达目的地的队员们兴奋无比，高呼“蜡烛观，我们来啦”。

时间转眼到了2009年10月中旬，按照我们的身体状况和精神面貌，着实应该休整了。这时，一位农民摄影爱好者给我们提供了一条重要线索，榔坪镇秀峰桥村保存着一处较完好的古墓，墓碑上刻有“圣旨旌表”铭文。听到这个信息，我们像触电般兴奋，断定这是一个价值较高的文物点。大伙主动放弃休整，改变原来的普查计划，对该点进行专题调查。14日，我们翻山越岭，在山间一处台地，见到了迫切想见的古墓。经勘查，该墓建于清光绪二年（1876年），布局对称，石刻工艺精湛，人物形象生动逼真。墓主人为皇帝御封的“贞女”。此墓的发现，为研究清江流域旌表贞烈制度提供了珍贵的历史资料。

回顾“三普”走过的历程，我和队员们是一路艰辛，一路风雨，一路收获。我们感到十分欣慰和自豪，我们以圆满的句号，顺利完成了长阳县“三普”田野工作的使命，为寻找巴土文化的记忆作出了应有的努力。

孝昌县文物普查日记一则

湖北省孝感市博物馆　刘志升

2008年3月8日　农历二月十二　星期日　晴

应孝昌县普查办的要求，我们市普查办组织了一个普查队伍，于昨日来到孝昌，直接参与一线田野调查。加上孝昌县博物馆的六七条枪（队员），我们联合组成了一个15人的“孝昌县第三次全国文物普查田野调查工作队”。普查队分三个组，按照第三次全国文物普查的新要求新标准新搞法，我们将各组的队员进行了分工。工作分的比较细，有照相录像、GPS测量绘图、文字记录等。我们的第一站是小悟乡。

我们这个组，今天的主要任务是调查会亭村及其附近。吃过早饭，约7点半的样子，一辆半旧的麻木（三轮摩托）“嗵、嗵、嗵”地把我们送到了目的地会亭村村部。

山里的天像小孩的脸，说变就变，出门时还沥沥细雨，一到目的地却见鲜红的太阳在山顶上升腾。在城里享受不到的那种清新的阳光撒满山坡，撒满我们每个队员的脸颊，也撒满了我们将要调查的每个小山村。

8点多钟，“大悟人民公社”旧址映入我们眼帘，她静静地矗立在会亭村王家冲西侧，二横二纵四排硬山式灰砖灰瓦白墙平房三十余间，构成一个独立的“四合院式”院落，院落大门的门楣上黄色油漆书写的“大悟人民公社”清晰可见，办公室、大会堂以及公社的附属机构“供销社”、“粮店”及“大悟旅社”等建筑仍保存依旧。整个旧址的占地面积1296平方米。这是孝昌县第三次全国文物普查的所收获的第一处不可移动文物，也是一种新型历史文化遗产——20世纪遗产，队员们为此激动不已，做好普查工作的信心倍增。队员们按照各自的分工，迅速进行照相、GPS 测量绘图、文字记录。

约午时 12 点，我们完成了“大悟人民公社”的全部信息采集工作，就地在路边的小卖部买了些方便面、榨菜等，填饱了肚子就开始了下午的工作。

在发现并登录了 3 处古民居和 2 处明代墓地后，我们抄近路翻过几道山脊，来到项庙村蔡冲湾，村民介绍他们村的“队屋”现在保存很好，在他们的带领下，我们很快来到了“队屋”前。一座五开间硬山式建筑展现在眼前，门楣上油漆书写着“人民仓库”四个红色大字。村民王春柏介绍，1967 年夏天，生产队的夏收在即，公社要求各个生产小队在夏收前建好备战备荒的“人民仓库”。这个队屋就是那个“人民仓库”，我们将它命名为“蔡冲队屋”。

蔡冲队屋面阔 16.4 米，进深 10 米，占地面积 164 平方米，砖木混构，穿斗与抬梁木构架，小青瓦盖顶，墙体是用片形灰砖砌的。在墙面上，有数十处不同的句子以不同的字体刻划在青砖上，或纪年或记事，或表达某种情感，倾诉着那年那月的历史，如“东风县红山区大悟公社五大队三小队”“一九六七年古八月二十五号”“反帝反修”“农业学大寨”“奋发图强”“种好革命田，下好革命秧”“总路线万岁”“人民公社万岁”“大跃进万岁”等标语。

不知不觉，太阳已经躲到了蔡冲队屋的西山墙下。我们沿着蔡家冲的蜿蜒小路，步行了约一个半小时，到了小（悟）夏（店）公路，早晨送我们的那辆麻木已经等候在了路口。回到驻地，没来得及顾上劳累和肚子的不满，迫不及待地查阅《孝感市志·政府志》，考证蔡冲队屋墙上镌刻的“东风县红山区大悟公社”的那段历史沿革。政府志记载：“1966 年 5 月‘文化大革命’开始。8 月，孝感专员公署改名为东风专员公署。……1968 年 1 月成立东风地区革命委员会，1969 年 3 月更名为孝感地区革命委员会。”东风专员公署之下的孝感县也随之改为东风县，后随着东风地区的更名，东风县更名孝感县。东风县之下设十六个区（场、镇），红山区就是其中的一个，其管辖范围相当现在的小河镇和小悟乡，因在红山区辖地有个地名叫“红山”而命名“红山区”。区之下的大悟公社，相当于现在的小悟乡，“五大队三小队”就是现在的项庙村蔡冲湾。

这二处旧址以及墙上的纪年纪事的文字，正印证了《孝感市志·政府志》记载的上世纪六七十年代的历史，是研究那段历史的重要实物资料。上世纪六七十年代离现在很近，但社会在飞速地发展，那个年代的房屋绝大多数已被拆旧建新，为 2 层小楼所代替，像“大悟人民公社”和蔡冲队屋这样的建筑很难保存下来。能在小悟乡发现这样二处建筑，难能可贵。因此，晚饭后我们找来孝昌县博物馆馆长小王，向他提出如下建议：

一是“大悟人民公社”和蔡冲队屋属于集体所有，但“大悟人民公社”旧址目前正租借给在这里收购松香的浙江商人使用，蔡冲队屋旧址则由本村村民借居，这些都不利于旧址的保护。鉴于此，建议小王及时联系小悟乡和旧址所在村的干部，确定一个时间和地点，我们普查组与他们座谈、沟通，要求乡政府和村委会加强对旧址的管理，做好防火工作；二是二处旧址位于孝昌观音湖的风景区内，建议小王向县文体局汇报，请求县政府把这二处旧址的保护纳入观音湖旅游区建设的总体规划中，按照文物保护的要求做好保护工作；三是建议在这次普查过程中，注意加强对这二处旧址和日后新发现的不可移动文物的研究，在全县筛选出一批价值较高的不可移动文物，争取在文物普查第三阶段内，县政府公布一批县级文物保护单位，并向省、市推荐一批文物保护单位名单。

可能是因为有些日子没下田野，一天下来感到很累，但心情还是觉得很爽，因为今天旗开得胜，有这么多重要的新发现。

期望明天有更多更重要的发现。

一个平凡的“三普”工作者的背后

湖北省荆州市博物馆　王从礼

广阔的田野以博大的胸怀，包容万事万物。其中，也蕴藏着人类历史的发展进程与人类的各种神奇创造。要做好不可移动文物的“三普”工作，立脚点和希望值就在田野上。

一、坚守责任　完成使命

当荆州“三普”工作序幕拉开后，出于首席专家身份的责任和使命，为把荆州文物家底摸清楚，向历史负责，无愧于后人，我果断地放弃了手中的田野发掘项目，毅然投身到没有业务力量、经费拮据的江陵县，开展“三普”工作。一方面给当地领导宣传文物普查的意义和作用，另一方面拿出自己7000元积蓄购置普查器材，解决了“开头难”的问题。

我坚持在“田野调查”上下功夫，不走过场，把好质量关。与文化馆（站）的同志们一道，经过7个月的拉网式调查，徒步踏勘全县203个自然村和境内三个（江北、三湖、六合）农场，调查面积达1000平方公里。除对已有的37个文物点进行复查外，还对境内的古墓葬、古遗址、古建筑、革命旧址等进行了全方位的踏勘，完成了绘图、GPS定位、标本采集、数据登录等项工作。共发现不可移动文物点621处，采集各类文物标本约30000件，从根本上改变了江陵无新文物点的传统观点，极大地调动了全县上下文物工作者的积极性。

随后，我又马不停蹄地参与沙市区田野普查工作。经过近两个月的调查，实地踏勘文物点92处，采集了大量质量较高的文物标本，进一步查出遗址的文化内涵、年代与保护价值，使沙市区文物普查工作质量上了新台阶。一些重大文物点的新发现，引起了学术界的高度关注。

荆州区是我省文物大区，点多面广，但在前段普查中没有重要新发现，实物标本也甚少，不能如实反映本地区历史面貌。于是，我又与当地同志们一道下到田边地头。历时两个月，对170处遗址进行逐一调查，遗址文化内涵得到全面揭示。同时，还新发现一批重要的文化遗存和古墓葬。

二、克难向上　乐于奉献

我之所以能在三个县区坚持进行田野普查，全凭乐于吃苦和奉献精神的支撑。我已年近六旬，血压较高，但我无所顾忌，要求别人办的事自己总是身先士卒。我的信念是多查一处古遗址或一处古墓葬，就是对“三普”工作多一份贡献。在风风雨雨、炎寒交替的日子里，曾记得被棉花梗绊倒、掉在水塘里、滚在岗坡下的情景。2009年7月，江陵县持续高温，降雨量少，酷暑难熬。我仍和队员们从早至晚踏行在田野上。虽然衣服整天被汗水、雨水湿透，但我从没放慢普查的脚步。一次，我发现一块“高地”，匆忙向前跑去，不知是劳累还是过于高兴，被田坎绊倒在地，顿时脸色发白。吓得队员们急忙给荆州市文物局领导打电话说“王教授不听按排，如果高血压搞发了，我们负不起责任”。我却笑着说“不要大家负责，会量力而行的”。秋季露水铺盖大地，我在一米多高的棉田里四处寻找文物标本，全身被露水浸透，湿淋淋的；冬季寒风刺骨，我抓紧在没有高生庄稼的地里查找古遗址和古墓葬的有利机会，从不放过一个可疑点。

为了查清一片遗址和墓地，没有准时吃过一顿饭。有的普查点路途遥远，起早贪黑也在所不惜。野草丛生的坟地、杂树林是我们出没的场所，蚊虫叮咬也毫无怨言。在时间紧，任务重的情况下，经常是起早贪黑，加班加点，除春节假日休息外，没有享受过一个星期的双休。有人说我是“工作狂”，我的回答是：有事可做，才是幸福；乐于奉献，是考古人的品质。每当发现一处新的古遗址或古墓葬，那种欣慰不是考古人是很难感受到的。

执著追求、严格要求，是我做人、做事的座右铭。普查期间，我从不喝酒，清茶素食，住小旅馆，队员们笑我是“苦行僧”，“划不来”。去年我生日那天，依旧和同志们一道早早出门调查，直到我女儿打来电话大家才知道。我的行为被市局领导得知后，送来500元慰问金，点名是奖给我个人的，最后和同志们共同“分享”了。

文物普查时，少数农户怕我们踩坏庄稼，有的不准涉入；有的甚至破口大骂“吃饱了没事干”。在江陵县秦市普查时，我们看到一栋古民居似有保护价值，正要前往查看时，一农民破口大骂："你们这帮贼，大天白又来了，还未偷够。"我们连忙解释，农民却不听，操棒要打人。后来才得知他们家昨天被盗。调查古墓时，有人把我们当盗墓贼，不但不回答我们的提问，还不由分说加以驱赶。就是如此，我们依然硬着头皮认真地查完每一片土地。印象最深的一次，我一人在某镇招待所就餐，正巧碰上县里来了一批客人，炊事员奉命准备了一大桌菜。当客人入席后，只剩我孤身一人坐一旁。几十分钟过去了，也没人理我，我只好迫不得已向炊事员要口饭吃。炊事员见我不是他招待的人，随便炒了一盘青菜。当我进餐时，泪水脱眶而出……类似的冷遇我们经常遇见，真是有口难言，但又想，我们文化人最富有的是精神。

三、严格把关　培育新人

科学育人，是我们老一辈文物考古工作者的责任和义务。一个文物工作者，不仅要为人师表，更重要的是培养和造就事业的继承人。在普查中，我除了把好质量关外，还把田野普查的要领传授给队员们。在标本采集上，从不马虎，要求队员们细心查找，直到找到能反映遗址文化内涵的标本为止。对于田野数据的登录，我总是逐条检查，合格后才进入新的普查点。在资料登录中严把资料的质量关。先后对公安县、江陵县、沙市区、荆州区的采集标本进行了年代判定、分类照相与登记，提高了实物资料的可用性和科学性，使每一处遗址和墓葬都显露出特有的文化内涵。为了提高标本质量，我还有针对性地给队员们传授各类文物特点和年代鉴定知识，使队员不仅能准确无误地采集有用标本，而且使大家得到相关知识的培训，也提高了大家的普查兴趣，知道捡什么，懂得在什么地方查找。另外，我还针对不同环境、不同文化类型提出自己的观点，用启发式调查引导。凡是同我搞过田野普查的队员都已基本具备查找遗址、古墓葬和辨别各时期的陶瓷器的技能。

在田野普查期间，利用我所学的专业知识和多年的研究心得，有意识地对一些地域文化或文化类型加以综合分析，先后新发现沙市凤凰山旧石器遗址、华廊庙大溪文化遗存、江陵青山楚国游宫大型遗址群等。沙市凤凰山旧石器遗址，面积80000平方米，文化内涵丰富，属全国重大发现之一；华廊庙大溪文化遗存，面积达60000平方米，文化层极为丰富，跨年代较长，是江汉平原少见的文化遗存，在荆州区断山口、拍马山、赵元桥等地新发现旧石器遗址群；在郢城西北、马山蔡桥、.纪南葛陂寺一带新发现东周至汉代的大型台基群；菱湖、双堤新发现楚墓群；李家台发现以商、西周文化为主的大型聚落遗址，为荆州市文物普查增加了"十大"亮点。

我之所以一如既往地完成了以上工作，是我对"三普"工作锲而不舍的追求，也是我一生中"低调做人，高调做事"的信念表达。

不用扬鞭自奋蹄　踏遍青山人未老

——从事第三次全国文物普查工作的一点体会

湖北省麻城市革命博物馆　江益林

我在麻城市博物馆工作30多年来，一直战斗在文博工作第一线。长期从事考古、发掘、田野调查、资料整理和陈列布展工作。有幸的是，在各级领导的信任和支持下，我亲历了第二次、第三次文物普查工作并任领队。特别是第三次文物普查，意义深远重大，普查资料真实与否，直接影响到民族复兴、弘扬中华民族优秀传统、促进社会主义文化繁荣与发展。所以，我在普查工作中要求全体工作人员必须以科学的态度，以吃大苦、耐大劳、克服一切困难的精神，亲临田野一线调查，寻求真实材料。通过共同的努力，2010年6月，麻城市田野调查工作顺利通过省级验收，麻城市第三次文物普查组被国务院第三次全国文物普查领导小组办公室授予先进集体，我本人也被评为全国第三次文物普查先进工作者。回顾过去工作，有以下几点体会：

一、深入一线　不漏一村

麻城市属县级市，版图面积3747平方公里，人口120余万，全市有19个乡镇办事处，1个省级开发区，715个行政村，5650个自然村。按省普查办的要求，普查覆盖率行政村要达到100%，自然村要达到98%。由于我市的文物普查工作起步晚，专业人员紧缺，普查压力重，面对这些困难，在市委市政府及文化局、博物馆的大力支持下，我精心部署组织精干普查工作专班，一是我带领戴青松、王龙明、谢晖等三位同志到省学习，结业后，由学员分头带领工作专班，分片包村进行田野普查；二是重点文物点集体挖掘调查；三是先难后易，先远后近，先山寨后平原、先农村后城镇，每个调查点有专人记录，专人负责，不漏一个调查点，不落一个自然村。为了确保时间，三个调查组基本没有节假休息日，顶烈日、冒严寒，为了压缩开支，多数是挤班车、骑摩托，攀山翻岭，每两个星期碰头开一次分析会，互相交流调查心得，分析调查进度与调查质量。为了使资料准确无误，我抽空翻阅了大量历史文献，尽可能多搜索到历史信息，对收集到的500多条线索，分门别类核实分类存档。自始至终不放过一个疑点，不遗漏一个普查点。在我的带头下，调查专班全体人员以大局为重，克服了许多难以想象的困难。回想我们调查过的村村寨寨，对热情配合文物普查的各位乡亲、文化站长、村支书、民间文化人万分感谢，他们一碗茶、一顿饭、一张竹床、一盆洗脸水及披棘导向，细说端详无私帮助，凝结着百万老区人民对文物工作的无私支持。

二、资料整理　认真负责

作为一个老文物工作者，深知文物普查工作的重要，深知田野调查资料珍贵，同样深知调查资料案头整理的责任。按文物普查工作要求，我们麻城文物普查队将收集到的一线资料，全部都分门别类进行归档，编入计算机录入软件。值得一提的是，为了确保时间，我们采取了白天调查，晚上整理；晴天调查，雨天整理；工作日调查，节假日整理的一套较为切实可行的做法，赢得许多时间，为达到100%覆盖率和98%到位率提供了保证。

在室内资料整理过程中，为了确保文物准确性，有的文物点复查多达四次，有的文物点更是进行了9人次。本次文物普查麻城市共发现文物点1700余处，其中复查文物点150个，新发现文物点1500余处，新发现不可移动文物点居全省第一。在室内资料整理过程中，我总是第一个上班，最后一个下班，有两个多月，我晚上一般都加班工作到12点。例如，为了获得歧亭杏花村史实，谢家墩遗址文化内涵，我翻阅了十几万字资料；又例如麻城山寨有200余处，我亲自调查了100余处，在资料整理中，我是心中有数，以高度的责任感还原历史的真实。我感觉到文物点每一个卡片，每一个数据，每一段文字，每一张照片都是有生命的，似乎时时提醒我"不能马虎，要为历史负责，要为将来负责"。我时时要求大家要"以事业为重，以负责精神做好资料整理工作"。队员戴青松为了某文物点资料整理中的一个方言字，走访了8人次，在大家共同努力下，普查队资料整理一次验收合格。

三、重伤不下火线　交一份满意答卷

俗话说，天有不测风云，人有旦夕祸福，2009年11月26日下午，一件不幸的事情发生了。那天下午，在去张家畈镇东南沟村调查途中，由于路陡又窄，我从摩托车上摔进沟里，造成了严重脑外伤，被同志们和馆领导紧急送到医院抢救，事后馆长徐志乐拉着我的手说："谢天谢地，老江，你整整昏迷了六天七夜。"

在医院近两个月的治疗中，妻子和单位领导同事们倾注了心血，喂水喂饭，端屎端尿，加上医生的精心治疗，我开始慢慢恢复意识，活动手指，在病床上，我要做的第一件事就是请求医生剪开手指上的绷带，叫妻子拿出我的普查笔记本整理资料，第一天五分钟，二三十个字；第二天，七分钟，五六十个字；第三天，十分钟，八九十个字。徐志乐馆长和妻子及医护人员都叫我停下来，等出院再说，但是，我想的是麻城市第三次文物普查工作是我领头，具体情况我最知情，时间不能等，全省、全国普查工作不能有一个单位拉后腿，所以，我克服了常人难以想象的痛苦，病房有人时我坚持笑脸，无人时咬紧牙关，住院后期30多天，我坚持整理了4万多字资料。稍能下床，坚持要求医院领导准予出院。刚出院，头昏脑胀，尽量在家属面前表现正常，到单位上班，扶着墙拿资料审核，不叫一声苦，不喊一声累，心中只有一个信念：高标准、高质量，按时完成全国第三次文物普查工作，向党和人民交一份满意答卷。

重返石枧堰记

湖北省咸宁市博物馆　黄大建

28年前，我作为全国第二次文物普查咸宁普查队的一员随队来到崇阳县。

崇阳县县治古称天城，以天城为中心，方圆百余平方公里的地段乃幕阜山脉群山之中的一块盆地，陆水河贯穿其间。这里地势平坦，水系发达，素有小天府之美称。数十万亩肥沃的土地，孕育着这里勤劳智慧的人们。这里有许多顺山势而下的涓涓溪流，数百年来，人们在这些河港溪流上筑起数级围堰以抬高水位，引入沟渠，或中穿或环绕庄园。石枧堰便是其中最著名者。

记得那是初冬的一个下午，我们从白霓镇出发，沿白石港河边小路向上游步行约3公里，来到石枧堰，当时虽是枯水季节，仍见一汪清水平平漫过坝顶，轻纱般的水帘隐挂在坝前。坝坎上东西两端潺潺流淌的清澈河水顺着水渠流向两岸的村庄稻田。坝体自西向东将白石港河拦腰截断，坝西端静静的立着一通石枧堰题记碑。

我们辗转来到堰下，对堰体进行测量，堰高6米、长160米，底宽8米、顶宽2.1米，全是用规格不等的巨型条石错缝垒砌而成。透过水帘清晰可见一块块条石间的连接缝隙处都滴挂着拉面状、麻花状的石钟乳。这些石钟乳短的有二三寸，长的尺余，这应是岁月的根须，足以表明堰体虽历经数百年沧桑，仍岿然不动的坚实体魄。听当地人介绍，涨水季节此堰水势磅礴，十分壮观，可惜冬季水量不大，总觉得气势不足，留下三分遗憾。

28年后，我有幸作为全国第三次文物普查咸宁市普查队的领队再次来到崇阳。初夏时节，正值江南雨季，河、湖、塘、堰均已爆满。多年来总想领略一下雨季中的古堰雄姿，终于有机会实现了。好不容易选了一个雨过天晴的好日子，带着28年的遗憾，我们驱车来到石枧堰。一下车，就远远望见堰坝处雾气腾腾，雷鸣般的轰鸣声震耳欲聋，我赶紧拿着相机直奔坝前。首先映入眼帘的还是那通“重修石枧堰碑记”碑，碑上盖头没了，碑体表面虽有些剥落，但字迹仍依稀可见，碑铭记载石枧堰始建于五代后唐长兴二年（931年），南宋宝庆二年（1226年）易木以石，后经历代修葺，到清雍正三年（1725年）重修。透过相机的镜头，只见堰上堰下水天一色，暴涨的河水越过宽阔的堰顶，形成巨大的瀑布铺天盖地倾泻而下。站在堰下，水雾卷着寒气扑面而来，那排山倒海气势，那万马奔腾的感觉，仿佛置身于黄河小浪底的冲沙闸下。千百年来被巨大水流冲刷的河床露出一片片嶙峋怪异的奇石，“乱石穿空，惊涛拍岸，卷起千堆雪……”的字句在脑海中油然而生，东坡先生如身临此境恐又能笔下生辉了。大自然的鬼斧神工磨砺了堰下河道中粼粼怪石，那数百年来坚如磐石堰体何尝不是这里的人们勤劳智慧的结晶呢？壮哉！雄也。果然不虚此行。凝望着那奔腾咆哮的河水，曾几何时，当年初建此堰的场景是何等艰难、何等壮观。良久，不觉得衣服已经湿透，依然沉浸在那久远的冥想中。

攻坚大洪山

湖北省随州市博物馆　后加升

大洪山，位于湖北省随州市南部，绵亘随州、荆门两地四县区，盘基百里，成为阻扼江汉平原的天然屏障。历史上先后爆发过三次大的农民起义。西汉末年王匡、王凤领导的绿林起义，元末明玉珍起义和清末赵邦璧起义。抗日战争时期，这里成为两次“随枣会战”的主战场，新四军第五师敌后抗战活动基地之一。2008年9月初，随州市第三次全国文物普查队开赴长岗镇，从而揭开了大洪山文物普查田野调查的序幕。

进驻的当天下午，我们即展开普查行动，根据山势险峻，沟壑纵横的地形特点，采取集中兵力打歼灭战的方式，四个小组同时对第一个调查单元绿水村进行地毯式搜索调查。在工作方法上，各小组临机专断，实行条块分割，保证不漏湾不漏点，最后协同作战，总攻大洪山主峰。

尽管队员们都有吃苦的心理准备，但是两天下来，每人身上都挂了彩。钻刺丛、攀悬崖，手脚并用；忍饥渴，忙登录，马不停蹄。然而最让人心惊肉跳的是面对山蚂蟥的攻击，防不胜防。

在崇山峻岭的丛林里寻找、登录文物信息，不知不觉中蚂蟥爬满衣裤，我们平时只知有水蚂蟥，哪想到山上也会长蚂蟥呢？直到衣裤浸出血迹，才发觉被蚂蟥咬伤了。队员张申银是O型血，受蚂蟥攻击最厉害，伤口流血不止。郑文同志被蚂蟥咬伤后皮肤过敏，浑身出现血疹……每天晚上回到住地，我们都要仔细检查多遍，深怕把蚂蟥带进被窝。那几天我们天不怕，地不怕，就怕蚂蟥往身上爬。现在回想起来还心有余悸。

大洪山的风景确实很美，不过对我们普查队员来说，每天徒步翻山越岭几十里寻找文物，心里装着责任和任务，已无暇欣赏这充满诗情画意的美景。腿快断，满身伤，哪有心情看风光，是普查队员艰苦工作和生活的真实写照。但并不是说我们对自然山河美景视而不见，无动于衷，相反我们在拍摄一处处文物全景照时，充分调动审美情感，把文物的历史沧桑之美，与自然风光有机结合起来，从另一角度记录和展现伟大祖国的壮丽河山。

10月1日是共和国国庆日，那天一大早，我们收拾行装，兵分四路，对大洪山主峰发起总攻。一路奔两王洞，一路赴古栈道，一路取白龙池，我则带着同伴张申银，向海拔1055米的宝珠峰进发，目标是登录洪山禅寺上院遗址。

在弯弯的盘山道上，我们背负五六十斤重的行装，手拄棍杖，奋力向前。饿了吃两块饼干，渴了捧几口山泉，任汗水湿透衣背，凭山风拂去疲乏。为了神圣的使命，明确的目标，我们奋勇攀登，终于在下午2点钟踏上大洪山之巅。

大洪山这座江汉佛教名山，果然是天上人间，名不虚传。洪山禅寺上院始建于唐宝历二年（826年），历经宋元明清几个朝代，兴衰起伏，废于清末。鼎盛时期有禅房百间，僧侣上千，精舍壮观天下，素有“汉东地阔无双院，楚北天空第一峰”之称。古往今来朝山礼佛者络绎不绝，其佛法远播日本和东南亚，在佛教界享有盛誉。

映入眼帘的是断壁残垣，碑碣卧地，现代电视差转铁塔高耸云端，两者对比鲜明，仿佛在诉说着历史时空的变换。寺院虽杳然，基址尚存焉，加之史志有载，对即将实施的文物保护工程应大有裨益。于是我们赶忙测绘、拍照、考证、描述，把各项资料收集齐全。

遗址登录后放眼四望，大有“极目楚天舒”、“一览众山小”之感。巍巍大洪山，绵延二百里，人迹罕至处，深山藏珍宝。仅长岗镇我们就普查登录各类文物138处，其中新发现135处，大大超过预期数量。青龙寨、白云寺寨等山寨，不仅记录着明清时期大批“流民”啸聚山林，开发大洪山的艰难历程，同时还留下了抗战时期随枣会战的累累弹痕。1939年5月至1940年5月，中国军队在长岗店痛击日寇，让许多“鬼子兵”毙命大洪山下。白云寺寨当时设有桂军司令部，与其邻近的何家塆战壕遥相呼应。

攻坚大洪山，历时21天，实现了行政村和自然湾两个100%的普查到位率，登录的一大批新发现文物，为大洪山景区的文物保护和合理利用提供了第一手资料。同时也锻炼了队伍，积累了经验。随后我带领普查专班转战他处，满怀信心迎接新的挑战。

湖南省

重访僧塔

湖南省宁乡县文物管理局　李乔生

按照计划，今天分两个小组，一组登最高峰瓦子寨，另一组上鼓双峰，对“二普”点雪涛、悟定僧塔进行复查。听说僧塔与佛教禅宗沩仰宗派的祖庭密印寺有关联，我早就想弄清楚到底有什么联系，就安排自己去僧塔。镇政府的周书记6点多就来了，这是一位任过乡镇书记、镇长、人大主席的“老革命”，虽然已退居二线，但跟我们一起摸爬滚打、起早贪黑一个星期了，对工作真的是没话说的。再次检查相机、PDA、墨汁、宣纸、笔、调查记录本、柴刀、砍刀、干粮、水壶，一切OK!

出发!

沿路，周书记讲鼓双峰顶原来就有个寺庙，叫华严寺，比密印寺还早，书上有过记载的。2002年前还有个生产组在上面。山上人送孩子读书的时候，家长带着手电送五六里路才天亮，孩子还要走四五里才到学校，山里孩子读书真不容易!

爬山的路上，周书记有说有笑，显得很轻松，我们几个人却已是满头大汗。我给大家鼓劲说，周书记爬得，我们年轻人更不用说了，一定得爬上去！周书记这么多“孩子”，每天读书走这么远的路，我们还比不上周书记的“孩子”啊？周书记知道我在开他的玩笑，哈哈大笑。

到喻凤明家了，这是周书记给我们找的一个向导，是原山上鼓双峰组的组长，熟悉情况。2002年的时候我们来过他家。一问喻老，已经78岁了。我心里有点打鼓：这么大的年纪了，还能爬山？我试着问道：“喻老，鼓双峰这么远，是不是你儿子去好些?”喻老马上接口：“崽要到隔壁屋里做事去，忙不过来，等下老倌子还要去砍担柴回来呢。”砍柴！我看看堆满了阶基、杂屋的干柴，不觉感叹，山里人的身体就是硬朗!

我对周书记使使眼色，周书记马上心领神会，向喻老介绍说我们是县里来的“干部”，除了要他带路外，还想看看喻老收藏的几本经书。老人家仔仔细细地问了我们，一副不放心的样子。周书记再三解释，我连忙递烟讲好话。喻老便慢腾腾地到房间里面把几本经书像宝贝一样拿了出来，我也学着像接宝贝一样双手捧了过来。翻开一看，顿时觉得非常非常可惜，书已经被蛀虫咬了很多洞，显得破损不堪，根本就不能连贯阅读。文物的保护任重道远啊。本来我想做做工作，要喻老把书“贡献”出来，现在看来也没有多大意义了。问喻老为什么保存有这样的经书，喻老说是建国前华严寺的和尚送他的，他和这个和尚关系挺好。我在这本书中翻到了“鼓双峰华严寺图记”，幸亏图纸还比较清楚。赶紧照相。终于看到了华严寺比密印寺早的文字说明，感觉非常珍贵：“其创始人李唐盛传，先沩而又与沩并峙而称圣境者……”我想现在没有时间来仔细看，为稳妥起见，重复照了两张，待回去后再反复琢磨。

喻老不慌不忙地吃了饭，换好衣服，穿好“解放”鞋，拿了一把砍刀，我们就出发。我一看时间已是8点一刻，心想得加快点，要不然来不及。打电话问第二普查组，也刚出发，带路的比喻老年轻点。吩咐他们要互相照顾，别出危险。我们每人背了一个袋子，帮着老人砍柴开路。羊肠小道，七弯八拐，由于久已荒废，确实难爬。路上除了我们，就只有不知名的鸟叫声，小道上长满了杂草，非常滑，不过我不能露出为难的表情，要不弟兄们看见了，就不好鼓他们的劲。越往上走灌木越多，荆棘完全封闭了道路。感觉背包更重了，背部凉凉的，有点冷，估计是汗湿了。我们的速度更加慢了，终于爬到了半山腰。忽然看见了一通规整的麻石，赶紧砍开灌木，原来是分界碑，三个字若隐若现，难以分辨。小严问：“测点不?”我看周边再没有其他遗迹，就算了。稍作休息，继续出发。

想联系一下另一组，一看手机没有信号了。打开手机的音乐，一边欣赏下载的革命歌曲，振奋下精神，一边吩咐大家小心走路，别滚到右边的悬崖里“报销”了。起初大家还开开玩笑，后来都不作声，一心一意地走路，琢磨是累了。路实在太陡！而且一边还是万丈悬崖，路上的一些坑坑洼洼被柴草遮盖住，我们得小心翼翼地深一脚，浅一脚的慢慢前行。“映山红！”小严惊呼。果然，一簇一簇的，很是耀眼。“万绿丛中一点红”，小严和学哥精神为之一振！我估计弟兄们的情绪都上来了。山上气候毕竟不同，人间“十”月芳菲尽，山寺“杜鹃”始盛开。环顾四周，山清水秀，古木参天，还能听到瀑布轰鸣声，景色真美！

终于到僧塔附近了，可是塔被毛竹和足有两人高的冬芒遮得严严实实。这个时候，喻老的优势尽显：他拿着刀，很有经验的砍开一条能过身的小道，我们见到了雪涛、悟定僧塔。大家一鼓作气，把茅草、树枝砍开。于是测量、照相、做拓片、定位。局部和特写照还容易，远景和全景照真难选角度。“二普”的时候，以为这个僧塔是元代的，现在一看，才发现是康熙年间的，感觉有点点遗憾，不过碑文还在，可以对“二普”的资料进行校正。对照喻老收藏的经书，我怀疑这里是佛教南禅的临济宗派，密印寺确实有段时期是属于临济宗派。我决定回家查查资料对证一下，说不定对研究密印寺的历史渊源有点帮助。

我们分工合作，再光和学哥拓碑文，我和周书记、小严把碑文一个字一个字地抄录。有些字还不太认识，只好按照笔画先抄下来，回去再翻《辞海》。才忙完，喻老又告诉我们说旁边还有一块石头。马上找。终于找到了，扁圆柱体状，应该是塔顶，再次照相，测量、记录。

快下午2点了，带的零食都吃完了，反复想了一下，所有工作都完成了，于是下山。路上，小严不小心顺着山坡就滑下去了，把我吓了一大跳，幸亏滑的不远，人还好，只是裤子破了一个大洞。记得有个普查网站上记载有普查队员遭遇不幸的，假如我们这个小组出点什么意外的话，我这个普查组长怎么交待！我赶紧要小严走在队伍中间。到半山腰的时候，手机有信号了，马上和另外一组联系，他们还在山上！报告说刚才量的海拔是1075米。嘱咐他们一定要注意安全，要认真做好记录、多照相，因为以后难得走一次。到了喻老家，喝了一杯茶，给了喻老一点微薄的辛苦费。

3点半了，两个组的队员都回到住宿的店子。我们对周书记和另一组带路的廖支书一再表示感谢。中午敬了大家一杯酒，要大家下午别出去了，在房间做作业。弟兄们听了，直呼“英明”！看着大家快活的神情，我心里也偷偷的想，其实我自己也实在是累得走不动了！

残酷了一回

——沩山醴陵窑考古调查手记

湖南省株洲市文物局　李景业

一

2009年6月15日，上午。晴，少云。气温35℃。

越野车出了醴陵城，向沩山急驶。一个小时后，公路到了尽头，横在小溪上的青石板桥拦在前面。我们下了车。

桥边一栋二层小楼是驻地。门前扯起了横幅标语“开展第三次全国文物普查，做好沩山醴陵窑调查工作”。

从城里到山里，队员们兴奋异常。他们丢下行李，跳着小步，叫着，喊着。有人跳进小溪，逮小鱼螃蟹。有人爬上山坡，摘花折草。有人弯腰勾头，找寻镶嵌在山路上的瓷片。

面对群山，我却呆呆站着。“山！这里全部是山！”

沩山出产瓷泥，古人在山上就地取泥烧窑，醴陵窑就发端于此。清代，这里有过480家窑厂同时生火冒烟的辉煌。

窑址在山上！这次，我们面对的是山！

下午的动员会，我认真打量着眼前的14名队员。8男6女，40岁以上的7人，参加过“二普”的3人。这是株洲市文物局和醴陵市文物局所能调取的精干人员。

潘秋阳，46岁，个子矮小，爱说爱笑，糖尿病患者。徐伟利，与潘秋阳同属兔，因脑垂瘤开过刀。颜家凤，45岁，在一次运送文物路上遭遇车祸，断了几根肋骨，伤了脾脏。吴永江，他弟弟肝癌晚期住院，亟需他守在身边……

我呢？队员们了解我这个做领队的吗？年过50岁的我，去年三次去长沙湘雅医院治疗髋骨关节炎。现在，随身带有去痛的尼美舒利胶囊，还有伤湿膏。

女的，老的，身体不好的，队员大多不适宜参加野外考古调查。但重任当前，不适宜上的也要上。

布置工作任务后，我还特别强调：“在沩山野外调查期间，谁都不准请假！”

二

6月16日。晴空万里。气温36℃。

后勤组长李雪辉，晚饭后得从沩山赶回醴陵城。早上7点，她带着买好的馒头、包子和队员两餐饭的菜，赶到沩山。

8点钟，吃过早餐后，4个小组开始外出调查。

出门就得爬坡走路。由于天气太热，体力消耗过大，大家回到驻地时，都感到身上的骨头像散了架似的，又酸又疼。

今天旗开得胜。每个小组都发现了窑址，共8座。

晚上，沩山被夜色罩住。驻地小楼，灯火通明。客厅里，一边铺摆着拾捡来的窑具、瓷片，一边是小组长工作会。饭厅里还时不时传来队员们举杯庆贺的吆喝声。

6月17日。晴空无云。气温36℃。

7点半，各小组不约而同提早出发，各自沿昨天调查路线往前推进。昨天基本围转在居民点附近，今天要向山上走。

山是长年没人走的荒山。大家常常是来不及砍倒荆棘和茅草就穿进密林。可是，在林中穿行一阵后，一个个手指被割破，脸皮被划伤，衣裤被勾烂，像是挂了彩的伤员。行走间，时常有银环蛇、眼镜蛇从草丛窜出，从树枝上掉落，人被吓得腿发软。人每往前迈出一步，都十分艰难。

晚上的小组长例会，气氛有点沉闷。昨天找到窑址，今天，人走得累，汗流得多，收获却很少。大家不服气，却又很无奈。沉默中，一只蚊子飞过，刘峰举手把蚊子拍下。“看！B52 轰炸机！可能有十厘米长，沩山蚊子创吉尼斯纪录！”

大家一阵哄笑。之后，又是沉默。

山，荆棘，茅草，毒蛇，都在拦阻我们。山，难道成了人逾越不过的屏障？我忧心忡忡，一夜无眠。

三

6 月 18 日。晴，无风，无云。气温 38℃。

上午，我轮着到各小组参加调查。下午，我呆在驻地。

晚上，小组长例会一开始，我把沩山大地形图挂在墙上，图上被我用红笔画出几个箭头和一面面小红旗。

我心情沉重，说：“同志们，我们既然来了，就必须完成任务。这里四周是山，我们要把自己想象成长征路上的红军、开辟抗战根据地的游击队、挺进大西南的人民解放军！我们四个小组就是四个方面军。从明天起，分四个方向向外突围。男人要把自己当野猪，拿弯刀在前面为女人开路！”

队员们被我这串奇特的比喻逗笑了。

6 月 19 日。晴，无风，无云。气温 39℃。

最激动人心的夜晚。今天，全线告捷。

徐伟利带领的一方面军，找到 2 处宋元时期窑址，1 处明代窑址，把醴陵窑的历史向前推进 800 年。

刘峰带领的二方面军，找到 4 座窑址，5 处古民居。还花 3 个小时登上沩山最高峰，取全了最早的泥矿井资料。

李永峰带领三方面军，来回征战几十里，找到 6 处窑址。

四

6月20日。气温40℃。夜空星星璀璨。

天好热。入夜，永远静谧的山，冒起腾腾的热气。

9点钟，队员都在忙。有的洗澡，有的洗衣，有的绘图，有的在写文本。

突然，一阵喇叭声打破山里宁静，紧接着是一阵欢呼。是袁婉玲的恋人驾车来了！男人送来西瓜，问候，还有揪心的牵挂。这个漂亮的单身女人，来到沩山，就注定要冷落正炙热如火的恋情，注定要割舍与女儿生死相依的亲情。

我走出小楼，抬眼望去，只见许多人正满世界在找手机信号。暗夜里，不时冒出一声声喊叫："这里有信号！""信号在这里！"

山里，没有电视，没有网络，手机信号只偶尔在某个点出现。抓住从峰峦间漏过来的信号，才找到亲情联系的通道。

我走近正在找寻信号的人。是徐伟利！下乡来，她无法照顾一身病痛的老妈。老妈还得硬撑着，帮她带两个在读小学的儿女。还有颜家凤！妻子每天都要问他身上的旧伤……

"崽呀！崽，你别哭，妈妈更想你……"突然，夜空传来邹翠梅的声音。她正在一块高地上跟儿子通话。电话那头，儿子在哭。电话这头，她已经泣不成声。她一个外乡人，老公在衡阳工作，为了来沩山，她狠心把儿子寄放在别人家里。

到沩山，每个队员都得背负着数不清的情感债务啊！

我这个做领队的也禁不住流下了愧疚的泪水。

五

6月21日。气温41℃。沩山五十年一遇的高温。

山里像个大蒸笼。极少见的酷热，却让我们碰上了。

今天是第一个超40度高温的日子，也是调查决战的日子。第三小组被改派做"远征军"，去10公里以外的甑皮岭。

早上7点半，大家齐刷刷集拢在小楼门口。

"远征军，准备出发！"随着我的一声大喊，李永峰、颜家凤、付斌兰站到大家跟前。我把搭着湿毛巾的草帽戴在付斌兰头上，眼睛紧紧盯着眼前这个小个子女人，她今天要去走五六十里的山路。我把一个大茶杯塞到她手里："藿香正气水茶，当酒喝下！我们等你们凯旋归来！"

目送他们三人走进拐弯的山道，我又命令其他队员："你们都给我戴好草帽，捂上湿毛巾，喝下藿香正气水茶！"

刚 8 点，山里泼满滚烫的阳光。一整天，我们都游动在金色的汤液中。

下午 6 点，太阳落山。徐伟利和潘秋阳相互搀扶着，一拐一拐走回驻地。看见我，潘秋阳老远就大声嚷嚷起来：“太霸蛮了！我们都太霸蛮了！今天一出门，一身汗接着一身汗。湿透的衣服磨烂了屁股肉！”

我大笑起来。“你们也这样哦，我早两天就这样啦！”

晚上 8 点，“远征军”回来了。他们一天找到 8 座窑址。

晚餐，我们猛喝冰啤酒。干杯！干杯！为事业，为同事，为战友，为我们，也为自己！

彻底的胜利，只是时间早晚的问题了。

6 月 25 日。今天，调查胜利结束，全体队员撤离沩山。

越野车驶离驻地时，每个人都站起身，深情凝望玻璃窗外的每一座山。是啊，这里的每一根草，每一棵树，都吮舔过我们辛勤的血汗。这里的每一条路，每一道坎，都留有我们顽强的脚印。山，不正是我们文物工作者挺起的脊梁么？

10 天时间，我们走遍沩山 129 平方公里土地，发现 60 座窑址，49 处与窑相关的古桥、古道、矿井、民居等遗迹。

“想不到我们这些人能做出这么大的成绩！”我自豪地对大家说。

“还不都是因为你！把女人当男人用，把男人当牲口用！”队员们向我笑骂道。

哈哈，我真的残酷了一回！

痛并快乐着

——记一次最艰难的普查

湖南省邵阳市城步苗族自治县文物管理局　陈金贵

城步位于湘西南边陲，是古代五蛮之地，地处山区，交通极为不便。第三次全国文物普查田野调查工作开展以来，我县文物局全体工作人员早出晚归，足迹踏遍了城步的山山水水。

2009 年末，我县田野调查工作接近尾声，只有“巡头古地道遗址”这一处县级文物保护单位因道路崎岖艰险一直无法落实。“巡头古地道遗址”位于我县最南边的五团镇巡头村，与广西龙胜搭界，距县城有200多公里，只有一条坑坑洼洼的机耕道通往该村。2009年下半年，我们曾先后两次租车前往，第一次，由于道路极不平整，路上横七竖八到处都是石头，车子一路驶过去，底盘被石头刮得“哐哐”直响，司机心疼车，只得半路返回。第二次，我们吸取教训，租了一台底盘较高的车，但在距该村还有100多公里的时候车爆胎了，不得已又返回。一连两次都不顺利，我们心里焦急万分。前面的普查工作虽然辛苦，但我们都已克服了困难，顺利完成，唯有这一处文物点成了最后的拦路虎。经过仔细的分析和商讨之后，我们最终决定骑摩托车去完成这次调查。

2009年11月1日，我和肖清一大早就出发，出发之前，我们做好了充足的准备，每人穿了三条厚厚的裤子，穿上棉衣和羽绒服，带好相机，GPS定位仪，画夹，记录本，一大袋子干粮。怕油不够，我们还多带了一大矿泉水瓶子的汽油。出发了，冬天骑摩托车的感觉没别的，就是冷，冷风呼呼地灌进任何可以进来的地方，三条裤子、两双袜子根本就没有用，才十分钟不到，两条腿就跟两根冰棍似的，完全不听使唤了。肖清还好，毕竟是年轻人，边骑车子还边哼着歌。城步因为地处山区，天气较为湿润寒冷。一路上随处可见白雪皑皑的山峰和冻得晶莹剔透的树枝。来到最为崎岖的一段路，我们两个都小心翼翼，把档位踩到最低，摩托车就像蜗牛一样慢慢前行，一路颠簸了将近四个小时，我们终于来到了此行的目的地——巡头村。

到了村里，我们两个都松了一口气，稍微休息了一下，就去找该村的村民了解情况。一个意想不到的情况出现了：我们所询问的几个村民都不知道“古地道遗址”具体在哪里。一番辗转，我们又找到该村年纪最大的一位老人，从这位老人的口中我们才了解到原来我们所谓的“古地道遗址”在他们那里的说法就是一个岩洞，距离该村还有大约10多公里的山路，位于和广西搭界的一座名“九把隘”的山上。就这样，在当地村民的带领下，我们一行步行了将近一个小时来到了“古地道遗址”所在的山脚下坪塘村。该村有十余户人家，当地村民非常热情，邀请我们到他们家里休息，喝茶。给我们详细的介绍了“古地道遗址”的情况。原来，“古地道遗址”就是一个天然生成的岩洞，这个岩洞冬暖夏凉，入口很窄，越往里走越宽敞，据说当年抗日战争的时候，为了躲避日本鬼子的杀戮，该村以及周边几个村的村民都躲入这个岩洞一个星期，等鬼子走了以后才出来。在这个洞里还发现有铜锣、长矛等遗物。

休息了一阵，恢复了体力，我提议到现场去看看，一位热心的中年汉子自告奋勇的要求带路，还有一位热心的老人和他的孙子也一同随行。山坡非常陡，也没有路，带路的村民手拿柴刀在前面开路，爬了有半个小时的样子，终于到了洞口。在一片茅草的簇拥中，一个宽仅60厘米，高120厘米的洞口呈现在我们的面前，我取出相机，找了几个不同的角度拍照，肖清则用GPS测点，然后勾画地理位置图。因所带工具有限，不能完全深入洞中察看，只行进了50多米就返回了，洞内岩壁非常的平整，没有人工雕琢的痕迹，纯天然生成。做完所有的工作，我们原路返回，带路的村民非常热情，一再挽留我们在他家住宿，要给我们煮腊肉吃，我们谢绝了他的好意，急匆匆地又往家里赶。等回到县城已是晚上9点多，到处灯火通明。虽然非常疲惫，但是我们两个都很兴奋，因为我们终于拿下了最难啃的骨头。我不由得感叹：普查虽然辛苦，但再多的辛苦也会被工作完成时的那一刻喜悦所冲走。这也正是文物工作的魅力所在。爱这份工作，同时也享受着工作所带来的乐趣。

亲历“三普”

湖南省澧县博物馆　陈章武

2008年5月5日，澧县文物处一行6人，对位于县城北区的麦芽岗遗址进行试点勘探调查，由此，第三次全国文物普查在澧县拉开了序幕。

澧县地处洞庭湖西岸，地势西高东低，平原与山地各占一半。澧、涔、澹、道四水流经，其支流纵横交错，湖泊星罗棋布。得天独厚的自然环境为先民繁衍生息提供了良好的生存条件，也给我们留下了丰富的文化遗产。据第二次全国文物普查资料统计，澧县境内文化遗存就达四百余处，举世瞩目的“城头山古城址”就位于县境腹地，全国重点文物保护单位就有4处。繁重的“普查”任务就落在了“三普”一线队员的肩上。

澧县“三普”队员共6人，分为两个组，我和曹毅、熊浩在一组，另一组由任爱平、封剑平、汪俊组成。在这六人中我最年长，虽然我曾参加过第二次全国文物普查，但却是田野工作参加得最少的一个。我们每组按乡镇为单位，以村、组为重点开展普查。我们组到目的地后，先共同进行勘探调查，找到文化遗迹，确定范围，采集标本后，就由曹毅照相，熊浩GPS收录资料，我绘地形图，按照这个程序开展工作，效果显著。

在调查中，群众对我们的帮助支持是很大的。由于自然和人为因素，一些地方的地形地貌时刻都在发生变化，有的台地被挖平，有的堰塘被填埋。一些热心的村民给我们讲述这些变化，帮我们寻找当年的遗迹。在大堰垱镇，一位苏姓村民不但给我们讲述了一处遗址被挖坏的情况，还把他6年前捡拾的三件磨制石器交给了我们，文物贩子收购他都没有卖。闸口镇一姜姓村民放弃生意不做，主动给我们带路。杨家坊乡一村委会会计陪伴我们勘探，一整天帮我们完成了7处文物点的资料登录。嘉山村村民韩先生，收藏一块清同治年间官府督修保护嘉山孟姜女贞烈祠的告示碑刻，极具历史价值，经曹主任一说，韩先生慷慨表示，国家文物就交给国家。这些让人感动的人和事不胜枚举。

但事情总不是一帆风顺的，我绘图时遇到少数村民，向他们询问户主姓名，他们说不知道，任你怎么解释，就是一句不知道。在调查一处遗址时，一农户只有女主人在家，我们向她说明情况，她还是不解，显得很紧张，我绘图时向她询问户主姓名，她递给我手机说："俺叔叫你接电话。"我刚"喂"了一声，一个男人的呵斥声直冲耳膜："你们哪里来的？搞些什么名堂？跟我说说看哒？"我耐心向对方解释，并报了姓名和单位电话号码，让他查询，对方才缓和了口气："你们不是买卖文物的贩子？"在道河乡遇到一年轻农妇，曹主任用普通话问她："去高家桥怎么走？"农妇自信地回答："俺这里没有高家桥。"在农妇屋旁一挖井的村民为我们指了路，那农妇追着我们问："你们是去高嘎桥？"本地方言"家"念"嘎"音。我们笑着走了。

野外勘探调查，少不了冒严寒、顶酷暑、受风吹、被雨淋，还要忍饥挨饿。2008 年 12 月的一天，熊队长开着边三轮载着曹主任和我调查位于县境西隅山地的古墓葬。车停在山脚农家，三人寻路上山，完成了几个山头几座古墓封土堆的调查后下山，准备到北侧的山岭继续调查，完工后再到离这里几公里远的集镇上吃午饭。在上山的路边，熊、曹二人摘了一个柚子吃了，我忌酸未吃。上山一看，只见山山相连，绵延不尽。通过调查发现，这里虽在澧县境内，却是被列入省保的临澧县九澧战国墓群的一部分。四条山岗分布封土堆 20 多个，一座座封土堆的发现，带给我们一连串的惊喜，忘了疲劳，忘了饥渴。待所有调查工作完成，已快到下午 5 点。兴奋过头的熊队长开着边三轮全速回返："6 点前赶回家吃饭。"车到中途突然抛锚，发动机熄火，熊队长下车鼓捣十来分钟，车发动了，前行不到一公里，又熄火了，车怎么也发动不了。真是屋漏偏遭连阴雨。午饭未吃，想快点回家，偏遇车出故障，简直哭笑不得。总算联系上了县城修车师傅，等他从县城赶来修好车回家已经天黑了。

2009 年 6 月下旬，调查暖水街的经历至今难忘。那天特别热，我和曹主任、司机刘师傅 3 人去地处深山的暖水街调查，一上午就调查了 4 个地上文物点，下午要寻找一座清代寺庙，经路人指引，沿着一处三面环山的山峪往里走，一丝风都没有，三人汗流浃背，艰难的到达山脚，只见一户农家门开着，家里没有人，也未见到庙。只得返回公路上，来回不少于 6 公里路程。再到路边农家打听，就是刚到的那个地方，刘师傅打死也不愿意再去了，我同曹主任又原路返回，酷热难当，气喘吁吁，那种难受无法形容，咬牙坚持到了农家门口，这时家里已有了人，主人告诉我们，寺庙就在屋后。从其屋旁边我们见到了寺庙。当初如果转到这家屋旁看一下，也不至于多受一趟罪了。回到公路上，小车回返，在途中又发现了两处上世纪 70 年代由民兵营修建的水利设施，上面刻有极具时代特点的标语对联，70 后的曹主任见此相当兴奋，酷热、疲劳一扫而光。

正是"三普"队员这种对文物事业的执著追求，对工作认真负责的态度和锲而不舍、吃苦耐劳的精神，使澧县的"三普"工作取得了很大的成绩。两个普查组共完成勘探调查文物点 535 处，其中新发现 134 处，为澧县这个文物大县又增添了新的光彩。

一切为了第三次全国文物普查

——我的“普查”之路

湖南省益阳市文物管理处　曾学雄

文物是国家不可再生的文化资源。文物普查是国情国力调查的重要组成部分，是确保国家历史文化遗产安全的重要措施，是我国文化遗产保护的重要基础工作。开展文物普查是为了全面掌握不可移动文物的数量、分布、特征、保存现状、环境状况等基本情况，为准确判断文物保护形势、科学制定文物保护政策和规划提供依据。开展文物普查，有利于合理、准确划定文物保护范围，完善文物档案管理，促进文物保护机构建设，提高文物保护管理整体水平；有利于发掘、整合文物资源，充分发挥文物在建设社会主义先进文化，促进经济社会全面、协调、可持续发展中的重要作用；有利于培养锻炼文物保护队伍，增强全民文化遗产保护意识。

为了第三次全国文物普查，我和我的同事一道，不管严寒酷暑，刮风下雨，每天起早摸黑，钻山林，奔田野，登高山，下谷底，不怕脏和险，耐得苦和累，普查行程50000多公里，共踏查485个行政村，普查643个文物点，其中新发现文物点322处，复查文物点260处，消失文物点61处。为益阳市第三次全国文物普查工作的顺利开展和阶段性任务的圆满完成做出了突出的贡献，受到了上级主管部门和领导的充分肯定和赞扬。

为了第三次全国文物普查，扎实工作。一是认真做好宣传。文物普查的任务下达后，我们就立即着手制作了大量的音像、文字等宣传资料。普查队每到一个村，就散发普查宣传资料，并播放第三次全国文物普查和文物保护法的有关内容，使广大人民群众加强了文物保护意识，同时也给我们带来了更多的普查信息。二是认真做好摸底工作。普查会议之后，我们就对各村认真进行了摸底，先将普查精神及有关要求的通知发到各个乡、镇及办事处，并把任务落实到人头，让其负责收拢信息，使之做到人人肩上有担子，个个身上有压力，齐心协力抓普查。三是抓住重点，带动全面。普查之前我就不厌其烦的查阅历史文献，尽可能多的搜索与文物相关的历史信息，了解益阳的历史，摸清文物埋藏的规律，为文物普查打下了坚实的基础，也为实地普查提供了可行的操作依据。普查一开始，就根据这些线索有针对性地重点踏查，然后顺藤摸瓜，取得了决定的胜利。

为了第三次全国文物普查，不畏艰苦。此次文物普查，领导安排我负责资阳、赫山两区的文物普查，既是普查人员，又是司机，我感到责任重大。从开始普查至今，我都以身作则，每次出发，都提前做好相关准备工作。每次出行，早出晚归，攀崖过涧，钻林趟棘，顶烈日、冒严寒，我克服重重困难，进行文物普查工作。经常不能按时吃饭，经常超时工作，天热饥渴，寒冷冰冻，加班加点，从不叫苦，这得益于我在部队八年练就的艰苦奋斗，吃苦耐劳，不怕困难的作风。记得 2009 年 11 月，文物普查正处于最后的冲刺阶段，恰在这时，刚满周岁的女儿因风寒感冒，一连几天低烧不退，刚做父亲的我多想守在女儿身边，给她关心、呵护，但想普查的任务还很艰巨，只能强压住心中的焦虑，执意让我妻子先请假带女儿去医院住院治疗。后来处领导知道此事后，狠狠地批评了我，让我放下手中的工作去医院照看女儿。几天后，女儿的病情有所稳定，我又拖着疲惫的身躯回到文物普查的队伍中。

为了第三次全国文物普查，上下齐心。能否完成实地普查任务，固然有高层决策者的领导掌舵，但更重要的，还在于一线普查人员能否上下一心战胜困难。我们普查队由三人组成，既有分工，又有合作，配合相当的默契，每到一个点上，我们就分头行动，照像、绘图、填写文本先各自为战，之后再碰头核对文本与图纸，既提高了普查的速度，又确保了质量。正所谓众人拾柴火焰高，上下一心，其利断金，还有什么坎过不去？什么关度不了？

为了第三次全国文物普查，继续努力。知识无边界，学习无止境。我将再接再厉，努力加强业务知识的学习，并不断积累实践经验，提高专业技能水平，努力开创工作的新境界。

南福村文物普查调查札记

湖南省郴州市临武县文物管理所　龙碧林

工作日志：2008 年汾市乡文物普查第一站，南福村委。实地调查对象：古建筑、古民居群、“二普”复查点 2 个。重点调查：田野考古及新发现。

6 月 23 日，我带领普查组一行 3 人，从县城搭班车在南福村下车。在村干部的陪同下，我们对村中几处古建群进行调查时，在村中碰见了上世纪 80 年代初原村团支部书记陈救国，他是我1979年起在汾市乡任文化辅导员5年光景里经常打交道的朋友。虽然20余年很少见面，但两人一见如故，拍肩搭背，无话不谈。他最近几年来，由园林根雕爱好者转为业余文物收藏爱好者。知道我们的来意后，陈救国说他来担任向导，并兴致勃勃地介绍南福村的历史、人文古迹和古建群的分布情况，提供村内三处保存较好的三堂古建群“美善堂、余庆堂、九儒堂”的来龙去脉、人文典故等信息。陈救国对文物文化的自觉担当把我们感染了。在这个人们普遍追求物质生活富裕的年代，一个村民如此珍视历史文化，让我们感觉到文物普查工作的责任重大，意义深远。

这一天，陈救国和我们一道挨家挨户的忙上忙下，配合我们完成3处古建群60余栋古民居的测绘登记工作。当他得知我们在南福村文物普查还有两天的情况，他与村委约好由他来配合我们，不错过借此次文物普查学习的机会。后来陈被聘为市、县文物信息员，他觉得这既是一种责任，又是对他所拥有的历史文化知识素养的肯定。

第二天上午，我们沿着田埂土路，来到村外东南约300米处的古建筑“朝泉阁”旁边，望着这座高达20余米的古建，犹如一尊巨大的长方体中国印竖立于荒郊野外，令人惊叹。走近正面，高大的栱形石门、堆形假屋檐口、浅浮雕动物对称图案、粗大的方形、圆形窗户依次而上的建筑图案组合，犹如一幅巨大图画，悬挂半空中。青一色的青砖墙体上一行行纵横排列有序、窄小阴森的射击孔，布满四周外壁，形成上下四方封闭形，犹如铜墙铁壁的碉楼，使人望之而生畏。

我们进入内部，开始测量登记，队员小凌惊叫一声：“龙所长，你看，里面的墙体好厚哟。”其实一进内，我就注意到内外墙体与众不同，量了量，好家伙，内外墙体厚达80厘米，这样厚实的墙体，一般的枪炮弹难以击穿，而且内部结构简单，四墙三间，门户联通、相互呼应为一整体。楼阁平面建筑面积185个平方米，五层砖木结构，每层紧靠外墙的内壁均有一排排凹形外窄内宽的栱式枪架台，每孔对外的视角达到90°，四向可瞭望方园数里一举一动。墙体之厚、枪孔之多、楼层之高、建筑之奇堪称古建筑奇中之奇，在湘南一带古建群体格式中非常罕见。

阁内有文字碑刻记载，依据文字可知该楼阁为清咸丰、光绪年间重修百年前的阁楼，从碑刻内一首七律古诗的描述，可想象该阁楼有“阅尽湖湘推第一”之称的建筑在当时的景况。按时间推算，早在乾隆年间就有此建筑。古人兴建此建筑，其意何在？陈救国介绍说，建筑内何时设置的兵备防御系统，当地老辈人也说不清楚。但当地人称此类建筑为“下守”，是古代的镇村风水宝地，也是当地人为保佑全村平安、人丁兴旺而朝拜的公益建筑。在村民的热情协助下，普查组顺利的完成了“朝泉阁”碉楼各类数据登记、草图绘制工作。然而，我们兴致盎然，浓浓的思绪随着那历史的长河起起伏伏，久久不曾消散。

晚上回到所里，我查看了清同治临武县志，有清道光咸丰年间，太平军、红巾军及境外宜章、广东连县贼匪多次进入临武侵扰，官方组建民团设卡防堵的记载。我推测南福村碉楼的防御系统，应与当时的官民群防、设卡防堵有关，随着时势的变化，“下守”由祭祀朝拜之用途，转化演变为带有兵防兵备性的防御作用。此类奇特建筑与湘南一带传统古建格式不同，唯独临武有遗存，这极有可能是临武县境内保存的具有地方性民风习俗意义的奇特建筑的重要新发现！这一推测很快得到了证实。在后来的“三普”调查中，证明了临武自宋以来，几乎大小村落均有兴建“下守”公益建筑的风俗习惯，至今东南一带不少村落还保留有类似碉楼式建筑。

第三天，普查组一行在南福村东北一带，复查了2个“二普”文物点。在复查十八岗烈士公墓时，陈救国向我们讲了一个“十八岗”传说的来历。他说，十八岗是因此地原有十八土堆而命名的，虽然听说不少土堆已平为旱地，但我以多年从事野外考古的职业习惯，意识到这是一个重要的文物线索，并对十八岗的地理位置和周边环境进行了仔细观察。东北一带是一片开阔的矮山坡丘林地，荒野山坡地平线中若隐若现出不少大小山包，这是墓葬封土堆的特有现象。而十八岗北向山岗“德雁山”背面，正是渡头村委“二普”文物点“渡头汉代古城遗址”，相距二里许。

前几年，我们在古遗址的武水河北岸渡头、横山村委一带山坡上，曾发现过有不少巨型土墩堆和汉代砖室墓葬，当即判断这一区域应与古城遗址息息相关。十八岗传说中的十八个土堆应是古代墓葬，地下埋藏历史文物的可能性较大。历史的想象和推测给我们带来了极大的考古兴奋和冲动，我们停不下考查的脚步。

果然，第四、五天内，普查组在南福村十八归、打水冲、凹背岭、神堂坪一带方圆数里范围的矮山坡进行地毯式的搜索，发现28座大、小土墩堆，最大的土堆直径达40米、小的也有10米，堆高均在1~5米。根据几座早年被盗挖的土洞外淤泥散布的碎陶瓷片识别，为汉代文物，但盗洞多为平洞，推进中部垂直深达数米，阴森森的无法判断墓葬葬式和洞底破坏现状。

我决定下洞探明情况，同事们说，不可冒然下去，正是盛夏季节，搞不好洞里有毒蛇和其他危险。果真被同事言中，其中一个盗洞内还真有蛇。虽然洞内潜伏着各种危险，但为了探明墓葬葬式和洞底破坏现状，采集到文物点数据的第一手资料，这样冒险还是值得的。依据现场的准确资料，南福村这批土墩堆，初步断定为两汉大型土坑墓葬。而且，古墓群经过了两千多年风雨沧桑，封土堆保存如此好，其本身就是一个奇迹。南福片两汉古墓群的重大新发现，填补了临武无大型土墩堆两汉墓葬的空白。这对于临武考古历史来说，无疑是一个重要的里程碑，对于我们还原临武古代历史，解开被尘封的历史真相，具有重要的意义。

普查组一行在南福村短暂的几天实地调查中，在当地村委大力支持和村民的热情协助下，普查队员冒着盛夏的炽热，漫步古村大小巷道，穿越野外荆刺茅丛，对古代历史进行了一次尽情的触摸，在逝去的历史风烟里进行饶有兴致的畅游，成为了每一个参与一线普查员人生当中尤为珍贵的记忆和财富，南福村“朝泉阁”碉楼古建、汾市乡南福片“两汉大型土墩堆墓群”2处不可移动文物，被列入湖南省2008年度第三次全国文物普查重要新发现。

三寻上古岭汉墓

湖南省江华瑶族自治县文管所　邱秀刚

2009年10月8日，国庆节刚过，普查队第三次进入白芒营镇平泽村，寻找上古岭汉墓群。

据“二普”资料记载：上古岭汉墓群位于白芒营镇平泽村，有20余个封土堆且保存完好，封土高约1.5~2米，直径15~20米，未扰；墓地环境为：墓地为一片黄土松林，坐西向东，南北面均为起伏不平的丘陵山地，沱江至涛圩公路在前墓区东约50米处穿过，东为东河岸平原，地势开阔，由西翻山可至平泽村及西河。从描述的内容和“二普”资料上登记的39处汉墓群以及“三普”所普查到的古墓葬来看，上古岭汉墓群是一个规模较大，且唯一没有被破坏扰乱，具有重要保护价值的古墓葬，只有准确找到墓群的分布情况，才能划定保护范围，更好的实施保护措施。

9月10日，“三普”队在镇干部欧阳新同志的陪同下，第一次来到平泽村。我们找到村支书唐孝甸向其说明来意及文物普查的重要意义，请支书给予配合与支持。我们打开“二普”资料认真地分析上古岭墓群的示意图，并仔细阅读描述环境。汉墓群位于平泽村的上岭、中岭、下岭三个丘陵地带的中岭一带，但未标注比例尺，我们无法估算距离。唐支书说：“在平泽村与西岗村之间的2~3公里地带上是有上古岭、中古岭和下古岭三个岭，但你们的“二普”登记资料上是写上古岭汉墓群，而示意图又标在中古岭之间，是不是搞错了?”我们说这是汉墓群，分布较广，只有上山找，才能准确定位。在唐支书的带领下，我们带上普查设备，从沱江至涛圩公路往西边走，经过一片稻田，来到上古岭群山脚下。按原定的计划与工作原则，我们商定汉墓群至少要找到有散落或暴露的汉砖，或者看到有封土堆才能进行GPS测点。我们分成三组，相距约30米，一字排开，向山上走去。然而时隔22年，当我们文物普查队再次来到这个地方时，原来的黄土岭上松树已成林，灌木和荆棘比人还高，加上没有山路，每走一步都相当困难。唐支书一边用柴刀帮我们开路一边跟我们说，现在村里条件好多了，很多年经人都出去打工或到镇上经商，加上村里历来读书风气很好，每年都有读书人走出大山在城里工作，十几年来已经没有人来这里砍柴，到处都是荒草和荆棘，无路可走。普查队的小朱则在另一边用小锄头边打边挖，慢慢地寻找蛛丝马迹。然而经过三个多小时的跋涉，我们不但没有找到一丝遗迹，而且距山腰还有一大段距离，照这样的速度和艰难程度，如果要精确定位这个文物点的话至少要在这一带山上呆七八天左右。时间已经指向下午6点40分，队员们的野外服早已被汗水浸透，加上山上的蚊子又毒又厉害，咬一口马上就一个大包，而且越抓越痒，十分难受。在唐支书的劝说下，我们决定明天再来，同时叫唐支书回去后问一下村里的老者，看他们是否在这里见过有纹饰的砖头。

回到镇上后，普查队商量，与其这样满山去找，不如找到“二普”的调查人潘纪香老文化辅导员，问题不就解决了吗。于是我们叫镇政府马上联系潘老，镇政府的人说潘老从镇里退休后住在农村老家里，没有电话，现在去广东他女儿家里了。两天后，我们跟潘老联系上了，电话里我们说明来意，并请他回家发挥余热，潘老爽快答应了。

9月14日，“三普”队再次来到平泽村。潘老说：“‘二普’时由我和零陵地区的周九宜老师两个人负责白芒营区的文物普查，当时我已经不在白芒营区工作了，调到河路口乡任文化辅导员，所以具体的调查工作由周老师负责。然而时隔二十多年，加上我已上年纪，记忆又不太好，可能没有什么印象了。”我们说那不要紧，你老只要记得在哪个方位带我们去就行了。潘老拿着“二普”资料看了几下，说“二普”时他和周老师确实来过平泽村，墓群好像在村后的山上。于是我们一行在潘老的带领下，按照他的回忆在村后的山坡上开始调查，然而经过近1个半小时的寻找，根本没有发现一点遗迹。“是潘老记错了，还是周九宜老师因环境不熟悉而把方位描述和绘图搞错了？”我们这样猜测。休息时，普查队再次聚在一起仔细观看示意图。我说现在的位置肯定不对，因为图上标明墓前有沱江至涛圩的公路通过，且环境描述上写明公路在前墓区东约50米处穿过。小朱说，上面写的是前墓区不是墓前区，应该再仔细斟酌。我说周九宜老师是永州文物工作的老前辈，知识和阅历相当丰富，而且他们那批调查队员到我县搞文物普查时已经在永州搞了几个县的田野调查工作了，他们做的“二普”资料应该没有错，我们还是应该到第一次去的地方再找。因为我们两天前已与大石桥乡的文化辅导员联系好，将要到大石桥乡搞田野调查，所以上古岭汉墓群的调查只有告一段落。

10月8日下午，“三普”队第三次回到平泽村。唐支书早已在村口等候多时，见到我们第一句话就半开玩笑地说，你们也太认真了，为了一个古墓三次来我们这里爬山，在上次到过的地方测量一下不就完了吗？我们说这可不行，我们现在辛苦一点是对历史和后人负责，以免“四普”的时候，后人说我们“三普”是乱搞的，不负责任的。在总结了前两次的经验和教训后，我们背上普查资料与设备，准备好上山的砍刀、防蚊药品等，在唐支书的带领下，从平泽村南的山坡开始做田野调查。南坡的灌木与棘刺相对要少一点，我们还是分成三个组从上古岭的山腰自南向北寻找，10月的天气闷热而干燥，经过一个多小时，我们终于穿过一片灌木丛，来到较开阔的松林中，再次仔细地寻找古墓群的遗迹及遗物。时间在一分一秒地过去，下午5时左右，终于在上中岭的一处山洪冲击的断面发现了暴露的几块汉砖，由于经年雨水冲洗，致使砖室墓的封土大多不见，经过一番清理后，确定这是一座砖室汉墓，于是摆好指南针，拍照、GPS测点、描述、绘图等忙碌起来。同时我们以此为中心，四向各至50米外寻找其他封土堆。下午6时，在完成普查的各个环节后，我们沿原路返回，又对刚从南坡上山时新发现的一段古道进行测点、测量、登记、描述。这段古道属于潇贺古道的一部分，位于荒山杂草中，现存古道长约80米，宽1.2米，全用河卵石铺就。随着现代社会进程的高速发展，古道的功能渐已消失，很多人早已记不起了，如果今天不是从南坡上山，我们可能也发现不了这条曾经走过无数车马的古官道。

在镇上吃过晚饭后已经是晚上8点了，我们驱车往县城赶。今天是二十四节气的寒露，秋风吹过已有丝丝凉意，刚才还在有说有笑的几位同事有的已打起呼噜。8岁的女儿经常在我要下乡普查的时候问我："你们每天这么忙碌到底有什么收获？"我想今天的收获应该是最难忘的。

天井寨印象

湖南省新晃侗族自治县文物管理所　王时一

第一次调查天井寨民居古建筑群，是2009年3月25日，我们文物普查队5名队员一大早冒雨从县城乘车前行。24日晚上下了一夜暴雨，河水猛涨，势若奔马，25日早上虽然雨略小了点，仍淅淅沥沥地下个不停。车至扶罗镇皂溪路段，进入正在修建路基的泥石路，路面坑坑洼洼的，十分难走，我们乘坐的旧吉普，左颠右簸，一步三摇，如醉汉迈步，似蜗牛爬行。好不容易到了贡溪境内的板凳坡，我们被眼前的景象惊呆了，一夜暴雨造成山体滑坡，上千万吨的土石方，将200米长的路段堵了个严严实实。天井寨所在的贡溪乡是新晃县最偏远的乡镇之一，这条路是进入该乡的唯一通道，我们只得弃车登山，山上没路，山势极陡，布满荆棘野草，我们手脚并用，上三步退两步地往上攀登，花了一个半小时才到山顶，好在山顶上有条当地村民砍柴的羊肠小道，我们沿着这条小道又走了一个小时，才到了贡溪乡政府，这时雨停了，但我们一行5人个个变成了落汤鸡，脸上、手上被野草野刺划开了道道血口，小潘的一只皮鞋裂开了口子，像小鳄鱼的嘴巴，一张一合。时值初春，寒意料峭，我们冷得打颤颤。

就在乡政府的院坝里，乡里干部用搞建筑所剩的废旧木料，为我们烧起了一堆大火，让我们烤火烘衣。衣服烘干后，乡政府派车将我们送到天井寨。

天井寨位于湘黔交界海拔1040米的顶山天北侧，隶属于贡溪乡四路村，坐落在四路村中部的半山腰。龙氏族谱记载：清乾隆嘉庆年间曾在这里设立墟场，农历逢二、七日，四方百姓云集这里赶集交易。天井寨是一个原始古朴的村落，村民住房全是木质结构的吊脚楼和开口屋，古建筑建构工艺精湛，卯榫相合，翘角飞檐，雕梁画栋，美仑美奂。寨中四通八达的是石板路，道路两旁是高高的石巷，家家户户围有石墙，石巷和石墙上爬满了青色的藤蔓，十分古朴，天井寨初建于明永乐十七年（1419年），距今有591年历史，世世代代为龙、姚、杨三姓居住。

天井古寨由古井2口，古庙12座，古碑1块，木质鼓楼1座，戏场1处，木质民居古建筑106栋组成。多为明清时期建筑，至今保存完好。寨中多数农户还保存有木犁、木耙、锄头、镰刀、竹笠、蓑衣、纺车、织布机、染布缸、印花板、石碓、石磨、石擂子、竹筛、竹箕、竹簸、竹饭盒、印花被、雕花麻、木火铺、土灶台等原始古朴的生产生活和居家用品。这里还是举世闻名的首批国家级非物质文化遗产侗族傩戏“咚咚推”的唯一传承地。保存有傩戏剧目21出，傩面具108件。作为保存完好的双重文化遗产，具有很高的历史、艺术、科学、旅游文化价值。这次普查发现，令我们欣喜不已。此行虽然辛苦，也很值得。调查进行到下午6点，我们才乘坐贡溪乡政府的车，绕道贵州，行驶150多公里，于深夜12点才回到新晃。

为了加强对天井寨民居古建筑群的保护，新晃县人民政府于2009年5月3日将其公布为县级文物保护单位，树起了保护碑，确定了保护范围和建设控制地带。

2010年3月22日，天井寨多年在外打工的村民龙腾风回到了家，擅自拆掉一栋木结构猪楼和一堵古老围墙，要建砖房。接到报告后，县文化局杨先尧局长和我所全体人员及时赶到天井寨，在宽阔的戏场上，组织召开村民群众大会，有300多人参加。会上，杨先尧局长就保护天井石寨的重要意义、县级文物保护单位的含义及天井古寨旅游文化项目保护性开发前景作了讲话，由我组织村民群众系统学习了《中华人民共和国文物保护法》等法律法规。会后，我们来到了龙腾风家中，耐心做其思想工作。

为了进一步提高村民保护祖祖辈辈留下来的珍贵文化遗产的积极性，我们认识到，让村民走出去学典型学经验十分重要，也十分必要。于是，我所在财务紧张的情况下，仍想方设法，筹集了资金6000余元，组织天井寨包括龙腾风在内的22名村民代表到贵州省省级文化保护单位凯里市松桃县苗王寨参观学习。苗王寨的村寨布局、民居建筑、进寨道路、石墙石巷等都与天井寨有着惊人的相似。所不同的是，苗王寨这里已成为贵州省重点旅游景点。看到这里游人如织、旅游红火的场面，天井寨村民代表感触很深，龙腾风说，回去后，马上把那堵围墙恢复原状，购买木材，按文物部门要求重修房子。其他村民们也纷纷表示，向苗王寨苗民学习，保护好、完善好天井古寨。经过我们开展法律宣传，典型学习的工作，天井古寨的保护很快进入了正常轨道。村民法律意识得到了很大的增强，保护古村寨的积极性得到了普遍提高，他们把从贵州松桃学来的经验用在了村寨保护建设上，搞好了家庭、道路、公共场地环境卫生，修砌好损毁的围墙，做到路平水通，清洁排污。还成立了义务护寨队，负责古寨的防火、防盗等安全防范工作。还共同议定：今后建房建舍、维修庭院，一律不得使用水泥、青砖、瓷砖，一律使用木材、石块，并将此议约慎重地纳入了寨规民约条款。

湘军名将故居群调查随笔

湖南省涟源市文物管理所　廖俊锋

涟源市杨市镇是湖南湘中地区有名的千年古镇，很早就听说那里的“花瓦屋”规模宏大、连接成片，有帅府、将军府等；也曾听说那里出过很多“大人物”，有总督、提督等。2008 年早春，一个风和日丽、晴空万里的日子，我们市文物普查队开始了杨市镇文物普查的发现之旅。

名震四方的“大夫第”——老刘家

来到杨市镇，刘明华副镇长热情地接待了我们。在刘镇长和一名熟悉当地历史文化的老支书带领下，我们一行七人穿过杨市镇的明清老街，踏着光溜的青石板路，来到了一栋古朴斑驳的老院，这里就是名震四方的“大夫第”——老刘家。

老支书介绍道：这里是杨家滩刘氏的祖居之地，始建于康熙四十七年，由光裕堂、怡然堂、六吉堂等堂院组成，占地近 2 万平方米，以天井多而著称于世，据说原有天井 108 个。走进老刘家，正厅上悬挂的御赐“大夫第”牌匾赫然入目，让人感觉主人身份的尊贵。我们从左至右观看，厅房、厢房、杂房、仓库等布局整齐，众多的门槛和纵横交错的走廊把房屋连在一起，大大小小的天井贯穿其中，就像是走进了一个大迷宫。我们左转右拐，20 分钟后才走回正厅。

在正厅进行人文历史信息调查的时候，一位胡须花白的刘姓老者讲起了先祖刘腾鸿等人在战场上舍生忘死、奋勇杀敌的故事。他绘声绘色地讲着，我们津津有味地听着，仿佛自己也走进了那段金戈铁马的历史，一个个鲜活的湘军将士迎面而来。1851 年，太平天国农民起义爆发，时任吏部侍郎的曾国藩奉旨在家乡（今双峰县荷叶镇）招兵买马，操办团练。咸丰三年，刘腾鸿在本地第一个投身湘军，随后，他的族兄弟刘岳昭、刘连捷等十几人相继入伍。刘腾鸿保卫岳州、收复武昌，后统帅南路大军攻打江西瑞州，他亲自督战，不幸中炮身亡。临终，他对其弟刘腾鹤说："城不下，勿殓我！"营中将士无不落泪，咸丰帝感其英勇，在瑞州建立专祠纪念。咸丰九年，其弟刘腾鹤亦战死沙场。刘腾鸿神勇善战，是湘军创建前期的重要将领。清同治二年，皇帝感刘家将领的功劳，特赐老刘家"大夫第"牌匾，以示嘉奖。

金碧辉煌的刘岳昭兄弟府第

离开老刘家，顺着孙水河畔的公路往下，没走多远，放眼望去，便看到一片古老的花瓦屋连接成片，美不胜收。老支书指着公路旁一片 20 世纪 50 年代的建筑说，这里原来是云贵总督刘岳昭的府邸——存养堂。存养堂规模宏大，金碧辉煌，曾是杨市镇"第一花屋"，可惜建国后因被改作粮站，破坏严重。我们走过去，想寻找历史的遗迹，结果只剩那墙基下和池塘边苍老的条石仿佛还在诉说着百年前的沧桑。

刘岳昭是湘军后期重要的代表人物。咸丰四年，他和岳晙等兄弟入伍湘军，宝庆之战，一举扬名；四川双龙场战役，岳昭火烧太平军大本营，大败石达开；四川平定，刘岳昭战功卓著，名震西南，同治七年擢升云贵总督，成为封疆大吏。春风得意，战马嘶鸣，岳昭举兵云贵，不到两年便平定了云贵的多个少数民族政权，同治帝因此召其进京觐见。刘家兄弟升官授爵后，衣锦回乡，摆酒宴客，大庆半月，是为那时当地的一大盛事，至今杨市的老人们还时常向人讲起当年的盛况。

如今，百年帅府，荡然无存，我们无不扼腕叹息，感慨历史的风云变化，带着沉重的心情，我们随后来到了存厚堂。

存厚堂是刘岳昭弟弟、曾官至布政使的刘岳昒的府第。顺着堂前的石阶逐级而上，我们来到月台，月台宽约 40 米，长近 200 米，两边种满了桔树，满树的桔花馨香四溢，沁人心脾。存厚堂正门的门框上现存有石狮滚绣球的雕刻，门槛上雕有花鸟瑞兽，当年的豪华气派仍依稀可见。走进存厚堂内，院内建筑十分大气，前栋的左右有走廊可通至正厅和后院，正厅高大宽敞，梁柱上的大型瑞兽木雕栩栩如生，让人不禁感慨古人的高超技艺。

“快来看，这里有好东西”，我的一名同事大声喊道，我们闻声而去，发现在后厅天井中央的圆形石板上雕有云龙，云龙张牙舞爪，活灵活现，就连两旁的阁楼仿佛也充满了生气，我们的心情也豁然开朗起来。存厚堂保存基本完整，建筑大气磅礴，我们认真地作着 GPS 测量、照片拍摄、文物信息登记等工作，不知不觉已是夕阳西下。

收好行装，准备回城，回望那些历经沧桑的古老建筑，在落日余辉的照耀下布满了神秘的传奇色彩，我们感怀不已，“重大发现，重大发现”，“要马上报省保”，大家纷纷感慨。

一天的调查工作结束了，这些湘军名将故居给我带来的震撼却在心头久久挥之不去。光阴荏苒，逝者如斯，杨家滩刘家将领的历史事迹已渐渐被世人所淡忘，然而他们所建的堂院却还依然顽强地矗立在孙水河畔，诉说着百年的传奇。文物普查后，如何保护好这处古建筑群，作为一名文物工作者，我深感自己责任重大，一时间思绪万千。我不由得放慢了脚步，在杨市镇明清老街的青石板路上漫步，身旁不时有扎着小辫、穿着花衣的小孩飞速地跑过。一阵清风吹来，前面米酒店的“酒”字旗帜迎风飘动，刚才调查过的故居群在脑海中似乎灵动了起来，我也仿佛回到了童年，氤氲之中看到自己正大声地一边念着“把把戏戏南岳山，花花绿绿杨家滩”的童谣、一边和小伙伴们嬉戏。

徜徉在辉煌后的余晖里

——第三次全国文物普查浦市调查手札之一

湖南省泸溪县文物管理局　符丹平

1920 年冬月 23 日，上海《申报》晚报版，报道浦市，称其为“沉睡 600 多年明清时期的‘古商城’”。

第三次全国文物普查中，我们对浦市的古建筑，进行了全面、深入、细致的调查，调查结果对浦市有了更清晰的认识。

浦市这座地处沅水中游西岸的“古商城”，历史上曾经辉煌过，而且辉煌得令人眩目……

在不到2平方公里的弹丸之地，有1条千年古驿道（史学家林河称之为“古海上丝绸之路”）、3条商贸古街、7座戏楼、13个省（市）会馆、23座水运码头、45条巷弄、72座寺庙道观，现在依然保持得较完好的明、清和民国时期各类古建筑200余栋（座）及300多家手工作坊；此外，典当业、绸布业、烟馆业、银楼、冶炼、制酒、瓷庄、造纸、印刷、国药、西药、旅栈、照像、妓院、制伞、鞭炮、皮革等“三十六匠、七十二行”，布满街市。毫不夸张的说，大地方有的，浦市应有尽有。

浦市，这座沅水驮来的“古商城”，以其繁华、发达的娇容，尽显风流，以一道独特的风景线，闪亮在沅水中游西岸。

置身于浦市，遥想昔日的辉煌，品读历史的遗存，触摸高大的、显示着沧桑之美的“骑马墙”，端详无处不在的煊示雕刻艺术的“窨子屋”……不由得感到震撼、惊奇！在湘西贫瘠、落后的地区，浦市人浓墨重彩绘就了一幅绚丽画卷，真可谓“万山丛中一点红”了。

在浦市普查的日子里，竟冒出徜徉在辉煌过后的余晖里的感慨。

县里搞非物质文化遗产调查和项目申报的同志，称浦市是一座“富矿”。对此，我们文物工作者亦有同感。

浦市古建筑的特点表现在：一是“前店后院”。前店即店铺，用于做生意。矩形柜台，既区分出店主和顾客，又是连结主顾的“纽带”。前店在建筑上并无太多的讲究，做生意能打得开堂就行。后院则是高墙大院的窨子屋，主要是居住，同时兼有仓库、防火、防盗、防匪等功能。

古建筑特点表现之二，大气中蕴含着精巧。浦市的古建筑大都是明清时期的窨子屋，外观高大、雄伟、壮观。四周铁桶般的风火墙，遮掩了墙内的秘密。青石凿成的门楣、红石雕就的匾额，显示了豪宅的气派。古建筑多为“三井三厅”的两层建筑。二楼与整个建筑串通，如同回廊，楼上都有挡板，雨天放下，晴天撑开。讲究的人家，连挡板上都有花纹或几何图案。天井既通气透光又消水消雪；有的还有“斗窗”，这是不多见的。天井底下的下水道，几百年来从不淤塞。每栋民居占地面积大，分中堂和厢房，厢房有10多间，按辈分依次居住。民居布局合理、古朴典雅，都修有天井、花园，采光、排水、防火等设施，功能齐全，安全舒适，冬暖夏凉。古建筑最具代表性的是吉家院子。吉家大院砖木结构，进深58米，有“三井三厅十二房”。正面三层为并连式结构，均为条石构造。随便走进一家古民居，仿佛走进一座建筑艺术的殿堂。格外抢人眼球是木构件的雕刻，在门、窗、撑栱、雀替以及大门石雕砖刻、厅堂柱础石雕上的龙凤花鸟、草卉、禽兽、人物等，或浮雕或镂空，惟肖惟妙，栩栩如生，显示了主人的文化品位和对美的追求。

古建筑的特色之三，与民俗文化的结合。在浦市古建筑二进门的门墙上，大都留有一孔一尺见方的犬洞。泸溪是盘瓠文化的发祥地，与盘瓠文化事象相关联的民俗民风，至今还留存在人们的日常生活中。二进门墙上的犬洞，反映了当地民俗对犬图腾崇拜的历史文化，为对盘瓠文化事象研究，提供了实物依据。

浦市古建筑的艺术风格及文化内涵，堪称湘西一绝；吉家大院大门上的门楣石雕“清约家风”楷书，隽永端庄。使人想起浦市人的襟怀。浦市人可以说家家户户都做生意，而“清约家风”的训导，却是对“无商不奸”的反诘，亦是对后人的警示和希望。

常听熟悉浦市的朋友说，浦市是一本文化底蕴十分厚重的“书”，读透读懂，绝非易事。本文只能从人物普查的角度予以表述。

浦市城区的的建筑格局至今未变。三条商贸大街，与45条巷弄相通，七绕八拐，犹如一座“迷宫”，稍有不慎，走错一条巷子，半天找不回来。如若不信，不妨来浦市试试。仔细琢磨，不由得佩服设计的精巧。一座商贸城，45条巷弄全都与河街的23座水运码头相连通，起运货物进仓或搬运货物上船，一旦遇到阻塞，立马转入另一条巷弄，直达码头，不至于拥堵和延挨。仅此，足可见浦市人经商的精明。河里经常排列着二三百条货船，货物的启运和装卸，全都体现在“时间”二字上。由此不难想象，当年桐油、毛铁、白蜡等大宗货物搬运的热闹情景。毛铁是浦市主要的支柱产业之一。当年从下湾到江西会馆一公里的沅水畔，高炉林立，炉火熊熊，手拉式鼓风箱的鼓风声和炉火的呼啸声连成一片。晚上炉火红了半边天。沿河一线的铁渣，至今比比可见。冶铁业始于明代，毛铁畅销东南诸省。它拉动了浦市的经济，带动了各行各业的兴起和发展。冶铁业的发展，造就了一方巨富，家资几十万两白银的有几十户。这些富豪，用一部分积蓄，修建了气派的豪宅，成了现今调查、研究的对象。

和浦市人的感情一样，总是不甘心被誉为“小南京”的古商城，竟衰落了。海禁之门洞开的无奈，鸦片战争失败的耻辱，洋货和钢铁的涌入，使浦市处于资本主义萌芽状态的民族工业，连同昔日的繁华和辉煌，消失在“骑马墙”里……

浦市在历史的长河里，以其灿烂的历史文化、商业文明的辉煌业绩、众多的文物古迹，留给后人无尽的遐想！

岁月如风，拂去了古镇的浮华，留下的是纯真和凄美。由于浦市保存了这么多完整的古建筑，慕名前来探访的人越来越多。善于做生意的浦市人，似乎看到了希望，在中堂上摆起明清时期的太师椅、茶几；神龛上供奉着“家仙”牌位。摆设稍作改动，更显得古朴而典雅。旅游者的到来，虽然打破了千年古镇的宁静，却又使浦市声名鹊起。这大概是当时古建筑的建造者们没有想到的吧。

广东省

脚踏实地　着眼长远

广东省文物普查办公室　邓炳权

我是个老文物工作者，曾经参加过第二次全国文物普查。这次有幸参加第三次全国文物普查，成为广东省文物普查办公室专家组一员，深感责任重大，既要脚踏实地，更要着眼全局，着眼长远。自接到任务后，我就常常以此自勉。

砍柴先磨刀。开展全省的实地文物调查，先要让文物普查队员们掌握相关的专业知识和文物普查新的标准、规范。2007～2009年，我先后在省内20个第三次全国文物普查培训班上讲授“广东古建筑的普查”、“广东古民居与古村落的普查”、“广东近现代重要史迹及代表性建筑的普查”以及“文物普查补充说明的认识与操作要领”。培训班课程多，分给我的时间虽然已经较多，仍然是有限的，而古建筑却是大家认为名词术语多，感到比较难的。这就需要每个课程都要备好课，概念讲清而又简明扼要、层次分明。考虑到普查人员情况各不相同，新手居多，我注意讲专业知识要深入浅出，以适应实地文物调查需要为度。课堂上演示图文并茂的幻灯片，力求形象生动，又结合到祠堂、民居、古桥、旧址实地讲课，加深印象。为了操作方便，原来我电脑的输入是使用手写板的，下决心改为在键盘上打拼音，居然练成了。还自己动手制作演示文件投影，图片缩放，字体、字号、背景的变换，照片上套字，图表的绘制，也初步会应用了。演示文件的质量逐步提高，学员们边听边看，更有味道。

广东文物有自己的特点，因此讲课中要把官式建筑与岭南建筑对照，把中西建筑对照，把全国统一的普查标准、规范与地方文物特色结合起来。广东有广府古建筑、潮汕古建筑、客家古建筑、少数民族和其他古建筑之分，各有特点。因此，在不同地区讲课时，得要用心修改演示文件。如对潮汕地区学员就不必讲广府古建筑。把无关内容省去，增加潮汕本地文物实例和照片。同样，在清远市就不说潮汕民居，而要说少数民族的瑶排了。尽量使每一句话对学员都是有用的。但几天的培训是远远不够的，又应学员们要求，让他们把全部课件复制回去，好复习领会。再有打手机、发邮件来问的，都尽可能及时回复，好让他们能解决实地调查中遇到的难题。教学相长，我也是边教边学。看到不少学员在较短时间内基本掌握上岗操作要领，开展本县域文物普查的实地调查工作，确实感到非常开心。

文物普查中要着眼于培养人才。广东第二次全国文物普查中培养出的大批人才，成为广东文物工作的骨干，在文物保护、筹建地方博物馆等工作中长期发挥重要作用。这对第三次全国文物普查也是很好的启发。我觉得掌握专业知识的同时，培养起对文物的兴趣，对事业的热爱很重要。有感情才能真正用心去干，而不只是作为任务完成。其中办法之一，是要让大家领悟到文物自身的价值和在今天的作用。其实，文物是会说话的，我要做的事，只是帮助大家听懂文物的语言；历史是最好的老师，我所充当的角色，只是这个好老师的助教之一。文物普查队员们听好课了，实地调查时间长了，就能入门了。我在适当的时候，点一下题就能奏效。

我和文物普查队员一起时，晴天一身汗，下雨两腿泥，陡梯、高山照样上。常常有年富力强的同行人说，邓老师是快 70 的人了，可比我们还走得快。我是走惯了，自己倒没觉得。到了文物点，可又要有耐性，分辨出不同文物的不同特色，把该采集的信息采集到。普查队员，特别是新手，往往缺乏经验，年代定不准，单体文物数量算少了，外围墙、水塘没包括在占地面积内，各种情况都会发生，这都需要给指出来。这时更重要的就是让他们养成好习惯，建立起实干的作风，科学的精神，认真负责的态度。

当有人说越来越有兴趣了，他就有可能长期干下去。我希望文物普查队员安心做好工作，不断提高水平；更希望各地重视这批人才，创造必要条件，营造良好环境，通过第三次全国文物普查，为文物事业培养出更多骨干力量，壮大专业队伍。

文物保护还要着眼于群众。群众齐心合力，文物才能保护好。后人最知道自己的祖先，村民最爱护自己的祠堂。到了一个村子普查，不要冷落了父老乡亲，多跟他们聊一聊，很有好处。跟他们一起查族谱，聊一聊这里出过什么名人，弄清文物的历史沿革，事半功倍。边走边看，文物建筑哪里漂亮，哪里与众不同，再分析哪里修得好，哪里变样了，今后有条件时该怎样修。村民都听得进。这样，就等于播下了种子，日后会起作用的。

各地有各地的方法。像佛山市高明区，文物工作基础不算好，但领导重视，区普查办得力，找到合适的方法，让各镇、街建立普查办，进度控制到村居，普查进展也很顺利。广州市增城市边普查边保护，把绿道建设和文物保护结合起来，不可移动文物成为绿道上的景点和休息站；又把文物保护纳入镇、街考核体系当中，力度很大。发现这些好的典型，都要及时回省普查办汇报、推介。对文物普查不重视的，进度缓慢的，质量问题较多的，该说也要说。不过，是以专家组身份，从文物普查的角度去说，也不要越位。各地有各地的难处，我们也要理解，能帮就帮，目的是把工作做好。

第三次全国文物普查的实地调查成效是很显著的，但行百里者半九十，转段以后还有大量工作要做，还会有不少新的问题要解决，可不能松劲。依然要做到老，学到老，脚踏实地，着眼长远，善始善终地把文物普查好。

在春天里享受缔造成功的喜悦

——第三次全国文物普查工作花絮

广东省广州市荔湾区文物管理所　梁霭雯

随着新年的钟声在远方渐渐消失，大地早已潇潇洒洒地披一袭新绿，奏响了春的乐章。春，一个万物复甦的季节，她驱散了严寒，融化了霜雪，带来了温暖，迎接着希望，她让人憧憬、使人遐思，令人神往。

2010 年 3 月 29 日，渐近暮春时节，虽乍暖还寒，却掩藏不住那春意盎然的勃勃生机。我区第三次全国文物普查工作，经两年多奋战，这天终于迎来了验收。我们怀着无比紧张的心情，认真做好接待工作的一切准备，布置好当天会议场地。专家组随机抽检了10% 的普查表格，现场勘查了 6 个文物点。30 日上午，关键的总结评审会议拉开了帷幕。只见现场气氛一片肃穆，普查队员们既忐忑，又期盼，当专家组庄严地宣布“验收合格”的一刹那，如雷般的掌声打破了鸦雀无声的寂静，队员们虽只以会心的微笑相互点头，但彼此内心却如波涛翻滚般兴奋与激动。功夫不负有心人，这种成功的喜悦是普查队员们共同缔造、用汗水堆填、以艰苦作垫的结果，过程中如春天般暖意融融，不经意间已在心中深深留下烙印，回味总是甘甜。

第三次全国文物普查因数据库录入项目内容全面，要求严格，准确的 GPS 测点、细致的丈量、高质量的相片、具体的简介、人文环境、自然环境、保存状况及损毁原因各方面说明、大量的资料收集、登记等，均非一般普查可相类比，使实地勘查阶段工作尤显重要，备感艰辛。

荔湾区，这个具 2000 多年历史的文化城区，方圆 62. 4 平方公里，位居广州城西，文化底蕴积淀深厚，历史遗存目不暇接。为寻找昨天的历史，延续今天的文明，我们无论酷暑夏日还是飕冷隆冬，无论雾霾阴雨还是晴朗和煦，实地普查从不间断。经初步统计，区内不可移动文物点达 300 多个，散落于老街小巷或郊野村落中，因大部分普查点汽车不能进入，为方便工作，我们特向普查办申请购置了 4 辆自行车，为穿街走巷作好一切准备。

2009 年 2 月 9 日，一个早春时节的下午，我们蹬着自行车，享受着春意初萌的清新，忘却了路上漫天尘灰的污染，穿越了车水马龙的南岸路、环市西路，绕入西湾路，准备普查位于西湾路深巷内的市级文物保护单位——黄冠章别墅。刚转两个弯，突然发现一队员不见了。由于巷深弄窄，恐怕不熟悉环境的掉队队员迷路，我们赶忙往回搜，意外地发现，这位队员竟然还在大路上。原来是自行车后轮被扎。我们分兵两队，寻找修补自行车的店铺，但数十分钟过去，仍一无所获。眼看天色渐近黄昏，大家心焦如焚，生怕耽误普查。这时，在一小胡同巷口发现一家自行车维修店，大家这才松了口气。

偏远地区的普查，骑车已不实际，2009 年 10 月 10 日，我们好不容易向文化局借来了一台面包车，第一站来到位居芳村的亚细亚花地仓旧址。由于久无人烟，仅存的 4 个油库外墙已长满杂草，甚至达 2 米多高，增添了实际测量的困难，队员们一时傻了眼，一队员提议：我们一起拔吧。大家不约而同地徒手把杂草艰难地一撮撮除去，不料，却惹来了数十只蚊子围攻，杂草丛中的“刺猪儿”也粘满了队员们衣裤和发梢，甩也甩不掉，大家奇痒难耐，只好停下手中活，先驱蚊子，再相互摘去头上和身上的“刺猪儿”。狼狈中，队员们数目相视，终于忍俊不禁，开怀大笑。

万善福音堂旧址的普查，遇到的意外问题至今心有余悸。由于建筑已空置多年，门窗锁已锈蚀，进屋普查存在一定难度，无奈中找来街道文物保护管理员，马上与业主沟通，同意砸锁进屋。我们到达二楼不久，突感身上痒痒的，但却没发现蚊子之类干扰，于是继续工作。由于彼此合作，效率惊人，不一会，测点、度量、录表全部完成。大家兴高采烈地推着自行车准备离去。这时，街道文保员突然发现我那白色的裤子上粘满了小黑点，我仔细一看，不禁大惊失色，原来裤子上全是跳蚤，起码有数百只之多。我赶紧拍打，因黑跳蚤与白裤子反差较大，驱除并不困难。但我那黑色的上衣和队员们穿着的深色衣裤，就很难察觉了，大家漫无目标地拍打、驱赶，但谁也不知道是否真的把跳蚤全赶走了，因已是中午时分，只好折回办公室，准备午餐。其后数天，办公室却涌现出不少这类不速之客，队员们全身都被叮起了包，又红又痒，坐立不安。我们只好购来几瓶杀虫水，跟这些“小宠物”展开了几个回合的大战，一周后跳蚤才告匿迹。

隆冬腊月，寒风肆虐，阳光数日不愿露面，云层重压上空。2009 年 12 月 18 日，因社区文物保护管理员日前来报发现新文物线索，尽管天色仍不理想，我们这几位普查队员还是凭藉着那份对文物由衷热爱的情怀，克服了加班几近半年的疲惫，外出普查新发现的芳村鹤洞公社电排站、康王古庙、西浦楼巷坊民居、培真路民居等文物点。

也许天怜我们近段工作辛劳，普查十分顺利，11 点整已到达第三个普查点——西浦村。西浦，这片遥远的古村落，百年前的清代砖木建筑群，坐落在远离尘嚣的广州芳村海北，由于偏僻的地理位置及巷里布局、房屋建造特点等原因，使村落显得格外宁静。小鸡随母鸡在泥地里觅食，小鸟在枝头上啾啾玩耍，塘里青蛙欢呼跳跃，溅起道道涟漪，映衬着岸边清清的绿草、建筑的青砖外墙、山花、瓦脊和窄小的巷道，使人宛若置身于优美的田园画卷中，一种纯朴与恬静油然而生，更使我们这些久居闹市的普查队员精神振奋。

我们绕过小巷，沿着百年来村民们在花岗石板上留下的凹凸步痕，来到楼巷坊 132 ~ 136 号建筑群前。这几栋建于晚清的房屋，形制、结构比较特别，是该村保存较完整、较有文物价值的房屋群。由于社区文物保护管理员和村民合作，工作进展非常顺利，中午 12 时左右，已全部完成测点记录。

半天的奔波，队员们饥渴难耐，为争取时间进入下一普查点，我急忙去村口小卖部为同行队员购买饮品，却没留神脚下坑洼，脚踝不慎扭个正着，顿时钻心痛楚，如刀割针刺，举步维艰。一名队员反应迅速，马上上前搀扶，另一名拿来塑料袋，让我垫坐于房屋门前花岗石阶上，并向村民借来活络油，小心翼翼地为我涂敷于脚踝上，千叮万嘱："不能乱动"，随后把我背到车上。这时，一队员忽然想起大家干渴未解，赶紧买回饮品，并替我旋开盖子递上。事发至此，时间只十多分钟，但队员们出自内心的帮助，细心备至的关怀，令我心生感动。

外出普查很累，工作条件和环境比较艰苦，但培养了团队的亲和团结，增进了友谊。"水不够，分着喝，饭少了，让着吃"的情景，是合作过程中常见的一幕。正是这种无间与合作，即使工作强度再大，困难再多，也能一一克服。

无间的合作，使验收小组全体专家及领导认可了我们的普查成绩；无间的合作，使工作团队已如小家庭般，彼此友善关怀；无间的合作，即使寒来暑往，仍如春天的阳光一样明媚温暖，心情尽是明亮、喜悦。

乳源瑶族自治县"三普"工作手记

广东省乳源瑶族自治县民族博物馆　邓永发

乳源瑶族自治县位于广东省西北部，东经 112° 52′至 113° 20′，北纬 24° 23′至 25° 23′之间。县境东邻武江区、浈江区，南连英德市，西接阳山县，北与乐昌市及湖南省宜章县交界。古时县城北岩洞产钟乳，洞中的钟乳曾一度成为朝廷贡品而得名"乳源"。全县总面积 2125. 5 平方公里，总人口 20. 4 万人。县内地势由西北向东南倾斜。西北部为高山地带，海拔600~800米，其中境内最高峰海拔1902米，也是广东省的最高峰。瑶区的最高峰“狗尾嶂”海拔1684米。乳源主要为山区地带，人们居住分布在大片的石灰岩山区，生活比较艰苦，交通不便，经济欠发达。文物普查工作也比较艰苦，山高路远，队员们常常跋山涉水，日晒雨淋，顶着酷暑，冒着严寒进行文物普查。通过一年多的努力，共登记文物点206处，其中新发现169处，复查37处。成绩来之不易，包含了全体普查队员的辛勤劳动和群众的大力支持。

手记一：村民的支持

2008年8月1日，我和队员龚庆华、赵天武一早就起来了，匆忙吃过早餐就往大桥镇赶去（由于没有专职司机，龚庆华队员就既当司机又当调查员）。经过近一个小时的路程，8点半我们就到了镇里，和镇文化站的同志一起前往三元村委会进行文物普查。去到村委会又是1个小时的路程。在村委会干部的陪同下，我们逐个深入村庄去调查有没有古建筑、古墓葬、古桥等历史遗留的文物。上午走完3个村庄所辖区域，登记了两处文物——寿德亭和乐善亭。中午在村委会吃饭。为了节约时间，饭后大家都不休息，继续进行文物调查。据村民提供有一个岩洞，以前有村民居住过，主要是用来防匪的，但岩洞离村庄远，而且在大山深处（这个洞没有村民提供的线索根本就发现不了，同时还得有村民的带路才行）。虽然天气炎热，但是大家听到这个消息时，都很高兴，一致决定当天普查。村民马树根主动给我们带路。首先我们开车来到张仙寮村，山洞在张仙寮后山的半山腰上，还得爬1个多小时才能到达洞口。石灰岩山区山路崎岖，还没到半山，大家都汗淋淋了。不多久终于看到洞的所在了，但由于洞穴口没有路，还得自己开路。马树根的裤子被树枝刮破了，但他一笑了之，没有怨言，继续给我们带路，和我们一起察看洞穴。岩洞为天然石灰岩洞，坐西向东，占地面积约2000平方米，附属建筑建于清代。洞口外有石头砌成的围墙，长6米，宽4米，高4.03米，面积24平方米，围墙上有多个枪眼，南面围墙有一石筑门，洞口边院坪上立有刻于咸丰十年（1860年）的“修复岩碑”一通。洞口用石板筑石门，进入山洞，整个山洞成向下延伸梯级结构，有多个大小不同的自然厅堂，岩洞上方有形态各异的钟乳石。洞内有人工铺设的码头下至最大的自然厅堂，厅堂可容纳200余人。在洞口左边3米处有人工堆肥或厕所的痕迹，地上发现有碎瓦片。该山洞保存基本完好，是村民躲避匪乱的重要场所。该发现对研究当地群众清末时期躲避匪乱提供了重要实物依据，具有一定的历史文化价值。

手记二：队员不畏艰难，工作刻苦认真

田野调查是普查的关键一环，但也带有一定的危险性。2009 年 7 月 21 日，普查队进驻洛阳镇月街辖区（乳源最远最偏僻的地方），对该区不可移动文物搜索排查登记。上午普查完周边村庄，登记了“走马寺”文物点，根据村民提供，月街后山的山顶上有一个防匪山寨。于是吃过午饭后又来到山脚下，遥望山顶是有一干石砌围墙，但里面有无屋室建筑无法看到。山上灌木丛生，正面有一口水塘，没船，无法过去。为了不遗漏一处文物点，我们毫不犹豫地决定：“从后山上。”可这山体很怪，石头山，灌木丛生，石棱锋利并且松动的石块多，难度很大。我和龚庆华队员带头开路，拿着长柄刀，斩开荆条，一步一步的往上爬。上到半山腰，突然间，我手抓住的石块意外断裂，身子失去平衡，脚一滑动，摔了下来。脚被石棱和树枝划破，鲜血直流，其中有一处被树枝，扎进小腿，刺穿了小动脉，鲜血顿时直喷而出。这样的伤口用随身带的创可贴是不管用的，在旁的文化站长江先海马上用烟丝来帮我敷上止血。还真管用，血被止住了，随后进行了简单的包扎。这个时候我们完全可以不上去了，但考虑到来一次不容易，普查时间紧，硬是忍着疼痛，继续往前行。上到山顶，所有人的衣服全都湿了，还拧得出水来，但大家都没有怨言，各自拿起各自的工具，做着登记工作。

手记三：自已的心事

2009 年下半年，普查到了攻坚阶段，这个时候的工作是普查工作中的重中之重。一方面要抓好博物馆的日常工作，另一方面文物普查要加快进度。虽然自己已经 50 多岁了，又时常犯肩周炎，同时又刚好肾结石发作，疼痛不已，只能吃点药解痛，坚持带领大家一起下到最偏远的大布镇。自己是普查队长又是博物馆馆长，心想这个时候不能倒下，不能影响了全队的士气。因此也不敢把自己的身体状况告诉队员们，心想挺到第二阶段完成后才去医院检查。也奇怪，虽然身体经常有点不适，但还能坚持在野外工作，这可能是意志力坚定的结果。2010 年 4 月 29 日，我趁着放假的间隙去医院检查，不检查不知道，一检查吓一跳，医生说，再迟些来恐怕要偏瘫了。原来是陈旧性脑梗塞发作，怪不得自己老感手脚不麻利，在医院住了半个多月，左腿、左手还有些麻木，但总的来说身体恢复得较快。我放心不下手头的“三普”工作，出院后又匆匆忙忙的上班了。

李佳才先进事迹

广东省开平市文物局 吴就良

自国务院颁发了《关于开展第三次全国文物普查的通知》以下简称《通知》以来，开平市文物局局长、“三普”办主任李佳才同志严格按照《通知》精神，在省、江门市文物主管部门的大力支持和统一部署下，在省、江门市“三普”办专家的精心指导下，在市委、市政府的高度重视下，在社会各界的大力协助下，带领全体普查队员，科学、有序地开展第三次全国文物普查工作。从2008年7月到2009年12月，经过18个月的开平市第三次全国文物普查实地调查阶段工作全面完成。

一年多来，李佳才同志带领全体普查队员不畏艰难困苦，以主人翁的精神和高度负责任的态度，站在世界文化遗产和全国文物工作先进县的高度，全力开展田野调查工作。完成了全市1659平方公里土地的实地调查，走访了全市15个镇（街道办事处）的268个村（居）委会、2817条自然村，行政村、自然村普查到位率均100%。登录文物点总数1945处，其中新发现71处、占3.65%，复查1874处、占96.35%。登记消失文物点11处，各级文物保护单位无一消失。

主要成绩如下：

一、积极争取领导专家的重视支持，为普查顺利开展奠定了基础

李佳才同志充分认识到，开平市第三次全国文物普查工作能够顺利开展，并取得可喜的成果，与各级党委、政府的高度重视，上级文物主管部门的大力支持和专家的精心指导分不开。因此，一直以来，他积极争取上级领导专家的支持。

2007年10月，我市成立了以市委常委、宣传部部长黄继烨为组长，市府办副主任冯国荣、市文广新局局长谭伟强任副组长，发改、经贸、宗教、民政、财政、国土、建设、交通、水利、文化、统计、林业、规划、旅游、文物等16个职能部门的主要领导为成员的市第三次全国文物普查领导小组。领导小组下设办公室，李佳才同志兼任办公室主任。办公室成员由6名主要业务骨干组成。办公室设在市政府大楼文物局内。普查机构的成立，为我市第三次全国文物普查工作提供了组织与专业力量的保障。此外，我市还指定各镇（办事处）文化站为开平市第三次全国文物普查的联络点，指定文化站长为联络员、行

政村 1 名干部为协调员，建立了有 15 名联络员、268 名协调员的镇、村文物普查协调、联络队伍，大大提高了我市第三次全国文物普查的工作效率。

李佳才同志还积极争取前市长吴平超、市长黄耀雄、市委常委黄继烨等市领导经常深入到普查的第一线了解文物普查的工作情况，召集普查人员研究部署和指导普查工作。此外，还积极协助省文物局、江门市文广新局的领导，省“三普”办、江门市“三普”办的专家深入我市督查指导田野调查与资料录入工作。在上级领导、专家的大力支持和指导下，使我市的文物普查质量、工作效率不断提高，少走了弯路。

二、制定和完善普查工作方案，落实工作责任

为确保开平市第三次全国文物普查工作科学、有序、高质量、高标准地完成，李佳才同志根据上级文物主管部门的要求，结合本地的实际，带领导普查人员制订了《开平市第三次全国文物普查工作方案》，从时间、任务、组织领导、分工、实施步骤、经费、数据和资料管理、宣传等方面对我市第三次全国文物普查进行了科学合理的安排部署。还与市府办沟通，专门向各镇（办事处）、市各有关单位下发了《关于开展第三次全国文物普查的通知》，再次明确了文物普查的意义目的、范围内容、时间等。2008 年 7 月，在水口镇普查试点，发现原来的方案在一定程度上与现实不相符，操作起来有难度。为此，李佳才同志带领市“三普”办及时对普查方案进行了调整：用人上采取定岗定员，优化组合，发挥各自的优势；普查点上，先易后难，先近后远，合理安排，不走回头路；时间上，采取抓两头（早上早出发，傍晚迟点返，晚上忙整理）的方法，从而保证了普查工作科学有序地开展。

为有效地推动开平市第三次全国文物普查工作的开展，2009 年 1 月 7 日，开平市委常委黄继烨同志代表市政府与市第三次全国文物普查领导小组办公室，市文物局局长李佳才同志代表市第三次文物普查领导小组办公室与市文物普查两个工作队签订了第三次文物普查目标责任书，进一步强化了工作责任，细化了工作任务。

三、召开普查动员会，明确文物普查的重要性和必要性

2007 年 9 月 17 日，李佳才同志组织有关单位和部门负责人收看了国务院召开第三次全国文物普查电视电话会议。会后，全面动员部署开平市第三次全国文物普查工作。

2008 年 6 月 12 日，组织召开了开平市第三次全国文物普查动员大会。市委常委、宣传部部长、市第三次全国文物普查领导小组组长黄继烨，市第三次全国文物普查领导小组全体成员，各镇（办事处）宣传委员，文化站站长、普查队工作人员等近 70 人参加了会议。会议要求有关部门和普查工作人员充分认识文物普查工作的重要性和必要性，明确普查的任务和要求，把握普查的新特点，以新的理念、新的技术为指导，切实全面开展我市

第三次全国文物普查工作。

四、组织参加普查培训，开展普查试点工作

为了提高普查质量，按照省、江门市第三次全国文物普查领导小组办公室的部署，李佳才同志亲自带领普查骨干及四个世界遗产点所在镇文化站长参加在江门市、东莞、虎门等地举办的文物普查培训。通过系统的理论学习和现场的操作实习，使所有参与文物普查的人员掌握了普查表格的填写，GPS、数码相机等现代设备的操作，为加快普查进度、提高普查质量奠定了人才基础。此外，2009 年 6 月底至 7 月初，为提高开平市文物保护、文物普查与旅游从业人员的工作能力和业务水平，普查办与市旅游资源开发公司在市委党校联合举办了为期 3 天的文物保护暨第三次全国文物普查培训班，文博系统全体工作人员、普查队员，市旅游资源开发公司中层以上干部，各镇（办事处）宣传委员、文化站站长，4 个世界遗产点所在地的村委会支部书记、主任、村长和村民代表共 100 多人参加了培训，李佳才同志亲自为学员授课。这次培训活动不仅提高了开平市文物保护、文物普查与旅游从业人员的工作能力和业务水平，还为提高文物普查质量提供了更加充分的保证。

为了让普查人员更加熟悉普查软件和设备的操作，为全面铺开文物普查工作做准备，2008 年 7 月，李佳才同志率领导市文物普查人员开展了第三次文物普查试点工作。试点地点选取了水口镇，兼顾了碉楼、祠堂等文物本体。市文物系统全体普查工作人员及当地镇文化站站长、协调员、联络员参加了试点工作。

五、落实普查经费，完善器材设备

经过李佳才同志的精心组织和积极争取，我市不仅充实和完善了普查队伍，还落实了普查经费与队员福利。为了确保“三普”工作的顺利进行，落实和提高广大队员的生活福利，李佳才同志积极争取上级和市政府的经费支持。省文物局、“三普”办支持我市文物普查经费 10 万元和一批普查设备。在财政困难的情况下，市政府将第三次全国文物普查经费纳入了市财政预算，2008 年至 2010 年 2 月底止，市政府拨给了 60. 8 万元文物普查专项经费，购买了车辆、电脑、打印机、数码相机、GPS 定位仪、测距仪等普查专用设备，每月给调查队员发放了 500 元田野调查补贴，为全体普查队员购买意外保险、体检和打预防乙肝疫苗。

由于全市文博物系统只有 14 名在编人员，兼顾着全市文物保护、研究、宣传、展览、收藏及世界遗产的保护管理等繁重工作。在人员编制少的情况下，李佳才同志从市文物局、碉楼研究所、华侨博物馆抽调了 9 名高素质的干部职工，并根据普查工作的需要在社会招聘了 7 名不同专业的大学生分两组下乡开展实地调查和资料录入工作。还专门在局机关腾出空间作为普查办公室，并配备了办公设施。普查经费和办公场地的落实，为我市顺

利开展第三次全国文物普查提供了强而有力的物质保障。

六、做好宣传发动工作，发动全民支持和参与文物普查

第三次全国文物普查工作已从文化部门上升到国家层面，上升到保护国家文化遗产的高度，意义非常重大。因此，李佳才同志带领普查人员积极做好宣传发动工作，争取“三普”工作得到各有关部门以及全民支持和参与。

在实地调查阶段前期，李佳才同志组织人员制作了各种宣传资料，并在开展田野调查前到该镇（街）政府派发、在公众地方张贴文物普查宣传单，做好宣传展览。还充分利用广播、电视、展览、互联网、报刊等宣传媒体积极开展文物普查的宣传工作，着力营造全民支持文物普查的氛围，使群众了解“三普”，明白“三普”的目的、意义和国家文物保护法等法律法规，从而积极支持和参与“三普”工作。

李佳才同志还鼓励支持文物普查人员撰写文物普查报道，在省、国家文物局网站，中国文物报，省文化信息网和本地媒体发表。还组织市普查办印发文物普查工作简报十多期，及时向有关领导和上级部门通报普查信息及进展情况。

此外，李佳才同志还充分发挥文化站联络员、村干部协调员和街道办、居委会的作用，发动群众提供文物线索，邀请当地长者召开座谈会，介绍当地历史人文情况。请当地群众提供族谱、家谱、乡志等文字资料，作为文物登记的资料来源、佐证。

七、及时登录信息数据，做好资料整理工作

在登录信息数据、资料整理工作方面，李佳才同志主要抓好以下几方面工作。

1. 亲自率市普查队，根据国家文物局下发的普查规范和技术标准对所负责地域内的不可移动文物进行现场勘查、测量、标本采集、绘图、拍照、记录等，认真做好文物数据和相关资料的采集和登记工作。

2. 及时整理、录入调查资料和信息数据，李佳才同志亲自负责资料、数据审定，保证了资料、信息和各项原始数据真实完整。

3. 普查数据、资料定期上报。开平市普查工作领导小组办公室每月向江门市普查工作领导小组办公室上报文物普查进展情况月报表。

4. 普查数据、资料的纸质文档在野外调查结束后，以镇为单元妥善保管，以备核查。

5. 做好普查数据资料保密工作，做到专人负责，确保资料不外泄。

6. 普查队员既是普查员又是法规宣传员，广泛宣传文物保护法律、法规，在实地调查阶段，国家和省 4 处重大建设项目的设计方案都到市“三普”办咨询。

八、摸索总结工作方法，确保数据采集质量

开平市的文物点数量位居全省县级市的前列，加上这次文物普查工作制定了大量新的技术标准和规范，数据采集量极其艰难巨大。为确保普查工作的效率和质量，李佳才同志率领全体普查人员在实际普查工作中不断摸索和总结。

1. 精心组织，加快推进

针对我市文物普查工作实际，市普查工作小组确定了“先培训再实施、先试点再铺开、先攻坚再扫尾”的整体工作思路。在工作的总体安排上，市普查办“突出重点、兼顾一般”，重点抓紧塘口、百合、赤坎、蚬冈等文物大镇的普查工作，以重点突破带动全面推进。在时间安排上，采取灵活变通的办法，加快了普查进度。

2. 科学安排，合理分工

根据“第三次全国文物普查数据采集软件”的要求，普查队深入细致地研究了我市文物分布的特点，将普查队分成两个小组，普查队对每个小组的工作范围、衔接部位的分工都做了明确的安排。普查队每组 6 个人，根据队员知识结构、年龄、性别、工作经验等，科学组建了普查队伍，做到普查队内部分工明确，各司其职。工作全面展开后，又根据实际情况对人员和工作量进行了适度调整。为了既方便工作又节约经费，两个普查组在交通、用餐、办公经费上进行灵活而合理的安排。

3. 反复测量，提高质量

由于此次普查工作中 GPS 数据采集工作是一项重点，但 GPS 设备及数据采集软件在复杂的自然环境下使用会遇到许多问题。比如 GPS 设备所接收的卫星信号有时会出现海拔高度与基本判断明显不符，点数据明显不在地图上等情况，我们采用多次测量的方法来尽可能减少误差，以求得到准确的数据。

此外，李佳才同志还要求普查队员每天尽量及时将采集的数据保存到电脑中并用 2 个移动硬盘备份，防止数据丢失和 GPS 因创建的任务过多而瘫痪，保证设备正常运行。

4. 多做访谈，多采集数据

普查队每到一地，在当地文化站的协调下，对当地耆老、名家后代等登门造访，收集线索。普查人员对地方志或其他文献记载的名人、历史事件的发生地、传说典故的起源地等特别关注，根据县志、镇志、百科全书等文献的记载到实地调查。此外，普查队员尽可能地多采集数据，对每一处文物点都多拍摄照片，而且尽量搜集民间相关的文献资料、实物资料，如族谱、家谱、乡志、旧照片等等。

普查感语

广东省肇庆市博物馆　邓　杰

第三次全国文物普查实地文物调查阶段工作告一段落，肇庆市提前两个月完成了田野调查工作，全市共调查登记不可移动文物2721处，位居全省第四，并顺利通过了省级验收。作为普查队员，本人荣幸地被评上了“全国先进”，但荣誉属于普查队全体队员，是大家共同努力的成果。回想起刚刚过去的普查历程，至今仍令我有许多的感慨和感动，感慨的是，这一年普查时光就像“赶考”一样，每天都在紧张忙碌中度过，历尽艰辛终于完成了阶段性的普查任务；感动的是，全体队员表现出来的无私奉献、团结拼搏的精神，特别是与我们并肩作战的女队员们，她们巾帼不让须眉，充分发挥了“半边天”的作用，以不怕苦不怕累的态度全心身投入到普查工作中，克服种种困难，为全队保质保量地完成普查任务立下了汗马功劳。

肇庆是一座有着2200多年悠久历史的国家级历史文化名城，境内文物古迹众多，分布范围广，普查任务十分艰巨。在时间紧、任务重的情况下，没有一支业务精良、吃苦耐劳、讲求奉献的普查队伍是难以完成这个艰巨任务的。2008年11月上旬，市召开普查动员会议后，马上组建了市文物普查队，委任我为负责人。市普查队具体负责肇庆城区的文物普查，并以城区普查为突破口和示范点，摸索出经验后推广到全市各地普查工作中去。市普查队共有队员9人，其中女队员6人，竟占了近70%，一部分女同志还是第一次接触文物工作。靠这样的一支以女同志为主的队伍，能否胜任艰苦的野外普查工作，能否在规定时限内将城区不可移动文物进行一次性登记、测绘、拍照、文字说明、整理材料，我心里充满了疑虑。

然而，这支年轻的娘子军很快用实际行动打消了我心头的疑虑。记得初次带队外出调查，我有意选了市郊的龟顶山炮台作为复查试点，龟顶山山高坡陡，杂草丛生，由于多年没人走，上山的路根本见不着，这对每个普查队员的意志和体力都是一个巨大的考验。队员们踩着带刺的野草，挥刀开路，摸索着上山，有的队员衣服被钩穿了，手脚被划破了，汗水湿透了衣衫，但没有一个人畏缩。一位年青的女队员身体较胖，爬到半山腰时已经喘不过气来，脸色发青，大家劝她不要爬了，但她坚定地说：“没事，我一定能上去。”经过2个多小时艰难攀登，终于登上了顶峰，对炮台进行了详细记录，下山时夜幕已经降临。第二天早上，女队员们不顾首次高强度运动带来的酸痛疲倦，依然归队并参加当天的野外普查，表现出不怕苦不怕累、连续作战的顽强精神，令人不由得对她们心生敬意。

文物普查是一项技术标准严格、操作规范要求很高的工作，光靠不怕苦精神是干不好的。为此，每个队员都要强化学习观念，认真学习文物普查工作知识和技能。通过辅导和邀请文物专家培训，女队员们虚心刻苦学习，很快就熟悉了普查的基础知识，基本掌握了现场访谈、GPS 测量、摄像、尺寸测量、文字记录、绘图等数据采集、资料整理录入技能，能够熟练操作打印、扫描、传真、GPS 全球卫星定位系统等普查设备。在实际普查工作中，她们用心投入，规范操作，科学严谨地开展工作，最大限度地减少误差，确保普查质量。从此，她们每个人都按照各自的工作职责，兢兢业业地开展工作，从普查宣传的街头，到田野调查的乡村田间地头，都留下了她们辛勤工作的倩影。

文物普查是一项艰辛的野外作业工作，时常要深入田野深山，面对恶劣的自然环境，工作非常艰苦，也存在着一定的危险性。但普查一年来，没有一个队员抱怨和退缩，特别是这些女队员，她们与男同志一样兢兢业业地奋斗在普查第一线，不喊一声苦，不叫一声累。为了赶时间，抢进度，她们不惧山高路远，身背干粮、普查器材，翻山越岭，展开拉网式普查，不放过任何一个文物点。由于高负荷、高强度工作，天气酷热，有的女队员累出了病，如梁颖瑜、李茵等几位女队员在普查中感冒发烧，但为赶工作进度，她们到医院输液后，身体稍有好转又立即投入工作。有的队员白天工作，晚上又得照顾年幼的孩子。如向琳，为了方便工作，能更好地照顾 2 岁大的孩子，主动联系幼儿园，把在广州的孩子接到肇庆来上幼儿园。何丽娟的女儿正值准备考高三，又碰上感冒发烧，她也没有请假陪伴在身边照顾，我知道后劝她："孩子病了，你就请几天假回去照顾一下吧！"何丽娟却坚定地摇摇头说"不用了，我丈夫请假在家里照顾呢"，仍然坚守在普查工作第一线，以牺牲个人利益换来了文物普查工作的顺利进行。从区文化馆抽调的谭志毅，由于所在单位人少和工作性质的特殊性，平日紧张忙碌了一天的她，节假日还要回到单位整理档案、布置展览和轮流值班。周微微等几位队员主要负责风景名胜区的文物普查，他们每天普查都要坐公交车跑上 20 多公里，步行几公里路才能到达普查点，每次普查都是当天来回，早出晚归，由于时间紧迫，中午都没有时间休息，直到天昏暗下来才回到家中。

天道酬勤，正是普查队员们无私奉献、不畏艰辛的工作，使普查工作顺利开展。她们的汗水和智慧，换来了一张张清晰登记表，一组组准确的数字，一帧帧精美的照片，一份份完美的答卷。城区文物普查实地文物调查阶段率先取得了突破性的进展，普查经验被推广到全市，带动了整个肇庆市的文物普查工作，受到上级充分肯定和表场，城区成为全市第一个通过省级验收的单位。

走过严寒，走过酷暑，皮肤晒黑了，人也消瘦了，但为了寻找湮没的历史，为了保护名城文化遗产，肇庆市文物普查队的女队员们虽然付出了许多许多，但她们却无怨无悔。这就是我们可爱可敬的文物普查队娘子军，一道在田野深山、荒郊野外默默耕耘的亮丽风景线。

文普手记

广东省河源市和平县博物馆　陈子昂

和平县第三次全国文物普查的田野调查工作于 2009 年 4 月份才正式启动，要在这短短的 8 个月中完成全县的普查工作，时间紧，任务重，压力很大。为了争取在规定的时间内完成普查工作，从第一日开始，普查队就放弃了节假日的休息，冒着酷暑，不论是晴天还是下雨，都坚持在野外工作，队员们从每天早上 7 点出发，路途远的要奔驰 100 多公里才能到达，中午吃完午饭不再休息，继续工作，其实也无条件休息，在乡村实在难于找到休息的场所，一般下午 5 点多才能回到单位，进行描图与电脑录入工作，直到夜晚八九点才能全部完成当天工作，每天工作时间至少不低于 12 小时。

记得在调查登记林寨镇杨洞村的高峰碑时，正当酷热的六月天气，骄阳似火，到高峰碑要走十几里无人烟的山路，还得爬两座高山。我们请了村主任带路，一路顶着太阳，当我们爬上最后一座高山时，却发现村主任带错了路，远远的看见高峰碑耸立在对面的高山顶上，要拍全景这里倒是最好的角度了，可是我们却得爬下现在这座 300 米的高山，再爬上对面的高山，又是 300 米，而且还无路可走，只能攀着陡峭的山坡上下。等到上到高峰碑前时，已是午后 1 点多了，所有的队员都坐倒在地上，足有 20 分钟喘不过气来，全身也都让汗水湿透了。山顶上没有一棵树遮荫，只有那 1.8 米高的碑刻有一小块阴影，队员们只好轮流躲到那里休息，带来的水也早已喝光了，可是还得坚持绘图、填登记表、定位、拍照，一直忙活到 2 点多才忙完。虽说这次普查队员们都吃了大大的苦头，可是却发现了这是一处很有价值的清代墓葬，墓葬的上方竖立着的是镌刻着道光皇帝圣旨的碑刻，为研究客家丧葬习俗提供了罕见的依据。第三天在河源日报上就登出了有关高峰碑的普查报道，为普查工作做了有力的宣传。

8 月份到热水镇九连村调查东江纵队第三支队司令部旧址时更惨。这次是由镇干部带队，坐车到深山后还得走十几里的路，从山顶一直下到山底下，当我们走完这十几里路到了山下时，镇干部却对着我们嘿嘿地笑。这笑容我们在林寨镇调查高峰碑时，在村主任的脸上见过，记忆犹新，令人不禁心里发毛。果然他说走错路了，得回到山顶上从那边下去才能到旧址所在地，也就是说我们白走了整 30 里路。望着高达千米的高山，望着弯弯曲曲盘旋而上的山路，真令人哭也不得，笑也不得。这次连水也忘了带，满以为在深山中，到处都会有山泉，谁知这山沟里却有村民放养牛羊，水源都污染了，不能喝，这一路喉咙干得都差点冒出火来，直到我们终算走到目的地时，才找到一眼清洁的山泉，大家都喝满了一肚子的山泉水。从早上一直到下午4点，我们才完成普查工作往回走，又累又饿，普查队员算是锻炼过来了，不管男女都还能坚持到最后，可是镇干部在最后的200米就再也走不动了，得我们搀扶着才能走到车里去。

在下车镇河排村调查时，本来文化站长已跟村主任联系好，说有几座蛮不错的房子，结果都不符合认定标准，只有一座石龙寨神庙是清代庙宇。村主任指着遥遥800米高的山顶，山顶的巨石下隐隐约约露出一座庙宇，问我们敢不敢上去。那天我们都没准备爬山，穿着皮鞋，文化站长更穿的是高跟鞋，只好硬着头皮跟着村主任往上爬。早上刚下了雨，郁郁葱葱的树林一动就往下滴水，弯弯曲曲的小路早已没人行走了，荆棘都已长到了路上。村主任说石龙寨是下车镇有名的风景区，山上奇石嶙峋，千奇百怪，站在山顶上能看见二省三县，前几年有人上去烧香还比较好走，现在人们都不愿再爬那么高的山去拜神了，路也就荒了。路上有积水，特别的滑，上去时就有人跌了好几跤；往上爬还好说，我们最担心是下来时不知道要怎样跌法。整用了一个半小时，我们才爬到山顶，除了相机、GPS和文件袋受到特别小心的保护外，所有人的衣服都已让树枝上的雨水打得湿透了。神庙位于山顶的悬崖边上，只有40多平方米宽的一块平地，悬崖边上有一段不到50厘米高的矮墙，还倒了一半，站在边上令人头晕目眩。一位女同志只看了一眼，腿就抖了半天，坐在那里动都不敢动，直到我们做完记录才敢一起往下走。神庙建在一块俗称“赵公骑虎石”的巨岩下面，用花岗岩石雕刻、镶嵌而成，正方形，坐北向南，高一二米，宽一二米，前有轩廊，方形檐柱，双连庑殿顶，脊饰双鱼抬梁，殿内供奉赵公仙师神位，殿前檐柱上阴刻对联“龙飞缥缈绕宫殿，虎伏逍遥显厥威”，工艺精湛。据传说以前村中山林多老虎，常发生老虎吃人的事故，只有赵公能够制止，因此建造了神殿，供奉赵公，每逢初一、十五，村里人都要上来祭祀，祈求神灵保佑。这次发现又为客家习俗增添了新的研究内容，大概是赵公保佑，下来时竟没有人摔跤了。

和平县的古建虽然可说是河源市里最精美的，但大部分都已破旧，屋内的居民都已迁新居了，老屋早已废弃，有些甚至只用来养鸡养猪了，屋里又脏又臭，甚至连跳蚤都有，可是这些古建实在漂亮，而且历史、工艺价值都挺高，令人舍不得丢弃，队员们只好卷起裤脚，捏着鼻子进去做登记。有些房屋还是危房，有一次在做一座方围屋登记时，测绘的同志刚进不久，里边就传来轰隆一声，是一堵墙倒了，吓得在外边的队长连声说完了完了，跑进去看幸亏没砸着人，算是虚惊一场。

当然在普查中也有令人高兴的事情，在许多山村中看见那葱葱郁郁的树林，清澈见底的小溪，看到那保存完整的龙衣围屋，精巧古朴的石砌拱桥，遇见善良好客的村民，就如是乡村一日游，令人心旷神怡；而每逢采集到磨制精美的石器，长满斑驳绿锈的青铜器；新发现一处具有极高价值的古建，看到那金碧辉煌、栩栩如生的石雕木雕，更是令人兴奋不已。

在普查的大半年中，大大小小的事故不少，每个人都曾经摔过跤，被雨淋，遭日晒。我们爬遍了几乎全县所有的高山，行了几万公里路，走遍了全县17个镇243个村，有苦也有乐，有喜也有悲，跌跌撞撞的总算完成了普查任务。可以说在这每一处文物点中，都有普查队员的汗水，甚至还有泪水。

田野工作终于顺利在12月底按时完成了，经过普查队员们的辛勤劳动，共登记了516处不可移动文物，其中有古建筑322处，古遗址114处，古墓葬6处，石刻1处，近现代重要史迹73处。发现古村落6处，这批村落中保存着明清时期建造的大型古建，有龙衣屋与方围屋类形，特别是方围屋，占地广阔，最少的占地1000多平方米，多的占地3000多平方米，三进二横或者是三进四横布局，四角建有向外凸出一米的高大的碉楼，外墙用花岗岩石砖为墙脚，石灰夯筑墙体，墙体四周都安装花岗岩石雕刻的各式各样的枪眼。屋内正中都有三厅，上厅是祖堂，中厅最高大宽畅，这是逢年过节或者遇上红白好事活动议事的场所，也是围屋内装饰最豪华的地方。三厅都有廊道通往横屋，横屋也较别处注意装饰，一般都用通花窗间墙间隔，中有廊，天井宽阔明亮。中设花厅，平日用于家人活动与接待客人来宾。屋内的柱、梁、枋、门等都雕绘着山水花鸟、飞禽走兽等栩栩如生的图案，镀金漆，显得金碧辉煌，古色古香。檐柱、金柱上都镌刻有对联，屏风匾额书有各种吉祥如意、劝人处世类的勉语，举凡瓦檐、梁栋、屏门、窗匾、廊墙均有工匠的巧夺天工的杰作，令人叹为观止，可以说是河源地区客家建筑的代表。同时和平县在普查中新发现与复查了古遗址与古墓葬120处，其中有新石器时代、青铜时代、东晋、南朝、唐等各个历史时期的遗存，为研究粤东北历史提供了更多确切的资料。

苦尽甘来

——参加第三次全国文物普查有感

广东省东莞市鸦片战争博物馆　蔡亚霞

2008年6月，东莞市第三次全国文物普查实地调查阶段全面启动，三个普查队以镇（街）为单位，以自然村为基本单元，逐一开展实地文物普查工作。我有幸成为市普查队的一员，历经近两年的实地文物普查，我从一名刚毕业、思想不成熟、实践经验缺乏的大学生慢慢成长为刻苦努力、责任心强的文博工作者，是文物普查锻炼了我、培养了我。

普查之苦——荒山寻炮台遗址。2008 年 7 月，在凤岗镇普查的最后一站是去雁田村调查雁田抗英旧址。据资料记载：1899 年雁田人民在望海岭构筑防御工事，从虎门购买 100 门铁炮抗击英军，在反租界斗争中主动出击取得胜利，打破了英军继续北侵的企图，有力遏制了英军的侵略，因此清政府授予雁田“义乡”的称号。经多方查找资料和访谈村民，我们了解到抗英炮台遗址在雁田村东南部群山中的最高峰——望海岭，海拔 188 米。在凤岗文物普查联络员的带领下，我们的车子在崎岖的山道上摇摇晃晃地进入群山中，在距望海岭 1000 多米的地方，山道狭窄，车子无法继续行进，我们一行 4 人只得背上重重的普查工具、资料步行前进。来到望海岭山脚，大家都傻眼了，望海岭山体陡峭，山上树木林立，荆棘密布，根本无法上山！寻来果农老人询问上山之道，老人说：“望海岭很久没人上去了，没路上山，现正值三伏天气，昨天又下过雨，山上路滑，蚊虫多，说不定还有蛇呢！我小时候上去过，山顶没有炮台，只有挖的土壕子。”听老人这么一说，大家有点泄气了：上山危险重重，山顶还没有我们想要找的能放置 100 门铁炮的壮观的炮台遗址，还要不要去普查呢？经过一番激烈讨论，大家决定还是要上山去看看，雁田抗英旧址可是复查对象呀，不管现状变得如何，也要到实地核查。我们观察山形地势，决定从望海岭旁边的山岭上山，到山顶后再迂回到望海岭山顶。刚开始经过一片荔枝林，山体经果农开发成梯田，大雨过后土有点松软，但路还算好走，穿过荔枝林往上走是荆棘密布的丛林，植被高过头顶，步履维艰，我们每人拿了一根木棒，一点点拨开荆棘杂草前行。烈日当空，一路艰难前行，衣服被汗湿透了，手被荆棘割破了，山上的毒蚊像八辈子没吸过人血似的，看见我们几个细皮嫩肉的不速之客不请自来，就兴奋不已狂涌而来。我们的脸、脖子、胳膊甚至隔着衣服的皮肤顿时都长起大包，又红又痒。行进途中有好几次都想放弃，但大家都互相鼓励着，都说把这次经历当作冒险，锻炼自己的意志，还有炮台旧址等着我们去拜访呢。历经千辛万苦，终于登上山顶，我们就分散开认真找寻炮台遗址。在山顶来回搜寻，也没有看到我们想象中的炮台痕迹，砖、三合土等人工材料都不见，只有几条浅浅的土沟。想到山上泥土松软，经百年风雨洗礼，当初挖的土战壕，早已坍塌，面目全非。大家看到此景都无比失望，开始后悔当初的执意上山了。遗址现状虽然很差，但我们还是认真做了登记测量，纷纷拿出 GPS 卫星定位仪、罗盘、皮尺、相机等工具进行测量、拍照、记录遗址现状、周边自然环境和人文环境等。

普查之险——山村普查遭遇恶狗围攻。实地文物普查都要走街串巷，尤其是偏远的小山村，经常是独具特色的古建筑、古民居、古墓葬的藏身之地。小山村里山好、水好、村民纯朴，但就是狗很多。记得 2009 年 6 月在清溪镇杨梅岗村调查一处客家民居及碉楼时，我们遭遇了几条恶狗围攻。文物点在杨梅岗旧村，村里的客家民居多破旧废置，到处是断壁残垣，一片荒凉，只有少部分出租给外地人。我们走到一处荒弃多年的客家民居及碉楼前，看见院门铁锁锈迹斑斑无法打开。院门不得入，只好翻过围墙进去测量拍照。岂料我们的双脚刚着地，竟有一条大黑狗冲我们狂吠，目露凶光，凶神恶煞的样子着实狰狞，以为我们要抢它的地盘呢。大家都被吓呆了，脚像灌了铅无法移动，只听见有人大喊："快翻墙跳出来！"我们才从惊吓中反应过来，急忙翻墙。听见大黑狗的吠声，从周边几条小巷又冲出来五六条大狗，对着我们这帮不速之客狂吠。我们受到前后夹击，进退两难。只见院墙内的大黑狗和外面的几条大狗都冲着他们几个男队员狂吠，吓得他们是头顶冒汗、脸色煞白、双腿发抖……对我倒是友好，只看了我几眼，并不冲我吠。这时有人看出了窍门，冲我喊："阿霞，你一身客家人打扮，狗把你当熟人了，你把狗喊住引开。"当时我是戴着客家凉帽，衣服裤子都是卡其色，看上去跟当地农民的衣着很像，只是我肩上背着资料袋，手里拿着笔和记录本，左口袋装着《中国历史年代简表》和钢卷尺，右口袋装着GPS定位仪和指南针，之前他们几个还笑称我是"最有文化的村姑"呢！现众恶狗以为我是当地村民，于是我壮着胆子稳住几条大狗，拿出包里的干粮把它们引开，这样其他普查队员才能对文物点进行测量、拍照、记录。普查过程中经常会遇到这种需要斗智斗勇的事呢，真可谓普查险中求呀！

普查之怪——普查队员都喜旧厌新。文物普查的对象是古遗址、古墓葬、古建筑、石窟寺及石刻、近现代重要史迹及代表性建筑等，都是"旧"物，历经百年沧桑，大多都破败不堪。但正是这些保留下来的破旧建筑和遗址里蕴含了古人的智慧，一砖一瓦都能折射出古人的生活习俗和审美情趣，越是没经后人改造的"原汁原味"的建筑蕴含的历史信息就越多。所以普查队员在山村角落里看见瓦顶、青砖红砂岩、木雕、灰塑彩绘等都会兴高采烈，用心记录下古人的匠心独运。在市区看见瓷砖、钢筋水泥结构就心生厌恶，这些建筑都方方正正，装饰粗糙，千篇一律。当看到一些古建筑、古民居几经修葺，被后人改得面目全非，失去原来的神韵时，普查队员都扼腕感慨，为之可惜。

普查之思——文化遗产保护遭遇三旧改造。在我们去到东莞各个镇区、村庄进行实地文物普查时，东莞的"三旧改造工程"正如火如荼开展。很多旧城区、旧村庄、旧厂房正面临着拆迁改造，而我们普查的对象恰恰多分布在"三旧改造"的范围内。传统民居、党史文物、工业遗产、20世纪遗产、文化景观等新类型文化遗产在这次文物普查中是要特别重视的。2009年5月在塘厦镇诸佛岭社区普查时，在一个旧村里，房屋废置多年，破败坍塌。我们认真搜索排查，发现其中一座客家祠堂和一处客家民居及碉楼保存较好，有一定的特色，于是就作测量登记。这时当地的村官忧心忡忡的对我们说："这个旧村已列为'三旧改造'项目，马上就要全部拆迁建新房了，你们登记了是不是就不能拆了呀？"得到我们肯定的答案后，村官脸上显出为难的表情。像这种情况遇到很多，在普查登录工业遗产、旧私塾、革命遗产时，很多村官、群众都不理解，认为又破又旧的房子有啥用，还不如推倒盖新房。很多分布在旧村里的古民居，我们要是晚去两个月普查，就可能被“三旧改造”拆掉了。我们普查队就跟“三旧改造工程”抢时间，抢先到旧村、旧城区做文物普查，当发现具备一定历史、艺术、研究价值的文化遗产，我们就一一认真做好拍照测量登录工作，及时保住了一批文化遗产。

普查之乐——普查成果硕果累累。经过近两年的实地文物普查工作，我们走遍了东莞市内的山山水水、大街小巷，领略了各地方的风土人情，共登录了1100多处不可移动文物。在东莞这个城市发达的地区，能普查出1000多处品种丰富，具有较高历史、艺术、研究价值的不可移动文物，实在可贵，这为提升东莞文化底蕴，培育和打造文化生产力的新生长点有十分重要的意义。在普查过程中，我们向当地群众宣传文化遗产保护的知识和意义，普查队员之间精诚合作，拍照、测量、记录、绘图等，各负其责，镇村普查联络员认真配合，在工作中结成了亲密的友谊，全市形成一个文物工作者网络，这些对东莞今后的文化遗产保护工作顺利开展都有很大帮助。

只有亲身经历过、体验过，才能体味文物普查工作中的辛苦与甘甜。文物普查锻炼了我的意志，培养了我刻苦耐劳的精神，我从中学到了很多书本上学不到的知识和智慧，衷心感谢文物普查带给我的一切！

广东省中山市第三次全国文物普查工作手记

广东省中山市博物馆　周　剑

自2007年4月国务院《关于开展第三次全国文物普查的通知》下发以来，中山市委、市政府对文物普查工作高度重视，马上成立普查机构，召开普查领导小组会议，通过普查工作方案。我作为中山市第三次全国文物普查队队长，承担了中山市文物普查工作的前期启动工作，包括制定“三普”工作方案、“三普”宣传工作方案，举办中山市“三普”培训班，购置“三普”设备和器材等。中山市“三普”实地调查工作随后于2008年正式展开。到2009年12月底，中山市第三次全国文物普查实地调查阶段工作圆满完成并在广东省地级市中第一个顺利通过了省普查办的正式验收。

两年来，作为普查队长的我自始至终都处在普查第一线，带领“三普”队员走遍了全市24个区（镇）的279个社区（行政村），踏遍了1800平方公里的土地，共跟进2255条文物线索，对1543个文物点进行填表登记，初步认定不可移动文物732处。尽管“三普”工作现阶段取得了一定的成绩，但回顾两年来的普查工作，仍然觉得酸甜苦辣各种滋味在心头，很多事情都是难以忘怀的，现仅用三个“最”简单记述一下我的“三普”工作和生活。

最惊险——骑摩托车下山翻倒悬崖边

接到三乡镇报来文物线索，白石村加林山发现一座古墓。于是马上叫上普查队员开车奔赴三乡镇白石村。到了村委会，三乡镇文化站和白石村的普查联络员也已到达。由于上山路陡且窄，大家商量，决定借几部摩托车一起开到山脚下的水库坝上，然后再沿曲折小路步行上山。上得山后很容易找到古墓，只是该墓有所破坏，墓碑缺失，只能通过墓后后土碑上刻的“徐府”推断墓主姓徐。不管怎样，我们还是按照文物普查的相关标准和规范对该墓进行了资料记录。调查完毕，众人依来路下山。到了水库坝上，其他人都骑上摩托车朝山下奔去，我也照例跨上摩托车后座带上普查队员发动车子。就在下山的途中，惊觉车子刹车有点问题，加上下山土路被雨水冲刷出沟沟坎坎，车子扭扭摆摆容易打滑，在走走刹刹了几段路后，突遇一个大沟，本能反应来个急刹，车子还是滑到沟里翻了。我和我的队员艰难爬起检查了一下身体，发现多处擦破了皮，还好只是轻微的皮外伤，更让人觉得惊险的是如果我向相反方向翻倒的话，估计我们两人就会有生命危险，因为旁边就是个深达几十米的悬崖。现在回想起来此事，都还有点后怕。

最开心——几经转折终于找到复查古墓葬

之前接到五桂山林业所有关同志巡山时发现古墓葬的线索后，普查队即刻准备好普查装备，找到林业所同志作向导，向着五桂山区最后一条文物线索进发，大家都觉得那个墓葬就是我们暂未找到的复查文物点郑锦峰墓。结果，历经艰辛的爬山过程，最后找到的墓葬是民国时期的普通墓，不是我们要找的目标。第一次没有找到目标我们不气馁、不放弃，接下来几天找五桂山区的有关同志继续打听情况，最后在龙石村找到一个识山路的同志。在他的引路下，普查队员又向五桂山脉中的一个山峰进发。经过曲折陡峭的山路，队伍到达接近山顶处发现一座古墓葬，保存现状一般。墓葬大体呈抄手状，但护岭和垅环部分垮塌，垅环中间立有一花岗岩石碑，下部埋有泥土。根据碑文识别仅知是清朝的古墓，当时并没有想到正是我们要找的郑锦峰墓。由于没有带铁锹之类的工具，只有就地取材找了根木棍来挖掘掩埋墓碑的泥土，没想到经过多年的日晒雨淋，这些泥土变得非常坚硬而且板结在一起。费力掘了半天，碑文最下面的几个关键字终于露出真面目，仔细一看，竟然就是“锦峰郑公墓”。我刚念出名字，队员们都大声欢呼起来，有的对着山林还大叫了几声，顿时开心的呼声、叫声回响在山林间。

最无奈——精美华侨建筑无法入内

中山是著名的侨乡，多数华侨在回乡后留下了大量的有价值的华侨建筑，这在20世纪二三十年代尤其突出。华侨建筑也是中山市第三次全国文物普查近现代建筑中的重点，也可以说是中山近现代建筑中的精华。我们每到一个镇区都会发现一些华侨建筑，有规模较大、价值较高、保存较好的，也有规模较小、价值一般、保存较差的。对于前者，普查队都进行了填表登记并初步认定为不可移动文物；对于后者我们也按照普查标准做了填表记录。然而，在对前者做调查记录的过程中发现我们只能就华侨建筑精美的外表进行描述和测量绘图工作，建筑里面我们一无所知，因为我们无法入内。可能有人会说，想尽一切办法肯定可以进去的，只有亲身参加过实地调查的人对此才会有深切体会。因为华侨建筑本身有其特殊性，大多数屋主或者产权人不在国内，有的在国内也没有委托人进行管理，普查队不可能强行破门而入，这就造成我们普查队员只有无奈地望门兴叹。

广西壮族自治区

那些无法释怀的伤

广西壮族自治区桂林甑皮岩遗址博物馆　韦　军

当桂林市《关于第三次全国文物普查》的红头文件里出现我名字的时候，我知道，寻找桂林史前洞穴遗址的机会来了。是的，作为桂林甑皮岩洞穴遗址博物馆的职工，能有幸参加“三普”，自然不会放过这样的好机会去调查桂林史前洞穴遗址的。

尽管在“三普”之前桂林史前发展轮廓就已初现，从旧石器时代晚期的宝积岩遗址，到新石器时代早、中期的庙岩、大岩、甑皮岩等遗址，基本已构建起桂林史前人类的发展脉络。他们以洞穴为主要居所，他们用屈肢蹲葬来送别亲人，他们依靠狩猎和采集作为生活来源，在新石器时代他们渔猎大量的贝、螺类水生动物并把壳抛弃在洞穴里从而构成洞穴遗址的主要堆积。但考古往往如此：当解决了一个问号的时候，更多的问号会在解决的那个问号之后冒出来——作为一个四周相对封闭的小盆地，作为居住于盆地中峰林洞穴的桂林史前人类，人与盆地的关系如何？人所创造的文化如何在盆地中传播、流转？人如何在此繁衍生息？他们会是几个群体？这些，都是需要这个盆地内的众多洞穴遗址来给出答案。

而“三普”，正是去寻找答案的好时机。普查也确实带来很大收获。仅桂林市五个城区就新发现10多处洞穴遗址，加上之前的调查，桂林目前已经发现50多个洞穴遗址。

但数据在残酷的现实面前却变成了一个个空洞的阿拉伯数字，正如我的标题所言，数据的背后，是那些无法释怀的伤。

伤，来自于近现代人们对洞穴遗址的人为损害。有多少遗址，就这样在幸存万年之后却无力在最近这百年之中延续自己。

部分洞穴奉献给了习俗。如靠近盆地东南部的回龙庵遗址，所处位置与现今桂林到阳朔公路通道相近，其为史前人类是否利用现桂阳公路通道离开盆地提供可研究资料。但不幸的是这个洞穴在清代被开辟为庙庵，目前所能看到的史前文化堆积仅仅处在庙庵深处一个长2米多、厚不超过30厘米的石缝里。一个信息丰富且位置关键的洞穴遗址，就这样被平整为一个庙庵，变成一个难以愈合的伤口。而桂林洞穴中有庙、庵的并不在少数，部分史前遗址也就难以避免地奉献给了习俗。

部分洞穴损毁在工业文明渐进的过程中。村民利用高效炸药等现代物质扩大了自己的活动能力，将一个个本已被原始文化堆积近乎饱满的洞穴，炸开平整成适合牲畜居住的栏圈。同是处在回龙庵遗址附近的牛栏洞遗址就不幸成为这样的牺牲品，原本堆积丰厚面积上百平米的洞穴被生产队用来养牛，于是保存了几千年的史前文明之光在这里变成了牛蹄下奄奄一息的亡魂。

上世纪“大跃进”时对农业经济产量的追求，也给许多遗址带来灾难性破坏。洞穴中的文化堆积由于含有螺壳、兽骨等有机物质，被认为其土壤中必然含有大量的磷并可用于农业施肥以增加产量。于是灾难由此而生，许多洞穴遗址就此被破坏。现在经过洗劫后的洞穴内还能看到的遗物，基本也就是顽强地挤在洞穴缝隙、部分石壁上零零星星的螺壳罢了。而文化层堆积真的能增加肥力吗？就此问及村中老人，多笑言几无可能，否则在更早的朝代就被人挖空了。保存了近万年的遗址，就这样毁于一次热潮。那些用物质遗存坚持了几千年不消失的史前早期文明，也就这样告别自已也告别属于他们的桂林，消失在锄头之下田地之中，成为风语里的无奈往事。

“深挖洞，广积粮”曾经是国防中的一部分，这在桂林却让部分洞穴遗址就此消失于历史长河中，如著名的甑皮岩洞穴遗址，原来就曾计划做防空洞使用。而甑皮岩遗址附近的雷神庙遗址却因此被破坏殆尽，洞口岩壁上些许螺壳告诉我们，2 米多厚的文化层堆积说没就没了。如果遗址还存在，我们会不会利用它那丰厚的堆积和甑皮岩遗址的作比较呢？二者如此近的距离，我们会不会由此探索一个聚落群存在与否呢？我们会不会找出二者的使用时间及方式甚至甄别出谁是临时居所谁是中心居住地呢？只可惜，遗址没了，遗址更深处被开凿成深不可测的黑洞，那里，应该还隐藏着我们毁坏遗址后不安的心灵吧。

社会发展以及对经济的追求，也让部分遗址消失在我们日益繁荣富足的生活之下。市区的铁山岩遗址被开山取石夷为平地，仅仅剩下一个尚未钻孔完毕的穿孔石器，孤零零地躺在甑皮岩博物馆的库房内，见证着它万年前的辉煌。七星公园内的观音岩洞穴遗址现在变成了一个水泥台阶通道，只在台阶拐弯处的石壁上还依稀可见那曾经丰富过的螺壳堆积。穿山公园内的上岩遗址、媳妇岩遗址，早已成了平整的水泥地面。当我们穿梭于石渣铺就的城市森林之中、当我们拐过那个弯看到山水美景啧啧感叹之时、当我们坐在冬暖夏凉的洞里吹拉弹唱之际，可曾想过这样的地方，万年前就曾有人赏过如此美景、就曾有人在此欢歌乐舞！只是，现代冰冷的石条、水泥取代了柔软的泥土，曾经的歌舞也就此消失于我们欢笑中。仿佛只有现在的我们才是历史中永远的主角。

种种毁坏，也并不是说相关文物部分没有做工作没有去努力。相反，更多的遗址就是在相关部门的努力下才得以保存。最明显的就是甑皮岩遗址，在冷战思维下从一个要被炸开扩容做成防空洞的洞穴，最终变化成一个著名的遗址博物馆，其间相关部门做出了多大的努力啊！现在的文物部门，也还在不遗余力地对包括洞穴遗址在内的文物进行力所能及的保护。

但在目前汹涌的文物收藏热潮之下，文物保护的道路却愈来愈艰难，担子愈来愈重，责任愈来愈大。谁能阻止热钱流向文物收藏界呢？谁能劝止媒体收藏鉴宝类节目日日夜夜的播放呢？谁能让媒体以文化传播为主要目的而不是以收视率为主要目的呢？于是文物价值在扭曲中被放大为价格，于是流入文物收藏界的热钱越来越多，于是百姓被误导认为文物仅仅就是可以一夜暴富的快钱，于是文物保护工作越来越艰难，越来越显得力不从心。

曾有市民拿着一个穿孔石器找到文物部门看价值几何，但当被问及石器出土地点时他却三缄其口闪烁其词，只因为，他想独占这个洞穴中的东西以便卖更多的钱。当我们到漓江边一个斋公岩洞穴去寻找文化堆积的时候，不知是不是因为我们在里面呆得稍久还是因为我跟村支书说这样的洞穴要好好保护从而让村民产生了幻想，等我们第二次到该洞穴确定其是否为洞穴遗址的时候，洞穴里面已经千疮百孔满目疮痍。

开始"三普"的时候，我信心满满地去寻找珍贵的洞穴遗址。想不到最后收获的，除了这被近现代人们破坏得体无完肤的遗址，还有这无能为力无法释怀的伤。这个伤，堵着我的心，隐隐作痛。

我期望各个时代的物质遗产，能在我们的这个时代获得它们应有的尊严。我也呼吁各位同行，一如多年以后的后人对我们所创造的物质财富给予我们尊严一样，让各时代的物质遗产在我们的尽心努力下获得它们应该得到的尊严。

不抛弃　不放弃

广西壮族自治区防城港市文物普查办公室　黄之勇

与山蚂蟥、地雷作伴

清光绪年间，大清国与法国在防城港市境内共立下 33 通"大清国钦州界"国界碑。此次文物普查，老界碑成为调查重点。老界碑所在位置，大多是人迹罕至的荒山野岭，极少有人涉足。

人们常说"无山不成瑶"，18 号碑就处于大板瑶族聚居地，山高林密。六七月正是南方的雨季，炎热的天气和潮湿的气候正是山蚊子与山蚂蟥肆虐的日子。2009 年 7 月 15 日中午，我们沿着山沟往山顶爬，刚爬到半山腰，一男同事发现前面女同事的裤腿上爬有蚂蟥，于是提醒。另一旁的同事看后开玩笑说："谁叫你肉太香招来蚂蟥。"初看倒没什么，当她脱下两只鞋子后，惊得跳了起来，两只鞋里全爬有蚂蟥，竟有几十只之多，两条小腿被山蚂蟥叮咬后渗出的血染红了丝袜。拿照像机的同事把她的狼狈样拍了下来。看到这景象，其他人也都脱下鞋子查看，这一下，大家全都蹦了起来，人人的鞋里都爬有山蚂蟥，无一例外。将到山顶，找了半天终于找到18号碑，我们一边丈量一边定位，此时一片浓厚的乌云掠过，天气更加阴沉，活还未干完，有人又发现腿上爬有蚂蟥。这一看更慌，山上的蚂蟥比山沟里的个头更大。尽管如此，我们还是坚持按要求把活干完后才离开现场。

31号到33号碑所标位置处于几个山腰里。为找这3通老界碑，队员们在几个山腰里来回整整折腾了一个下午。在回来的路上碰到当地老百姓，他们说，你们胆真大，当年"自卫反击"战时那里布满了地雷，虽说军方曾扫过雷，但难免有漏网之鱼，即使是平时放牛、砍柴，我们也不敢乱窜。听完他们的话，我们也感到很后怕。

为墓主后人找到"糟糠之妻"的先祖

2009年5月18日，我们在上思县普查。调查到一处明代墓葬时，其后人给予热情的支持，亲自带路。爬越几座山坳后，终于在一座高山的半山腰找到。在一座较大的墓碑上我们看到，墓主为明代进士，叫凌登选。如此高学历的明代"知识分子"，这在十万大山腹地、穷乡僻壤的上思县实属罕见。这一带，方圆几百米内全是明清时期墓葬群。

为了找到或发现更多的文物线索，我像往时一样，趁大伙定位、登记时，一个人四处走走看看。这一走一看，真有新的发现，在明代进士凌登选墓地下方400多米处的草丛里，有一高出地表不足半米的"三合土"小土墩，在其下部前方，立有一块露出地面半截约40厘米的青石碑，碑文正中清晰地刻有"凌登选糟糠之妻徐氏之墓"，落款为"崇祯十二年六月吉日"。看完后，我忍俊不禁：一个明代高级知识分子结发之妻死后，也不能给个正面评价，还不忘给其一个浓厚的封建时代的名分：糟糠之妻。

我这一发现，让给我们当向导的凌登选的后人激动不已。他们说，这个墓，由于族谱上有记载，我们及我们的先辈们不知找了多少年，就是一直找不到，今天反而让你们找着，太不可思议了。我想，这就是"认真"给我们的回报。

"活要见人、死要见尸"

只要是第二次全国文物普查有登记，或是有线索提供，普查队的承诺是：不放弃任何一点机会和可能，要做到"活要见人，死要见尸"。

6月初，在东兴普查“大清国”国界碑时，据史料记载，共立有8块，且有明确的立碑地点。但迄今已过去100多年，很多地名已经变更，有的甚至还变更了多次，所以要“按图索骥”也不见得是件易事。

史书记载，2、3号界碑分别立于北仑河入海口上方的测旗滩尾和桥头沟。我们第一次去时，桥头沟一带全是做边贸生意的人，大多数人都不清楚界碑的具体位置。好不容易找到小炒店和小卖部的人，但他们除了嘴上滑溜外，也没提出什么有价值的线索。

终于有一个卖冷饮的老板娘说，曾在此处的下游几公里远看到一块被船撞坏的界碑。她说，可以叫她老公带我们去找，不过得付点工钱。于是，我们付了几十元让她老公划了一条小船，载着我们4个人晃悠悠地沿着河堤找。当时已是正午，我们谁也没带遮阳工具，太阳直烤得我们火辣辣的。在测旗滩尾那一带，我们与船工走虾塘，钻红树林。由于退潮，加上太阳炙烤，树丛中垃圾的恶臭扑鼻而来。来回折腾好几遍，船工兴奋地指着一块倒下的水泥碑说：找到了，就是这一块！经过辨认，这并不是我们要找的“大清国界碑”，而是一块联合国规划署北仑河红树林保护示范区“界碑”。当天只好无功而返。

第二天我们还是不甘心，继续顶着热日重返原地寻找。队员们佩戴文物普查工作牌，穿梭在人群中，人们都投来诧异的目光，以为我们是管理边贸生意的政府官员。折腾了整整一天，还是没有找到，只好带着遗憾离去。过后，我们在网上发帖，寻找这些老界碑的下落。此举，得到了网友们的极大关注。经多方证实，2号碑已在早些年里消失，而3号碑已有了较为明确有地点。通过他们得供的线索，9月3日，我们终于在一个长满刺蓬的乱石堆里找到。

文物调查全是力气活

普查队员出门，随身携带不少的工具，大包小包的，很像“背包族”“驴友”般出门“驴行”，其实不然，队员们所干的全是力气活。

5月17、18日，在上思县那琴乡普查明、清时期的烽火台，走的全是山路，烽火台全建在山顶上。要调查已登记的5个烽火台，每爬一座烽火台，都得用一两个小时。由于烽火台已弃用了数百年，如今的遗址全是杂草丛生，进去定位、丈量，颇费功夫。

6月4、5日，普查到东兴竹山、松柏村一带，虽说是旅游景区，但工作一点都不轻松，一直处在烈日暴晒之下，个个成了“晒哥”。在松柏村定位、丈量一个古民居时，由于在太阳底下劳作多时，普查队伍里有一队员竟流了鼻血，惊得大伙一时慌了起来，但经过简单处置后，血被止住了，大家又像没事般继续工作。

田野普查期间正值盛夏，交通工具就是个麻烦事，有时几个人挤在没有空调的“长安之星”面包车里，有时7个人拼在一个双排座的货柜车里，风吹日晒，却从来没有人抱怨过。

"三普"工作札记

广西壮族自治区钦州市浦北县博物馆　黄光清

从2007年开始，在全国开展第三次文物普查工作。在上级党委、政府的正确领导和文化、文物部门的大力支持与指导下，我们完成了全县文物普查的实地调查工作。

4年来的"三普"工作，磨炼了广大文博工作者，尤其是"三普"一线的队员。为了能按进度普查，我们队员每天6点半钟准时出发，早上雾大，上山的路杂草丛生，比人还高，队员们登到山顶后常常全身是湿漉漉的。2009年3月份前由于没有交通车辆，普查人员骑着摩托车走村进寨，顶着烈日，冒着风雨，不畏艰难险阻，翻山越岭，肩负着历史赋予的使命，以高度的责任感、使命感和科学严谨的作风，认真开展野外调查，登录采集数据，做到团结合作，腿勤、眼勤、口勤、手勤，多走、多看、多问、多记，确保资料的真实性和完整性。

我是博物馆馆长，负责单位日常工作，还组织、安排普查工作。普查以来，身先士卒，坚持在普查一线，负责开车，位置图、资料的修改和整理等工作，常常加班加点，忘我地工作，有时感到精疲力竭。可我还是觉得快乐、充实。因为"三普"给予我们坚强与勇敢。

2008年4月7日，县委书记到我们文化系统进行调研，会上，我汇报了我们"三普"工作如何开展，遇到些什么困难等。想起前几天"三普"时因路滑摔跤的情景，我勇敢地提出，"我们'三普'工作很需要一辆车子，政府是否给予支持"。书记当场特批2万元，"因财政困难，不足部分，博物馆自行解决。"书记说。我既高兴又难过，高兴的是书记给了2万元，难过的是，剩下2万元让我去哪找啊。几天来，我都睡不好觉，吃不好饭，好像掉了魂似的。6月12日，当我筹足资金办理手续时，国务院下了通知，因四川汶川大地震停止一切购车。这天，我整个人像个瘪了气的皮球，心情是打翻了的五味瓶，"三普"工作怎么办？思绪万千后，学会给自己解脱，不断地给自己打气，给队员们鼓劲。在这几年的"三普"工作中，队员们以满腔热忱、任劳任怨、不退缩、不放弃的精神投入"三普"。

2008年8月1日，在距离县城60多公里的石冲镇普查，住宿安排在政府楼顶层，白天，烈日炙烤着我们，为了抓紧时间，完成对该镇的普查，队员们从早上6点半出发，晚上7点多才回到住地，因为当时没有电视，没有电台广播，也没有觉察天气的变化，第四天一早发现黑云压城，狂风四起，"台风来了！"一个队员喊了一声。想到馆里文物受到威胁，便马上组织队员撤离回馆，路上瓢泼大雨扑面而来，黄豆大的雨点打在脸上，疼痛难忍，尤其是眼睛，又辣又涩。当时正修二级公路，还没有平整路面，道路坎坷不平，坑坑洼洼全是积水，松软的路面常常把摩托车陷进去，加上凶猛的台风，弄得人仰马翻。路上没有行人和车辆，只有我们“巾帼”车手的摩托车队伍，队员们互相鼓励，互相帮助，一路风雨兼程，不知摔跤了多少次，当回到馆里时，队员们身上个个都是泪水、汗水、泥水，但大家全无怨言，心里想“馆里的文物安全就行”。

2008 年 12 月 6 日，对我来说是黑色的一天，一辈子都难以忘却，至今我都不能原谅自己。这天，我们去张黄镇进行实地文物普查，当时正修二级公路铺路基，下午 5 点半，回到龙门镇马兰村委花龙塘村路段二级公路料场出入口处，由于工程车辆运输的沙石在出入时撒落成堆，当时，正好几辆车从前方呼啸而来，烟尘滚滚，睁不开眼，看不见路，摩托车撞上了撒落成堆的沙石，发生了车祸，我和坐在车尾的副馆长狠狠地摔了一跤，我的衣服破了，手和膝盖流血了；副馆长的右脚崴了，痛得他直打滚，一时大家都手忙脚乱，帮他把脚跟复位后，歇了一会，我们俩都强忍着疼痛，又骑上摩托车上路了。去到医院拍照时，副馆长的右脚 4 个脚指腕脱腕了。因为他年纪已 54 岁，康复时间长，一个月后才能勉强下地。2009 年 2 月 18 日，我们开始新年后的普查，副馆长柱着拐杖又和我们一起普查，他分管业务，参加过“二普”，现具体负责“三普”工作，直到2009 年6 月才扔掉拐杖。他对事业的执著和坚强的意志，深深地感染着我们，为我们队员树了榜样。

2009 年 3 月 17 日，我们对“丹竹山古城”和“轿顶岭摩崖石刻”进行普查，两处都在福旺镇西北方向的六寮村委丹竹山村。通往丹竹山村的道路只有一条，都是上坡路，从海拔 100 多米到 600 多米，当进入六寮村委后，道路显得更加陡峭、弯曲，而且坡度长，绕山盘旋，摩托车搭人都上不去，只能人推着摩托车走。“丹竹山古城”，是南朝时期的“封山郡”郡址所在地，四周的环山，便是依山筑就的古城墙，有“浦北十里长城”之说，地势险要，易守难攻，是一个军事要塞。早上 6 点半出发，10 点半才到达“丹竹山古城”。镇政府到“古城”不到 20 公里的路程，却走了 3 个小时。中午 12 点，我们登上古城墙，一路上，我们披荆斩棘，冲破一道道难关，闯出一条上山的路。终于我们完成了“丹竹山古城”的调查登记。

“轿顶岭摩崖石刻”在“丹竹山古城”所在的轿顶岭上，海拔 611 米，石刻的位置为 85°角以上的山体，非常陡峭，荆棘丛生，纵横交错，往下看头晕目眩，毛骨悚然，队员们手拉着手，两脚打颤，攀着没有刺的藤条前进，摸爬了 2 个小时，水和干粮也用完，有些队员感觉爬不了，正当我们准备放弃的时候，前面的一个队员发现上方有一块石头，“找到了！找到了！”第一个队员从上面拉，下面的用肩膀顶、用手托着一个个队员上去。当大家站在石刻旁的那一刻，队员们欢呼雀跃，热泪盈眶，疲惫与饥渴荡然无存，回到馆里已是下午 5 点多了。

我第一天开车和队员们去普查是 2009 年 3 月 18 日。这天，我早早地来到博物馆，高高兴兴把半个月前买回来的面包车开出院子，等候队员们上车，前往32公里远的福旺镇华新村委普查，可是只等到两个人上我的车，其余的自己骑摩托车。当时，我的心情一落千丈，可我想还是可以理解，因为我刚考得驾照，队员们不放心。中午12点多，大家又渴又饿，筋疲力尽，才上我的车一起去寨圩吃午饭，午餐中我感慨万千，以茶代酒："感谢大家，终于上我的车了，感谢大家给我信心与勇气！"自此起，我每天小心翼翼，谨慎驾车，安安全全和队员们一起去普查。我们这里是山区，路况差，尤其是平睦、六硍、官垌等乡镇的公路，大部分都在半山腰中"之"字形蜿蜒盘旋，现在，每每想起，都心有余悸。

2009年7月14日，普查明朝"李静本墓"。"李静本墓"在平睦镇五峰村委六万大山山脉的五峰山上，海拔592米。这一天，阳光灿烂，天气炎热。在停车处到该墓地5公里路程，人烟稀少，全是乡村小道，崎岖不平，我们翻过一座座山，趟过一条条小溪，特别是临近五峰山的1公里路段，山路特陡，走得非常艰苦，汗水挡住了视线、湿透了衣服，每走100多米就要歇上10分钟，从海拔150多米走到海拔592米的山头，用了近3个小时。因为那天没有备干粮，下山时，队员们觉得又渴又饿，捧上山泉水狼狈地喝下，又继续赶路；脚下火辣辣的，脚趾、脚掌起泡了，走起路来，用力不平衡，一瘸一瘸的，但队员们还是咬着牙坚持着，下午3点多才回到平睦镇政府。

"一个好班子，一个好队伍，一个富有战斗力的集体"，自治区文物局对我们第三次文物普查工作给予很高的评价，自治区人民政府、文化厅授予我们浦北县第三次文物普查组"第三次全区文物普查实地调查阶段先进集体"荣誉称号，授予副馆长宋传辉、李日思同志自治区"三普"工作先进个人，国家文物局授予黄光清全国"三普"工作先进个人。这些荣誉，凝聚着我们"三普"队员的艰辛与汗水，是我们浦北县第三次文物普查组全体队员的荣誉。

调查"五马巡城"散记

广西壮族自治区玉林市博物馆　李义凡

今天是2009年8月14日，星期五，气温26至33度。本日带普查队员梁黎明、文艳、杨东升、周明秀下乡。吴剑明继续当司机。今天目的地是玉林市福绵管理区福绵镇镇石村五马屯的一个城堡，人称"五马巡城"。

在做前期准备工作时，从《玉林市地名志》查阅到：五马屯，原名五马巡城，在镇石行政村驻地南侧。1989年时有107户，547人。始建于清中叶。名称来历未详，清末后习称今名。对于五马屯里面的城堡名称来历，玉林晚报记者也曾经做过采访报道，但还是一笔糊涂账。数年前，也曾经有人对自已提起过这个城堡，讲述者神采飞扬，说得自已心中也是痒痒的，恨不得早日去探访，但一直无法成行。现在进行第三次文物普查，机会终于来了。在自已有限的知识里面，“五马巡城”好像是什么戏剧的剧目。为了搞清这名称，上网搜索了一下，得出结论是：“五马巡城”是一种舞蹈，起源于宋初，在粤西山区和广西苍梧等地广为流传。其内容是反映宋朝五虎平西一段故事，五虎大将狄青、石玉、刘庆、张忠、李义把守京城，防止外敌入侵，日夜巡城，寓意戍边保国，颂扬爱国主义精神。在表演过程中，由5人扮成古时战将，身穿古装战袍，骑着红、黑、绿、黄、白色五匹马。前有引马童子，后有宫灯罗伞。狄青为主帅骑黄马统领全局。每匹马要3人配备各式的战袍，由东门、南门、西门、北门、中门的大将军五名用彩旗引路出征。五匹马各有各的城门。出城时威武雄壮，敲击乐节奏强烈，并配有大锣、大鼓、大钹，声势浩大，多在农村禾坪开阔地表演。那么，镇石村五马屯的城堡俗称“五马巡城”与此有关吗?

汽车从玉林城区出发，向西南驶去，经过“成衣王国”福绵圩镇，再穿越玉林的母亲河南流江支流车陂江，左转直往镇石村。对照事前准备好的乡镇交通图，顺利到达镇石村委。可惜，没有村干部值班。在前段时间普查过程中，这种情况也发生过，不足为奇。有的村，事前电话联系了，村干部也不合作。万事主要还得靠自已的嘴和脚，向当地群众打听，同样能解决问题。

到达五马屯，第一印象就是村庄有点破落，房屋新旧相间，罕见村民。好不容易发现几个闲聊着的老婆婆，“逮”住就打听有关文物古迹的事情。老婆婆倒是热情，带领我们到了一间老房子里面（大概是他们的“老厅堂”），指着倒塌的部份，说着诸如没钱维修、请政府拨钱维修吧等等，把我们当成危房调查人员了。解释了半天，终于让老婆婆明白，我们不是他们要等的人，也不是能解决他们问题的人。老婆婆终于知道我们要找的是他们称为“烧猪炉”或“五马巡城”的古城堡，不愿意带我们前往了，指引了一条偏道——可通往“五马巡城”的林间小道。事后得知，老婆婆简直就是有意难为我们，不告诉我们正道，却指引了一条斜道。或许，这预兆着“噩运”的开始?

在林间路上通行，路越来越狭，眼看汽车是通不过去了。只好亲自下来先行探路。一路前行，东张西望，终于发现了高耸的围墙。想必就是目的地了。司机凭高超的车技，把车开出了小树林，开到了乡间小道上，再无法向前。全体队员下车步行数百米到达“五马巡城”。绕行一圈，但见城堡大致呈正方形，闸门朝东南开。指示队员分别用测距仪和皮尺测量，得到数据：长28米，宽28米，高约5米，墙体厚约0.4米。城堡占地面积784平方米。东南西北四个方位各设1个炮楼，炮楼向外凸出，长5米，宽5.3米，凸出的三面每面设置2个射击孔。4个炮楼中现仅存1个。四面围墙中，东面墙已崩塌约60%，其余三面保存完好。每面墙最上端为垛口，数量为17个，墙中上部设置18个射击孔，墙底部则为5个射击孔皆大小相等，内侧呈覆斗形，外侧呈线形，上下射击孔按三角形布局，构成立体的防御网。当初设计建造者可谓处心积虑，就是要让敢于来犯者有来无回。确实，在同村民交谈中知道，当年社会动荡不安、匪盗横行时，村民躲进这里就可高枕无忧了。

城堡废弃已久，杂草丛生，竹木茂盛，根本就无路进去，只能一边拨开杂草荆棘，一边小心翼翼的一步一步的探行。里面建筑都倒塌了，只有一些建筑基址。蚊虫飞舞，直往人身上扑。想必很久没有嗅到人类的气味了，机会难得，怎会放过呢？按照我要求拍照的女同事，坚持了一段时间，最终还是抵挡不住蚊虫侵袭，全身被叮痒了。这时天公不作美，下起雨来了，见此状况，于心不忍的我接过相机，钻进竹丛中，对于东侧围墙的现状，记录拍照交替进行。反正挨雨淋了，被虫叮咬了，也不在乎多起几处疙瘩了，总得抓紧时间完成调查任务，否则，再来一趟就不划算了。

时间不知不觉的过去，已是中午1点多了，雨停了，火辣的太阳又“烤”着我们。全身都湿透了，经太阳一晒，汗水都快能变成盐了。前面时间里忙着工作，都忘记喝水了，尽管背包里就有矿泉水。询问了其他队员，GPS测点、平面图、立面图、文字记录、照像等都完成了，可以转移阵地了。吩咐司机开车过来，结果由于前几天下雨，路基松软路又滑，汽车一不小心就滑到水沟里了。万幸，车没有滑到另一侧深沟里，车上也没有其他人。司机想尽办法，还是无法把车开上道路。无奈，只好央求村民帮找来农用车，谁知农用车又无法靠近牵拉。只好发动村民动手，搬运砖头铺垫、用木棍撬、用人力推。自已也脱去鞋袜，挽起裤脚，用力推车。弄得一身泥，汗水混合泥水，分不清了。折腾了近2个小时，才把车“捞起”来。返程中，全体队员都饥肠辘辘，一路无话。3点30分才吃上午饭。回到办公室，又赶着向自治区文物局发送材料。类似这种情况，对于自已来说，太寻常了。明天还是要继续奔赴新的“战场”。

本日结论：此城堡俗称“五马巡城”纯属以讹传讹，估计是望文生义，五马村名和五马巡城舞结合，演义化了，应该是为了防御盗匪而建造的建筑物。城堡的存在，为研究清中晚期本地社会状况及建筑技术形制等方面提供了宝贵素材，值得保护。

环江毛南族自治县普查日记

广西壮族自治区环江毛南族自治县文物管理所　谭家乐

清晨，担任全县文物普查任务的长期固定普查队员谭家乐、韦振甲、覃自昆、谭承松四人早已汇集在县文物管理所，等候思恩镇普查队员卢元生的到来。

根据全县第三次文物普查实施方案的统一布置，各乡镇文广站抽调站长一人负责参与本乡镇的普查，本乡镇普查结束即完成其历史使命。

早晨7点30分，参与思恩镇田野普查人员全体到齐，还特邀了思恩镇政府老干部葛尚朝同志随车前往兼向导。葛老是个地道的本土人，而且又在本乡镇工作几十年，简直就是一张活地图。

第一站直奔思恩镇文化村板用屯，在屯前古树下，已有群众在树下闲聚，我们的到来，引来人们的一阵好奇与骚动，礼貌性地分发香烟后，我们的工作开始了，宣传、交流、拉家常。根据昨天的工作分工，普查队员各就各位，按照第三次全国文物普查的要求，使用GPS等现代设备进行详细的资料收集。

登录完毕，我们对碑刻进行拓片作业，这是全县普查会上讨论达成的共识，普查中遇到的所有石刻类文物，都必须拓片保存其原始资料，以防碑刻消失及日晒雨淋造成字迹模糊失去资料的完整性。

交谈中群众覃佩祥提供本村洞长屯也有一块此类碑刻掀翻在地，此屯现已无人居住，山间小路，来回需用6小时，因路途较远，只好择日再行实地调查。调查中还了解到其屯后山顶上有一石城墙，宽约1米，长约100米，系欧可谋之父在民国匪乱时组织修筑，因年代不是很远，境内此类遗存数量多，所以没有登录。之后在文化村兽医员的带路下，在一片玉米地里看了一座生前已做好，死后即可安葬的三人合葬墓，时间为民国年间，普查队认为没有达到著录标准。

队伍继续前行，到达清潭村已经是上午11时了，事先电话联系，清潭村支书已在村委等候，党支书介绍了本村文物点的分布情况。

我们选择了较近的县衙遗址和保民寺进行调查，在上清潭屯两位老人热心引路下，察看了县衙遗址，已是面目全非，一片桑地。紧接着来到屯前半山腰保民寺，老人介绍：原寺已于“文革”时尽毁，1994年清潭村民自发捐款献物，在原址上重建，从寺内残存的两块残碑中了解到原寺始建于清嘉庆年间。著录完清潭保民寺时钟已下午3点多，该吃中午饭了，于是邀请了村支书及向导在就近的农家山庄用餐，以表谢意。

7月3日

8时整，车子从县城出发，到达福龙村委，了解了一些基本情况，没有得到新的文物信息。车子只好继续前行，半小时后到达福龙村大麦屯东南村头古榕树下，对碑刻进行著录，该碑残破，但字迹清楚，碑向前倾。同时还了解到大麦与伟庭屯交界处有一块分界碑，地处下朴园艺坡顶。因为车子停在河对面，队伍继续前行，大约走了1个小时，空气热得让人透不过气来，大伙们汗如雨下。已是下午2点多了，找了一块荫凉的地方歇息，吃着带来的馒头。小憩片刻，继续分头搜寻，最终还是没有找到，只好返回，车子在晚霞夕照中静候我们的归来。

9月9日

9：20时到达米洞屯，与村民了解望楼古道城垣城楼遗址相关情况，请村民韦殿高作向导，9：40时向普查点出发。我们的到来打破了沉静的山谷，古道几乎没人走了，再加上封山育林，地表全被杂草灌木淹没，向导拿着柴刀在前面开道，我们在后面一个跟一个拨开杂草、树枝和藤蔓，清理出通道，时而跨过，时而蹲行，艰难地往山上行进。累了，小憩片刻。到达米岭隘口时差不多12点，这一段不远的山路大家十分费劲地行进了将近2小时。

到达之后，队员们来不及休息，纷纷拿出普查工具，投入到对望楼古城遗址的调查和信息采集中来。

望楼古城始修于明代，现存城楼和城墙遗址。城楼建在城墙的城门上，占地约50平方米，城门残高2.5米，宽2.5米，深7米，均用石块垒砌而成。城楼坐北朝南，南、北两侧设出入口，南侧为主口，是宜州进入环江的官道门户。东西两面为悬崖峭壁，城楼位居其中，城楼城墙北侧设巡道宽2米，城墙长约500米，宽约0.7米，石块垒砌。原城门前立有碑刻一通，现已被掩埋。向导先前打猎时曾于崖壁边看到刻有文字的崖刻，我们怎么找也找不着。

据《思恩县志》记载，明代分屯筑堡，操军以镇地方事，米岭堡目兵20名。清雍正年间拨防米岭塘兵5名。防兵于清光绪三十一年全裁。望楼古城在旧时清岭甲下面或名米岭，亦名老鼠隘，为思恩宜山交通必由之孔道。清咸丰间苗瑶相继扰乱，地方恐惊，总团武举韦鹰扬为保卫桑梓，鼎力鸠工建砌石城于隘上，城上筑城楼派练驻防，藉资守望，故名望楼，在当时起着重要的防御作用。

今城楼已圮，残垣尚在，看着它，仿佛看见当年的世事风云。

下山的时候已是下午4点多，上山时我们付出的艰辛，现在终于有了回报，让我们顺利回到车旁。

2009年3月20日

今天的心情不同往昔，一直牵挂在心的汉墓考察，今天就要零距离面对了。记得2004年3月2日我去三才村办理“方家祠堂”的移交接收任务，听村支书说数十年前他路过各旦村京洞屯墓葬地，印象中有一座墓葬很特殊，为封土堆，前立有墓碑，上刻一个“汉”字，疑为汉墓，一直记在心里。

从县城出发，我们驱车前往30公里外的水源镇找到了当年提供信息的村支书，核实详细的普查地点，欲邀其为向导，因他有事在身，无法随同前行。

我们马不停蹄奔向目标，到达各旦村后，在近于陡峭的山道上盘旋前进，途中拐角处弯急、路窄，须要几次倒车才能通过。后来，我为了安全起见，让所有队员下车步行，自己开着车艰难地行进。

遇到出山的村民一打听，得知翻过坳口再下到谷底就到了。

终于到达京洞屯，我们顾不得休息，来到了目标所在地，瞬间，眼前的一切让我们惊呆了，墓碑上刻“大汉民国……”

经历艰难的攀登与跋涉，回报的却是一声长叹，愿望落空了，望着队员们相视而笑的表情，不免有点失落。

想着队员们一路携手走过的岁月，有跋涉的艰辛，有困惑、有迷茫、有汗水，更有收获的喜悦。而每一次不同寻常的经历，都深深地嵌进了每个普查队员的记忆深处，享用一生。

“三普”纪实

广西壮族自治区来宾市忻城县土司博物馆　韦嘉雅

2008年6月正式启动田野普查工作后，我被任命为忻城县全国第三次文物普查队队长，我感到这是既神圣又光荣的使命，同时又感到有很大的困难和压力。因为田野调查工作是文物普查工作的关键性阶段，专业性强、科技含量高，各项技术指标全国统一。普查队员虽然得到专门培训，但对田野文物知识了解不多，这种现象难以短时间内解决。我带领普查队员以不怕苦不怕累的精神，积极面对工作中的困难，以不退缩、不马虎的态度始终坚守在普查的第一阵地，以高质量高标准严格要求，确保普查工作顺利进行，最终使忻城县文物调查工作取得显著成果。

一、主动积极汇报争取政府领导的支持

忻城县有2539.72平方公里，12个乡镇，130个行政村委和3个社区，1924个自然屯，是有“九分石头一分土”之称的大石山区，交通极为不便，要高质量完成野外调查工作，必须有交通工具和野外调查必备用具，我主动积极通过直接和间接等办法向忻城县第三次全国文物普查领导小组汇报普查工作存在的困难和野外调查工作的重要性，甚至想方

设法把县“三普办”的领导带到普查第一线，让领导了解到第一线普查人员工作的艰辛。功夫不负有心人，我的工作得到“三普办”领导小组的大力支持和认可，县“三普办”终于同意从政府部门调拨普查专车，并下拨2万元的普查经费用于购买必备的用具，为完成野外普查奠定了基础。

二、认真制定普查内容和普查路线

在辽阔且地理交通极为复杂的忻城县，没有详细的普查内容和普查线路，在一年多的时间内是很难按时、按质、按量完成普查任务的。因此，我在每到一个乡村普查前，都反复查阅忻城县的《地名志》、《忻城县志》和《忻城土司志》等资料，结合走访街坊老人或当地名人了解情况，制定出一套符合忻城县情的普查内容和路线计划，并落实到每一天，做到每天所到的村屯都有工作目标，这样既避免野外调查出现遗漏现象，又提高野外调查工作效率。

三、认真做好文物普查宣传凝聚社会力量参与

我在进行野外文物调查过程中，发现有部分群众对文物普查的重要性和意义仍认识不足，文物保护意识比较淡薄，这对开展野外文物调查和文物保护工作极为不利。为实现文物得到有效保护和利用，凝聚社会力量参与到文物普查中来，我把宣传保护文物重要性当作普查工作的一项重要任务来抓，克服宣传工作流于形式，做表面文章的现象。因此每到一个乡镇、村屯进行普查时，都通过召开村委干部和部分群众会议，与群众进行面对面座谈达100多次，将近万份文物普查宣传资料发放到各村屯的群众手中，把宣传工作与文物调查工作结合起来，做到调查工作开展到哪里，宣传工作就做到哪里。此外，还在文物普查专车上张贴普查宣传标语，营造文物普查的宣传氛围。由于文物普查宣传工作到位，宣传方式贴近群众、贴近生活、贴近实际、通俗易懂，因而，我们普查队员所到的村屯都得到热烈欢迎，村委干部、普查信息员和群众纷纷为我们提供文物线索，像平安桥、冲暖石制榨塘遗址和龙门烽燧等20多处新文物的发现，都是通过群众面对面交谈等宣传方式发现的。

四、奋勇争先克服困难

在整个野外调查过程中，我的职务虽小，但担子最重，责任最大，工作量也最重。从规划普查路线、与乡镇领导及村民联系、野外作业分工到工作任务分配和安全问题等都是由我去操心。忻城县是大石山区，交通条件极为恶劣，不可移动文物点往往就在交通极为偏僻的高山上。6~9月，室外气温几乎每天都在35~37度，高温和多雨气候给完成文物普查工作任务带来诸多困难。面对困难，我总是身先士卒，工作时间第一个到，最后一个

走，从普查一开始到结束，总是保持充沛的精力，始终如一地工作。经常带领普查队员顶着烈日、冒着大雨，翻山越岭，劈开荆棘，爬上悬崖到山顶采集文物信息，有时爬涉三四个小时的山路，才采集到一个文物点；在实地调查时，太阳大，或天又下雨，野外没找到挡雨遮阳的地方，只好在太阳或雨中进行记录、摄影、测量、GPS 卫星定位、编录等工作；有时为完成文物信息的采集，直到下午三四点钟才吃上中午饭；有时为照顾好已累坏了的队员，我不顾爬涉疲劳，小憩后就直接投入到清理文物点周围的杂草、荆棘，像这样艰辛的工作是数不胜数。我是普查队队长，又是忻城县土司博物馆副馆长，肩上的担子很重，往往在风尘仆仆地归来后，还要把单位的各种事务处理好之后，又一头扎进文字堆里，填写文档，写心得，报送信息，还要详细查阅队员们写的文档，对不翔实的文字介绍进行反复修改，经常加班到深夜。不管在办公室还是下乡，我每一天的工作都很辛苦，我也知道很累，但我有着一颗执著敬业的心，无论多苦多累，在一年半的野外文物调查工作中，一直保持着饱满的精神状态和昂扬的斗志，严谨细致的工作态度、吃苦耐劳的敬业精神，以高度的责任感和使命感积极投入到普查的各个环节，勇挑重担，奋勇争先，为队员们作表率，把所有的精力投入到普查中去。

五、工作认真负责任劳任怨

我带领普查队员在进行野外调查时，每考查一处文物点，都能走访群众，多方打听，认真观察，详细记录。为使调查资料准确，我多处查阅历史文献，尽可能多的搜集历史信息。2008 年月 11 月 19 日，我带领队员在大塘镇采集平安桥时，群众仅知道平安桥为一座古桥，但不知在何时修建。后来，我从一位老人口中了解到平安桥桥头曾立有一块修桥碑，后被人拿去盖水沟，为准确地了解该桥的历史沿革，我发动群众沿路沟挖掘查找，用了约 3 个小时，终于在离桥 600 米远的水沟上找到，碑上已有 30 ~ 40 厘米厚的泥土，尽管这时候已是下午 2 时，中午饭还没吃，但我和队员们都高兴。2009 年 2 月 26 日，我带领普查队员在思练镇踏查龙帅莲花寺信息时，为弄清该寺的历史沿革，我们顶着烈日从上午 9 点开始们对散落在周边的 10 多块修寺碑一块一块地清洗，辨认碑文内容、对建筑遗址周边环境进行测绘，到下午 3 点结束，下午 4 点才回到村里吃中午饭。2009 年 5 月 30 日，为踏查红河渠周边环境和现状，我带领普查队员用 7 个小时徒步 15 公里的路程。像这样的事情举不胜举。

六、组织带领普查队员协助邻县做好普查工作

2008 年月 11 月，我率领普查队员在对忻城县欧洞乡进行文物普查时，发现相邻的宜州市的屏南乡有《告示碑》和《万古流传碑》等不可移动文物；2009 年 4 月在忻城县果遂乡作野外调查时，发现合山市的岭南镇与忻城县的果遂乡交界处有一处文物点，又不在

忻城县境内，我及时与这两个县的“三普”办联系，并组织普查员协助他们做好文物信息采集工作，这样既使这两个县的不可移动文物不被遗漏，又达到共同学习，共同提高的目的。

七、高质量完成普查任务，普查工作取得突破性成果

全国第二次文物普查，忻城县普查登录文物点58处。第三次文物普查实地调查工作启动后，我带领普查队员，踏遍县域内2539.72平方公里的土地，调查走访了全县12个乡镇的130个行政村、1900多个自然屯，出勤达300多天，和普查队员们一样至少穿烂4双运动鞋，文物普查覆盖率和到达率均为100%，登记录入不可移动文物156处。新发现文物点是“二普”时的两倍多，全面掌握了忻城县不可移动文物的基本情况，普查工作取得突破性的成果。

德天炮台复查记

广西壮族自治区崇左市大新县博物馆　何农林

1997年7月25日为了编辑出版《天然公园数大新》一书，我与该书编辑人员从县城出发前往硕龙镇德天村银盘山炮台进行考察。

银盘山炮台位于德天村西北银盘山顶上，该山海拔800多米，高出地面约500多米。从数据看其与泰山、黄山等相比并不高，但坡度大，部分达七八十度，且道路又不通，我们用了近3个钟头才爬上了山顶，目睹了这一中法战争以后我国广西边境军民在广西提督兼边防督办苏元春的率领下，在边防沿线修建130多座防御炮台之一——德天银盘山炮台（文献称靖边2号炮台）。这座炮台与以前我在凭祥、宁明、龙州和靖西等县市看到的同期炮台有所不同，它为圆形，外径约11米，内径约8米，高约3米。东北面开有台门，门栱已塌落，石刻门匾散落于台脚下，“前台”二字清晰可辩。西南和正西面各开有炮口1孔，主要镇守隘江至德天53号界碑一带我国领土。因我们爬上山顶时暴雨雨云从东南方向压来，当时只对炮台进行了一些简单的测量并拍摄了几张照片后便匆匆下山。

2008年8月16日，为了完成第三次全国文物普查工作任务，我带领普查队员一行4人冒着37度多的高温，用了近两个小时沿旧道又一次爬上了这座炮台山。

德天银盘山炮台（靖边2号炮台）所在的山峰为边境周围最高峰。今天天气很好，我们站在炮台顶上看四周，虽然不像以前我登上泰山、峨眉山那样有着一种一览天下小的感觉，但与我登上黄山天都峰欣赏云雾、山景相比，却是另有一种不同的韵味。因为向东看我国境内群峰重峦叠嶂，峥嵘竞翠；向南看两国万岭起伏，归春界河穿流其间；向西看异国田园如织如绣，满满地洒在群山之间；向北看一边是雄奇的群峰，一边则是星罗棋布般的山水田园。站在炮台山上看四周，就好像在读着一幅美丽的边境风光画卷。

我们用了一个多钟头砍除完长在炮台内外的草木，测量收集完成炮台“三普”所需的数据。南方的天气说变就变，一片方圆10多公里浓浓的雨云从靖西方向压来，我们不得不收拾工具急忙下山，以争取在大雨来临之前赶回登山始发点——德天观景台，但我们走了不到一个钟头，雨云就罩住了我们四周的山顶，封住了我们的去路，随着几道掠空而过的电光和重型炸弹般的雷声，倾盆大雨从头顶上倒了下来。为了保护好“三普”仪器，我们把所有能防雨的材料——包括装食品用的塑料袋和唯一的两把小雨伞层层盖住了仪器包，而我们几个人却像电线杆一样无遮无拦地直直地站立在仪器包的周围，任由雨水冲刷全身，半个小时过去了，大雨说停就停，我们伴随着头顶上重现的蓝天和从西面射来火辣辣的阳光，双脚踩着泥泞的山路，一步一滑地回到了我们的始发点——德天瀑布观景台。今天是星期六，站在观景台上看德天风光的中外游客很多，当他们看到我们一身泥一身水的从炮台山上下来，竟把我们当成了“景点”，纷纷投来了好奇的眼神。

海南省

不怕难，不怕险，甘为普查作贡献

海南省琼海市博物馆　陈贻爱

为了贯彻落实《国务院关于开展全国第三次文物普查的通知》和《第三次全国文物普查实施方案》，琼海市委、市政府高度重视，制订了《琼海市全国第三次文物普查实施方案》，成立领导机构，组织了普查队，落实了普查经费，培训了普查队员，制定了普查路线、时间、乡镇等具体的措施。自2008年8月开始实地普查，至2009年12月止，琼海市普查队普查了全市12个乡镇，203个村（居）委会，4236个自然村，普查乡村覆盖率达100%，共普查登记了文物点317处，其中复查95处，新发现222处，重大价值发现3处。经历了喜悦、快活、艰辛、疲倦，尝尽酸甜苦辣。

排难踏险，寻到沉船遗址

2008年10月16日在博鳌港海域开展水下文物普查，博鳌港位于琼海市万泉河、九曲江、龙滚河三江汇合出口处，风大浪高，水下情况复杂，故常有船只在此处沉没，当天我们在该港的东南方约一海里处进行水下文物普查，正遇上强风，海情更为复杂，风大浪急，水深6米，有两股潮流，水面3米是潮汐流，流向东南，水底3米是暗流，流向西北，且夹有漩涡，潜水普查很危险，人一下水就会被水卷走10米多远，我们制定了安全的潜水方法：用绳子绑在潜水员的身上，采用氧气管道吸氧潜水，氧气瓶放在小船上，用管道输送氧气，小船跟潜水员航行，人随小船漂流，每一小时轮换一次，这天共换了6次潜水员，在水下的珊瑚礁盘上寻找了6小时，面积约3000平方米，终于在北纬19°09′41.1″，东经110°35′25.9″的坐标处找到了沉船遗址，搜集到了陶瓷标本23件，经初步鉴定为明代的沉船遗存。

再苦再累，有群众支持心里甜

2009年3月10日，龙江镇普查队员获悉，在龙江镇深造村委会百花岭村村民王飞在百花岭上劳动时曾捡到磨制光滑石斧、石凿等石器数件，说明在新石器晚期已有人类在百花岭生活居住，繁衍生息。从县城到百花岭村约有60公里的路程，我们赶到百花岭村已是中午，向村民说明来意，村民非常热情，帮我们找到王飞，由王飞为向导，带领我们到实地普查。从村庄到百花岭，坡陡路险，车辆不能行驶，既爬山又涉水，涉过二条小溪，走的多是羊肠小道，徒步约5公里到了目的地。该遗址是在万泉河边一块较高的山坡上，已被村民们开辟种植了槟榔和橡胶树。王飞介绍说他们开荒时曾在此处捡到数件石器。我们对该遗址进行了坐标定位、拍照，对自然环境、人文环境一一作描述登记，回来时，王飞要给我们做饭，被我们谢绝，当我们交给他50元作为向导费时，他怎么也不肯要，并说："我如果知道你们要给我报酬，那我就不带你们去了。"村民们对文物普查奉献精神实在可喜可嘉、淳朴的民风令人心悦，类似这种不求回报的事我们遇到不少。

2009年10月2日，这几天是国庆节假期，为了完成全国第三次文物普查，我们顾不上休息。这天我们的工作安排在会山乡溪仔村委会，也是琼海市最边远最偏僻的山区，与琼中县交界，地距县城有60多公里，我们于当天11时许到达会山乡政府，用午过餐后，登车前往溪仔村委会，途中必须经过一座约300米长的拦河坝和一条溪仔溪，下午1时左右到达溪仔村委会。这时乌云密布，即将下雨，我们赶紧赶到溪仔溪渡口，渡过对岸，天上就淅淅沥沥下起了小雨。我们快步小跑约5公里，雨越下越大，下午3时多我们才赶到黎伍村，黎伍村村长已在村口路上等候多时了。在黎伍村，我们顺利复查登记了黎伍候王庙，返回时，村长告诉我们说："恐怕你们今天回不了会山乡府了！那条拦河坝的河水肯定暴涨，车不能过，在这里过夜吧。"我们还是执意要回去，他再三叮嘱："遇上水大，千万不要开车去，硬山不硬水啊。"我们回到溪仔渡口，由于山洪暴发，看到茫茫的溪水，不寒而慄，在渡口等了半小时，登上渡船，水流很急，漂流至渡口下游约100米处才靠岸，这时，我们已被雨淋湿，又饥又渴，在车上吃了干粮，驱车往前走。不料，车至会山溪，拦河坝上的洪水已是茫茫一片，不能再向前行驶，我们在溪边等了近3小时，水仍不见退，只得再返回溪仔村委会，在一间铺仔里用完晚餐后已10时许，我们在溪仔村的小学教室课桌上度过了难忘的一夜。

发掘利用红色文物资源，进行爱国主义教育

2009年6月3日，在阳江镇的江南村委会白水桑自然村复查"中共琼崖特委第一次代表扩大会议"旧址，发掘红色革命文物资源。"中共琼崖特委第一次代表扩大会议"于1927年在白水桑村冯氏祠堂里召开，会议讨论通过了《特委第一次扩大会议决议案》，决定扩大武装暴动，开展土地革命，建设人民政权，同时将琼崖讨逆革命军改为琼崖工农红军，选举特委领导机构等，该祠堂于1930年被国民党拆除，仅存一片草坪坡地和祠堂的

墙基。普查时，江南村妇女主任向我们提出："你们博物馆能否出资一点，我们村民集资一点，社会赞助一点把这间会址修复起来。"我们回来后向市政府反映这情况，得到了市政府领导的重视和支持，拨出文物修复经费3万元，使中共琼崖特委第一次代表扩大会议旧址得以修复，接着又在该会议旧址四周和附近村庄相继发掘出了：中共琼崖地委宝墩紧急会议旧址、琼崖高级列宁学校旧址、乐会县苏维埃政府成立旧址、红色娘子军操练场、红军浴池、红军医院、红军军械局等红色文物资源，还征集了会议代表使用过的文物若干件（如会议代表全国双百英雄杨殷、冯平坐过的木椅，代表们坐过的长凳，特委书记杨善集、王文明使用过的竹笠、蓑衣、木屐，红军使用过的箧篓等），排放在修复的旧址里展览。通过全国第三次文物普查，对红色革命文物的发掘得到党和政府、社会各界人士的好评和肯定，文化部教育司司长吴开兴、国家发改委计划发展研究所所长杨宜勇专程来白水桑村调研，2010年"七·一"期间，来自海口、琼海、万宁、三亚等市县各条战线的新党员300多人专程来中共琼崖第一次代表扩大会议会址前举行入党宣誓仪式。

第三次全国文物普查实地调查手记

海南省儋州市博物馆　黄海兰

2009年3月4日，我、张赛娥、谢书平3名普查队员同往常一样，7点半集合，前往距离市区50多公里的峨蔓镇。按照计划今天我们要到王坡村委会的福花村，那里有清代陈京本举人坊和墓2处文物点需要我们去复查。

峨蔓镇地处儋州北部的笔架岭下，濒临北部湾。这里红的是土，绿的是仙人掌，黑的是石头。特别是黑色石头，满山遍野，是千万年前火山岩浆凝成的玄武岩。刚到镇上，我们被告知福花村距镇府约5公里，道路坑洼，小车不能进村。于是我们租来了三轮风采车（与拖拉机一般大，有遮阳蓬），在文化站陈桂开站长的陪同下前住福花村。车刚开出，我们4人还有说有笑，当车转入土路后，大家再也笑不起来了，车子仿佛陷入了波峰浪谷，一会儿向左一颠，一会儿向右歪去，再不然就猛地跳一下，人还来不及调整坐姿，头或者腰就重重地撞到车的遮阳蓬或铁架上。张赛娥是一位临近退休的大姐，她开玩笑说，今天我这把老骨头放松了一下，晚上肯定好睡觉。好在这种状况只持续了半个钟头我们就到了。

福花村有70多户人家，300多人，均姓陈，因地少石头多，大部分村民搬迁到外地去谋生了，剩下部分村民在家耕作。

陈站长带我们去陈京本举人的后裔陈文富老人家。陈文富是一位退休教师，知书达理，热情好客，当我们向他说明进行这次文物普查的意义后，他滔滔不绝地向我们介绍他的老祖宗陈举人。

陈京本（1745~1806年），清乾隆甲午科（1774年）举人。少时曾往黎族聚居地耕种。其家门一副对联云："离故土以安居，莫谓小人怀土；望高山而仰止，须知仁者乐山。"胸襟洒脱，可见一斑。陈晚年设教乡里，游其门者，多知名人士。著有《劝学文》一篇。

老人介绍完，热情地说，你们要去找那两处文物点，我带你们去。临行前，他又拿出了传家宝贝——陈举人用过的文房四宝之一石砚台，说是要赠送给市博物馆。我们因为还有任务在身，谢过老人后，叫老人保管好，我们改天再来。

陈京本举人坊就在村东南20米处一棵大榕树底下。这是一间两柱通天式石牌坊，立于乾隆四十年（1775年），面向南，宽2.3米，高2.5米。坊额呈三角形，顶中有莲花，两旁有麒麟互望而立，中间楷书"举人"二字。我们3名普查队员分工合作，拍照、定位、记录资料，完后我们往下一个点——陈京本墓走去。

陈京本墓位于村西的罗下园，从村边到罗下园中间隔着稻田，只有一条沿着稻田边缘的弯弯曲曲的小路，而且路面布满黑石，车是不能前行了，我们只有弃车而行。烈日当空，我们走在小径上，还要背着沉重的测量工具，大约走了50分钟，浑身都湿透了，像是从水里捞上来似的。

到达墓址，只见墓地长满荆棘和杂草，四周有几棵小叶桉。墓坐北向南，占地面积120平方米，自南往北依次为望柱、石五供、墓碑、封土。墓为圆丘形封土，直径3.3米，高1.1米。原墓碑高1.12米，宽0.38米，厚0.07米，碑文记述墓主姓名及生平，因字迹有些漫漶，被其后裔丢在封土后面。2001年清明重新立碑，并建门坊和修筑围墙。新墓碑高2.1米，宽0.75米，厚0.12米。因临近中午，太阳毒辣，我们抓紧时间，很快就将材料记录在案。

完成了勘测陈京本墓址，我们欲取道南泉村回镇府。但考虑到陈文富老人年纪较大，不放心他自己回去。可老人坚持说自己的身子骨还硬朗，又在自己的地盘上没事的，于是我们与老人告别，徒步到南泉村，陈站长已经叫风采车到南泉村等我们了。

回到峨蔓墟，吃过午饭，稍微休息了一下，往自带的水罐里补充了茶水，我们又整装待发。

下午我们要到笔架岭去，那里有一座宋代的陈庚墓。因提供信息的人没空，我们问了个大概位置就出发了。

笔架岭有部队驻扎，从镇府到岭脚的路都是水泥路面，我们庆幸下午的路上没有了上午的颠簸。很快我们到达了岭脚，乍一看，都傻了眼，抬头望去，举目皆是蒿草，哪里看得见墓葬的踪影？我们在岭脚转了一圈，看见有一老农在地里干活，问老农：在这座岭上是否有一座陈庚墓？老农说："有，就在岭上。"望着这高过人头的蒿草，作为领队的我心里犯怵了，那么密的蒿草里肯定有毒蛇和蝎子，伤到人怎么办？但文物点就在眼前，再危险再困难也得去！于是，我们每人找来一根木棍，一边走一边敲蒿草，以驱赶毒蛇和蝎子，同时用脚将走过的蒿草踩压，形成一条路。就这样我们在茫茫的蒿草中边走边找，转了近 1 个钟头终于找到了陈庚墓。看到了墓葬，我们心里高兴极了。

陈庚，宋代昌化军知军陈中孚次子，12 岁时以万安籍应试，于南宋绍兴十二年（1142 年）中省试解元。后来从吉阳（今三亚境内）移居儋州。居治（今中和州城）北约 1 里处。

陈庚墓位于海拔约 80 米的岭上，坐东向西，占地面积 32 平方米。自东向西依次为墓碑、封土及围墙，四周蒿草丛生。墓为圆丘形封土，直径 2 米，高 0.8 米。墓碑呈如意头状，中间栱形高 0.78 米，左右两边高 0.53 米，宽 1.38 米，厚 0.16 米。碑文因风化已模糊，但仔细辨认仍可识其文："宋故陈解元墓"。墓葬保存较好，无盗掘迹象。

调查完毕，日头已快落海，我们回到峨蔓镇府，来接我们的车子也跟着到了。我们先送陈站长回家，然后匆匆赶回市区。坐在车里，我们觉得很累，但心里美滋滋的，因为我们今天顺利地实现了预期目标，还发现了我市为数不多的宋代墓葬。

"三普"手记之老城广德桥

海南省澄迈县文体局　曾德培

今天普查小分队要去的是位于县城北 20 公里处的老城镇，那里曾是澄迈县的古县城，由于县治历史悠久，作为海南三大古县之一的老县城驻地，也是目前全县历史文化遗迹分布最为密集的区域，比较有名的就有澄迈学宫、永庆寺、大成殿、广德桥等。而我们今天要去的就是广德桥。作为全县的重要古建筑，这座历经风雨的石桥，早在"二普"时就被列为县级重点保护文物，我们今天是去复查的。吃过早饭，我们驱车上路，虽然下着小雨，但小分队的兴致依然很高。三名队员中，除了我以外，还有文化馆的江非和王广宏。

王广宏以前是电视台的文字编导，而江非，是全国有名的诗人，是我们县2008年作为特殊人才引进的青年作家。所以，我们今天去广德桥，不仅是文物普查，还要沿着当年苏东坡在海南的足迹，体会一下大文豪的惆怅、抱负、感叹，重温一下他经久流传的人生传奇。

光绪二十三年编制的《澄迈县志》记载，广德桥始建于北宋，当时是木桥，名叫长桥。明嘉靖三十八年（1559年）知县唐启宾改建石拱桥，桥坐南向北，五墩五孔，高5米，长8米。后因过往旅客在经过此桥时广积善德，因此群众称之为“广德桥”。明万历三十三年（1605年）曾发生地震，塔倒而桥存。据史料记载，北宋绍圣四年（1097年）五月，已经62岁的一代文豪苏东坡，忽然接到“旨令”，离开他已经谪居三年的广东惠州，再次被贬到孤悬海外的琼州。当年六月，苏东坡渡海，澄迈成了他登临海南的第一站。六月的一天，海况顺利，苏东坡与儿子苏过同日在澄迈县老城墟港口登岸，就是经广德桥赴琼州府“报到”的。苏东坡到海南后，经澄迈前去儋州，以及后来北归，都要经过此桥。在北归途中，就有两首诗写到了这座桥。其中一首就是苏东坡到达澄迈驿站后，在通潮阁上的即兴赋诗：“倦客愁闻归路遥，眼明飞阁俯长桥。贪看白鹭横秋浦，不觉青林没晚潮。”当年，“广德桥”离通潮阁不远，站在阁上即可俯视无余，而通潮阁北边，老城湾里，那一片郁郁葱葱的红树林，正渐渐没在晚来的潮水之中。广德桥通往的通潮阁，当时也叫“通明”，又叫“通朝廷”，为北宋乾德初年建。它位于当时的县治西门外，坐北朝南，北望琼州海峡，南依澄江，正方形砖木结构，高约8米，二层楼，阁门正中墙上嵌有楷书“通潮飞阁”四字，是为古代官员、信使而建的驿所。“通潮阁”在苏东坡到来之前，已经接待过南来北往的诸多文人和贬官罪臣。后因为大文豪苏东坡曾居于此，通潮阁也变成了历代文人骚客吟咏感怀的地方，诗文历代频出。永庆寺离通潮阁不到4里，建于宋代，明朝重建，为琼北众生禅林圣地。当年，东坡一上海南岛便“歇宿澄迈通潮阁，游永庆寺”，三年之后，即宋元符三年（1100年）六月，苏东坡获赦北归时在永庆寺再度寓憩，写下了《移廉州由澄迈渡海元符三年六月二十日》一诗，其中的名句“九死南荒吾不恨，兹游奇绝冠平生”是他离开海南时留下的千古绝唱，也是东坡在海南留下的最后一首诗。苏东坡在海南留下的秩文《致梦得秘校》，也是他在海南留下的最后笔墨，当年他在老城匆匆写就，可见当时东坡遇赦，心情豁然，即兴挥笔间，风骨毕露，笔锋劲利，结体斜向右上，后世书家评论，此为其晚年书迹之代表，全作信笔写来，浑然天成。

所以，我们今天去广德桥，不但是在走近一座古老的建筑，还是要领略一段沧桑的人生。车子在海南西线高速上开得飞快，一会儿下了高速就到达了老城镇，由于已经来过多次，我们把车径直开到了桥边。从车上下来，在一种阴中放晴的天色下，我们眼前的广德桥显得更加浑厚、苍郁，历经时光磨洗的桥身和桥墩，在一缕反光之下，闪耀着青铜般的色泽。拍照、登记信息、测量数据，普查要求的基础工作，大家一会儿完成了，而对于一代文豪的命运探问还远未结束。我们又驱车去苏东坡曾经歇憩过的永庆寺、通潮阁旧址以及那个已经不在了，但依然若隐若现的古渡口。永庆寺已经在去年重修一新，巍峨肃穆地矗立在原址，通潮阁也已完成规划，即将动工，当年的渡口也已成为现在享誉全岛的盈滨半岛浴场。由于相传古时南海龙王的三公主曾帮助海南人民抵御外来海妖，而在此留下化身，每年农历的五月初五，这里都会有规模宏大的龙水节，每年端午节那天，人们纷纷前来洗龙涎水，祈求赐福人间，人数有十余万之众。

我们到达渡口遗址时，海水一片湛蓝，光照之下，浪涛像顽皮的小孩子跳跃不定。盈滨半岛的沙滩又松软又干净，在金色的沙滩上，不时有几只小螃蟹穿过。漫步海滩，海浪涌到岸边，轻轻地抚摩着细软的沙滩，又恋恋不舍地退回。正如人类永恒的历史，在一次又一次永远不息地抚摩着后人。

“三普”调查手记

海南省昌江黎族自治县博物馆　方小玲

阳春三月，我县普查队一行6人，在省专家郝思德研究员，县文体局副局长、普查队队长谢来龙的带领下，驱车来到位于县城南24公里，地处石碌河与昌化江汇合处的北岸叉河镇进行第三次全国文物调查。郝思德毕业于北京大学历史系考古专业，省指派的“三普”指导专家；谢来龙毕业于广东省民族学院中文系，县作家协会副主席。

这是一支人员配备整齐、实力雄厚的调查队伍，参与调查的人员有我和文体局的文立标、符启平、钟海娇等人员，我负责调查文字记录，文立标和钟海娇负责GPS测量，符启平负责摄像。我们普查队伍到达叉河镇政府大楼，就见到了早已等候的镇文化站站长邢兰同志。

今天我们去普查的第一个村庄是老烈村，普查队员在邢兰站长的带路下，沿着弯弯曲曲的山路来到了老烈村，我们挨家挨户走访，为村民发送“三普”宣传小册。当我们拿出带去的文物标本石斧、石锛、陶瓷片给村民认识时，村民说曾在昌化江岸的坡上耕地时发现过“雷公斧”。这里的黎族同胞把石斧、石锛等石器称为“雷公斧”。

老烈村在叉河镇的南面，昌化江的右岸，为台地地貌。我们头顶烈日，在向导的引路下，来到了村南500米的昌化江岸一级台地的河漫滩地进行实地调查。大家在专家郝思德的指导下，沿着昌化江岸的一级河漫滩地走向村东南的江岸二级台地高岗坡上。海南三月的阳光，犹如六七月的夏天烈日，队员们踏着远古先人的足迹，去寻找先人创造的历史文化遗迹。队员的脸颊被晒得通红，汗流浃背。专家郝思德同志已是年过花甲的老人了，但他神采奕奕，精神焕发走在队伍的前头。说起郝思德老专家，我早已认识，大家都叫他郝老师。2004 年 4 月，我与馆里的杨春盛老馆长参加省文管办、省考古所组织的大广坝二期水利工程建设昌化江沿岸的文物勘探调查队，郝老师是调查队负责人。2006 年 5 月至 6 月，我与馆里的黄兆雪馆长参加了由省文管办、省考古所及中科院骨脊椎动物化石研究所联合组织的信冲洞动物化石地点的考古发掘工作，郝老师是考古发掘队的负责人。与郝老师几次在一起的考古调查工作中，目睹了老专家热爱文物工作的敬业精神，我十分敬佩他。老专家是我学习的榜样，他虽已退休，但不放弃对文物工作的执著，受省文体厅指派到我县指导“三普”调查工作。此次又和郝老师在一起，是我提高业务水平的好机会。

功夫不负有心人，当我们普查队员沿着昌化江沿岸高低不平的坡面，走过小沟，越过山坡，来到老烈村东南 1.5 公里的高岗坡地时，我突然听到郝老师说了一声：“这里的地形很好。”普查队员在郝老师的指令下，沿着高岗的缓坡，分头调查。终于，我们在高岗的缓坡甘蔗地，发现了石器和夹砂陶片。采集到新石器时代石制工具 14 件，其中梯形石斧 5 件（均残），梯形石锛 7 件（2 件完整，其余均残）；有肩石锛 1 件（完整），残石器 2 件，石器工具全是磨光石器，器形较小，这些石器用途主要为砍伐树木或加工工具。另采集到新石器时代夹砂黄褐陶器残片 9 件，其中 2 件直口罐口沿，烧制火候较低，均为手制，是当时的生活用具。

发现的这处新石器时代遗址，座落在昌化江右岸的高岗坡上，对岸是东方市地界，从遗址到江边距离不足 300 米，依山傍水，自然地理环境良好，适宜古代先民居住。省文物普查指导专家郝思德研究员在现场初步认定，这处遗址及采集的文物具有很高的文物和历史价值，它不仅丰富了对该地区古代文化的认识，也从一个侧面表明早在三四千年前古代先民就劳动生活在昌江大地上，从事着渔猎采集生产。

叉河镇老烈村遗址的新发现，让我们惊喜，让我们感叹石器时代的先人独具慧眼，选择了一个地理生态环境优美良好的繁衍栖息地，为我们人类创造了历史文化财富。我们普查队员按“三普”规范要求，对老烈村遗址进行了 GPS 数据采集、拍照和周边地理环境、人文环境信息采集后，站在依山傍水的高岗坡上往西眺望，自东南向北部湾西海面流去的昌化江，大家喜悦的心情流露在脸上。此时，我感受到今天是普查新发现的第一个点，做为一个文物工作者，又是普查队副队长的我，肩负着历史赋予的使命。文物是走出来的，前面的路还很长。明天，山海黎乡的昌江还有许多我们的祖先创造的文明在等待我们普查队员去发现挖掘，我们要不辱使命，尽心尽责完成第三次全国文物普查工作，保护中华文明灿烂的文化遗产。

重庆市

第三次全国文物普查的体会

重庆市渝中区文物保护管理所　达应建

泱泱中国，山河壮丽多姿，文化博大精深，历史源远流长。几千年的文明，为中华大地留下了数不胜数的文脉古迹。为了进一步掌握我国的文物情况，2007 年 4 月，全国开展了第三次文物普查工作。作为一名文物工作者，我有幸参加此次普查，感到十分自豪。三年多的野外调查，是理论与实践的结合，是学习与工作的互动，是理想与现实的碰撞，是体魄与心智的锻炼……回过头来，看看三年多完成的工作，积累的经验，取得的成绩，有着深深的感触。

总体说来，有个很大感受：一方面，随着我国经济社会的不断发展，人民群众生活水平的日益提高，党和国家越来越重视文化领域的建设，越来越重视文脉古迹的保护，传承和保护文化遗产已成为构建社会主义和谐社会的重要一环；另一方面，文物保护事业同经济社会发展，尤其是城市建设还存在着一定的矛盾，形势依旧比较严峻，需要探索更好的文物保护利用模式，寻求文物保护和城市建设、经济发展的共同点。

说到三年来的文物普查，我相信不同的人、不同的地区，从不同的角度，会有各不相同的体会；我同时也相信，任何一个尽职守责的文物工作者，都会有一个感受，那就是文物普查任务艰巨，使命光荣！

下面具体谈几点我在“三普”田野调查阶段的体会：

文物普查是一项文化遗产摸家底工作，是一项需要细心与耐心的工作。作为一名文物普查工作者，从接到任务起，我感到既激动又紧张。这次普查涉及的不可移动文物类别，包括古遗址、古墓葬、古建筑、石窟寺及石刻、近现代重要史迹及代表性建筑和其他等 6 大类 59 个小类。普查要以新发现的不可移动文物为重点，对渝中区境内的所有新发现文物的位置、数量、规模、价值等基本情况进行全面调查；要对已登记的文物进行复查与核实，切实掌握它们的保存现状、环境状况、损毁原因；查清各类文物的所有权属和使用管理情况，最终建立完整的文物点登记档案。三年来，我们跋山涉水，走街串巷，始终保持高昂的斗志，本着严谨求实的工作作风，一丝不苟地对全区文物进行调查，摸清了我区文物的情况。我感到，有了这些不畏艰辛，努力奋进的普查队员们，文物普查工作便能更加顺利的开展，文物事业的明天也会更加辉煌。

在做好文物普查工作的同时，还要做好文物的保护工作，特别是面临消失的文物的抢救工作，这点我有着很深的体会。普查是为了文物有效地保护，保护好了文物能为普查提供积极的支持。渝中区是文物大区，尤其是抗战文物更是居全市首位，渝中区的抗战遗址有105处，占全市395处抗战遗址的1/4，普查任务艰巨复杂。同时，渝中区面临着新一轮的城市建设、危旧房改造，保护危旧房片区的文物，是我们在“三普”中特殊的任务。这一工作主要由我负责，我的感受用四个字来概括——守土有责。作为一名文物工作者，保护文物是法律赋予我们的神圣使命，我不希望看到渝中区有任何一处文物因为种种原因而消失。所以，当城市发展同文物保护产生矛盾时，我和我的同事们处于与时间、拆迁赛跑的境地。我们加强与各拆迁指挥部的协调与沟通，随时掌握拆迁动态、范围，逐一进行调查，及时将文物信息汇报给政府，尽最大的努力来保护位于危改片区的文物。通过我们的努力，渝中区区委、区政府、区人大相继出台文件，采取多种形式的文物保护方式，保护了一大批面临拆迁的文物。看着这些文物最终通过合适的保护形式得到保护，我感到由衷的欣慰。

在调查文物、抢救文物的同时，还要做好文物保护的宣传工作，这也是我在此次文物普查工作中的一点体会。文物普查队应该既是工作队，又是宣传队。我们要抓住“三普”这个时机，向广大群众宣传文物的有关知识和文物保护的法律法规，呼吁全社会都来关注我们的文脉遗产，都来保护我们的文化古迹。毕竟，要做好文物保护工作，仅仅靠文物工作者的努力是不够的，应该让更多的人、更多的社会力量投身于文物保护上来。

文物是中华文明的血脉，它承担着传承历史的使命，在迈向现代化的征程中，我们要珍视文物古迹，保护好文化遗产，弘扬好历史文明。在这次普查工作中，我们虽取得了一点成绩，但是文物保护工作的征程却是漫长的，文物保护意识的觉醒也是艰难的，它还需要我们的不懈努力，更需要每一个人的积极参与。

“三普”手记之柳暗花明又一村

重庆市合川区文物管理所　罗仕杰

普查已进入冲刺阶段，太和镇是本次普查的最后五个镇之一。今天的目的地是盐溪村，这是一个偏远的小村，与潼南县交界。

通往该村的公路是一条简易的村级公路，小车一路颠簸缓慢地前行，不时将大家摇得东倒西歪，不过大家早已习以为常，仍在谈论昨天普查龙游寺的见闻感受，都纷纷为这个因为“文革”而遭受毁灭性破坏的合川古代四大名寺之一的遭遇惋惜。

文物普查就是这样一个工作，你不仅要耐得住寂寞，还要受得起打击。

到达盐溪村地界已经9点多了，刺眼的夏日阳光射得我们睁不开眼，不过对于我们这些从事野外工作的人来说，这算不得什么，大家背着背包就上路了。

询问了当地的几个老乡，说是村北边的山上有不少“深基”；“深基”是当地的土语，一般是指用石板砌成的墓室，于是我们一行人就朝北边的山地进军了。7月正是野草疯长的季节，大家为了节省时间，硬是从狭窄的山崖草丛中开出道路前行，到达山腰时，大家都感觉热得不行，一个个像蜜蜂一样拥到墓室里，找个地方就坐下，互相看着狼狈的样子，都忍不住大笑起来。阴暗的墓室让我们不一会儿就凉爽下来，大家打量这眼前的墓室，不由得有些失望，这只是一排简单的明代墓群，早期已被盗掘，墓室内空无一物，只留下一些瓦砾乱石，虽然是这样，大家还是按分工忙碌地工作起来，长时间的合作让大家都很有默契，不一会儿就把墓群搞定。

绕过山头，我们继续向前搜寻，一座较大的院落出现在眼前，青瓦覆盖的房顶上仍保留着部分脊饰，大家不禁暗自惊喜，一定是一处民居建筑。进入大院内，除了两只黄狗在迎接我们外，几间房门都关闭着，院内空无一人，于是大家分头进行测绘记录、摄影和GPS定位；工作快结束时，可能是狗的叫声将在附近干活的房主唤回，我们赶紧说明来意，并向他打听所在地址和位置；不问不知道，一问吓一跳，原来我们已进入潼南县地界，大家都显得十分失望，看来今天算白跑了。

时间已经午后1点多了，队员小朱的肚子不争气的叫了起来，大家也都表示要先解决吃饭问题，但如果回镇上吃饭，来回要4个小时，下午基本上就没时间普查了，大家一致决定就近在村民家解决。

绕过山头，发现有一个小小的院落，大家风一样向院子冲去，进入院子才发现这个院子很安静，喊了好几声才从屋里出来一个老大娘，原来她的子女都出去打工了，孙子在镇上读书，就她一人在家。在说明来意之后，大娘非常热情地对我们说：“要得，就怕我做的饭你们城里人吃不惯，我这里鸡蛋、腊肉、调料都有，地里还有新鲜的蔬菜，你们自己做吧。”于是大家分头行动，忙得不亦乐乎。是的，普查是枯燥的，也是辛苦的，但是当你疲倦时，它会给你惊喜，当你身体不适时，队员们会鼓励你、关心你、帮助你，让你温暖。

不一会儿，在大家齐心协力下，一桌子算不上丰盛却分量十足的农家大餐就做好了，大家大快朵颐，以茶代酒、谈天说地，吃得十分开心，将上午的不快全都忘了。

经过短暂的休整，下午2点多钟，大家又顶着火辣的太阳一路向村南搜索进发。翻过两个山头就到了村南的雨台山，大家分头打听和搜寻，但仍然一无所获；时间已过 5 点，大家双脚像灌满了铅那样沉重，坐在地上就不想起来，看来今天的运气实在太差。

下山的路是一条小路，一面靠山，一面峭壁，近年来因退耕还林，很少有人行走，路边杂草丛生，路面时隐时现。走着走着，前面的小朱“啊”的一声惨叫，就消失在路边坎下的树丛中，惊出大家一身冷汗。好在峭壁不算太高，下面长着茂密的野草和植物，不久就听见小朱在下面说：“没事，就擦破一点皮。”大家总算松了一口气。

幸福总是在不经意间降临，小朱在等待救援的空当，居然大叫起来。“石壁上雕刻有字，你们快下来看啊！”大家顺着他手指的山崖看去，果然是一处石刻。这也许是今天我们最高兴的时刻了，大家一骨碌地往下面窜，连腿上有擦伤的小朱也连忙站起来用手去拉扯石壁上的藤状植物。

经过一阵忙碌，石壁终于清理出来了，一个巨大的“忍”字出现在大家眼前，字径达 2 米，左右两侧雕刻对联，上联“气死不告状”，下联“饿死不做贼”，字径 0.44 米，根据石刻的风化程度等分析，应为清代雕刻。这个意外的发现让大家忘记了疲劳，马上投入到工作中。这时，一个村民从此经过，告诉我们，原来该石刻在当地有一传说。据传在清代，有一个当地人因事到合州城告状不成，在回家途经此地时死去，他的家人找人在此雕刻了这个巨大的“忍”字和对联，告诫人们发生任何事都要“忍”，“气死不告状，饿死不做贼”。寓意十分深刻。

回去的路上，大家脸上都洋溢着幸福的笑容，这就是“三普”工作者特有的幸福。今天是这次“三普”中最难忘记的一天，也许这就是古诗里所说的“山穷水尽疑无路，柳暗花明又一村”吧！

张泽权同志先进事迹

重庆市奉节县白帝城文物保管所　李　刚

我县“三普”队员张泽权同志于2010 年 4 月 12 日在奉节县竹园镇无山村进行文物调查时，不幸以身殉职。他工作兢兢业业、任劳任怨，踏实肯干、甘愿奉献，在平凡的岗位做出了不凡的业绩，其主要事迹如下：

一、勤勤恳恳　扎实工作　无私奉献

张泽权同志工作认真负责、爱岗敬业、一丝不苟。在田野调查中，他以身作则、严格要求。记录工整、仔细、规范，从不马虎。为保证照片能客观、真实地反映文物本体，他总是主动清理文物周边的杂草、垃圾，毫无怨言。晚上收工回到住地，他顾不上休息，不是整理记录、校对资料，就是梳理信息为翌日的工作作准备。下雨天，不能进行田野调查，张泽权同志就抓紧时间忙碌的进行资料录入工作，把自己的工作安排得满满的，星期天、节假日也很少休息，长期处于满负荷工作状态，从不计较个人得失。

张泽权同志在部队曾干过电工，有一技之长。去年，他战友劝他停薪留职，与之合伙经营电器，被他婉言谢绝。其实，张泽权同志家境并不宽裕，老伴无工作、孩子刚上大学，正是用钱之时。但他始终认为："'三普'工作是当前我国最大规模、首要的文化遗产保护工程，几十年一遇，身为基层文化单位的一员参加此次文物普查工作是组织的信任，也是每个文物工作者的骄傲，我一定要竭尽全力做好这项工作。"

二、不辞辛劳劳　俯首甘为孺子牛

张泽权同志为人憨厚、老实，工作勤奋、踏实。无论是田野调查，还是资料整理，他都极其负责，并有一股子"犟劲"。一次，在复查一文物点时，由于原资料地址错误，找了好长时间都未找到，有的队员急躁了，缺乏耐心了。张泽权边做大家的思想工作，边四处走访打听，凭着这份执著，他和队友们走乡串户，用了40多个小时硬是找到了该文物点。

张泽权同志一心扑在工作上，不管份内、份外的事他都争着干、抢着干，吃苦在前、享受在后。调查中，张泽权同志每天携带沉重的设备还不忘多带几瓶矿泉水，队员们渴了他就分发给大家饮用。偏远山区，队员们往往很难吃上一顿像样的午饭。张泽权同志想大家之所想，急大家之所急，主动找村民联系，煮上一锅热气腾腾的稀粥，再烧上一盆金黄可口的土豆，让大家吃上一顿热饭。队员们非常高兴，都亲切地称他为"大总管"。张泽权同志总是乐呵呵地说："我们是一个团队，只有团结一致、保障有力，才能把文物普查工作做好，做好了工作，我就是再苦、再累也值。"简单朴实的话语，代表了张泽权同志那金子般的心。

三、充分发挥共产党员的先锋模范作用

文物普查点大都分布在偏远山区。山高路险，道路崎岖，常有毒蛇出没。为了大家的安全，张泽权同志总是身先士卒，走在队伍的前列，他常常拿着一根木棍"打草惊蛇"为队友开道，在荆棘杂草丛生地段，张泽权同志就用镰刀左砍右劈为队员们砍出路来，让大

家顺利通过，在陡峭狭窄的危险地段，他总是伸出健壮力有力的大手，搀扶队友们安全通过……一次，车辆行进过程中，遭遇山体滑坡、情况十分危急，张泽权同志临危不惧，第一个下车探明情况，镇定指挥，和队友们一起排除了险情，使大家安全、顺利地到达了目的地。

张泽权同志，处处以一名共产党员的标准严格要求自己，严于律己、宽以待人、不畏辛劳、率先垂范。2009 年 11 月的一天，张泽权同志在进行田野调查时，双手莫名中毒，红肿得厉害，还伴有低烧。队友们非常担心他的身体状况，纷纷劝他回县城治疗，但他硬是不肯放下手中的工作，一直忙到傍晚收工，才去卫生院打吊针。第二天又带病坚持工作，直到该村文物普查工作结束后才回城治疗。

四、干一行　爱一行　钻一行

2008 年，我县文物普查办公室正式成立。2009 年 8 月，张泽权同志见文物普查队人员紧缺，工作量大，便主动请缨，成为了一名普通的文物普查队员。尽管他年龄较大，但是，他干一行，爱一行，钻一行，潜心学习，不懂就问。无论是田间地头，还是收工回到下榻的旅馆，一有时间他就拿出《“三普”工作手册》认真学习，刻苦钻研。在工作实践中，他更是善于琢磨、勤于交流、学以致用，很快就成为了队里的业务骨干和多面手。所作的记录整洁、全面、无差错，深得队友们的尊敬和爱戴。

五、心系“三普”　魂归青山

今年 3 月，我县“三普”工作顺利通过重庆市验收，但尚有一些工作亟待改进，时间紧、任务重、工作量很大。张泽权同志见队里人手较紧，忙不过来，就主动要求到条件艰苦的偏远乡镇工作。

2010 年 4 月 12 日，张泽权与队友驱车前往竹园镇无山村进行文物调查，他们风尘仆仆，不顾得舟车劳顿，满身疲惫，迅速开展工作。下午 4 时许，张泽权同志在对当天的第三个文物点进行记录时，因疲劳过度、不慎跌落坎下，以身殉职，年仅 46 岁。队员们含着热泪在整理张泽权同志遗物时发现了一个日记本，里面这样写到：“‘三普’工作是一件令我十分愉快，并且非常有意义的事情，在我有生之年进行此项工作是我的荣幸，我一定尽心尽力地把它做好，生命不息，工作不止。”

张泽权同志用对党的忠诚实现了他的铮铮诺言，用他鲜活的生命书写了他可歌可泣的辉煌人生。

记近几年参加重庆市第三次全国文物普查工作的经历和感受

重庆师范大学历史与文博学院　杨　华

为了配合重庆市第三次全国文物普查工作的全面开展，同时也为了给我们重庆师范大学与文博学院的学生们能参与地方文物考古实践活动的机会，学院领导决定让具有丰富田野考古经验并参加过第二次全国文物普查工作的我来具体负责这次工作。就这样肩负着重担。从2007年9月开始到2010年5月，除了完成了学校的教学任务以外，几乎把主要精力都投入到了重庆市的文物普查工作之中。曾先后带领2004级到2007级本科生共140余人，2005级到2008级的硕士生共30余人参加到重庆市各区县文物普查工作之中。据我所知，我校参与此项工作的人数在全国高校中是最多的。这支阵容强大的文物普查队伍，在重庆市文物普查工作中发挥出了重要的作用。作为总领队的我，在这几年的文物普查工作中付出艰辛和努力，此时此刻，我也无法用自己的语言来记述那曾经工作过的全部过程。参加普查的学生多，分布范围广，要把这一批批的学生培养出来，最后将一个个区县的文物点按“三普”办要求一一整理出来，使他们掌握到一系列文物普查工作的技术，这是一件很棘手的事，然在我经过周全地计划和合理安排后，最终将这一常人难以开展的工作圆满完成了。

这次文物普查是一次大规模的全面的文物普查，重庆地区近30个区县的文物普查工作任务繁重，前后需要长达数年的时间，这期间学生们一届一届，从生手到熟手，其调配、安排、安全等都需要周全考虑。仅就培训和操作而言，前一届学生在熟悉了工作后却又面临毕业，而新的一届又要从头开始，这对学院的工作和学生的实践能力方面虽然大有益处，但要使每届学生都掌握文物普查的全套技能，其轮番的运筹则需要花费相当的精力。鉴于此，我根据自己的工作经验在教学和管理上制订了一套从课堂教学到野外操作全过程的实施计划，在校内先由专业老师讲授，然后集中于某一县（区）进行野外实地操作并以此作为以后的示范。其实施步骤是：先熟悉普查地的文物资源情况，然后选择某处文物点进行现场操作，学生们都必须亲自动手。经过几天的实地操作和经验积累后，再将学生分成若干小组，每组3~4人，由专业技术和组织能力较强的学生担任组长，各组又按当地文物部门的统一安排进入各镇、乡，再由当地文化干部带领深入到各村、组开展调查工作，指导老师则忙碌穿梭于各组之间，保持各组及与地方文物部门之间的联系，遇到问题也可以马上报告并予以解决。

为了照应全局，学院又将先期已熟悉文物普查工作的学生抽调出来以老带新，组织出一支支新的调查队到其他各区县去协助工作。在奉节、忠县、丰都、梁平、铜梁、巴南、南岸、长寿、武隆、酉阳、彭水、荣昌、北碚、九龙坡、沙坪坝、渝北、渝中、綦江、万盛、永川、江津、合川等区县，学校都派出了文物调查队，调查工作几乎覆盖了整个重庆市区县。文博专业近几届的学生们在经历了此次文物普查实习后，既学到了理论知识，又掌握了野外文物普查的全套技术以及一些社会知识，为他们毕业后的就业打下了良好的基础。

几年来，我带领这些学生们与地方文博单位的合作中，根据各区县的情况采取了多种合作方式，或由我们承担全部文物普查资料的收集与整理，地方单位只负责后勤工作；或由我们派出普查队员（学生）与当地文物干部一起工作；或与其他单位联合开展文物普查。在重庆各区县文物普查工作中，忠县的任务最重且缺少专业人员，经县文物局与我们协商，我们担负了该县境内从田野调查到室内资料整理的所有工作，该县文物局担负后勤工作。在忠县文物局局长黄建华的安排下，我在06级学生中抽调出20余人、07级硕士生中抽调出8人（中途陆续增补的除外）组成的文物普查队，在忠县开展了为期一年的工作。按照国家文物局第三次文物普查的有关要求，调查小组对忠县各镇、乡、村、组及街道办事处等进行了地毯式搜索和拉网式调查，圆满完成了各文物点的勘察、测量、标本采集、绘图、拍照、录像及数据、资料的采集、登录等，并顺利进入第三阶段的整理工作。经调查统计，忠县共有文物点1126处，其中不可移动文物登录的1082处，消失文物登录的44处，新发现的文物点941处，复查文物点185处（含注销文物点44处）。文物类别包括有古遗址、古墓葬、古建筑、石窟寺及石刻、近现代重要史迹与代表性建筑、古脊椎动物化石地点等。

目前，按照重庆市文物普查领导小组的统一布置和要求，重庆地区忠县及其他各区县的田野普查工作都已结束，我们的普查队员也都转入第三阶段的工作中。文物普查的前期工作虽已结束，但我们这些学生们当时野外调查的艰辛及感人的一幕幕仍历历在目。我们的普查队员大多都是独生子女，但在工作中都表现出了不怕苦不怕累的精神，队员们每天早出晚归，背着沉重的普查工具和资料，翻山越岭行走在崎岖的山路上，没有一个人因苦累而半途退却。在荒凉的山野上，队员们忍饥挨饿坚持工作，滑倒摔伤也全然不顾。队里几乎每个队员都摔过跤，有的一天摔倒过七八次。有的文物点无路可行，我们只有开道前往，全然不顾衣服挂破、皮肤划伤。山间蚊虫叮咬，毒蛇出没，走乡串户还有恶狗侵扰，但为了保证文物点资料的完整，在暑期的三伏天里，我们常常头顶烈日，在高达40多度的气温下在“火炉重庆”的荒郊野外作业；在寒假的三九天里，我们迎着北风，坚持着对一处一处文物点的调查。无论条件多么艰苦，但我们的心愿就是要争取多发现文物点，在各普查小组之间的通话中，我们能听到的常常是这个组又发现了几处文物点，那个组又发现了一处重要的遗迹等。晚上回到住地，各普查小组都会炫耀他们用汗水换来的丰硕成果。由于要赶时间、抢进度，尽管白天进行了超常规的工作，但晚上还必须对资料进行整理，以便开始第二天的新的工作。虽然很苦很累，但每看到一处处文物点被调查出来，发现的文物点越来越多，我们又都沉浸在无比的喜悦之中，所有的劳累也就忘得一干二净了。如此充满成就感和自豪感的愉悦，只有我们这些奋战在第一线的文物普查队员尤其是那些第一次踏入社会实践中的学生们才能体会到，我们为保护我国文化遗产所付出的辛勤劳动将会遗留在文物普查队员们走过的山林之间，也会流淌在那些调查资料的字里行间。

连续数年的文物普查及田野考古实践，使几届本科生和硕士生顺利完成了学院制订的田野考古教学计划，同时他们也因此成长为既有专业理论基础又有田野调查及资料整理技能的专业人才。这些学生毕业后应聘到文博单位都能挑起文物普查和考古工作的大梁，不少区县文化局及文博单位的领导们感到，地方文博事业的发展和建设急需要我们培养出的这些既有理论基础又有文物普查及田野考古经验的专业人材。

正是因为我们这几年文物普查工作的开展及因此为学院带来的声誉，目前已有多家文博单位向学院提出了用人计划。这一点令具体负责此次工作和现场指导的我尤感欣慰。在这几年的文物普查工作中，我们的文物普查队员们都赢得了相关文博单位的好评，那些毕业后被招聘到各文博单位的学生们在工作岗位上都发挥了他们的专业优势和实践能力，他们正在用自己卓有成效的工作回报老师和社会对他们的培养和教育。

四川省

“三普”有感

四川省成都市新都区文物管理所　王　波

当获悉我是成都市唯一一个获得“第三次全国文物普查实地文物调查阶段突出贡献个人奖”的普查队员时，在感到意外和激动的同时，更多的是觉得受之有愧。因为大家都很清楚，此次文物普查较之以前的两次，技术要求更高，操作起来难度更大，是一项系统工程，所以单靠几个人或一个单位的力量是无法胜任的。回想这两年来的时光，我脑海里浮现的是省、市“三普”办领导和专家在培训会议上讲解专业知识时专注的神情及所体现出来的严谨治学态度，是区委区政府的高度重视和积极部署，是馆领导的全力支持和协调，是乡镇文化干事和我们一道在普查路上的挥汗如雨，是普查组成员间的同心协力和相互鼓励……所以，这份荣誉是属于大家的，是属于集体的，而我仅仅是尽力做了我应该做好的事。我想，与其在这里讲述普查过程中的艰辛与不易，还不如对这两年来的调查工作细细梳理一遍，对工作中的得与失认真总结一番。

先谈谈工作态度。常言道“态度决定一切”。有些同志在了解到此次实地调查任务须要深入到田间地头，每个文物点都需要我们跋山涉水一步一步走出来时，立即就产生了打退堂鼓的想法，总觉得又苦又累，野外补助也不高，是否应付一下就行了。我要说的是，提起实地调查的艰辛，横向来看，全国各地哪位普查队员又能轻轻松松完成手中的任务？哪支普查队又不是这样一路走过来的？纵向来说，我们今天的普查，相比于“二普”、“一普”，就政府重视程度、专项经费的投入数量、普查设备的配备、普查队员的待遇等方面来看，均有质的飞跃。老一辈文博人吃干粮、住农舍都能搞好普查，今天的我们又有什么理由干不好“三普”呢？

再说说对普查重要性的认识。我们既要看到这是一项重要的国情国力调查，同时也要认识到这是我们县级文物管理机构加强和改善文物保护与管理的基础性工作。从事这项职业的文博人，如果连本辖区有什么样的文物，有多少文物，它们的现状如何等情况都不清楚，实在是问心有愧、情何以堪。家底尚不清楚，谈何“如数家珍”？就更说不上加强保护、发扬光大了。所以，对于此次文物普查，我们不能仅仅看作是上级布置给我们的工作任务，而要自觉地把它当成是我们该干而且必须要干好的本职工作。

在弄清楚了“为什么做”后，接下来便是“做什么”的问题，即要清楚本次普查的目标及任务。此次文物普查须要达到的目标是，通过普查全面掌握本县域不可移动文物资源的数量、分布、基本情况、保存现状和环境状况等，为政府制定文物事业发展政策措施提供依据。调查的任务是通过对6大类59小类不可移动文物的位置、数量、规模、价值等基本情况进行全面调查；对已登记的不可移动文物进行复查与核实，切实掌握不可移动文物的保存现状、环境状态、损毁原因；查清各类不可移动文物的所有权属和使用管理情况，最终建立完整的文物普查与登记档案。其中尤其强调了两点，一是要对近现代重要史迹及代表性建筑要给予特别关注，二是要以调查、登录新发现的不可移动文物为重点。在全面掌握第三次全国文物普查的目标和任务后，我们才能在普查过程中做到心中有数、有的放矢。

至于“怎么做”，我想首要做的便是掌握和消化“两个规范、五个标准”，即《不可移动文物登记表著录规范》、《消失文物登记表著录规范》以及不可移动文物的认定、分类、定名、年代、计量等标准，这是我们搞好实地调查的前提。其次，要发挥主观能动性。基层文管所、博物馆专业人员不够“专”，这是个普遍现象，要根据本普查队各成员的知识结构情况，有针对性地掌握一些专业知识和技能，例如我们工作组便在培训阶段组织了自学，通过购买书籍和下载网上视频教材，让电脑技术人员初步掌握了AutoCAD、CorelDRAW等绘图软件的使用，让文本数据采集人员熟悉了古建筑的结构、名称等描述要领。另外，调查过程中“边总结、边完善、边提高”也极为重要。例如我们在普查初期，热情满满，认为不能放过任何蛛丝马迹。每到一个村，大家都带上钻探工具，到处钻孔打眼，结果是花了几天时间，还是在那个村打转转。在询问当地老百姓文物线索时，我们最初也不得要领，通常是看见人就问，并且问得太过专业化。往往是问的人唾沫横飞，听的人一头雾水。通过一段时间的摸索和不断总结经验，我们及时纠正了实地调查时所走的弯路。首先，要区分“普查”和“专题调查”的关系。文物普查是对文化遗产这一社会现象的总量而进行的全面调查，是以调查不可移动文化遗产资源规模为目的的行为。因此，调查的内容，是以调查不可移动文化遗产现象共性为主，普查对象个体信息的采集应以现场即可获得为度。所以说，我们那种拿着钻探工具毫无目的的四处钻孔打眼，是完全没有必要的，也是与普查的要求不相符的。实地调查文物线索，勤“问”比多“看”更重要。勤于观察固然很重要，但时间太紧，不允许花费大量精力来细致观察，多向知情者了解文物线索，往往会事半功倍。“问”要讲究技巧，通过我们不断总结，发现向稍微上点年纪的老者请教，尤其是向退休乡村教师、村社退职干部等询问最有效果。调查中，既要追求数量，又要控制质量。本次文物普查，将发现新文物点作为普查的重点，各地将发现登录文物点数量多少作为衡量调查绩效的重要指标。其实，当前认为不重要、价值不大的文物点，数年后就可能变得极有价值，大家不妨把眼光稍微放的长远些。再者，对数量做了要求，是为了防止认定登录遗漏，宁可“先宽后严”，尚有筛选的余地，也要避免认定遗漏来“炒剩饭”，重新跑一次。但所有点都必须要符合普查技术规范和标准，我理解的“宽”，仅是指文物点价值的大与小，典型与普遍的取舍问题，那些一味追求数量，根本不顾及数据采集质量的偏激做法是要坚决杜绝的。

以上是我对新都区实地文物调查工作的一个简要总结，很多地方做得还不到位，有些认识难免也比较片面，权当抛砖引玉。但有一点需要说明，以上观点均是本人在普查一线工作中的有感而发，其目的是为了更好地完成剩下的普查任务。

“三普”，我们在路上

——田野调查手记

四川省泸州市博物馆　晏满玲

昨天结束野外调查已是晚上 8 点，回家吃饭、洗漱，整理完工作笔记，时间已过凌晨。与方山镇分管文化工作的党委徐书记联系了多次，今天她派出社会事务办公室的小郝，协助我们一道对方山镇进行文物调查。

闹铃准时 6 点不依不饶地叫个不停，双眼实在难以睁开，当闹铃叫到第三遍，才懒懒的从床上撑起身子，为防蚊虫叮咬和太阳的暴晒，穿上长袖、长腿衣裤，脸上涂抹厚厚的防晒霜，挎上背包，冲出家门。

搭乘开往方山的首发公交车，尽管晨曦初露，但车上也是一片嘈杂。今天逢七，方山镇赶集，到乡下买土家禽的大妈们背着背篓，练摊的小商贩掮着鼓囊囊的编织袋，将车上狭窄的过道塞满。我垫着脚尖跨过背篓，踩过编织袋，在最末排找到了一个座位。刚坐定，负责照相的小雅汗涔涔挤了上来。

汽车驶过尚还宁静的街道，拐过两个大弯，将密集的建筑陡地抛开。当枝繁叶茂的荔枝树、缀满黄灿灿桂圆的桂圆树、修葺整齐的一方方菜地从窗前掠过，包含水汽的凉风拂过面颊，所有的疲惫、倦意都消失殆尽。

近 8 时，汽车缓缓驶进人头攒动的集镇，在满是老弱的人群中忽见一披肩发、鹅蛋脸、白T恤、牛仔裤、个子高挑的女孩鹤立其中，小雅告诉我，那就是小郝，去年才考上公务员的大学生。

我将方山镇文物点的所有资料递给小郝，我建议今天主要调查的是方山镇方山村和华丰村。小郝看着资料，面露难色。她抱歉地笑着对我说，初来乍到，对当地情况不熟悉。看见我为难，她莞尔一笑，马上说，没关系，到茶馆找老村长去。

穿过人流，在一间临街木板夹壁的茶坊里，找到了正在喝茶聊天的老村长，我们说明了来意，老村长欣然同意与我们前往。在街口处，小郝找了辆面包车，告诉师傅带我们到方山村，师傅的笑脸一下僵持了，很生硬地连说，不去，不去，路险难走。在小郝好说歹说的求助下，也许眼前两位白皙的美女让师傅起了怜悯之心吧，答应带我们一段路。

汽车在机耕道上一路盘旋、一路颠簸，窗外尘土飞扬，窗内憋闷燥热。在一段陡峭的山坡上，忽听发动机喘着粗气，发出异样声，瞬间汽车熄火，师傅不断轰着油门，车身却纹丝不动，最终连声音都没有了，师傅说没办法，车坏了，你们自己走吧。我们不得不从车上钻下来。此段山路，全是黄土怪石，未见一棵树，更看不见一户农舍，明晃晃的太阳照得眼睛睁不开。老村长指着远处一座山峦，告诉我们，方山村文物点都集中在飞霞山。

我们一行人在老村长的带领下，沿着黄土山坡一路上行，在炙热的阳光下，两位美女的脸蛋一会儿就被烘烤得红红的，已为人母的我真为她们纠结。将做新娘的小雅，娇嫩的肌肤能承载这毒辣的日光吗?

上山下坎，走了约莫5里山路，老村长带领我们钻进一片玉米林。我们在密集的玉米林里穿行，刀刃般的玉米叶将裸露的皮肤划出一道道口子，汗水流经处，辣辣的，痒痒的，着实让人难受。

正当我们干渴劳顿、百无聊赖之时，眼前的景象让我为之一振。在陡峭的黑褐色山壁上，分布着多龛摩崖题刻及造像。在一方长25.5米，宽11.5米的石壁上，整齐有序地排列着八龛造像，其中有佛教观音、释迦摩尼造像，道教八仙过海造像，第六龛为韩飞霞造像，每尊造像都与真人大小一致，雕刻精美，保存较为完好。据《泸县志》载：韩飞霞为明中叶泸州人，自幼博览群书，善诗词歌赋，因屡试不第，遂抛掉儒服，黄冠出游。此人不仅会仙术，还精通兵法、医术，成为一方名医。晚年寓居故里，一夕化去，世传为仙。上世纪80年代盗墓猖獗时，据报告韩飞霞墓被盗，等到文管所的人赶去时，墓室内的陪葬品已被洗劫一空，唯有尸体保存完整。当时技术、设备有限，等将尸体搬出棺木后，瞬间化为乌有。现市博物馆库房内还存放韩飞霞裹尸的一小片织锦和所戴的黑色绒帽。此组造像，从雕刻的风格看，是明代晚期，在当地百姓中，韩飞霞是可与佛祖、道仙并列供奉的真人。

GPS定位、照相、测量、绘制草图、记录，一切都在有条不紊中进行，当太阳移至西面时，我们完成该处摩崖造像、仙人洞、韩氏墓地、石刻题记四处野外普查工作，此时才感觉到饥肠辘辘，皮肤裸露处被蚊虫叮咬的小红疙瘩奇痒难忍。农耕一生、一直在默默协助我们工作的老村长感叹道，没想到你们比我们还要苦。下山时，经过一片梨子林，老村长在林子里穿巡，待钻出林子后，他手里捧着几个大梨，说，我精心为你们挑选的，别看上面被虫咬过，说明它甜，水分也多，还用不着削皮。口干、饥饿的我接过村长的梨，迫不及待啃起来，那甜、那脆，感觉是我此生吃到的最好的梨。

时间已是下午3点，在村长家吃下一大碗鸡蛋面后，村长继续引领我们向华丰村进发。

一路下山，接着上行，我们一行人在方山东北面山地绕着“之”字形路寻寻觅觅，在一处杂草丛生的凹地处，我发现一块雕刻卷草花卉的浮雕条石，再仔细搜索，在这方约莫300平方米的凹地中，横七竖八躺着无数类似石刻，有的雕刻瑞兽，有的雕刻人物，虽较模糊，却能看出出自名匠之手。从条石的造型和零散的摆放格式，完全可以判断，这些条石是建筑的基石。同行的村长告诉我们，小时候曾随大人到此烧过香，拜过菩萨，当时香火很旺，只是在“大跃进”时已毁。我们继续在杂草中搜寻，果不其然，在杂草中，我发现仅存半截镂雕的石质香炉，上面花卉缠绕，残存径长也有1.5米，可见其当初端坐在庙前的气势。在荒草中，我们又发现一段六级石砌台阶，沿台阶而上，又一处较为完好的建筑基础呈现在我们面前，基础面阔85米，进深54米，在该区域内，横七竖八躺着零零碎碎的高浮雕或镂雕石刻，我随意搬动几块较小的石块拼凑，可以断定是建筑的门楼。该建筑基础的后面是突兀而起的青石山壁，只是被乱竹遮掩。我们小心翼翼扳开重重乱竹，蹑手蹑足从竹林中挤过，生怕惊扰沉睡在荒草乱竹中的蛇们，不到10米的距离，却让我们走得提心吊胆。穿过竹丛，石壁上赫然雕刻从清道光至民国初年的五龛题记，有记录方山风光旖旎的“风月”、“览胜”，字体硕大、醒目，有记录方山一带匪患猖獗的记事散文，字迹漫漶不清。我们四人分头行动，村长协助我拓片，小雅、小郝负责收集该处遗址的所有数据。

我终于完成第五张拓片，将所有行当收拾进背包，此时已是夜幕降临。此时的山风很大，一轮弯月已挂天际。我再一次行走在块块雕琢精美的乱石荒草之间，无名的惆怅油然而起，创业的祖辈苦心经营，以他们的聪颖和灵巧，雕琢精美绝伦的石刻、砌筑恢弘的庙宇，然时间的力量、历史的进程让曾经辉煌变为废墟，时间是残酷的，人为的毁损更加残酷。所幸的是今天的文物普查就是让世人记住历史，让文物保护工作在村长、我、小雅之间代代传承。仰望亘古不变的明月，她在微笑，只有她能见证昨天、今天还有明天。

德阳市旌阳区第三次全国文物普查实地文物调查手记

四川省德阳市旌阳区文物保护管理所　邓　丽

德阳市旌阳区第三次全国文物普查实地文物调查工作于2007年11月正式展开，全体“三普”队员齐心协力、团结一致，克服了工作中的种种困难，于2009年10月底圆满了完成实地文物调查工作。我有幸被国务院第三次全国文物普查领导小组评为“全国第三次文物普查实地文物调查阶段突出贡献个人”，深感自豪与光荣，但我深知，这份荣誉不仅仅属于我个人，它更属于我们整个“三普”团队，属于每个“三普”队员，这份荣誉既是对我们辛勤付出的鼓励，也是对我们进一步做好文物工作的鞭策。

回想普查中的点点滴滴，许多令人感动的人和事让我感慨万千，难以忘怀。

“三普”工作离不开领导的重视和关心。我区的“三普”工作，一开始就受到了区委、区政府高度重视，区政府将“三普”经费全额纳入财政预算。区“三普”办在全市最先为“三普”小组配备了相应的普查设备和交通工具，普查领导小组全力为“三普”工作营造良好普查环境，搭建普查平台，形成了以区普查队员为主力、乡镇分管领导统筹安排、文化专干全程参与、村组干部全力配合的普查体系，有力地推动了“三普”工作的开展。

基层群众的参与是普查取得成功的基础。普查中，我们每到一个乡镇，文化专干都全程参与。在双东镇，文化专干邓志政同志和我们普查队员一起普查，给我们带路，与我们一起爬梁子走山路，还为我们安排生活，一个多月下来，他人消瘦了，皮肤也晒得黝黑；特别是到了双东镇青山村，村干部对文物工作的重视和支持让我们感动不已，村主要领导安排妇女主任和民兵连长给我们带路，连续三个中午我们一直普查到下午3点多才下山，青山村的村干部都饿着肚子等我们一起吃饭，还连连的说我们辛苦了，他们的这份朴实和厚爱给了我们“三普”队员以极大的鼓舞！

当普查遇到困难时，当地干部、村民都给予我们无私的帮助。车子陷在软泥里了，他们为我们推车、抬车，泥浆溅满全身还笑脸相迎；面对比人都高的荆棘和杂草时，他们主动用砍刀为我们开路，却从不计较报酬；当普查路过一些村民院落时，村民总是很热情地为我们倒开水，拿出家里的花生、水果招待我们，还主动为我们提供文物点线索。

记得在和新镇白蜡村普查时，我们的普查车卡进一条呈 Y 字形的三岔路口软泥里，车横跨在路口，驾驶员几次想用千斤顶把车抬起来，都失败了，来往的村民也被堵在那儿，我焦急万分，不知怎样好。村书记看到被堵的村民越来越多，于是提议在场的村民一起动手抬车。当时我以为村民要讲条件，没想到村民中没有一个人要求给报酬，都主动来帮忙，骑摩托车的来了，骑三轮车的来了，开汽车的也来了。10 多名群众加上 5 名普查队员的努力，大家一鼓作气把两吨重的金杯车抬上道路，那一刻，我和队员们心里既高兴又感激，连谢谢都忘记说，唯一想到的就是给在场的每位村民发一支烟。但当我们要表示感谢时，村民们却早已静静地离开。望着他们的背影，我感叹：多善良、多朴实的村民啊！普查中干部群众许多乐于助人、无私奉献、纯朴善良的品质都给我留下了深刻的印象，至今难以忘怀。

普查队员的敬业精神是工作取得成绩的关键。普查队员对工作的敬业深深地感动着我。夏天，我们每天早上 6：30 准时出发，顶着烈日，一些山梁子偏高，文物点较多的地方，常常工作到下午两三点才下山，有时一走就是 30 多里路，我们常饿着肚子坚持工作；毒辣的太阳时常晒得大家满头大汗，衣服被汗水浸湿又穿干；荆棘隔着衣裤划出一道道血口子；记得有几次，下了雨的山路极滑，我们是一路摔着跟头下的山，大家不仅没有怨言，看到彼此的狼狈样还哈哈大笑；我们的驾驶员常把 12 座的金杯车开进乡村小路，为的就是让疲劳的我们少走些路，因为路窄，车经常被刮，他会心疼不已。冬天，寒冷的天气把普查队员们耳朵、双手常冻得通红，大家都呵口热气继续录入数据。整个普查期间，我们不分天晴下雨，不分节假休息日，甚至利用国庆长假加班加点进行登记录入。调查结束后，队员们消瘦了，脸被晒黑了，却没有一句怨言，看到我区普查工作走在了全市前列，大家都露出了欣慰的笑容。

说心里话，我感谢“三普”工作，因为这项工作让我学到了很多文物专业知识，让我更深刻的意识到文物知识的博大精深。记得 2006 年刚调入文管所工作时，因文物知识的缺乏，“三普”工作开展之初，我对文物的描述一点都不规范。为尽快适应工作，履行好文物保护工作者的职责，我除了积极参加省、市文物主管部门组织的培训外，还虚心向专家、老师请教，将理论知识运用到工作实践中去。通过学习，我和队员们对文物的描述逐渐完善和规范，验收时受到了专家的认可。

多头绪的工作需要很好的组织和协调。“5・12”大地震使全区文物全都受到了不同程度的损坏，原有的“三普”进度被打乱，我一方面积极协助上级主管部门制定文物灾后维修方案，开展灾后文物抢救性保护；另一方面，带领普查队员们调整工作进度，改进工作方法，使得我区不仅未因地震而拖延全省“三普”实地调查工作的进度，反而因普查体系的合理，在全市率先完成了“三普”实地调查工作。

文保工作已是我生命的重要组成部分，即便是病痛的折磨也丝毫不能降低我对这份工作的热爱。我患有严重风湿性关节炎，遇天冷或感冒时周身关节就会疼痛，需要天天吃药来抑制病情。“三普”实地文物调查时，我一直带病坚持在普查第一线，与队员们早出晚归。一段时间后，我的膝盖发生了病变，阵阵剧痛常痛得我眼泪直打转，实在不能忍受了，我给双膝打了封闭针，还记得打针那天，从不落泪的我还是忍不住流泪了，在电话里，我对普查队员之一的小岳说：“虽然我们相对力量薄弱，但我们一定要努力，争取走在全市前列，绝不能掉队拖后腿。”那一刻其实我也在为自己打气。作为普查组长，我想了解全区的文物家底，面对12个乡镇、4个街道办，幅员648平方公里面积的艰巨任务，我不断对自己说，要坚强，一定要挺住。打了封闭针后，我便跛着脚拄着拐杖继续普查，常常是队员们拖着我上山，又扶着我下山。最让我感动的是在双东镇凯江村，村主任见我行动不便，专门为我砍了一根黄金树拐杖送给我。队员们与村镇干部的关爱给了我很多温馨和鼓励。在普查过程中，我与队员们商议，及时将有价值的、重要的新发现文物点向区政府汇报，及时公布为文物保护单位，让其得到有效保护。

正因为大家齐心协力，我区“三普”实地文物调查工作取得了阶段性成果，在验收时受到省市领导和专家们的高度赞扬。

“三普”实地文物调查工作已告结束，但“三普”工作任务仍还艰巨，文物保护事业需要我们继续为之奋斗和努力。我将与队员们一道，踏实做好下一阶段的工作，为确保我区第三次全国文物普查工作的圆满完成贡献自己的力量，为文物保护事业再立新功。

我辛苦，我发现，我快乐

四川省蓬溪县文物管理所　任　彬

革命老区、“中国书法之乡”——蓬溪县地处四川盆地中部，位于古蜀国与巴国结合部，幅员面积1251平方公里，辖31个乡镇，人口近80万。蓬溪东晋建县，唐天宝元年定名，距今有1600多年历史，民风淳朴，人文荟萃，底蕴深厚，文化遗产资源富集，分布广泛，年代久远，价值巨大，是名副其实的文物大县。

2008年，蓬溪县第三次全国文物普查工作全面展开，我担任县普查队队长，既兴奋又忧虑，普查队只有3名队员，感觉压力很大，因为蓬溪地上、地下保留有丰富的文化遗存，如果普查不仔细，就会遗漏掉珍贵的文物。因此，为了搞好这次文物普查，我做了充足的准备，一是组织全县31个乡镇宣传文化中心先期培训，实施地毯式摸底排查；二是积极带动社会公众参与文物普查，以提供更多的文物信息；三是联系县新闻媒体，加大力度对文物普查的意义进行宣传，以造声势。通过两年多的田野调查，普查队员们在寒来暑往中经历了日晒雨淋、跋山涉水、走村入户，获取了大量的文物信息，调查登录不可移动文物802处，其中新发现691处，复查111处，全县自然村普查率达到100%。成绩的取得，当然离不开各级文物部门的领导与支持。然而，每位参与普查队员的辛勤劳动和无私奉献，为“三普”工作增添的光彩，着实让人注目。作为全县文物普查工作队的一员，我深有感触，亲身经历的每一件事都给我留下了深刻记忆。在此，我把两件小事记录下来，与我的同事一起回味，一同享受。

2008年10月14日，我们普查队一行4人调查完鸣凤镇落鞍桥修路碑和广种福田碑两处文物，当我们赶到鸣凤镇窑坪村，准备调查该村一处军事设施遗址，已是上午11点了。带路的文化中心主任姚福奎只知道该遗址位于窑坪村康家祠堂后寨子坡，现存有寨门、寨墙和部分遗迹，具体位置他也不知道。于是我们首先找到了康家祠堂，原来该祠堂已毁，现在此基础上已新建村敬老院。通过询问，该遗址就位于康家祠堂后寨子坡。由于山高路险，植被茂盛，山上全被树木覆盖，早已很少有人上山。敬老院一位70多岁的老人家非常热情主动要求给我们当向导。我们见老人年纪大，正准备拒绝，老人已出门上路了。由于山上地表全被杂草灌木遮盖，几乎没有道路，攀爬十分困难，爬到半山腰，大家早已是气喘吁吁，汗流浃背，但带路的老人家虽已年过七旬，可比一般的青年人都厉害，爬起山来，面不红气不喘，如履平地。经过一个多小时的攀爬寻找，终见庐山真面目，虽已将近午后1点，大家又累又渴又饿，但也掩饰不住新发现带来的内心喜悦。调查完此处文物，下山已是下午3点多了。回到敬老院，带路的老人家还给我们打了热水洗漱，请我们吃了饭走，我们拒绝了，老人硬是拿出一瓶白酒，每人倒了一杯，说道：“要不是进行文物普查，我想这个地方你们可能永远都不会来的，这也是一次难得的缘分，没有什么招待你们，吃杯老白干，解解乏。”呵，原来老人是酒中仙。我们都不禁为这位无私奉献的老人的精神而感动，可惜，一路上大家都叫他老人家，连他姓什么都不知道。

2008年10月8日上午，我们普查队在下东乡调查周氏墓，该碑楼为石质仿木结构，重檐庑殿顶，四柱三间五楼，两侧有抱鼓，为合葬墓，碑楼高3米，宽2.8米，厚0.5米，碑楼主楼、次楼、边楼抱鼓及枋浮雕戏剧场面、佛像、花草、动物等图案，雕刻非常精美。大家都十分高兴，按分工各自开展工作，我也从不同角度开始拍照。由于昨天下了雨，脚下一滑，感觉身体已悬空，下意识将右手高高举起，心中一个念头闪现“千万别把相机摔坏了”，同时，身体已重重地摔在一个约2米高的平台上，右肩一阵剧烈的疼痛，队员们也一阵惊呼。看着他们担心和焦虑的目光，我强忍疼痛，故作轻松，面露微笑说到：“没什么，只是吓了一下。”当时，我以为只是一点摔伤，没有什么，过几天就好了。

可是，一天普查结束后，到了晚上，疼痛加剧，睡觉已没法翻身。到医院检查照片，原来是肩部骨折，医院给打上厚厚的绷带。作为普查队长，我深感责任重大，不能因我影响普查进度，于是，带领普查队继续坚持下乡普查。肩部的伤基本是两个多月后才痊愈。

说句实话，第三次全国文物普查实地文物调查阶段工作已经结束，几乎每一处文物的发现都有一段曲折的故事，这些故事看上去虽没有什么惊天动地，然而，在我们平凡的故事中，的确充溢着感动的内容。普查队员们全身心地投入，战严寒斗酷暑，用汗水和双腿丈量蓬溪近1200余平方公里的土地，辛勤的劳动，换来了丰硕的成果，但大家都有一个共同的感受，那就是：我付出，我辛苦，我探索，我发现，但我很快乐。正如前文化部长孙家正所说的："寻找与守望，是许许多多文化人的生命轨迹和精神归宿，其征途也漫漫，内蕴着太多的挚爱与忠贞，凝集着太多的坚毅与持守。"

魂牵梦萦的田野调查

四川省犍为县人民政府办公室退休职工　罗长安

犍为县位于四川省西南部，举世闻名的乐山大佛脚下的岷江下游，面积1375平方公里，人口58万。规模不大，地处山区，历史上没出过什么名人，也没出过什么惊天动地的重大事件，故而一直名不见经传。然而通过这次全国第三次文物普查，我们才发现在这块土地上，原来还珍藏着如此众多、如此厚重的历史文化遗产。田野调查已经过去好几个月了，可那灿若星河的众多文物点，那其苦无比而又其乐无穷的田野调查情景，仍然常常浮现在我的脑海里。

独具一格的普查队伍

犍为县这次组建的普查队，恐怕在全国也算独具一格。

它有五大特点：一是人数多。自始至终共有7个人，7人虽然不是很多，但作为一个小小的县，恐怕要算多的了。二是身份构成独特。其中专职1人，业余6人；来自民间5人，在职只有2人；退休人员3人，接近退休2人；男性6人，女性1人；年龄20多岁1人、30多岁1人、40多岁1人、50多岁3人、60多岁1人、70多岁1人，是一个最典型的“老、中、青”三结合队伍；另外还有一对夫妻老队员。三是热情高。普查队中虽然绝大多数是业余人员，但他们对文物工作的热爱却胜过了许许多多的专职人员，其中2人甚至进入了痴迷程度（有1人已自费从事文物保护工作近20年，先后撰写了专题调查报告20多份30多万字）。四是最具战斗力。这支普查队伍虽然50岁以上的超过了70%，但他们却是一支最具战斗力的队伍，他们不怕吃苦、不怕疲劳、不怕山高路陡、不怕日晒雨淋、不怕林深路滑；每天一大早出门，直到天黑才回家，回家还要加班到深夜，每天工作都在12小时左右，不少时间甚至达到18小时；工作中几乎每天都是两三点钟才吃午饭，其中2009年4月23日在龙孔镇老文滩村普查，支部书记潘斌在家里做好饭催了又催，等了又等，直到下午5点半，他们才回到潘家吃午饭。五是团结和谐，充满欢乐。虽然这支队伍来自不同的行业、不同的年龄、不同的身份、不同的性别，但是他们却是一个十分团结、十分和谐的集体。虽然整个普查工作充满了艰辛，但这支队伍却一直充满了欢乐。普查队队长段中济是这支队伍里唯一正宗的文物管理人员，而且就居住在犍为文庙里，他知识渊博，被大家戏称为“段夫子（孔庙里供有孔夫子）”和“段七十三贤（孔庙里供有七十二贤）”，并且身上的故事最多，经常成为大家“攻击”的对象，可他胸怀宽阔，毫不计较，从不生气；普查队员潘复强语言特别风趣，和全体队员一起，一路上把“攻击”的矛头瞄准“段夫子”，俏语不断，玩笑不断，所以普查途中一路欢声笑语，气氛十分活跃，疲劳一扫而光。

在这支普查队里，队员刘嘉禾，72岁高龄，退休教师，县收藏协会会长，虽然年龄最大，但一路上不管是爬高山、走田坎还是钻荆棘丛生的草丛，他从不落伍，几次跌倒都安然无恙，爬起来又继续前进。队员潘复强，53岁，同兴乡党委宣传委员，文物保护痴迷者，家住距县城20多公里的大山深处，每天早出晚归，不管晴天雨天还是隆冬酷暑都从不迟到、从不缺习，普查中总是跑在最前面，背的工具最多，干的活儿最重，整个普查中他的个人总行程超过5万公里。队员陈正瑶，55岁，教育系统退休职工，普查队里唯一的女性，她和61岁的老公（即笔者）一同进入普查队，成为唯一的夫妻普查队员，每天和大家一起早出晚归，跋山涉水，主要负责对外联络、现场记录和全队每天的工作日记及数据统计工作，同时协助现场拍摄，每天回家既要操持家务，又要整理文字和图片资料，常常工作到深夜。由她记录的资料详细、完整，数字统计准确、迅速，她做的普查日记受到了四川省“三普”办副主任、省文物考古研究院院长高大伦的充分肯定，说“单凭这份日记就可以进行完整的登录工作”。61岁的笔者，退休公务员，早年“误入歧途”，特别是2001年退休后，将自己的退休工资全部投入文化遗产保护工作，还将老婆也拉下了水；这次主要负责摄影，将自己价值上万元的私人相机无偿拿出来拍摄，当这台相机被拍烂后，又花10000多元去买回一台新相机继续投入普查拍摄，共计拍摄图片10万多张；最后50天的突击行动中，自己单枪匹马打着“摩的”，每天摸黑出门，摸黑回家，中午全部吃干粮并且是流动就餐，按时独自一人完成了全县128个点的农业遗产调查，同时还顺带完成了120个其他文物点的调查。整个普查期间还单独完成了7篇共10多万字的重点文物专题调查报告。

就是这样一支普查队，使犍为县的“三普”田野调查硕果累累，成绩卓著，获得了省市验收组的充分肯定和高度评价。总结会上，队员们都把这一年半的时光称为“最劳累的一年半，最充实的一年半、最快乐的一年半、最难忘的一年半、最怀念的一年半”。

令人难忘的民众支持

在这次田野调查过程中，全县广大群众对我们工作的支持和帮助不仅令人十分感动，而且让人难以忘怀。

2008年9月8日，铁炉乡文池村六组，78岁的黄宗明老人和84岁的张大久老人积极要求为我带路，去考查一座桅杆坟。我见他们年龄太大，从安全角度着想，一再谢绝，可他们却一再坚决要去，他们的家人也一再为之说情，说保证没有问题，并留我吃了午饭，我只好妥协了。从他们家至那座古墓有5公里山路，到达目的地时已是下午4点过。墓碑隐藏在半山腰的草丛中，规模很大，雕刻十分精美，清理完现场已是5点过。我估计收工一定会天黑，于是说服两位老人立即返回，他们将返回路线仔细交待于我后先行离开了现场。完成全部工作后已是7点过，我随着他们告诉的路线匆匆忙忙往回赶，暮色中终于在高山密林里迷了路。好不容易心慌意乱地转出树林走上了大路，我心里又一直放心不下那两位老人。当我赶到张大久老人的家里一问，说他还没回去，我的心一下子提了起来。在赶往黄宗亮老人家的途中我遇到了张大久老人，并得知黄宗亮老人已平安到家，我的心才放了下来。张大久老人告诉我，他们两个在返回途中一直后悔没有等我一起走，一是担心我走错路，二是担心我一个人不安全，因为路上要经过一个杀过人的疯子的家，我听后好受感动。当我摸黑回到铁炉街上时，所有店铺早已关了门，两个中午没吃的棕儿粑成为了我当天的晚餐。3个月后我听说那座古墓被盗前去核查，顺道去拜望两位老人，结果张大久老人刚刚驾鹤西去，我只好跪在老人的新坟面前用三叩首向他表示了我心中的谢意和歉意，并祝他老人家一路走好。

2008年9月19日，铁炉乡桂花村7组狮子坟，普查队员郭庆在清理现场时左手食指被割破，时值正午，血流如注，两层创可贴也止不住。在现场围观的一位中年农民悄悄地离开了，很快又转回来，一声没吭从口里掏出一沱嚼烂的野草，抓过郭庆的手，撕去创可贴，将野草糊住伤口，如注的鲜血立即被止住了。随后他又悄悄地走了，我们还没来得及问其姓名。在转往下一个普查点的途中，一位80多岁的老太婆拦在路上，叫我们到她家，说是她的儿子回家找药去了，怕我们走过了，特地让她来这里堵我们。我们跟随老太婆到了她家，发现她儿子正是先前悄悄离开的那位中年农民，他拿出一种名叫“竹黄”的药，又重新敷在郭庆的手指上，马上便止住了疼痛。这种药很稀有，是从活着的竹子心里偶尔发现的。离开时，他将剩下的一点点全部送给了郭庆，让拿回去再换一次。我们一行7人十分感动，问他姓名，才知道他叫黄宗贵，桂花村7组村民。那药果然有奇效，敷上后不痛不痒、不红不肿，没打针、没吃药，7天后伤口即完全痊合。

2009年11月27日下午天快黑时，我在岷东乡沙嘴村4组发现了一座规模宏大的古墓，前来围观的一位年仅10岁的小姑娘杜巧稚对我说：“我最喜欢看中央电视台的考古节目。”一位只有10岁的四年级女学生居然十分喜欢考古节目，这让我很感诧异，又十分兴奋。当天离开时我告诉她改天我们还来详查，小姑娘当即希望我们能在星期天来，那样她就可以全程参加，看看我们具体是怎样考古的，并希望我帮她找一些考古书籍和报纸。回家途中我一路兴奋不已，这个小姑娘和我在铁炉乡、双溪乡等地遇到的另外几个对文物工作十分感兴趣的小学生一起，让我看到了文化遗产保护不仅后继有人，而且大有希望。进城后我立即去新华书店花了50多元为杜巧稚买了一本儿童科普读物《五千年未解之谜》，并在扉页给她写了一段祝语，第二天刚好是周末，就给她送了去。那小姑娘非常高兴，还叫上了一个和她要好的同学，全程积极主动地参与进来协助工作，问这问那，并亲自动手测量、认读碑文，还带领我们到其他地方寻找古墓。过后不久，听说那姑娘还独自钻进学校外面的一座古墓里去找了几样东西拿回家向她姥爷请教。

在这次普查中，我们每到一地，村组干部和村民们都积极主动地为我们带路，为我们开道，帮助我们推车，帮助我们清理现场，向我们提供线索（1000多个文物点的线索95%以上全是由这些热心的老百姓提供的，有时夜深人静了，都还有群众打电话向我们的普查队员提供文物线索），有的还热情地请我们吃饭……他们的热情反应和积极支持真是让我们久久不能忘怀。

硕果累累的普查成果

犍为县全县30个乡镇350个行政村和30多个街道社区，通过一年半的努力，整个田野调查共计完成普查点1114个，其中复查110个，新发现1004个，比前两次普查增加了10倍，向省市上报已完成电子文档登陆的文物点1000个。1114个普查点中古遗址类73个，古墓葬类485个，古建筑类360个，石窟寺及石刻类41个，近现代重要史迹及代表性建筑155个。其中包含了一大批重大发现，如全国最具人文关怀的五条明清古街——凉厅街，具备中国历史文化名镇条件的清溪古镇，具备世界文化遗产资格的嘉阳小火车，数百座雕刻十分精美、内容十分丰富的清代墓碑，100多座近现代农业遗产，填补四川空白的孝姑永坪唐宋青瓷窑遗址，孝姑沙湾村的“洪州城”遗址，孝姑子云山的宋代古城

“子云城”遗址，孝姑子云山的西汉大儒（中国古代思想家、文学家、哲学家、语言学家和历史学家）扬雄遗迹，犍为清代一生中受到乾隆皇帝五次召见的四品清官李拔遗迹等等。普查中共计采集文物信息1280条，填写现场登记表1280份，走访村民上千人次，完成田野调查日记107篇，拍摄照片10万多张（拍烂相机一台，三脚架两台），制作相册7套、画册两本（“三普”《成果选编》《工作纪实》各一本，选用图片3000多张），采集文物标本13个类别共40余件，填写文物登记表纸质文档1500份，电脑绘制文物点位置图1300张、平面示意图1300张，登陆电子文档文物表1280份，制作电子文档文物著录登记表一套，编制印发了图文并茂的文物普查工作简报4期共400份。2009年6月13日，遵照国家文物局的安排，在全国第四个文化遗产日，举办了一次隆重的纪念活动，制作了以“保护文化遗产，促进科学发展”为主题、全县“三普”成果为主要内容的图片展版7个，图片300多幅，在县城翠屏广场进行了展出；同时还在现场设置了咨询台，播放了我县小火车、文庙、罗城古镇、清溪古镇、麒麟灯、岷江号子等文化遗产专题片录像带，散发了文化遗产宣传资料500多份；活动现场男女老幼人头涌动，反响热烈，数千名观众受到了一次印象深刻的文化遗产知识教育。在隆重庆祝建国60周年之际举办的乐山市首届文化遗产保护成果展上，展出了我县送去的“三普”成果图片158幅。2009年9月，县委宣传部免费为段中济、罗长安两位普查队员各出版了一本10万字的文化遗产书籍共4000册（段中济著《文庙传奇》、罗长安著《犍为文化旅游资源调查》各2000册）。在市文化局支持下，国家文物局主办的“中国文物信息网”刊用了我们在普查中的重大发现——四川犍为清溪古镇。在国家文物局主办、中国文物报社承办的大型征文活动中，普查队员罗长安的《我的保遗之路》一文被评为优秀奖，选入《庆祝新中国60年华诞“我与文化遗产保护”大型主题征文活动文选》并出版。本着边普查边申报的原则，完成了清溪古镇直接申报第五批中国历史文化名镇、嘉阳小火车申报第七批全国重点文物保护单位的申报工作。

魂牵梦萦的田野调查

“三普”田野调查已经结束半年多了，可田野调查的情景依然常常浮现在眼前，而且还多次出现在梦中。今天凌晨，我又梦见和普查组的同志们一起发现了一处古民居。破烂的老房子里，到处是古匾额、古石刻，刘嘉禾同志还在好像在牛舍的毛坑里找到了几张盖着蒋中正大印的文契，我在一堆泥沙中刨出了一块石碑，上面刻着“杨森公馆”四个字。我们正在继续寻找时，突然出来一个人问我要钱，说只要给点钱我们就可以拿走发现的东西，我赶紧摸出100元钱递给了他，那人立即飘然而去。一下子我又感觉这好像是在乐山市的城边上，这么大一座古民居他们怎么没有发现呢？我们应当马上告诉他们啊，但又没有他们的电话。我一下子想到了乐山市文化局帅科长，我的手机里有她的电话号码，想到可以请她们派人来接手，我们也可放心地离开了。正在这时，梦醒了，我一看表才是凌晨3点钟。回想起以前做过的几次相似内容的梦，我想这真是叫魂牵梦萦啊！头个月接到县文管所小冯的电话，说接上级通知，要我为中国文物报写一篇“三普”田野调查手记，想了很久都找不到主题，这不正好作为一个主题吗！于是，过去普查中一幕又一幕的人和事，就像电影回放一样，清清楚楚地涌现在眼前。和以往每次写文章一样，趁着这凌晨的清晰思路，我赶快翻身起床，打开电脑，迅速记下这通灵感，于是便有了这篇文稿。

这次田野调查虽然结束了，但那1000多个文物点的命运却一直让我放心不下。风雨的无情侵蚀，盗贼的猖獗盗挖，建设工程的不断推进，每时每刻都在不断地吞食着它们。这么多的文物点，文物主管部门的领导们早已多次在大小会议上明确讲过，文物保护是个双刃剑，不可能把他们都保护起来，因为财力达不到，人力也达不到，全部保护起来只有伤害他们自己。听他们的口气，能够列入保护范围的可能只有一小部分，最多几十个也就不得了了。我虽然完全不赞同他们的“双刃剑”观点，但作为一个地处西部的欠发达县份，他们说的既非常现实，也非常有理。可这么多珍贵的东西：数百座内容十分丰富、雕刻十分精美的清代墓碑，一座座十分典型而独具特色的古代民居（特别是那五条最具人文关怀、全国十分少见的凉厅街），一处又一处的古遗址、古建筑和近现代史迹，它们历经了数百年甚至上千年的风吹雨打和世故变迁，好不容易才生存下来，遗存至今。它们既是我们当代人的，也是我们子孙后代的；既是中国的，也是全世界、全人类的。国家这次下这么大的决心，花这么多的财力、人力和物力去把它们发掘出来，可其结果却只能眼睁睁地看着它们在自然和人为的损毁下一点一点地消失，这让人实在太痛心了。我希望各级政府对我们这种情况的县能够从政策上、资金上给予足够的关注和支持，以便能够保住这些珍贵遗产。文化遗产也是一种资源，而且是一种毁之而不可再生的、最具可持续发展的低碳资源。它不仅仅只具有历史价值、科学价值、艺术价值等社会价值，而且还具有经济价值。保护文化遗产是政府义不容辞的职责，也是每个公民应尽的义务。面对这个十分严竣、十分残酷的两难局面，作为一个民间人士，我想不出更好的办法，拿不出更多的主意，只有揪心的悲痛而已！只有深深的负罪自责而已！同时也只有魂牵梦萦而已！

我的“三普”兄弟姐妹们

四川省宜宾市博物馆　罗培红

四川省宜宾市辖九县一区，面积13283平方公里，总人口523.16万人。在第三次全国文物普查实地调查阶段共调查文物8123处，其中复查文物1956处，新发现文物6167处，通过了四川省“三普”办的检查验收，取得了较好的成绩。宜宾市“三普”工作队除了指导督促各县的“三普”工作，还承担了翠屏区第三次文物普查实地调查阶段田野调查的工作。在田野调查中，我作为“三普”工作队队长，时时被我身边的“三普”工作队的兄弟姐妹们的事迹所感动着。

陈丹，博物馆副馆长、市“三普”工作队副队长。一个年轻帅气的小伙子，在普查队中还兼任第三组司机一职，“三普”期间驾驶车辆安全行驶10000多公里。

那是5月的一天，万里无云，队员们已经失去了说话的意愿，只有知了在不知疲惫地抗议着烈日的残酷。陈丹驾驶着的长安微客是头一天专为“三普”田野调查新购的车辆，也是他从未驾驶过的车型。下午两点钟，车内的温度已经升到了接近40摄氏度，队员们的衣衫已经被汗水湿透。这时，车厢里传来陈丹兴奋的声音：大家把车窗关紧，我们来享受下新空调。听到空调二字，队员们立马行动起来，把车窗关得是严严实实。空调的出风口也在呼呼地向车内吹着风。半个小时过去了，车内温度不但没有下降，反而更闷更热，队员们反而是汗如雨下，实在忍不住了，建议关掉那破空调，齐齐把车窗打了开来……

第二天，队员们一碰头，发现陈丹一脸的尴尬和愧色，再三追问下，陈丹才不好意思地说：对不住大家，我昨天开空调时，只开了出风而没开压缩机，所以空调没制冷……

陈燕，在家是位漂亮贤淑的好妻子，在普查队中是第三组的好组长。

同样是5月的一天，天气异常闷热，虽然头天晚上落了一场雨，但仍未带来一丝凉意。我们的普查车在满是泥浆的的乡村小路上缓缓地蠕动着。到了村里，普查队员们头顶炙热的阳光，背着仪器、设备，和家属们走在乡村小道上，村民们投来异样的目光，因为今天是端午节，为了让家属们支持理解工作就请他们做了一天义务普查队员。我们一行人来到村支书家里进行了简单的座谈，组长陈燕认真地宣传了这次全国文物普查工作的意义、内容、作用等。村支书沉思片刻，把我们一行人带到了一座古墓面前，经仔细观察，发现这座古墓的年代虽然久远，但冢的形制已消失，碑体严重风化，碑文字迹不清，够不上文物认定标准，我们遗憾地离开，继续寻找下一处目标。村支书带我们找到了当地老村民，热情淳朴的村民把我们带到了离村子很远的一座渡槽面前，虽然大家又累又渴，却很高兴，欢呼雀跃地奔向目标。但是，同行的队员却泛起了愁，这座渡槽高约 5 米，要想准确测量数据，必须爬到渡槽上去，而我们的老队员陈凯和小队员张希却有严重的恐高症，怎么办？于是，大家发扬团结互助的精神，你牵我，我拉你，艰难地爬到渡槽上，结果发现这座渡槽虽已停止使用，但槽内仍有没鞋深的积水，我们要么克服恐高沿槽沿走，要么打湿鞋子走槽内。为了尽快采集完数据，陈燕带头站在槽沿上，完成了卫星定位、方位测定、数据测量等工作。受到组长的鼓舞，小队员张希也沿着没鞋深的积水，记录了渡槽本体情况以及周边环境。“女侠”陈安艳早已眼疾手快的绘制了草图……

罗平，普查队第一组组长，没有绰号，却有着体贴的老公和一个可爱的女儿。

普查工作是艰辛的，罗平带领的普查队员早上一般 8 点钟出门，一直要到晚上七八点钟才能回到住地，如果遇到当天需要普查的文物较多或者是路途较远的话，工作的时间会更长，忘记吃饭是经常的事情。

在翠屏区李庄镇安石村普查时，由于该村范围广，文物点多，为了不耽误时间，罗平和她的队员们一个点一个点地往前赶，直到下午 3 点过才吃到中午饭。

队员们来到了预先订好的餐馆，由于当天工作量大、又远远过了午饭时间，坐到餐桌前，队员们感觉到肚子饿得咕咕叫，于是，大碗吃饭，大口吃菜。每端上来一盘菜，就‘消灭’一盘，后来连餐馆里的饭都不够了，老板在瞠目结舌之余，只好迅速拿出电饭锅来赶紧又煮了一锅。

罗平和她的队员们望着刚采集来的厚厚的资料，那些吃相上的尴尬也就抛到了九霄云外。

赖西蓉，普查队第二组组长

清瘦的她对工作一丝不苟，凡事以身作则，宁愿自己累倒，也不愿队员过于辛苦。有一次，为调查五粮液酒厂的车间窖址，需要一个车间的分布图。当时正值炎热的酷暑，室外温度已经接近 40 度，为了能够拿到各部门的批文，赖组长让队员们都在接待处的空调房里等着，自己却一趟又一趟地奔波在各部门之间，穿梭在空调房和酷热之下。五粮液厂厂区占地广，相关手续也较为复杂，赖组长办到最后两个手续时已经感觉到气闷、想呕，但她仍咬牙挺着，没有通知其他的队员。历经两个多小时，终于拿到了图纸，但当她把图纸交到同志们手中的时候，自己却中暑晕倒了。在厂诊所醒来后，她却坚持继续工作。她边吃药打针边继续着普查工作，没请过一天假，因为她明白，她若是请假，整个组的普查工作便会耽搁，最终，他们组以较出色的普查成绩，圆满完成普查任务。

关维，绰号“关小猪”，又白又胖。

那可是个一动就汗如雨下的主，每天的衣服都是反复被汗水打湿又被晒干，到下午收工时，可以看见上面沾着白白的盐粒，“三普”下来着实是黑了瘦了。虽然搞文物工作是个新手，但工作积极性很高，每到一处文物点都迅速绘制好草图，又拿着卷尺仔细测量数据。可能是从小在城市长大的缘故，不熟悉农村环境，居然被狗咬了两次，一次是刚开始“三普”没几天，在李庄镇九洞村胡家滩大院普查，拉着皮尺测量时，没想到灶台角落黑暗中一只刚生了狗仔的母狗见有生人靠近，没有警告就发起了攻击，正应了那句“会咬人的狗不叫”的俗语。还好是三月份穿着还厚实，没有咬破皮，但为了保险起见还是打了狂犬疫苗。另一次是在“三普”实地调查验收会议的前一晚，为会议做准备加班到很晚，才到单位食堂去吃晚饭，没多想单位的守卫犬到晚上已经放出，当走到一黑暗处时，被两只守卫犬围攻，这次是着实在右腿上被咬了一口，还撕裂开一条长 3 厘米的大口子，同事们闻讯赶忙送到医院，结果给缝了四针。

陈安燕，从千里之外的陕西来到长江源头历史文化名城——宜宾，因为对文物及文化遗产的执著热爱来到宜宾市博物馆，并且很快安排到宜宾市第三次全国文物普查工作队中。

她，刚生完小孩才几个月，看起来瘦弱、文静。第一次带她去翠屏思坡乡最远的一个村邓银村，当得知里面路况糟糕，车根本开不进去，需要徒步 60 多里才能到达村委会时，我有些担心地问她：“安燕，你怕不怕?”“不怕！队长，我能走。”看到她坚定的回答，我略微宽了点心。一路上但见她背着资料包，踩着泥泞，淌过溪流，爬上了一座又一座山坡，困难时抓把树枝借点力向上爬坡。一路上没叫一声苦，一声累。当晚上 8 点，我们一队 6 人还在悬崖上手牵着手，摸黑行走在半米宽的羊肠小道上，下面是岷江，每一步都小心翼翼，心提到了嗓子眼。突然，一声脚滑倒的声音，我心一震：“谁，怎么了?”走在后面的村支书可能山里走惯了，忙说：“没事，这个小姑娘被石头绊了一下。”安燕可能摔疼了，吓着了，半天才回过神来，慢慢起来连说：“没事，继续走。”就这样我们互相喊着“雄起！加油！”克服了天黑路陡的艰难，顺利到达村长家休息。第二天继续田野调查的工作。在“三普”期间，安燕一天天坚强成熟起来。

这些就是我可爱可敬的“三普”兄弟姐妹们！通过大家的努力，翠屏区“三普”实地调查阶段共调查文物 1367 处，其中新发现 1068 处，复查 187 处，田野调查数量居全市第一。

天高水远　人行其中

——渠县“三普”纪事

四川省达州市渠县文物管理所　肖仁杰

“三普”田野调查是一件让人痛并快乐的事情，汗水是养份，泪水是清洁剂，坚持是动力，无悔是精神。

渠县地处四川盆地东部、达州市西南部，与广安、南充、巴中山水相连，幅员2173平方公里，辖60余个乡（镇），人口146万。地貌为深丘与浅丘相交、江河纵横。渠县第三次全国文物普查田野调查便是行走在天高水远中，其中不乏诗意，更多的却是各种不可言说的体会。现摘取渠县“三普”田野调查中的几个记忆片断，作为对这两年的田野调查的纪念。

汗水，是我对渠县“三普”最为深该的记忆。由于汶川“5·12”大地震的影响，渠县“三普”田野调查正式开始于2008年9月，完成田野调查的紧迫性压在每一个“三普”队员的心上。渠县地域上靠近重庆，其夏天的气温便也与重庆一般为典型的高温酷暑，于是2009年的夏天成为渠县“三普”队员记忆中最清晰的夏天。在那个夏天，每天早上队员们5点出发，中午12点或午后一两点结束一天的调查，虽说是避开了一天温度最高的时段，但我们依旧真切的体会到了什么是挥汗如雨。渠县夏天早上的太阳就如灼人的火球一般，承受它的抚摸，需要勇气。队员们手上绑一条毛巾，用来随时擦脸上及滴到登记表上的汗水，衣服如同水中捞出来的样子则是常态。看着队员的牛仔裤一点一点的被浸湿，直至全部呈湿透状，是大家最好笑的时候，常说“快看啊，禹东又尿裤子了”之类的话。衣服干了又湿，湿了又干，每个队员在返回的路上，背上必是有几道汗渍留下的泛白的颜色。2009年的夏天，汗水成为渠县“三普”队员的生活常态。

害怕，是我在“三普”中最为难忘的记忆片断。2009年8月，我们在渠县东安乡调查时，乡干部提供了一处可能是文物点的信息，于是我与队员禹东便在一村民的带领下前往调查。东安乡为渠县的深丘地带，有的山岭的海拔在800米以上，此外，渠县作为一民工输出大县，农村里几乎看不到年轻人，很多深丘地带已荒无人烟，我们前往的地点便在一山岭深处。走了2个小时，翻了几个山头后，在一片荆棘林前，村民告诉我们二人说，那文物就在荆棘林那头，那里面原开有煤矿，现已废弃。摸、爬在荆棘林里，昏暗的光线，乱飞的蚊虫，时不时的被荆棘刺一下，这时才想起这里除了我们三人再没有另外的人，而我们越走越深入，越走越寂静。前面越走越快的乡民身影突然之间让我恐惧莫名，他会把我二人带向何处？前面等着我们的又是什么？心中的害怕越来越强烈，想喊他停下，说我们不去了，又觉得我们走到这里不容易，就这样放弃对不起带路的村民。可这心中实在是不安至极，又不敢与队员交流，怕带路的村民怀着什么不好的心思，怕真的突然冒出拦路强贼，更怕真的就埋骨此处，各种各样的悲观想法纷沓而至。就这样越走越怕，又说不出口，哭的心思都有了。就这样煎熬了近 1 个小时，我们终于到了目的地，看着几个散落在地的近现代石像，我无言以对，大为自已担惊受怕了如此之久却一无所获而忿忿不平。每当想起这次经历，心中还是有害怕的感觉。

健康，是“三普”给我们的回报。“三普”中的苦与难是我们常说的，快乐与健康却被我们忽略了。进入田野调查之前，队员们下乡的时间不是很多，对要开始的田野调查多怀有畏难的情绪，总觉得身体会吃不消，走不了那么多路。田野调查结束后，队员们共同的体会是身体好了，以前经常感冒的没有感冒了，走不动路的现在走多少都不在话下，以前规律性发作的小病现在没有了，当然还有以前不能喝酒的现在能喝了。“三普”锻炼了我们的身体，给了我们健康。

快乐，是“三普”给我们的奖励。每当发现一类新的文物，发现一处保存较好、价值较大的文物时，那种快乐让人回味无穷，尤其是意外中发现的快乐。2009 年 9 月，队员们在烈日中行进在河东乡的村道上，一天之中没有让人兴奋的发现，只是又登记了几座清代墓葬，无聊中大家聊起了土鸡蛋的价格，有一队员开玩笑的指着了农家院落前的鸡毛说：“这不就是鸡吗，看有没有蛋?”大家往前看时，突然都不说话了，这哪是什么鸡，只见一座高近 1 米多的“石敢当”摆在眼前，其上粘有几根鸡毛。这次的偶遇为渠县新增加了一种文物类型。2009 年 12 月，在丰乐乡调查一近现代提灌站水渠时，该水渠长近 2 公里，队员沿着水渠的走势，翻了几个小山头，同时拍照、测量、记录，一路下来，大都有些疲惫。看到路边一巨大独石，不约而同地倚靠休息，有一队员说这个地方风景还不错，你看这大石头被几株桃树掩映，想必来年开花时肯定好看。没人搭理他，对他传来的“那是什么”的疑问，不耐烦下，抬头看了看眼睛一下就挪不开了，忘了疲累，以平时少见的速度攀上独石顶，盯着眼前的小石庙，说不出话来。这是什么？这是渠县又一新的发现，目前为止唯一的清代石质土地庙。像这样的“意外之喜”带给我们的不仅是新的发现，文物种类的增加，更是一种巨大的快乐，是一种成就感。每当有这样的“惊喜”发生时，都能让我们快乐几天，让我们感觉到“三普”的乐趣，犹如人生中的意外之喜一样，带给我们无穷的快乐。

“三普”就这样让我们真切地体会到如同人生的各种情绪，让我们真切地痛并快乐着，每当提到“三普”时大家虽然说得多的依然是痛苦与疲累，但没说出的是专业知识的提高、人与人之间的真情交往、走万里路读万卷书的痛快，这些沉淀到了每一个队员的心底。每当发生什么不愉快时，就说一声“三普”田野调查我都经过了，还怕这些。仿佛“三普”已经成为了我们心中的精神圣地，再大的困难也难不过“三普”田野调查。问及每一个普查队员，他们或多或少都有这种感觉。

荥经县以“三普”为契机
推进文化事业快速发展

四川省荥经县文物管理所　高俊刚

作为一名文物工作者，能有机会参加第三次全国性的文物普查工作，深感荣幸和自豪。虽然条件艰苦，工作辛苦，但正如许多参加过第二次文物普查工作的老队员所说的那样，乐在其中。我经过两年的野外文物调查，收获颇多，感受很深，终生难忘。此次文物普查与第二次普查相比，有着截然不同的特点。在时间安排、人员组成、交通工具、高科技仪器的应用、资料整理要求等方面，均体现了文物普查工作的与时俱进。在这次普查中，采取的是传统普查方法和现代科技相结合的手段。利用电脑、GPS卫星定位仪、数码照相机等先进设备，是我们文物普查工作一次质的飞跃。县委、县政府对“三普”工作十分关心，现结合“三普”成果，将主要工作成效介绍如下：

一是依据“三普”成果，制定了文化产业发展战略，以文物保护、开发利用为载体，大力发展文化产业，以此推动地方经济的发展。例如：在“三普”期间发现了许多荥经砂器，据《荥经县志》记载：荥经六合乡古城村多黏土，砂器生产历史悠久。据1982年发掘的秦汉文物考证，早在2000多年前就有陶器生产，清乾隆、嘉庆年间，有王氏制作砂器，代坤山、曾跃从王氏学艺制作。据此，荥经砂器的制作历史已有千年了。荥经砂器具有耐腐蚀、不氧化、不变色，炖煮食物不与食物中的酸、碱、盐发生化学反应，且具有保质、保温、保鲜的特殊功能，是理想的纯天然绿色炊、饮具，其茶具沏茶味道可口，胜似紫砂。传承到今天，史书均有记载，到民国时期，这里有窑13座，由于荥经砂器的生产没有模具，所有的砂器都没有相同的模样，坯子成型、贴花、雕刻等都是一件一件用手工来完成，全凭工人的经验与当时的情绪，因而每一件都有不同的特点。现在荥经砂器已获批为国家级非物质文化遗产，并获得社会各界的广泛关注，各种资金源源不断地注入这个产业，几年后荥经砂器必将成为荥经县的支柱产业。

二是积极发挥业余文物保护员队伍的作用，文物保护从基层做起。此次文物普查，荥经县新发现609处不可移动文物，遍布全县各乡镇，呈现点多、面广、线长的特点。盗墓盗掘事件屡屡发生，对文物保护发起了严峻的挑战。我县不等不靠，积极动员全社会共同参与，建立业余文物保护员队伍，以及乡镇文物安全责任制，健全了全县文物保护网络体系，对确保“三普”成果安全具有重要意义。目前，全县各乡镇已聘请当地村民为业余文物保护联络员，帮助看护，确保野外文物安全。例如：2010年在荥经县108国道绕城公路建设中，我们就接到文物保护联络员以及施工单位等不同渠道的报告电话20余个，发现西汉时期木椁墓9座，使百余件珍贵文物得到了有效保护。

荥经县委、县政府以第三次全国文物普查为契机，与全县各乡镇签订文物安全责任书，责任书的核心内容是构建县、乡（镇）、村三级保护体系，实现三级共同保护目标。把县级文物管理职能向一线基层拓展延伸，发挥基层组织对文物管理工作的功能作用，将文物点的管理和保护工作纳入乡（镇）政府和村级组织的工作计划中去，确保不可移动文物得到有效保护。

三是根据“三普”成果，邀请国家、省、市以及清华大学、四川省文物考古研究院、重庆规划设计院的专家、学者对我县众多的文物保护单位进行多次论证，计划制定2处国家级文物保护单位、1处省级保护单位的保护规划，同时编制《荥经县文物保护单位总体规划》。该规划全面掌握了我县不可移动文物的数量、类别、分布和保存现状等基本情况，并加强了文化遗产保护的科学性、针对性，提高了我县文化遗产保护的管理水平。

四是坚持“保护为主、抢救第一、合理利用、加强管理”的文物工作方针，正确处理城乡建设与文物保护的关系。正当“三普”工作进行得如火如荼之时，我县花大力、大资金，对全国重点文物保护单位的“开善寺”和“严道城址”周边开展环境整治工作，拆除违章建筑，对周围环境实施硬化、绿化、美化，恢复了“开善寺”和“严道古城遗址”的原始风貌。为了妥善解决文物保护与各种生产建设之间的矛盾，县委、县政府把文物保护工作列入目标管理责任制，由县长亲自抓此项工作。县规划和建设局在审批基建项目时，必须有文物保护单位的勘探结论书，然后才能办理其他相关的手续。所有大中型基建项目在论证、选址前都必须事先征得文物部门的同意。如2009年在荥经县“220kV输变电站”建设过程中，基建部门事先征得文物部门的同意，待文物部门勘探工作和清理工作完成后，确认无地下文物埋藏，建设部门才办理了规划许可证。这一制度的建立，真正把文物保护工作落到了实处，保证了多年来我县从未发生一例在基本建设中破坏文物的现象。

五是打造颛顼文化品牌，弘扬民族文化。县委、县政府认识到大力发展文化产业是时代发展的必然要求，文化产业已从过去的一个附属的产业形态，逐渐发展成为人类社会不可缺少的产业门类，在未来的县域经济的发展中必将成为荥经县的支柱产业。我县根据司马迁《史记》、《华阳国志》、《荥经县志》、《水经注》等历史文献资料，提出了在远古时代黄帝之孙颛顼降生在荥经，并在荥经生活了12年之后到达中原主政的观点。此学术考证得到了县委、县政府的高度重视。随后，我县与四川省政协、四川省历史学会联合举办了“颛顼故里研讨会”，与会的专家学者一致认为荥经为颛顼故里，颛顼是中华民族的人文始祖。颛顼文化结合我县丰富的历史文化遗存和馆藏文物，一定会成为世界级的文化名牌。县委、县政府下决心打造这一品牌，决心高起点、高标准树立荥经新形象，弘扬中华民族优秀文化。

保护不是简单的保留，而是保护和有效合理利用有机的结合，保护文物不是阻碍地方经济发展，而是有利于促进地方经济发展。荥经县以“三普”为契机，在县委，县政府的关心和支持下，积极开展“三普”工作，大力发展文化产业，加强基础设施建设，推动了县域经济的持续、协调、健康发展，开创了文化事业的新局面。

山区文物普查的几种方法

四川省通江县文物管理所　席　凯

四川省通江县位于秦巴山区，幅员面积4116平方公里，海拔305～2088米，相对高差1700余米，平均坡度约300，多为“V”字型地形，“出门就爬坡，山上石头多”形容了这里的地形地貌。由于地处川陕交界之地，汉唐时期开凿有米仓道、荔枝道、洋壁道、汉壁道出川入陕，历为兵家和商贾往来之地。早在新石器时期这里就有人类生息繁衍，西魏设县，唐代置州，上世纪20～30年代红四方面军以通江为首府，创建了全国第二大苏区“川陕革命根据地”。通过历年考古调查和发现，通江历史悠久，文化遗产丰富。

第三次全国文物普查开始后，根据通江山峦叠嶂、沟壑纵横的地理地形特点，以及不可移动文物主要分布于河谷、山腰和山脊古道区域的特征，加之退耕还林和移民致使大多过去的古道已荒芜人烟的现实，为达到“不放过一条文物线索，不漏查一处文物点，不错录一条信息，不留下一点遗憾”的普查目标，笔者与普查队员通过充分论证，探索出了山区文物普查的几种方法，在实际运用中起到了重要的作用。

一、宣传发动　全民参与

普查就是宣传，宣传为了普查，宣传更是保护。什么是文物，文物的类别有哪些，文物在人们现实生活中有何价值和意义，这在笔者所在的贫困地区，人们的认识还比较肤浅。为提高全民的文物意识，服务于文物普查，普查队制定了详细的宣传方案，得到了当地普查领导小组和普查办的采纳并付诸实施。一是召开普查会议，向党政领导宣传，提高各级主要领导的认识和重视，为普查提供组织保证；二是举办普查培训，向各乡镇文化专干、“二普”老同志和社会文化名流讲授文物基础知识、此次文物普查的意义和方法，为普查提供基层支撑；三是利用平面媒体，出动宣传车，张贴、书写宣传标语，发放《文物法》和宣传单，多渠道、立体式覆盖性宣传，做到不留死角，家喻户晓，为普查营造良好的氛围。同时，在县文管所设立公布“三普”热线电话，收集文物线索。普查期间，共收集民间文物线索261条，其中被确认为文物点78处。

二、依靠基层　摸底排查

为提高普查工作效率，保证普查质量，充分利用乡镇文化专干、“二普”基层干部、县、乡志编辑人员、地名办、党史办、县志办及各成员单位等相关单位和个人，通过他们熟悉基层、部门和县情的特点，为普查队提供基础信息和地名、党史、文献等资料。普查队员开展实地调查前全面收集和准确掌握相关部门信息，文化专干和协查员在普查队到达之前以行政村为单位，认真摸清辖区内文物分布和村情，按照普查队制发的《文物线索表》和《村情表》收集汇总上报“三普”队，普查队根据上报和了解的线索，规划普查线路，以点带片，全面展开野外普查工作。各乡镇、部门提供文物线索365条，被普查队实地调查确认文物点237处。

三、查阅典籍　走访“三老”

实地调查工作之前，普查队每个队员均要对普查的区域进行全方位了解，利用县、乡志、舆地词典，“二普”资料及其他相关地理人文资料，熟悉当地地理、人文、古今交通等情况，为实地调查提供第一手资料。在实地调查中，首先与当地老者、名流座谈，了解民俗风情、地域文化，收集线索，特别注意对小地名和当地典故的收集和了解，诸如“观音岩”、“佛耳岩”、“庙耳扁”、“三清殿”、“娘娘庙”、“桅杆田”、“祠堂坝”、“古猫洞”、“古井沟”、“事业河”等等，这些地名及民间故事的背后往往就有一处不可移动文物。同时，将馆藏文物和不可移动文物分类拍成照片对村民认真讲解，让其辨认，力求更多线索。通过查阅走访，普查队先期确认文物线索375条，实地调查确认326处。

四、上下联动　合力普查

通江山多、坡陡、林密、面宽、量大，大多文物点均分布在山间密林之中，特别是古墓葬几乎全被荆棘缠绕覆盖，拍摄、数据提取难度非常大。为保证普查质量，达到普查规范，县上根据实际，采取县、乡、村、组联动，分工负责，实行目标考核。普查队要到达哪个乡镇，县政府事先就通知当地党政领导，乡镇落实专人负责后勤保障，每发现一处文物点，通过认定，由乡、村组织人员清理环境，普查队员提取资料，普查完一个村，由村和普查队签字确认并落实保护责任。这种上下联动，合力攻坚的方法，提高了普查速度，保证了普查质量。

如果没有强大的宣传舆论，各级组织的正确决策和领导，各相关部门的密切协作，广大人民群众的积极参与，普查队伍的艰辛努力，可能有些珍贵文物此次不会被发现，今后也难发现。正是有了切实可行的普查方法，通江的第三次全国文物普查才取得了丰硕的成果，覆盖率和到达率分别达到100%和96%，发现确认不可移动文物近1000处，新发现占67%，其中不乏珍品，有15处已申报为全国重点文物保护单位待批，佛耳岩塬石窟等三处文物点被列为2008、2009年第三次全国文物普查重要新发现，普查成果和质量得到了省“三普”办的充分肯定，普查队被四川省第三次全国文物普查领导小组办公室授予“四川省第三次全国文物普查实地调查阶段突出贡献集体”荣誉称号。

草原上的文物之花

——记四川省若尔盖县文化馆“三普”队员尕让机

四川省若尔盖县文化馆

川西北边界上一颗瑰丽夺目的绿宝石——若尔盖。自然风光独特旖旎，民族风情古老质朴、绚丽多彩。黄河九曲第一湾蜿蜒逶迤，风姿绰约；纳摩神居峡怪石嶙峋，峰峦叠翠；热尔大草原牛羊成群，梦幻花湖烟波浩渺；降扎温泉氤氲缭绕；古潘州遗址亘古及今；历史悠久，文化积淀丰厚，自新石器时代就有古人类活动的迹象，曾是陆上东北丝绸之路、藏汉友谊唐蕃道、蒙元雄狮南下道、明清茶马通商道。宗教文化博大精深，神奇瑰丽。还有长征丰碑巴西会议、包座战役、三过草地等大量的革命遗迹。在素有“若尔盖江南”之誉的热尔乡孕育了雪域高原迎春绽放的文物之花——尕让机。

尕让机是一个普普通通的文物工作人员，在平凡的工作岗位上，取得了不平凡的工作业绩，群众称她为草原上的文物之花。她从小生活在这富有神奇的大草原。1979 年 2 月出生在热尔乡麻尔村，1998 年中师校毕业在家乡热尔乡中心校任教，2003 年调入若尔盖县文化馆从事文物工作。她在实践锻炼中一步一个脚印成长，她为文物工作辛勤努力和奉献多年，年年获得文物工作优秀成绩。在她的努力下，包座战役遗址、巴西会议会址成功的被评为国家级文物保护单位，苟象寺院、达扎寺院、苟龚桥、潘州古城遗址被评为省级文物保护单位，另有州级 10 处，县级 98 处文保单位。在非物质文化遗产方面，有省级 2 项：金冠舞、川西北民歌，另有州级 13 项，县级 36 项。

自“三普”工作正式启动以来，她在普查工作中兢兢业业，任劳任怨，创造性地开展调查工作，圆满而出色地完成了各项工作任务。第二阶段启动前，为做好本县调查工作，她认真学习领会“三普”工作的目的、意义，翻查大量历史文献、文史资料、相关书籍和县志等资料，结合本县悠久的历史文化、灿烂的民族文化、丰富的宗教文化和光辉的革命文化的特性，提出了“四条主线重点调查，兼顾 20 世纪文化遗产”的调查思路并据此制定了“调查实施方案”，为实地文物调查奠定了坚实的基础。

实地文物调查工作启动后，她作为本县“三普”工作队副队长在工作中采取了先拟定调查路线，到乡村后再做调查走访，最后根据了解的线索实地踏勘的科学方法开展调查，新发现一大批具有重要价值的文物点。如在川西北草原地区首次发现彩陶文化的“协玛坚遗址”。再如，她通过翻查革命文献和当地党史资料，有针对性的在红军长征遗迹上下功夫，新发现潘州红军前敌总指挥部旧址等 13 处革命文物。在调查走访时，她还利用懂双语的有利条件与当地农牧民交流，深入了解当地历史沿革、宗教信仰、风土人情，并重点结合当地藏语小地名的含义开展调查。如藏语“甲卡”是“城”的意思，她抓住这条线索不放深入走访实地调查，果然在班佑乡多玛村发现了汉代的“克千甲卡城址”。调查期间，她处处以身作则，带领队员始终战斗在调查第一线，克服了常人难以忍受的困难。高原上地广人稀、交通极为不便，很多遗址没有公路，车子无法行驶，她常常带领队员在高原湿地上，深一步、浅一步地徒步行走。常常天朦朦亮带着普查设备和一袋饼干出发，到天黑时才返回住地。很多文物点距县乡几十公里，甚至 100 多公里，为了节约普查经费，加快普查速度，她和队员们商量后决定，借住在附近牧人的远牧点上，远牧点的帐篷内没有电灯，晚上队员都入睡了，她还借助火光整理当天的资料、编写日志，拟定明天的工作计划。

高原的气候恶劣多变，早晚的寒露午时的骄阳，常常一天过四季，不期而至的狂风和冰雹雪雨时常让她和队员们措手不及，在空旷的野外瑟瑟发抖，待风雨过后又用体温烘干湿透的衣裳，面对此景她却笑称“天浴”。夏天紫外线特别强，晒得脸上都脱了一层又一层的皮；冬天寒风刺骨，白雪覆盖大地，平均气温达零下20多度，但她却不畏寒冷，冒着寒风，经常冻得手脚肿痛。在向东村普查时，为了去麦吾遗址调查，大冬天零下20多度趟过50多米宽的沼泽地，到达岸边时，腿脚冻得通红、麻木，十几分钟站不来。但她仍然坚持走在队伍的最前面。在求吉乡普查时，不慎从山坡上滑下来，身上好几处伤，脚脖子也崴了，第二天她脚捆绷带爬过了海拔4000多米的玛日山，完成了玛日山红军战场遗址的野外普查资料。长期在野外调查，因路途遥远常常驻乡调查不能回家，只有将年仅6岁的儿子托付给亲友同事照看，儿子的不理解和责备常让她暗自伤心落泪，但从未向领导和队员表露。

在整理调查资料时，由于专业知识的缺乏不能对文物准确进行描述，但她不耻下问多方请教，还自费购买《中国藏族建筑》、《若尔盖县寺院简介》等工具书开展整理录入工作，最终调查数据通过了省、州验收和专家的好评。所编写的普查信息“若尔盖县发现协玛坚遗址”被国家文物信息网、四川文化信息网、《华西都市报》等媒体刊用，扩大了本县“三普”工作的影响。

就这样，在她带领下，通过普查队的共同努力，在自然条件极其恶劣、专业知识较差的条件下，取得了新发现147处，复查58处不可移动文物的成绩，为本县“三普”工作做出了突出贡献。

贵州省

一帮了不起的“三普”娘子军

贵州省安顺市西秀区文物管理所　谢开然

我们来自贵州省安顺市西秀区文物管理所，具体负责普查工作的80%成员，平均年龄是38岁的女同志，是西秀区第三次全国文物普查的主力军，我们称之为“‘三普’娘子军”。

作为基层的文物工作者，我们必须是要以对国家、民族和对历史、未来负责的态度，以饱满的热情，务实的工作作风，把全部精力投入到西秀区第三次全国文物普查工作之中。“‘三普’娘子军”的“军规”是这样定的，我们也是这样执行的。

此次文物普查工作涉及面广，技术要求含量高，西秀区地域广，总面积1704.5平方千米，总人口82.39万人。辖6个街道、10个镇、2个乡、5个民族乡。但是西秀区历史悠久，文物资源非常丰富。从2008年6月起，普查组结合实际、分析研究，按照每到一个乡镇均按“联络—收集资料—镇政府组织召开村支两委座谈会—到达各村实地调查”的工作程序进行。无论是风霜雪雨还是严寒酷暑，“三普”组员们披荆斩棘、跋山涉水、勇往直前。大家伙都拧成一股绳，一个村、一座山、一条古道、一座老宅……“边走边问边看边记”，一一调查。共走访了400余个行政村和居委会，登录有价值的不可移动文物点374处。第三次文物普查战场上的“娘子军”，为我区的文物普查工作奉献着自已的青春，奉献着自己的光和热。

朱仁芬，普查工作组副组长，对乡镇工作非常熟悉，是田野调查工作的骨干。她配合省博物馆的专家们翻过西秀区境内大大小小50余座大山，无论是烈日当空还是倾盆大雨，她总是默默地坚持在田野调查一线。长期的野外工作，使她顾不上自已的小家，每每劝她休息，她总是说：“工作量这么大，人又这么少，还是坚持坚持吧!”

曾芳，普查工作组副组长，数据录入能手，年轻而充满朝气，野外的奔波使她皮肤变得粗黑了，家人开始抱怨，朋友开始惋惜，面对这些她总是轻描淡写的说声：“没啥，我正享受着文物普查带给我的快乐!”2010年3月，曾芳同志被省文物局抽调参加全省第三次全国文物普查实地调查阶段验收工作，圆满完成任务，表现突出。

杨晓华，普查工作组档案管理员，是“娘子军”里的老大姐，她不顾身体，放弃家庭，长期奋战在“三普”一线。野外调查回来后，她总是在第一时间把收集的资料整理归档，使我们在数据录入的时候便于查询，避免走弯路。为后期工作的顺利开展打下了扎实的基础。

乐辉，普查工作组执笔、驾驶员，全部普查工作中，唯一能坚持下来的“孤男”，在田野调查的整个工作中，无私奉献、兢兢业业，没有一丝怨言，就这样，陪着这帮“娘子军”，保护着这帮“娘子军”，圆满完成了调查任务。

笔者，谢开然，普查工作组组长，负责西秀区整个田野调查工作任务。从对文物工作的一无所知到如今的胸有成竹；从对文物保护没有感觉到如今的珍惜热爱；从一名对文物工作感到神秘又陌生的门外人，经过组织的培养、老师的指导和同事们的帮助，逐渐成为一名文物部门的业务骨干和管理者。笔者很庆幸自己能够参加全国第三次文物普查工作，更幸运的是有这一帮团结奋斗的“娘子军”，共同奋战在普查一线。无论是风霜雨雪还是严寒酷暑，笔者带领着“三普”队员们披荆斩棘、勇往直前，不征服、不攻破决不罢休。看着这支“娘子军”普查队伍，笔者备感骄傲！

作为实地普查的领头人，深夜时分，笔者依然奋战在“三普”表格的数据录入中，从白天田野调查到夜晚持续工作十五六个小时是司空见惯的，腰酸背疼也是常事。但是总对自己说：全身心投入工作，自己责无旁贷，更希望能够交出令自己和社会都满意的答卷。2010 年，笔者荣获了国务院第三次全国文物普查领导小组办公室授予“第三次全国文物普查实地文物调查阶段突出贡献个人奖”的荣誉称号。此时此刻想说的是，这个荣誉是属于大家的，属于这支“娘子军”队伍的，属于西秀区文物管理所的每一位同志的。

这篇文章笔者把奋战在西秀区“三普”一线的队员们用一一记录下来，让默默无闻的文物保护工作者们一起共同见证，见证全国第三次文物普查工作的辛酸与快乐、责任与骄傲！

历尽千辛万苦　走遍千山万水
说尽千言万语　想尽千方百计

贵州省盘县文物管理所　罗永周

盘县第三次全国文物普查工作在两年多以来，取得了阶段性成果。但在成果的后面，演绎着普查队员艰苦朴实、不畏艰辛的工作作风，作为普查队的一员，我看到了团队的力量，看到了“文化遗产保护，人人有责”的新气象，受益匪浅，便将文物普查中的一些趣事、难事、体会记录了下来。

一、盘县文物普查工作的基本情况

盘县地处广西、云南和贵州三衢要道，自古为军事重镇，商业重埠。是云南通往内地的必经之路，素有“滇黔锁钥”之称，是历代兵家必争之地。全县总面积4056平方公里，总人口118万人，下辖37个乡镇，502个行政村（居委会），处于贵州高原西部边缘，地势起伏较大。

二、对文物普查的几点体会

（一）领导的高度重视是普查工作顺利开展的根本保障。这次普查工作开局良好，成效突出，我们感到首先得益于各位领导的高度重视。从“三普”领导小组的筹建到普查经费的落实；从普查队员的培训到相关资料的搜集整理；从普查方案的确立到普查前动员会的召开；从率先垂范，亲临前线普查指挥到阶段性的经验交流总结，无一不体现领导对“三普”的高度重视。它就像奥运火炬，点燃了所有队员的工作激情，使盘县的文物普查工作如火如荼地顺利开展。

（二）普查组树立了吃苦耐劳、通力协作的团队精神。文物普查，国家很多年才进行一次，有幸赶上可称得上千载难逢的好时机，特别是能与专家一起工作，在实践中言传身教得到他们的倾囊传授，无论是专业技能和工作能力都是一次质的飞跃。我们内心特别珍惜这次机会，“江南千条水，云贵万重山”，况且盘县处于贵州的西部高原，自然条件更为艰苦。但再苦再累依然无怨无悔。提起苦累自然不必说，早出晚归、爬山越岭、风吹日晒，一身泥、一身汗，手刺破了、脚起泡了成了常事。遇到在山顶，工作还没有完成，不能按时就餐更是司空见惯。记得那是2009年9月，为了完成摩崖群拓片，普查队员夜晚10点钟了还在山顶用手电继续完成拓片制作，并连续坚持了3天。为完成当天在山上的普查工作，大家几乎是通宵达旦。高强度的体力、脑力劳动并没有使我们折服。相反，我们把这次的普查工作当成锤炼自身能力的一次体验，深知所有的努力都将永载普查档案的史册。每处档案的形成都是全队密切配合、通力协作的结果；每份档案的背后都凝结着队员的辛苦、汗水和智慧。

（三）“五勤”是搞好文物普查工作的基本方法。在普查中我们按照“五勤”即嘴勤、眼勤、腿勤、手勤、脑勤的要求，开展田野调查工作，取得了实质的成效。在普查中善于访谈，及时抓住群众反馈的有价值的信息进行追查并在普查中笔不离手，勤问、勤记，随时做好信息的翔实记录。由于注意力集中，一次，我们一位普查队员的钱包不知什么时候丢失，到了晚上回来才发现，那天晚上他急得没有吃任何东西。

我们按照“五勤”的工作要求，找到了许多文物点，取得了事半功倍的效果。到2009年末，我县第三次全国文物普查实地文物调查文物243处：古遗址24处，古墓葬39处，古建筑87处，石窟寺及石刻19处，近现代重要史迹及代表性建筑38处，其他类别36处，其中复查76处，新发现140处，消失文物点27处。文物普查率为100%。这是我们取得的前所未有的成绩，这个成绩将永远伴随我们的人生保存下去。

花开花落又是一年，第三次文物普查田野调查的喜怒哀乐深刻烙印在我们心中，冲淡了名利场上的荣辱毁誉，也使我获得了一颗平常心。然而，只要一回想起文物普查田野调查的经历，连绵不断的群山在记忆深处或隐或现，辛勤、清贫、孤独、寂寞，所验证的是文物普查工作者光荣的使命感、责任感。蓦然回首，高山上一个紧跟一个的脚印有条不紊地无限延伸，形成了线，形成了面。

二进黄莲乡

贵州省桐梓县“三普”办公室　李冠英

第一次赴黄莲乡普查是在2009年8月，是“三普”队开赴田野调查的第一站，由于缺乏野外工作经验，队员们遭遇了那次历险似的普查，吃了不少苦头。

时隔年余，普查队历尽艰辛、完成了全县多数乡镇的普查，在普查过程中得到历练，队员们逐渐成长。普查队决定二进黄莲完成上次未能到达的5个村的文物普查。黄莲乡位于桐梓、绥阳、正安三县结合处，是全县自然条件最为恶劣的乡镇，地广人稀，属高寒山区，山高坡陡，有大面积的原始森林，土壤贫瘠，常年雨雾濛濛湿度大，交通条件差，不适于人居住，因此加大了普查难度。

8月30日至31日在黄莲乡政府的配合下就近普查了大溪河、道竹、银山3个村，没有发现有价值的文物点。9月1日晨8点，按计划赴向坪、新庄两村普查。据了解这两个村只有城南山营盘遗址一条文物线索，且山高路远，乡政府只能安排出两位工作人员骑摩托车，经商量队长和我留下普查，其余队员返回县城。再次检查装备，一切准备就绪，队长搭乘乡文化中心蒋主任摩托，我爬上另一乡干部小王的摩托后座，出发！

摩托车大约颠簸了近1个小时，小路越来越崎岖，在冲一个陡坡时我乘坐的摩托突然在半坡打滑，猛然往后倒退着，吓得小王赶紧刹车，刹车失灵！又轰油门冲坡，无奈车子仍然在后退，情急之中小王连忙用双脚在地上撑着，试图让车停下，我紧拽小王的衣服，紧张万分，再退下去就是悬崖！万幸的是路烂坡陡，车速不算快，终于连人带车倒在悬崖边，好险！躺在崖边好一会儿才回过神来，我的右手肘关节撞得生疼，渗出了血，脚也蹭破了皮。看到小王一双脚都磨破了皮，流了好些血。蒋主任劝我们别再去了，我们坚持前往。一路不见人家，勉强骑到新庄，休整片刻，小王脚伤较重，找布包了，不能再跟我们前行。我想，哪能无功而返呢，跟自己鼓劲说不到万不得已决不能打退堂鼓，试了试勉强能走，又出发！

找了新庄村民小赵作向导，接下来就只能步行了，顺着羊肠小道，七弯八拐，跛着脚前行。一路上跟小赵了解城南山土匪头子幸多才的事，小赵谈起这些显得很兴奋，一副神秘的样子说："我小时候就爱爬城南山上去玩、去采笋。这些我晓得，山上古迹多哟！幸多才有三个秘密，有土匪头子藏宝的地方，有营房，还有关抢来妇女的'内房圈'，不信你们到了看就晓得了……"看他那样子着实可爱，我问他到底还有多远？地面遗存保存情况如何？他回过头眉飞色舞的对我说："不远了，不远，就在前面山上，你看了就晓得，走嘛，走嘛，前面还有刑台。"我无语，别想问出个所以然了。继续走了大约2小时，可见稀稀落落的人家，大多是土坯房，黄秧组到了，在68岁的村民胡金云家门口小憩，这是蒋主任联系的人家，说是爬完山回来在这里吃饭。大家坐在屋檐下喝茶，看到壁橱上放着煤油灯，原来这里去年底才通的电灯。和主人家摆谈中得知了清咸丰年间当地匪首幸多才纠集匪众在城南山占山为王修筑工事建营房。一时间匪焰日炽，桐、绥两县边界民众饱受残害掠夺。老胡家前方不远处高山顶即有一处土匪修建的营盘，山下平地有一不规则长方形天然岩石即为当年的刑台，长2.2米，宽2米，高1.2米，立面为斜面，顶部有4个人工开凿的孔。当时土匪为勒索百姓钱财，把所掳百姓辫子拴在石头上行刑，时不时鞭笞一顿，逼迫亲人送钱至此，方能解救被掳亲人少遭皮肉之苦。这是土匪残害百姓的罪证。老胡拿出了在历年耕地时捡到铅弹及铜钱、令牌等。我们一一拍照、测量、记录、定位。得此收获，精神为之一振，继续向城南山进军，要从黄秧坪一直下到谷底对面才是城南山，下到半坡已经是汗流浃背，腿脚发颤了，此时已过4点，担心返回前天黑，加快了行进速度，向导决定带我们走小路，结果是越走越险，越爬越陡，等我们发现向导是在带我们爬悬崖时，已经在绝壁半腰了！没有退路，每往上爬一寸都困难，向导猴子似地往上攀一点又停下来拉下面的队长，一个拉一个，上面的人只要一脚踩滑下一块石头，下面的队员都会毫无疑问的摔下悬崖牺牲掉。队长卡在一处岩缝中费劲力气也爬不上去，上面的人踩滑下的沙、石不断从我和蒋主任身边、头上滑过，此时气氛已经紧张得令我们眩晕，必须稳定情绪，我几乎是喊着叫上面的不能乱蹬，不要慌，每挪一步都必须踩实，抓紧身边的山岩、树根，必须通力配合，才不会全部摔下去。向导终于爬上了悬崖，但我们却与他拉开了距离，队长又卡在崖上，没法爬上去了。向导也害怕了，怕我们摔下山崖，赶紧扯了些藤子放下来让队长抓住。这时我已然忘记了乘摩托摔的伤疼了，配合向导使出全身力气用手推队长，在一番惊呼后，大家终于吊上了崖，为了活命，我们只有拼命地爬，所有的力量都在那一刻迸发。惊魂一幕，终生难忘！黄莲乡的文物点空白填补得来之不易！站在险峻的陈南山山梁上，触摸着当年土匪留下的遗迹，极目远眺，感慨万千。天色渐暗，迅速抢拍照片，抓紧工作。天黑前必须赶回黄秧坪，匆匆告别城南山，顺着山梁大家向猿猴似的在无路的缓坡丛林里时而攀援，时而屁股着地“滑行”，荆棘划伤手、脸、衣裳，一切都无暇顾及。到了老胡家天已全黑，吃了晚饭，大家合影，谢过老胡和向导，返程。

月光格外皎洁，繁星点点，为我们照亮归途，虫儿为我们唱歌。我们拄着木棍、背着背包，拖着伤痕累累、疲惫不堪的身躯，庆幸队员一个不少，内心却怀着劫后余生的幸福前行，这幅剪影是多么的美好。“三普”的每一次经历，每一点收获都将是我们终身的宝贵财富，无怨！无悔！

老骥伏枥志千里

——记思南县文物普查技术顾问退休职工汪育江

贵州省思南县文物管理所　汪汉华

位于千里乌江中游的贵州省思南县，因其丰富的自然资源和厚重的文化底蕴，被人们誉为“黔东首郡、乌江明珠”。在思南县境内分布着众多的文化文物遗产，它们见证了思南悠久的乌江地域文化和历史长河的发展，其中的思唐古建筑群被列入国家级文物保护单位。

2007年9月，思南县全面启动了第三次全县文物普查工作，全县的文物普查田野普查、数据收集等工作从2008年6月启动，全部工作于2009年9月底完成，在全县共调查登记文物246处，其中复查文物158处，新发现文物88处。

2010年3月11日，是一个让思南县广大文博人员欢欣鼓舞的日子，这天，该县的第三次文物普查田野调查阶段顺利通过了省级验收，普查成果获得了省专家组的高度评价。这其中成绩的取得凝聚了该县一位81岁高龄的“三普”工作队员汪育江老人的多年来的心血。

汪育江同志是贵州省思南县文物战线上的著名老专家，原县文物管理所所长，在上世纪70年代末至80年代初，汪老就参加了全国文物第二次普查工作，跑遍了全县的村村寨寨，对全县的文物分布情况如数家珍，积累了丰富的文物普查经验。

“虽然退休了20年，但是退休不等于退岗，为了党的文物事业，只要我还走得动，我都要参加。”在全国第三次文物普查开始后不久，汪育江老人不顾八旬高龄，下乡条件艰苦，多次向县文管所领导主动请战，极力要求参加，所长最终答应了老人的请战。

在第三次文物普查中，汪育江同志老当益壮，不减当年风采，和“三普”工作队的几名年轻人一道每天都早出晚归，晚上还要整理资料，所查文物点都作有记录，自始至终没有缺席一天。他和年轻同志一道，攀崖过涧、钻林趟棘、顶烈日、冒严寒，克服重重困难，硬是走遍了全县27个乡镇170多个村寨，对全县所存的文物进行了全面的实地普查。

在“三普”工作中，汪育江同志责任心强，能吃苦耐劳，有时不能按时吃饭，超时工作，天热饥渴，他从不叫苦，认真做好文物普查工作，他的工作作风给文物普查队员带了一个好头。在该县思林乡四角村有一处清代白号军古战场遗址，80年代初，汪育江老人在参加“二普”时，曾对其遗址地理位置情况有过粗略的记载。事隔近30年，“三普”工作队再次前去进行普查时，请教当地向导，却因年代久远，已记不清遗址的具体方位，第一次上山，工作队员无功而返。此时已是下午4点钟，在山脚下一户人家吃饭时，主人家又提供了一个新的寻找线索，汪老一听，又立即催促几个年轻的“三普”工作队员重新开车上路寻找，由于山路崎岖，越野车只能走到半路，年轻的工作队员担心汪老的身体，劝他在原地休息等候，但汪育江老人坚持和大家一道上山，并走在前面用他的铁拐杖为大家趟棘开路，当工作队员重新找到这个号军战场遗址时，汪老兴奋得像孩子一样欢呼起来：“终于找到它了！”就是因为这次文物普查，汪老在为大家趟棘开路时，不小心一根笼棘刺钻进了老人的脑壳表面，回到家后一个月才发现脑壳表面有点肿，最后进行了伤口消炎处理，谈到这事，老人还乐观地作了一首打油词：“己丑酷暑钻刺笼，不知汗水流多少。为寻文物何惧苦，决心唱首丰收歌。”来以此来自勉。

汪育江老人一生爱好文物考古事业，1984年，思南县文物管理所成立，汪育江担任所长。为了宣传乌江，加快乌江的开发，同时为了搜集乌江文化史料，汪育江几乎走遍了思南县乌江沿岸各村寨的每一个角落，查清了全县700多处文物古迹的历史和现状，拍摄了1000多幅照片，拓了100多帧拓片，搜集了上百万字的资料，他还在上世纪90年代曾两次徒步考察乌江。经过多年的苦心搜集，汪育江手中掌握了一批丰富的乌江文化资料，被大家称为思南山水风情的“活地图”和“活字典”。由于他熟悉情况，为了使大家省心、省时、省事，不用问路就可直达目的地，在“三普”工作中，汪育江坚持当好向导，引导大家不走冤枉路，每考查一处文物点，他都能走访群众，多方打听，认真观察，详细记录。

在该县长坝乡丁家山有一座清代道光年间的保护森林古碑，在参加“二普”工作时，汪育江曾经去普查过，在参加“三普”工作队后，汪老心里一直惦记着这块古碑。2009

年7月16日，正是酷暑“三伏天”，一大早，汪育江和工作队员一道驱车风尘仆仆地来到丁家山，凭着对过去的记忆，汪老和同志们在山上仔细地搜寻着，但是四五个钟头过去了，一直未见保护森林古碑的踪影，随行的3个年轻同志都有些灰心了，加之天气又酷热难耐，开始打起了“退堂鼓”。这时，汪育江老人及时地鼓励大家要树立信心，并叫大家在原地休息，在休息时，他怀疑古碑有可能被不知道其历史价值的村民抬去修公路了。于是他又一个人戴着草帽，沿着原路细细地察看一遍，终于在半山坡上找到了横卧在草丛中的古碑。汪育江立即叫来工作人员，将古碑扶正，并用矿泉水清洗干净，他亲自抄写碑文，用专用工具为古碑拓片，进行文字资料和图像资料的存档，并就古碑文的内容向年轻同志进行了讲解，为年轻的文物工作队员上了生动的一课。

由于汪育江老人的文物考古知识渊博和实践经验丰富，在普查中遇到的各种现象和问题，他善于从多角度去分析，用多种方法去处理。为使调查资料准确，在下乡普查期间，他利用中午和晚上的休息时间，整理文物资料，查阅历史文献，尽可能多的搜索发现的历史信息，一件件文物经他的描述和断代，其文物价值呈现了出来，让参加“三普”工作的年轻同志增长了见识，提高业务水平。该县的杨家坳乡岑头盖村是清代白号军起义定都的地方，村里有一幅清代咸丰年间白号军所题的壁题，是研究当时号军起义的重要历史依据，由于年代久远，壁题上的字有的变得模糊不清，上世纪90年代，附近有一个文物爱好者为壁题上模糊的字重新添加了笔画。当汪育江和工作队的同志们到岑头盖村普查该文物时，发现壁题上被人重新添加笔画的三个字和他80年代初参加“二普”时抄下来的意思不一样。于是，汪老依据所掌握的历史资料，从当时的历史背景入手进行分析，对每一个字，每一句词的意思进行仔细推敲，当场纠正了三个错字，为历史文物进行了正本清源。

汪育江同志除了身体力行地参加文物普查工作外，在文物研究和乌江流域历史文化研究上学术成果丰富，近30年来，他在各种报刊媒体上发表相关文章就有150余篇，先后出版了《乌江流域考察记》、《神秘的乌江》、《故都岑头盖》、《思南与乌江文化》等4本乌江流域历史文物文化研究专著。他从多方面宣传乌江流域文物考古事业的成就，为文物部门争得了荣誉，提升了社会地位，他著的书通俗易懂，深受群众喜爱，是本地学生爱国主义教育的乡土教材，也成为了外地客人解思南历史的导游读物。

通过这次参加“三普”工作，现在他对思南县的现存文物数据心里更有数了，实现了他当初想了解思南究竟有多少文物的愿望，汪育江老人心里感到非常的欣慰。虽然“三普”田野调查阶段工作结束了，但汪老却没有放下手头的工作，他还有一个最大的心愿未了，就是想通过这次普查，把收集到的思南现存的文物的文字和图片资料汇编成一本关于思南县“古屯、古桥、古井”的文物册子《思南三古》，他在调查期间连续写了15篇普查文章向《思南新闻》投递，得到了刊载，再一次为思南县的文物事业发展作出了自己的贡献。

我们不是盗宝贼

贵州省安龙县文物管理所　易奎香

一阵优美的彩铃声将我从梦境拉回现实，极不情愿地睁开眼睛后快速起床冲到窗前。清新的空气扑鼻而来，浅蓝的天空、高高的云层，又是一个野外调查的好天气！虽然我们连续在野外跑了三天，但想到今天是“三普”实地调查阶段野外调查的最后一天，心中还是藏不住那份即将完成任务的兴奋。

7点50分，“三普”专用面包车载着普查队员稳稳的驶出县城驶向目的地洒雨镇的下龙村、天桥村和免底村。大约半小时后，汽车离开交通主干道，开始在蜿蜒的通村公路上颠簸。群山慢慢的后移，队员们指指点点、津津乐道地回忆着沿途曾经爬过的山、走过的路，说着一处处登录的文物、一段段难忘的故事。我边听边掏出手机，首先拨通了下龙村支书的电话。对方的声音略微沙哑，带着浓郁的布依族口音。我简单地介绍了我们的工作目的，便开始详细地询问：你们村有石阶路（文化古道）没？有营盘山没？有石栱桥没？有花坟（牌楼式墓葬）没？村民种地时发现铁刀刀、铜碗碗或烂坛坛烂罐罐没？有没有山洞……“问详细点，要不然带你去猫耳洞！”平常不苟言笑、曾经参加对越自卫反击战的老马冷不丁地说。他或许是再次想到了他当年打仗蹲过的猫耳洞，更想起了以前的调查经历：在某乡镇调查时，村民说某半山腰有一山洞，他们放牛时常在那躲雨。我们以为有戏，结果翻了几座山到哪里一看，洞口仅容一人，什么找不着。因此老马总是拿这当笑料说我去猫耳洞找遗址。

通过询问知道三个村均有线索。上午，我们调查了下龙村和天桥村，新登录3处不可移动文物。午饭后来不及休息便直奔免底村。我们沿着崎岖的山路蹒跚前行，根据线索在下花组松林坡寻找缪家大坟。真是名副其实的松林坡啊，四周均是高高的松树，由于今年这百年不遇的干旱，地面铺着厚厚的松针，踩在上面惬意极了。终于找到缪家大坟了，这是一座牌楼式合葬墓，四柱三间五重檐，双室券栱石墓（墓被盗，墓室出露），牌楼制作考究，石刻工艺精湛。测点记录完毕，我们继续寻找营盘遗址。汽车在山路缓慢而下，颠簸很厉害，队员小查已经开始闭目养神。最近为了赶任务，她一直没休息，天天外出调查，应该很疲倦了。还有我身边的王姐，身患慢性疾病也坚持下乡调查。说真的，很感激我们的队员，在这一年多的野外调查中，从不叫苦叫累，总是默默地工作。我还想起去年7月省里派专家组督察辅导各地地下文物调查时，省考古所已经五十多岁的王老师不顾酷暑，依然带着我们穿丛林钻洞穴，强化了我们对地下文物的认识。看着车外的骄阳和崎岖的山路，想到年龄比我们大还常年在外从事田野考古的王老师和即将结束的“三普”实地调查，我不自觉地说道：“我们已经新登录140多个点了，今天要是能再发现个洞穴遗址就好了。”话音刚落，我眼前一亮，急忙喊“停车、停车!”“吱……吱……吱……”汽车终于停稳了，“下车，下车，有洞穴。”老马瞄了一眼对面的洞穴说：“你先去看吧，我们等你。”呵呵，看来他是不相信有戏啊。我不顾大家质疑的眼光，率先直奔目标，王姐也跟着走了过来。哈哈，运气真好，在距洞穴约100米的台地，采集到一件石锤。我兴奋地喊道：“找到宝贝啦，快下车工作啊!”队员老马、小查这才下车。我们在洞内又相继找到石锤、石核、石片等器物10余件，充分肯定这是旧石器时代晚期人类居住遗址。依旧是测点、拍照、绘图、记录，正愁写不出小地名时，在我们停车的地方有一骑摩托车的村民路过，他好奇地停了下来，想看看我们在做什么。我们大声的询问着，但听不清，最后还是他来到洞穴。真巧啊，原来他就是免底村的支书！他仔细的看我们采集的标本，我们也详细给他介绍我们调查的内容，我说：“我早上不是问过你有没有洞穴吗，你说没有呢。”支书说：“我以为你们是找适合旅游开发的溶洞呢。”你看，这好的遗址，差点遗漏了吧！登录完毕，支书告诉我们去营盘遗址的路后，还说在下花组寨子中部还有一座年代很久的墓葬。

我们在山间蜿蜒十余分钟后，来到下花寨子。全寨约60户人家，苗、汉杂居，房屋错落有致的分布于山间盆地，阡陌交通，鸡犬相闻。由于是下午4点多了，多数人还没回村，很是宁静。一个老农坐在门前歇息，我们向他打听墓葬和营盘的情况，接着屋里出来两个年轻人。他们没有直接回答我们的问题，而是先问我们是干什么的、怎么知道的？我们宣传了“三普”工作的目的、任务后，如实回答是支书告诉我们的，他们才半信半疑地说老坟就在我们旁边、营盘在对面山顶。这时，又来了一个40岁左右的男子，站在那不说话，只看着我们做事。我们仔细查看墓葬，认为达不到登录标准，没登录。和老乡道别后，驱车直奔营盘遗址，约10分钟后我们到达。谁知，刚才在山下一言不发的那个男子已经从小路赶到营盘遗址，见我们用地质锤东敲西挖的，便大声问道：“你们是干什么的?不准挖!”我们回答是搞文物调查的，但他根本不信，说：“那你们拿土管局的证明来看!拿镇里的证明来看。”我们耐心的告诉他我们是搞全国第三次文物普查，不是土地调查，不用土管局证明。他才不听呢，说：“我知道你们是来挖宝的，是盗宝贼。”说着便用民族语言对着山下一阵吆喝，出来几个村民，有两个年轻的村民一路跑上了山，和他会合后就叽里咕噜的说着民族话，大有围攻我们的意思。队员老马有意逗他们一下，说声“挖宝啦!”便抡着地质锤一阵狠挖。那男子急了，大声说：“你们休想下山，我马上报告镇里，叫派出所的来抓你们!”我急忙说：“我们不是盗宝贼，是搞文物调查的，已经和镇政府联系过，不信你可以问啊。”他还是不听，掏出手机一连几个电话。我笑着小声地对队员说：

“他叫镇里的来，我们下午饭有着落啦!”老马说：“还高兴，逮你们去当压寨夫人!”我们还想说什么的，见他们不听就打消了念头，自顾自地工作。或许是他们已经向什么人问清楚了情况，也不再说什么，只是敌视地观察着我们的一举一动。我们也没理他们，工作完毕后径直下山。可能是我们的宣传起了作用，也许见我们的确没挖到宝藏、没做什么“违法”的事吧，他们不再说什么也没阻拦。就这样，我们带着一点点的遗憾：遗憾在“三普”实地调查的最后一天居然被当做盗宝贼；更多的却是欣慰：老百姓文物保护的意识很强呢。

我县的“三普”实地调查基本结束，但更多的问题需要我们去思考和解决：老百姓为什么会把我们当盗宝贼？我们的文物宣传还有多少盲点？实地调查还有没有遗漏？怎样保护、利用文物资源特别是乡村文物资源？……文物保护，任重道远啊。

感动铁盔山

贵州省黔西县文物管理所　陈文蓉

2007 年下半年，全省“三普”工作全面部署伊始，我县即组织举办了为期两天黔西县第三次全国文物普查工作培训会。全县所辖 28 个乡镇分管领导、党政办业务骨干、文化服务中心、各成员单位主要负责人参加培训，县普查办制作了《黔西县第三次全国文物普查登记表》，要求各乡镇按要求如实填写，按时上报。在各乡镇上报的材料中，大部分乡镇很认真，极个别乡镇是应付差事，上报资料似是而非，不知所云，有很多啼笑皆非的材料入档。实事求是地说，这批材料为县普查组提供了很多有重要价值的线索。

在各乡镇上报材料中，铁石苗族彝族乡备受关注。该乡位于黔西县东南面，东经 103°13′~106°21′、北纬 21°51′~21°57′之间，地处索风营电站至鸭池河水系的中段，土地贫瘠，石漠化严重，人居生存环境极不理想。总面积约 90 平方公里，距县城 29 公里，辖 10 个村 1 个居委会。世居民族有汉、苗、彝、仡佬、布依、白等少数民族比例占 58.6%，素有“苗乡彝寨”之称，属典型的喀斯特河岸乡镇。其中以铁盔山一带最为典型。这里文化底蕴深厚，文化遗存丰富。曾是苗族首领王聪儿起义之地，碉堡遗址尚存，营盘之名沿用至今；索桥李家在水西彝民中更是望族，据说乾隆年间兵部尚书李世杰曾题写了“冠国之光”四个字匾额和精美茶具一套送给李家，惜“文革”中被毁；彝族祖先发明的茅草溜索桥（亦称三盘索子桥）遗存，此索桥曾是这里沿河两岸村民来往的重要交通工具；彝族文化悠久神秘，淹塘村至今还保存有彝汉文合璧墓碑；相传明建文四年（1402年），朱棣登基，建文帝失位逃匿水西，其追随者落户堰塘寨等地，变服易俗易姓融于当地客家人，称“南京人”。

感动之一：铁石乡上报的材料

铁石乡上报的材料，内容丰富，类别清楚，文本填写认真，用词规范、对古迹点的介绍数据准确、描述详实，虽然其中不乏无价值的点，但是对我们进行实地调查提供了很大的帮助，在全县28个乡镇中属佼佼者。仅仅一个铁石乡就上报了不可移动文物古迹点40余处，经过我们的分析、筛选出具有一定历史、艺术和科学价值的古迹点就接近20处。这在90平方公里范围内的穷乡僻壤，实属少见。铁石乡对“三普”工作的支持、对业务部门布置的任务不打折扣及一丝不苟的工作态度使我们深深地感动。

感动之二：83岁老向导

2008年8月13日　晴　下午3点

寻找“兵部尚书李世杰干娘坟”。关于这座坟，我们只知道文献资料模糊的记载和口头流传，铁石乡上报的资料中也没有具体描述，普查小组一行5人在铁石第二小学教导主任熊君万的带领下，四处寻人打听了半天，还是不知道该古墓具体在什么方位。

正当我们心急如焚，焦躁不安之时，普查车刚好路过铁石乡安乐村小卖部，在小卖部里购买点零食和水，休整一下再继续打探前行。进店里大家还在议论这事，无意间被年近耄耋的原安乐乡退休干部——彝族老人李之曦听见。问清楚我们的来龙去脉后，童颜鹤发的老人主动说带我们去，说那是他们家族的祖坟，以前常去祭拜，很多年轻人已经不知道了。我想老人能主动带我们去，路一定不远，也肯定不难走。无奈又没有第二个人知道，只好有劳老人啦。殊不知，老人带领我们翻越数道山岭、趟小溪、越沟壑，在夕阳即将西下时，才在人迹罕至的铁石乡许家坝村箐脚七组安家槽罗鸡窝坡顶部找到该古墓。由于这里四周渺无人烟，当地村民砍柴放牧都很少到此，明知该墓就在此山顶部，可是眼前灌木荆棘混杂丛生，藤蔓缠绕，根本无路可循。普查队小伙们只得用镰刀、军刀在前辟路，我们跟随前行。脚踩在多年积沉的厚厚腐叶上，心里直发虚，让人没有“脚踏实地”之感。前行过程中还老是被“热情好客”的荆棘、灌木桠枝拽住，想必是看我们太累了，想让我们歇歇脚吧。几个来回后，我们的衣裤、鞋帽被扎拉得千疮百孔。更令人惊奇的是，我们的突然造访，给这里的“居民”们带来了不小的骚乱，眼前不时惊飞野鸡，匆忙夺路的野兔……最令大家害怕的是蛇：我们都怕蛇，蛇也怕我们，几次狭路相逢都令对方心惊胆颤，想法逃离。最终，在彝族老人帮助下，我们艰难地完成了这个点资料的完整收录。

当我们在夕阳余晖下和老人挥手告别时，看着老人颤颤巍巍离去的背影，刹那间，我的眼里噙满了感激的泪水……

感动之三：铁盔山普查恰逢“中元节”

2008 年 8 月 14 日　晴

我们来铁石的第二天，作为领队，我心里清楚，今天是一年一度的传统节日“中元节”，当地俗称“七月半”，每到这个日子，家家户户都准备了丰盛的菜肴，要以丰盛的美酒佳肴来祭祀自己的祖先和亡灵。人们给自己的祖先烧香、点蜡烛、焚钱纸（冥币），也过一个合家团聚的日子。在外的游子都会想法回家团聚。然而我们却因为“三普”调查任务而在外漂泊，我只好一再催促大家尽快完成，好回家与家人团聚，一道祭祖。今天还剩下 9 个点，不抓紧时间是完不成任务的，所以一大早普查小组就披着薄雾，卷起裤管趟过小路上满是露水的草丛，踏上征程。大家头顶烈日、翻山越岭一个点一个点地认真做好各自的工作。但由于点多分散、相距甚远，山高坡陡，路途艰难耗时，到下午还差两个点时，已快到晚餐祭祖时间了，不一会儿，人们的手机铃声响个不停，纠结在一起，此起彼伏，那是亲情声波的传递，是家人在呼唤。这时候大家都归心似箭了，但任务怎么办？假如撂下最后两个点，下一次再来补上，那又得费时、费力。当咬牙完成最后一个点时，天已经伸手不见五指了。众人回家心切，婉言谢绝了乡政府特意为普查组杀鸡煮腊肉做的丰盛晚餐。当我们回到城区时，已是万家灯火，烧过的钱纸已堆满河岸、山间，未燃尽的钱纸堆映红了黔西城的夜空，空气中弥漫着浓浓的烟味。这时已经 10 点半了，大家都唉声叹气，现在回家已经没吃的了，所有人家的晚宴都不会等到此时，我怀着愧疚的心情，只好带大家到夜市摊“享受”一顿了。

感动之四：铁盔山蚊子

2008 年 8 月 12 ~14 日　晴

鉴于铁石乡离县城远，文物古迹点多的具体情况，普查组决定调查这个乡时住下不返城。普查组除了我这个领队外，全是 70 后、80 后的小青年，谁也没有吃过苦，在家都是父母的宝贝疙瘩。走山路，吃野餐都咬牙挺过了，但一听说要住在镇上，就一个个直皱眉头。然而，普查工作任务必须按时完成，还得给我乖乖住进小镇上的旅社里。那条件之简陋可想而知，没有蚊帐，更不可能有窗纱，门窗都关不严实。好在我在来之前就想到了，提前做了好多准备工作，带上了两个电热灭蚊器、蚊香、手电筒等，自认为准备挺充分的，但是到那里才发现不是那么回事，那里的蚊子个头很大，多得好像我们来到蜂窝里似的。睡觉时大家使用上了所有的“灭蚊武器”，但第二天早上起来一看，所有人身上都布满了一个个大红疙瘩。此时此刻很令我感动，这些平时在家娇生惯养，刚走出学校大门的小伙子、姑娘们，挠着自己身上被蚊子叮咬的红疙瘩，硬没有一个叫苦。我想，这也许是他们在成长历程中第一次意志力得到的磨炼吧！

探访麻江黔桂明清驿道

贵州省麻江县文物管理所　聂凯华

2008年3月，第三次文物普查田野调查阶段工作刚刚开始，在一次文物普查座谈会上，一位退休干部说，距县城约15公里的贤昌乡长坡坳口麻江与都匀交界处有一个石门。4月9日，普查组一行3人在当地村民王启珍老人的带领下，来到了这里。经现场勘查和王启珍老人的介绍，这并不是一个普通的石门，而是一个古驿道关口。根据残存的功德碑记载，关口建于清道光十四年（1834年）三月。《麻江县志》记载，经过此地的驿道于明万历九年（1581年）开通，是贵阳至广西的驿道。王启珍老人介绍，古时由于该处地处麻哈州（今麻江县）和都匀的交界，匪患猖獗，朝廷为保护过往客商的安全，建立此关，并在关内驻有一支10余人的兵勇，负责护送客商至安全地带。关口占地面积146平方米，高3.1米。石墙门洞保存完好，北墙门洞上刻有“承恩北极”四个大字，南墙门洞上刻“茂对南薰”四个大字和“威灵显应”四个小字。同年6月，有“中国当代徐霞客”之称的摄影家黄成德来麻江，说要组织一批摄影家来重走徐霞客古道，笔者带他到了徐霞客曾住宿过的地方——干溪。后经查阅《麻江县志》、《徐霞客游记·黔游日记》等资料，结合黄成德的介绍，黔桂驿道在麻江这一段的脉络逐渐清晰起来。在接下来的一段时间里，麻江县“三普”小组对境内的黔桂驿道开展了为期半个月的详细调查。

经调查发现：麻江明清黔桂驿道位于贵州省黔东南苗族侗族自治州麻江县，北起碧波乡大堡村大堡组的麻哈江河岸，沿途经过碧波乡、杏山镇和贤昌乡的8个村，南至贤昌长坡古关口，全长30公里。据《麻江县志》等史料记载，黔桂驿道从贵阳出发，经龙里、贵定、马场坪、干巴哨入麻江县境大堡、干溪、麻江、高枧、贤昌至都匀、独山入广西南丹。麻江段黔桂驿道沿线现存主要有明清驿道遗迹四段、平田哨岩题、又诗百子桥、长坡关、夏同龢状元第、姜氏宗祠、麻哈州古城垣等10余处文物。其中夏同龢状元第、姜氏宗祠为省级文物保护单位，平田哨岩题、又诗百子桥、长坡关、麻哈州古城垣、国民党陆军通信兵学校旧址、冷水营通告碑、又诗甘氏宗祠及又诗古建筑群等为县级文物保护单位。

麻江县是贵州开发较早的地区。秦汉时属且兰县辖地。隋属宾化县。南宋置乐平平夷宣抚司和麻哈平蛮安抚司。元代设麻峡县。明、清设麻哈州。《明史·地理志》载："麻哈州本麻哈长官司。洪武十六年置，属平越卫。弘治七年五月升为州，来属。南有麻哈江，即邦水河之上源。南距府六十里。领长官司二。"1913年改为麻哈县。1930年改名麻江县至今。

麻江县地处黔中腹地，自古以来就是贵州的重要交通要道。至迟于元至正二十八年（1368年），元帝国已经新修、改造完毕曲靖经普安（今贵州盘县）、贵州（今贵阳）到麻峡（今麻江）的驿道，以打通云南经贵州、湖广达大都的通道。元代，麻江已经是贵州南下广西的重要津梁。明代，随着中央王朝加强对西南控制，贵州战略通道的地位突显。明清两代，是贵州驿道交通的大发展时期，贵州通云南、四川、广西、湖南的驿道均打通无阻。黔桂驿道打通后，麻江成为贵州南下广西的交通要道。其线路从贵阳出发，经图云关、谷脚、龙里、贵定、黄丝、马场坪、干巴哨入麻江县境大堡、干溪、麻江、高枧、贤昌至都匀、独山入广西南丹。清代，黔桂驿道又屡有培补、扩建。直到现代化公路开通前，黔桂驿道仍是贵州与广西驿传、商贸往来的主要通道。明万历九年（1581年）黔桂驿道麻江段得到新修扩展。明清时期，麻江境内纵横共有驿道13条，其中黔桂古驿道是贵州南下桂粤的主要通道。

民国十六年（1927年），由于修建黔桂公路，高枧老洼冲至贤昌长坡的部分路段被拆毁。民国十八年（1929年），"309省道"老洼冲至麻江段修建，此段古驿道80%被公路侵占。近年来，由于农村经济建设的需要，古驿道经过的村寨相继兴修通村公路或便道，又挖去了许多古驿道。现在驿道保留较好的基本上是远离公路的路段。主要有：

1. 白家庄至大堡段：近2公里；
2. 长坡段：1.5公里；
3. 虎场铺：1公里；
4. 平田哨：1公里。

其他路段零星有几十米到上百米不等，有的路段石料已无存或残缺不全。驿道一般宽在1~1.5米之间，全部用块石或鹅卵石铺就。据《徐霞客游记·黔游日记》记载："明崇祯戊寅年（1638年）初三日下午自都匀起身，二十里，文德（今杨柳街）宿。初四日三十里，麻哈州（今麻江县）。又十里，干溪宿。初五日十里，麻哈大堡。又十里，干坝哨。"当年徐霞客由广西进入贵州，走的就是这条古驿道。

黔桂驿道自古以来是沟通贵州、广西的重要通道，也是川陕、云贵南下出海的重要通道，对研究中国古代交通史、西南地区民族交流史具有重要意义。明代，贵州南下广西的驿道终于打通，黔桂驿道遂成为沟通贵州、广西，乃至川陕、云贵南直广西出海的重要通道。这条通道的路线方向、路网设置的影响一直到现代。民国二十三年（1934 年）开通的黔桂公路和 2001 年 6 月开通的贵新高等级公路，其线路仍与黔桂驿道平行或交错。甚至有研究表明，这条出海通道可能与中国古代对外交流的三大通道——丝绸之路、南方丝绸之路、海上丝绸之路中的后两大通道存在相联关系。

麻江地处黔中，历史上曾经处在百越族系和百濮族系文化交叉融合的前沿。黔桂驿道开通后，随着主流汉文化的进入和各民族交往的便捷，对这一地的经济发展、文化交流和民族关系产生了深远的影响。明崇祯十一年（1638 年），徐霞客由广西经贵州去云南就从这条驿道经过。明清时期，一些商帮或移民通过驿道把先进的生产技术、作物品种、政治观念、生产生活方式带到麻江，有力地促进了这一地区经济文化的发展。驿道沿线的各族人民受外来文化，特别是汉族文化的影响，开始兴办教育，重视科举，不仅出了许多秀才、举人，还出了进士、状元，其中以明朝的宋儒（进士），清朝的艾茂（进士）、夏同龢（贵州史上仅有的两个文状元之一）、周恭寿（贵州大学第一任校长、贵州省第一任教育厅厅长）和周昌寿（中国第一代物理学家）为主要代表。人文之盛，贵州罕见，与黔桂驿道的开通有着密切的关联。

通过对麻江段黔桂驿道的整体调查，笔者意识到：研究黔桂驿道，对研究中国古代交通史、西南地区民族交流史具有重要意义，对研究贵州乃至西南地区古代道路修筑技术和道路设施具有重要价值。作为一种新型的文化遗产类型，其保护和利用工作的探索，将对文物保护工作产生积极的影响。

古寨探微

——“三普”中对尧古寨的再认识

贵州省荔波县　覃远建

在世界自然遗产地荔波茂兰喀斯特核心区的入口处，有一个独特的古寨——尧古，寨老相传，寨子始建于清初。

荔波县的旅游开发始于上世纪 70 年代，随着游客的不断涌入，荔波这块直到清乾隆二年才有正式、稳定的县治，“县官”才不再“走读”的神秘土地，逐渐揭开其神秘面纱，被人们所认识。“三普”以前，人们对尧古寨的认识大都仅仅是其古法纸技艺与流程，坚固实用的房子，土布印染等而忽略了在清初“风俗习尚类，皆家藏枪械，恣意仇杀，藐玩王章，轻视宰官，如知县胡君苍睿于康熙二年，奉檄莅任，路经水岩，苗民恐其止宿骚扰，纠集凶党，群行不法，官吏粮役俱遭惨毒，此其凶暴之尤者也，虽旋经官兵剿洗，然而自兹以后，任斯邑者，莫不心怀畏缩，裹足不前，咸借寓于庆远府城间，有亲至者，皆请南丹土兵防护，人视荔波为化外，官目荔波为畏途”。这样的社会环境下，寨子的先民为什么选择在这里落寨？在此落寨后，为了安居乐业，繁衍生息，防止“仇杀”与“不法”，他们又采取了什么样的应对措施等等。

2008 年 11 月 28 日 16 时，天上铅云密布，飘着牛毛细雨，道路泥泞。这几天来一直降温，冷风一吹，更加显得凉飕飕的。劳累了一周的荔波县文物“三普”小组在今天中午终于完成了对洞塘乡洞腊、久安、尧所、板寨、董朋、木朝六个行政村的普查工作，紧绷的神经一下子松驰了下来。在从洞塘返城途中，车行平稳，坐在我身后 45 岁的老大姐覃礼仙，是我们普查组中年龄最大的，这几天来太疲倦了，此时发出了轻微的鼾声。就在今天下午 2 点钟，为庆祝我们与乡政府联合组成的普查组共同完成了洞塘乡的普查工作，我在乡武装部工作的同学李部长代表乡党委、政府在万亩梅原的核心区木朝寨设经济、可口、丰盛、时鲜的“农家饭”慰劳我们。是时鲜的山珍和木朝村民特酿的青梅酒？是洞塘乡党委、政府鼎力支持和李部长的同学情谊？抑或是再加上洞塘乡的普查工作收获颇丰，使小有酒量的我豪情倍增，竟然破天荒地将我酒桌上多年来的“宿敌”李部长“放翻”了。归途中，可能是青梅酒的缘故，亦或是这一周来普查工作的顺利，我的大脑非常兴奋，思维相当活跃，我开始梳理下周的工作思路，按年初制定的普查计划，下一周将开始对永康乡的行政村进行全面的普查。一直沉默不语的驾驶员小王突然冒出一句：“到尧古了，再有 20 多分钟就到家啦！这个星期快把我们累垮了，明后天是星期六、星期天，这两天可要好好的放松休息一下，钓一下鱼。”小王的话一下子把我的思绪拉了回来，我探头出车窗，我来过数十次，非常熟悉的尧古寨飞快的映入了我的眼帘。睹物思人，2005 年为申报第四批贵州省文物保护单位，我在尧古寨调查古法造纸和布依族民居时结识的忘年交老朋友，78 岁的覃自凡老先生古铜色长满黑褐色长寿斑、银白色头发和美髯的笑脸，在我的脑海里定格下来。我赶紧说：“小王，把车停下来，我们一起去看一下覃公，好久没有看到他老人家了！”车一下子停了下来，我们一行四人鱼贯下了车，在寨门口公路边的小卖部买了些糕点，店主蒙奶笑咪咪的说：“覃哥又来了？准备去覃公家？好久不见，你越来越发福了！当大官了吧？”这个据说当年十里八村远近闻名的布依山歌手，已经年近七旬，和数年前我初识时相较，依然童颜鹤发，依然口齿伶俐，依然声音清悦，依然腰背挺拔，浑身上下依然整洁，仿佛不食人间烟火一尘不染，数年间，时光好像在她身上凝固了一般，看不出岁月流逝的痕迹。买好东西，我们穿过横亘在寨前鱼塘中间的小路，由寨门进入寨子。

此时，天已开始刹黑，可能是下雨和降温的缘故，往日热闹的寨子显得异常清冷，平时随处可见的鸡狗，现在见不到一只。沿着不规则石块铺墁的寨内巷道，我们很快就到了位于寨子中后部的覃自凡老先生的家，一进门，就看到老先生全神贯注的坐在火坑边用木工圆凿在裁成长方形，用古法造出来的竹制纸上打着三排各九个据说是根据佛家“生、老、病、死、苦”轮回的铜钱纹。看到我们后，老先生和他的儿子万恒（一个约50岁，厚道的农村汉子）把我们请到暖和的火坑边坐下，开始张罗烧香草茶给我们喝。泡好的香草茶，其味似姜似茶，非常通气提神，万恒介绍说有顺气化痰的药效。寒暄了一阵，老先生又在向我们普查组的小姚讲述我听了不下十遍的往事：民国年间，翁昂土匪何光星率匪众抢劫尧古寨，全寨老少100多口人退到其家坚固的屋内据险固守三天三夜，最终击退土匪。覃礼仙则和万恒的妻子在织布机前闲侃土花布纺织技艺中的“花椒花”“篱笆花”“格子花”。我站起来说：“小姚，你们尽快用录音笔把覃公所讲的关于古法造纸的原料、流程、配方、传承谱系，逸闻趣事记下来，我到屋后去看一下造纸作坊，泡竹池和蓝靛池。”

看完回来，我独自一人走在寨子狭窄的巷道内。此时，雨又稍稍大了一些，夜色比先前也浓了一些，周围的景色开始变得模糊起来了，满巷道静得出奇，冷风从背面吹来，家家又闭门闭户，孤身长巷，不禁油然而升出一种如流浪汉流浪街头孤寒无助的感觉。我加快了步伐，在走到覃自凡老先生家转角巷道“十字”交叉处时，不知谁家的猫突然“喵”地叫了一声，我猛一抬头四顾，更是使我毛骨悚然，比邻四栋房子的四个黑洞洞的小窗口好像一起瞄准了我，使我就像误入了诸葛孔明的八卦阵，绝望冰冷的凉意一下子从脑门窜遍全身，出了一身细密的冷汗。我赶紧进家和覃自凡老先生打了招呼，带着普查组往县城赶。在送我们出寨的路上，万恒问道：“天黑了，吃饭再走吧？受凉了？你的面色不大好呢！”我说：“没事的，休息一会就会好的。”走出寨门，回头细看，夜色中整个寨子的布局俨然似牢固的工事一般。

回城当晚，我拿出万分之一的地图和平时拍摄的照片分析比照发现：一、尧古寨于平面呈“织布梭”形状的山间谷地的中部北面，背依大山落寨，寨前是宽阔的稻田（鱼塘），是典型的防御设施。二、整体布局有四道防御线：第一道为稻田（鱼塘），敌人要越过这一片开阔地，将遭受来自寨内的第一轮的打击；第二道为民居，寨内民居间用“井”字形狭长巷子连接，楼下用毛石砌筑厚约50厘米的墙体，较为坚固，楼上用木板隔断，板壁上多留小窗作观察射击孔，每一栋民居就是一个战斗单元，如敌人越过了第一道防线，将在此遭受第二次打击；第三道为覃自凡宅，覃自凡宅位于整个寨子的中后部，整个房屋占地200余平方米，从上到下的墙体均用石头堆砌，厚约1米，石墙上留有很多射击口，并在屋子左后部建有碉楼，是寨子中最坚固的堡垒，如遇紧急情况，则收缩全部火力于此，据险坚守待援。村民们记忆犹新的何光星率众来犯，100多村民据此以守的往事，至今仍然传颂不绝。第四道为寨后大山，如实在守不住，边打边退，疏散进入大山。

感悟：在“三普”工作中，对已经登记的不可移动文物进行复查、登录、研究，与调查发现新的不可移动文物同样重要。

云南省

“三普”感悟

云南省嵩明县文物管理所　毕汝云

今年4月，我县第三次全国文物普查实地调查阶段工作顺利通过省市专家组检查验收。作为一名长期在基层从事文物工作且全程参与“三普”工作的我来说，对“三普”实地文物调查有诸多感受，但最深的感受在于一个“勤”字。

一是要勤走动。尽管现在交通相对较为便利，但实地调查必须要靠普查队员一步一步走下来。在城镇穿街过巷，在农村走村串户，在野外跋山涉水。这些过程，无一不需要普查队员们匆忙的脚步，一年下来，各类鞋子穿破一大堆，可谓“踏破铁鞋”。一天，夕阳西下，普查队正准备收拾工具回家，突然一名队员在50米外大叫：“这里响声不对。”全体队员赶过去，在可疑地块来回走动，发现地下确有问题。后来通过打孔勘探，在地下发现了一座东汉的石室墓。因为这片丘陵在早年改地时被挖平，地表已经看不出墓葬迹象，若不是这名队员多走了50米，这次普查就绝对不会发现这座千年古墓。“三普”百分之百的到达率，若是走马观花，效果则要大打折扣。

二是要勤动口。走访调查当地群众是“三普”队员的基本功。不论是在田间地头耕作的村民，还是在墙脚下晒太阳的老人，或是在茶室聊天的老翁，都是文物普查工作走访的主要对象。普查队员一声亲切的大伯大婶或爷爷奶奶，就能马上拉近与当地群众的距离，在耐心说明来意后，淳朴的村民们一定会满足你的愿望，你一言我一语的告诉你当地文物古迹的情况，甚至大部分村民会把普查队员带到调查点，尽管有大部分“古迹”不是我们的登记对象，但普查队最后登录的文物项目，绝大部分是靠走访群众发现的，可见勤动口对普查工作有多重要。

三是要勤动手。普查队的车上放着探铲、锄头、镰刀等工具，队员的包里背着手铲、小锄，每到一个调查点，队员们都要动手东找西翻。有时翻弄柴草堆，有时割草劈荆棘，总希望能找寻到更多更有价值的文物，总希望能全面发现文物的真相。一次，在调查一座寺院建筑时，大部分工作都结束了，但就是弄不清寺院的历史沿革，大家都很憋气。队员们用手铲在墙壁上到处敲，突然一块抹墙沙灰落下，一块手掌大小的石头露出来，铲去所有沙灰，一通嵌在墙上的碑刻呈现在大家面前，碑刻记载了寺院始建于明代崇祯年间，清乾隆十六年重修。就这样，大家不放弃，勤动手，一次次查清了文物的原始信息。

四是要勤记录。实地调查的目的在于获取文物的真实材料，所以调查记录必须翔实准确。一方面要认真做好调查笔记，现场调查的每个细节信息都要在笔记上有记录。另一方面要做好文物图片记录，尽可能多角度采集文物图像，直观反映文物主体。只有详尽的田野调查记录，才能保障文物普查档案的真实性和完整性。在刚开始调查之初，由于队员缺乏经验，今天记漏了文物建筑的座向角度，明天记漏了碑刻的镌刻年代。在整理资料时才发现这些问题，不得不跑几十公路的路去复核补记。通过几次教训，队员们每天的调查笔记都记得很详细，两年下来，记录本有一堆。

五是要勤学习。文物普查是对文物工作者的大培训，大练兵。“三普”明确提出了许多全新的规范及标准，面对这些新要求，就需要普查队员不断加强学习，更新知识，提高技能。同时，实地调查每天都有新的发现，普查队员就必须要有新的认识。过去我们更多关注的是历史文物，对近现代文物认识不足，这就需要加强对该类文物的了解和判别。以前手工绘制文物平面图，但“三普”时间紧，要求高，普查人员就需掌握电脑绘制图纸的技能。为解决这些困难和问题，昆明市“三普”专家组经常深入到各县区现场指导，答疑解惑。我县有两位同志刚调到文物管理所工作文物普查就启动，由于虚心好学，三年的普查实践，他们不但掌握了大量的文物专业知识和工作技能，而且成为了地方上的文物专家，为我县的“三普”工作作出了重要贡献。

六是要勤宣传。文物普查工作就是文物保护宣传工作。在普查工作尤其是田野调查工作中，普查队员直接面对基层干部群众，向他们适时宣传文物保护常识及法律法规，增强全民自觉保护文物的意识，而意识的转变，使更多的人积极主动参与到文物普查工作中。在田野调查之初，村民们看到背着大包小包的普查队员，有的群众把我们当做是收有线电视费的或是搞拆迁的，甚至当作江湖骗子，根本不理睬。通过宣传，广大群众了解了文物普查的目的和意义后，积极主动向普查队员提供文物线索。我县的董官营观音寺具有较高价值，发现此项文物时，村民筹资正准备维修，计划把原来的青瓦更换为琉璃瓦，把原始彩绘覆盖重新油饰。了解这一情况后，普查队及时向村民宣传文物保护常识，并带领维修负责人到县外参观正在维修的文物点。通过大量工作，村民们采纳了文物部门的意见，该项建筑维修即将完工，并已申报县、市级文物保护单位。

以上是本人对“三普”实地调查工作的一些肤浅感受，“三普”后续工作仍然十分繁重，作为一名一线普查队员，我们有责任、有信心把这项工作做好。

历尽艰辛，只缘找寻那份文明的足迹

云南省曲靖市文物管理所　刘忠华

2010年4月25日，曲靖市第三次全国文物普查工作实地调查阶段工作全面结束，共普查各类不可移动文物1362处，其中新发现项目961处，复查项目401处，另外调查消失文物99处。普查总量位居云南全省第四位。5月8日，云南省“三普”办对曲靖文物普查实地调查阶段工作进行全面验收，由于普查组织健全、措施得力、资金保证良好、普查数量与质量较高、调查率与覆盖率均达到百分之百，而受到省“三普”验收组的充分肯定和赞誉，并顺利通过验收。面对掌声与成绩，回想起两年半来我和我的同仁们不畏艰险、风餐露宿的情景历历在目。今择其数段，以飨诸君。

在培训中提高

2008年1月4日，曲靖市正式启动了第三次文物普查培训工作，历时11天。培训前，根据领导的安排，由我担任曲靖市第三次全国文物普查培训班班主任，负责讲解“三普”文物定名、分类、计量三个标准和文物信息采集、电子数据处理、文物名录编制、文物普查报告、文物建档备案工作五个规范，并主持后期4天的野外实地现场调查培训。接到任务后，如何讲授好文物普查的知识，让参会同仁熟练掌握普查技能，并在今后的普查工作中加以应用，成了我必须考虑的首要问题。为此，结合曲靖古代历史的基本线索、不可移动文物的分布特征和相关文物知识实际，我进行了充分的准备，制作了9个图文并茂的演示文档，用30余个课时，进行了深入浅出的讲解，培训中，既注重对《第三次全国文物普查手册》中规定的内容进行认真的阐释，又注重各不同类别不可移动文物的形态、特征、价值以及保护观念的介绍，同时，开展课堂讨论、疑难解答，参加培训的曲靖市各县（市、区）文化局领导和文物工作者63名学员反映良好，评价较高。此后，我又分别承担了曲靖市普查数据软件安装使用、古建筑知识讲座等多场培训授课，培训学员达130余人（次）。

“纸上得来终觉浅，绝知此事要躬行”，鉴于文物知识专业性、实践性强，并不是靠课堂就能解决普查实际中出现的纷繁复杂的新问题，同时鉴于曲靖市广大普查队员大多数非专业出身的实际，在文物普查进入实地调查的两年中，我尽量深入曲靖市所辖的会泽、陆良、宣威、富源、马龙、师宗、罗平7个县（市），同一线普查队员在野外调查中针对不同类别的不可移动文物现场对该文物本体如何认识、如何描述、如何测量、如何采集数据等业务进行手把手的培训达16次，培训人员达50余人，为曲靖"三普"实地调查工作的人才培养和业务保障提供了相应的条件。

在调查中锻炼

2009年6月，应会泽县文物管理所王良忠所长的邀请，匆匆打点行装，我又踏上了远在200多公里的国家级贫困县——会泽，再次参加历时40余天的文物田野普查。这两次会泽调查之行，令我难以忘怀。

6月的调查，在与王所长制定了普查线路之后，我们把普查工作定在了会泽县火红乡和纸厂乡。此两个乡均是贫困县中的贫困乡，位于会泽县北部和东北部，毗邻贵州省威宁县和云南省昭通市的鲁甸县，历史上属于少数民族聚居地区（主要是彝族、苗族），也是元、明、清时期云南土司活动的重点区域，由于地远偏僻，山高谷深，交通不便（最高海拔3200米，最低海拔741米，相对高差2400余米），日常也很少有人往来走动，文物情况在以往的记录中几乎为零。我们希望在本次普查中能有所改变。

在火红乡的普查中，普查队员背着干粮，各自准备一瓶矿泉水（该区域因长江上游支流牛栏江的切割，加之泥石流的冲涮，羊肠小道险峻，脚下碎石搓动，极其危险，故普查队员尽量减轻负重，只带一瓶矿泉水），朝踏晨露、晚披明月，行进在大山深处。根据王所长的介绍，普查队重新复查了去年年底新发现但又无法确定的小营盘军事遗址。6月的乌蒙山腹地，河谷干热气候，让人汗流浃背不说，干燥炙热的气息让人窒息得喘不过气来。在经过3个多小时的艰难行走后，普查队员终于到达遗址。未来得及稍作喘息，普查队员就投入紧张有序的工作中，王所长负责拍照、小赵（赵菊平）负责绘图、老杨同志（杨成宏，在普查中我们对他的尊称）和唐老鸭（唐开吉）负责测量，我和省博物馆已退休的黄德荣研究员负责对遗址做全面的考察并进行断代和总体价值评价。通过认真细致的勘察，我们认为火红小营盘军事遗址是明清时期会泽较大的一处军事遗址（总占地9700平方米），遗址现存建筑全部由大小不一的石灰石垒砌而成，分防御墙、营房、练兵场、储物坑（洞）等若干部分。遗址的发现和确定为研究明清时期云南滇东北地区的军事发展变化有重要的价值，在云南也并不多见（注，该遗址入选《2008全国重要文物新发现》，并作为该书封面核心组成部分）。当听到黄德荣先生对该遗址勘察后的全面介绍和评价之后，普查队员欢呼雀跃，忘记了疲惫，当工作结束返回到火红乡政府驻地时，已是深夜10点多，而此时的我们，还未吃晚饭。

人们常用“一山分四季、十里不同天”来形容云南独特的自然环境和地理气候。在火红乡炎热的气候让我们领教颇深，而接下来纸厂乡的调查更让我们感慨不已。

6月纸厂乡的天气说变就变。刚进来的时候，蓝天白云，群山连绵，煞是令人心旷神怡。可刚到乡政府驻地，未等我们开展普查，却接二连三地下起了雨，农村刚修好的乡村土路一时变得泥泞不堪。车子到半路再也不敢前行，到威宁寨调查彝族祭祀神树、祖宗洞短短的7公里来回却足足让我们走了近8个小时。此时的我，两只脚下重达一两公斤的泥土裹住鞋帮，如负铅坠，使患小儿麻痹的左腿每走一步，隐隐作痛……而到鄢家村调查洞穴居遗址和铜运古道时从海拔740米的小江（牛栏江）底返回行进到半路，因新整修的乡村土路路面泥泞而一路侧滑，其中多次靠老杨同志和开吉同志用绳子在前面像老牛一样拖，靠就近请来的四五个老乡在后面推，就这样反复折腾，深夜才回到驻地。

这样的情形，无论大雪封山，也无论阴雨濛濛，无论跋山涉水，也无论翻山越岭，我们经历的太多太多，大家仿佛早已习惯，曲靖市其他县的同仁们也经受住了种种更为艰辛的考验，听说，富源县桂所长（桂进咏）在调查一个山顶遗址时，在拍照的过程中，为较能全面的摄下遗址的全景，人在相机后面不断的后退，一脚踩空，摔下六七米深，幸运的是被一灌木丛林挡住……

正是怀着找寻历史文明足迹，守望精神家园的时代责任感和使命感，曲靖广大的普查队员用艰辛的付出，在调查中锻炼、在调查中成长并升华。

在总结中指导

在普查中发现的问题错综复杂，既有共性，也有个性。这就要求我们市一级的普查队员既要在现场中给予解答，也要善于从个案中总结一般的规律性，并运用指导曲靖各县（市、区）的文物实地调查和室内数据整理，从而达到国家要求，保证普查质量。为此，在领导的支持下，两年多的时间内，我先后不定期的深入到7个县（市、区）同一线普查队员共同开展实地调查，又一并完成室内的数据整理，前后达130余天，指导完成图纸绘制400余张，修改、审阅不可移动文物登记表达630余份。在实践中发现和掌握的问题，一方面反复对业务较生疏的普查队员现场指导，另一方面又在领导的支持下，先后总结形成9条指导性意见，以曲靖市普查办的文件下发各县（市、区），指导文物普查的开展，规范普查动作，强化普查进度，提高普查质量，为曲靖市的“三普”工作尽到着自已力所能及的职责。由于忘我工作，过度劳累，2010年4月13日，我病倒在马龙县文物普查实地验收工作中。

在走访中交友

文物普查工作离不开广大人民群众的支持。文物普查队员在普查中要做宣传队，要做群众的朋友、甚至学生。这是本次普查中我最大的感受。不论在田间地头，也不论在厂矿企业，以学生的态度虚心求教于知情人士，以朋友的平等心态对待群众，群众总是回报我们太多的收获。如走在山路上，遇到农民兄弟，亲切地叫声“大哥”，发一支香烟，为他点一个火，在走村串户在遇到年长的人，叫一声“老大爷”或“老大娘”，就在这短暂的抽烟聊天中，在这房前屋后的搭讪中，群众不仅为我们提供了普查线索，甚至自告奋勇的义务为我们当向导，热情地为我们加水、做饭、留宿……这使我常常想起“把群众视为父母，你就是群众的儿子，把群众视为兄弟，你就是群众的手足”一句话。

结　语

两年半的文物实地调查工作已经结束，为着曲靖文化遗产的普查、保护，为着这份遗产在构建谐和社会中发挥其应有的价值并传承下去，曲靖的各级领导给予了充分的重视、关心和支持，云南省普查办的领导们给予了最大限度的关心和帮助，曲靖的广大群众给予了真诚的理解与配合，曲靖的广大文物工作者倾注了全部的精力和汗水。我们的事业将作为人类历史的记忆载入史册。作为一名普通的文物工作者，能够亲身参与这次伟大的“三普”实践，我感到无悔与自豪。

克艰险、担重任，带头搞好永昌古道文物普查

云南省保山市博物馆　李枝彩

自东而西横贯云南西部保山、德宏等地的南方丝绸之路永昌道，自古以来就是我国中央王朝经略西南，沟通与东南亚、南亚各国经济文化联系的主要通道。古道形成于战国——秦汉时期，前后沿用2000多年。至民国年间被新修的滇缅、中印公路取代。由于开发早、沿用时间长，古道沿线留下了大量各个时期的文化遗迹，是滇西地区历史内涵最丰

富、地方特色最突出的文物和地方史研究的课题之一。在近期开展的第三次全国文物普查中，该古道被列为保山市重点专题普查项目。我受上级指派担任项目负责人，带领普查队一行4人，从2008年11月至2010年4月，用一年半时间对古道途经本市隆阳、腾冲、高黎贡山三大片区的各主、支线路进行了全面调查。期间，曾四次翻越海拔3000多米的高黎贡山，七次出入中缅边境各古道隘口，查清古道线路15条（段）共1200多公里，发现（或复查）相关的道路遗存、桥梁渡口、驿站马店、关隘哨卡、战场遗址、宗教设施及碑刻题记等遗迹140余项，填报文物普查登记表139份，整理发表相关宣传报道文章7篇共3万余字，为全面揭开这条千年古道神秘的面纱，推动全市文物普查和古道保护研究工作的深入开展，做出了重要贡献。现将我在此次古道调查中所做的一些主要工作概括如下：

一、认真做好各项准备工作，为普查的顺利开展创造有利条件

主要做了四件事：一是积极报名参加省市举办的文物普查培训，认真学习领会各级下发的相关文件、讲话及教材讲义，全面掌握第三次全国文物普查的目的、意义、任务目标及业务技术规范，为日后普查工作的开展打下了坚实的思想和业务技术基础。二是认真做好古道专题调查方案的策划编制工作。早在2008年三季度古道专题项目确定之后，就根据市普查办的要求，对本项调查的目标任务及工作计划作了认真地策划编制，根据古道所经区域地形走势及气候环境的不同，将调查对象划分为隆阳怒江以东片、高黎贡山片和腾冲龙川江以西至中缅边境片三个片区，按照不同的季节时段进行分片调查，为确保整个调查能够安全、高效、有序地进行打下了坚实基础。三是注意做好调查组成员的分工。具体将调查业务划分为图纸测绘、图片拍摄、文字记录和电脑登录几个部分。按个人经验、能力和特长的不同进行合理分工，明确工作责任。同时在实际工作中注重强调合作和谐，同甘共苦，合力完成调查任务。四是注意提前做好沟通协调工作。早在2008年10月普查方案确定后不久，就多次以登门拜访或信函联系方式，与腾冲、隆阳两县区及高黎贡山保护区管理局达成一致，请他们通知古道沿线的乡镇村社和相关管理部门，在信息提供、民工向导安排及后勤保障方面给予支持帮助，为日后调查工作的开展提供了极大便利。

二、全力做好野外实地调查，力争取得更多更好的新发现、新成果

主要做了四件事：一是带头坚持以步行为主的方式开展实地调查。保山地处滇西纵谷区，古道自东向西横穿纵谷，多数地段山高水险，不通公路，为了切实摸清其分布走势和保存现状，我们多数时间采用步行为主的方式开展调查。在一年多的调查行程中，无论是风雪凛冽的高黎贡山，还是蒸腾似火的怒江峡谷，都能坚持一步一个脚印地走过去。虽然经常风餐露宿、历尽艰辛，也决不放弃任何一个疑点、留下任何一段空白。二是认真做好民间调查采访工作。在整个调查行程中，大凡到达一个村镇或居民点，都要主动与当地村

社取得联系，除了在生活后勤方面争取他们支持外，还通过座谈采访对当地的村寨历史、民族迁徙、文化发展、名胜古迹等情况进行广泛的了解，收集到大量有用的信息和线索，有效扩充了古道调查的内涵和范围。三是严格按标准做好遗迹的探寻、辨认和测查工作。由于古道废弃时间较长，很多遗迹不是被人为损坏，就是被丛生的树木荆棘所淹没。为此，我在调查中一直十分注意做好遗迹的探寻和测查工作。大凡发现一处遗迹，都要在民工的配合下进行认真的清理，找准其范围布局，辨认其性质时代，同时对保存现状进行全面地测查。在不危及人身安全的前提下，力争不遗漏每一处尚存的遗迹，不放弃每一个必要的数据和每一幅应有的图照，保证了普查成果的全面完整。四是坚持做好现场描述记录工作。文字描述是普查登记的主要手段之一，为了确保记录的准确可靠，我在整个调查过程中，始终坚持用现查现记的方式做好每一处遗迹的描述记录工作。严格按照普查规范，从遗迹的性质、年代、位置、环境、范围、保存现状到价值意义等，都逐一地进行现场确认记录，发现问题或不足，及时进行复核补充，尽可能减少日后重新调查补救的麻烦。

三、认真做好普查资料的整理编报工作，如期完成野外普查任务

主要做了两件事：一是及时做好阶段性成果的汇报宣传工作。普查期间，每逢一个阶段的工作结束，都要结合文献记载，对前期的工作成果进行一次初步梳理，先后整理编报（或发表）了《高黎贡山古道中线课题调查的新收获》、《高黎贡山北斋公房古道调查取得多项新发现》、《高黎贡山古道调查成果综述》、《腾冲南方丝路文物普查获得重要成果》、《隆阳区古道调查的新收获》、《南方丝路永昌道文物普查工作圆满结束》等7篇调查报道文章共约3万字，有力推动了全市普查工作的深入发展。二是及时抓了文物普查登记表的填报登录工作。在野外调查工作基本结束之后，从今年1月开始，集中4个月时间对全部调查资料进行了全面的梳理研究。严格按照普查规范标准，对每一项调查成果（含图纸、照片和文字记录等）进行分类整理，本着去粗取精、去伪存真的原则进行筛选和填报，按规定于今年4月中旬将139份核实无误的文物普查登记表登录上报省市主管部门，圆满完成了文物普查野外调查阶段的全部工作任务。

以上是我在第三次全国文物普查野外调查阶段所做的一些主要工作。由于选题准确、成绩显著，在近期开展的阶段性普查业绩评比中，我被省市推荐获得全国第三次文物普查野外调查突出贡献个人奖。作为一个长期在第一线从事野外工作的基层业务人员，我为此而感到荣幸和自豪。在今后的工作中，我一定以此为鞭策，加倍努力，踏实工作，用更多更好的成绩来回报各级领导的信任和关怀。

追记大雪山之旅

云南省威信县文物管理所 余腾松

大雪山并不是雪山，只是山名而已。此山横跨云南威信、镇雄及四川珙县、筠连等几个县，方圆上百平方公里。关于大雪山，在威信民间广为流传一个故事。说是清朝初年，平西王吴三桂为了扩充势力，积蓄财富，既向清廷索要军饷，又暗地里拥兵自重，扩军备战。清廷给吴三桂的军饷无法满足其欲望，于是他私自办了一些铸币厂。虽然云南地处边陲，但是私造钱币毕竟是危险的，若是被清廷发现，必然会遭到猜忌。一向野心勃勃的吴三桂可不愿意太早暴露自己。于是，他选择了山高林密并有铜矿贮藏的地方偷偷造钱。威信的大雪山原始森林就是其中一处理想的地方。

俗话说：没有不透风的墙。大雪山私造钱币的消息还是走漏了了出去。清廷派人查实，派兵捣毁老钱厂，捕杀造钱工匠，水淹造钱工场。在清剿过程中，被杀者达数百人，造币师谢世平也被剿杀，儿子侥幸逃脱。清军撤走后，谢世平之子返回老钱厂继承父业，招募残余的工匠迁移到离老钱厂约 4 公里的一处更为隐蔽的地方，又开始大量私铸钱币，并养兵，修筑防御工事用以抗击清廷清剿。吴三桂兵败后，清廷再一次派兵清剿钱厂，遭到了顽强的抵抗，清兵损兵折将多人。在一个叫九鬼包的地方，因敌我势力悬殊，残余的造钱工匠及家属，全部转移到离新钱厂约 10 里的落水洞内隐藏。由于此洞易守难攻，清军虽然兵多将勇，却也无法攻入洞内，于是用辣椒和土烟熏入洞内，将洞内的造钱工匠全部熏死，并用黑火药炸垮岩层将落水洞封闭。

我刚成为文博队伍一员的时候就已经有所耳闻。而且据说上世纪 50 年代初，每至春天，串串铜钱被生长的竹笋尖顶起，蔚为壮观。当地村民进山曾捡到一些铜钱玩赏。在大炼钢铁“大跃进”时，当地民工为了找硝炼炸药，曾从另一个悬洞内用绳吊下去找硝石，发现洞中白骨累累，阴森恐怖。由此我相信大雪山的深处一定有一处造币厂，至于是吴三桂开办的，还是地方官员私办的暂且不去管。一切看起来是那么的神秘，是那么的吸引人。

2007 年初秋，我们终于下定决心去找寻这处神秘的地方。一起同行的有参加过“二普”的老林同志。我们选择从大雪山麓的长安乡到麟凤乡大塘村这条路线进山。此路线差不多 60 公里，但公路通向林场，可以免去一些不必要的辛苦。在长安乡，我们邀请了老宗同志作为向导，他是一个对文史非常爱好的退休教师。年轻的时候曾经去打探过大雪山莽林中的钱厂，而且确也找到了。我们还邀了两个村民做先锋，逢山开路，遇水搭桥。一切准备就绪后，我们进山了。公路很难走，幸好我们借用的是一辆越野三菱，经过近两个小时的颠簸，终于来到了密林深处的国营林场办公楼。

林场办公楼占据了一块开阔的平地，四周被山岭包裹。平地上长满了浅浅的野草，一条小溪从平地边缘流过，环绕着一幢宁静的小楼。在莽莽林海中，这真是一道别样的风景。小楼是两层的混凝土建筑，门窗破损得很严重，墙面上的泥灰基本上都脱落了，看起来应该是20多年前修建的了。我们在林场内作了短暂的休整，与老护林人聊一些钱厂的历史，顺便打听行进路线的情况。

两个村民在前开路，我们一队人向大山深处进发。路的情况比我们预想的还要糟糕。翻过一险峻的山岭后，路忽而曲窄如羊肠，忽而涉过小溪，忽而又趟沼泽。一些路段早就被疯长的荒草淹没，我们边砍杂草边走，真的是披荆斩棘。一路上，老宗断断续续地给我们讲述当年他寻找钱厂的所见、所感，一边欣赏沿途的原始森林风光。山岭上青葱的树林，其间干枯屹立的树干。清澈见底的小河流，一些枯倒的树干或横陈于路边，或靠在河沿上，形成了天然的木桥。再好的风景也无法解乏，我们累了歇，歇了又走。每次问老宗到底还有多远，他总是说快了，快了。料想是他《三国》看得多了，学孟德兄玩一手“望梅止渴”吧。中途，我们见到了一棵参天巨树。我们六人牵手也无法围拢树干，应该有约15米之巨。树枝繁叶茂，覆盖范围估计有500平方米。要是它稍近于村寨，不知会有多少人焚香烧纸，顶礼膜拜！此行得遇此奇观，也算有幸。顺着一狭长山谷的密林中行进了约3小时，面前豁然出现了一片草甸。老宗终于说马上要到了，草甸对面的山就是新钱厂。我们一下子精神振奋，走进了草甸。草甸表面是两三米高的杂草，地下却是沼泽。我们异常小心地涉过沼泽，爬上了山岭密林。跟随老宗找了许久，仍然找不到遗迹。我和老林有些灰心，倦意又生。老宗给我们解释说树林太密，分不清方向，找不到具体位置。似乎是为了给我们打气，他指着山下的草甸说，新钱厂鼎盛时期，有数千工匠及其亲眷在此生息，修建了四十二条花街，二十四条柳巷，商贾云集，驮马成群，热闹非凡。南来北往的马帮将部分滇铜从东川、巧家、会泽等地运进来造钱币，又将钱币运往川陕地区。在麟凤乡有一地名叫驮马山，就是当年停歇马帮的地方。在四川珙县离新钱厂较近的花楸坪，还遗存了当年喂马的场所。这个群山环绕、面积约300亩的小盆地，曾经见证了过去的喧嚣，而如今已变成一片湿地。我们在湿地试图进行调查，奈何草丛太深、太密，花了半小时，偶尔见到一些房基条石、矿渣及陶片，总算有所收获。

已是下午，时间容不得过多的感慨。我们急急离开草甸，顺着另一条山谷向老钱厂的方向前进。身边的风景仍然美好，脚下的道路仍然崎岖。又历经了约两小时，我们来到了老钱厂。老钱厂遗址面积约3000平方米，表面被筇竹、灌木林覆盖。遗址地形为平缓的坡地，中间一条小河流穿过。地表上、小河中有大量瓦砾、陶器、瓷器碎片及废铜渣，另有石碓、石磨、碾槽、水井等遗迹遗物。遗址内还有谢先文墓一座。墓已被盗掘者破坏，形状模糊。墓碑倒塌，其中一块上雕刻花纹。墓联字迹已有些模糊，隐约能辨识“□□千载盛，佳城万代兴”。墓碑散落在离墓约10米外的林中。我们对遗迹做了初步勘探，采集了约20斤陶瓷片、矿渣。在老钱厂附近的山沟里，还发现了开采过的焦煤、铜矿洞多处。

天色将晚，向导为我们找到了另一条回林场的路。这边的风光更具有原始森林的特色。夕阳下，山间那些枯了的树干熠熠生辉，形成一座座天然雕塑，形态各异。不过，再好的风景也只能走马观花了。一行人分别在壮观的背景前留了影，然后匆匆离开。回到林场，当我在小河边卷起裤腿准备清洗时，突然发现小腿上吸附着一只吸血丛林蚂蟥，当场吓出一声惊叫。随后再仔细检查，鞋袜里还藏有10余只，老林同志当然也未能幸免。

到晚上10点左右，我们还是安全回到了县城。老林同志说，这是他半辈子以来最艰难的调查之一，有这一次就够了。

大雪山之旅是艰苦的，大雪山之旅是惊心的，大雪山之旅是美好的，大雪山之旅是值得回味的。虽然时隔三年，但一切仍历历在目，挥之不去。在此后的日子，这段历程伴随着文物调查将会深深铭刻在自己的记忆里。

第三次全国文物普查实地文物调查阶段工作随笔

云南省永胜县文物管理所　张顺彩

2009年4月15日晨，三辆越野车，由永胜县城出发，一路直奔东风傈僳族乡而去，车辆行驶50公里的二级公路后，转入山区盘旋土路。我驾车在前面，虽人老车老，但脚劲还好，想把脚都伸进油箱里，直想尽快展开实地调查工作，因这一天经一年多的“好事多磨”实在有些晚了，掰指一算，留给我们实地调查工作的时间只有8个月了，我们要跑完4950平方公里的面积，147个村民委员会，时间太宝贵了。车子发出沉闷的轰鸣，山间卷起长而高的黄尘，这一天，2009年4月15日，定格了永胜县开展第三次全国文物普查实地调查阶段工作的启动历史，这一天也是丽江市文物普查督查组对我县进行督查工作的日子，应该好好记住，至少在我们的文物普查记录资料里是这样的。

从这一天起我们没有星期天和节假日，清晨出发普查到哪里天黑了就在哪里吃住，夜间还得拖着疲乏的身体填表、绘图……

经过250天风吹日晒雨淋，没有一个人因小病休息过，一直奋战到2009年12月底，终于完成了我县的野外调查工作。期间我们还挤时间完成了我县申报第七批全国重点文物保护单位三个项目的申报工作。我们终于走过来了，这期间每个人都晒黑了、脱皮了，夜间火烧火燎十分难受，队员们还不同程度的患了感冒、肠胃反复疼痛，都备一些自带的药品往嘴里一丢，有时甚至用生水服下，一直坚持到野外调查工作结束。所走过的路、爬过的山、吃过的苦不胜枚举，终于在12月31日这一天，完成了野外调查阶段。

在野外调查阶段，我们做到了六个结合，一是文物普查与宣传文物保护法及各级下发的文物普查文件内容相结合；二是与不可移动文物的维修保护相结合；三是与申报第七批国家重点文物保护单位的工作相结合；四是与我县涛源镇的文物考古发掘工作相结合；五是与本市内各兄弟县相互交流学习相结合；六是与普查成果展览相结合。

在野外调查阶段我们有一支业务精、敬业和奉献精神强、有高度的使命感和责任感、能吃苦耐劳、又能战斗的4人普查，这是在短时期内跋山涉水克服重重困难，完成实地调查工作任务的根本保证。到达率、普查率、专业知识是发现不可移动文物的基本前提，当地干部、群众是寻访调查的重要线索，我们野外调查到仁和镇新坪村委会太坪村小组，这里海拔低气温高，加之烈日暴晒，我们又步行近20公里山路，个个汗流浃背，人人疲惫不堪，准备回村休息时，村民老艺人李发明又主动热情地要带我们去看村后的“古墓”，我们又兴奋起来，兴冲冲跟他到“古墓”前，却很是扫兴，这些“古墓”只是民国时期的几座牌坊式墓葬，当我们正要返回村里时，在这些“古墓”的西面山箐中发现了分布面积在50000平方米左右的真正古墓葬群。这一重要发现是偶然的，更是到达率和当地干部群众热情支持帮助的必然。晚餐时，为了新的发现，为了解乏，更为了老朋友李发明的带路和我俩近30年的友谊，我醉在了太坪村。

发现岩画的东山乡，是一个傈僳族彝族乡，距永胜县城88公里，总面积379.2平方公里，东与楚雄州大姚县隔金沙江相望，东山素有林海之称，群峰起伏，沟壑纵横，层峦叠嶂，三岔河、母鸡河、撒巴河流经境内，最高的三锅庄山海拔3390米，最低处东江村委会的米哭村海拔1100米。我们到东山乡普查了数天一无所获，后辗转到河东村委会，我们在小学吃住，晚餐时李村长有些酒意的来到学校。李村长，男，傈僳族，年龄不到40岁，一头浓黑、硬且卷的头发，面部棱角分明，表情刚强，浓眉大眼，他听说小蔡来了便在家喝了一碗酒就匆匆赶来，因他俩有好几年未见面了。小蔡是我们最得力的普查队员，他多才多能，曾在河东村旁边的东江村当了一年的工作队员，与李村长结下了很深的友谊。别看李村长长得剽悍，实际上十分内秀，酒不喝到位时很少说话的。我们邀他一起吃饭，他爽快坐下了，饭桌上摆了一大盆香气四溢的土鸡肉和几大碗其他菜，几经推杯问盏后，李村长的话匣子打开了，主动问起我们的来意后，介绍了几处岩画点并提出明天为我们带路。话越说越高兴也越说越多，酒自然而然地喝得更多，李村长醉了，有几位老师醉了，我们普查队员全醉了。乘着醉意在操场上举行了一个锅庄舞会，越跳人越多，越跳越起劲，直至凌晨，才依依不舍的散去。

早餐后，李村长一声不吭地来到学校，醉晕了他话也不说了，看我们准备好后，就说了一个“走”字便转身带路。路越走越窄，越来越陡，稍有不慎的失足就将坠入万丈深渊粉身碎骨，李村长像猴子般在前面引路，我们走山路虽已是家常便饭，但在去调查岩画的这条路上、在李村长面前便成了小儿科。攀走两个多小时的悬崖峭壁的山路后，终于找到了铜岩洞岩画和关羊洞岩画（这两处岩画面积在10平方米左右，有近百幅图案）。一路的惊险现在回想起来还有些后怕，感谢了，河东的酒！不遇着你李村长，我们不可能找到并登记这些岩画。

经7个多月的野外调查，我们共登记不可移动文物118处，其中复查48处，新发现70处，复查消失文物4处，涵盖了这次普查登记的全部六个大类，其中有两类填补了永胜不可移动文物为零的空白。在这次文物普查中，我深刻地感受到，领导的的确确是关键，经费是保障，有一支业务精，责任感使命感强，能吃苦耐劳、又能战斗的普查队伍，是完成实地调查工作的根本保证。

追寻历史的记忆

云南省景东彝族自治县博物馆　李昌荣

景东位于云南省西南中部，地处东经100°22′~101°15′、北纬23°56′~24°29′之间。东以哀牢山分水岭为界，与楚雄市、双柏县接壤；西至澜沧江东岸，与临沧市的临翔区和云县隔江相望；南与镇沅县毗邻；北与大理州的南涧、弥渡两县山水相连。全县总面积4532平方公里，地形有平坝、垅岗地、丘陵、山地四种类型，其中山地占95.5%，坝区占4.5%。共辖13个乡镇、166个村、3个社区、2339个村民小组。居住着汉、彝、苗、瑶、傣、回等25种民族，其中彝族占全县总人口的39.5%，是云南省六个纯彝族自治县之一。其历史悠久，是人类活动较早的地区之一，早在3000多年前的新石器时代就有人类在此生存繁衍，西汉时属益州郡，东汉时属永昌郡，唐朝南诏国时期在景东设了强大的银生节度……在漫漫的历史长河中，景东先人在长期生产生活实践中创造了丰富的文化遗产，为后人留下了了解景东厚重历史的重要物证。但随着时间的推移，文物底数不清、保存状况及保存环境胸中无数等问题日愈突出，开展第三次全国文物普查，对彻底了解景东文物遗存具有十分重要的意义。“三普”工作开展以来，景东文物普查队分为两个组，累计野外出勤243天，深入全县所有乡镇，共调查文物点166处，其中复查51处、新发现49处、消失66处，完成野外调查任务。作为县文物普查队队长，我主持、协调了文物普查各项工作的开展，并参与了实地调查任务，体会颇深。

首先，纳入领导责任制是确保文物普查顺利与否的关键，更是文物事业能否发展的关键。文物普查是一项宏大的历史文化工程，国务院及省、市下发的《关于开展第三次全国文物普查的通知》中明确规定各级政府是文物普查工作的实施主体。所以，组织开展文物普查一定要强调“政府组织”的原则，在各级党委、政府的重视下开展普查工作，但应该客观的说各地重视的力度不一样，有的地方是真正意义上的重视，把普查工作落到实处，有机构、有制度，保证正常的人力和财力，并适时检查、督促，认真挖掘本地文物资源，采取措施加以保护；而有的地方非真正意义上的重视，有机构，但开一个会后就将政府行为变为部门行为，不落实、不检查、缺经费，认为文物普查不关自己的事，搞不搞文物普查也不会影响自己什么，如此观念下，当地的文物普查工作也就只有在无奈的被动中艰难的进行了。我想，我们在实地普查中的感受，应该是个共性问题，而解决问题的关键就是将文物普查工作真正的纳入领导责任制，这样就可以保证正常的工作经费，解决普查中碰到的实际问题，各级领导也会提高文物保护的意识，正确处理好经济发展和文物保护的关系，使历史上留下的文脉传承下去。

其次，文物普查需要知难而进、求真务实的精神。景东山高坡陡，文物分布较散，我们普查队员克服了经费紧缺的困难，起早贪黑，不辞辛劳，整日或徒步行走，或冒着生命的危险驱车于陡峭艰险的山道，有信息就查，有线索就追，一切都为了普查，有的队员小孩病了，但为了不误普查，托人照看而忙于工作；有的队员生病，输完液拔掉针头一样参加普查；有的队员生来碰到茅草或老房尘灰就会皮肤过敏，但为了一条文物线索或一个文物数据，无畏前往，回来后脱掉衣服满身通红起疙瘩，甚是痛心。感人事例，不胜枚举，难怪有的老百姓说，没有见过这样的下乡工作人员。的确，我们的野外普查要比更多行业的下乡工作人员辛苦、艰难得多，而文物普查正需要这种精神作支撑才能扎实有效的开展工作。

另外，文物普查需要一支专业化的文博队伍。景东文物普查队员虽然都由文物工作人员组成，但均为“半路出家”，实际上对文物保护及调查研究的专业知识较为缺乏，适应不了普查工作的需要，为此，博物馆鼓励职工自学，同时就《如何填写〈第三次全国文物普查不可移动文物登记表〉》、《五大标准六大规范》、《不可移动文物调查常识》等分块对普查队员进行系统的培训，并在实地普查中注重新老队员的传、帮、带、教，互相交流，取长补短，共同研究探讨，按文物普查技术规范使普查队员在普查中水平得到提高。但由于文物普查涉及面广、专业性强，加上普查人员的素质参差不齐，水平有限，在对调查对象的各项数据采集上还不够全面和标准，在对不可移动文物的判定和识别上还有不足，影响了普查的质量，人才问题成了制约文物普查工作的瓶颈。普查中，我们体会到，文物普查工作有利于提高普查员的业务素质，是对普查队员水平的一次大检阅，但也折射出基层文物工作者专业技术的薄弱，一支专业化的文博队伍是深入开展文物普查的需要，更是文物事业持续发展的需要，如何提高基层文物工作者的素质是文物发展中应重点研究的问题。

在普查中，人民群众表现出极高的热情。普查员每到一处，与文物点相邻的群众都会积极的提供相关信息，一起追寻当地的历史记忆，有的不厌其烦回答普查人员的提问，有的主动向普查人员讲述该文物点的历史渊源，有的主动充当向导，帮普查队员拿东西。记得在对景东历史名人谢遇清墓的调查中，从山脚到墓地需连续爬坡2个小时，当地一村民听了我们的目的后，自告奋勇地拿起背箩背上普查器材向前引路；在对李家老营盘、永定桥的普查中，小路长满荆棘，是向导在前砍开荆棘前行的。点点滴滴，感人至深，而我们都不能给他们一分报酬，他们也从未讲过价。发生在普查工作中的感人事例，让普查队员深深地感悟到人民群众对文物普查极高的热情和他们对文物保护的企盼，文物普查离不开人民群众的支持，正是他们心甘情愿地当好信息员、引路员，我们的普查工作才能顺利开展，同时引发我们许多思考，面对群众的热情，政府要如何引导他们更好的站在文物保护的行列中呢？景东有滇西南文化名邦之称，有银生古城之美誉，但作为古城的载体我们该怎样保护呢？在普查中，普查员一方面对人民群众的理解与支持深深感动，认为宣传文物法规，争取有更多的人保护文物古迹加大了群众基础，但另一方面又对文物的生存环境甚是堪忧，普查既是一次文物的摸底和统计整理，也是一次思维模式和研究方法的革新，真正实现对普查成果的保护，那才是文物普查的成功所在。

实事求是干实事是“三普”实地文物调查工作的立足点

云南省红河州文物管理所　白刊宁

红河哈尼族彝族自治州地处云南省南部，北邻昆明、玉溪市，东界文山州，西方接普洱市，南与越南毗邻，国境线长848公里，国土面积32931平方公里。全州辖2市11县，总人口437.3万人，居住着汉、彝、哈尼、苗、傣、壮、瑶、回、布依、拉祜、布朗等11个世居民族，少数民族人口占总人口的58%，是一个集边疆、山区、少数民族为一体的自治州。

红河州根据国务院的统一部署，自2008年1月至2010年4月，全州13个县、市有序开展“三普”实地文物调查阶段工作，在各级政府的关心、支持下，通过全州广大普查队员不辞辛苦、扎实工作，实地文物调查阶段工作圆满完成，并通过州级、省级验收，均为合格。在两年零四个月的实地文物调查中，我们就是立足于实事求是干实事。

一、加强领导，制定科学措施是实地文物调查工作的关键

红河州的“三普”工作一开始就得到了州委、州政府的高度重视，2007年，我州根据国务院及省“三普”领导小组的通知要求，召开了红河州第三次全国文物普查电视电话会，成立了红河州第三次全国文物普查小组及普查办公室，并设置了州级业务组、技术指导组和宣传统计组。13县市同时相继成立了“三普”领导小组及普查办公室、普查队。全州260名普查队员都经过普查员培训，持有“普查员上岗证”。金平、绿春两县在普查中成立了文物管理所，至此，全州13县市均成立了文物管理机构。州政府与省政府及各县市政府签订了“三普”工作责任书，将“三普”工作和普查经费的落实情况列入州政府对各县市的年度考核项目，使“三普”工作有了组织及经费保障，纳入政府的督查工作中。各级领导对“三普”工作的重视，充分体现在普查经费的落实到位上，全州普查经费至2009年底到位266.62万元。有效地保证了我州“三普”工作的正常开展。更可喜的是各地领导急普查队员之所急，解普查队员之所难，在州文管所的协调、帮助下，为蒙自、建水、个旧、石屏、泸西、开远、红河7县市文物管理所解决了无交通工具、下乡难的问题，购置了文物普查专用车，还购置了电脑、GPS、测距仪等一批高科技设备，这些设备的配置为实地文物调查工作提供了物质保障。

二、加强宣传力度，形式多种多样

红河州根据自己的实际，采取多种形式宣传“三普”工作的重要意义，其特点为：整合资源、有所创新、形式多样。一是利用各种科普街、节日活动开展普查咨询活动，发放宣传单、宣传画。二是设制各类宣传专栏开展宣传。如红河州文管所制作年度普查进度板面，每月公布各县市普查进度，每季编制1期普查工作宣传专栏；泸西、蒙自等县制作1套宣传展板（共10多块板面），普查队到哪个乡镇就带到哪个乡镇进行宣传展览或参与到县上举办的各种下乡活动中去设点宣传；屏边县把已完成普查调查的乡镇的工作情况制作成活动板面，带到其他乡镇宣传。三是编印“红河州‘三普’工作简报”，把全州的普查工作动态、普查成果、相关政策定期通报给各级领导、相关部门和各普查队，使各级领导及各地普查队时及了解、掌握全州普查工作情况。四是组织专场文艺演出。这种宣传形式不仅宣传面广，而且

也改善群众的文化生活。五是整合资源，借助电影“2131 放映工程”，全州已开展了结合“三普”工作的1000余场次放映宣传活动，广泛宣传普查工作，在这方面泸西县普查办特别突出，放映了380多场次。六是动员全州普查队员积极撰写普查宣传文章、简讯在各种刊物、网站上发表，积极参加国家文物局举办的征文活动和摄影比赛。白成明同志撰写的《无怨的青春》一文获得征文活动优秀奖；窦红斌、窦红学、何文科3位普查队员的摄影作品入选国家文物局文物普查摄影展；白刊宁同志的《元阳哈尼梯田》发表在《中国文化遗产》刊物上。七是结合科学发展观学习实践活动，宣传“三普”工作，宣传文化遗产保护，宣讲党的惠农政策，宣传改革开放好，为基层群众做好事、办实事。八是红河州文管所创作了反映文物干部，热爱文博事业、默默奉献的写实歌曲《无怨的青春》，制作成VCD光盘，在全州广泛传唱，宣传文物干部为文物事业作出无私奉献的精神。九是主动与新闻媒体联系，请广播、电视及各报刊对我州的“三普”工作作出了大量的报道、宣传。十是红河州文管所编辑了3期《红河文物》年刊，对我州的文物普查、文物保护管理等工作作了翔实的宣传，受到上级业务部门和广大文物干部的好评。

三、加强业务培训，确保实地文物调查的质量与数量

在文物普查中，我州的文物保护管理工作得到各级领导的进一步关心和重视，文物管理机构得到进一步充实完善，13县市均成立了文物管理所，人员从原来的40人增加到73人。但随之带来的是整个队伍年轻人较多、从其他专业转来的人员较多，很多人从来没有接触过文物工作，整个队伍业务素质相对较低。我们面对现实，认真研究，采用教授理论与实地教学相结合的方式，根据“三普”工作各阶段遇到的普遍存在的疑难问题，结合普查工作实际，统一标准，统一规范，仅州级就投入了25万元经费，自编部分教材，有针对性地举办了《红河州第三次文物普查普查员培训班》、《红河州文物普查器材使用培训班》、《红河州古建筑知识培训班》、《红河州文物普查宣传员培训班》、《红河州二十世纪文化遗产培训班》、《红河州文物普查电脑绘图培训班》、《红河州文物普查实地文物调查现场验收会》等培训班，共培训人员500多人次。通过这些学习培训，不仅为全州13县市的实地文物调查阶段工作打下了牢固的基础，而且为我州今后的文物保护管理工作培养了一大批专业人才，造就了一支能干实事的队伍。

四、加强对基层的技术指导，充分发挥红河州文物管理所的职能作用

在“三普”工作中，我们充分发挥州文物管理所的业务技术优势，加强对各地的技术指导。全州“三普”工作的具体业务由红河州文管所负责，州文管所成立了业务组、技术指导组和宣传统计组，负责制定“三普”各阶段工作的详细工作计划，实施方案和各种措施。红河州文管所坚持以邓小平理论、三个代表重要思想为指导，在工作中努力学习实践

科学发展观，加强对职工的政治思想教育，树立创新意识，讲团结、讲科学，讲奉献，坚定信念，自普查工作开始以来，发展了5名中共党员，全所7名党员在普查工作中充分发挥了共产党员的先锋模范作用。

自普查工作开始至今，红河州文管所派出82次技术指导小组、投入321人（次）、1538个工作日、出动车辆155台次、行程近8万公里，他们头顶烈日，风雨兼程，跋山涉水，有时每天步行几十公里，翻山越岭，脚底走出了水泡，用手杖支着往前走，有时中饭也吃不上，他们就是这样努力、努力、再努力，拼搏、拼搏、再拼搏，两年多来，他们没有双休日和节假日的概念，广大职工不怕苦、不怕累，深入普查一线，把各县市的普查工作当作自己的职责，没有州、县之分。做到了有邀必到、有难必解。州所的同志到各县市参加实地文物调查，实地测量、绘图、制作电子文档、纸质文档、修改文本数共2479项，为红河州实地文物调查工作作出了突出贡献。

五、加强依法管理，普查成果得到有效保护

我们开展“三普”工作，目的就是要保护好具有历史、艺术、科学价值的不可移动文化遗产，因此，在开展普查工作的同时，我们采取了“边普查、边保护”的措施，依法对实地文物调查成果进行有效保护。全州各县、市在普查期间公布了2批县级文物保护单位，共124项，1批州级文物保护单位，共57项，积极推荐申报第七批全国文物保护单位27项，省级评审通过上报国家文物局19项。泸西县城子村、蒙自县新安所镇、建水县新房村申报公布为云南省级历史文化名镇名村。

对各级文物保护单位加强保护管理，两年来，对34项文物保护单位进行了维修，共投入维修经费2805.2万元，使一大批重要的文物古迹得到了有效保护。

同时配合大中型基本建设工程，配合省考古所和对新发现的重要地下文物进行了12次文物考古调查；对泸西石洞村、逸圃青铜墓地、元阳六蓬火葬墓、弥勒王承恩墓、个旧麻玉田文化遗址、青铜墓地、个旧黑蚂井青铜墓地进行了抢救性科学发掘，几百件珍贵的文物及时有效地得到了保护，增加了我州馆藏文物的数量，提高了藏品的质量。

六、辛勤汗水换来实地文物调查的丰硕成果

红河州通过全体普查队员的踏实工作，辛勤劳动，至2010年4月，对全州13县、市、133个乡镇、1221个行政村（社区）、9845个自然村进行了拉网式调查，启动率100%，覆盖率为100%；实地文物调查共登记2479项，其中新发现1948项、复查531项（含消失文物90项），古遗址105项、古墓葬82项、古建筑1000项、石窟寺及石刻153项、近现代建筑及代表性建筑777项、其他272项，充分显示了红河州悠久的历史文化内涵及民族文化特色。

七、精心耕耘研究工作取得新的突破

在做好“三普”工作的同时，加强学术研究工作，自普查工作以来，我主持编纂出版了《红河州文物志》；出版了专著《红河土司文物》、译著《尼苏诺期－元阳彝族医药》；组织、协调和参与了《泸西石洞、逸圃青铜墓地》、《云南边境考古——文山、红河段》等书的编撰、出版工作；在《中国文化遗产》发表《元阳哈尼梯田》一文，在省、州级刊物上发表论文6篇，为红河文物尽了一份心、出了一份力。

变“幸存”为“保存”

云南省蒙自县文物管理所　包震德

蒙自县位于云南省东南部，红河哈尼族彝族自治州东部，北距省会昆明289公里，南距国家一级口岸河口168公里。境内居住着汉、彝、苗、壮、回等民族，少数民族约占总人口的58%。蒙自地处云南低纬高原，属亚热带季风气候类型，年平均气温18.6℃。

蒙自是中国近代史上的滇东南军事、政治、外贸中心。光绪十五年（1889年），蒙自海关落成并正式开关，这是近代云南第一个海关，也是近代中国21大海关之一。云南第一个电报局、第一个邮政局、第一个外国银行、第一个外资企业、第一个驻滇领事馆、第一条民营铁路个碧石铁路等诸多第一先后在这里产生。现在还保留着众多的开关通商及滇越铁路、个碧石铁路通车后留下的历史建筑。特别是滇越铁路碧色寨车站，是帝国主义入侵中国的历史见证，同时书写着云南人民与侵略者抗争，夺回修路权的抗争史。在蒙自悠久的历史文化中，同时还有古人类洞穴遗址、青铜文化、古民居等大量保存至今的文物。

对于文物系统来说，要说清我们国家的文物家底，是一个基本职责，但在这问题上我们一直很尴尬。伴随着城市化的加速，大规模的城乡建设，保留至今的文化遗产数量究竟有多少？文物普查是确保国家历史文化遗产安全的重要措施，是我国文化遗产保护的重要基础工作。

为确保实地文物调查阶段工作的质量，保证到达率和覆盖率，我们以求真务实的精神和科学严谨的态度，扎扎实实推进文物普查各项工作的开展。

在前期摸底调查阶段，我们以乡镇为单位，安排部署实地文物前期摸底调查工作。具

体做法是，以各乡镇文化中心普查员为主，县文物管理所专业技术人员具体指导，学习资料、熟悉情况，做到勤动嘴、勤动腿、多打听，深入了解各自乡镇新发现的不可移动文物点所在村寨及具体位置、文物点的时代及特征，搞好摸底调查，及时收集有关普查数据，了解全县不可移动文物信息。到2008年5月30日，在州普查办规定的时效内，圆满地完成了全县11个乡镇的前期摸底调查工作，启动率达100%。

在实地文物调查阶段工作中，全体普查队员切实克服畏难情绪，杜绝盲目乐观和疲乏心里，把实地文物调查阶段工作抓实、抓好、抓出成效，密切配合，形成工作合力，确保实地文物调查工作高效、顺利地进行。

2008年6月以后，按照工作要求，我县普查队全部深入到城市社区、厂矿企业、乡镇自然村等社会单元进行实地调查。一年多来，普查队员冬战严寒夏斗酷暑，攀登崇山峻岭、行走泥泞小路，表现出了普查队员特有的吃苦耐劳的敬业精神。至2009年12月，蒙自县共投入普查人数1200余人次，调查11个乡镇，86个村委会，691个自然村，15个社区，总行程上万公理。在实地文物调查阶段工作中，共完成实地文物点普查215项，其中，新发现164项，复查51项（含消失7项）。类别有：古遗址6处、古墓葬5处、古建筑93处、石窟寺及石刻19处、近现代重要史迹及代表性建筑85处，不可移动文物数量及类别大幅增加。

随着文物普查的深入开展，大批体现蒙自县厚重历史的文化遗产被逐渐认识、发现并一一呈现在世人面前。如冷泉镇所本底村仙人洞古生物洞穴址、水田乡瑶头村嘎古柏坡前哨军事遗址、新安所镇明代古民居及一批具有较重要历史价值的碑刻等。

为了保护和巩固普查的最新成果，避免“前脚发现，后脚破坏”现象的发生，我们采取了边普查登记边申报文物保护单位，同时进行保护维修的工作方法，使一批具有较高文物价值，长期湮没的不可移动文物纳入了文物保护的视野之中。

文物保护是一项长期持续的工作，不仅仅是发现，更重要的是通过保护，让传统文化的光辉永久地散发光芒。这样，文物才有持久的生命力，才能真正成为可贵的精神财富，才能代代传承下去。正如我们都喜欢的蒙自过桥米线，之所以成为扬名天下的美食，是它滚烫的清汤里一直孕育着那个温馨的佳话，让其文化内涵有了历久弥新的魅力，也因此得到不断的传扬和发展。

我们要有意识地把国务院开展文物普查的精神及普查的目标、任务和意义深入到家家户户，使得文化遗产这个概念慢慢进入更多的寻常百姓家，动员全社会力量加入到普查工作中来。犹如在这次普查中，老百姓从开始的不理解、不配合，到后来的积极支持、主动参与，从普查初期要我们费尽口舌地把他们从田间地头请回来，到后来的主动端茶递水，我们从一杯杯热腾腾的豆浆里喝出了老百姓的理解与热情，一块块甜蜜蜜的西瓜里透出了老百姓对文物的不断了解和保护意识的增强。

增强全民族文化遗产的保护意识，唤起全社会参与，将文物变“幸存”为“保存”，是每一个文物工作者的职责。

“三普”在国境线上

——工作日记摘记

云南省德宏州文物管理所　曾　方

今天到达陇川县，会合县文管所人员后，赶到距县城57公里的户撒阿昌族乡。阿昌族是我国少数民族之一，全国人口约3.7万，户撒乡内居住有1.1万，户撒乡地处陇川县西部，全乡面积244.2平方公里，与缅甸接壤，国境线长27公里，自元末以来，一直是屯兵驻垦，拱卫边疆的重要地区。明以后户撒地区有2个土司：户撒长官司，腊撒长官司。因与缅甸接壤，经贸较发达，在坝子内曾修建大量佛寺、道观、佛塔，是陇川县文物古迹较丰富的乡镇。州县联合“三普”工作队在此乡的工作要点为：①宗教建筑，②土司衙署遗迹、墓葬，③通缅古道，④其他古遗址，同时要对史前遗存、岩画线索等进行调查。

2009年3月7日　晴

今天到乡政府以西15公里的平山村委会平山新寨调查。近几天的工作证明，陇川县的“三普”培训工作是扎实有效的，把村委会干部集中到县城进行“三普”培训的创新做法，直接效果就是工作队到各村调查中得到村社干部的有力支持，使工作较容易开展。平山新寨是边境村寨，寨南1公里便是中缅国境线。在村委会尹副主任带领下，我们沿着划分国境的双尖山山脊步行7公里，去查看村民介绍的一处岩石上的“字迹”。尹副主任指着山脊上的小路介绍，小路其实位于两国界碑之间，我们是真正行进在国境线上。2个半钟头后，顶着烈日，忍受着34度的地表温度，我们到达了有字迹的点，在国境线上的巨大岩石上，明显刻画出的“2个”痕迹确实存在，但更感觉是“2”和一个“个”箭头标记，我考虑是否为勘界时的标识。这也再次提醒我们，“三普”要广泛得到各个部门的支持，闭门的“三普”必然是不全面准确的。记录后安排县文物管理所与县边境管理部门联系，对此点情况进行确认。

3月18日 晴

今天步行勘查地方头至缅甸芭蕉寨古道，此条古道自元明以来就一直使用，曾是滇西马帮入缅的主道之一。从地方头开始至国境线上的平山新寨，古道全长约34公里，其中约5公里的路段还存在石板。据调查全段古道原来均为2.5米宽的马帮路，中间铺设宽约70厘米的青石板，经实地踏勘后发现此条古道整体保存较好，部分路段还存有石板，现仍可使用，但因现已新开公路，古道处于废弃状态。最为可惜的是，各个村寨均介绍，近期的新农村建设中，国家补助各村寨对村内进行“硬化”工程。因资金都有缺口，为节约资金村民将大量古道上青石板挖出拖到村寨内使用，使古道受到不小的破坏。这也再次证明，在经济社会大发展的今天，文物工作如不加强力度，大量遗产必将破坏、消亡。这种情况不仅在发达地区，就是在发展较慢的边疆同样存在。

3月27日 雨

今天结束户撒乡“三普”工作，在全乡共调查文物点46处，其中新发现43处。这也是文物资源较少的陇川县发现文物最多的乡镇了。我们开始工作时满坝的油菜花正开始盛开，今天离开时都已经结满菜籽，如同我们的工作，成果明显。通过国境线上的“三普”，不仅让我们搞清了户撒文物的家底，也让我们更清楚地认识到边疆地区的文物特点：历史文物点少，宗教建筑较多，“文革”破坏较彻底，现存状况较差。这也再次告诉我们，在我们这样一个边疆少数民族自治州，今后的“三普”工作中，民族文物遗存、古道、关隘、史前文化点仍将是我们工作的重点。

“三普”实地调查手记

——遥远的金沙江岩画

云南省迪庆藏族自治州文物管理所 李 钢

金沙江岩画调查是云南省第三次全国文物普查中的一个重点项目，也是迪庆州这次普查中最艰险的一次田野调查活动，虽然这次调查已经过去两年，但当时的情景至今仍历历在目。金沙江岩画在迪庆境内主要分布在渣日、洛吉和车轴三个区域，我作为当时的普查队长，在此将渣日岩画调查手记片断选录于下：

1. 渣日村

渣日分为上村和下村，隶属于香格里拉县三坝乡东坝行政村。渣日在纳西语中是烂泥路的意思，它孤悬于哈巴雪山东麓，独处在金沙江峡谷深处，进入21世纪的今天，这里还是不通公路，不通电话，不通电的地方。

渣日岩画考察第一阶段我们住在下渣日村猎人和树宝家。

和树宝是远近闻名的猎人，渣日岩画就是1987年最早由他发现的，当时他发现了花吉足、喇嘛足古和尼可吉三处岩画点，并把这一发现报告了三坝乡文化站，正是有了和树宝的发现，金沙江岩画才进入了人们的视野，才有了其后20多年络绎不绝的考察和发现，而几乎每次考察都请他当向导。

话是酒催出来的，
獐子是狗撵出来的，
岩画是猎人找出来的。

这是流传在金沙江流域岩画分布区的一首民谚，其中既点明了岩画的发现者，也反映了岩画所处环境的艰险。

2. 花吉足

花吉足这纳西语，其汉语意为“出酸浆草的地方”。

从下渣日到花吉足走了两个多小时，一路上都是沿着金沙江边悬崖峭壁间行走。

花吉足共有4个岩画点，其中保存最完整的为2号点。这是一个宽40米，高约20米，深3米的洞穴，洞穴坐西向东，岩画画在离地面3米高的岩阴处，共有26组画面，面积55.8平方米。内容主要有羱羊、岩羊、麂子、獐子、猴子和曲线，壁上的动物重重叠叠均用线条描绘，颜色以褐红色为主，土红色次之，还有少量的黄色。

3. 过手扒岩

渣日岩画考察的第2阶段计划调查下渣日村北部的白云湾、尼可吉等岩画点，由于要在野外宿营三天，而要去的地方人迹罕至，所以我们在生活物资和安全保障等方面作了充分的准备，从村里请了6位村民背行李、伙食和考察设备，请1位老猎人作向导。

早上9点离开和树宝老人家，出了下渣日村往北行走约4公里都是平缓的山路。下到沟底后一直都在金沙江边的悬崖上行走，到了这里可以说已没有了真正意义上的路，眼前只有一些人和动物踩踏过的痕迹忽隐忽现。我们顶着烈日，一会在荆棘从中穿行，一会在峭壁上攀援。整个路途最险要的当数“手扒岩”，这是一堵几乎垂直的崖壁，崖壁下是咆哮的金沙江，我们要经过的是崖壁的项部，宽约 10 米，崖面上有一条石缝，石缝上方约 2 米处有几个凹洞，人必须贴在崖壁上，脚踏石缝，手抠凹洞，侧着身一步一步地向前挪动。为了安全，我叫人在崖壁上拴了两根绳子，并在几位胆小的考察队员腰上系上保险带，再扣到崖壁的绳子上，然后我在前面接应，1 位民工在后面护送。经过 1 个多小时的努力，我们 1 行 11 人终于安全通过了手爬岩。晚上我们在一个叫“硝厂洛”的岩洞里宿营。

4. 猎狗也发抖的“川卡若”

来到渣日的第一天就听到“川卡若”这个名字（纳西语为鹿角似的山箐），在渣日考察期间不时听村民们说起这个地方有岩画，但是前往那里的路很艰险，村里一般的猎人都不敢去。

经过 10 多天超强度的野外考察，队员们都十分疲劳，有两位队员腿脚红肿行走困难，大家劝我放弃这个点。为了安全起见，我决定让其他几位考察队员在村里休整，自己请了两位猎人作向导，独探川卡若。

早上 9 点出发，爬到村后的达柯梁子用了 1 个半小时，达柯梁子为一石灰岩山脊，其尽头是断崖，直接伸到金沙江里，向导告诉我江对面是丽江的达柯村，那里也有岩画。下了达柯梁子，就到了黄泥巴坡坡，这是一片黄黏土坡，坡上长满了茂密的箭竹林，在竹林中穿行根本没有路，我们几乎是顺着稀疏的竹缝往前挤。走出竹林便来到了落石箐，落石箐为一巨大的弧形断崖，崖下是深沟，直接延伸到金沙江边，我们从断崖脚爬过，向导告诉我夏季这里常有巨石坠落，经过这里非常危险。过了落石崖我们站在了一堵如斧劈刀削般的崖壁项上，这堵岩壁从我们脚下横插金沙江心，金沙江水被迫拐了个 90°弯。向南望去，眼前是更加高耸陡峭的山势和鹿角叉似的沟壑。嵯峨的岩石、石缝间生长的茅草和矮小灌木成了一个灰褐色的环境色调，置身其中使人有混沌未开之感。向导指着正方两箐间一个穹窿似的大岩洞说：“那个洞就是川卡若，你看洞旁边那条小溪是渣日村到只恩村（渣日西南约 20 公里处的 1 个村子）之间唯一的水源，所以方圆二三十公里内的野兽每天都要到这里喝水，以前猎人经常埋伏在洞口前打现成野物。”向导讲：有一次天下着小雨，他和两只猎狗把 1 只岩羊撵到川卡若下的绝壁上，跑在前面的狗在纵上绝壁时脚下一滑摔下了悬崖，另 1 只猎狗吓得发抖，站在绝壁下哀嚎。看到这情景，打了 10 多年猎的他第一次产生了害怕的感觉。

100 多米的崖壁几乎是垂直的拦在眼前，两位向导建议我在腰杆上系上安全带，然后由他们一段一段地固定着把我带下去，我觉得这样做太耽误时间，就没答应。

他们虽然没再坚持要我拴上安全带，但还是不放心我，下崖壁时两人一前一后把我夹在了中间。由于岩洞在下方，我们几乎是把整个身子都贴在了崖壁上往下挪，除四肢是着力点外，全身都得使劲，同时注意力也要高度集中，可以说是手、脚、心齐用。途中有一道上凸下凹的陡坎，下去时身体悬空全靠两只手抠着岩缝互换着向下移动。

下午3点多，我们终于到达川卡若。安排一位向导提水做饭，我与另一位向导则抓紧时间测量记录岩洞里的岩画。

洞穴坐西朝东，洞口宽7.5米，高15米，深21米。岩画分别画在两侧的洞壁和岩石上，均用红褐色线描而成，可辨认的图画有5组，还有2组已被岩浆覆盖，只剩边缘的几截线条。第1组画在洞口南壁，为一只向下奔跑的鹿；第2组画在入口处小岩厦的顶篷，是一只7厘米长、4厘米高的小动物，透过黑色的烟迹，隐约是只獐子；第3组画满了2组旁一个宽66厘米、高82厘米的岩石，为一个角叉嵯峨的鹿头；第4组位于3组后方3.7米处的岩石上，是一只16厘米×12厘米的小梅花鹿；第5组画在洞穴中央的一块巨石上，巨石状如倒三角形，面金沙江而立，上面画有一只静立的獐子，獐子后腿旁画有一个獐子头。

我们选在洞口前的小岩厦下宿营，晚饭后，围着火塘，边喝酒边听两位向导讲猎人们的传奇故事，不知不觉时针已指向零点，我急忙招呼向导睡觉。

我看着顶上毯子般大小的天空星星眨着诡秘的眼睛，听着江涛吹打在崖壁上发出轰隆轰隆的声音，回想着来路，真有一种深入地球深处，置身地老天荒之感，再想到猎人孤身一人长年累月的生活在眼前的环境里，且不说生活的艰难危险，光寂寞就令人难以忍受。而今我只是匆匆来去的过客，我失眠了，深深地认识到金沙江岩画的考察和保护工作远比我原先想象的要艰难和复杂得多，这里险要的地理环境，恶劣的气候条件，对我们都是严峻的挑战。将来要对金沙江岩画进行全面、系统、科学的考察并实施有效的保护，必须有一支吃苦精神强、身体素质好的队伍，并有足够的资金保障和必要的设备支持。

一觉醒来，太阳已照在对面的山崖上，每人一盒方便面就着两根火腿肠就是今天的早餐。回村的路因多为上坡，而且已走过一次，所以比来时好走多了，中午11点钟就爬到了达柯梁子……

有些学者认为岩画是偶然画就的，但是金沙江流域众多岩画的出现绝不是偶然的，它是滇西北处于穴居和狩猎时期的先民们生产和生活的真实写照，更是他们意识和情感的自然表露，它像一部镌刻在岩壁上的史书，穿越时空任由岁月翻阅，历尽千年万载其人文初开的光芒仍熠熠生辉。请让我们一起关注金沙江岩画的现在和未来吧。

西藏自治区

那一天我真的很感动

西藏自治区拉萨市文物局　索朗达娃

我记得很清楚，那天是2008年8月8日，举国上下都在激动地迎接奥运的到来，只可惜我不是那个幸运儿，我曾想过那天我也会很激动，因为我盼望过那天。

不知是缘分还是老天爷故意跟我开个不大不小的玩笑，根据日程安排普查队一行人要赶往德仲沟内进行调查。我、旦增群培加上门巴乡的小胖、德仲村的志愿者欧罗和顶杰岗尼姑庙的一名向导沿着信教群众留下的足迹准备前往措康格日央宗（据传莲花生及其明妃康卓益西措杰曾在该山洞内修行过，为信教群众必去的朝拜地，而走这条转经道也可以到达我们的目的地之一仲俄松多寺）。绵延起伏的山路，四处矗立着很多从未见过的奇形怪状的山石。走过谷地时，偶尔也能欣赏到些许美景，我欣赏一路的风景，而心中却有着太多的慨叹，我无法想象平日里那些信教群众是为了什么样的一种信念踏上这条险峻的山路，因为，恰巧那天本人真正体会到了什么叫惊悚，可以说那一天是我普查征途中最心惊胆战的一天，我真的以为自己走上了不归之路。如果说爬到修行洞时的感觉是甜美的，那么下着雨夹雪，加之湿滑的山坡和不太争气的鞋底，让你心跳加快，再往深渊里瞧上一瞧，会让你毛骨悚然，那一刻我们仿佛成了四条腿走路的祖先，但唯有那样才会让你心情稍微的放松，才是最安全的行走方法。最终自己也没有印象这条让我惊恐万分的山路是怎么走出去的。

天渐渐的黑了，由于下雪，向导告诉我们往下的山路不能走湿滑的草地，只得走曾被水冲过，又好像留下几条脚印的石头夹沙子的坡地。我们一行人冒着雨雪，展开双臂，一路上尖叫着，像飞翔的苍鹰，只是最终我们成了十足的丑小鸭，有的人鞋底烂了，有的人裤子破了，身上再也找不出一件干净的衣裳。

到了仲俄松多寺时天已经完全变黑，我们哆嗦着走进一间尼姑修行室，那里住着两位长期修行的尼姑。在向导的介绍下，她们给我们准备了糌粑和烧火的牦牛粪，年纪大一点的尼姑把她修行时穿的尼服套到了我的身上（以前长辈教导过凡人不能穿僧尼服，如果穿了那是对佛的亵渎，而此刻因为实在太冷，我也顾不了那么多了）。我们烤着火，聊着天，享受着美味的糌粑，这里没有欢声笑语，这里也没有山珍海味，此时此地，你有这种福分，也许是前世修来的。

身子暖和些以后，她们又在仲俄松多寺的一间僧舍内给我们准备了床、垫子、被褥等。由于一天的劳累，我们顾不上说几句话，很快进入了梦乡。

第二天我和旦增群培分工对仲俄松多寺进行了实地调查，我负责爬山照相，他负责文字描述及测绘工作。在此简要介绍仲俄松多寺历史沿革，该寺位于西藏自治区拉萨市墨竹工卡县门巴乡德中村东北约 7 公里的帕姆邦定山脚。始建于公元 1760 年，海拔 4742 米，大殿大门方向 162 度。由直孔巴仁钦平措上师创建，系噶举派，1978 年被毁，1987 年在原址上重修，为复查点。调查完毕我们又坐下来聊了一会儿，临行时合影留念，同时我们三个初到此地的人掏出在这样的环境里可能起不到任何作用的几百块人民币交到大尼姑手中，也许这就是表达我们感激之情的唯一方法吧，走时不知是过于激动，还是相信缘分会给我们安排再次见面的机会，居然忘记问恩人的姓名，就依依不舍而别。就这样我们走完了崎岖又陡峭的山路，别了措康格日央宗，也别了仲俄松多寺，更是别了两位和蔼可亲的恩人。这就是我普查生涯中最难忘的一天，也是最让我感动的一天。

那曲“三普”的模范

——达娃先进事迹

西藏自治区那曲地区群众艺术馆　索朗秋吉尼玛

达娃，男，藏族，中共党员。2005 年 7 月毕业于西藏民族学院民族学系文博专业（历史学位本科），就职于那曲地区安多县文化局。

达娃同志在政治、思想上与党中央、区党委高度保持一致，拥护中国共产党的领导，坚持党的路线、方针、政策，坚持四项基本原则，维护祖国统一和民族团结，坚决反对分裂。为了提高思想政治觉悟和理论水平，他认真学习党的路线、方针、政策，学习马克思列宁主义、毛泽东思想、邓小平理论，认真学习贯彻“三个代表”重要思想和十六大、十七大会议精神，对党中央提出的新思想、新观点有较深的理解认识。认真贯彻第五次西藏工作座谈会议精神，坚定不移的贯彻执行新时期西藏工作指导方针。在本职工作岗位上，锐意进取、开拓创新，在我区“一加强，两促进”的伟大实践和西藏社会主义建设中建功立业，在我馆广大青年职工中起到了先锋模范带头作用。

达娃同志于2007年6月借调至那曲地区文化广播影视局文物科，担任那曲地区第三次全国文物普查队副队长，全程参与那曲地区第三次全国文物普查工作。自参与“三普”工作以来，他能够严格要求自己，坚持原则、认真负责、团结协作、任劳任怨、默默无闻，始终把普查工作放在第一位。

由于那曲地处气候条件恶劣的高海拔地区，地域面积广阔、交通条件差等给普查工作带来了一定的难度，他在普查中担当拍照、测点、描述工作，在普查任务繁重的情况下克服种种困难，不分昼夜进行工作，（白天实地调查，晚上整理资料）。参加普查工作以来，他主动放弃节假日，放弃原单位预备提拔副科级干部的机会，顶着待遇不明、工资停发等种种压力。三年来，一如既往地以自己严谨的工作态度、耐心细致的工作作风和吃苦耐劳的奉献精神，兢兢业业，按期、保质地完成了那曲地区第三次全国文物普查工作任务。

达娃作为那曲地区普查仅有的专业人员，深刻明白这次普查的目的和意义，深感自己肩负责任之重大。此次普查综合性强、涉及范围广、技术要求高、工作难度大、时间紧迫，调查任务非常繁重。他不气馁，不放弃，作为普查队副队长，在工作上不敢有丝毫的懈怠，积极认真参加自治区普查工作培训，虚心向专家老师学习，面对种种困难，精心组织，积极协调，有条不紊地以满腔的热情投入到普查工作当中。他按照国家、自治区关于第三次全国文物普查工作部署，于2007年6月至12月，利用近4个月时间，先后对那曲地区东部三县、中部两县进行了核查补登工作，以便摸清家底，熟悉情况，为下一步在我地区全面开展第三次全国文物普查工作、做好铺垫、打实基础。

2008年6月22日至2009年9月27日，达娃带领那曲地区第三次全国文物普查队，克服种种困难历时15个月，实地调查完成了除藏北无人区外的那曲地区所辖11个县（区）114个乡（镇）325处各类不可移动文物点的登录工作，调查到达率和覆盖率均达到了100%。共调查登录331处不可移动文物点。

他作为一名共产党员深知自己肩负的责任，要对得起人民群众对党的期待和信赖，从严要求自己，尽心尽力地用自己的一言一行、一点一滴，脚踏实地去自觉实践“三个代表”重要思想；作为一名文物工作者，他以文物工作十六字方针要求自己，努力工作，争取使那曲的文物工作再上一个新的台阶。

西藏那曲地区第三次全国文物普查实地文物调查手记

西藏那曲地区文物局　达　娃

那曲地区地处西藏的北大门，国土面积近43万平方公里，占西藏自治区国土面积的1/4，平均海拔4500米以上。那曲地区第三次全国文物普查工作（田野实地调查）始于2008年6月，止于2009年9月，历时15个月。实地文物调查期间，普查队员们不畏藏北地域广大、地冻天寒、气候恶劣、时间紧、任务重等诸多因素的困扰，主动放弃节假日，风餐露宿、披星戴月、风雨兼程，平均每天工作在12小时以上，在克服种种困难的情况下，共完成了除无人区之外的11个县（区）、114个乡（镇）331处各类不可移动文物点的调查登录工作，其中新发现文物点183处，复查点148处。

双湖区“巴穆琼宗墓地”实地调查随笔

2008年11月20日，那曲地区第三次全国文物普查队一行7人在完成藏北西部班戈县域的田野实地调查后辗转至双湖特别行政区。21日上午会同双湖区各相关部门开完普查动员大会后，便着手准备正式投入该区域内的田野实地调查工作，按照普查队一贯的工作路子，决定从路途最远、最偏僻的文物点入手，在双湖区委及文广局、林业局等部门的大力支持和协助下，22日晨7点30分那曲地区第三次全国文物普查队正式进发“巴穆琼宗墓地”。据当地百姓介绍该文物点系古象雄时期藏王格萨尔妃子之一“阿达拉姆”的“宗址”即“城址”，位于那曲地区双湖特别区政府所在地北约380公里处的巴穆琼宗日山西南缓坡段，地表生长有稀疏针茅类植被及浅草，属高原亚寒带半干旱季风气候，海拔4907米，分布面积约512平方米。调查发现石丘墓4座，墓葬平面多呈圆形，直径均在150～170厘米之间，用石块砌筑边框，中间堆砌不规则石块；墓葬西约1000米处有两处建筑遗迹，遗迹西南上方山顶部有一处类似戍堡的建筑，据当地群众介绍为当时的哨卡，相关历史及具体年代、实际用途等均不详，有待进一步考证。另在巴穆琼宗日东麓山下的洼地中发现一处石器分布点，分布面积约600平方米，海拔4913米，地表采集到石制品标本4件，石料均为黑色角岩，器形以小型刮削器为主，属细石器类制品。

因地处偏远（属无人区、无正式通道），又遭雪天，为了保证普查队员们的人身安全，双湖区委特安排双湖区林业局局长为向导，并增派了一辆生活车。茫茫的原野上，皑皑的白雪中，两辆承载着梦想与信仰的普查车驰骋在藏北无人区——被喻为生命禁区的地方，正如第三次全国文物普查宣传语录中所说：寻找的不仅是记忆，发现的不只是历史，我们挥洒汗水、风雨兼程，为了人类的梦想与未来……

沿途望去，成群成片的野牛、藏羚羊、野驴、黄羊让普查队员们目不暇接，一时忘却了旅途的疲惫，拥挤的车内快门声不断，当车窗外刺骨的寒风呼啸着、夹杂着冰点吹打在我胡茬满面的面庞上时，一种莫名的感动涌上心头，我讴歌生命，讴歌所有的生灵，感谢上苍能让我拥有如此这般与众不同的经历。我庆幸自己是一名文物工作者，一名文物普查队员。

天，逐渐转晴；风，依然刺骨。一声巨响，让我从感动与遐想中惊醒，车胎爆了。于是我们几个普查队员下车帮忙换胎，趴在车底的雪地里打千斤顶、上下螺丝等等，这已是每个普查队员习以为常的家常便饭了，前后耗时仅20来分钟，但每个人都有不同程度的高原反应。这要换在东、中部地区，也就小儿科而已，但在西部，被喻作生命禁区的西部，却是迥然不同，口干舌燥、手脚麻木、甚至耳鸣，呵呵，真是意外。因怕迷路，遂顺着车辙加速行进，前一辆生活车正在不远的一处拐角等着，看看时间已是下午两点了，于是队员们建议吃点东西填填饥肠辘辘的肚子。天虽晴了，但风还是很大，茫茫草原上不见一处可以挡风的山丘，只能在路边靠车便餐了，饮料——冻的，饼子——硬的，所有食物都存在不同程度的险情隐患（普查专用语），本打算生火烧水，但向导（林业局长）强调必须在天黑前赶到目的地，不然会迷路、陷车，于是所有人只好用“小二（二锅头）”——唯一没被冰冻的饮品——就着军用压缩干粮继续前行。

到达目的地“巴穆琼宗”时已经临近天黑，确切时间是晚19点15分，在寻找到一处较为平坦的沟谷后，队员们在队长的安排下分为四个小组，顶着寒风，借着手电、头灯、车灯的光，开始搭帐篷、捡野牛粪（无人区唯一的燃料）、刨冰（饮用水唯有刨冰挖取）。帐篷搭好了，火生起来了，肚子也开始咕叫起来了，于是队员们把所有的饮品、食物等放置在炉子上进行加热解冻，次达（普查队员之一，参加普查以来一直以“御厨”自居）开始忙活着下面（方便面）了，也就是将20包方便面（每人两包的标准）下到一口足够百来号人吃的大锅内，加入肉、罐头、只要能吃的什么都有，满汉全席一锅煮的那种，可怜的一次性筷子何耐承载如此负重，一次次地“夭折”，于是我们的“御厨”一气之下取来了车内用来垫千斤顶的木板做了一双特大号的筷子，这该是一双中国历史上绝无仅有的“名筷”之一吧。唯一遗憾的是这双“名筷”在完成了自己的使命后，被它的主人“御厨”光荣地“火葬”了。面很好吃，很有味道，酸甜苦辣俱全，就好比普查人生值得回味，吃完面，大家喝着热饮（加热冻解后的饮品味道有点儿陌生），当然还有“小二”，叙说着普查人生。据向导（林业局长）介绍该处距离可可西里约有130公里，距离新疆约

240 公里，我在想此处距离梦想该有多远呢？9 个怀揣梦想的灵魂堆挤在不到 30 平米的帐篷内等待天亮，等待出发，等待新的开始……

消逝的文明

西藏自治区阿里地区文物局　洛　桑

一

阿里地区位于西藏自治区的西部，地处青藏高原北部——羌塘高原核心地带，历史上是象雄王国、古格王国的中心区域，曾经拥有一度辉煌的象雄文明和古格文明，它是藏族文明的摇篮，古老象雄文化的发祥地，也是藏族本土宗教苯波的故乡，藏传佛教后弘期弘法的源头及复兴地。但是两个王国及其文化先后均遭到了同样的厄运，恍如在一夜之间就消失了，留给后人的只有无穷的感慨和无限遐想。

阿里，如今仅是一片片荒凉的无人区、戈壁滩和空荡荡的大山以及寥寥无几的历史遗迹，很难想象这片土地上曾繁华过、热闹过、辉煌过……

二

阿里地区平均海拔在 4500 米以上，有“世界屋脊的屋脊”之称。地势由东向西倾斜，地形复杂多样。全地区面积达 30. 4 万平方公里。在此次文物普查中覆盖率基本达到了 100%，包括无人区均都踏查走遍，但我们仅调查发现共 486 处不可移动文物点。

象雄王朝早在公元前 5 世纪就存在，它拥有自己的文字，是本土宗教——苯教——的发源地及兴盛地，曾强盛四五百余年。据汉文史料《通典》、《册府元龟》、《唐会要》等载：“大羊同东接吐蕃、西接小羊同、北直于阗，东西千余里，胜兵八九万”。藏史《苯教源流》载：“象雄与上部（即西部）克什米尔相连，北接于阗雪山及松巴黄牛部之静雪地区（青海西南地区），南抵印度和尼泊尔。”另外，据《世界地理概说》中提到：“里象雄就该是冈底斯山西面三个月踋之外的波斯，巴达先和巴拉一带。在这块土地上有大小三十二个部族……中象雄在冈底斯山西面一天的路程之外。这还是象雄王国的都城，这片土地曾经为象雄十八王国统治。外象雄是以穷保六峰山为中心的一块土地，包括三十几个部族，北嘉二十五族，这是现在安多上部地区。”由此可见，其疆域非常广阔。一个王国有如此广阔的地域，可见其在当时社会状态中的军事、文化、经济、外交等非常发达，势力十分强大。然在公元8世纪被从雅砻崛起的吐蕃王朝消灭后其文明在哪里，留给世人的在哪里？通过此次普查后我们又发现了多少属于它的文明的东西？几乎没有，在普查中发现的石构遗迹和部分残墙断垣的遗址也许属于它的遗迹（据西藏自治区公布第五批自治区级文物保护单位名单，阿里地区及那曲地区境内发现的石构遗迹年代为公元前11世纪～公元6世纪），但数量甚少。

古格王国又是一个在阿里地区境内雄踞而创造灿烂辉煌文明的王朝。古格王国是在公元9世纪后期，由吐蕃末代赞普朗达玛的重孙在王朝崩溃后，逃亡沉淀100余年的古象雄中心地的札布让后建立起来，并雄踞西藏西部阿里的王朝，世袭了16位国王，历经700余年，在它最盛时统治范围遍及阿里全境。它创造了震惊世人的灿烂文化，被世人称为“精神王国”。期间弘扬佛法，借助地理优势大开国门，对外交流，广泛吸收，带动掀起一场朗达玛灭佛后影响整个藏传佛教发展的佛教传承活动，使阿里成为当时藏传佛教复兴地，后人称“上路弘法”。另外艺术上也达到了顶峰，融合外来文化，形成了独特的风格艺术手法——“古格派”，给世人留下宝贵的精神财富。这些能从现存的古格王国都城遗址和洞窟内的壁画上可以了解到。另外古格在农业、经济、建筑、手工业等方面也有非常大的成就。我们在调查古格时期的遗址时发现不管是寺院遗址，还是其他防御性的建筑遗址多数都建在陡峭的山上，其结构、技艺均属上乘，而遗址周边能采集到较多的陶片、石臼等，在札达县基建施工中发掘的墓葬也有精美陶器出土，但是今天居住在阿里，特别是居住在古格王国都城附近的百姓中基本无人掌握绘画技术，修建房屋需要雇外来人员，无法制作陶器，古格因外来宗教的传入引起的内讧消亡后，它的后人在哪里？它的后人应该传承的技艺又在哪里？我们现在还无法知道。

三

阿里地区共辖7县，它们很奇怪的被境内穿过的219国道分为两个部分，人们习惯将219国道西边的普兰、札达、噶尔、日土四县称为“西四县”，其占地仅阿里地区的1/3，而且都属于牧业为主的半农半牧县，219国道东边的措勤、改则、革吉三县称为“东三县”，约占阿里地区面积的2/3，都属于纯牧业区。更为奇怪的是，在此次文物普查中经过全面调查发现，文物点总体分布情况也属东三县大致一类，西四县中札达、普兰、噶尔大致一类，日土县为一类。主要特点为东三县发现的文物点多数为石构遗迹（石框、石圈、立石、列石等遗迹）；札达、普兰、噶尔三县遗址较多，另外札达不愧为古格王国都城所在地，境内发现20余处古格时期的壁画洞窟；日土县虽有不少数量的遗址，但是其亮点为岩画，岩画点多达20余处。

说到这里，我有一疑问，就是历史上象雄王国的腹心地仍属札达一带，如果说石构遗迹一类属于象雄王国时期留下的，那么在其腹心地为何发现的太少太少？

四

在古格王朝时期，由拉喇嘛益西沃、大译师仁钦桑布等为主的高僧大德在阿里境内广修寺院，弘扬佛法，阿里称为当时佛教的复兴地。虽然多数寺院在甘丹颇章政权统治时期改宗换派，另外遭到了“文革”动乱的大肆毁坏，但是这个地方几个世纪以来曾经是藏传佛教复兴地，我们从理论上分析绝对会深刻影响至今，但是我们在文物普查过程中的所见所闻中出乎我们的想象，这个曾经佛光普照，百万信徒前来朝拜学佛的地方，今天却变成了“啦落”居住的地方一样，百姓基本没有宗教信仰，寺院空无僧尼，部分寺院有礼佛的僧人却都是外地入住的，部分寺院有人住守，却对日常宗教仪式一窍不通，甚至不识字，有的寺院变成了养老或智障残疾人员终老的地方，变卖寺院佛像、法器、唐卡等，中饱私囊的寺院看管人员也不在少数。所以，我仰天叩问，在阿里兴起的“后宏期”宏在哪里，给谁传承了，是你古格的子民吗？抑或像是进入“黑洞”，将这个时期所有理论性的东西或知识直接卷走留下一段空白了吗，让阿里后人愚昧吗？

五

古象雄王国时期，阿里曾把本土宗教——苯波——推到全盛，带进政治领域，在阿里地区日土境内发现的多数岩画上也均有表现，多数岩画点出现苯波自然崇拜的图像或场景等。但是在阿里地区境内今天苯波的踪影越显模糊，目前在阿里境内唯一的苯波寺院——古如加姆寺——也是20世纪30年代修建的。对于这个现象我很难理解，苯波的故乡为什么无法看到苯波？

六

神秘的象雄文明和古格文明，到底因何故凭空消失了呢？真想进入时空隧道，探其究竟……

心跳墨脱

——探寻重踏“二普”足迹

西藏自治区工布江达县文广局　丁增朗杰

林芝地区位于西藏东南部，雅鲁藏布江中下游，气候宜人、风光秀丽、景色迷人、资源丰富，有着“西藏江南”、“东方瑞士”、“生态绿洲”的美称。在林芝地区7县中墨脱一直都是我向往的“神秘”乐园，由于墨脱县不通车、不通邮，客观条件的限制一直都没能去成。此次，全国第三次文物普查的开展使我有幸成为普查队的一员。踏遍了林芝的山山水水，终于要进入魂牵梦萦的墨脱县了。

2009年6月27日凌晨5点，我们普查队一行7人在墨脱县文广局领导的带领下从波密县出发翻过嘎瓦龙雪山进入墨脱县辖区，崎岖的山路连车子都显的那么地无奈摇摆着前进。一路上的风光突然发生了变化，云雾缠绕着大山，风吹在脸上是湿湿的，明显感觉到气温在逐渐上升。潮湿的空气一会儿就把身上的衣服弄湿了，空气中还弥漫着各种植被散发的香味、使人清爽。青翠的竹子、妩媚的芭蕉在微风中舞蹈，各种说不上名的花朵也在摇摆点头，这里真的是植物的仙境啊！一路上的独特风景是林芝其他地方看不到的，墨脱的独特魅力可以让人忘却疲劳。

晚上9点左右我们到达县城，绵绵细雨告诉我们恰逢雨季的来临。夜色中我们住进了用木板搭建的招待所，楼梯处挂着很多来墨脱徒步旅游的团旗，别有一番风情。蚊虫的叮咬、青蛙的合唱、细雨的敲打声在闷热的夜晚，让人按捺不住激动的心情，久久不能入睡。次日在县委办公室，我们与当地相关领导立马召开了普查工作会议，会议决定次日进行调查工作。

仁青崩寺

28日上午，我们穿好工作服系好绷带全副武装前往墨脱县墨脱镇仁钦崩村。仁青崩寺位于雅鲁藏布江东岸仁钦崩山顶缓坡上，西距江边约4公里，高出江面约1200米，海拔2031米；东为甲格崩山，南为达帕山，西为罗布山，北为直崩山；南侧有一条名为达帕的沟谷。地表植被茂密，生长有柏树、高山松、柳树等乔木和浅草、灌木植被及芭蕉等热带植被，属亚热带湿润气候。

陡峭湿滑的山路给我们的前往带来了困难，植物叶子上的露水打湿了裤脚，鞋子上裹满了山泥，最可怕的是蚂蝗钻入鞋子叮咬双脚。蚂蝗的出现给我们带来了恐惧心理，同时也影响了我们前进的速度，时不时地要停下来叫当地向导为我们解救。水气慢慢地形成了云雾挡住了前方的道路，小雨使得路面更加湿滑，只能放慢步伐小心地越过途中出现的危险路段。终于看见平坦开阔的山顶了，暗想这下路应该好走多了，却不料到处都是泥地，一脚踩下去要费很大的力气才能把脚抽出来。聪明的当地人都在难走的路段边放置了干树枝，只要把树枝铺设到泥上，一条简单而干爽的山中小路就出现了，为出行者带来了方便，同时也为当地人的善举而感到骄傲。

仁青崩寺是由五世达赖时期由工布巴活佛创建，信奉宁玛派，1950 年墨脱大地震时全部被毁，1951 年由墨脱宗负责在原址上缩小规模重修了主殿，并新建了佛塔，“文革”时期主殿和佛塔均遭到严重破坏。由于寺庙年久失修，集会大殿内木柱、墙体出现轻微裂缝，地板也出现坍塌；佛塔长期立于空地，现已长满青苔，宝瓶顶部长有灌木、浅草等植被。现仅存主殿少许墙体和佛塔的塔身部分。1989 年，在政府援助和当地群众投工投劳的情况下，由益西平措喇嘛负责按 1951 年主殿规模重建主殿。寺庙现由主殿、佛塔等两部分组成。主供莲花生大师，建筑面积 260 平方米，占地面积 300 平方米。主殿坐东朝西，方向正西。三层楼阁式石木结构，从下往上层层内收，四角攒尖式屋顶，屋面为鎏金铜顶。平面近方形，一层檐口下地面建有环绕集会大殿的石砌墙体，与集会大殿间形成一转经回廊，回廊四边外侧矮墙中部墙体分别向外凸出，呈“抱厦”状。矮墙上置 20 根方形檐柱上承檐口，每边中央外凸檐柱内侧 1. 7 米处各有 2 根方形廊柱，上承撩檐枋，东、西两面有通往集会大殿的木门。中央为集会大殿，面阔三间用四柱，进深四间用三柱，木质地板；殿内中央供奉有莲花生大师等泥塑像；后部北侧有通往二层的木梯。二层仅有中央的供奉殿，方形，门向正西，供奉释迦牟尼佛像。三层狭小、低矮，为屋顶部分。

佛塔位于主殿北 30 米，目前仅存塔身，塔身有塔阶、塔阶座和宝瓶组成。塔阶共有 4 层，底部塔阶为第一塔阶，平面呈正方形。

格当寺

由于墨脱县通往各乡镇的道路不好走，我们普查队分成两组分别进行调查，我们一组三人加上墨脱县带队领导前往格当乡对格当寺进行普查。驱车前往达木乡，但由于突发的塌方，车子无法前行，只好徒步行走，幸好路面较宽没遇到蚂蝗。大约行走 30 分钟后抵达了达木乡，在当地干部的安排下我们住进了乡小学教师职工房。由于放假，除了校长外其他教师都回家，就把房间留给我们住了。同时到达的还有从格当乡来的村民（背夫），自己动手做好晚饭后，在交谈中了解到要前往格当乡需徒步行走15个小时，还要翻过蚂蝗山，大部分的山路都在悬崖峭壁上。听到这些，我顿时毛骨悚然，感觉到了危险和艰辛，不过在他们面前还算表露得从容不迫，夜幕里吹着凉风准备着盐袋，以用来第二天对付蚂蝗。

第二天一大早，我们把所有设备仪器用塑料袋裹好防止受潮，7点出发，首先进入的是蚂蝗山地段。此路段明显的特点是茂密的原始森林、狭窄的山路，山路由平地逐渐向半山腰延伸，路边丰富的植被上隐藏着“吸血鬼”。一路上每走上十几步裤子上就沾满了蚂蝗，就得停下来用准备好的盐袋沾点露水抹在蚂蝗身上，自然就脱离掉了，反复的动作中恐惧的心理也消失了。由于气候的缘故，路边的植被和自然倒下的大树给我们带来了路障，加大了徒步行走的难度，走累了也只能站着喝点水，根本没有法子好好坐下来休息。走进原始森林，感触最深的是雾气的快速变化和聆听各种动物的叫声，仿佛走进了另一个国度。一路上欣赏着这里特别的森林文化和品尝着独特的森林食品，真正做到走进自然拥抱自然。悬崖峭壁边上的道路在雨水中显的更加难行，在更陡峭的路段只能面对峭壁慢慢以“螃蟹”式挪过去，由于前晚雨下的时间长，简易的木桥被暴涨的山间小河冲毁，只好沿着河边向山下开阔的地方绕路前行，并在泥石流遗迹上吃着自带的简单午饭和休息。汗水和雨水把衣服弄湿了，脚底也肿了并起了泡。10点左右到达格当乡，虽然行走的时间较长，衣服都淋湿了，但没有一丝的寒意。虽然可敬的当地干部在自家为我们准备了晚饭，不过对我们来说首先要解决的不是吃饭问题而是解决掉爬满身上的蚂蝗。

第三天来到格当寺，该寺位于格当乡格当村内金珠河右岸二级台地上，西南距江边约100米，高出江面约300米，海拔1961米，东为扎嘎曲宗山，南为嘎木列拉山，西为嘎迪卡山，南为古塘卡山。地表植被茂密，生长有柏树、柳树、桃树等乔木和阴地蕨等浅草及灌木植被，属亚热带湿润气候。

据悉格当寺在1890年由杰仲强巴久乃创建，属宁玛派。1950年墨脱大地震中损毁严重，损毁后杰仲强巴久乃负责在原址上修复。1986年寺庙恢复重建时，修建了两层，但由于资金不足等原因，致使主殿成为危房。2006年拆除了二层部分墙体。现由主殿、转经筒房、造像等部分组成，主供莲花生大师，信奉宁玛派。建筑面积364平方米，占地面积800平方米。

主殿位于寺庙的东部，坐北朝南，一楼一底藏汉结合石木结构，单檐悬山顶，屋面以木板铺就，平面近方形。南侧建有高0.8米的石砌墙基。前部为一亭庑，台阶两侧立有两方形木柱，中央为门廊，面阔13.1米，进深2.4米，前端立四根方形木柱，左侧有通往二层的石梯，右侧有通往外界的木门。集会大殿面阔三间用四柱13.3米，进深三间用四柱12.3米，方形木柱，木质地板，中央四根长柱上部为采光天棚，后部供奉莲花生大师等泥塑像。二楼已废弃，残留石块墙体0.4~1.2米，南、北两侧的中央各有一间木板房。

转经筒房位于寺庙的西部，皆为单层干栏式木构建筑，单檐悬山顶，屋面以木板铺就，平面近方形。一座位于主殿西约 8 米，另一座位于主殿西约 13 米。

石刻位于寺庙西部，在岩石西南、东南两面共刻有 3 座佛塔，其中西南面 1 座，下端线刻“六字真言”；东南面 2 座，横向排列。三座佛塔造像形制、凿刻手法类似，大小不同。整个造像 3.6 米、宽 3.1 米，距离地表 1 米。

西亚石器采集点

西亚石器采集点位于墨脱县墨脱镇亚东村东北约 1 公里，名为西亚的坡地上。为雅鲁藏布江东南岸支流冰谷曲右岸一级台地，石器发现范围大约西北起自巴日山下巴米典，东南至卓玛山冰谷瀑布及瀑布流下形成之冰谷曲旁名为当给的台地西北侧冲沟为界，东北倚巴日山，西南为陡坡。南北长约 700 米，东西宽约 400 米，分布面积约 28 万平方米。

此前，曾在此地采集磨制石斧 1 件。

此次调查从村民手中征集到他们在耕作时发现的磨制石器 9 件，在自治区文物局专家陈祖军老师的介绍下我知道了这些石器分别是石斧 5 件、石锛 3 件、石凿 1 件。其中 5 件采用墨绿色蛇纹石制成，2 件以黑色泥岩制成，2 件以灰白色岩石制成。4 件石斧中有 3 件完好，1 件残破，均略呈梯形，上窄下宽。墨绿色蛇纹石，双面正弧刃，刃口基本完好，有细小崩疤，平顶略经打磨。一面近顶部处有一道横向梭形凹槽，中左部有一道竖向梭形凹槽，两侧面均保留有切割石料时留下的凸棱，石锛皆为梯形或近梯形，上窄下宽。灰白色岩，石质细腻致密，单面正弧刃，刃口基本完好，有细小崩疤。两侧缘斜直，其中一侧缘因有上下 3 个较大石片疤而呈薄刃状。顶端圆凸，有石片疤痕。石凿仅 1 件，墨绿色蛇纹石，长条形，双面直刃，刃口有较大崩疤，平顶略经打磨。

对石器发现范围进行的地层学观察，发现当地表层堆积为黑色腐殖土，层中未发现遗迹、遗物；其下生土为含粗砂黄色黏土。

看着这些精美的石器很难想象，曾经生活在这里的先祖们有着智慧的大脑，灵巧的双手。辛勤耕作的画面仿佛就在眼前，如同穿梭时空和历史来了一次零距离的接触。

经过 13 天的调查普查工作，第一次接触墨脱的我被这里的环境和历史所感染和震撼，重踏“二普”之路线内心不由地生发敬畏之情。来回虽全靠徒步，小路险峻、陡峭。尽管路况艰险，但我们始终以“特别能战斗，能吃苦，能忍耐，能奉献”的老西藏精神，继承了老墨脱的工作作风。跋山涉水、不怕蚊虫叮咬、不顾道路泥泞，利用 13 天时间，克服天气、身体与种种不适因素的影响，完成了对西南边陲墨脱县辖区内的普查任务，扩大了林芝普查工作的覆盖面。

陕西省

长安普查杂记

陕西省西安市文物保护考古所　翟霖林

西安市长安区是我参加普查的第一个区县，在这里，我经历了对普查从浅显到深入、从陌生到熟悉、从体会艰苦到快乐工作的过程。在普查工作中，我每天将工作的状况、所见所闻和体会都记录下来，形成一篇篇杂记，在此选出三篇，与“三普”人共同回顾普查一线工作和生活的点点滴滴。

杂记之一——初担责任

根据统一安排，我于2008年8月12日到达杨庄（长安区下辖的一个乡），担任长安区第“三普”查分队的队长，那天是第一天带队工作，心情一直比较忐忑。早上，我和马峻华（队员）等待乡政府文化站的马玉娥站长和余飞、朱忠华两名队员的到来，在9点钟人员到齐之后随即出发，将首站放在了杨庄乡西北角的侯官寨村。出发时天已开始下雨，淅淅沥沥。马玉娥站长性格开朗，尽职尽责，简单商讨之后我们即直接找到侯官寨的村委会主任张宝仓。

雨势渐大，无法进行野外工作，我们即随张主任到了当地一位文化人家中，想就村中的文物信息作一走访。文化人名叫刘平运，是侯官寨村社火会会长，家中十分古朴，充满了文化气息。一进大厅，首先看到的是摆放在客厅中央的一个石烛台，周缘刻字，字下刻有一周仰莲纹，制作美观，技法高超，刻字中可见“乾隆”字样，年代应为清代中期。客厅的墙上挂有一块牌匾，为清代陕西巡抚刘蓉的赠匾“霊湫甘澍”，年份为同治四年。因为这个牌匾，因为这个巡抚，我们不由地联想到清末的那次回民起义，刘蓉身为陕西巡抚，并没有参与军事镇压，而是采用安抚的政策，避免西安城内的战乱屠杀，这个举动受到了后人广泛的肯定，清史中对此有许多记载。这个牌匾可能被放到大庙里，曾被当过学生的课桌、教师的床板，今日得以在刘会长家中见到被重新包边、修补，让人感到甚为欣慰。因家中主人不在，看来我们要再次登门造访。根据村主任的介绍，我们初步了解到村子中应该有唐墓、史前遗址、明清庙宇等遗迹，遗存非常丰富。第一天的工作虽然不顺利，但是收集到了重要信息。

因为雨越下越大，下午我们分队没有外出调查，而是聚在一起商讨下一步正式要开始的工作。我们四个都是年轻人，朱忠华和余飞都是西北大学二年级硕士研究生，曾经在高陵县普查，马峻华是西北大学一年级硕士研究生，去年曾经参加过长城调查，而我则是个“白脖儿”，仅仅是前一个星期在冉万里老师的小队中见识了一点。杨庄乡的普查，我们不缺少体力，不缺少普查经验，我们缺少的是知识的积淀，知识面的狭窄可能会是我们这个队面临的最大问题。有优势，也有潜在的问题，但是我相信，在我们的精诚团结之下，杨庄乡的工作绝不会落在后面，一定会圆满完成。

杂记之二——子午古道

2008年9月，我们小队转战滦镇。9月12日下午，我们到滦镇碌礴坪普查，没想到在这里的遭遇令我们的感觉颇为意外。

碌礴坪位于滦镇东部的秦岭深山之中，东接子午镇，是古子午道必经之路。古有子午道，乃是关中至汉中的主要道路之一，而现今位于古道上的碌礴坪村却连通向山外的道路都还没有修通，村民外出归来，走的仍然是千百年来的子午古道，车辆根本无法通行，这里最现代的交通工具应该算是摩托车了。时间已经是21世纪了，国家“村村通公路”的政策已经实行了近20年了，这里与外界的差距是越拉越大。交通的不便利，直接的后果就是贫穷。村中百姓日常生活靠的是人均三分的耕地，经济收入主要是山中的板栗、核桃、柿子等山货。这种望天收的经济形态，在收成好的时候还可以补贴家用，而在收成差的年头，大部分家庭都在亏损。即使收成好的年份，因为交通不便，货物运出的高额成本使得收入显得更加微薄。在西万公路修通之前，碌礴坪村子南北的道路就是子午古道，南来北往的行人客商络绎不绝，十分兴盛，路旁小店、客栈林立，为往来行人提供方便，村民的生活也因此而过得殷实。

斗转星移、世事变迁，国道的通行让子午古道湮没于荒草之中，再也没有行人从此经过，往日的兴盛瞬间衰落，这个村子随即几乎变成了与世隔绝的孤岛。也许在更加偏远的地区，公路还没有完全修通，但是在整个滦镇、甚至整个长安，这可能是唯一一个对外没有通公路的村子。村民、村干部提起这个事情，怨声载道，十分无奈。村上没有资金自己修路，镇上、区上应该有这个力量，却没有修。修路的图纸在8年前已经设计好了，但是上级部门的修路资金却一直没有到位。因为没有路，村子也不可能像其他山村一样发展农家乐、度假村等副业，只有个别喜欢爬山探幽的人才会到这里，来领略一下这里的自然清幽、古道遗风。希望这里的情况能够尽快好起来，村民们的生活能够富足起来。

杂记之三——大寺

大寺老村是长安区全部普查工作的最后一个位于秦岭深处的村庄，而这个任务就落在了我们小队的身上。那天是 2008 年 10 月 5 日，大寺村支书亲自带领我们上山，赶向老村。2002 年，大寺村村民已从秦岭深处的老村迁至山前新村，大寺老村已经没有人居住，留下的是一处寺院遗址。

前往的路途十分遥远艰险，从五星乡政府出发，单程 4 个小时，往返 8 个小时，回到五星已经晚上 10 点钟。大寺老村位于秦岭分水岭以西，高冠峪上游，深山之中。新加入的“驴友”们常以分水岭为起点，沿大寺、高冠峪一线锻炼，平常鲜有游人到达。从分水岭向村子去，路况极为不理想，乱石堆砌，泥泞不堪，车几次都是险些抛锚。最终车停在了一个叫做快活梁的地方，再向前全部为泥路，车随时有可能陷进泥中，而且已经有车坏在了路中央，有鉴于此，我们选择了弃车步行。到断崖处，陈支书向下一指，说那就是村子。我们一看，马上瞪大了眼睛，愣住了，惊呆了。本来在来的路上，我们就为沿途的景色所折服，在秦岭大山里，居然有如香格里拉一样的迷人景色，高山草甸，红草分布成带，与黄草相间，构成了自然的美丽画卷，漫山全是红、黄草，不见任何树木。可大寺村更让人感叹，所处位置是四面环山之中的一个小盆地，西侧有高冠峪自南向北流过，黄草已铺满盆地，桦树长满山坡，桦树的红叶子显得极为鲜明动人。山势险峻，河水流淌，盆地地势平坦，真的是一处绝佳的宝地。我们慨叹先人们如何会发现这么一处宝地，并且在这里生活了千余年。宝地因寺而兴，村庄因路而衰。没有路，大寺只是活在遥远的传说的辉煌之中。

原来的寺庙叫什么名字已经没人能说得清了，寺庙不知何时已经不存，上世纪 50 年代以后，村民在耕地时，曾经还见到过石围墙的墙基，到现在也已经不存了。只剩余下 9 个石塔构件，昭示着这里曾经辉煌过。

如果道路通畅，大寺村的发展潜力十分巨大。依托着分水岭、高山草甸、山中盆地、高冠峪，这些足以让大寺成为名副其实的宝地，这里将会是以后开发的一大热点。

张汉文同志先进事迹

陕西省铜川市考古研究所　董彩琪

张汉文同志是一位参加过“二普”工作的老同志，虽然年过半百，工作热情不减当年，此次负责铜川市的“三普”工作，更是兢兢业业，竭心尽力，按时高质量地完成了铜川市第三次全国文物普查工作。

熟悉史料，掌握市情为“三普”工作奠定良好的基础

“三普”工作刚开始，张汉文同志就系统地查阅了新修《铜川市志》，各县区志及古《耀州志》、《同官县志》、《大香山志》等志书以及各区县政协编辑的《党史文献资料》，对志书和文献资料记载的文物古迹、寺庙遗址、历史人物、现代名人等分乡镇逐条列出。同时一方面对“二普”已掌握的文物点亦按乡镇分开登记；另一方面召开各区县“三普”工作负责人会议，对群众提供的线索进行梳理，逐乡列出。对以上所准备的材料加上各区县志对气候、人文环境、自然环境的描述，复印、装订成册，分发到每个普查队，使每个普查队员对自己所承担的区域胸中有数，真正做到不打无准备之仗，从而为“三普”工作的顺利进行奠定了良好的基础。

率先垂范、以身作则，做好普查队的领头人

“三普”工作开始后，张汉文同志甩开繁杂的日常事务，和普查队员一起顶酷暑，冒严寒，共同体验和分享普查的苦与乐。铜川地处关中平原向黄土高原过渡地段，沟壑纵横、丘陵重叠，北部山区自然条件极其艰苦。有时为了普查一个点可能要冒很大的风险，每当到这个时候，张汉文同志总是说“我先上”，给队员们做出表率。有一次普查中他的脚磨出一个大血泡，腿也肿了，但未哼一声，晚上回来洗脚时被队员发现问他，他只是淡淡地说了声“没事”。他的行动感动并温暖着所有队员，以致到后来，好多队员晒黑了脸，“挂了彩”但是从未有半句怨言，默默无闻脚踏实地为“三普”做着奉献。

倾其全力，公而忘私打好“三普”攻坚战

张汉文同志作为铜川市考古所所长，平时行政事务，日常业务缠身。“三普”工作开始后，便一头扎到或许余生中的最后一次普查工作中，除了参加省普查办的各种会议外，其余时间都在普查一线，穿行于各个普查分队之间，还要联系县区转点，后勤保障，总结验收等项工作。特别是在普查开始不久，其儿子的婚事便提上了议事日程，张汉文同志便把儿子的婚前准备工作交给家人，家人埋怨，亲朋非议他全置之不理，自己则全身心地投入到普查中。在县区转接过程中，张汉文同志匆忙参加了儿子的结婚典礼，又火速踏上了普查的征程。

在张汉文同志言传身教带领、精心组织、合理安排下，铜川市第三次全国文物普查工作（田野阶段）扎实推进，率先在全省提前完成了田野阶段的工作，通过了陕西省普查办专家组验收，并取得了所有区县全优秀的佳绩。

“最头疼的事”

陕西省宝鸡市考古工作队　刘军社

虽然说我是一个有着20多年考古经历，并参加了1988年文物普查的人，但2008年4月8日，宝鸡市第三次全国文物普查暨眉县文物普查田野调查全面启动之后，我才真正体会到什么是“最头疼的事”。

宝鸡市文物普查队由参加培训的40多人中抽调24人组成，来自不同县区及市直文博单位，从年龄讲，最大的50多岁，最小的20多岁，当时我队的平均年龄为43.9岁；从工作经历讲，有参加过前两次文物普查的，也有刚从学校毕业参加工作的；从职称讲，有研究员、副研究员、馆员、高级工等；从职务讲，有党支部书记、副馆长、科长。从本次普查工作讲，有参加过全省文物普查培训并参加了三原县文物普查实习的，大部分人则是仅仅参加了宝鸡市的文物普查培训。面对这样一支队伍，在分组的时候，尽可能考虑年龄、身体、学识、职称、职务、原单位工作经历以及电脑使用情况等，我们将24名实地参加普查的队员按3人一组分成8个小组，其中一个为机动组。4月9日，队员或骑自行车直奔各自的乡镇，或租用蹦蹦车奔赴驻地，人人心情舒畅，个个情绪高昂。

到了4月30日，我们全体队员集中在眉县县城，对前一阶段的工作做一个小结，相互交流一下经验，这个时候有些队员提出了与其他队员合作过程中出现的一些小问题，当然我在各个乡镇踏查过程中也发现了一些问题，决定在普查第二个县——麟游县的时候，对各组的队员作一些调整。

如果说第一个县的分组带有强烈的“长官意志”的话，那么进入第二个县的时候，就要尊重队员的一些意见，但也不能完全按照队员的意见办，因为这样的结果有可能出现强强联合、弱弱组合，不利于工作的开展，而我的任务则是如何让强弱组合，以强带弱，并最终达到强强联合的问题。这不能不说是件头疼的事。

麟游县的普查工作开始之后，不仅充分考虑了队员的意见，而且有一个大的调整，就是不再单设机动组，队长、副队长全部分到各组，或为组长、或为队员。金台区、渭滨区位于市区，普查工作同时展开，为了保证在春节前完成任务，我们邀请了西北大学的7名学生参加，这个时候又不得不重新分组组合。

由于每到一个县区，我们的队员都要重新组合，分组工作完了之后，往往会有队员问：

“谁是我们的组长”、“我和谁在一个组”。作为组长怕的是与不太能干事的队员分在一起，作为队员又怕自己的组长不容易相处。这个时候我只是笑着说：你们应该都会满意。

如果说2008年度的5个县区的普查队员组合是被动的，那么从2009年度开始，队员的组合就是主动的。这个时候我最头疼的是如何让大家有机会更多的接触，如何让所有队员都有可能交叉组合一次。因为几乎所有的队员都已经习惯了解散前一个县区的分组，重新交叉组合，大家都有一个良好的愿望——与自己敬仰的老师、或自己看重的年轻人在一起完成一个县区的工作任务。我作为这支队伍的负责人，当然愿意尽可能的满足这些愿望，虽然说这个愿望是好的，但我依然头疼的是无法完全满足，因为剩下的县区只有7个，无论怎样安排也是安排不过来的，有些遗憾一直保留到现在，因为直到文物普查田野调查工作结束，个别队员想与自己敬仰的老师在一起共事的愿望始终没有实现。

宝鸡市文物普查队来自市直及县区文博单位，后来我们还吸收了西北大学的学生，由于每个人性格特点、身体素质、专业特长、学识水平各不相同，年龄差距又特别大，所以，每次到一个新的县区都要进行人员重组，不实行固定编组，使每位队员尽可能多的与不同的搭档组合，各取所长，优势互补。在12个县区中，据不完全统计，每个队员几乎和新队友的编组都在10人次左右。不但队员不停的重新组合，组长也不是终身制，有好几个组长和组员进行多次的互换，让每个人都有机会体验一下新的工作岗位上的感受，进行换位思考。从而使大家有更多相互学习的机会，最终达到整体提高的目的。

通过交替组合，年龄稍长的队员在与年轻队员工作过程中，基本掌握了电脑知识，而年轻队员也通过向老队员学习，获得了更多的专业知识。

通过交替组合，促进了队员之间人际关系的改善，起到了增强友谊的作用，大家学到的不仅是专业知识，而且结识了更多的朋友。

通过交替组合，也促进了各组工作方法的不断改进，经过磨合与互相学习，各组都采用了最科学、最合理、最有效的工作方法。

通过这种方式，弘扬了团结协作的团队精神和努力钻研的进取精神，增进了各个年龄段的普查队员之间的友谊，使得每个人都对搭档有了更多的理解和支持，让枯燥的普查工作中充满乐趣，工作起来得心应手。

2010年4月8日，我们全体普查队员集中在宝鸡，虽然大家分离不到半年时间，但见面时的热乎劲儿，好像分离了半个世纪。看到大家激动地拥抱、热情地招呼，我觉得两年的田野调查工作虽然辛苦，大家按时完成了任务；交叉分组的事虽然“头疼”，大家最终成了知心的朋友。这个时候，你能不说“最头疼的事”变成了“最高兴的事”吗？

发现惠家宫殿遗址

陕西省咸阳市考古研究所　岳　起

三原试点的最后，也就是2007年10月24日晚，再明召我和老范商量进度和最后验收事宜，为了能使各队都在27日收队，我们三人分头下到进度较慢的三个乡去帮忙，再明去嵯峨、老范去陵前、我去新兴。

25日早8点30分赶到新兴，这里由雒贤负责，他安排我们到新兴镇西南的惠家、潘家普查。这一带1988年普查时有三个点，一个戏楼、一座小庙、还有一座唐墓，小庙、唐墓都在户外，很快登记完毕，戏楼在一小学内，小学已废弃，现做养鸡场使用。这里的人警惕性很高，查看证件，给村长、公安打电话，然后电话通知场长。看着三原的刘双利和他们交涉，我便和围上来的一群农民拉起了家常，烟肯定是要发的，会抽的点着，不会的夹在耳朵上。

老乡，咱们惠家的庄稼地里，有没有砖头、瓦片或者土的颜色和别的地方不一样?

那有呀，地里我们都收拾干净了。

检上有好多砖头、瓦片！过去那里有个庙，早都拆了，村里没人记得了。

好不容易等到场长，这让省上恰巧来看望我们的赵强、焦南峰着急冒火，焦院长拍着我的肩膀说："辛苦，验收时给你带条烟，肯定不是我抽的软延安。"

登记完惠家戏楼天色将晚，对农民的话将信将疑，若是个庙也早不到啥时候去，还是看看吧，不然心里不塌实。

经农民指点，我们驱车从惠家向北上了一处台地，刚下车，田埂上便发现异样，一个瓦当露出了轮廓，我赶快用手铲挖掘，很快便知道是一完整的瓦当，后面带一截筒瓦。记得陵前乡上河村遗址复查时，跑了很多路，就是没发现，当时月亮当头，在我们准备放弃时，我第一个发现瓦片，接着发现灰坑。惠家的瓦当也是我第一个发现，好像冥冥中老天有意安排，真是幸运。瓦当为不分区的云纹，中间为涡纹，时代应为战国至秦，接下来就容易了，我们在田边发现大量空心砖、铺地砖、瓦当、板瓦、筒瓦残块，地里还发现不少大的卵石块。遗物之丰富，确实在意料之外。从西至东，从南至北，该遗址面积很大，约40万平方米，地形也非常好，是座北面南的一处台地，西临清峪河谷。照相、GPS测点等，我们完成登记，天已黑实。

晚上，电话告诉再明惠家遗址的情况，他大喜过望，答应明天一早现场查看，等把捡回的标本登记测量完，已是第二天凌晨1点，但兴奋之中的我还是睡不着。

26日大早，再明、老范、雒贤他们带大队人马来惠家宫殿遗址查看，新发现两处疑似夯土地点，又捡了很多标本，我和老张用20元钱从农民手里又收购一个完整的云纹瓦当，该农民用瓦当做苹果房门的门砧使用。再明一直处在兴奋状态，钻进苹果地里不出来，路边等得老范不耐烦了："再明，不捡个好瓦当他就不出来！"

新发现固然让人激动、兴奋，但像新兴镇这样平坦的土地，前两次普查居然没发现，似乎不可思议。其实普查有时也就是多说几句话，多发两根烟，多跑几步路，说不定一个重大的发现在等着你！这不，我还挣了再明200元的重大发现奖奖金呢！

惠家宫殿遗址面积大，遗物丰富，地貌变化不明显，为首次发现，有很高的发掘、研究价值。另外，该遗址和铜川耀县祋栩宫、咸阳三原县池阳宫南北一线，位于两宫中间，基本不见汉的遗物，这对研究关中战国—秦的宫殿布局、内涵及兴废都有非常重要的意义。

像月亮一样的眼眸

陕西省渭南市文物局　李国栋

万籁俱寂的夜晚，窗外是一轮皎洁的明月，手捧着省文物局编写的普查纪实——《踏遍青山》，思绪又回到田野调查的那一段漫长而难忘的岁月……

2008年4月22日，新组建的渭南市文物普查队经过短暂的培训，分成8个分队奔赴各乡镇，揭开了长达两年的田野调查工作的序幕。

队员们大部分来自各县、市的博物馆和文管所以及市考古所，还有一些在校研究生、大学生。抽调人的时候，给各县文物主管局局长打电话，大部分局长都理解普查工作的重要性和专业性，安排好被抽调人员的工作移交。也有个别县的局长不同意，因为他们的业务干部也就那么一两个，离不开。但是没办法，为了保证普查工作的进度和质量，不抽不行。有的业务干部渴望参加普查，给局长拍桌子，说你不让我参加，在单位我就什么都不干。队员们的热情空前高涨，让我这个当队长的心里感到热乎乎的。

人是抽上来了，工作也展开了，可省专家组的专家却对我们这支队伍心存隐忧：队员年纪轻，业务底子薄，缺乏工作经验。队员平均年龄35岁左右，年龄最大的也才45岁，最小的20出头。参加过“二普”的只有3个人，绝大部分没有田野调查工作经历，更谈不上经验。省文物局负责普查工作的马艾秦同志和专家组的张在明、阎毓民等专家一打起电话就要叮嘱半天——我清楚，他们心里不踏实。从潼关开始，我们都是每个县工作结束后，让大家休整几天，再集中开展下一个县的工作，这中间队员会有些调整，有的同志因单位有其他安排而离开，又补充进来一批新同志。尤其是从西北大学、西安建筑科技大学等大专院校招募的志愿者，干完一两个县，业务刚熟练，因要完成学业不得不回去，换来新的学弟学妹，又得从零开始学起。前后参加我市11个县市区田野调查的队员有140多人，绝大部分都只参加完一两个县的工作。但不论怎样调整人员，我们总是想方设法将20多名骨干队员留在队伍中。

大家的热情都很高，不怕苦、不怕累、不怕病，整天精神饱满地在田间地头、沟沟坎坎奔波。什么都不想，什么都抛到了脑后，心里只装着普查。把孩子丢给爱人，探家的时候看到孩子变瘦了，学习退步了，心里感到很愧疚，真渴望能多陪陪孩子，可工作一开始，就怀着迫不及待的心情赶赴普查一线。父母年事已高，身体又不好，身边需要照顾，自古忠孝难两全，担心父母，可又割舍不下普查，只好叮嘱爱人好好孝敬老人。女队员数量不少，整天在外面抛头露面，冷落了家人，爱人抱怨，甚至吵架，多伤心的话都说了，夜深人静的时候想起来伤心，泪水涟涟，可一觉醒来，又怀揣着探索与发现的渴望，和男队员一同出发。在普查中提升历炼自己是每一个普查人的梦，在如今崇尚物质的社会环境中，这是多么纯洁的想法呀！

每一个人都想发现最珍贵的文化遗产，每一个人都想把表格填写得最规范。开始时，漏洞和不足很多，验收时好多队员为拿不上优秀流过泪，但没有人气馁，所有的人都在拼，都坚信会做得越来越好。不断地摸索和学习，大家提高很快，两个县下来，每一个人工作起来都变的得心应手。别看年轻，什么遗迹也别想从我们的眼前逃脱：在穷途末路的山崖边，我们发现了关中地区首例干尸；在深沟幽谷的山涧旁，我们发现了多处栈道遗迹；在农人辛勤耕作的田埂上，我们发现了5处唐陵建筑遗址……不管遗迹隐藏的有多深，只要暴露出一点点蛛丝马迹，我们就能找得到。

没有我们吃不了的苦。常常为了寻找一个线索要翻山越岭、跨沟越河，步行几十里，隆冬烈风、夏日炎炎、路途险峻都阻挡不住我们探求的脚步。曾做过一件对神仙不敬之事，带的干粮吃完了，有人饿得不行，偷吃过庙里的供品，神灵仁慈，想必知道我们在做善事，不会怪罪。摔伤、发烧感冒等疾患是家常便饭，谁没有经历过，可谁又真正因此而停止工作休息过呢？常常是缝完针就去野外，拔完吊瓶就连夜填表。对于每一个普查队员来说，在两年的普查生活中，熬夜填表是家常便饭，经常是凌晨2点以后睡觉，有时为了赶进度，甚至一夜不眠。每个县的工作到后期的那几天，连日劳累，大家变得又黑又瘦，皮肤粗糙，面容疲惫，让人看了心存不忍，可没有人抱怨，哪一个不是经过夜晚短暂的休息，第二天一早又鼓足干劲投身到工作中去的呢？

写完以上文字的时候，已是夜深人静，万籁俱寂。窗外的一轮明月依然高高地悬挂在天空上。忽然之间，我觉得我们普查队员的那一双双眼眸就像这窗外的明月：纯洁、明朗、不知疲倦！

魏长城发现记

陕西省延安市文物研究所　王　沛

2009 年 3 月 21 日　星期六

黄陵县文物普查工作从 3 月 8 日开始，到今天工作已经接近尾声。今天，一同与黄陵旅游文物局的李延平局长、刘小玲副局长和曹霞去双龙、店头两镇慰问普查队员。丁延平分队已搬到了香坊村的农家乐住，他们队这次在林区成效不大，与原来预想的相差较远。主要原因是草高林密，遗迹非常难找。双龙镇范建国分队，发现有两个新石器遗址比较好。再加上香坊北魏石窟，专家组要看的点就选在这里。店头镇薛磊分队发现了一条古道，保存较好。还新发现一处位于悬崖高处的摩崖石造像，造型奇特，较为少见，主尊造像头部有冠形装饰，看风格为隋唐以前的造像。

下午去看了侯庄乡白小龙分队调查的大型古城址，在现场，觉着不对劲，侯庄调查分队说的城址，墙体遗迹很明显，地表也有战国至汉代的遗物，但作为城有疑问：①一般城址应有封闭性质的墙体遗迹，这里只发现了一段东西向的墙体，其他方向的墙体没有遗迹。②在现场发现，墙体顺着东西方向跨过了两条不是很大但也不小的冲沟向东延伸，作为城从防御角度考虑一般没有跨沟修筑的。③要是这是一座城址的话，墙体绵延几公里，那该是多大的一座城？在延安市以往的调查中，从来没有发现过如此大的城址。那会不会是长城呢？在掌握的资料中，延安黄龙县有一段战国时期的魏长城；富县有一段长城，有专家说是“上郡塞”长城，也有专家说是魏长城。志丹、吴起县之间有战国秦昭襄王修筑的战国秦长城。而黄陵县从来没有发现过长城。如果能确定为战国魏长城，那将是黄陵县“三普”最大的新发现。

晚上查看了一下地图，黄陵这段墙体与黄龙县的战国魏长城大体处在同一纬度线上。且大致均为东西走向。我觉得是长城的可能性大一些。

2009 年 3 月 22 日　星期日　晴

今天继续调查，侯庄乡这段墙体位于黄陵县南部塬区的北端边缘，地形属山顶塬面和山沟的结合部，由多块伸出的小塬组成，几条山体冲沟位于其中。遗址墙体位于黄陵县侯庄乡曹洼村东北 2500 米处殿门山上，墙体自西向东整体呈西南—东北走向。遗址中心可见夯土台一座，台体夯层纯净坚硬，夯层厚 5 ~ 10 厘米不等，台体四周有夯土墙数段，东侧水冲小沟断面也可见较密集的夯层，遗址内可见大量的泥质灰陶残片，纹饰及可辨器型主要有粗绳纹内布纹大板瓦、小筒瓦、泥质灰陶篮纹罐残片等。

绕过两条水冲沟，我们来到殿门山以东的教场坪遗址，在殿门山看，教场坪好像有两个烽火台，来到近处一看，还是墙体，西端墙体长 65 米，残宽 3 米，残高 3 ~ 6 米，夯层厚 6 ~ 12 厘米。地表遗物较多，主要以泥质灰陶板瓦、筒瓦为主，纹式以绳纹、窝点纹较多。东段墙体顺着塬边向西北延伸，残长约 50 米，夯层明显，与西端墙体相同。墙体被原来的 210 国道老路隔断，不过可看见对面的墙体。

几十米的距离，要绕道好远才能到达。对面是电视塔遗址，遗址下路边是黄陵县的一个垃圾填埋场，要上电视塔遗址必须要经过垃圾场，冒着刺鼻的气味，我们沿着一条小路，爬上电视塔遗址山，山上保存一段较长的墙体，约 650 米，夯层很明显，墙体高的地方有 4 米。地表遗物与两处遗址相同。该遗址属于黄陵县桥山镇的周家洼村。

到了塬面边缘，再向东，隔着一条很大的沟，大约有 4 ~ 5 公里宽，墙体不见了踪迹。远望对面山塬边上，有一座高耸的烽火台。顺着塬面道路，绕了十几公里，绕到桥沟烽火台。烽火台周围均为耕地，受生产活动和自然的剥蚀，烽火台现状整体呈圆锥形，平面呈不规则圆形，直径约 6 米，高 5 米，夯层 4 ~ 10 厘米，夯窝直径 5 厘米。

墙体延续和烽火台都在一条线上，看来是长城应该没有多大问题，需要向西扩展调查一下。

2009 年 3 月 23 日　星期一　晴

今天继续向西做扩展调查，我叫来白小龙分队的杨伟，和侯庄分队一起再把长城遗迹做一下扩展调查。向西南方向，我们来到黄陵县的边界与宜君县相临的故邑村，在 210 国道旁边有一个烽燧遗址，地表有战国时期的绳纹灰陶瓦残片，烽火台夯层也与殿门、电视塔、桥沟的夯层类似。向村里的老乡打听，往西，在宜君的许家塬有一个墩（烽火台），再往西我们在铜川市的宜君县偏桥镇王沟湾村看到一座烽火台，继续往西南，来到偏桥镇，在 210 国道旁边，竟然还保存有一段长城墙体，至此，我们可以认定：黄陵县文物普查取得重要收获，新发现战国时期的长城遗迹。我们通过电话将此消息告诉了铜川市文物普查队，让他们在偏桥调查时注意一下长城遗迹。

后来，经过陕西长城资源调查队的认定：黄陵县新发现的这段长城为战国魏长城。

秦巴作证：我们是一群赤诚子孙

——汉中市“三普”散记

陕西省汉中市文管会办公室　左汤泉

秦岭巴山拱卫的汉中这块沃土，被当代著名文化学者余秋雨先生尊称为“中华民族的老家”。秋雨先生可谓一语中的，汉水、汉中、汉朝、汉族、汉语、汉字、汉文化，一脉相承。几千年文明薪火相传，定格于一个大写的“汉”字。汉中因其丰厚的文化积淀和丰富多样的历史遗存，成为国家级历史文化名城。

源远流长的中华文明和历史人文为我们生长于斯的故土留下了极其丰厚的馈赠。借助“三普”机缘，不但让我们再次走进它，感受她的温度，也为后世人们更好的保护历史遗产，续写文明华章提供了可资借鉴的物证。作为汉中市“三普”队长参与其中，是我职业生涯中的荣幸，回味刚经历过的这一切，往事历历，虽苦犹甘。

一

依山势而筑镇，随地形而起伏，就地貌而转折，吊脚楼紧依绝壁，公事堂多处通衢，老字号店铺古风犹存，青石板街道久磨如新，木楼雕梁画栋，井栏石砌犹在，空山新雨，天籁簌簌……汉中秦岭巴山深处的古镇，那是一幅多么具有诗意和文化内涵深厚的风景啊！记忆深处，响洞子、碾子垭、江口、马道、阳平关、大安、接官亭、华阳、大河坝、碑坝、牟家坝等，深藏在秦巴皱褶深处的一个个千年古镇“二普”期间我曾涉足造访；“三普”，当我渴望着再去拜谒那一个个的小镇时，却谁知风情不再容颜已改，让人顿生今夕何夕之感。十余个镇子，除镇巴碾子垭因迁镇基本保留原状外，大多面目全非，被一座座冰冷而统一的水泥结构取代。

经济发展了，但因为我们文化准备不足，使我们众多的珍贵文化遗产遭到了灭顶之灾。“三普”，是追魂还是凭吊，是诘问还是浩叹，我一时难以理清，只觉肩头担子沉甸甸的。

二

就在我们准备启动“三普”时，震惊世界的“5·12”大地震，在我们山水相连的汶川发生了，我市西部几个毗邻川境的山区县成为重灾县。抗灾自救就成为压倒一切的首要任务。数月间生活失序，人心惶惶。待我们从惊慌失措中略略镇定步入生活常轨时，“三普”实地调查阶段的时间已过去了一半。

争分夺秒，保质保量是我们的第一要务。

为了普查，我们连续几月不休息，不能和家人团聚；为了普查，我们顶朔风，冒霜雪，赤脚涉结冰的河溪，穿霜雾封锁的密林；为了普查，烈日炎炎的三伏天，我们在巴山中要与毒蛇、毒蜂抗争。

那是一段多么让人刻骨铭心、难以忘怀的岁月啊。

在汉台区天台山普查时，虽为深秋，但因海拔高，气温已降至接近零度，山寺道人已烤火取暖，我们为了跋涉轻装薄衣，山上冷得队员们发抖，大家相互鼓励，靠说说笑话驱寒，出发时吃了早饭，晚上八九点的时候才又吃了点盐水面，夜晚睡在简易不平的床上，盖着薄薄的夏被，大家挤在一块取暖。

洋县朝阳山位于秦岭南坡腹地，山高路远几十里路没有人烟，老百姓朝山往返都要两天，我们清晨天未亮，便起程了，那是一个仲春的艳阳天，碧空万里、鸟鸣啾啾，花香醉人，路途景色十分诱人，但我们没有时间去欣赏大自然赐予的美景。只顾匆匆赶路，随着山峰攀高，我们脱去了一件件衣服，临近山顶时大家都热得只留下背心，头上冒着热气，头发湿透贴在头皮上，汉水顺着脖子向下流。黄汉旬人胖，早已光着上身，如注的汗水打湿了裤腰。抵达朝阳寺，日已偏西，我们抓紧时间，索取各种数据。工作结束，返回住地，早已繁星满天，别人已入梦乡。

普查城固水磨乡一处崖墓时，行程远、地方偏，凶猛野兽出没无常，村上给我们找了两名猎手，扛着猎枪，带上四条猎犬与我们同行。我们十分艰难地到达普查地时，被一条宽约4米的深渊隔开，数据不能取，详情无法知。猎人都有些害怕。有队员砍了一颗树，设法使之连接，人骑在树干上，一点点向前移动。就这样，靠勇气和智慧完成了普查。返回时，队员蓝艳军快到中间，突然，木头一转，大家吓得喊出了声。他沉着冷静，双腿勾牢，双手紧抱，像猴子一样倒挂一点点移了过来。大家都为他把心提到了嗓子眼。

在留坝县马道镇普查，我们披荆斩棘，钻竹林、爬草丛，蚂蝗叮在崔继军背上，他全然不知，晚上睡觉感到背痛让队员看时，蚂蝗已快钻入体内，队员帮着把蚂蝗拔出，血流多日不止，而他继续坚持普查，不肯休息一天。

镇巴县三元镇普查，为了寻找散落于巴山深处已无人居住的苗人墓葬和悬棺，我们的吉普车艰难地爬行在地质部门探矿开凿、早已废弃的简易公路上，急弯连着急弯，上完坡又下坡，简单而又危险地重复着，往日大家还在车上开开玩笑活跃下气氛，那天大家都被颠簸而又危险的道路吓得没有了言语，不自觉双手都抓住了能抓的地方，脚也用力踩着。也许是疲劳过度，也许是过于紧张，转一个急弯时，汽车冲出了路基，向深渊奔去。眼见车前轮已冲出路面悬空，高凸的路沿顶住了车梁，汽车就像跷跷板晃动，全车人都吓得惊叫出声，那场景远比惊险影视剧刺激。坐在前排身躯高大的向成忠，手抓住车果断地跳了出来。排除险情后，向成忠左手大拇指指甲盖已脱离。

李宝德妻子住院无暇照顾，汤毅丁脖子被烈日晒得脱皮，杨虎山等队员被野山蜂蜇得脸肿如盆，窦友华腿被摩托车排气管烫出水泡，向莹填表累得背上贴满了膏药，马良燕在镇巴清水普查连续下山 20 多里，左脚拇指指甲被鞋顶翻，多名队员摔伤、生病仍坚持普查，所有女队员冬天脸被冻伤，夏天被烈日晒得发紫……队员吃苦拼搏的精神，无难不克的作风，值得我们永远铭记。

三

普查是艰辛的，而又是快乐的。跋涉的艰辛和发现的喜悦，体力的透支和知识的收获，亲情的短暂难顾和队友间友情的凝结，短暂的惊险和永久的怀恋，一时的付出和终身的享用……

普查出发前，我们没有说多少大道理，也没有多少豪言壮语。我只轻轻道，让我们在快乐中进行普查，在普查中享受快乐。大家在一年多的普查中，深深理解并实现了我们的目标，多少个深夜队员们聚集在电脑前，为一个词的准确使用争论不休，多少次遇到艰险大家争着要去，多少次为一口水、一口馍，大家推来让去都不肯自己享用，行程中大家抢着背背包拿行李……不是兄弟姐妹，胜似兄弟姐妹的队友情、同志爱让人永难忘怀，在目前市场经济的大潮下很难一见。留坝普查结束验收时，省考古院副院长张建林研究员听完汇报和队员发言后，感动地说："在目前的形势下，为了事业在如此艰难的条件下，还有这么一群文物工作者，如此忘我工作实属难能可贵。"他站起来给队员们深深的鞠了一躬，专家组成员及队员们眼眶充满了泪花。

"三普"的许多往事，曾经惊心动魄，我们克服了种种艰难险阻，如期圆满完成任务，使祖先留下的珍贵文化遗产能够得到保护，我们作为文物工作者责无旁贷，义不容辞。当我们肩负使命，恪尽职守，完成时代所托，人民所嘱的重任时，我们心头充满了自豪，因为我们不但忠实地记录着历史，也让历史在新的时空下继续生成和延续。

"三普"结束了，普查精神永存。普查精神永远值得文博人敬仰、弘扬！普查，永远是文博战线一道亮丽的风景线！一座高矗的丰碑！一桩不朽的伟业！

“三普”联想随笔

陕西省榆林市文物研究所　乔建军

2010年8月18日，国家文物局赴榆林进行实地检查和验收。榆林有幸代表陕西接受国家验收，对我来说的确是有喜有忧，喜的是榆林普查得到了初步认可，忧的是普查还会存在多少问题。我和队员一起在充满期待的忐忑中等待着最终的评价。

1987年我参加了榆林市第二次全国文物普查工作（陕西是第三次），年底又奔赴延安继续参加普查，这次普查也算是老普查了。回想这两年来的野外调查，感受颇深。似有千言万语闷在心头，又有各种感悟想要抒发，真的静下来写点什么的时候，却不知从何下笔。普查开始的时候那种自信自豪的精气神早已被野外调查消磨了大半，到现在资料整理又一次压得我喘不过气来。20年前的经历和记忆还未褪去，“三普”又一次给我们的心灵留下了新的印迹和无尽的联想。

联想一　文物工作得到了空前的重视和提高

榆林普查创了几项全省第一，用时最长（2010年3月最后一个乡镇补查结束），人数最多、点数最多、耗资最多。

兵强马壮粮草充足，这是榆林普查队的真实写照。参加一线普查队员90人，越野车14辆，电脑、相机、GPS等设备30套，队员补助加奖金，共用去经费1000多万元。过去想都不敢想的，今天成为了现实。这绝不是一组简简单单的数据，数据体现的是几十年来的辛勤努力终于得到了认可和回报，这是文博事业的发展和进步，也是我们时代的进步。

联想二　榆林是个神奇的地方

榆林位于陕西最北部，是陕、甘、宁、晋、蒙五省区接壤的地区，总面积43578平方公里。明长城纵贯全境，长城以北是辽阔无垠的风沙草滩区，以南则是连绵不断的黄土丘陵沟壑区。今天的榆林以丰富的煤、石油、天然气、岩盐的极佳资源组合和储藏量蜚声全球，被誉为中国的“科威特”，然而榆林巨大的人文资源却常常被人们所忽略。

东晋时期建立大夏国的赫连勃勃；党项羌从西南被迫迁徙到这里并以此为依托投靠唐王朝，最终建立了西夏国；明末李自成从这里造反起义，直至推翻明王朝建立大顺政权；

中国共产党转战陕北 13 年，这里是新中国革命最为有力、坚实的大后方和根据地。

府谷佘太君，神木杨家将，米脂的貂蝉、李自成，绥德的吕布、韩世忠，靖边的宇文恺等家喻户晓的历史人物都曾纵横驰骋在这块土地上。到了近代这里更是英才辈出，刘志丹、李鼎铭、杜斌丞、柳青、张季鸾、刘澜涛等无一不是我们耳熟能详的。陕北民歌、榆林小曲、横山老腰鼓、米脂婆姨绥德汉等都是陕北文化的精髓。

这么多丰富的历史文化资源究竟会给我们留下怎样的遗存呢。目前榆林市普查资料初步整理结果：共发现各类文物点 13526 处，其中新发现 12020 处。这还不包括明长城调查数据，1 万多处文物点中仅秦汉以前（含秦汉）的古遗址、古墓葬就达 9300 余处。

普查结果让我们感到欣慰、自豪和兴奋。榆林拥有的不仅仅是大自然赋予的得天独厚的矿产资源，我们还拥有值得骄傲和自豪的无与伦比的文物资源。欣喜之余，所有普查队员都会黯然神伤、心痛不已。每次发现漫山遍野的被盗掘的古墓葬时，忙碌过后的喜悦随之消失。看着散落在盗洞四周的骨骸、陶器，不由得令人扼腕痛惜。榆林发现的近 3000 处秦汉以前的古墓葬，基本都被盗掘者严重破坏。如何保护和加强管理是我们多少年来直至今天依然要面对的严峻现实，我们该当如何？我们还需要不停地认真思考和总结？我们在期待着局面的扭转和保护环境的改善。

联想三　西部大开发环境民生大变化

变化之一　人去村空　喝水行路问询难

在进行榆林北部神木、府谷县区的普查时，问询成了大问题。很多村子都只有少数老幼妇女，其他青壮劳力都外出打工了，有的自然村甚至空无一人。一次在山上，从早上 8 点工作到中午 1 点，带的水早已喝干了，远远的看见山坡上走来一位赶着毛驴车装着拉水桶的老乡，口干舌燥的我们心里一阵高兴，还未等老乡走到跟前，便远远地跑过去想讨口水喝。谁知一开口，老乡回答：“我家也没水，我从外面刚回来，才准备去拉水呢。”想起 20 年前的普查，走到哪里都有老乡主动热情的招呼，很多村子都有“人市”（村民集中闲聊）可以问询，那时普查就是一个人出去远离村庄依然可以找到当地人，因为到处都有放羊的，而且还知道的特别多，特别清楚。

第二次和第三次，20 年光阴恍若两重天。作为队长我要思考的是如何在这种情况下坚持自然村和行政村踏查率双百的目标。我不担心自己的队员，我担心的是无法找回的时间。整整盘算了一天，我终于心生一计：要求所有调查分队必须要对自己调查区域内的所有行政村和自然村进行拍照，上交审核表格时一并交回。此招一出，陡然增加了很多工作量，所以招致几位分队长面红耳赤的极力劝阻，我不为所动，必须坚持。今天我依然在内心深深的被我的队员们无私的奉献所感动着。

变化之二 村民致富 丰田带路

神木、府谷是榆林煤炭资源的富集区，很多村子都有自己的煤矿。一次，普查分队调查找到了村长了解情况，分队长赶紧拿出自己4块多一包的延安牌香烟恭敬递上，哪料村长用手推开婉拒，接着从自己的口袋里掏出烟递给大家，队员们瞍了一眼，原来是软中华。问了会儿情况后村长带大家去实地调查，队员们挤在后座让村长坐前面方便带路，这时更想不到的事发生了，就听村长说："我有车，我前面走，你们后面跟着。"接着一辆丰田沙漠王就停在了跟前，我的这些有着坚韧毅力的队员们全晕了。不要说队员，当时就是我在场也会发懵的，后来我和当地的一些村民交谈了解，很多当地有煤矿的地方，村民每年可以坐拥几十万人民币的分成。

变化之三 封山禁牧 退耕还林 荒漠变绿洲 开矿采煤 河干井枯 大山裂地沟

关于榆林地区矿产资源开发引起的后果常常见诸于报端，过去人们心目中的榆林很多地方都是寸草不生，一年四季风沙不断。国家政策的改变落实，今天的榆林地表植被近几年有了很大改变，黄土高坡，满目翠绿。风沙草滩，灌草茂密，看不到一丝的黄色。

普查队员们在一起常会说起的是采集陶片难，还有危险。大地变绿值得我们高兴，发现遗址想采集陶片的时候，才觉得难了，草深茂密，很难发现地表的标本，夏季穿着短裤短衫，一趟调查下来胳膊和双腿总是一条条的划痕和血痂。除此之外，还得特别小心因开矿引起的山上地面的裂缝，有的宽达几十厘米，深不见底，后来到矿区调查时，队员们拿着棍子边探边行，格外小心翼翼，总算安全完成任务，没发生任何意外。

联想四 普查经历是人生的财富

第二次普查的艰难经历是我20多年来生活和工作中永久不变的话题，当过去的回忆渐渐淡漠的时候，许多新的名字又开始不停的在我的脑海中闪现，周健、马圣雄、马林军、王春波、王峰……这些第三次普查涌现出的新的普查精英们用他们的实际行动诠释着普查的完整意义。

周健，普查四分队队长，精明干练爽快，从始至终四分队承担的调查区域都是最艰难的，而每次他们完成登记的点数最多，四分队也获得了第三次全国文物普查实地文物调查阶段突出贡献集体奖。马圣雄曾是古建队队员，后担任十分队队长，和十三分队长马林军一起是我们榆林普查队的古建专家，二人皆沉稳踏实、仔细认真。他们调查绘制的古建图，剖面、立面、平面俱全，完全是设计图的水准。

王春波、王峰、史文强、王春燕等为代表的一批队员，初出茅庐、桀骜不驯。2年的野外调查历炼了他们的身体和骨骼，升华的是他们的思想和情操，更重要的是他们懂得了如何在普查中实现自我价值的体现。王春波2007年长城资源调查队的时候就跟着我，一次在清涧我带着王春波寻找一处深山中的寺庙和造像，整整一上午的时间都在没有道路的山中艰难行进和搜寻，没有片刻的休息连续调查了6个小时，总算是功夫没有白费，获得了一些重要线索。中午下山时，体力和精力已耗至极致，我第一次深深的体会到了什么叫双腿灌铅的感觉，真的是迈一步都很艰难。2007 年长城资源调查的时候我和刘晓东、李峰、郭富强、王春波有一次带了点干粮大清早就出发了，中途什么东西都没有吃，晚上回来 11 点才吃的饭，可这次怎么感觉比那次还累、还饿呢。回去后我们两人一顿吃了平时几顿才能吃完的饭，饭后几个小时我的胃还很难受。

后来还有一次，也是在清涧，王春波和李峰在调查结束中午返回的路上又获得了一处重要线索，回去还有几十里，干脆接着跑完明天就不用来这里了。陕北的夏日，骄阳似火，山顶只有灌草，无遮无拦，一般情况下野外调查中午 12 点前必须要下山休息。此时正是光热最强的时候，清涧的沟最深，清涧的山也最高，就这样二人还是义无反顾的上山了。我在山下等了两三个小时后，王春波和李峰终于下山了，二人面带笑容，对我说的第一句话就是："找到了白灰居住面。"上车后，李峰才低声对我说："以后这个时间不能上山了，春波刚在山上差点就晕倒了。"我扭头看着浑身是汗的春波，春波只是满脸腼腆地微笑，轻轻说了句："可能是饿的。"那一刻我真的又一次被感动了，也感到很内疚。和我在一起的队员我都要求不吃早点，因为在乡下吃早点要耽误很多时间，从那以后我再也没有要求队员和我一样不吃早点了。

清涧是榆林普查的试点，"5·12"汶川大地震不久，当时我们在清涧的 42 名队员以榆林普查队的名义捐了 6100 元。我对队员们说："我们的捐款是以普查队的名义捐的，大家都没有留名。"记得分队长申保发回答："那个捐款还留什么名啊。"简简单单的一句话说出的是所有队员的心声，其实我们真的没有留名，所有队员表现出的是一种质朴而又纯真的关爱和奉献。

野外调查结束了，我们的普查队共有 68 人次受到国家和省、市的表彰奖励。每个队员都有自己独特的体会和经历，篇幅再长，也无法表述。我深信普查所经历的一切一定会成为所有队员人生永久的回忆和财富。

"三普"的点点滴滴汇成了普查长河，将会永远在我们的心里流淌。

登顶铁瓦殿

陕西省安康历史博物馆　施昌成

2009 年底陕西省文物局编辑《踏遍青山》，我就想用一篇文字把普查铁瓦殿过程记录下来，可惜当时工作太忙没有顾上。2010 年 5 月，中国文物报社拟约请 202 名受到表彰的第三次全国文物普查实地文物调查阶段突出贡献个人，撰写实地文物调查手记，我很幸运在受邀之列，再次忆起那段让人激动又让人纠结的日子。

据资料介绍，铁瓦殿原名离尘寺，地处汉阴县中部凤凰山的主峰上，海拔2128米，始建于明，道光同治间拓建为现今规模，因殿顶覆盖铁瓦而著名，是陕南一处著名的道教场所。1988年“二普”时进行了简单的调查登记，现为汉阴县文物保护单位。2006年此地发生了一起震惊全国的邱兴华特大杀人案，路湮了，殿废了，至今鲜有人至。山高、路阻、恐惧……一道道障碍横亘在我们的面前。

如何复查铁瓦殿一直搁在我心头。任务分在了3分队上，沙忠平担任分队长。沙和我一样，参加过“二普”，是安康博物馆老文博干部。这次从石泉县开始到汉滨区7个县区普查一直勇挑重担，工作从不挑三拣四。1988年“二普”时他曾上过铁瓦殿，那是寒冬季节，山上大雪，来去两天不见日头，跌摔滚爬浑身是伤。也许是心存太多余悸，说什么他也不想再去了。复查铁瓦殿的任务落在了分队两位“80后”学生队员张侃和陈雨梅的肩上。

张侃是汉滨区文管所职工，刚参加工作不久。小陈是西北大学文博学院女研究生。二人都是第一次参加文物普查工作，已经跑了安康几个县普查，年轻是他们的优势，有一股不怕吃苦的拼搏精神，但是缺少业务技能和野外山地工作经验。原指望沙队长“故地重游”已不可能，在这最艰难的时候，为了确保队员人身安全，只有我带领他们一块去了。

攀登的时间定在2009年7月15日。平梁镇政府从安全角度考虑，派出了镇人大张主任和3名干部陪同我们，并且背了好多干粮和水。他们中也没有人到过铁瓦殿。早晨5点半我们从海拔不足300米的县城乘车出发，8点左右到了距离铁瓦殿最近的村庄五爱村。

五爱村座落在半山之中，简易公路在这里就算到了尽头，剩下的就是盘旋崎岖的山路。村干部给我们找来了向导，我们的队伍增加到了8人。向导是当地农民，经常在凤凰山中割漆采药，对山里的情况很熟。向导指着远方云雾飘渺的山峰，说到铁瓦殿至少还有40里路程，自从邱兴华杀人惨案发生之后，很少有人再走，现在大部分连羊肠小道都难觅了，只能在竹林老扒中穿行。凭他的经验我们一行7人能有一两人最终达到铁瓦殿就不错了，让我们中间不行的趁早留在村子，特别提到了瘦弱的陈雨梅。

没有人留下，我们开始了爬山。向导一路给我们谝着铁瓦殿的故事，不经意间提到我们登山的日子正是惨案两周年。我们心里多了一些不快，不知今天一切顺利否？

说话间前面没有了路，一片箭杆竹林海挡住了我们去路。箭杆竹，密集丛生，株干不高，质地坚硬，古代常用作箭杆，故名。向导说从现在起没有了路，要我们紧紧跟在他后面，通过声音和摆动的竹叶来判断前行的方向。竹林密不透风，阳光也难想渗透进来，三伏天的热浪将林海包裹起来，好像一个巨大的桑拿房，汗水从来就没有停下，每个人的衣服像刚从水里捞出，粘在皮肤上难受极了。这才走了1/4，我们能坚持下来吗？

穿过竹海，接下来一片老扒，盛产漆树，乔木蔽日，云雾涌上，颇有“云深不知处”

意境。一阵山歌传来，我们感觉有点飘渺，身心也疏朗清凉了许多。向导说，那是割漆人唱的。时下正是割漆的季节，割漆是非常辛苦的工作，当地人很少有人愿意再干，大多包给了从四川来的割漆工。这里有割漆人的简易棚屋，向导再次善意地说，谁要是实在坚持不了，可以在这里停下来等着，下来的路还很长。也许受四川人的精神激励，我们没有一人半途而废。

小憩过后，沿着山洪冲刷出的小沟直线向上攀爬。林中常年难见阳光，地面本来就非常湿滑，山洪冲刷过后更加泥泞，手脚并用方能艰难行进。每个人记不起多少次摔倒爬起，那时最渴望前面有一段“之”字形盘道，哪怕是一小段也好，让人能直起腰来，舒缓一下筋骨。这样的“路”，对张侃、小陈不仅是第一次碰到，就是对当地土生土长的干部来说也是平生第一次。

手拉手钻出老扒，相携到了大荒坡。这里原来是一大片缓坡地带，20 世纪六七十年代汉阴县的知青曾在这里垦荒种地。放眼望去，根本找不到一点当年的痕迹，疯长的蒿草和次生树林无声地掩埋了人类荒唐的举动。向导告诉说这里有一股山泉，让我们补充水。泉水很充盈，流成了小溪，清凉甘洌。我们背的水在过竹海时喝光了，每个人嗓子早冒烟了。听说有水，大家立刻长了精神，狂奔至泉边，一头扎在溪水里畅饮起来，临了还满满地灌上一壶。

出了大荒坡，前面的路沿着山脊两侧左右迂回，比开始的路好走了些，也不知又走了多少时间，在我们即将累趴下的时候，向导说铁瓦殿到了。顺着向导手指的方向，看到前方 500 米处的山顶上似乎有一座城堡在云雾中若隐若现。

经过最后 20 多分钟的攀爬，我们一行 8 人一个不落地站在了凤凰山最高点上，铁瓦殿的真容也展现在我们的面前了。放眼望去，凤凰山将汉江峡谷和月河川道从中间分割成南北两个流域，山下美景似海市蜃楼般变幻莫测，气象万千。眼前的铁瓦殿，没了香火主持，显得寂寥孤兀，比想象中却又不知宏伟几许。铁瓦殿由椭圆形寨堡和殿宇组成，寨墙高 3 ~ 4 米，构筑于三面临绝的山顶，周长不足 200 米，全部块石垒砌，西北方向设一门，石质门额，额题“玄门先阐”四字。殿构筑于寨子中部，坐西北向东南，由前、中、后三殿及厢房组成，三殿之间由狭窄天井相连，开间和进深均不大。殿为石质，梁、枋、柱、墙均为打凿规整的条石构筑。外硬山顶，覆盖铁瓦，现铁瓦多为 20 世纪 90 年代初铸造。内部条石叠砌成八卦穹庐顶。铁瓦殿是目前陕西境内不多见的石梁结构建筑群之一，具有非常高的建筑艺术价值。

凝望着眼前的铁瓦殿，我们禁不住感叹宗教的力量，是它使狂热的信徒把一块块巨石打凿成形，叠构成一座宏伟的殿宇，不畏险途年复一年地登临膜拜。然而宗教不是科学，终究化解不开愚昧。多年后的一场血案亵渎了神灵，铁瓦殿再次变成了废墟。

在我们即将离开的时候，从南侧山下漩涡镇来了两位信众，他们刈除院中杂草，拂拭尘封神像，冲洗厢房中的斑斑血迹，准备恢复铁瓦殿往昔胜景。在与他们交谈中，心里不禁想起公元1991年《铁瓦殿恢复铁瓦碑记》中的一段文字“铁瓦殿……八八年经陕西省第三次文物普查安康地区文博馆前来普查，大力支持……协商会首，请示文管部门，同意维护古貌”。冥冥之中铁瓦殿与普查有缘，我们普查过后，也许铁瓦殿真的又有了看护人。

文物普查真的结束了吗

陕西省商洛市博物馆　王昌富

数日前，一同事在网，久不见应，便发抖动窗口呼之，复问之曰：“在忙什么?”回曰：“在看普查时照片”。“那的确是一段难忘的岁月。”我回复道。同事追问道：“文物普查是不是结束了?”同事的疑问令我愕然，田野普查结束于今已近一年，为何有此疑问，一时不知如何回应。思忖良久，回复道：“应是结束了吧。”

这位同事姓刘，名淑芳，是洛南县博物馆的工作人员。身材纤巧，少言寡语，不甚泼辣，开言面带笑容，显得和善软弱。但在长达两年之久的商洛文物普查中，她是唯一一位全程参加普查的女同志。然在普查之初，她几乎对文物普查茫然不知。在第一个县的普查中，我带她于身后，出点帮衬之力，凡着手之事，细致精到，踏实耐劳，待此县普查结束，渐入佳境，已可独立操作，逐渐成为普查业务骨干，唯手脚较为缓慢是为不足。至柞水县普查时，因数据录入问题多多，我对其声色俱厉，不依不饶。见她双泪滴下，一旁同事劝说，我驾车愤然离去。车行途中，接到这位和善软弱，少言寡语女士的电话，她愤怒言道：“你换人，我不干了。”闻后，心中大喜，纤巧柔弱之人竟也会怒发冲冠。回想起来，我亦多有不近人情之处。这些电脑操作手几乎是日夜不停地敲击键盘，巨大的工作量使她们烦躁不安，身心疲惫，而她们家中还有上学的孩子，还有年迈的父母，能坚持不停下普查的脚步，其精神何不感天动地，可谓文物普查造就新一代文物人的品格。

商洛六县一区全部位于秦岭山中，不仅山高林密，道路难行，而且危险四伏。冬季冰雪路滑，跋涉艰难；夏季蚊虫叮咬，野兽出没。在市主管局领导把商洛普查大旗传递到我手中那一刻起，我们所面临的是人手少、经费少、设备少三少的局面，全区能在一线冲锋陷阵、独当一面的业务人员拢在一起不足15大员。幸得西北大学学生参与，幸得省上兄弟单位抽调业务骨干援助，在接过商洛普查大旗后，文化局段向东局长又慷慨解囊，从局里的经费中拿出5万元以解燃眉之急。从这一刻开始，普查小分队的身影便悄然出没在崇山峻岭之间，在茫茫的山林之中彰显不辱使命的风采。

在普查当中，往往为了一个文物点，要翻越数座高山，顶着狂风暴雨，风餐露宿，忍饥挨饿，甚至冒着生命危险去完成一个文物点数据的采集。在镇安县曹坪普查中，一位给小分队带路的老农感慨道：现在还有你们这样的国家干部，这样拼命的干事情；在柞水县丰北河乡一位70高龄的老大娘坚持不让，把普查队员带上海拔两千多米的秦岭顶上寻找文物点，而且说什么都不要带路费。这些不胜枚举的感人经历触动着每一位普查队员精神世界，文物普查不再是单纯的系统业务，而是可以相互影响，能够互动的一次全民文化普及活动。

出没于秦岭的沟壑之中，翻手云覆手雨的气候最是令人不安，一时红日当头，徒然便大雨倾盆，公路一侧刀劈斧削的悬崖上碎石掉落，道路被突如其来的山洪冲得路断人稀。探望窗外，提心吊胆，夜不能寐，普查队员安全否……

张小兵带领的小分队被暴雨隔在镇安县曹坪镇已经一个礼拜了，估摸钱已用尽，数日联系手机不通，音讯全无，去曹坪百余公里路程要翻越四座大山，道路多处被泥石流掩埋。雨稍停住，急忙驱车前往，在方先振分队长的助威下，终于冲上最后一个岭头。岭上已被泥石流掩埋，进亦难，退更难，进退两难。方队长劝我返回。伫立片刻，要过方队长的车钥匙：我开你的车过去，保持联系，如果我们返回，你来接应一下。当时脑子一片空白，只有脚下加油的感觉，当车向山头冲去的一刹那，方队长大呼，那你怎么回来呀。事到如今，也顾不得许多了。车子吼叫着在泥水里扭动，像在海上漂浮着，刹时车子浑身裹满泥浆。冲上岭头，见前面有一高坎，下面便是糊满泥浆的公路。我嘴里惊慌得“啊啊”大喊，蹬死油门一头扑了下去，车子在泥水里扭了扭停住了。进曹坪镇见到刚刚归来的普查队员，他们一身的疲惫。我们像是终日厮守的熟人，没有客套，相视一笑，晚上聚在一起，举起手中酒杯，铿锵一声：干。坐在对面的是和我同龄的薛儒成，是镇安县文管所的业务骨干，原是县剧团的一名乐手，生性热情豪放，半路出家从事文博工作已近痴迷，因饮酒过量患上糖尿病，患此病不得劳累，他却轻蔑一笑，和大家坚持翻山越岭。一次爬到山顶的崖墓口后，便大口喘气，脸色苍白，抓起背包中的饼干一把一把往嘴里塞，大家惊作一团，不知如何是好。那情形常常浮现脑海，撼动心魄。后来大家称他为：薛大将军。

普查进入到第六个县柞水县时，正值盛夏时节。那天晚上我和三分队队员们坐在秦岭最高处的一个村民的院中，享受着这里的安静和凉爽，明天，普查队就要离开去下一个乡镇。望着西面天穹上面淡淡的鱼肚白，那边的下面就是关中长安了。遥望长安，灯红酒绿，富庶繁盛，而这条著名的山脉上面的人家，却是这般贫穷寂寥。更加不可思议的是这里有汉代的崖墓，有清代的墓葬，更有通往关中长安的一条老街。这里的山间野美、珍稀什物怕是从这条街上去了京城，这使我想起杜甫著名的《卖炭翁》中“伐薪烧炭南山中”

的木炭，那时侯，长安城里围着火炉取暖的木炭，都是来自这里。而今，留在这里的崖居、墓葬、老房子，若不是此次普查，那将会是多么凄凉寂寞啊。

在第二天转移途中，五分队队长方部打来电话，告他的车子陷到泥坑里去了。听罢不觉心中有气，掉进坑里你把它拉上来就是了，这事还要给我说。稍后，方部又打来电话，说："拉不出来。"我有些生气，提高了嗓门："那我来就能出来了？出不来你就用吊车吊。"稍后方部的回答令我害怕，他声音很低地说："恐怕要用吊车吊。"事情有些不妙，急忙驱车赶往，在方部说的位置怎么也找不到车的踪影。方部打来电话说："看见有吊车的地方就到了。"果然，透过树林的缝隙我看见一只吊车的胳膊伸向河心。当我跳下车站在河岸边，两个女队员和司机落汤鸡似地看着我，顺着方部湿漉漉的手指，只见桑塔纳小车只露出车顶在外面，其他都不见了。幸亏杏坪乡政府的几位同志找来吊车帮忙，不然真是惨了。善后工作处理结束后，我拉着全身湿透了的队员返回凤凰镇，一路上大家谁也没有说话。到了镇上，我要了饭菜，还要了白酒。"今天大家都要喝"，说罢，我第一个一饮而尽。而方部没喝，他捏着酒杯说："你骂我两句我才喝。"事后很长时间我一直在琢磨方部这句话，他似乎是想追求一种完美。噢，这就是方部独一无二的个性。

普查中常有令人振奋不已的新发现，但是也有那么多的遗憾，大片正在拆除或者即将被拆除的古建筑、古民居、戏楼、城墙，若是身临其境，我们都会揪心的疼。在洛南县保安镇的老街道中，有一座保存基本完好的清代商贸会馆，我们在登记时听说房子的主人准备拆了会馆盖楼房，我便找来房子的主人，开始不耐其烦劝说主人不要拆，大讲用这些老房子开放旅游，办农家乐如何如何能发家致富，大城市的人会不远万里来这里看这么好的古代建筑，你要是拆了盖了水泥房子，那就一文钱都不值了。同时我也没有忘记严厉地指出这老房子是文物，是受《文物法》保护的。我从院子里一直说到大街上，越说越激动，以致招来许多围观的群众。正讲在兴头上，一起来的两个队员硬把我拉出人群，凑到我耳朵根说："你再不走，人家以为你有神经病。"

田野文物普查结束已有时日，现在想起来，老是觉得心壑空荡，老是觉得还有什么事情没有做完，没有做好，还有许多事要我们去做，想到这里，真的禁不住问自己，文物普查真的结束了吗？

甘肃省

踏寻文化遗脉　解读历史绮梦

甘肃省永登县博物馆　范鹏程

我从事博物馆工作已经整整15个年头了，抚胸追忆走过的峥嵘岁月，甘苦颇多，感慨颇多。我所在的是兰州市永登县博物馆，刚进博物馆时是一院破败的平房，文物的保存条件极差，县上正在策划修建三馆一中心大楼，我和同事们开始了艰苦的搬迁工作，在租借的地方文物封存了整整5年，而我也静静地等待了5年，很渴望这些文物展现它的真容，让我一饱眼福。尽管有时也下乡巡查田野文物安全，也有几次抢救性发掘，但从内心里没有真正激起我对这方水土历史文化的情感。2002年我们搬入了新馆，漂亮的大楼、整齐的库房、宽敞的展厅让我心情格外愉悦，等所有的文物启封上架，精选的文物进入展柜时，我真的激情难抑，我生长的故土上有如此精美的文物，今后将与这些文化瑰宝日日相伴了，我格外高兴，觉得人生是很幸运的，我积极努力着去解读这些文物厚重的文化蕴含。

第三次文物普查开始了，我觉得这是一个难得的机遇，于是积极参与，由于多年从事办公室工作，爱好摄影，单位将我任命为普查组领队。通过系统的培训，查阅大量文献资料，做好了充分的准备后我们开始了田野的实地调查工作。

永登县属兰州市，面积达6090平方公里，占兰州市总面积的47%，地形复杂，文物分布点多、面广，主要分布在大通河流域、庄浪河流域和秦王川地区，文物单位有史前文化遗址、古建筑、石窟寺、摩崖石刻、古墓葬、长城及烽火台、古城址等，遗存十分丰富，在“三普”前已登记的全国重点文物单位4处、省级11处，县级25处，各类保护点150多处。面对这样数量较大、地形复杂、种类繁多的现实，我深知责任重大，任务艰巨。前任老馆长对我语重心长地说：“小范，能参加第三次普查对你们年青人来说是一件非常有意义的事，是一生值得回味的事。”我受到了莫大的鼓舞。在复查“二普”的文物单位时，我回味着老一代文物工作者徒步在广袤的土地上寻找文物遗迹，为我们留下了珍贵的第一手资料，其精神令我们敬佩，今天我们没有理由搞不好这项工作。团庄遗址在荒无人烟的高山之巅，只有羊肠小道。我们从清晨6点到山下开始攀登，直到中午才到，遗址面积很大，分布在几个山头上，测量十分困难，中午的太阳炙烤着，个个汗流浃背，面部晒得如同针刺，下到山下已是八点多钟。永登气候异常，开春风沙大，夏秋季节暴雨多，冬季寒冷，真正有利于野外作业的时间很短，我们抓住有利时机复查了“二普”登记的文物，做得非常细致，力求一次成功。在普查中我们多方走访，实地了解，努力查找遗漏文物点，在我们极为细致的工作下，新发现了109处文物点，这是一次重大成果的普查，我们内心感到由衷的高兴，所有的辛苦与艰难都化作了对丰硕成果的喜悦。

永登境内汉代长城、明代长城穿越全境，又有中、西、东三路烽燧，在省上专项调查组调查中，我被抽调参加永登段的调查工作，两次长城调查历时8个多月，近百公里的长城路线，两次都是一步一步走着测量出来的，我的重点工作是引路、协调有关事宜、拍照、电子文本制作，我的人生有这么一次实地的调查，全面掌握了县内长城的状况，是十分庆幸的事情。调查组用现代高科技采集到的准确信息和完善的档案将是永登的宝贵资料。

永登县内还有多家“一五”、“三线”建设时期的国有大中型企业，留下了十分珍贵的工业遗产，结合文物普查进行了专项调查，发现了一批有着重要价值的遗产，经过我们的宣传、上报，引起了很多媒体的关注，西北铁合金厂于1965年生产的仍在运转的蒸气机车被新华社报道。我们整理的调查资料、拍摄的重要照片录入《兰州市工业遗产》一书中。

历时4年的“三普”实地调查工作受到省上专家验收组的高度好评，我作为领队，作为直接的参与者，面对取得的成果感到由衷的高兴。多年来，我们克服了能够克服的一切困难，如期完成了第一阶段也是难度最大、任务最艰巨的工作，对于一位文物工作者是十分欣慰的，对于我的人生来说是感到十分富足的，这项工作的成果、经历、意义将是我人生中最炫丽的一页。

现在永登历史文化的发展脉络在我的脑海里日渐清晰起来，我再次看到精美文物时那历史的印迹就更加真切，更加令我怦然心动。

护宝踏遍万重山

——记肃南裕固族自治县文物局杨永贤

甘肃省肃南裕固族自治县文物局　贺春燕

2001年他放弃了从事多年的新闻事业，被组织选任为文物局局长，选择了一条没有荣耀、只有责任，没有舒适、只有风险的道路，挑起了肃南县文物保护工作这个重担。他就是49岁的裕固族党员，曾在新闻战线上辛勤耕耘20多年、多次荣获过省、地奖项，受到甘肃省委、中华全国新闻工作者协会、国家人事部、广播电影电视部表彰，被肃南裕固族自治县各族群众誉为“著名记者”的杨永贤同志。从事文保工作两年多来，他兢兢业业、一丝不苟、开拓进取、不断创新，使肃南县文物保护工作迈向了一个新的台阶。2003 年被评为全省文物先进工作者，受到了省人事厅、省文物局表彰奖励。2007 年肃南县一跃跨入全国文物工作先进行列，被文化部、国家文物局授予“全国文物工作先进县”。

永无止境的求知者

杨永贤知道，做好文物工作，没有深厚的历史知识和文化底蕴是不行的，新闻工作曾让他开阔了眼界，开拓了知识面，同时，也培养了他永无止境的求知欲，这为他认真学习、刻苦钻研文物知识奠定了基础。当他迈入文保这一深遂的知识门坎的那一刻起，他就已开始畅游于文物知识的海洋中，静心研读了《中国通史》、《世界通史》、《文物概论》、《甘肃石窟寺》等大量历史文物书籍，《文物保护法》及有关文物政策、法规。初步掌握了一定的文物知识。在学习中，不懂就问，不懂就翻阅相关资料，还认真撰写了大量心得笔记，即使在他出差或是下乡时，总忘不了在空闲的时候去看一些有关的书籍。他的那份投入、那份专注再现的是他的一种生活态度、工作态度。当他在文物上工作了两年，不容易有了几天到外地休假的机会，他没有被外部的繁华景象所吸引，像其他人那样去旅游，去享受一份难得的宁静。他一有机会就跑到各地的博物馆、展览馆留恋忘返，像一个久经干渴的沙漠旅人遇到一湾清溪一样，贪婪地从中吸取其营养，学习其管理方面的经验。

经过一段时间的掌握了解，他意识到了由于裕固民族辉煌的历史和灿烂的文化而使文物更加丰富多彩时，他又潜心投入到《裕固族文化研究》、《裕固族论文集》、《中国少数民族》、《裕固族简史》等民族文献的学习中去。通过学习，他以惊人的速度，由一名文物“门外汉”成了一名对文物了解、甚至痴迷的文物工作者。近年来，他写了多篇文物研究和宣传的文章、图片，先后在《中国文物报》等报刊上发表，对外宣传了肃南，提升了我县的知名度，而且以他曾有的新闻工作者的敏锐性和开拓性，使自治县的文物工作步入了前所未有的发展阶段。

默默耕耘的实干家

由于肃南县地处古丝绸之路要塞，古代灿烂的历史文化，给该县遗留下了许多珍贵的文物古迹，全县有馆藏文物 2000 多件，有不可移动野外文物 300 多处，其中国家级文保单位的文殊寺石窟群和马蹄寺石窟群更是中外驰名，是名副其实的文物大县。如何保护这些文物的安全，能够切实为历史、为国家负起责任，这是对他的重大考验，特别是肃南地域广阔、点多线长，与周边15个县市接壤，而野外文物点200多处遍布全县6乡、2镇、101村，大部分在无人居住的戈壁沙漠、荒郊野外，县文物局作为一个新成立的单位，既无交通工具和必要资金，也无文物方面的专业人员，文物保护工作有许多困难，在他到任之前几个月里我县发生了几起文物被盗事件，部分国保、省保、县保单位文物都不同程度遭到了破坏，面对这种种困难和问题，他没有退缩，而是知难而上、有所作为，为全县文物保护工作创出了一条新路。他到任后，兢兢业业，埋头苦干，从规范管理入手，严格内部管理制度，按照死看硬守的原则，结合本县实际，进一步加强管理，认真落实文物“四有”、“五纳入”工作。县政府下发了《关于加强文物保护管理的意见》，制定了《肃南裕固族自治县文物保护管理办法》、《马蹄寺文物保护管理办法》、《肃南裕固族自治县文物突发事件应急预案》，其中《肃南裕固族自治县文物保护管理办法》是全省第一个县级文物保护管理办法。成立了“肃南裕固族自治县文物安全领导小组”，下设办公室负责日常安全管理工作，制定了《乡镇分管领导职责》、《博物馆工作制度》、《文管所工作制度》等10多项配套制度，印发各乡镇及文博单位，使乡镇文物管理有章可循，步入了规范化、科学化、法制化管理轨道。使文物保护管理工作在全省步入先进行列。先后对档案进行了重新登记，做到了“账、卡、物”相符。同时，对重点文物采取有效措施，多次与省、地主管部门协调，理顺了境内国保单位的管理体制，争取项目，完成了国保单位的“四有工作”。通过多方努力，辛勤奔波，先后争取到文物征集、文物安全加固资金40多万元；为重点文保单位安装了多个防盗门、防盗栏，并对重点石窟进行安全防护加固。马蹄寺北寺因裂缝关闭多年，2006年国家文物局立项，投资478万元今年开始施工维修，金塔寺壁画维修已完成大部分工程。同时加强安全检查，每年对国保、省保及县保单位和其他重要文物点进行多次检查，发现问题及时解决。在今年的“文化遗产日”，文物局组织推荐，县政府对7个乡镇，3个文管所19名在文物工作中作出显著成绩的人员分别授予“先进文物工作者”、“优秀业余文保员”称号，进行表彰奖励，并为3个文管所配发摩托，改善工作条件，并在全省首次设立县级“文物保护奖”对从事文物保护工作30年以上的老文物保护人员颁发荣誉证书及奖金。开创了自治县文物工作新局面。他的敬业精神和工作业绩，受到了干部群众的好评，许多人都称他为“文保工作的实干家”。

勇于开拓的创新者

杨永贤到任之初感到肃南县山大沟深、交通不便，仅靠文物部门的保护显然是心有余而力不足。于是，他向县委、县政府主动汇报全县文物保护的现状和全国文物保护的形势，提出了关于由政府组织、社会各界共同携手、齐抓共管，形成强有力的网络，以加强文物保护管理的工作思路。县委、县政府很快采纳了他的建议，先后列编成立了县文物局、马蹄寺石窟群文物管理委员会、马蹄寺石窟群文物保护管理所、文殊山石窟群文物保护管理所、明花文管所，肃南县人民政府在全省率先将文物保护工作列入目标管理责任书和综合治理目标责任书，并创新性的实行文物工作动态管理，同其他工作同安排、同检查、同考核。杨永贤认为要想社会参与文物保护，就必须宣传到位，为节约经费，常与党校联系，在区、乡、村各级干部培训之际，把文物知识讲座列入培训计划，先解决各级领导的思想认识，为下一步工作打下基础。他还亲自到重点文物保护单位，在重新调整文保员的基础上与文管所、文保员签订了文物保护管理目标责任书，实行奖优罚劣，既明确了文管所文保员职责，实现了有效管理，又能掌握管理情况，兑现文保员补助，调动了文保员的积极性，切实做到了以制度管理人，以管理促落实。2002 年，县政府按照他提出的思路，下发了《关于加强文物保护管理的意见》；他任文物局长以来，先后三次公布了 48 处县级文保单位；完成了第五批国保单位文殊山石窟群的记录档案；申报了第六批国保单位皇城古址有关材料并建立了县级文保单位记录档案；并从 2004 年开始树立县级文保单位标志碑 40 多处，为今后申报国家级、省级文保单位项目奠定了基础，使文物工作进一步规范化、制度化、法制化。

肃南县文物点绝大多数分布在荒郊野外、深山老林，交通不便，冬春大雪封山，夏季降雨较多，常发山洪冲断路基，因此文物普查的有效工作时间不足百天。为了抢时间、争速度，保质保量完成普查任务，县文物局局长、普查小组组长杨永贤亲自带队，身先士卒，以身作则，自始至终带领普查组进行野外普查。普查人员抱着对文物事业高度负责的责任感，不畏艰险，遇到交通不便的点，普查人员背着行李灶具，风餐露宿，每天工作达 10 多个小时。普查队先后攀登海拔 4000 多米高的雪山 40 多座，山势陡峭，有几次普查队员行至半山腰，天气突变，晴朗的天气霎时雷鸣电闪，稍停将山洪暴发，无法返回，于是普查队只好冒着倾盆大雨，急速攀崖登壁，稍不留神，就会落入滚滚急流；有一次，车行至大河乡海拔 3700 米的白泉掌半山腰的便道，突然下起了暴雨，小车无法控制，一路急滑，幸亏路边的一块磐石卡住了后轮，才幸免了一场灾祸。普查队员经常在荒无人烟的深山艰苦工作，饿了啃口干馍，渴了喝口雪水。有时一个点往返需三四天时间，多次到雪豹、棕熊出没的茂密原始森林，冒着滚山、水冲、野兽咬伤的生命危险，不畏艰险而忘我工作。不漏掉一个文物点，不放过一个可疑点，扎扎实实搞好普查。牧民群众对普查队员说："我们还没有见着你们这样能吃苦的人，这么高的山我们都很少上去。"普查队员没有双休日，就连今年的公休也都放弃了。今年先后到 90 个行政村 2000 多个点，行程 3 万多公里，对原有文物点进行复查，弄清保存现状，并走村入户，调查了解，普查文物点 260 多处，发现新文物点 200 多处，普查数量、进度在张掖市名列第一。使我县成为名副其实的文物大县，为提高全县文化资源的含金量，有效保护全县文物做了积极而富有成效的工作。

品德高尚的“贤局长”

杨永贤在新闻部门时，他就因贤良能干、甘当吃苦记者而赢得了干部职工的赞叹。如今，作为文物部门的负责人，他深深懂得这千斤重担的份量，在具体实践中真正理解了“人民的公仆”、“领导就是服务”这些话的含义，而且，他更加信奉“领导就是干事”这句话。在工作中，他求真务实，兢兢业业，在困难面前，他身先士卒，勇担重任。在榆木山文物普查时，他总是爬最高的山、走最险的路，把安全留给别人，把危险留给自己。当其他同志遇到山高路险难以通过时，他就一个个往上拉。一次，当同志们劳累难忍时，为节约时间和经费，他和几位身强力壮的同志仍上山完成了最后一处岩画普查。

无论在哪里，他都和干部职工团结在一起，他关心职工，乐于助人，从不摆官架子，不说官话，他从未失信于自己的话：“牦牛之所以能翻越雪山，那是因为牧草、雪水、高山的恩惠。”他坚信，一个人的成长，是组织、是人民培养支持的结果。

杨永贤同志就是这样一个品德高尚，从不贪图荣誉、不计较个人得失的人。所有认识他的人都亲切地称他“贤局长”，因为他的名字，更因为他的人品。

在探索与发现中体会快乐

甘肃省华池县文物管理所　张文钦

第三次全国文物普查是国务院安排的一次国情、国力调查的工作，是涉及国家文化安全的大事，我们每个普查队员深知自己肩上的担子有多重，责任有多大，作为一名文物工作者，能有机会参加全国性的文物普查工作，深感荣幸和自豪。这次普查工作中，虽然条件艰苦，工作辛苦，但正如许多参加过第二次文物普查工作的老队员所说的那样，乐在其中。亲身经历了一年半的文物普查工作之后，我深深理解了当年普查队员的那份情愫，收获颇多，感受很深，终生难忘。

华池县是庆阳市的文物大县，为掌握普查的第一手材料，我亲自编写了“华池县第三次全国文物普查工作方案”。为做到普查工作心中有数，我查阅了大量古文献和地方志，为华池县普查进入田野调查做好充分准备。这次参加文物普查的队员都是第一次参加这项工作，为使全体队员都能全面掌握文物基础知识，我参加省、市组织的“第三次全国文物普查培训班”学习，然后将自己带回的学习资料交给其他普查队员，以“传、帮、带”的方式培训他们，让他们在“学习中工作，在工作中学习”。华池县的经济基础比较薄弱，加上去年受全球金融风暴的影响，财政收入减少，县里拨出的文物普查经济很少。在普查经费尚未到位的情况下，为不影响这项工作的进展，我垫出自己的工资，支付普查车辆的燃料费以及普查队员的差旅费。同时，还做好普查后勤补给工作，为一线普查队员购买人身意外保险，为普查队员解决了后顾之忧，使华池县文物普查工作得以顺利进行。

我坚持与普查队员一起奋战在田野调查第一线，由于我县专业技术人才缺乏，拍照、记录、绘图、检标本、资料登录、校对等几乎所有工作都要由我一人承担负责。每天工作长达十六七个小时，加之腰部做了手术，又患有高血压、糖尿病，我仍然忍痛坚持，带病工作。带领普查队员顶着酷暑，冒着严寒，我和我的普查队员们足迹踏遍了华池县的村村寨寨、山山水水、大街小巷，踏遍了华池县 3843 平方公里的土地。虽然没有做到露宿野外，但是在边远山区普查点还是带着面包干粮在田野中认真调查，条件非常艰苦。有时为完成一处文物点的登记工作，要干到天黑才回家，晚上还要加班加点整理当天的资料。在整理文本阶段，我在完成测绘图纸之外，对在普查中遇到的难题，能虚心向兄弟县的同行请教。我们冒着初春的寒风、盛夏的炎热，顶着深秋的风沙、冬季的寒冷，不畏条件艰苦，不怕身心劳累，每天早出晚归，中午走到哪里就吃在哪里，渴了喝口矿泉水，中午也不休息，直到完成当天的工作任务后，才拖着疲惫不堪的身体，回到家里。

由于我县境内地形比较复杂，沟壑、梁峁、深谷、坡地、森林并有，自然条件差，群众居住分散，大部分地方不通公路。大山海拔都在 1500 米以上。战国秦直道绵延 110 多公里。加之我县的前期普查工作又相对滞后，在剩下不足 5 个月的时间里，我带领着普查队员，骑着摩托车翻山越岭，攀崖爬壁。在去年 9 月 12 日的普查途中，由于天降大雨，坡陡路滑，摩托摔倒，头部受伤。包扎后仍然坚持工作。进入冬季，连降大雪，给本来时间不足的文物普查工作雪上加霜。我和普查队员一起，踏着泥泞的山路，顶着刺骨的寒风，爬雪山、钻深沟，徒步前行。普查途中，三弟不幸发生意外去世，在办完丧事的第二天，强忍泪水，离开古稀的父母，继续普查工作。

亲身参与田野文物普查工作已经有一段时间了，从田野普查工作开始，我渐渐爱上了文物保护这项工作，从一个对文物略知一二的人转变成一名文物工作者，我认识到普查工作的艰辛，但从中我们每一个人都找到了乐趣，因为我们有着对文物工作的热爱，每天辛辛苦苦工作，早出晚归，这都已经成为我们的一个习惯了，每到一处古遗址或是古墓葬，我们的普查人员都会认真的采集标本，照相、进行面积测量、现场记录。田野文物普查真的很有趣，假如有一天，你很不开心，到乡间走一走，和我们普查组的队员一起找文物、看文物，一起测量、照相、记录，你会忘掉一切烦恼，体会到从中的乐趣，最后，我为自己是一名文物普查工作者而骄傲，我不怕辛苦，我找到了普查的乐趣，我愿意为文物事业奉献。在田野普查中，我负责现场记录，每天都要写日志，把文物的现状保存情况如实记录，文物的周边环境等多项都记录下来，然而，我时刻提醒自己要对文物负责，不能漏记任何一项，文物工作来不得半点马虎，哪怕是一项数据都不能搞错。通过这次普查，我对华池县的文物也有了深一步的了解，我会永远热爱文物保护这项事业。怀着对文物古迹的满腔热爱，我执著地找寻着，苦中求乐，体味着发现的快乐。

夙愿已偿情未了

——三十年文化苦旅亲身体会

甘肃省舟曲县文化馆　张宝明

乘着西部大开发的春风，我们的文物工作迎来了千载难逢的发展机遇。蓦然回首，我已经在这秦岭深处的白水迭山间默默耕耘了31个春秋，播种自己的梦想和追求，收获亲手酿造的酸甜苦辣，老当益壮的激情依然汹涌澎湃。

流年似水风霜摧，依稀少年慕惊雷。30余年文化梦，甘为痴心护宝人。虽然没有显赫的地位，没有骄人的成果，但我今生无怨无悔，因为我已经溶入舟曲这片文化的沃土，爱与责任是我无法抗拒的召唤。

因爱结缘，扎根藏乡洒热血

1979年春天，自幼酷爱绘画、摄影的我从陇南徽县来到有“藏乡江南”美誉的“泉城”舟曲，这一年我19岁，很快就被这里奇异的民俗文化所吸引，与舟曲的文化事业结下了不解之缘。干上梦寐以求的文化工作后，再回首已30个春秋，朝气蓬勃的小伙子变成了饱经风霜的小老头，舟曲的沟沟坎坎已经印在了我的脸上。

舟曲县地处西秦岭与岷山、迭山山系交汇地带，居洮、岷、阶、文之间，自古以来是陇右孔道、陕甘要冲，是原丝绸之路河南道和甘、青、川茶马古道必经之地，历来是多民族交汇地带。4000多年来，藏、汉、回、氐、羌等多个民族在这里繁衍生息，多种文化在这里交流融和，形成了光辉灿烂的历史文化。境内新石器时代遗存和马家窑文化、齐家文化及寺洼文化遗迹星罗棋布，出土或发现了“三连罐”、“二连罐”等数百件文物，其中一、二、三级文物20多件，现存“多地舞”、“织锦带”、“松棚楹联灯会”等60多项国家级、省级和州、县级非物质文化遗产，有“文物宝库、民俗长廊、方言群岛”之称。

舟曲县文化馆成立50多年来，几代文化人始终以保护、整理、传承舟曲悠久独特的文化遗产为己任，在风雨沧桑中坚守信仰、铭记使命，守得住清贫、耐得住寂寞，默默献身于文化遗产保护事业，前仆后继地抢救、传承舟曲文化，使众多湮没于历史风尘中的瑰宝重见天日，绽放异彩，为中华文化的传承和繁荣发展作出了积极贡献。在这不平凡的30年里，我亲身经历了改革开放的伟大变革，迎来了百废俱兴的春天。我踩着先辈们的足迹，数十年如一日的保护和探寻舟曲这片神奇土地上的文化精灵，走遍了舟曲的村村寨寨、山山水水，有幸参与了第二次全国文物普查工作，主持了舟曲县的第三次全国文物普查。在这灿若星河的文化沃土，我感到自己力量的微薄和渺小，多年来奔走呼号争取领导的支持和社会各界人士的参与，磨破了嘴皮千万次的讲解文化遗产保护的极端重要性和保护知识，每一个文物保护点都有了我的知音和朋友。他们被我赤诚的文化遗产保护精神和严谨负责的敬业精神所感动，成为文化遗产保护的热心人和义务文化遗产保护者。我用毕生的精力和微薄的收入自费拍摄文物及民俗文化图片10000多张，数百幅照片已经成为舟曲古老文化的见证，300多幅摄影、美术作品刊登于《民族画报》、《现代摄影报》、《民族团结报》、《民主协商报》、《甘肃画报》、《甘肃日报》、《甘肃文化》、《格桑花》等全国和省、州刊物上，60余幅作品入选国内外摄影作品画册，20多幅照片荣获国家及省、州一、二、三等奖，并在大型活动中多次展出。我还多次在周边县市和县内自费举办舟曲文化遗产图片展，宣传和推介了舟曲县独特又深厚的文化遗产，吸引省内外文化界人士和爱好者到舟曲考察观光，提高了全县各族各界群众保护、传承文化遗产的意识，在全县营造了人人重视、支持文化遗产保护工作的良好氛围。

责无旁贷，呕心沥血续华章

由于我在文化遗产保护工方面作出了一些成绩，文化工作深入人心，促进了舟曲县经济社会和谐发展和社会长治久安，舟曲县委县政府把“文化舟曲”建设确定为六大发展战略之一，并把舟曲县文化馆升格为副科级单位，把我从股级干部提拔为正科级干部，并多次受到全国和省州级提名和表彰奖励。我觉得担子更重，责任更大。我带领县文化馆一班人以“三个代表”重要思想为指针，以实际行动践行科学发展观，精诚团结、奋力拼搏，自加担子，制订了文化遗产保护计划，制定完善了《舟曲县文化馆工作职责》、《文物保护制度》、《舟曲县文化馆工作制度》等20多项工作制度，强化管理，将我县文化工作推上了规范化轨道。还成立文物保护队，每季度深入全县文物保护点拉网式巡查不可移动文物，深入全县19个乡镇532个自然村广泛宣传、张贴《文物保护法》和文物保护知识，并为每个文物保护点确定三名保护人员，负责日常保护管理。对可移动文物补充了详细的文字和图片资料移到馆内保护。在工作经费十分紧缺的情况下，我多方奔走、四处呼吁，多渠道筹集资金，按“三铁一器”要求对馆藏文物进行了严密保护和管理，防患于未然，多年来没有发生过一起馆藏文物损毁或盗失事故。我带领职工对保存在民间的文物一一进行了详细登记，落实了保护措施，靠实了保护责任。我县是少数民族国扶贫困县，我馆工作经费每年不到2000元，开展工作全靠个人关系求爷爷告奶奶争取有关方面支持。在没有保护经费的情况下、我请专业人员历时三年拍摄、整理了数十项面临失传的民俗文化音像、文字资料，制作了《舟曲民俗文化》系列光碟三集，在全县发行，向省内文化部门交流，在重大节庆活动向来宾赠送，在全县掀起了沉寂已久的民俗文化活动高潮，让外界了解了舟曲县独特、奇异的民俗风情，吸引了更多的民俗文化爱好者到舟曲采风探奇，提高了各界民众对舟曲文化遗产的关注度，有力地促进了舟曲县文化遗产保护工作。省艺术研究所专家在舟曲调研时赞叹：“《舟曲民俗文化》系列光碟的摄制发行为舟曲文化遗产保护做了一件功德无量的事情。”我还在巡查文物期间悉心征集了600多件古老器具、传统农具及民间手工艺品，缩小仿制了“榻板房”、“婆婆轿”、“立轮水磨”等舟曲原生态设施，在全州开办了首个“民俗博物馆”，让群众免费参观。还经常送文化下乡，多次举办以舟曲文化为主题的书画展、摄影展，为群众免费写春联，利用各种机会采取多种方式宣传文物保护法规和知识，营造全社会重视文化、保护遗产的浓厚氛围，使舟曲县成为甘南州名副其实的“文化大县”。

舟曲县是“5·12”汶川地震全国51个重灾县之一，家家户户都受灾。地震发生时，我置生死于度外，顾不上小家，带领全馆职工直奔文物库房和保护点，全力保护馆藏文物和馆外文物，迅速摸清了文物受损情况，及时上报保护方案。馆藏文物由于采取了妥当的保护措施没有受损，馆外受损文物及时得到修复。我带着全馆职工夜以继日的全力开展文物普查和非物质文化遗产申报工作，第三次全国文物普查期间不顾年老体弱至少5次走遍全县500多个村寨和所有文物遗存点，共调查登记不可移动文物85处，登记消失文物8处，新发现39处，新发现比例为45.8%，其中新发现的石门沟栈道遗址被省文物普查办专家确认为我省“三普”重要新发现，石门沟古栈道及其近旁的北宋皇祐四年摩崖石刻的发现，为陇蜀道路交通、民族关系、茶马商贸、文化交流等课题研究提供了新的资料。目前，我县已经完成了“三普”实地文物调查阶段工作并顺利通过省级验收，转入数据整理阶段工作。由于新发现比例高，普查成果显著，全州文物普查观摩学习现场会在我县召开，我县多次受到省州文物部门的表彰奖励。

文物工作不但要有“干劲”，还要敢于“碰硬”。县级文物保护单位舟曲北城垣遗址不时遭到附近群众的破坏，我经常带职工制止群众在遗址上挖砖、取土、挤占城墙的行为，为此时常挨骂甚至被打。我县“上翠号”民居是县级文物保护单位，在“5·12”特大地震中周边建筑也成了危房，县上计划连片拆除重建。我在多次交涉未果的情况下多次向省州文物部门反映情况，请求省州协调解决。为此我多次受到有关领导的批评，但我始终据理力争，终于在省州文物部门的压力下城建部门更改了拆迁计划，省文物局还拨款120万元进行了维修加固，使我县“上翠号”这一具有较高的建筑工艺水平的古老民居得以保存。

多年来我馆干部职工都被我极端认真负责的工作态度和“拼命三郎”的工作作风折服，无怨无悔的跟着我干，开创了舟曲文化工作的大好局面，文化遗产保护工作走在了全州前列。但我却愧对年老体弱的母亲和妻儿。妻子说我不顾家，近在咫尺却难得去徽县老家看望母亲。万家团圆的2010年春节，我终于放下工作去西安给母亲看病。母亲的身体还没有康复，我又急匆匆的赶回来工作。不觉又过了半年，我还没有再去看望仍卧病在床的母亲，也难怪母亲责怪弟弟妹妹误解。

生为文物人，多少辛酸泪。皆言我等痴，谁解其中味？

今生无悔，夙愿已偿情未了

风雨三十载，星河自此开。近年来国家不断加大文化遗产保护力度，濒临消失的文化遗产几乎都得到抢救、保护，我心甚慰，夙愿初偿。但我的生命早已和这片热土融为一体，舟曲的文化遗产让我梦萦魂牵，我的灵魂在这白水迭山间游走，一遍遍去叩响那尘封的历史，试图让每一朵文明之花都不凋落，盛开在这阳光明媚的春天里。藏乡江南的文化精灵亦在我的血脉里若隐若现地游荡、跳跃，我不是诗人、不是哲人，却时常感知到它们的召唤，与它们对话交流，倾听它们如泣如诉、字字喋血声声含泪的歌唱，与它们俯仰共舞……我的爱和汗水滋润着这片沃土，它们也滋润、抚慰着我饥渴的心田。我无时无刻不在牵挂着这些生命的伴侣，头脑里总是浮现他们的影子，担忧他们会遭受伤害，就像年迈的慈母思念四海为家的孩子……

文化遗产保护工作是我生命的支柱，给我勇气、给我信念、催我奋进。这苦乐年华让我沉醉不愿醒。路漫漫其修远兮，吾将上下而求索，用此生执著地圆那随着生命而舞动的梦，用微薄之力推动舟曲文化事业的大发展大繁荣。

青海省

走进历史深处

——祁连县第三次文物普查体会

青海省祁连县文物管理所　赵元顺

离离原上草，一岁一枯荣。斗转星移，冬去春来，年复一年，江山更替，人物辈出，这是不变的历史进程。在祁连——被誉为东方小瑞士和中国最美丽的六大草原之一的神圣地方，历史上也曾上演过金戈铁马、王朝更替、民族交融的大场景。昨日已逝，今人只能从历史的遗存中追寻曾经发生在这片热土上的种种历史轶闻了。

怀着探寻历史、走进故土的情怀，我对文物普查除了职业的恪守，还有了一份对祖先的敬畏。

人类在祁连地区的活动可追溯到汉代以前，至今已有2000余年的历史，在漫长的历史进程中，各族人民谱写了祁连灿烂的人文历史，留下了众多宝贵的文物古迹。我很庆幸自已有机会参加文物普查，回首两年来的文物普查，既有收获的喜悦，也有艰难的追寻。募然回首，走访查看的经历仿佛还在昨日……

9月16日，今天我和几位普查员去县城西部约4公里处查询一处遗址，据当地牧民传说是西夏末代皇帝多杰华曾在此修建的避难行宫。早晨8点钟，我们一行6人准备好普查工具，乘车西行，去探寻传说中的行宫，车行约15分钟，我们就到了狼舌头山下，此遗址除东面陡坡有一条山道外，其余均为断崖，地势险峻。我们看了一下地形，只能从东面陡坡翻崖而上，为了安全起见，我们做了分工，每个人携带一件工具，小道上只能一人通过，我们6个人依次慢慢向上爬，途中刊卓措毛的手被岩石划破，才郎本的衣服被划破，但大家抱定探寻秘密的决心，克服困难继续攀登，经过3个小时的努力，我们终于爬上了山顶，看到了传说中的多杰华遗址。我们6个人稍作休息调整，吃了几口馍馍喝了几口水，马上就开始信息数据采集。

古城依山势建在西山梁顶上的陡坡及断崖顶部的边缘，呈不规则形西南至东北走向。在黑河一侧的西山梁较高，长约1200米，在八宝河一侧的东山梁较低，长约800米。东山梁上用红石板垒成的城墙，西南高东北低，外围均是陡峭的山崖，只有东南面有一条羊肠小道可以进入。城内地形由山梁、斜坡、洼地及水冲低沟组成，几乎没有平地。城内有较多的建筑遗迹，在城墙的拐角和险要之处，都有小型的方形和长方形的房址，面积较小。在山坡和洼上，有一些房址，有单间、套间，面积大小不等。我找附近一位老牧民查访，据老牧民讲，他在上世纪60年代放牧时，南面山顶有三个白石堆，间距有200米，寓意不详。

听了老牧民的话，以及我们采集到的信息，我隐约感觉到这是一处重要的历史遗迹，我想也许我们今天的调查登记或许开启了发现重大文物遗存的一把锁。想到这里，我觉得不虚此行，对我们文物普查员来说又是一次很大的鼓舞。下午3点钟我们怀着收获的喜悦心情，返回县城。

11月29日，我们一早起来，顾不上吃早饭，就向距离县城80多公里的峨堡镇北面扁都口羊胸沟口进发，扁都口位处连接甘青两省咽喉处，历史遗存较多，因此我们把扁都口地区列为文物普查的重点区域，此行就是看能否有所收获。因为是冬季，一路上冰雪覆盖，路滑难走，2个小时的路程却用了4个小时，好在大家安全到达目的地。当地向导介绍此处有一处疑似古城遗址，今天我们就专为此遗址而来，因此一下车，大家不顾严寒的天气就开始采集信息。此遗址位于西山坡上，整体呈三角形。因地势陡峻，城内按阶梯状布局，城最高处有一长方形土台。此处遗址，是我们以前从未发现的，我们暂定名为羊胸沟口古城遗址。想到又找到一处新遗址，几天来的辛苦找寻终于瓜熟蒂落了，大家喜悦的心情溢于言表。

以上仅仅是我整个普查生活的一个缩影，但也表明了一个文物普查工作者的所思、所想和所感，反映了文物普查过程中的欢乐和喜悦，艰辛和困苦，工作和成绩，追寻和期待。我能有幸参与此次"三普"，感到为家乡做了一件有益当代、启迪后人的工作。走进历史深处，追寻历史足迹，大概就是我们文普员的心路历程吧！

追寻先祖的印记

——同德县第三次文物普查体会

青海省同德县教育文化局　卓玛本

我作为同德县第三次文物普查组的一员，肩负着一种使命和责任，有幸亲历和参与了同德县第三次全国文物普查工作。期间，文物普查队全体成员，跋涉于山谷荒野，行走于田间地头，穿行于街巷村社，克服重重困难，历经整整一个四季轮回，走遍同德县的山山水水，普查了76个文物点，完成了对同德县三乡两镇73个行政村文物点的普查。

2008年11月，根据同德县委、县政府的安排，抽调熟悉同德县的山川地貌，熟知同德县农牧区各地民俗风情的领志忠、周学真、普华杰布同志（均系同德县人）组成同德县文物普查小组。作为出生于斯、成长于斯的文物普查工作的所有成员，都熟知1995年同德县巴沟乡团结村出土了国宝级艺术精品双人抬物彩陶盆和舞蹈纹彩陶盆，均深刻理解“宗日”让同德县人梦牵魂绕这一文化符号的深刻内涵。正因为如此，在学习省州上级有关部门文物普查的相关文件的过程中，他们备感肩负责任重大，深知自己业务知识欠缺，水平有限，首先针对缺乏文物普查知识的实际情况，把加强学习作为文物普查小组的首要任务，在积极参加省上组织培训的基础上，通过网络、图书资料，认真自学，不断“充电”“加油”，努力使自己由“门外汉”成为“门内汉”，为圆满完成普查任务奠定了扎实的业务基础。

在田野调查过程中，初春时节，乍暖还寒，盛夏酷暑，烈日炎炎，在这天气多变的高原环境，普查队员们个个脸上都变黑了，有的由于紫外线灼伤，脸上、手背上脱了几层皮，特别是田野调查工作一天仅跟皮尺、图纸、黄土、砂石打交道，枯燥无味，但所有的队员自始自终都全身心地投入，心往一处想，劲往一处使，团结协作，尽职尽责，互相之间嘘寒问暖，关心照顾，共同解决在工作、生活中存在的困难和问题。还记得我们完成“宗日文化遗址”田野调查后折返途中，突遇雷暴天气，瓢泼大雨导致泥石流冲断道路，不得不夜宿农家时老伯硬硬的笑脸；还记得在前往同德县佛教圣地途中，风雪交加、道路泥泞，领志忠老师因推车沾满黄泥的衣襟；仍然清晰地记得，虽然满面风尘，但因完成某个文物点调查而露出的爽朗的笑容；仍然清晰地记得，为整理资料那个没有写清楚的数字，同志们的争执声，每每想到此处，我还会感慨莫名。我曾在工作札记中这样写道：“站在这块先民们生活过的地方，思绪中更多的却是挥之不去的先民们舞蹈、生活的影子……此刻，我似乎看到远古的炊烟穿越时空袅袅升起在繁花似锦、树木葱郁的村庄，似乎听到抬着重物的汉子们的号子中夹杂着孩子们的嬉戏和鸡鸣犬吠。此时此刻的我满眼皆是先祖们生活的印记，满耳均是从远古传来的生活、劳动的声响。在如此美妙的时刻，不再为因田野调查天天满面风尘而抱怨，不再为因寻一个复查点徒步往返奔波而抱屈，也不再为牺牲休息日错过和亲朋好友的聚会而抱憾，心中悠然升腾起对先民们膜拜和崇敬之情，已忘记了一路行车的颠簸和疲劳。”这里面不仅饱含着我和所有成员对文物普查工作的激情，而且也诠释了我们追寻祖先生活印记的责任和自豪。

在为期一年的文物田野调查工作中，我幸运地通过祖先生活的印记和他们做无声的对话和交流，让我在了解先祖们创造的灿烂文明的同时，近距离地触摸到先祖们开荒种地、在树林里采集野果、围猎野兽、驯养家畜，顽强地生活和繁衍的生活场景，切实感受到先祖们在艰苦的环境中不屈不挠，团结奋斗，自强不息的精神。

在又一个月明星稀的夜晚，我再次陪同朋友夜宿黄河边，在乡村特有的静寂之中，倾听来自黄河的依旧涛声，先民们生活场景再一次浮现在眼前，使我久久难于入眠。是历史的巧合还是先祖们冥冥之中的启示，手拉手跳舞图案的彩陶盆，出现在政通人和、中华民族开始走上富裕之路的20世纪80年代，“宗日文化遗址”出现在70年代藏、汉、回等移民组成的村名叫“团结”的自然村落，这多么让人深受感动和鼓舞。可是，美好中总有缺憾，良善和丑陋并存，贪婪的眼睛无处不在。在我们追寻先祖的印记进行田野调查时，每到一处文物点复查时，遗址被人为破坏的现象屡见不鲜，而盗挖遗址、墓葬的情况也时有发生。虽然有原住民对文化遗址保护意识不强，个别不法分子觊觎文物盗取发财的原因，若更深次的剖析，使我深刻感受到，作为地处偏远、人口稀少的地区，文化单位编制太少，从事文物管理的技术人员匮乏，用于文物保护的资金投入过少，这是难于对文化遗址和古迹进行有效的保护主要原因。

夜深人静，在对整个普查工作回顾之后，我备感沉重，感到肩上的责任更大，担子更重。

宁夏回族自治区

平凡岗位　平凡人生

——记宁夏隆德县文物管理所刘世友

宁夏回族自治区隆德县文化旅游广播电视局

在宁夏文博系统，有一位名不见经传的小人物，以他朴实的工作作风、突出的工作能力、顽强的工作精神和良好的自身修养为我区文物工作增添了力量，也为他自己的人生画上了浓墨重彩的一笔。他，就是隆德县文物管理所所长刘世友。12 年前，基于对文物事业的特殊挚爱，执教十几年的他离开了教育生涯成为一名光荣的文物工作者。十几年来，他对文物理论的探求深得同行的认可，他在音乐方面的造诣让圈内刮目相看，他对历史人文的研究又使他的工作如鱼得水，他是一位多才多艺的文物工作者。

初到文物所，他不知道文物工作是什么，看着陈旧的办公地点及设施，瞅着破烂的盆盆罐罐，真不知道要干什么？也不明白这工作从那里干起？懵懵懂懂的他就从最基本的地方学起，先是大量阅读有关文化、文物方面的书籍，学习文物保护的法律、法规，努力使自己尽快适应文物管理工作。通过学习，理清思路，找到了工作的切入点。当时的文物所可谓一穷二白，面对扫地没有扫帚、拖地没有拖把，没有抹布、水盆的尴尬局面，他从家里全部拿来；面对工作人员无所事事，瞅着钟点等下班的状况，他从最基本的工作入手，摸清家底，对文物进行建账立卡，对文物的尺寸、形状进行了详细登记，完成卡片 5000 余份，拍摄照片 2000 余幅，使每件文物都有了自己的身份；结合“四有”工作，对区级、县级文物保护单位进行了标志碑、保护范围界桩的界定，完成各保护单位的主卷、副卷、被考卷的编写，相继成立了县、乡、村三级保护网络，为文物的保护奠定了基础。

通过几年对文物、历史的探索学习，使他明白了一个道理：一个地区的悠久历史、文化底蕴不仅反映该地区的过去，更重要的是反映当地的文化内涵，而这些内涵主要通过文物这一载体来完成。文化作为一种软实力，越来越受到人们的重视，把文博单位办成“窗口”不仅让当地人也让外面了解当地历史。现在隆德的文物展室既是青少年爱国主义教育基地，又是各地学者、旅游者的必到之处，来这里的人，无不为隆德上下五千年的灿烂历史所折服，也为隆德县深厚的文化底蕴而赞叹，这无疑促进了文化的交流、经济的发展，这项工作的成功开展，是对他文物工作的肯定，也大大激发了他的工作热情与信心。通过他的努力，1999 年在固原博物馆举办了“跨入新世纪隆德古旧书画展”，2002 年在宁夏博物馆举办了“隆德县文物管理所馆藏古旧书画展”，自治区领导参加了展出活动，《宁夏日报》、《新消息报》、《银川晚报》、《华兴时报》、银川电视台、《固原日报》、固原电视台都对此作了专题报道，也对他本人做了采访；2004 年在他的策划下，又在固原博物馆举办了“隆德县当代名人书画展”；2008 年借“隆德县书法之乡命名”仪式在银川悦海宾馆进行了书画展出，配合宁夏电视台完成了《印象宁夏》之《隆德书画》的拍摄工作。多次与自治区博物馆、固原博物馆进行文物交流展出，大大提高了隆德的知名度，起到了“文化搭台，经济唱戏”的目的，也更进一步展示出他非同一般的工作能力。

自 2007 年全国文物普查开始，他便带领 3 位队友参加了宁夏文物局主办的“三普”培训，认真学习文物普查标准和规范，为第二阶段实地踏查打下坚实基础；随着文物普查的不断深入，他带领队员跋山涉水，先后对县域 13 个乡镇、127 个行政村、625 个村民小组进行调查。克服人员少，经费不足等困难，为能如期完成普查任务，坚持早上班、晚下班，攀崖过涧、钻林趟棘，白天采集数据，夜晚进行整理，及时完成录入。为确保数据的准确性，每考查一处文物点，他都要走访群众，多方打听，认真观察，详细记录，不放过一丝线索。记得在考察一堡址的年代时，连续两天，走访 8 位老人，听老人讲古堡的故事，听古堡的沧桑经历，从中找出有用的历史信息。为使调查资料准确、翔实，他查阅大量的历史文献，尽可能多的搜索历史信息。寒暑交替，查资料、访名家，成了他生活的一个部分，他克服交通不便，专家学者分散等困难，找专家定资料，确定年代，找准信息，确保录入准确、翔实，隆德及周边的文史专家戏称他为“天天问”。他始终把文物保护宣传工作放在首位，由于宣传工作扎实有效，赢得广大群众的积极参与，志愿加入到文物保护者的行列，加快了“三普”的进程。两年来发放各种宣传材料 2 万余份，普查到哪儿发放到哪儿，不辞辛苦，在人员聚居区集中发放，分散区入户发放。两年多的文物普查，他没有请过一天假，没有休过正常节假日，每天穿梭在田野、图书馆及单位，他的工作作风给文物普查队带了一个好头。

一分耕耘，一分收获，在他的带领下，新发现文物遗迹 231 处，复查 9 处，完成文物普查档案 500 余份，实地到位率 100%。

隆德县第三次全国文物普查经过自治区第三次全国文物普查领导小组验收评为优良，他个人也连续两年被评为“全区文化遗产保护工作先进个人”，荣获“第三次全国文物普查实地文物调查阶段突出贡献个人奖”。

文物普查二三事

宁夏回族自治区海原县文物管理所　马汉夫

海原县境域辽阔，面积居宁夏第三，为宁夏回族自治区文物大县之一。早在新石器时代，古人就在境内繁衍生息。尤其在封建社会，是“甘凉之襟带，固靖之咽喉”，为边陲重地和东段北道“丝绸之路”必经之地，上起汉唐，下迄明清，先民们留下了大量丰富的历史文化遗存。1984 年宁夏回族自治区进行第二次全国文物普查时，因当时公路未通，交通不便，普查设备和业务水平等各种条件所限，县境内大部分地方未涉及到，普查仅发现不可移动文物不足 20 处，公布列为县级文物保护单位 11 处。时隔 24 年后，当年参加普查的老同事都已调离、退休、病故，只剩年近花甲的笔者又参加了第三次全国文物普查，在有生之年，是在文博战线上能站好的最后一班岗了，在参加文物普查过程中，亲身经历的一些小事随笔草就，以飨读者。

全国的文物遗存究竟有多少？具体分布在什么位置？保存状况如何？是一个悬而不清的模糊概念。在社会经济日新月异快速发展的当代，文物被破坏的事件层出不穷，文物保护显得尤为重要。为更好的保护历史文化资源，国务院、文化部、国家文物局启动第三次全国文物普查。这项全国性的文物普查，从组织、规模、设备等各方面都超过了全国第二次文物普查，是我国文物保护事业的一项“壮举”。

海原县的第三次全国文物普查从2008 年6 月1 日启动，田野普查工作队为8 名队员组成，是老中青三结合的一支普查队。

近两年时间的文物普查，跋山涉水，穿谷过沟，行程共1 万多公里，涉足全县所有乡镇、行政村和自然村。人迹罕至的高山峻岭和荒僻沟谷中，都留下了普查队员的足迹。在600 多天中，共计调查古文化遗存400 余处，完成调查笔记4 万多字，绘图800 余幅，拍摄照片近4000 张，调查文化遗存类别有更新世动物化石遗址，新石器时代文化遗址、墓葬；汉—清代墓葬群，北魏—宋代石窟寺群、寺庙遗址；汉—宋代（西夏）古城址，宋—明代烽火台、敌台、营址；清—近现代堡寨、地震遗迹和其他较有特色的建筑、水利设施等。极大地丰富了海原县不可移动文物，并填补了一些空白。摸清了全县古文化资源的分布、位置及保存现状，为宁夏乃至国家今后规范科学性的文物保护提供了珍贵的第一手基础资料。

凡是参加了文物普查的同事们都知道，文物普查单调枯燥，伴随着更多的却是艰辛。年复一年，日复一日，天长日久不由得使人感到乏味，但光荣神圣的使命使普查队员们都坚持了下来。回顾在文物普查的日子里，每天都是翻山越岭，穿沟涉水，越过寒冬，跨过酷暑，队员们身背干粮，一步步丈量，一笔笔的现场记录，一幅幅的描绘草图。随着调查文物数量的日渐增多，我们心中的那种欣喜是语言难以表达的。记得一位年轻的队员说过这样一句话："咱们干的这项工作虽然苦，却是上对得起先人，下无愧后人的一件好事，我在普查中学到了很多平时学不到的业务知识。这辈子如果还能赶上第四次全国文物普查，我还继续参加。"话虽简单，却道出了对文物工作的那份挚爱。

海原山大沟深，许多地方是典型的喀斯特地形，有些高山峻岭往往没有路径，只能是山羊上下的地方。在崎岖险峻的山上攀爬，手脚并用，那种艰苦可想而知。在三伏天，烈日当头，没有一丝风，当爬到山顶上，全身都被汗水湿透，嗅到汗味的蚊子和不知名的小咬虫，直往人身上扑，挥也挥不走。许多古遗址（主要是烽火台、敌台和营址）明明就在眼前，攀爬两三个小时都到不了，这时才真正有了"望山跑死马"的那种深切体会。为少爬点山，我们在山顶上宁可徒步走向下一个遗存点（一般都是5～10里路的间隔），也不愿下山坐车。

我们普查队里有一中一青两位同事，他俩的车辆驾龄各在十几和二十年以上，驾车技术娴熟，人常说"艺高人胆大"。2008年7月的一天，我们在红羊乡调查一座筑建在高山顶上的古城遗址时，普查车绕行在只有一辆手扶拖拉机车厢宽的山路上，路面较潮湿还有积水坑，看来当地前两天下过雨。谁知车越往上盘旋路越窄，一侧车轮压行在山路临沟陡坡边沿上，如车头稍一偏，连车带人就会翻到山底。因山路太崎岖，想退回去都不行了，只能硬着头皮往前行。开车的普查队员聚精会神地盯着前方，一句话都不说，我们坐车的提心吊胆，手心里都捏着一把汗，想从车上下来都办不到了。两侧车门左贴山壁，右临陡坡悬崖，左车门打不开，右面下来无处立足，当时我们的心态是只能听天由命了。车慢慢地终于挪到了古城跟前，此处虽是山顶坡地，还较开阔，我们长舒了一口气，终于安全到达，但还是感到很后怕。偏偏天不作美，我们的调查刚开始约十几分钟，南边天空中黑压压的云层向古城方向飘移过来，我们一看情况不妙，已有20年以上开车经验的队员急忙把车往山下开。我们因为好不容易冒着危险到了山上，不愿就此离去，要把调查工作干完。没料到阵雨来的很快，我们一个个都被淋成了落汤鸡，连滚带爬的到山底时，个个都成了泥猴。

文物调查天气晴朗还好办，遇到刮风下雨可就受罪了。2009年8月26日，我们一行4人在关庄乡庙湾、宋庄一带调查时，下午4点左右，天气突变，电闪雷鸣，突降暴雨，上游暴发的洪水顺河谷迎面扑来，距我们所乘普查车不足400米，紧急关头，所幸我们尚能应对突发事件，当即调转车行方向，离开主河道，将车开往左侧地势较高处。车还未停稳，特大山洪咆哮着一涌而下，从车旁倾泻而过，半截车身浸泡在洪水中，幸运的是车辆停在高地上，未被洪水冲翻，我们惊出了一身冷汗。这时我们看到顺水飘下来几只羊在洪水中翻滚，不知谁家的房子也被洪水冲毁，水中漂浮着檩条、木椽和其他物件。暴雨到晚8点仍没停下来的意思，我们被困在胡儿岔。当地的气候昼夜温差较大，到了夜晚感到很冷，加上这天未带吃食，饥饿寒冷困扰着我们。洪水无情人有情，正在中卫市参加文物普查会议的主管副县长得知普查队被洪水困在前后都不着村的河谷中，非常关心，电话上责成留守在县上的文物普查领导小组负责人想尽一切办法，确保普查队员的人身安全，采取可行的措施解决好普查队的食宿问题。因洪水阻隔，食物无法送到，住宿也无法解决，但通过移动电话得知县领导对工作在一线的普查队员的关心时，备受鼓舞。我们忍着饥饿寒冷，在车内蜷了一夜。次日凌晨5点洪水小了点才撤离胡儿岔，坚持时间13个小时，当地文化遗存数日后返回作了补充调查。

夏天天气虽然炎热，但有些不利条件还能克服，但到寒冬腊月，那份苦更是一言难尽。尤其是在“交九”后，天寒地冻，滴水成冰，只要天不下雪，不影响照片拍摄质量，照样正常出外调查。目的是赶进度，不拖宁夏全区文物普查后腿，按时完成普查任务。冬天调查，往往是冻得我们不停地跺脚，清鼻涕往外直流。天气太冷记录笔不下水，把笔放到口里热气哈一哈，实在不行把车发动着，在车内开足暖气记录绘图。就是怕离开现场后有遗漏，记录和绘图不准确、出误差，遗留下后遗症。

在2009年2月，春节过后，我们在李俊乡普查时，普查车在过结冰河道时右后轮陷进了冰窟中，动弹不了，用尽一切可行的办法车都上不来。冬日天短，眼看太阳落山，天就要黑了，车如果不及时从冰窟中弄出来，夜晚车轮被冻结在河中就麻烦了，何况附近又没有村庄，晚上连个求宿的地方都没有。俗话说：天无绝人之路，我们正在发愁，束手无策时，对面来了一辆蹦蹦车。车主是当地一位热心的中年农民，见我们的车陷在河道冰窟中，二话不说，急忙取出牵引钢丝绳，并招呼三轮车上的几位乘车农民下车帮忙。经前拉后推，又撬又抬，半小时后陷车终于被拉上了岸。在抬推车辆时，冰面因我们用力踩踏破裂，双脚和小腿没入了河水中，刺骨的寒冷沁人心肺。事后我们表示感谢时，三轮车主边收拾钢丝绳边说：“有啥可谢的，谁出门还不遇上点麻烦事，你们啥事过不去，这么冷的天气，还往外跑，这地方路面麻达的很（方言，意为路况不好），天黑了，快赶路吧。”为不影响第二天的调查，在三轮车主的引领下，当晚我们借宿在距冰河7.5公里九百户村农民家中。

正当我们的文物调查在紧张进行时，却发生了一件插曲。2009年5月13日，我们在野外调查时，接到西安镇胡湾村聘任的文物看护员的举报电话，12日晚县级文物保护单位胡湾汉墓群第十五号墓葬发生盗掘事件，我们心急火燎地赶到被盗现场，看到墓葬封土堆被挖开，盗洞80厘米见方，深约8米。所幸的是盗洞挖到墓室顶，墓室顶砖未被掘开。

根据盗洞形制，我们分析断定是惯盗所为，盗墓嫌疑人肯定还会返回再次盗掘。因文物调查紧张，没时间进行抢救清理，经请示自治区文物局和县主管领导，墓葬进行了回填处理，并决定现场蹲守，在短时间内抓获盗墓者。白天我们照常进行文物调查，晚上到胡湾墓葬周围蹲守。我们蹲守了3夜，5月17日晚22点10分，盗墓者终于出现。22点40分等他们取出墓葬回填土，钻进盗洞，无法逃跑时，我们与聘请蹲守的几名当地村民一拥而上，将两名盗墓贼抓获。经当场讯问，是山西省临汾地区洪洞县人，是在各地流窜作案的惯盗。当晚，我们将两名盗墓嫌疑人移交公安机关依法处理。

文物调查中，感人的事迹经常发生，危险也时时伴随着我们，但我们认为都是小事，做为一名普查队员，尽了我们应尽的工作职责。2010年3月，我们的田野调查结束，文物普查告一段落。600多个日日夜夜，白天我们奔波在野外，夜晚捉笔在灯下。工作虽苦，但为了我国的文博事业，我们无怨无悔，为能按时完成这项光荣的工作任务而骄傲。有付出就有回报，我们的文物普查成果得到宁夏文物局和专家验收组的一致肯定和高度评价，普查成绩位列全区前列。同时，笔者也获得了“第三次全国文物普查实地调查阶段突出贡献奖”的殊荣。

新疆维吾尔自治区

他地道新探

——寻找古道上失落的文明

新疆维吾尔自治区文物考古研究所 邱 陵

吐鲁番境内中道与北道之间横亘天山山脉的支线有许多条，其大致走向和一些主要路段虽然是清楚的，但是由于文献记载的局限和不同历史时期地理环境、地缘政治、宗教形势的变化，不断有新的支线开通，局部地段时有变化。在第三次全国文物普查实地文物调查阶段，我们将文献记载与遗迹调查结合起来，深入探索进出吐鲁番盆地的各条古道。沿古道发现的重要遗迹，真实地记录了历代在经营西域过程中，吐鲁番盆地特殊的地理环境、地缘优势，使其承前启后的交通系统，在政治、经济和军事等方面发挥的重大历史作用。通过古道探查，我们亲身体验到，虽然各条古道的大多数路段"唯通人马"，但古人沿河谷或山地选线，择易避险，因地制宜，相对科学。

他地道，是由中道翻天山往北道的一条捷径，这条道路汉代即已通行，当时车师前部与后部之间，此道为主要来往路线，故亦称其为：车师古道。他地道平均海拔2500米，总长度约80千米，山路直线长度约25千米。这个距离与《新唐书·地理志》的记载基本一致。他地道沿途分布着大量的时代较早的游牧民族居址、墓葬、石人、岩画等遗迹；稍晚的则有烽火台和驿站等防御设施。此外，还分布着中华民国时期修建的三岔口碉堡、三岔口戍堡等军事设施。他地道自开通2000多年来一直在沿用，如今夏秋季节，仍然是吐鲁番与吉木萨尔民间往来的捷径。

2009年5月1日，吐鲁番地区文物普查队出吐鲁番市区向西北，溯大河沿河而上，过红柳河园艺场，沿着南北走向驴达坂沟，进入了天山峡谷山口的亚尔乡牧场。沟谷内遍布大小卵石，两侧是十几米高的断崖。普查队来这里是要复查驴达坂墓群，墓葬沿驴达坂沟内一东侧断崖下的狭长台地上（南北长约600、东西最宽约500米）分布，墓葬共计83座，时代为战国至汉。墓葬大多为圆形石堆墓，个别圆形石围墓。墓径3~8米不等，封堆高0.3~1米不等，地表未见遗物。墓群中部可见一方形石围居址，南北宽11米，东西长14.7米，石围宽0.3~0.5米，石围中一石块上发现有刻画的痕迹，内容为大角羊。

离开驴达坂墓地北行约3千米，是地势险要扼南北通道的三岔口。周边墓群、岩画和碉堡、戍堡等令人目不暇接。河床北岸台地上，为一晋唐时期的墓群，三岔口墓群地表标志明显的有36座，大致呈南北向排列，多为圆形石堆墓，少数为方形石堆墓。墓径1~8米不等，高0.3~1米不等。第二次文物普查时，在一座高4余米的大石堆旁有一尊面向西北的石人。现地表无遗物。

普查队在三岔口紧张地工作了一阵后，入天山谷地向着亚尔乃孜牧场石窑（俗称石窑子）走去。石窑南距亚尔乃孜牧场约15千米，是扼进出他地道山口的重要驿所。这座石筑的窑洞式建筑，面向西南，孤零零地盘踞在平坦开阔的天山山前洪积扇上。极其特殊的地理位置，决定其时代当与这条古道相伴随。普查队一路测点记录，终于在落日前赶到了宿营地。石窑不大，测下来长10、宽4.3、高2.5米，墙体卵石砌筑，砖砌穹顶。墙面上不开窗，只留有通气孔。门开向西南，高1.6、宽0.7米。队员们依就在石窑南东墙卵石砌筑的羊圈内扎篷露营。这所边长19.5米，高1米的羊圈，南枕连绵的山丘，北临黄羊沟，附近沟谷中多泉眼，常年流水不断，是牧民备足粮草越山前的理想驻足地。石窑最初的形制已不存，当地人传说现存的这所石窑是清时的建筑。

5月2日清晨，普查队背起行囊，出石窑，走过干涸的黄羊沟，向古道山口走去。随着地势的不断升高，普查队攀上崖边羊肠小道，沿着常年流水不断的河谷，一路爬坡。峡谷变得狭窄，河道也变成了冰川。北行至古道小达坂时，已行进了近5个钟头，可从仪器上测得距石窑直线仅7000米。普查队大约在冰面上行进了2000米，手中的GPS显示，此处海拔已上升到了3075米。小达坂处古道天山山脉峰峦叠谷之中，一座松榛状的山体挺立，成为小达坂的标志。其周边怪石嶙峋，气势磅礴。附近常年冰雪覆盖，昼夜温差极大。小达坂两面冰河震响，山峰似万剑刺天，令人目眩，雪鸡常鸣山间。普查队在一山坳处地发现一座石堆墓，地表堆石，平面呈方形，边长3米，石堆略高于地表，石块上长满了斑斑的锈迹。普查队来不及分析周边更多的地貌环境，过石堆墓，继续沿山地陡直向上，在峭壁与悬崖间的冰川谷内向大达坂冲击。

16时许，远远望去大达坂宛如一座天然的屏障，挡住去路。两座高高堆起的石堆，像耸入天际的石门。队员徐佑成首先登上了大达坂，他手持GPS向大家报告：此处，北纬43°37′53″，东经88°56′04.9″，海拔3417.8米。大达坂是吐鲁番盆地与吉木萨尔县的分水岭，是这条古道上的海拔最高点，也是古代文献中多次提及的金沙岭。《新唐书·地理志》西州交河郡条曰："自县北八十里龙泉馆，又北入谷百三十里，经柳谷，渡金沙岭，百六十里经石会汉戍，至北庭都护城。"《元和郡县志·陇右道》西州条有"北至金婆岭（即金沙岭）至庭州五百里"的记载。宋代王延德从高昌北越金岭至北庭，正是这一要隘的记录。

翻越大达坂后，是一段陡坡，队员们几乎是无法停步地往下出溜。再止步抬头时，两座高10余米的巨石劈空出世，这就是古道北口的石门——南北天堑。石门宽不足1米，仅容人、马通行。因此，控制此地，就控制了这条古道，控制了他地道，就控制了天山南北交通的咽喉。

越石门，眼前顿显通途。绿草、泥土、牛粪，沁人心肺。呼吸着大地的清香，大家的脚步备感轻松。继续顺着大龙口河谷而北行，三四千米外，一座木桥横在眼前，小桥边石崖上阴刻“石笋”篆书大字，这就是当地牧民称之为“天桥”的六道桥。过六道桥时天色已暮，桥北的一片坡地的草甸上成为我们当日的宿营地，扎帐后，每个队员把背包里的食品集中在一起，这是古道上最后的晚餐，不能饱腹，足以充饥。

5 月 3 日清晨，帐篷外的队员们多已在沐浴着朝阳盘点着昨日的历程。今天我们将一路北行，走出古道。从六道桥倒着数起，距离五道桥有近 3000 米的里程，然后是四道桥、三道桥……在我们的脚下一一成为背影。古道中的每座桥都是木质的，或新或旧，各不相同，在沟谷中交错。蓝天白云，云杉高耸，峰回路转，急流瀑布，牛羊成群，毡房棋布，好一派人间仙境。

一道桥格外亮丽夺目，令人心有余悸。桥南侧大龙口石壁上，笔势遒劲地隽刻着“车师古道”四个大字。桥北侧台地上停泊着从吉木萨尔泉子街开来接迎的汽车。队员们举起手杖，或抛出手心，狂呼“我们走出了他地道”。

古代新疆境内的主要交通干线有四条，被称为：南道、中道、北道和大北道。吐鲁番盆地东通敦煌，向北、西、南和西南连接西域全境，在西域古代交通网络中占有十分显要的地位。敦煌所出唐代《西州图经》残卷共记载进出吐鲁番盆地有十一条道路，对应为东部：伊西道、赤亭道；北部：他地道、乌骨道、白水涧道、突波道、移摩道、花谷道、萨捍道；南部：大海道、银山道等道路，成为这些干道上最为重要和复杂的沟通周边的重要道路。第三次全国文物普查对这些古道的实地踏查，我们用一组全新的数据，验证了这些古道上的遗存及路况与文献上的记载大致相同，同时也证实了进出盆地的这些古道在有文献记载前实已形成。古道沿线的文化遗存，不仅是吐鲁番古代文明的重要组成部分，也成为第三次全国文物普查新发现的集中区域，这当是此次普查的重大收获。

乌鲁木齐市近现代重要史迹及代表性建筑调查记事

新疆维吾尔自治区乌鲁木齐市文物局　梁　勇

建筑学家认为一座城市的建筑就是一座“活的博物馆”，过去 100 年中，在乌鲁木齐走向现代化的过程中，这座“没有屋顶的博物馆”中留下了许多颇有价值的标本，七一棉纺织厂的老车间、新疆医学院清一色的苏式建筑群、大银行底座上精致的大理石花纹……

在乌鲁木齐市第三次全国普查的野外调查中，这些老建筑所蕴含的城市记忆被再次勾起。

历时两年多的乌鲁木齐市第三次全国普查的野外调查已顺利结束，现在进入资料整理阶段。据统计，乌鲁木齐市近现代重要史迹及代表性建筑71处，占乌鲁木齐市不可移动文物总数的四分之一。其中一半以上分布于天山区和沙依巴克区。时代上限为1918年，下限至1974年，大多数集中在20世纪50年代。所涉及的行业有文化、教育、卫生、金融、工业、交通、航空等。

普查这些林林总总的近现代建筑，不仅仅是对往事的追忆，更多的是一份难以割舍的情结，一种难以推卸的责任。

一

新疆的纺织工业始于民国时期，至1949年多已濒临倒闭。新疆和平解放后，为了发展新疆经济，提高人民生活水平，20世纪50年代，国家集中资金在新疆上马了一批工业项目。七一棉纺织厂就是在这一时期动工修建的，直到80年代，一直都是新疆纺织行业的骨干企业之一，对新疆的经济发展，改善人民的生活水平做出了重要的贡献。

七一棉纺织厂现存的不可移动文物点共5处（包括9座单体建筑）。最早的建于1951年，晚的建于1954年，有厂房、宿舍、办公楼等。

“七一棉纺厂一厂厂址”由车间、办公楼、水塔组成，是七一棉纺厂最早的建筑，其后又修建了二厂和三厂。车间坐北朝南，主体建筑为一层，附属建筑二层，占地面积24800平方米，主体建筑高7米，附属建筑高10米。砖混结构，大开间，由数根水泥柱支撑水泥梁架，顶部开窗。

办公楼位于车间北侧，二层，砖木结构苏式建筑，主要用于办公、开会等。

为解决职工生活问题，又修建了数栋宿舍。由于建筑材料紧张，工人们就地取材，以石片为建筑材料。原有数栋，现存南、北二幢，相距170米。南侧的座西朝东，北侧的座东朝西，体量、建筑形式一致，建筑面积432平方米。一层，石结构，用石片砌成的隔墙、推力墙及栱身，共七个开间。

七一棉纺厂是新疆和平解放之初，大力发展经济建设时期所建，现存建筑系新疆工业发展六十年的见证。同时反映了建国初建设者艰苦奋斗的生活环境。

在调查时，我们采访了一位建厂之初参加工作的老工人。他告诉我们：当时生活虽然艰苦，但工人们建设新中国的热情十分高涨，加班加点不计报酬，小病小伤不请假，不辞劳苦的为建设新中国默默的奉献着。话语之间流露出对往昔的留恋，以及对当今的无奈。

二

新疆和平解放之初，不仅经济十分困难，各类专业技术人员也十分缺乏，这对刚刚起步的经济建设影响极大。国家一边从内地拨调大批专业技术人员，一边开办院校培养新疆本地的专业技术人员。当时最具影响的当属新疆医学院和八一农学院。

其中新疆医学院（现更名为新疆医科大学）建于乌鲁木齐市北边的荒滩上，清一色的苏式建筑。这是因为新疆医学院为前苏联援建项目，由前苏联保健部设计院设计。苏方总建筑师赫鲁斯达略夫曾多次来乌鲁木齐市实地考察，王震司令员、鲍尔汉主席也亲自审查设计。

这些苏式建筑现仍存8幢，其中以新疆医科大学行政楼建筑群最具特色。该建筑群由行政楼、生物楼、生理楼、护校楼及图书馆等5栋建筑构成一个完整的小院，均为砖木结构，二层，铁皮坡屋面、木挑檐、设通风窗。二层窗楣多为半圆形，窗上、下部及檐下墙面安排了石膏花饰。行政楼平面为“L”形，正门开在东南角。东南角为圆形，内有八根圆柱支撑，八根柱圆支撑圆形门厅，设连续拱，石膏花饰，红色浮雕。

医学院建成后，为新疆培养了大批医护人员，缓解了缺医少药的局面。

三

乌鲁木齐“三普”野外调查结束了，一组组数据摆上案头，看着这些数据备感文物工作者责任重大。随着经济建设的不断发展，各项基本建设越来越多，特别是城市建设步伐的加快，建设用地与文物保护的矛盾日渐突出。

据统计，因城市建设拆除的文物不在少数，有些地区为了城市建设不惜以牺牲文物为代价。

调查中，市民建议应在关注城市发展的同时能保护首府一些标志性老建筑，让后人知道乌鲁木齐原来的模样和发展的轨迹。

一个有悠久历史的城市是不能没有历史记忆的，标志性的近现代重要史迹及代表性建筑正是一座城市的历史记忆，是一座城市孕育和发展过程的见证。如何解决建设用地与文物保护的矛盾，如何做到双赢，可能是第三次全国文物普查结束后需要解决的重要问题之一。希望城市的规划者、管理者，以历史的高度来建设城市，从而做到既注重文化内涵挖掘又兼顾基础设施配套，在尽可能保护和利用好具有历史及人文价值的建筑同时，优化空间布局，明确功能定位，突出产业特色，提升人文环境，形成特色鲜明、吸引力较强的建筑体系。

“三普”随笔

新疆维吾尔自治区哈密地区文物局　玉素甫·哈力克

新疆维吾尔自治区第三次全国文物普查及长城资源调查培训班于9月21日在哈密召开，作为东道主我始终参加培训班的各项工作，为完成田野普查培训工作提供了保障。哈密地区的田野调查工作于2008年6月正式启动，我作为一名文物工作者有幸参加了哈密地区两县一市的第三次全国文物普查田野调查工作。在这次长达1年6个月的田野调查工作当中，我和其他普查队员一同深入街道乡村、戈壁沙漠、高山雪岭，走访群众，摸排线索，在白天测量数据，收集信息，晚上则填“三普”登记表。2009年12月23日调查完哈密市二堡镇的最后一条坎儿井，结束了哈密地区第三次全国文物普查田野调查工作。在此期间，全哈密地区新发现古遗址、古建筑、古墓葬、近现代重要史迹等各类不可移动文物点536处，复查335处。每当谈论起这些成果，我和队员们都按捺不住激动的心情，那一幕幕调查的情景，一幅幅感人的场面，也在眼前展现开来。

喀尔勒克山

2008年6月26日，根据当地牧民提供的线索，在伊吾县喀尔里克山周围疑似有石堆墓葬、岩画，于是，我们文物普查队的四位队员闻讯去实地进行调查。

卡喀里克山位于伊吾县吐葫芦乡南约30千米，最高峰海拔4888米，终年积雪，水草充沛，是良好的夏季草场。由于这是首次对喀尔里克山的实地调查，所以我们提前制定了调查路线，做好了必要的准备工作。按计划于当天早晨8点左右，我们到达了喀尔里克山脚下，预定与吾甫尔师傅第二天下午在科托果勒沟沟口会合。四人背上设备和干粮，从一个洪水沟沟口进山。经过5个小时的徒步跋涉，穿山越岭，最终到达了吐葫芦乡政府的牧业点。为了能够更大范围的调查，我们兵分两路，说好在山顶会合。

在攀登喀尔里克山时，我们遇到了极大的困难。在如此高海拔的区域，我们不得不克服身体的不适，冒着寒冷的天气，一步一步艰难的向山上攀登。严寒、饥饿给我们的工作带来了很大的阻碍。但是，在这样的情况下，我们依然不屈不挠，坚持着走了大约4个小时终于到达了目的地，与另一小组会合，展开调查。正如提供线索的牧民所说，在这个海拔3200米高的山上确实存有古代人类留下痕迹。在如此高海拔区域还能够发现古代遗迹，让我叹为观止。

暮色将至，当我们正担心今晚的住宿问题时意外地遇见了两户牧民毡房，打算在此借住。起初我们担心他们会不会拒绝这4个陌生的男人住进家里，可是出乎我们意料，淳朴善良的牧民不但没有拒绝我们，还热情地款待了我们，为我们准备了一顿热气腾腾的汤饭，还担心是否合我们的胃口。这一顿饭，不仅使我们疲惫的身体得到了放松，更在我们的心里留下了暖暖的回忆。

庙尔沟

2008年7月24日，那是一个热浪翻滚的下午，我们驱车前往庙尔沟，那里曾有哈密王消夏的行宫。或许是王土的灵气，这里的百姓喜欢讲述故事，更喜欢捕捉故事的线索。他们中的两个农民艾买提和木塔力甫兴奋地对我们说，在七八年前放牧时，发现庙尔沟里有石窟，并假以想象和猜测。我们提出要他们带路，他们欣然答应。途中经过一条较为宽阔的河流，恰逢盛夏雪融之时，水流甚是湍急，而且河床里还有大大小小的石块。此时，任何困难也不能成为探寻之旅的羁绊，我们尝试手牵手过河，结果失败；带路的艾买提提议改用绳索过河，他将绳索紧系于腰间，我们紧拉住绳索的另一端保证他的安全，几经周折后他终于抵达对岸。之后我们分别在河两岸拉住绳索的一端，让其余的队员借住绳索一个一个的过河。成功的过了三个人，只剩下我一个人，尽管力量单薄，我还是坚持着让最后一位队员安全抵达对岸。令我没有想到的是，正当过河时，水势却越来越大，我不幸被急流冲走10余米远。由于手上还拿着相机，为了避免相机损毁，一手高举着，无法双手游动，导致身体重重撞击在石头上。我忍着痛用尽全力拼命游上岸。经过如此惊心动魄的一幕，大家都紧张地屏住呼吸，互相对视，空气是闷湿的，衣服是湿漉的，心田亦是潮湿的，这一刻，大家的心更加紧紧地连在一起，用沉默守护责任。

家　人

在田野调查工作的一年半里，我常常连月在外，与家人相处的时间少之甚少，在深山、戈壁沙漠进行调查时，通讯设备无法使用，我甚至十天半月都无法与家人联系。可家人自始至终都支持着我的工作，能理解我的“舍小家为大家”，从不抱怨。为了“三普”工作，我还把陪同妻子到外地看病的时间推了又推，妻子调侃说：“你真是把文物普查工作看的比自己老婆还重要!”在工作最繁忙的时候，我的女儿准备参加考试，为了普查工作，我都无法给孩子辅导功课，无法在她身边给她鼓励。正是有了这样坚实的后盾，我才能够专心致志的投入到工作中去，得到了单位领导和同事们的认可。

吉布库东沟胜利大会师

新疆昌吉州文物局　杜淑琴

奇台县磨坊沟与磨坊沟接壤的吉布库沟东岸。

早8点30分出发，10点到达吉布库沟西遗址，在吉布库西沟两侧山梁部，发现有23座土石混合墓与1座石围居址，做完调查之后继续北行，直至平原地带，附近均为耕地及居民点，无遗迹。时间已是中午，该是解决午餐的时间，于是，大家打开车厢后盖取出矿泉水、馕及黄瓜、西红柿开始我们丰盛的午餐。我把黄瓜、西红柿拿到河边冲洗，虽是六月天了，但这里的河水还是让人感到刺骨的凉，简单冲洗过，拿过来分给大家，就各自找了块较为平整的地方席地而坐津津有味地开吃了，任萌还边吃边风趣地说凉水就馕，越吃越香……

13点前往吉布库牧业村调查，但未有任何发现。

14点，赴沟东侧，从羊圈沟口上山，调查沟东侧山梁。由于山上荆棘丛生，我们不得不上下绕行，但还是时常被荆棘扎到脸上，挂出血口子。由于前一天下过雨，又无路，脚下时不时的打滑，马君凤、任萌我们三人每人找了条相对光滑的树枝杈当拐棍拄着，别说，还真省一些力气，耳旁不时的听见狗叫，如果遭遇上，还可以当打狗棍使使。大家一路走着还不时地打趣，说等“三普”调查结束后，这根木棍可以进博物馆了。

这一带是牧民的草场，周围被密匝匝的铁丝网围住，翻越山梁时，时常会被铁丝网拦住，这时可是显示集体的力量了，两人分站两边，手脚并用，一边用力踩住铁丝网一边用手把上部的铁丝尽量的往上提，使中间的空隙大些，一人再小心翼翼的钻过去，以免挂破裤子，为同伴提供笑柄（之前已有好几位同伴裤子挂破了）。这钻铁丝网可是有一套“学问”，每个人钻的姿势都不尽相同，有的先把头伸过去，有的是先把身体伸过去，有的把手上的东西交给同伴，有的会把东西用嘴叼着直接过，真是八仙过海各有神通，此时也是大家相互取笑逗乐的时候。一路上，我们的装束不时引来牧民的关注与猜测，我们就用不知他们能否听得懂的语言解释着，就这样在荆棘中艰难的上下穿行着。

步行至干渠附近已是大片的麦田，这里的农民为了充分利用土地而不留地埂，绕行又太远，只好从地中穿过，看着倒下去的庄稼，大家嘴里不住地念叨着，麦子呀麦子别怪我，我们也是于心不忍呀，实在是无路可行，又不能绕回去呀。下山之后，这条沟就走到

界，我是学文物考古专业的，多年从事这一工作，我真的期望通过“三普”能实现上述目标。说来有幸，新中国成立以来进行过三次全国文物普查，我全程参与了其中的两次，即1988年的“二普”，和本次的“三普”。这也许是与文物工作的机缘使然。

也许市里领导认为我对全市文物工作有发言权，让我进了市上的“班子”，担任市第三次全国文物普查领导小组副组长，还是常务的。还任命我为市“三普”办主任和普查队队长。身兼数职，自觉责任重大，使命光荣。

第一阶段的普查队员培训、普查方案制定、普查工作协调，我事必躬亲自不必说；第二阶段实地调查登记才显真本领。它是文物综合知识的展现，文物的认定、断代、测绘、照相、定位、现状以及人文、地理环境的描述，都需要专门知识，不然就不准确。就不合文物普查规范要求。我是抓“总”的，按规范、高标准、高质量完成全市文物普查任务，是我对全体普查队员的要求，也是对我自己的要求，我们普查队除我之外，其余普查队员都是新手，要取得上述结果，我得多帮带、多指教、多示范，还得多干，才能高质量完成实地调查阶段的任务，才能在文物普查中“培养和锻炼文物保护队伍”。

文物普查是国情国力的调查，这部分国情国力具有不可再生性，它的不可再生性决定了调查登记必须一丝不苟、一个不漏、准确可靠。“三多、三勤、三保证”（三多，即多访问知情人士、多观察文物环境、多了解相关资料；三勤，即腿勤、口勤、笔勤；三保证，即保证数据的真实准确、保证普查100%覆盖率、保证每个文物点资料的规范完整），是我对普查队员和普查结果的基本要求，也是保证普查质量必须做到的。

野外实地调查登记是个苦活，刚开始普查队员还感新鲜，扛不住天天如此，日日照样。每天早晨带着干粮出，一出就是数十上百公里。荒漠戈壁不见人烟，晚上拖着疲倦的身体归来，中午只能啃干馕、喝冷水、吃咸菜。夏日，上面烤下面蒸，灼人的太阳把人晒得无处可藏，只能蹲在车屁股后面躲一躲。普查队员徐亮逗乐：“改天咱们光带水和咸菜，另外再带点面粉。为啥？我脊背上可烤馕。”引得大家哈哈大笑。薛维维是我们普查队唯一的女队员，实地调查前皮肤白皙，一段时间下来，变成了紫铜色，美女变成了非洲婆。我有时也太残酷，队员不说休息，我从不先说休息。我年龄大、资格老，又是领导，他们或许不敢说，我又不自觉。从早到晚，除中午在普查车后面、桥洞下、山沟间、牧民废弃的“冬窝子”吃点东西小憩外，几乎捞不上休息。为了抢季节，抢时间，根本没有礼拜六和礼拜天。我想，这就是敬业，这就是有事业心和责任感的表现。我们市的普查队员，都具备这样的素质。

我们的普查队员对文物普查工作的认真负责和吃苦耐劳的精神让我感动。我们的既定方针是：当天的事，当天干完，当天实地采集的数据、文字和图像资料，必须当天整理完毕，当天输入微机。等一天采集的信息输入完毕，就已到了第二天凌晨。普查队员徐亮腰部受伤，腰下垫个枕头躺着整理数据，躺着数据录入；普查队员薛维维孩子住院，把娘接来陪护，自己也得外出普查；普查队员巴音小腿摔伤，瘸着也不落一天。这是一种伟大，是平凡工作中的伟大，是精神和人格的伟大。

文物普查野外实地调查，苦是真苦，但也有乐，并且有时乐得让人直跳蹦子。文物普查是一种探索，探索是为了发现，发现新的东西是一件让人快乐的事情。普查中最大的乐，是发现新的文物点。我们普查队每天都有新发现，每天都有新快乐，每天都怀着快乐的心情投入到实地普查中。新发现大型古墓群，我们乐了；新发现一墓群中有 7 个石雕人像，我们乐了；新发现早期典型鹿石和人类聚落，我们乐了；新发现远古岩刻我们也乐了……两年的野外实地调查新发现不可移动文物 239 处，我们至少乐了 239 场。我深切地感受到，发现不仅是一种快乐，它还是一种动力，这种动力不断推动着我们为完成实地调查阶段的工作任务去努力，去奋斗。

两年的野外实地调查中，我们全体普查队员早出晚归，栉风沐雨，冒酷暑，顶寒风，啃干馕，喝冷水，以脚步为尺，用汗水划线，丈量了全市 7956 平方公里的大地，跑遍了全市的山川草原、荒漠戈壁、农村牧区，行程达 30000 余公里，调查登记不可移动文物 261 处，采集文物资料信息 30000 余条，并完成了普查资料的微机录入和整理建档工作，形成了一整套科学规范的文物普查资料档案。2010 年 5 月，在新疆维吾尔自治区文物普查办对我市文物普查实地调查阶段的工作验收中，获一次性通过，完全合格。在验收的总结会上，我也被宣布为第三次全国文物普查实地调查阶段有突出贡献的先进个人。

文物普查是对人的锤炼，它锤炼的是人的意志和吃苦耐劳的精神；是对人的提升，提升的是对国家历史文化遗产保护管理的责任心和中华璀璨历史文明的自豪感。

普查日记

新疆维吾尔自治区巴州文物局　覃大海

昨天调查完新发现的阿克乌尔迪烽火台，天色已晚，只好露营于烽火台附近的红柳包中。夜里温度将近零下 20 摄氏度，半夜还飘着雪花，太冷了，大家都没睡好，都当了一晚的“团长”。清晨，仍飘着雪花。一大早大家就钻出了帐篷，点起篝火，暖和暖和，实在太冷了。柴油皮卡车发动不着了，因为气温低，柴油结蜡，马达又电亏。只有拖才能发动起来。但宿营点位于红柳包中的小洼地中，范围窄，而且土很虚，无法实施拖车。红柳洼地外几百米处有一片较宽平、地面较硬的地方，但想出这红柳包洼地却不容易，土虚，还有许多小冲沟，就是单车都不好走，更不说拖着车了。只好一段拖拉，一段人推，折腾了一个多小时，才把皮卡车折腾到平滩地上。大家的手脚冻得发木。车发动着了。站在高高的红柳包上可隐约看见东南方向有一烽火台，当是沙鲁瓦克烽火台，我们曾经做过调查，相距约有六七公里。以往我们到沙鲁瓦克是从南面进的，那边有小道，从此往南直插过去没有走过，权当探路了。直插过去，距离确实近许多，但没有路，几乎在红柳和苇草丛中闯，车刮得全是花，那刮的声音和刮花的车身，让人听得、看得十分难受。还好，一个半小时后顺利到达。调查完沙鲁瓦克烽火台，又北返，寻找萨其该烽火台，但不敢走我们自己开辟的“新路”了。萨其该烽火台我们曾经寻找过，但未果。此次普查根据“二普”提供的经纬度和方位，在东西4公里的范围内，分为两个小组进行拉网式的寻查。两个小时过后，未发现踪迹。两小组陆续返回约定点，时已下午4点，先到的小组已点起篝火，烤熟了带来的一些肉，馕夹烤肉，这是一顿非常丰盛的午餐。餐罢，继续扩大搜寻范围。在一处红柳包边缘的沙梁坡地上发现一片墓葬，定名萨其该墓地，但被盗过了，可恨的盗墓贼！调查完墓地，已是下午5点半，距天黑还有一个小时，何去何从？返回有村庄的地方肯定得走夜路了，关键是明天再调查此片烽火台时又得多走许多路。由沙鲁瓦克北行寻找萨其该烽火台的荒漠途中，曾见路之附近有一牧点，并有人在放牧。权衡再三，决定投宿该牧点。近天黑前，到达该牧点，有一小牧房，房主正在门前圈羊。对于我们这些不速之客，不知是惊扰了他的羊还是害怕，就是不同意我们在此落脚。无奈，只好离开，且得远些，因为他的牧羊狗挺厉害的。到哪？附近再无人烟，或找个合适地方露营，或到百公里之外的村庄或人家投宿。从工作角度，就地露营较好。但昨夜的露营证明，我们现有的装备，根本无法抵御荒漠隆冬的寒冷，昨夜的冷，大家都深有体验，看四周环境和天气，不能再露营了，决定连夜闯出去，住到32团场，实在不行，在32团场至北山便道的简易公路上有一林业管理站，到那借宿也行。于是离开该牧点南行。路越走越难走，天又黑了下来，别说辨别方向，就是可通行车辆的小路，有时都看不清，而且岔路很多，有时走着走着，发现错了，又得返回。如此走了约3个小时，发现前方有火光，有人?! 大家兴奋了起来。果然，路的右边有好多人，在篝火旁烤火，他们的身后还有两间土坯房，太好了。问他们是干什么的，并向他们提出借宿，他们说是尉犁县的，在此挖甘草，其中的一人，普查队员吾甫尔认识，但借宿却为难了，他们一同在此挖甘草的有十几人，两间小房勉强挤下，表示实在不好意思。我们看了一下，确实如此，只好走吧。问路，说是顺着这条路往前走，有一干河床，过河了后有岔路，走左边的一条，一直走就可到32团场至北山便道的简易公路了。一路都是胡杨林，车在林间穿行，大有如入原始森林的感觉。果然，前方是一条河，坡挺陡的，下车观察，可上，两辆车挂上加力，加大油门，一鼓作气冲了上去。过河后见一岔道，照他们所说的左拐，未行多远，又有岔道，我们选车辙较多较新的路走，两旁都是胡杨或红柳，就像在弯曲的隧道中蛇行。不知走了多少路，过了多少沟坎，前方又遇到了一条较大的干河床，过河，路又是在胡杨林中蜿蜒。昨夜就没有睡好，又工作了一天，现在又在荒野中折腾了好几个小时，晚饭也只是在车里啃了几口馕，已是人困马乏了。忽然，发现路左边有两间房子，房前隐约还有人，终于走到有人有房的地方了！可以宿营了！到跟前，有一人迎上，脸上笑着，真热情。队员玉素甫即下车与他搭话，那人连笑带说地说了几句话，玉素甫也笑了。问说了啥，说第一句话是："你们又回来了？"听到此话，犹如泼了一盆凉水，凉得心透，费了那么大的劲，又回到了这里，老天怎不可怜我们这些为共和国下苦的人呢。还得闯出去呀。吸取教训，还得请这些熟悉道路的人给引路，问题就在过河后的岔路。请再三请求，那人愿意，但考虑他又如何返回呢，过河处离这好几公里呢，深更半夜的，我们也不忍心呀。但此人一再说没事，他走回来，认得路。带着他上路了。过了河，在一拐弯处有一岔道，几个小时前我们过来时车拐弯，就没看清，是在下一个岔道处拐的弯。挖甘草的人看灯光，就知道我们走错了，预计还会转回来的，所以有人就没去睡，等着呢。这一临时"向导"要回去了，真有点过意不去，给钱，他不要，只好送他两盒烟，看他消失在漆黑的世界后我们也上了路。路弯弯曲曲，拐来拐去，岔道也多，只挑较宽些路走，一会东一会西的，"三普"的 GPS 又没有导航功能，只靠直觉判断和罗盘确定个大概方位向前走着。这荒漠中不仅路多，而且有时就很不清楚，尤其到了地面较硬的地方。走着走着，忽然发现前方根本没有路，看来或是此段路就无明显的车辙，或是走错偏离了路。大家下车，周围走了好几百米，也看不到路或旧的车辙印，打开地图定点，知道所在的位置，但无路的标识，不知路在何方，如果直走，等于在开辟一条路，在这种地貌中，尤其在漆黑晚上，想自己开辟一条闯出去的路是根本不可能的。下一步怎么办？是走还是野营？大家真拿不定主意了，忽然，不知谁说了一声，"卫片上是否能看到路呢"，这提醒了我们，是呀！立即取出了笔记本电脑，按 GPS 的数据在卫片上定了点，放大一看，前方不足 300 米处有一条清晰的路！并呈东偏南方向向 32 团至北山的简易公路延伸，老天真没有抛弃我们。前行约 300 米，果然有一条路。这次再不敢大意了，死死盯着路，管他大坑小坑的，再不遇坑绕行，以免又偏离路线进入无路之境。即使这样又出情况了，过一沟坎后，前方是一片茂密的红柳芦苇地，又不见路了，下车寻找，也看不到。又打开电脑从卫片上查询，卫片中也看不到路的迹象，直闯吧。这片红柳芦苇地为一片洼地，车一下去就犹如掉进黑窟窿，车灯所照见的是车头前密密麻麻的红柳芦苇，高达三四米，还感觉地很软，不敢放松油门，硬着头皮向前闯。只听到车外哗啦哗啦的声音，大家都屏住气，两眼盯着前方（其实什么也看不见）。突然，车头猛地翘起，感觉一下冲上一个高包，紧接着又车重重地颠了一下，这是一瞬间的事，还没等反应过来，眼前顿感一片开阔，哦！冲出了红柳芦苇洼地！下车检查了一下车辆，都无大碍。步行向前查看，路又显现了。这两天工作所付出的精力和消耗的体力太大了，还是到条件好些的地方休息休息，否则大家就很难支撑了。于是决定，再咬牙坚持坚持，赶到32团场住宿。到32团场招待所，已是凌晨3点，大家连脚都没洗，倒头便睡了。

不可磨灭的“三普”记忆

新疆维吾尔自治区和田地区文物局　艾力·阿不都拉

我是文物战线上的一名工作者，每当单位里参加过“二普”的老同志以及自治区文博界的专家们提起“二普”时的往事，那神态和情形都会令我无限向往，因为我深深地知道那不仅仅是这些老同志的阅历、经历和功绩，更是这些老同志们傲人的资本、学识和人生之中不可多得的财富。随着时光的飞逝，“二普”在结束的那一刻，瞬间就成为了历史长河之中的永恒。这个永恒之中凝聚着文物战线上老前辈们辛劳、欢乐和用心血凝成的成果，也凝聚着他们用青春书写的画卷，这个永恒也成为了老前辈们记忆深处不可磨灭的记忆。

2007年，我有幸遇上了第三次全国文物普查。2007年9月，我和我的同事一起在新疆哈密开始了为期15天的“三普”培训学习、实地田野调查实习，随着普查培训的结束，也展开了我心目中的“梦幻”之旅。我抑着激动的心情、带着努力完成普查的心愿踏上了本次的征程。在这15天里我努力学习，掌握了基本技能。在学习中再次深刻的感觉到文物工作者的任务光荣和神圣。文物是中华民族传统文化的载体，就是一片小小的陶片也能反映出当时古人类生活生产、制作工艺水平、地域文化等许多因素，折射出历史的光辉。

和田地区位于新疆维吾尔自治区的最南端，东西长约670公里，南北宽约600公里，总面积24.78万平方公里，占新疆总面积的15%，占全国面积的2.6%。其中沙漠戈壁和山地面积占96.1%，绿洲面积仅占3.9%。地理位置特殊、文物所在区域比较分散、条件恶劣。这样的环境条件对我们普查队员、交通工具来说都是一种考验，怎样才能圆满完成调查工作呢？我们因地制宜地制定了工作方案，因各县环境、地貌不同并结合季节变化选择调查线路，很快启动了普查。为了保证普查数据的准确性，防止数据资料丢失，普查队白天进行实地调查，晚上顾不上白天的劳累，牺牲休息时间，加班加点，每天的工作量达到15小时，做到了当天调查文物点资料当天录入、整理。

在普查中很多地方没有路，遇到崇山峻岭或茫茫沙漠无法行驶的时候，只能车开到哪里就停到哪里，剩下的大多是普查队员靠最原始的骑马、驴、骆驼或徒步行走，翻山越岭、跋山涉水地查找，一天走个几千米至 30～40 千米是常有的事。为了把有限的时间充分地利用起来，普查队员常常饿着肚子直到把既定的地域调查完再吃饭，调查完后往往饿过头，虽然肚子很饿但瞅着饭就是吃不下去。冬季天寒地冻；春天经常刮沙尘暴眼睛、耳朵、嘴里都是沙子，连照相机、GPS 都因为进沙子而多次罢工；夏季天气酷热，普查一天下来队员们脱下能拧出汗水的衣服，肩膀被汗水浸得红肿。普查队员深入到高山峻岭，戈壁沙漠，克服了难以想象的沙尘暴、高山反应等不利因素，甚至冒着生命危险深入到海拔 5000 米的高原上进行普查，保证了普查进度和质量。

2009 年 3 月 12 日我们普查队来到了洛浦县杭桂乡北部沙漠区域对喀拉克尔遗址（又名玛江勒克遗址）进行调查。该区域很大，遗址分布范围断断续续的，车辆无法行驶，只能徒步测量。工作分工后，我和向导一起开始测量遗址范围，阳春三月，但地表气温已达 30 度以上，没有风，很闷热，沙梁高低不平，走起来很费劲。边观察边测量大概走了 3 个多小时才走了 8 公里，距出发点还有 4 公里多，身体极度疲惫，感觉无法回到出发点了，怎么办，走了一大半，就这样放弃吗？还是坚持吧。向导身体状况不好，让他先回到出发点，我继续前行，2 个小时后终于完成了测量任务。用 GPS 测量发现整个环绕 12.89 公里。但由于发现有 1 处佛寺遗址、9 处窑址，陶片分布面积大，丰富，对研究这区域提供很多具有研究价值的信息。看到有这么多收获，刚才的疲劳就烟消云散了。

2009 年 7 月 7 日，普查队前往民丰县萨勒吾则克乡南部山区调查。根据上年冬天得到的线索，山区牧场有一民国时期的哨卡，当地人称为柯尔克孜城墙、国民党卡子，因当时大雪封山没有成行，所以这次再去调查。普查队员买好馕、水等饮食，沿 315 国道东行后，折向萨勒吾则克乡，向导是对山区牧场的情况非常了解的原山区牧场的连长。一行 5 人乘辆丰田 4500 越野车沿牙通谷孜河上游吐兰胡加河一直向南行进，河道中都是戈壁石子路，后来脱离河道开始上山，却异常难走，坑坑洼洼，一路颠簸。我们车盘底下的备胎都被石头碰得卡死了，行驶速度每小时不超过 5 公里，下午才到了进入山区的卡子处，正好碰到往金矿运油料的几辆货车，在好心司机帮忙下，才把备胎从车底下取出，放到了车顶。通过卡子开始沿河道上山，河边又碰到一户牧民，牧民告诉我们柯尔克孜城墙就在河对岸的山地上，我们便在此牧民房子住下，老乡热情地用馕招待我们，一天在山中走了 11 小时。第二天早上穿过河流后上了山，便看见了城墙，在城旁边还有一处牧民的土房子。我们便开始了紧张的测绘工作。经调查，城址呈长方形，长 130.3 米，宽 76.2 米；在城的 4 个角都有炮台遗迹；城墙高 5 米，大门朝东。测量完后并向附近的牧民了解了情况后撤离。

2009 年 6 月 9 日普查队一行 4 人带上帐篷等户外用品从皮山县城出发，前往垴阿巴提塔吉克民族乡南部山区调查。这片区域没有路，交通全靠驴。到达塔吉克民族乡与文化站站长阿布杜卡迪尔（塔吉克族）汇合，将帐篷等行李绑上站长早已准备的5头驴上，便在塔吉克族牧民色合的引导下骑着驴沿河谷往南部山区行进。

在崎岖的山路上，走了约30分钟，天气逐渐变阴，一会儿便淅淅沥沥地下起小雨来，一会儿刮风，我们都未带任何雨具，就加快脚步前行。在站长带领下到了一处名叫吾额尔勒克麻扎的早期伊斯兰麻扎群。此麻扎群位于河东岸的台地上，经调查约有180座。经过紧张的测量、绘图、GPS测范围后离开。这是目前在皮山县发现的规模最大的古墓群。

沿河谷向南走了约200米后，走到一峡谷叉路口，在两条峡谷交汇地的三角形台地上发现了一处古墓地。大多为圆形石圈墓，但已被盗，墓地正南中心处有一座用石头堆砌的清真寺，其东墙已塌毁。我们测量、绘图、定点后离开。

继续骑驴沿墓地东侧峡谷向山上前行。山路崎岖，并有河流阻隔，我们骑着驴不停地在河流南北两岸来回穿梭。有些山谷陡峭路段非常窄，宽约30厘米，骑在驴上很害怕、坐着不敢往下看。甚至有的山路呈90度的拐弯，在驴背上没有思想准备就非常危险，一旦跌下去，人、驴都找不见。不知何时离开了河流开始向山上爬，但山坡陡峭，驴驮着人走非常费力，到后来驴都走不动了，众人只能拉着驴一起爬坡。当爬到海拔3100米的时候，文化站站长因高原反应已走不动了，只能由老乡搀扶着慢慢走。最后终于翻过最高的一处达坂，眼前是较平的山坡路了，此时天色已晚，气候寒冷，转眼已到雪线边上了，我们加紧脚步，晚上10点到达雪山下的几处牧羊人的土房子前开始搭帐篷，随便吃了点馕，喝了几口凉水便疲惫地睡下了。第二天中午下了山，到达阿克硝村境内。首先在村南部的河谷西岸发现了一处塔吉克族早期伊斯兰麻扎群，麻扎分布密集。我们逐一定点、测量后才离开。

调查完毕，在附近的一位老乡家吃过午饭。在站长带领下又前往村北的一处古墓群复查。此墓群位于两峡谷交汇处的三角形台地上，为2006年和田地区文物局首次发现。经调查有30多座古墓，被盗有10多座，其形制为石圈墓和石堆墓。偶见有陶片、人骨等遗物。调查完后准备沿阿克硝河返回乡里，阿克硝村直线距离乡政府约17公里。我们沿着河谷一路颠簸前行，先后有两名普查队员从驴背上摔下来，幸好没摔伤。我们是6个人，驴只有5头，无奈大家轮流骑驴走了4.5小时后回到乡里。

普查期间也有惊喜的事发生。2009年4月12日，我们到达和田县喀什塔什乡调查，这是个山区乡。从村治保主任那里得到一个岩画的线索，治保主任也说不清石头上刻的是文字还是图案，只是说像花一样的东西。我们做好准备向目的地出发了，途中骑驴走了3.5个小时到玉龙喀什河边，目的地在河对岸。眼前两岸是陡峭的山崖，河流从下面切很深的河床中穿过，深不见底。此次我们的向导是喀什塔什乡派出所所长，对地形非常熟悉。他在半路上骑着马消失了一阵，回来时手中多了一个橡皮筏子。没想到在山里还有坐橡皮筏子的享受。但橡皮筏子太小，每次只能渡2个人，所长每次划桨带1个人渡过去后又划回来渡下 1 个人。6 个人渡了 5 次，历时 1 个多小时。渡河过程中我们感到非常兴奋。过河后又徒步大概走了 3 小时，还没到，我们怀疑治保主任是不是在哄我们？难道又和往常一样，多少次空手而归？治保主任说再走往前走，又走了 40 来分钟，终于到达目的地，一看就是岩画，大家很高兴。这是和田县境内首次发现的岩画。我们进行测量，作记录并当天晚上完成录入工作。

2009 年 6 月 22 ~ 24 日，普查队前往新藏公路区域进行文物普查。事先和驻军衔接，还计划去神仙湾调查。

普查队一行 5 人分坐两辆丰田 4500 越野车，装好帐篷等行李后，从和田出发，加满油后沿 315 国道先到达皮山县，汇合文物管理所所长阿不来提后，装了准备好的食品，上车赶路。

到达叶城县新藏公路（219 国道）零公里处，又添满油后上新藏公路。走到 219 国道 62 公里处叶城县的柯克亚乡普沙道班后手机便没了信号。天也开始变阴，下起了小雨，山上此时应该下雪了。当走到 219 国道 93 公里处时，便没了柏油路，全是石子路了。

翻过地处 219 国道 112 公里处的库地达坂（海拔 3287 米）。20 点到达位于 219 国道 160 公里处的边境检查站。我们拿着事先准备好的边境通行证，逐个登记，检查站才放行。

因上高山行驶不能感冒，所以众人都加上衣服后继续前行。随着海拔的上升，我们的氧气袋也在不断膨胀，我们只能不断地放气。另外我们一辆车子出了故障，爬坡时油泵供不上油，只能走走停停。因车子故障，天黑才翻过地处 219 国道 217 公里的麻扎达坂（海拔 4995 米）。但刚下达坂没多久，我们坐的车车胎便爆了。此时海拔很高，一名队员已有高原反应，喘着粗气下不了车。另外两名队员只能慢慢下车换了轮胎，而且不能剧烈运动。凌晨 2 点到达地处 219 国道 241 公里的麻扎兵站（叶河兵站），我们本带了帐篷，打算撑帐篷睡，但此处风特别大，且天黑已看不清，只能与兵站协商，住在了兵站。

第二天普查队员吃过早饭，准备好备胎继续前进。刚开始走平路还很顺利，但开始爬坡时，出故障的车便动不了了，只能走走停停，最后爬柯克阿特达坂时一步都走不动了。无奈只能用另一辆车拖着走，但道路崎岖，都为盘山公路，且又是石子路，相当的危险，不过最终还是安全地爬到了山顶。翻过柯克阿特达坂（海拔 4950 米，地处 219 国道 309 公里处），终于进入皮山县境内。

翻过达坂后开始下山，故障车不用再拖勉强能走，还算顺利。依次经过解放桥、和平桥后，终于到达 219 国道 354 公里处的赛图拉哨卡遗址，隶属皮山县康克柯尔克孜民族乡色日科尔村。经调查，主要由一个哨楼和一营房组成，民国时期修建，新中国成立之初也曾使用过。普查队员分工协作，对哨楼和营房进行了认真地测量和绘图。赛图拉哨卡遗址地理位置很重要。这对研究当时的历史事件、边境史，建筑造型、结构等方面具有很高的价值。2008 年根据和田地区文物局在 2006 年的调查结果，赛图拉哨卡遗址成功申报为自治区文物保护单位。距离赛图拉哨卡遗址 10 公里处的三十里营房（219 国道 364 公里处），有皮山县康克柯尔克孜民族乡色日克村委会驻扎在此。我们把有故障车放下，留下司机，其他人汇集到一辆车上赶往康西瓦烈士陵园调查。

经国庆桥（219 国道 373 公里处）后于 19 点 30 分到达位处 219 国道 435 公里处的康西瓦烈士陵园。经调查陵园中埋葬的是 1962 年中印自卫反击战中牺牲的我军边防战士。陵园修建于 1965 年 5 月，于 2007 年整修。定点、拍照后离开。因道路崎岖，在返回途中，车又爆了一个后轮胎，普查队员一起换好轮胎后，于 21 点 40 分回到三十里营房。第三天本想上神仙湾，但是我们联系好的油因部队临时有变，出现问题；故障车故障没有排除，再要上海拔 5200 米的神仙湾无异于拿生命开玩笑。费了大劲从地方上加了点油往叶城返，出发没走几公里故障车又走不动了，修一下，走两步，走走歇歇，最后只能又让另一辆车拖着走，冒险翻过柯克阿特达坂。

在叶河兵站吃饭时，我们同时打听有没有较好的修车地方，而把故障车拖上山高路险的麻扎达板是万万不可能的。麻扎达板，维吾尔语是埋死人的墓地。幸运的是路边修车铺子虽然不太，但师傅手艺非常高超，摸透了在青藏路上行驶车的毛病，一阵子折腾，车修好了，正庆幸着，人又出了问题。在翻麻扎达坂时，因海拔将近 5000 米，一名普查队员因有感冒症状，引起了高山反应，手脚、脸都开始发麻，呼吸不畅，不得不赶快吸着氧气疾驰下山，下山后服了部队战士给的两粒专治高山反应的药才好。返回了新藏公路零公里处，吃过晚饭后于25 日凌晨1 点 40 分赶到皮山县住下。整个调查往返走了 1200 多公里的路。

全国第三次文物普查还没有结束，一年多的田野普查经历，是我一生当中难忘的时刻，我想在结束的那一刻，也会瞬间成为永恒，也会成为每一个参加过“三普”工作的人记忆深处不可磨灭的烙印。

中国人民解放军

有限之苦　无限之乐

解放军理工大学　奚江琳

顾炎武《精卫》中有曰：长将一寸身，衔木到终古。我愿平东海，身沉心不改。通过三年来的实地调查，以及实地调查中接触到的许许多多的人与事，这四句诗很好地映照出了千千万万投身实地调查的基层同志真实的心境。2006 年底，国家文物局将军队营区文物保护工作纳入《全国文物古迹保护“十一五”发展规划》，近年来，军委、总后首长对军队营区文物保护工作高度重视，以第三次全国文物普查为契机，总后基建营房部先后两次组织普查登录，对全军营区不可移动文物做了全方位的摸底。从 2007 年始我们课题组全程参与普查各个阶段，调研辗转各个战区。军队建筑遗产遍布全境，各种情况都有，作为总后营房部指导的课题组，我们其实起了承上启下的作用，既承接决策部门，又面对基层部队，并且需要完成测绘，条件艰苦，工作量非常大。部队专业技术人员匮乏，我们一边调研，一边发现问题上报，顺便普及并宣传相关知识。在此基础上整理资料，把测绘内容及调研编撰成册。去年底，我们完成普查成果的登记建档，初步建立了全军营区不可移动文物档案。今年元月，精心选取 130 余处编辑完成了《军队营区文物概览》，第一次对军队建筑遗产作全面系统的归纳整理。

一、平静的宝库与朴素的使命

由于历史原因，军事管理区往往地处当年接管区或占领区经济发展较好地段，故军事管理区往往拥有成片的历史建筑、文化遗存等，例如南京战区地域的民国建筑（含清末），沈阳战区地域的俄占伪满时期建筑，山东半岛的德占时期建筑，沿海等地的军事建筑和设施。建国以来，地方上有两个时期历史建筑及文物遭到大量破坏。一是在“文革”期间“破四旧运动”中，大量文物被野蛮破坏；二是在改革开放后城市化进程中，许多历史建筑遭到建设性破坏。军队作为执行特殊使命的团体，在管理上具有相对独立性，受外界干扰较小。管理上的相对封闭性，无意中保护了大量的遗产。例如，大量的民国建筑都处于南京城市的黄金地段，寸土寸金，正是因为有军队大单位的保护，这些建筑能得以全身，南京东面毗接紫金山大片城市风貌未被破坏，大量历史建筑得以区域性地保存下来，这是历史之幸！因调研感触，专门写了《大单位在旧城更新改造中对历史建筑的保护》一文论及此事，营区内大量文物的保存对历史文脉的延续起到了积极的作用。军事管理区内的文化遗存是平静的宝库，不能说完全没有，但是基本未被商业大潮浸洗，部队保存有功，这是对历史的贡献。

普查之旅，充满发现之乐。发现是一切文化遗产认知的前提和基础。正是基于这一点，文化遗产的发现理念正在日臻成熟，已逐渐地成为人类一种充满智慧的理性实践。我们在调查及培训讲课时，提出最大限度地认定军队建筑遗产，

为此，我们把军队建筑遗产放在中国历史、军事历史和我军历史三个维度进行分类查找。第一类是在中国历史进程中，与中国传统文化、外来文化、重要机构、历史人物、重大历史事件发生地和纪念地有关的建筑物、构筑物（不含和军事相关的）。这一类中包含有古建筑和涉及非军事活动的近现代建筑，是军队建筑遗产中一般意义的建筑遗产，也是和地方建筑遗产一致的一类，有庙宇、祠堂、衙署、书院、教堂等等。新中国成立初期，为了不扰民，解放军就以庙宇、衙署等接管公共建筑为营房，这也是许多古建筑存于营区内的历史原因。第二类是在军事史中，比如，伊犁将军府、八国联军营盘旧址、虎门炮台旧址、苏联红军纪念碑、笕桥航校建筑群等。第三类是和人民军队发展史有关的建筑遗产。这一类建筑遗产中一直未被关注的是1949年后到60年代中期，具有特殊文化附加价值的军队建筑遗产，例如五六十年代许多办公楼、礼堂以及照壁等。它们凝聚着社会主义建设初期的热情，是“激情燃烧岁月”的时代标本。我们在普查中特别留意这一类遗存，因为目前大多数人不了解此类建筑的价值，特别容易被忽视。

旅顺就是一个承载了半部近代史的宝库，我们四次前往调查。旅顺港历经北洋创业、日本“割让”、中国“赎回”、沙俄“租借”、日本“转租”、中苏“共用”等历史阶段。在军队营区内，一座座见证着辉煌、见证着屈辱与伤痕的建筑遗产，保存完好，许多室内都保持着原样。最让人感动的是旅顺的官兵，那种朴素的自发的民族感情和使命感让人动容。令人震撼的宝库是因为有了不起的军队。回去我们便编辑了两本小册子《保留民族的伤痕——旅顺印象》和《国殇国商——旅顺保护之痛》。

二、有限之苦与无限之乐

多年来，作为母亲，我最内疚的是孩子管少了，记得她给我发过一条短信：“春暖大雁回归，作业如麻成堆。虽有月伴星陪，却问妈，何时归?”我告诉她：“赤子心，慈母心，心心相惜”，所幸她理解支持我从事文物保护事业。文物普查这项工作的奇迹就在于，虽然没有丰厚的物质回馈，却能在工作中获得无限的快乐。我们的社会被商业化一定程度

浸染之后，透过这项工作可以观察到文化的力量以及民族精神在基层的影响力。调研过程中也有幸接触了许多一直在文物保护战线上的地方上的同志，印象非常深刻的有一位广西考古所的刚毕业的女生，收入一千余，租房所用七八百，衣着朴实无华，一直参与广西边防筑城遗址调查，田野调查翻山越岭，非常辛苦，暴晒、荆棘、毒蛇，她却无所畏惧，怀着执著热爱之心，脚踏实地，苦中作乐。许多人的精神面貌都感染了我，影响了我，我一直思考，是什么让人们投入这样的激情进行文物普查工作？文化遗产作为历史的印证，反映的是国家与民族的文化血脉，这文化血脉具备一种光芒，使人愿意被其照耀，不想逃脱。温总理说这世界需要仰望星空的理想者，心里装着民族和国家，也需要脚踏实地的实干家，正是这种指引，让文物保护事业和其学子不畏艰苦前行，于前行中充实快乐。

我始终相信，中华民族的文化底蕴，会在商海大潮中搏浪挺立，逐渐清晰。“山中莫道无供给，明月清风不用钱。连城山下一杯茶，至今留香在齿间。”从广西边防筑城遗址调研归来所感，前两句取自王阳明先生，后两句自缀，田野调查有苦自乐，有对国家对历史的责任感支撑着，是无限之乐。

“旧时王谢堂前燕，飞入寻常百姓家”

——第三次文物普查工作手记

南京军区司令部管理局营房处　闫扩远

2008 年 5 月的一个普通的早晨，天刚朦朦亮，我带领文物普查队又像往常一样早早地出发了，今天的目的地是明故宫 12 号营院。该营院占地面积约 8000 平方米，成较规则正方形，一直为闲置土地。为解决军区司令部机关干部住房问题，计划在该营院规划建设经济适用住房。在规划前期，我们已邀请南京市文物局、博物馆相关专家对现场进行了勘察，同时查阅了相关历史资料，经过多次论证分析，初步推断这里应该是明故宫宫城遗址东北角。

据史料记载，南京明故宫由皇城和宫城组成，始建于 1366 年，在今南京市中山东路南北两侧，是北京故宫的蓝本。朱元璋为做皇帝，“命刘基等卜地定做新宫”，最终选定这块“钟阜龙蟠”、“帝王之宅”的风水宝地。相传朱元璋征发军民工匠 20 多万人，填燕雀湖改筑新城。新宫东西宽790米，南北长750，有门四座，南为午门，东为东华门，西为西华门，北为玄武门。入午门为奉天门，内有奉天殿、华盖殿、谨身殿，内廷有乾清宫和坤宁宫，以及东西六宫。整座皇宫殿宇重重，楼阁森森，雕梁画栋，万户千门，金碧辉煌，壮丽巍峨，盛极一时，曾作为洪武、建文、永乐三代皇宫，长达54年之久。永乐十九年，明成祖朱棣迁都北京后，南京明故宫渐趋冷落，历经沧桑，最终毁于战火。今天，对于文物普查队来说，注定是一个不寻常的日子，为探究明故宫建筑布局和形制，了解地下文物的遗存情况，我们将会同市文物局对该营区内的明故宫宫城城墙遗址进行发掘，揭开600多年的谜底，同时根据发掘情况对小区住房规划设计方案进行调整。

本次发掘前后共40天，取得了较重要的收获，发现明故宫宫城城墙遗存和明古井一口。在营院中部发现两条与清溪河（明朝护城河）方向一致的宫城墙遗址，宽均约3米，皆用明代城砖砌成，石灰抹缝。古井位于营院西南角，呈圆形，直径约2.5米，深约8米，周围砖砌护壁，为明故宫御用水井。本次发掘，对于了解明故宫，尤其是宫城的布局和构造提供了重要的实物证据，为以后复原明故宫范围提供了准确的基准点，具有较重要的研究价值。在发掘过程中，我们认真细致，将发现的墙砖有序收集，完好保存。为了保护珍贵的历史文化遗产，我们决定结合小区景观设计，复原、展示宫城墙遗迹，保留并修缮古井，让更多的人了解明朝的历史文化。

通过不懈努力，这次发掘不仅实现了营院规划设计方案的优化，而且还将历史文物完好地保存下来，展现给世人。我感叹于历史的变迁，600多年前这里还是巍峨的宫殿，600多年后通过现代的科技手段，将历史文物与现代建筑有机融为一体，使之相得益彰、竞相辉映，竟成了普通百姓的佳苑。

我很荣幸能成为全国第三次文物普查工作中的一员。两年来，我曾穿梭于大街小巷，实地勘察；也曾坐在明城墙上听老人说修筑城墙时的传说；更多的是调阅资料、走访群众、测量数据、汇集信息……我部所管辖的营院共登记统计古遗址、古建筑、近现代重要史迹等各类不可移动文物点52处，其中24处已列入省、市文物保护单位，目前马歇尔公馆、孔祥熙故居等五处文物正在积极申报国家级文物保护单位。“三普”期间，有太多的体会和收获，有太多的惊叹和感动，有太多的辛酸和启迪。

南京明城墙不仅是我国现存的第一大城墙，而且还是世界上第一大城墙，周长约34.36公里。在我部富贵山营院里就有537米长的明代城墙。当年，隐居老儒朱升给朱元璋建议：“高筑墙，广积粮，缓称王。”朱元璋欣而采纳，于是下令5省、20州、118县烧制城砖。为了保证质量，每块砖上都要打上烧制的州、府、县及工匠和监造官的姓名，如不合格一律退回重做，再不合格就将治罪。砌筑用的粘合剂也很特别，用糯米浆、石灰和其他材料拌合而成。然而，由于历经600多年的风雨洗礼，有的砖面脱落残损，局部城墙出现坍塌，修缮保存明城墙，我们义不容辞。

为了保护这段雄壮的古城墙，我们文物队立即对破损处进行了勘查、拍照、测量，并进行了全面修缮，同时和地方文物部门建立城墙保护热线，定期勘察，确保城墙完好。如今，巍峨的城墙已修缮，巍然耸立于富贵山上。每当我看到如织的游人徜徉在城墙上，心中便感到无比的喜悦。

在南京市高楼门一带，保留着许多古朴的民国建筑，既有达官贵人官邸，也有名人故居。民国的建筑风貌和建筑风格在这里得到淋漓尽致的体现，绿荫丛中一座座风格典雅，形制优美的优秀建筑交相辉映，其中最引人注目的是一座典型的西班牙风格建筑——孔祥熙故居。

这座公馆建于1932年，原是国民政府海关总署高级官员住宅，1945年抗战胜利后孔祥熙到南京就居住在这里。总建筑面积979平方米，高二层，砖木结构，外墙为黄色，大圆栱窗，坡屋顶，上铺红色筒瓦，整幢建筑造型复杂多变，内部设施齐全，门前还有停车场和草坪、假山，环境优美、静谧。该建筑的保存价值极高，目前是省级重点保护文物。

2008年7月至8月间，我们文物普查队对孔祥熙故居进行了修缮，整个修缮方案保持原建筑风貌。修缮之初，我亲自参与制定修缮方案，与普查队员一起认真研究，前后共现场进行了5次勘测考证，同时邀请省文物部门的专家对方案进行4次论证修订，从提出初步预想到最终形成修缮方案，共组织召开7次研讨会，对方案56处进行了修改。一分耕耘，一分收获，修缮效果比我们预期还好很多。

南京是六朝古都，随处可见历史的遗迹，一砖一瓦都有其传奇的故事，一草一木都透露着历史文化的延续。通过我们的精心保护的文物，不但还原了原貌，同时又焕发出新的历史生命。我坚信，通过我们文物普查人的不懈努力，一定能唤醒人们对历史古迹的关爱。只要人人都献出一点关爱，历史文化就可以安全传承。如今，明故宫12号经济适用住房即将完工，明城墙巍然耸立，孔祥熙故居修缮完好，新的主人即将纷纷沓至。我不禁想起那句古诗：“旧时王谢堂前燕，飞入寻常百姓家”。

掂一掂身上的文保重担，我愿继续沿着人类长河溯源而上，默默探索历史文物里博大精深的文化沉淀，努力做一名合格的探寻者，保护者，传承者。